LE PRINCE QUE VOILÀ

Robert Merle est né à Tebessa en Algérie. Il fait ses études secondaires et supérieures à Paris. Licencié en philosophie, agrégé d'anglais, docteur ès lettres, il a été professeur de lycée, puis professeur titulaire dans les facultés de lettres de Rennes, Toulouse, Caen, Rouen, Alger et Paris-Nanterre où il enseigne encore aujourd'hui.

Robert Merle est l'auteur de nombreuses traductions (entre autres *Les Voyages de Gulliver*), de pièces de théâtre et d'essais (notamment sur Oscar Wilde). Mais c'est avec *Week-end à Zuydcoote*, prix Goncourt 1949, qu'il se fait connaître du grand public et commence véritablement sa carrière de romancier. Il a publié par la suite un certain nombre de romans dont on peut citer, parmi les plus célèbres, *La mort est mon métier, L'Île, Un animal doué de raison, Malevil, Le Propre de l'Homme, Le jour ne se lève pas pour nous*, et la grande série historique *Fortune de France*.

Avec *L'Enfant-Roi, Les Roses de la vie*, puis en 1997, *Le Lys et la pourpre*, Robert Merle a donné une suite à *Fortune de France*. Il est rare dans l'édition de voir une saga en plusieurs volumes obtenir pour chacun de ses livres un égal succès. *Fortune de France* fut un de ces cas d'exception où les lecteurs demeurent fidèles de livre en livre aux héros imaginés par l'écrivain.

Nombreux sont les romans de Robert Merle qui ont fait l'objet d'une adaptation cinématographique ou télévisuelle.

ROBERT MERLE

Fortune de France IV

Le Prince que voilà

ÉDITIONS DE FALLOIS

CHAPITRE PREMIER

Quand j'eus avec mon gentil valet Miroul, avec Fröhlich mon bon Suisse de Berne, et je le cite en dernier, bien qu'il ne soit pas le moindre, avec mon immutable ami, le maître en fait d'armes Giacomi, échappé aux vils massacreurs de la Saint-Barthélemy et trouvé refuge en Saint-Cloud auprès de mon beau muguet de cour, le baron de Quéribus, celui-ci, qui possédait un riche domaine dans le Carcassonnais, en prit prétexte pour m'accompagner jusqu'en mon Périgord avec une forte escorte, les chemins et les villes étant peu sûrs alors pour quiconque était réputé huguenot. Et comme Dame Gertrude du Luc, qui de son côtel avait sauvé la vie de mon frère Samson en l'empêchant de courre galoper en Paris, voulait à force forcée être du voyage, tant parce qu'elle était raffolée (comme sa belle chambrière Zara) des pérégrinations que parce qu'elle avait appétit à connaître mon père, je l'invitai en Mespech, n'ignorant pas que son désir le plus tenace et tenaillant était de marier à la parfin mon bien-aimé Samson.

Nous advînmes en Mespech au moment des vendanges, et après la liesse de nos retrouvailles avec mon père et l'oncle Sauveterre, pour la première fois de ma vie je n'éprouvai point de plaisir à voir les belles grappes de raisin foulées dans les cuves par les pieds de nos gens, pour ce que le rouge suc qui s'en échappait me ramentut tout soudain les flots de sang

7

répandus sur les pavés de Paris le 24 août et les jours suivants.

Au bout d'une semaine, à dire le vrai, m'apensant de mes chevauchées sur les grands chemins du royaume et de mes inouïes aventures en la capitale, il m'ennuyait quelque peu de vivre en la quiétude rustique et languissante de la châtellenie de mon père, où, de reste, mon propos était de ne point l'hiver passer, me voulant installer médecin en Bordeaux. Mais, lecteur, tu sais bien comme moi que la fortune tient en grande irrision les volontés et entreprises des hommes et se joue à les défaire comme défait la vague le château de sable d'un enfant : j'avais le dessein de demeurer deux mois en Mespech. J'y demeurai deux ans.

Et encore que mon prime projet en ces pages que voilà soit de peindre mon bon maître Henri III au naturel et tel que, véridiquement, il fut, et non point tel que le barbouilla la honteuse fallace des liguards et guisards dont le venin de haine, sur mon pauvre roi déversé, se répandit, de son vivant, par des milliasses de libelles, de petits vers et de pasquils, et hélas ! par d'exécrables prêches prononcés du haut même des chaires sacrées où ne se devrait enseigner que la vérité de Dieu, cependant, cette présente chronique étant aussi celle de ma famille et de moi-même en nos joies et chagrins domestiques, je ne veux galoper si vite sur ce qu'il advint, pendant les deux ans que j'ai dits, de mon Samson, de François, de ma petite sœur Catherine, de la frérèche — j'entends de mon père et de Sauveterre — de Dame Gertrude du Luc, de Quéribus, de mon Angelina.

Si bien je me ramentois, la tabusteuse affaire à mon retour en Mespech en 1572 fut le mariage de mon frère Samson avec Gertrude, laquelle union eût dû paraître fort avantageuse à notre économie huguenote, puisque la dame qui était de mon frère éprise, coqueliquant avec lui depuis 1567, lui voulait en dot apporter la belle apothicairerie des Béqueret en Montfort-l'Amaury.

— Vous ne devriez le permettre à Samson ! dit

l'oncle Sauveterre à mon père tandis que nous chevauchions tous quatre (mon aîné François étant avec nous) sur le chemin du Breuil pour visiter Cabusse. La dame est papiste et pèlerine à Rome.

— Peux-je le défendre à mon cadet, dit Jean de Siorac, quand je me suis permis à moi-même d'épouser Isabelle de Caumont ?

— Et mal vous en a pris, mon frère, de marier papiste tant encharnée ! dit Sauveterre, lequel ressemblait plus que jamais à un vieux corbeau, tant par la courbure de son dos que par l'amaigrissement de son col.

— Mal m'en a pris, certes, dit mon père (dont l'œil gai, à cette remembrance, s'assombrit) de la vouloir convertir tambour battant, et en public, la dame ayant en elle tant de sang et de piaffe... Elle me fut, cependant, bonne épouse, ajouta-t-il en nous jetant un œil à François et à moi qui chevauchions derrière la frérèche. Et je l'aimais de grande amour.

A quoi Sauveterre s'accoisa un petit. Encore qu'il fût trop homme de bien pour ne s'être pas donné peine pour s'affectionner à ma mère en sa brève existence, il avait mieux réussi à la pleurer une fois morte qu'à la chérir, vivante. Pour Sauveterre, si bibliquement féru de fécondité, toute femme était ventre fertile par quoi le peuple de Dieu croissait et multipliait. Mais que pour cela il fallût de prime ce ventre ensemencer le laissait sans appétit et sans tendresse.

— Avez-vous songé, reprit-il gravement, que si cette dame marie Samson, vos petits-enfants suceront les superstitions et les idolâtreries des papistes avec le lait de leur nourrice ?

— Je ne sais si ce lait compte tant, dit Jean de Siorac. Charles IX a eu une nourrice huguenote et vous en avez vu les effets à la Saint-Barthélemy. En outre, Monsieur mon frère, la persécution faisant rage derechef, le moment est revenu de déguiser. Je crains bien plus pour mon Samson l'excès de son zèle que sa mollesse. Dame Gertrude lui tiendra un masque sur sa face innocente. En outre, qui voudrait d'un apothicaire huguenot en papiste pays? Au premier patient qui meurt, on crierait au poison!

— Je vous vois donc résolu à y donner la main, dit Sauveterre d'un air sombre.

— Aimeriez-vous mieux que Samson dans le péché persévère? Ou qu'il vive escouillé comme moine en cellule? dit mon père, qui dut regretter cette dernière phrase pour ce que, tournant la tête, il vit Sauveterre sourciller fort à ouïr la chasteté ravalée à l'impotence.

— Du moins, Baron de Mespech, dit Sauveterre d'un air fort froidureux, faites que ces dames s'en départent au plus tôt de céans. Je suis las de leur caquet, de leurs afféteries et du train qu'elles nous font mener. Depuis leur venue, le débours en viandes, vins et chandelles est immense! En chandelles surtout! Pourquoi faut-il que Dame du Luc et sa dame d'atour requièrent dès le tomber du jour dix chandelles en leur chambre quand une seule me suffit en la librairie?

— Vous ne vous pimplochez pas, dit mon père avec un souris.

— C'est là le point! dit Sauveterre d'un air fort encoléré. Qu'ont-elles besoin, le Seigneur leur ayant donné une face, de s'en contrefaire une autre?

— Monsieur l'Ecuyer, dit mon père, auriez-vous blâmé un de nos soldats de la légion de Normandie de fourbir ses armes avant le combat?

— Quel combat? dit Sauveterre, l'air fort mal'engroin.

— Celui qu'elles livrent quotidiennement à nos tant faibles cœurs.

— Faibles, oui! dit Sauveterre en jetant à mon père un œil de reproche. Un mois, monsieur mon frère, un mois a passé depuis que ces sauterelles se sont abattues sur nos blés!

— A deux, elles ne les ont pas prou ravagés, dit Jean de Siorac avec un souris. Et peux-je les chasser? Peuvent-elles départir seulettes en leur coche? Ne savez-vous pas qu'elles espèrent Quéribus pour la commodité de sa compagnie et la sûreté de son escorte? Que le baron festoie chez Puymartin...

— Et pis, dit Sauveterre.

— Que Puymartin est de lui tant entiché que par les chausses il le retient dès qu'il parle de retourner en Paris.

— Touchez-en donc un mot à Puymartin.

— Nenni ! Je me garderais d'affronter sur une affaire de peu de conséquence un ami tant fidèle et avec qui nous avons en vue de si grands intérêts...

A quoi je vis mon aîné François ouvrir l'œil et darder l'ouïe, pour ce que son projet le plus cher, si la mère de Diane épousait Puymartin, était de marier la fille, de prendre à compte et demi avec Puymartin la châtellenie de Fontenac, et au premier enfant mâle, le titre qui lui était attaché. Ainsi son jeune chef recevrait le tortil de baron avant même la mort de mon père. Heureux François à qui toutes cailles dans le bec tombaient, lesquelles (lui qui m'aimait si peu) il ne devait qu'à moi, qui avais tué en duel loyal le Baron-brigand dont la douce et chrétienne fille allait avec lui convoler, toute papiste qu'elle fût. Ha Sauveterre n'avait pas fini de croailler ! Mais s'agissant cette fois des bonnes terres de Fontenac qui jouxtaient si commodément les nôtres et de ce fort château qui tant ajoutait à la sécurité de Mespech, sa groigne huguenote aurait bien peine à celer un secret acquiescement.

Ce que sentant fort bien mon père et que, papiste pour papiste, la Dame du Luc valait bien Diane, il ajouta :

— Dame Gertrude est de bonne noblesse de robe. Elle est fort étoffée. Elle a sauvé la vie de mon Samson en l'empêchant de s'aller fourrer dans la nasse parisienne à la recherche de son frère. Et quant à moi, je ne suis pas marri de voir son blond cheveu égayer nos vieux murs. Je l'aime assez.

— Et sa chambrière plus encore, dit Sauveterre sur le ton le plus sec.

A cela mon père s'accoisa avec cet air de ne point ouïr par lequel il marquait à son accoutumée qu'il ne désirait pas débattre de ce qu'on avait dit. Ha ! Belle Zara ! pensai-je, jusqu'où te porte ton dévouement aux intérêts de ta maîtresse! Et ce pensement m'égayant, je jetai un œil à François, et d'un air entendu lui souris. Mais François ne me rendit pas mon sourire, gardant tout à plein imperscrutable son long et correct visage, voulant par là me faire entendre — chattemite qu'il était toujours! — qu'il jetait, lui, le manteau de Noé sur les faiblesses du père, lequel ne s'enivrait point de vin, comme Noé, mais de femmes, la bonne Franchou ne lui suffisant pas, si j'en croyais l'oncle Sauveterre.

Je dis « l'oncle » Sauveterre, et peut-être le lecteur se ramentoit que Siorac et Sauveterre n'étaient point nés frères, mais qu'ils étaient devenus amis si intimes durant leurs années à la légion de Normandie qu'ils s'étaient en Rouen « affrérés » devant notaire (comme l'us en était alors), se donnant l'un à l'autre leurs biens. Tant est que s'il n'y avait qu'un baron de Mespech, la châtellenie appartenait à l'un comme à l'autre, Sauveterre, encore qu'il ne fût qu'écuyer, ayant même autorité que le baron pour trancher du ménage de la seigneurie, mais non, la merci Dieu, un égal pouvoir pour décider du sort de ses « neveux ».

A peine fut-on rentré à Mespech ce soir-là du Breuil, où la frérèche avait examiné un mouton dont Cabusse pensait qu'il pâtissait d'une maladie au pied appelée céans « le crapaud » (auquel cas il faudrait isoler et curer la bête, l'intempérie pouvant se mettre au troupeau entier avec un grand dommage pour lui), que la belle Zara, toquant à l'huis de ma chambre, me vint dire que sa maîtresse requérait ma présence en la sienne. Elle me dit cela en cent mots quand un seul eût suffi, accompagnant son discours de mines assassines et de je ne sais combien d'œillades, de souris, d'infantins zézaiements, de ploiements de cou, d'ondulements de taille, lesquels, pour appas d'archicoquette que je les connusse, néanmoins ne laissèrent pas de faire sur moi quelque effet, d'autant que je savais que Zara ne pouvait qu'elle ne les contrefît, cette seconde nature ayant sur elle tant de puissance que la belle avait quasi rejeté sa première natureté comme un serpent, sa vieille peau.

Elle était comme à l'accoutumée, vêtue comme une personne de qualité, portant basquine et vertugade de soie, diamant à la mignarde oreille, rangée de perles autour du long et suave col, et rubis à ses doigts fuselés, Dame Gertrude ne lui pouvant rien refuser, étant d'elle tant raffolée, que mon beau Quéribus prétendait en riant que maîtresse et chambrière jouaient à la fricarelle. A quoi me voyant sourciller, le baron, riant comme fol, avait ajouté :

— Eh quoi ! Ne vaut-il pas mieux ces petits jeux qui, entre garces, ne prêtent pas à conséquence, qu'un galant qui la ferait adultère quand votre frère l'aura mariée ?

— Baron, dis-je, ramentez-vous, je vous prie, que vous m'avez gagé que vous ne serez pas, ou plus, ce galant-là, le porche de l'église franchi.

— Tant promis, tant tenu ! dit Quéribus en me jetant un bras dessus l'épaule et à soi me serrant. En outre, n'ai-je pas à craindre votre terrible épée, maintenant que Giacomi vous a mis en main la botte de Jarnac ?

— Vous vous gaussez ! dis-je. Combien que j'aie fait, certes, quelques progrès...

— Combien que j'aie fait, *assurément*, quelques progrès, reprit Quéribus en me pinçant le gras de l'épaule, me voulant corriger de ce « *certes* » qui trahissait le huguenot, comme déjà m'en avait averti la baronne des Tourelles.

— ... Si ne suis-je, conclus-je, qu'un escrimailleur, à vous-même comparé.

Ce qui, pour n'être plus tout à plein vrai, fit rougir mon Quéribus de plaisir, tant il aimait être loué.

La belle Zara, elle, tandis qu'elle me précédait dans le couloir de Mespech jusqu'à la chambre de sa maîtresse, n'avait point tant besoin des mots que du muet hommage de l'œil sur son aimable dos, tandis qu'elle avançait devant moi, le torse droit sur des hanches qui, à chaque pas, paraissaient rouler comme navire par l'effet de la houle. Et cet hommage tournant tout soudain sa jolie tête, elle l'aguignait du coin de ses pupilles dorées qu'ombrait une longue frange au travers de laquelle elle m'envisageait comme pouliche de dessous sa crinière.

Gertrude du Luc était assise dans un grand fauteuil à tapisserie devant un feu de sapin, cramant haut, clair et pétillant, le seul feu de la maison par courtoisie du baron de Mespech, combien que cette fin d'octobre fût fraîche. A mon entrée, elle ne se leva point pour me jeter fraternellement les mains autour du col et m'épouser sur toute la longueur de mes membres, ce qu'elle faisait à l'accoutumée, ayant grand appétit au corps masculin. Mais que quiète, coite, sage et réservée comme angelotte sur une image elle était céans sous le regard de la frérèche devenue! En outre, nous n'étions point seuls. La Gavachette, ses petits doigts enserrant une grosse poignée de chandelles, les piquait sur deux chandeliers qui flanquaient un miroir dressé sur une table, tant est que Gertrude, sans branler mie de son siège, me tendit languissamment sa main à baiser au bout de son long bras, l'œil noir de la Gavachette noircissant à me voir y poser la lèvre, ce qui n'échappa pas à la blonde Normande.

— Ma fille, dit-elle avec un soupçon de hauteur, dès que tu auras fini de piquer les chandelles, va me quérir quelques bûches pour nourrir mon feu.

— Madame, cela ne se peut! dit la Gavachette de son ton le plus abrupt. Cela ne se peut du tout! Je n'irai point!

— Et pourquoi, impertinente? dit Gertrude, béante de se voir adressée sur ce ton.

— Pour ce que je suis grosse et ne peux porter poids, dit cette petite serpente. Mais, ajouta-t-elle d'une voix sifflante, ma meilleure raison, c'est que point ne le veux!

— Zara, s'écria Gertrude d'un air fort déconforté, as-tu ouï? As-tu jamais vu vermisseau se hausser tant du col! En ma conscience! Il en faudrait mourir! Zara! Baille-moi un soufflet à cette sotte caillette!

A quoi, Zara, à qui peut-être cette mission ne plaisait guère, s'approcha mollement assez de la fautive, ce qui fait que celle-ci, qui était nu-pieds et non point juchée sur de hauts talons, se déroba prestement, se remparant derrière la table en un battement de cil, et disant :

— Des bûches encore! Et dix chandelles le jour! On nous veut ruiner, je crois!

— Paix là, coquefredouille! dis-je, craignant qu'elle ne clabaudât plus outre en sa perfidie. Et la prenant par le col comme un petit chat, je la dessaisis de ses chandelles et les tendis à la belle Zara qui les prit d'un air fort peu ragoûté, craignant d'y tacher ses doigts frottés d'onguent.

— Venez, Madame la rebéquée, poursuivis-je, poussant la Gavachette devant moi jusqu'à l'huis ; s'il faut vous donner le fouet pour amender vos manières, nous le ferons!

— Ho non! Pas le fouet! cria Gertrude qui, sa colère passée, était tant bonne et piteuse qu'elle eût pleuré à voir un chat tourmenter un souriceau.

— Moussu, dit la Gavachette à voix basse, dès que la porte fut sur nous refermée, allez-vous fouetter votre pauvre petite garce laquelle vous contrecaresse à la fureur dès que vous l'effleurez du doigt?

Et ce disant, la voilà qui, me prenant à bras-le-corps, se blottit et s'ocococula entre mes bras, si proche de moi qu'assurément je ne lui pouvais faire batture, sauf par rieuse, amoureuse et contrefaite cruauté.

— Ha! fille de Roume! dis-je, voilà bien encore de tes impertinences! Quelle mouche à miel t'a piquée que tu aies osé affronter cette haute dame!

— Ma jaleuseté, dit-elle tout à trac en baissant le front comme une petite chèvre. Ha! Mon Pierre! Je hais ces deux grandes bagasses qui, cachant leurs rides de vieilles sous les pimplochements, vous envisagent les hommes comme si elles allaient les gloutir.

— Des vieilles! dis-je en riant.

— Certes! Dame du Luc pourrait être ma mère!

— Basta! dis-je. Elle est à mon Samson, et non à moi. Et elles sont toutes deux pour départir sous peu.

— La merci Dieu!

— Paix, bon bec ! dis-je, fort adouci par la ferme
charnure contre moi appuyée, et l'oreille au surplus
me tintouinant encore de ce qu'elle avait dit de ses
contrecaresses. Ensauve-toi, petit serpent, et requiers
de mon Miroul qu'il apporte les bûches.

— Madame ma sœur, dis-je en rentrant dans la
chambre, je vous fais mes excuses de ces épines.
J'eusse châtié la coupable, si vous ne l'aviez pardonnée.

— Voire ! dit-elle, l'œil pétillant. J'ai cru entendre
que la garce était grosse. Son fruit est-il de vous ?

— De ma greffe.

— Ha ! dit Gertrude, vous n'alliez donc pas gâter
une croupière où vous avez tant de commodités.

— Madame, cela est vrai.

— Et la mignote bien le sachant, devrais-je souffrir encore de sa bouche ces insolences-là ?

— Non, Gertrude, dis-je. Mon gentil Miroul vous
servira en sa place.

— Quoi, un homme ! dit la belle Zara, qui faisait
profession de ne les aimer point. Un homme céans !
En ma conscience !

— Tu n'en mourras point, Zara, dit Dame du Luc.
Miroul est avec toi tant respectueux.

— Et bien lui en prend, dit Zara, qui ayant déposé
sur la table les chandelles sans les piquer dans les
chandeliers, se frottait les doigts avec un onguent.

On toqua et Zara paraissant tant occupée, j'allai
ouvrir et Miroul entra :

> *Miroul les yeux vairons !*
> *Un œil bleu ! Un œil marron !*

comme chantait ma pauvre petite Hélix. Il alla poser
les bûches dans un coin de l'âtre, les voulant faire
ainsi chauffer, le bois, encore que fort sec, ayant
l'écorce mouillée de nos dernières pluies. Puis
saluant fort gracieusement Dame Gertrude, et baillant à Zara un salut à peine moins profond, mais
teinté d'une irrision si bien cachée qu'elle n'était qu'à
moi seul perceptible, il allait pour se retirer quand
Zara dit :

— Gentil Miroul, voudrais-tu m'obliger ?

— Madame, j'en serais ravi, dit Miroul en lui faisant derechef, son œil marron tout égayé, un petit salut gaussant.

— Il faudrait, dit Zara, fort contente de se voir « madamer », que tu me piques ces chandelles-ci sur ces chandeliers-là.

— Madame, dit Miroul, avec joie ! Mieux vaut salir cette grosse main-ci que ces jolis doigts-là !

A quoi je ris, Gertrude souriant d'un seul côté de la face, et la belle Zara faisant une petite moue, pour ce qu'elle entendait à la fin ce que valait l'aune de ce malicieux compliment par quoi mon gentil valet lui donnait leçon. Car nos gens ont aussi leurs petits chamaillis d'honneur, tout comme nous : la bûche pour le valet ! la chandelle pour la chambrière ! Et mon Miroul, assurément, s'apensait que notre Zara se paonnait trop au-dessus de sa condition, depuis que la faveur de sa maîtresse la revêtait de si beaux affiquets.

Les dix chandelles piquées et allumées dont Sauveterre plaignait tant le débours (tout Mespech, hors mon père, s'en indignant de reste, Dame du Luc, par bonheur, n'entendant pas la langue d'oc, ni tels piquants propos que nos chambrières échangeaient de la cuisine à la souillarde), Miroul nous fit encore un beau salut et s'en alla.

— Zara, dit Dame du Luc, ferme bien l'huis sur nous.

Quoi fait, mais sans se lever davantage, Gertrude me tendit la main et me fit asseoir sur un petit tabouret à ses pieds de sorte que j'avais le dos à la flamme et le nez sur son vertugadin, lequel était du plus beau brocart et pulvérisé de parfum.

— Mon frère, dit-elle, où en sommes-nous de notre grande affaire ?

— L'oncle Sauveterre fort renâclant et mon père consentant à demi.

Ce qui était à demi vrai, mon père acquiesçant tout à plein.

— Quoi ? dit-elle, son œil vert fort alarmé, à demi ?

— Mon père ou moi, dis-je.

— Quoi ? dit-elle, vous ! Ha quelle trahison ! Vous, mon frère, que tant j'aime !

Et ce disant, se penchant à moi, elle me posa les deux mains sur les épaules, et dans ce penchement, ses deux tétins, saillant quelque peu du décolleté de sa basquine, se serrèrent l'un contre l'autre de façon si suave que j'en fus tout ravi et comme subjugué. Ha ! m'apensai-je, je vois enfin l'us de ce tabouret si artificieusement placé qu'il m'interdit toute retraite — à peine d'avoir le dos rôti — si l'ennemi me presse trop. Cependant, bien sachant que ma faiblesse me venait de l'œil et que c'était de ce côté que j'étais attaqué, je le clouis à demi à la jésuite, et derrière ce mur me fortifiant dans ma résolution, je dis d'une voix ferme assez :

— Madame ma sœur, je vous chéris, moi aussi, de très grande amitié. Mais veuve vous êtes, et comme vous-même le confessez, il est chez les veuves de certaines licences à quoi le siècle cligne doucement les yeux, mais qui, chez une épouse, fâcheraient.

— Mais, dit-elle baissant l'œil à son tour, touchant Quéribus, ne vous ai-je pas déjà gagé ma foi...

— Il ne s'agit point de Quéribus, dis-je, mais de certains volages voyages auxquels vous étiez, étant veuve, fort accoutumée.

— Quoi, dit-elle, hérétique huguenot ! Vous appelez ainsi mes pieux pèlerinages !

— Le but était pieux, dis-je roidement, mais non les chemins qui y menaient. Et ces chemins-là, comme bien on sait, abondent en périls pour la vertu des dames.

— Ha mon frère ! dit-elle approchant de moi sa belle face, et son cheveu blond éclairé par les flammes lui faisant autour de sa gracieuse tête une auréole à laquelle je doutais qu'elle eût droit. Ha mon frère ! dit-elle contrefeignant une charmante confusion, quels indignes soupçons ! Moi qui, en ces voyages, ne soupirais qu'après mes indulgences !

— C'est placer le remède bien trop près du mal, ou le rebours, dis-je avec un sourire. Et de reste, de ces indulgences vous n'aurez plus métier, quand vous vivrez hors péché avec Samson dans les liens du mariage.

— Cela est vrai, dit-elle, retirant ses mains de mes épaules et s'appuyant avec un gros soupir au dosseret de sa chaise.

Elle s'accoisa alors un petit, la belle Zara debout à son côté, mais non certes comme son ange gardien, son bel œil compatissant allant de sa maîtresse à moi et en cette minute du moins, ne m'aimant guère plus que mon valet.

— Faut-il donc promettre de ne plus pèleriner ? dit Gertrude avec un nouveau soupir.

— Il le faut.

— Ha ! Cruel ! dit-elle. Comme vous me tabustez !

— Pour l'amour de qui vous savez.

— Mais, dit-elle, le marierais-je, si je ne l'aimais point ?

— Ha Gertrude ! dis-je en me levant avec quelque impatience, je vous connais bien là ! Vous voulez tout avoir, et Samson, et vos jolis périples ! Mais cela ne se peut !

— Hé Monsieur ! dit tout soudain d'un ton encoléré Zara, ne voyez-vous point comme vous mortifiez excessivement ma maîtresse à faire ainsi le fendant et le tyranniseur ! Que bêtes brutes sont les hommes à nous mettre ainsi le cotel à la gorge ! Fi donc ! Quelle méchantise ! Et que vous chaut le ménage de Monsieur votre frère quand il sera marié ! Est-ce donc là votre affaire ?

A quoi je ne répondis ni mot ni miette, faisant mine de ne point ouïr, et sans plus envisager Zara que si elle avait été souche sur le bord du chemin. Attitude qui la chagrina fort, pour ce que mes seuls regards, à l'ordinaire, la couvraient de fleurs, pour ne rien dire des louanges dont je n'étais pas chiche et qu'elle buvait comme l'herbe, la rosée du matin.

— Paix là, ma Zara ! dit Gertrude. Paix, je te prie, mon petit bec ! M. de Siorac est fort soucieux de la simplesse de mon joli Samson, et ne le voudrait pas voir pâtir de mes féminines faiblesses contre quoi il tente, en bon frère, de me remparer. C'est là tout le mystère. Et c'est bien fait à lui, Zara, même si cela va très au rebours de mon estomac. Ha Pierre! reprit-elle avec un soupir, ce n'était point tant un mauvais état que d'être veuve, libre de mes pécunes, libre surtout d'ouvrir mes ailes et de pèleriner bon an mal an, à Chartres, à Thoulouse, à Rome, à Compostelle, partout où j'avais fantaisie... Mais je vois bien que si je veux mon Samson, il me faut mettre une croix sur mes belles chevauchées.

— Y êtes-vous donc à la fin résolue? dis-je d'un ton plus doux.

— Tout à plein.

— Ha Madame! dit Zara, une larmelette au bord des cils, pour ce qu'elle était intéressée à ce débat, ayant été partie aux commodités et délices de ces voyages.

— Ma sœur, dis-je à Dame du Luc, mettant un genou à terre et portant à mes lèvres sa belle main, ne me gardez pas une trop mauvaise dent de mon zèle. Mais vous connaissez l'innocence de mon Samson et son imployable rigueur. Au moindre écart, il vous retrancherait de lui-même comme un membre pourri, dût-il se mutiler à jamais le cœur.

A quoi ouïr, celui de Gertrude, qui était aussi tendre que ses sens étaient faibles, n'y put tenir davantage, et elle se mit à sangloter son âme, que ce me fut pitié de la voir et à Zara aussi, qui me rejoignit à son genou, et à nous deux la confortant et la caressant, nous lui fîmes tant de baisers, mêlés à tant de mignardies, qu'à la fin elle s'apazima.

— Mon Pierre, dit-elle quand sa gorge, étant désangoissée, lui permit derechef la parole, si vous n'aimiez Angelina, et si je n'aimais Samson, c'est vous que j'eusse dû marier : car vous êtes avec moi tant roide et clairvoyant que je trouve je ne sais quel soulas à vous obéir même dans les dents de mon rechignement.

— Ho Madame! dit Zara qui voyait en cet aveu une trahison de son sexe.

— Zara! Zara! dit Dame du Luc, havre du ciel! Ne

me picagne pas! Et fais ta paix avec M. de Siorac! Je ne veux plus t'ouïr l'appeler « méchant » et « bête brute », comme tu as osé faire.

— Madame, dit Zara avec une de ces petites moues qui, parties de ses mignonnes lèvres, l'agitaient toute, gagnant de proche en proche, en une sorte d'ondulation, jusqu'à ses hanches et ses orteils, si M. de Siorac requiert de moi quelques excusations...

— Que nenni, belle Zara, dis-je, ta beauté, qui est sublime, est toute l'excusation qu'il te faut, et quelques poutounes, là, sur ta suave joue et ton col si gracieux (quoi disant, je la baisai à vif bec) me bailleront toute la réparation que j'exige pour tes impertinences.

— Mon frère, je vous ai ouï dire, dit Gertrude tout soudain se levant, soit qu'elle n'aimât point trop voir sa dame d'atour louée et baisotée, soit plutôt qu'elle jugeât toute mignoterie perdue qui n'était pas à elle-même adressée, je vous ai ouï dire que Samson et vous aviez été convertis à la religion réformée à l'âge de dix ans.

— Et j'ai de fort bonnes raisons de m'en ramentevoir, mon père ayant pris querelle à moi en cette occasion pour ce que je n'y allais que d'une fesse.

— Ha! dit Gertrude en levant le sourcil, et pourquoi donc?

— J'aimais Marie. Et je trouvai qu'une religion sans femme à adorer ne me remplissait pas le cœur.

— Oyez, Madame, dit Zara en souriant, comme M. de Siorac, en ses maillots et enfances, aimait jà notre suave sexe.

— Avec lequel pourtant, quand il s'agit d'autre que de lui, il est fort imployable, dit Gertrude. Mais laissons cela, poursuivit-elle sitôt sa flèche décochée, vous fûtes donc, mon frère, baptisé dans la vraie religion.

— S'il vous plaît la nommer ainsi, dis-je en lui faisant un petit salut froidureux.

— Adonc Samson aussi, qui est d'une autre mère, mais du même âge.

— Samson aussi.

— Mon Pierre, dit-elle tirant vers moi son œil vert très adouci, peux-je vous prier de quérir du curé de Marcuays qu'il atteste par écrit que Samson fut baptisé selon le rite romain et qu'il oit la messe ?

— Qu'il oit la messe ? dis-je, béant.

— Il l'orra ce dimanche qui vient, et avec moi, en la chapelle de Mespech, Monsieur votre père ayant mandé votre curé de l'y venir dire pour moi, pour Zara et le maestro Giacomi.

— Ha Gertrude ! dis-je, c'est merveille ce que vous avez de mon père obtenu !

— A vrai dire, dit Gertrude, baissant son bel œil, Zara m'y a aidée.

— Ho Madame ! dit Zara.

A quoi je ris.

— Toutefois, repris-je, le curé Pincettes ne vous mariera pas à Samson sans obtenir de lui abjuration haute et claire. Il est trop sous le pouce de son évêque de Sarlat.

— Mon bon curé de Normandie, dit Gertrude, ne nous cherchera pas tant de puces. Il se satisfera de l'attestation que j'ai dite, pour peu que vous consentiez à l'aller quérir à Marcuays.

J'y étais jà résolu, m'apensant qu'il ne serait point mauvais que j'obtinsse moi aussi de Pincettes l'attestation qu'elle avait dite et qui me pourrait être de grande usance, si M. de Montcalm me laissait à la parfin marier mon Angelina, laquelle était papiste aussi, comme peut-être on s'en ramentoit. Mais trouvant un très grand charme à l'heure qui passait, pour ce que je n'avais jamais vu cette chambre où j'étais si bellement illuminée, tant par le feu pétillant que par la profusion des chandelles, ni les vieux murs de Mespech, comme disait mon père, tant égayés par la blondeur de Gertrude et la beauté, les brocarts et les atours de ces deux galantes dames — lesquelles, à n'en douter point ramentevaient à mon père, comme à moi, ma défunte mère — je fis quelques difficultés à acquiescer à la prière de Gertrude, ayant appétit à prolonger cette mignonne scène et me voulant faire par elles deux prier et caresser plus outre. A quoi elles ne faillirent point, m'enveloppant de leurs enchériments et me donnant le plaisir d'y céder.

Porteur, au surplus, d'un message de mon père, je fus voir le curé Pincettes le lendemain, à la nuitée, non sans quelque déploiement de force que je voulais d'autant montrer que j'étais résolu à n'en user du tout. Je me fis donc accompagner par mon gentil Miroul, le maître en fait d'armes Giacomi, et Fröhlich, mon bon Suisse de Berne qui ne m'avait point quitté depuis la Saint-Barthélemy, ne tenant point à déshonneur d'avoir passé du service du roi de Navarre (pour lors quasi prisonnier en le Louvre) à celui d'un cadet périgordin plus étoffé en savoir qu'en pécunes.

Les chevaux attachés aux anneaux de la place de Marcuays, je toquai d'un poing ferme à l'huis de la cure et la servante de Pincettes m'envisageant par le judas, une chandelle en main, je me nommai, sur quoi déverrouillant la porte, elle m'ouvrit.

— Va bien, Jacotte ? dis-je en lui tapotant la charnure.

— Va bien, mon noble Moussu, dit Jacotte, riante et trémoussante, accorte commère qu'elle était, en tétins plus plantureuse qu'aucune garce à Marcuays, tant est qu'on pouvait douter, à lui voir le parpal si rond, le visage si lisse et le tant ferme corps, qu'elle eût l'âge canonique requis pour le service d'un prêtre et moins encore la complexion qu'il eût fallu en cet office. Au village, depuis la gaussante farce qui avait valu à notre papiste pasteur le surnom de « Pincettes » (et que j'ai jà contée), les gens ne l'appelaient pas autrement que « *la Curotte* », mais derrière son dos, car elle avait bon bec, vif et émoulu. Néanmoins, pour vaillante qu'elle fût, elle changea quelque peu de visage à voir mon escorte.

— Mais qui est celui-là ? dit-elle, alarmée assez en désignant Giacomi, lequel était grand et mince comme une épée.

— Le maestro Giacomi, dis-je, est assistant du grand Silvie, le maître en fait d'armes de monseigneur le duc d'Anjou.

— Et cette montagne d'homme ? dit-elle en montrant du doigt Fröhlich, lequel, à cet instant même, courbait le chef pour passer la porte et mettait de biais ses tant larges épaules pour ne les point heurter au chambranle.

— Un archer du Louvre passé à mon service, dis-je, aussi attentif à ne point nommer le roi de Navarre que je l'avais été à mentionner le frère du roi.

A quoi s'accoisant, la *curotte* nous envisagea tous les quatre (Miroul étant jà connu d'elle) et observant que sous nos capes nous portions dagues et épées, elle dit d'un air fort effrayé :

— Mon noble Moussu, que voulez-vous à mon maître ?

— Ma commère, dis-je, le ton débonnaire, mais l'œil froidureux, c'est affaire entre lui et moi.

— Ha ! Moussu ! s'écria Jacotte, allez-vous vous revancher sur lui de ce qu'il a de prime témoigné contre vous lors de votre duel contre Fontenac ? Ignorez-vous qu'il avait, ce faisant, le cotel à la gorge ?

— Ou peut-être, dis-je, ne me voulant pas trop bénin, le poignet bien graissé ? Mais, Jacotte, point n'en veux avec toi débattre. Va sans barguigner plus outre quérir ton maître et me le ramène céans. Miroul, suis-la qui-cy qui-là, sans désemparer. La garce ne doit quitter le logis que nous n'ayons l'affaire terminée.

A quoi Jacotte devint plus tremblotante que feuille de peuplier et sur le chemin jusqu'à l'oratoire du curé, se laissa par mon valet pastisser sans rebéquer le moindre.

— Ha ! Moussu ! me dit plus tard mon effronté Miroul, si le temps et l'occasion s'y fussent prêtés, j'eusse pu à loisir huguenoter la *curotte*, tant elle avait appétit à mes bonnes grâces, craignant que je ne l'expédiasse, son fourbe étant occis.

Lequel fourbe n'avait pas la crête fort haute quand il parut, ou plutôt comparut devant moi en la salle où nous l'espérions tous trois, la dextre sur la poignée de nos épées et le dos chauffé à son feu. A dire le vrai, Fröhlich, plutôt que d'envisager la porte, avait l'œil fiché sur une terrine de confit d'oie et un flacon de vin rouge qui attendaient notre hôte, sa table étant jà dressée pour un petit souper qu'il était accoutumé à gloutir avant que de s'aller endouilletter en sa coite, notre homme se trouvant tant gros mangeur que mon Suisse de Berne, et au surplus, si j'en croyais la Maligou qui en avait tâté, insatiable paillard : on l'eût pu deviner d'ailleurs à sa trogne cramoisie et à son nez, tant gros qu'il lui tombait sur ses épaisses et friandes lèvres, l'œil, en revanche, étant fort petit, mais brillant et rusé, et le front fort bas, me donnant à penser que Pincettes avait juste de cervelle assez pour servir à ses appétits, et sans y pouvoir loger, au surplus, le plus petit atome de savoir ni de débonnaireté, car il n'était point bon homme, certes, combien qu'il le contrefît.

A peine eut-il pénétré dans la salle que Giacomi, fermant l'huis derrière lui, s'y adossa de sorte que Pincettes eût pâli si sa rouge peau l'eût permis, son œil roulant dans l'orbite comme une petite bête inquiète et sa grosse lippe tremblante comme gelée :

— Ha ! Révérend docteur médecin ! dit-il enfin en français, la parole blèze et bégayante, et me saluant quasiment jusqu'à terre. Je suis excessivement honoré...

— Point ne le suis, curé, dis-je, la mine rufe et la voix abrupte. S'il n'avait tenu qu'à ton témoignage, on m'aurait décollé.

— Ha mon noble Moussu ! dit Pincettes en oc, ce témoignage, le sieur de Malvézie me l'arracha, la pointe de la dague sur la pomme d'Adam !

— Mais la pointe de la dague ôtée, tu l'as répété, félon à l'évêché !

— Benoîte Vierge ! dit Pincettes, pouvais-je me rebeller contre Monseigneur qui le quérait de moi ainsi ?

— Compagnons ! criai-je en français, avez-vous ouï cela ? Et quelle odieuse embûche on a machinée contre moi !

A quoi tous trois hochèrent gravement la tête, Fröhlich compris qui n'y avait rien entendu, la parladure étant en oc et son œil bleu sur le confit d'oie attaché.

— Curé! dis-je incontinent, assieds-toi à cette escabelle, là, à ce bout, et toi, Jacotte, quiers l'écritoire de ton maître, et vitement, commère, vitement! Suis-la, Miroul, comme son ombre...

Ce qu'il fit, sauf que cette ombre-là avait des mains, et se serait certainement attardée à ce corps si Miroul n'eût redouté mon ire, Pincettes étant de son côtel bien marri qu'on caressât si effrontément sa « curotte » à son nez sans qu'il osât piper.

— Curé, dis-je, quand tout fut là, sais-tu écrire?
— Oui-da! dit Pincettes en relevant la crête.
— En latin?
— Non hélas, dit-il, je dis en latin ma messe et mes prières, mais point ne suis à l'écrire accoutumé.
— Si vais-je te dicter.

Mais ce faire je ne pus, tant son orthographe était peccamineuse. Aussi écrivis-je de ma main en latin les attestations pour mon Samson et pour moi et les copia-t-il, fort soumis, et tout sueux de se donner peine (laquelle sueur coulait le long de son gros nez) mais non sans toutefois rebéquer quelque peu pour ce qui fut du passage concernant la messe.

— Moussu, dit-il en français (peut-être pour n'être pas compris de Jacotte), cela est faux : vous ne l'oyez point et votre noble frère non plus.

— Nous l'orrons ce dimanche quand tu viendras à Mespech la dire.

— Mais une fois! dit Pincettes, comme effrayé de m'affronter.

— Aussi n'est-il point écrit céans que nous l'oyons coutumièrement.

— Cela est vrai, dit Pincettes qui n'entendait le latin qu'à demi.

— Jacotte, dis-je en oc quand son maître eut fini son pensum, tu porteras à l'occasion témoignage que M. le curé de Marcuays a écrit tout ceci sans menaces ni paroles fâcheuses, et sans non plus que je lui graissasse le poignet, mais de soi, et librement.

— Oui-da, dit Jacotte.

— Et Jacotte, dis-je, fouillant en mon escarcelle, voilà deux sols pour conforter l'incommodité où tu fus.

— La merci à vous, Moussu, elle ne fut pas de conséquence, dit Jacotte en jetant un œil point rancuneux par-dessus son épaule, Miroul étant encore derrière elle les deux mains sur ses hanches, lesquelles étaient tant larges que ses épaules, et celles-ci tant fermes que son poitrail, cependant de bedondaine pas la moindre, pour ce qu'assurément elle ne buvait point à l'égal de son maître comme soulier percé et labourait de l'aube à la nuit, et la nuit aussi, à ce qu'on contait, mais à son grand contentement.

— Curé, dis-je en glissant les deux attestations dans mon pourpoint, à écrire ceci, qui n'est que la vérité vraie, tu as rhabillé les fallaces où on t'avait contraint.

— Moussu, dit Pincettes, tout sueux encore de son effort, mais la voix en son gargamel passant mieux et se raffermissant, je serais fort heureux que vous ne me gardiez point, et Monsieur votre père non plus, une trop mauvaise dent de ces malheureux témoignages.

A quoi, ne le voulant pas voir trop conforté non plus, je me levai et lui tournant l'épaule, je présentai mes bottes au feu pétillant dans l'âtre, m'apensant que le drole était moins ménager de son bois que la frérèche, ses ouailles lui garnissant son bûcher en fagots, son cellier en vin, son charnier en venaison, son garde-lard en confits d'oie. Car il n'était point brebis en cette paroisse, pas plus qu'en Taniès, qui, outre l'annuelle tonte de la dîme, n'allât se tondre elle-même, bon mois, mal mois, pour nourrir à tas son pasteur : tant est qu'au prix de quelques patenôtres, le chattemite vivait comme rat en fromage, le dos au feu, le ventre à table et la Jacotte sur sa coite : bien marri j'étais, à y penser plus avant, d'avoir à graisser encore le maraud qui, à n'en pas douter, était céans l'œil et l'oreille de l'évêché de Sarlat où il se rendait, une fois la semaine soit sur le char d'un laboureur, soit sur sa mule. Aussi ne voulais-je point qu'il allât défaire par son dire mes latines attestations.

— Curé, dis-je, j'ai ouï que la belle statue de la Benoîte Vierge en l'église de Marcuays était toute dépeinturée des innumérables attouchements que les fidèles lui ont faits en leurs prières.

— C'est hélas! vrai, dit Pincettes avec un gros soupir, et la mine tout soudain allumée, mais la cure n'a pas de clicailles assez pour la faire redorer.

— Voici, dis-je en le posant sur la table, un écu franc et non rogné pour lui redonner son éclat. Ce don, repris-je en français, en arrêtant de la paume ses grâces et ses mercis, doit rester en Marcuays et Taniès déconnu mais non point de qui tu sais en Sarlat où j'ose penser qu'il fera voir d'un meilleur œil un gentilhomme de qui la vie fut préservée par le roi et le duc d'Anjou dans les traverses que l'on connaît...

— Moussu, dit Pincettes en me faisant un profond salut, je suis très assuré qu'il en sera comme vous le désirez, et quant à moi, je n'y épargnerai pas mes peines.

Au sortir de ce douillet logis, la bise nous attaqua aigrement la face, le temps étant fort frais devenu et se ressentant plus de la neige que de la pluie.

— Ha Moussu! dit mon vif et fluet Miroul en se mettant au botte à botte avec moi, Giacomi et Fröhlich trottant derrière nous, nos sabots résonnant étrangement sur la pierre du chemin en le silence de la nuit, ha Moussu! N'est-ce pas damnable de bailler pécunes pour le dorement d'une idole papiste?

— Encore, Miroul, dis-je, ne m'en a-t-il coûté qu'un écu. Mais il en coûta cinq cents à la frérèche lors de l'achat de Mespech pour gagner l'évêché, lequel en tenait pour Fontenac.

— Mais une idole, Moussu!

— Ha Miroul, dis-je, qui la dore ne l'adore point!

— Mais qui l'adorne la fait adorer! dit promptement mon gentil Miroul qui, tout valet qu'il fût, aimait les *giochi di parole* [1], tout autant que le plus italianisé courtisan.

— Bah, Miroul! dis-je, bien peu nous chaut si les bonnes gens des villages lui baisent mains et pieds. Doit mon joli Samson faillir à marier sa Gertrude, et moi-même, mon Angelina, faute de quelques couleurs barbouillées sur du bois? N'en parles-tu pas trop à ton aise, Miroul?

— Moi, Moussu?

— Toi, Miroul, qui as l'heur d'aimer une huguenote, laquelle tu pourras tout de gob épouser sans ces détours et ces débours.

A quoi, s'il n'avait fait nuit, j'eusse vu mon Miroul rougir pour ce qu'il était fort raffolé de sa chaste Florine, étant toutefois à moi si affectionné qu'il avait juré de ne point convoler avant que j'eusse reçu mon Angelina à l'autel.

Jurement que je n'eusse songé à quérir de lui tant mon projet de la marier était précaire, M. de Montcalm étant si tyrannisé de son confesseur qu'il ne voulait d'un hérétique pour gendre, encore que je lui eusse la vie gardée, et à sa femme et sa fille l'honneur, dans mon combat contre les gueux de Barbentane qui les tenaient captifs. Cependant, j'avais pour moi, et Angelina et Mme de Montcalm, lesquelles, par leur courrier, m'entretenaient dans l'espoir que ledit confesseur se trouvant vieil et mal allant, elles pourraient, quand le Seigneur en sa bénignité le rappellerait à lui, le remplacer auprès de M. de Montcalm par le Père Anselme, celui-ci étant jà le secrétaire du comte et m'aimant fort pour avoir à mon côtel retroussé sa bure pour bailler de bons coups d'épée aux caïmans que j'ai dits.

Lecteur, peut-être trouveras-tu étrange que, si soucieux d'obtenir des attestations de baptême catholique pour mon Samson et moi, j'aie négligé d'en quérir une pour mon aîné François : mais c'est qu'elle ne lui aurait été d'aucune usance, sa Diane ayant logis au Château de Fontenac, et le mariage ne

1. Jeux de mots. (Ital.)

pouvant qu'il ne se fît dans la paroisse de Marcuays, j'entends sous l'œil de notre évêque, lequel était fort peu enclin à modérer l'avantage que la Saint-Barthélemy avait donné à son Eglise sur les nôtres. Car il faut bien le dire enfin : le massacre qui s'était en Paris et dans les bonnes villes du royaume perpétré, avait tant frappé les survivants de terreur qu'un assez grand nombre d'entre eux — hors ceux qui allaient combattre si vaillamment à La Rochelle les armées du roi — ou bien cherchaient quelque accommodement ou bien même se convertissaient tout à trac au papisme, comme avait fait en Paris le ministre du Rosier, le bon pasteur aimant mieux vivre catholique que périr huguenot. La frérèche elle-même qui, n'ayant jamais pris les armes contre le roi, avait assez peu à craindre de lui, composait depuis lors avec le clergé, allant jusqu'à lui bailler *gratis pro Deo* une terre que nous possédions à Sarlat et à laquelle un couvent de capucins avait appétit afin que de s'agrandir.

Dans le même temps, mon Quéribus, dont on savait qu'il se trouvait fort haut dans la faveur du duc d'Anjou, répandait dans le Sarladais le bruit que son maître m'avait en ses bonnes grâces, ce qui n'était point tout à plein faux, le duc m'ayant baillé deux cents écus sur sa cassette — mais aussi qu'il m'avait sauvé des massacres du vingt-quatre août : menterie joyeuse que moi-même accréditais partout, rien ne protégeant mieux qu'une princière protection, même si elle n'est que supposée.

Cependant, si ces prudents déportements — j'entends le mien comme celui de la frérèche — avaient si bien ménagé les choses dans le Sarladais que nous nous y sentions assurés de notre sûreté, il était hors du probable que notre évêque consentît à marier Diane à un hérétique, sans que celui-ci abjurât : ce que François eût fait, sans doute, et ce que mon père eût permis peut-être, si Sauveterre n'avait haussé au-dessus de nos têtes son inébranlable rigueur.

Non que tous les évêques du royaume fussent,

30

même après la Saint-Barthélemy, aussi imployables que le nôtre. D'aucuns, pour qui les familles et les alliances venaient davantage à compte, opinaient même qu'il y avait profit pour l'Eglise de permettre au huguenot de marier une garce papiste, à la seule condition que les enfants fussent élevés par leur mère en la foi catholique, la foi du mari huguenot mourant alors avec lui sans espoir de se perpétuer. C'était là, plaidaient-ils, une extirpation de l'hérésie qui se faisait sans heurt ni dol, mais à la longue, et par le doux moyen des femmes.

Car tous les prêtres n'étaient pas en France tant fiers et farouches que notre évêque de Sarlat, tant s'en fallait : sans cela Gertrude n'eût point eu fiance en la pliable humeur de son curé normand pour la marier à Samson sans quérir davantage que le billet latin sué par Pincettes, lequel, montant à la course en sa tiède et claire chambre, je tendis à la belle et qu'elle glissa dans le mitan de ses tétins, où il fut assurément plus douillettement logé que dans mon pourpoint glacé par le vent et couvert de flocons de neige qui jà à son feu fondaient.

— Ha mon bon frère ! Que bon, brave et bénin vous êtes ! cria Gertrude qui ne savait guère ce qu'elle disait, étant au comble de la félicité. Et pour le coup, me jetant ses beaux bras autour du col et m'épousant de toute la longueur de son corps, elle me poutouna à la fureur.

— Miroul, dis-je par-dessus son épaule à mon gentil valet, lequel nous espinchait, son œil marron tout égayé (mais son œil bleu restant froid), va dire à mon père qu'il neige et quiers de lui permission d'allumer le feu en les deux cheminées de la grand'salle (lesquelles se faisaient face), le temps se mettant à pierre fendre.

— J'y cours, Moussu ! dit Miroul fort aise de sa mission, la grand'salle jouxtant la cuisine où Florine — la blondette huguenote qu'il avait arrachée à la Saint-Barthélemy — aidait la Maligou à cuire notre rôt du soir, laquelle Maligou, était la mère de mon mince petit serpent de Gavachette, ce qu'on avait peine à croire tant elle était ventrue, mamelue et fessue, et pour lors tant geignarde que génisse en gésine, pour ce qu'elle était depuis trois jours travaillée d'un continuel flux de ventre.

On toqua à l'huis de la chambre, et Zara consentant à l'aller déclore de sa main frottée d'onguent, le baron de Quéribus entra, plus couvert de flocons de neige que je ne l'étais une minute plus tôt, ayant galopé de Puymartin à Mespech pour dîner avec nous, fourbu, mais fort étincelant de sa vêture, et de sa face fort beau, ayant le cheveu doré, l'œil bleu, le cil noir, les traits fort joliment ciselés, et je ne sais quelle juvénilité en la primevère de son sourire qui le faisait aimer, malgré sa piaffe. Car mon Quéribus, en vrai muguet de cour, se paonnait à l'infini, la taille svelte, le pied campé et la main sur la hanche.

— En ma conscience ! cria-t-il à voix fort haute, il neige à ne plus distinguer le chemin du labour ! Et la froidure est à mourir ! Madame, je suis à vos genoux, poursuivit-il, mais ne baisant à Gertrude que la main sans la prendre en ses bras, voulant me montrer par là qu'il se ramentevait mes recommandations, mais en revanche me baillant, à l'étouffée, une brassée fort longue.

— Madame, dit Zara qui, combien qu'elle professât ne point aimer les hommes, ne pouvait se passer de leur admiration, le baron aime M. de Siorac plus que nous ! Et de reste, ils se ressemblent comme jumeaux. Tant est qu'envisageant M. de Siorac, le baron cuide se voir en un miroir. Raison pour quoi il l'aime au-dessus de nous !

— Ha, Zara ! Que dis-tu ! cria Quéribus qui, pirouettant sur ses talons, la saisit à la taille et la serra à soi, y a-t-il apparence que je t'oublie jamais, belle Zara, et que je vous aime moins, ta belle maîtresse et toi ? Vertudieu, il en faudrait mourir ! poursuivit-il, sa voix montant dans les notes aiguës et jurant comme Charles IX à la paume, mais seulement hors d'ouïe de la frérèche qu'il tenait à grand respect.

— Baron, si vous m'aimez, dit Gertrude, vous ne

retarderez pas davantage votre département, pour ce que j'ai une certaine affaire en Normandie qui ne souffre pas délai.

— Ha! dit Quéribus en me donnant de l'œil d'un air entendu, si cette affaire tant à cœur vous tient, comment ferais-je la tortue céans? Cependant, je ne pourrai sonner le boute-selle que le 15 novembre.

— Le 15 novembre! s'écria Gertrude, à quoi Zara répéta en écho sur le même ton affligé :

— Le 15 novembre!

— Ha Monsieur! dit Gertrude, que tardif! Et que lassant et tabustant d'espérer jusque-là!

— Madame, dit Quéribus en la saluant, combien que je veuille vous accommoder, si ne peux-je plus tôt : mon cousin Puymartin donne pour moi en son château à la noblesse du Sarladais une grande fête le 10 novembre où je me propose de m'amuser comme fol, à telle enseigne que je ne cuide pas être remis de mes fatigues avant le 15.

— Quoi? dit Gertrude, l'œil en fleur et la mine plus alertée que chatte pointant soudain ses petites oreilles, une fête! Une grande fête! Le 10! Ballera-t-on? Y serai-je conviée?

— Mais assurément, Madame! dit Quéribus, ainsi que votre époux futur et votre frère que voilà, et François, et Catherine, et les co-seigneurs de Mespech.

— Et moi? dit Zara.

— Cela allait sans dire! dit Quéribus, quelque peu en irrision, me sembla-t-il. Comment eussé-je pu priver cette haute dame de sa dame d'atour? poursuivit-il avec un souris quelque peu gaussant, car, en son for, il ne la cuidait pas si « haute », Gertrude étant de noblesse de robe, et lui, d'épée.

— Ha! cria Gertrude en se levant et courant embrasser sa chambrière. Ma Zara, as-tu ouï? Une fête! Une grande fête! Le 10! Avec la noblesse du Sarladais! En le château de Puymartin!

Mais il n'y avait pas apparence (comme aimait à dire Quéribus) que Zara n'eût pas ouï, d'autant que Gertrude le lui remémora deux ou trois fois encore, étant si raffolée des fêtes qu'elle en oubliait tout de gob sa hâte à départir pour aller marier mon frère en Normandie.

L'objet de cet oubli entra dans l'instant chez elle, un flacon à la main, lequel contenait une liqueur verdâtre assez peu ragoûtante, mais que son regard bleu azur envisageait en fort amoureuse guise, tant est qu'il paraissait ne point voir ceux qui étaient présents et point même Gertrude, vers qui pourtant il marcha sans le secours de ses yeux, comme limaille attirée par l'aimant.

— Ha mon joli Samson! cria-t-elle, courant à son tour à lui comme poule à son poussin, comment vous voilà fait! Sans votre fraise! Le pourpoint à la déboutonnée! La manche relevée! Le bas de chausse tombant! Et le cheveu comme quenouille emmêlée!

— Ma mie, dit-il la voix fort douce, l'œil innocent, et de sa face fort semblable à un saint de vitrail, j'ai labouré les cinq heures passées à façonner cette médecine que voilà (brandissant, ce disant, le verdâtre flacon) à partir de douze éléments, desquels, décoctés, ou sublimés, ou en poudre réduits, et mêlés par moi en bonne proportion, j'ai fait un breuvage fort idoine, à ce que j'opine, à curer le flux de ventre dont pâtit la Maligou.

A quoi Quéribus, bon muguet qu'il était, s'esbouffa de rire, mais sa fine main sur la bouche et se détournant.

— Baron, dit Gertrude le gourmandant, je ne veux point qu'on se gausse! N'est-ce pas charité bien évangélique que cet ange de Dieu ait labouré cinq grosses heures pour soulager l'intempérie d'une simple servante?

A quoi, tournée vers Samson, elle ajouta, sans logique aucune, et du même ton encoléré:

— Samson, n'êtes-vous pas vergogné de m'avoir barré votre porte toute une après-midi pour façonner cette horrible potion? Zara, prends-la-lui des mains, et la pose, là, sur la table!

— Madame, je ne peux, j'ai les doigts frottés d'onguent, dit Zara, me laissant émerveillé qu'une chambrière eût des mains si délicates qu'elle ne pût à rien toucher de l'aurore à la nuit.

— Zara, havre de grâce! Cours du moins quérir la fraise de mon Samson en sa chambre! dit Gertrude qui, même en ses ires, passait tout à sa dame d'atour, comme elle aimait à la nommer.

A quoi Zara obéit avec une de ses moues et fort à rebrousse-poil, aspirant peu à quitter la tiède chambre pour s'aller plonger en la froidure du reste du logis. Et moi, voyant notre Gertrude fort rebelute à s'approcher plus près de Samson tant qu'il tiendrait le verdâtre flacon, je lui commandai de le poser de soi sur la table, ce qu'il fit, paraissant mal réveillé du labour enchanteur à quoi il avait consumé la moitié de ce jour, car il aimait ses bocaux comme fol, ainsi que je l'ai dit déjà.

— Venez là, mon joli méchant! dit Gertrude en le saisissant par le poignet et en le faisant asseoir sur une escabelle devant son miroir illuminé. Après quoi, elle entreprit incontinent de nettoyer avec de l'esprit-de-vin ses doigts tachés.

Prenant mon Quéribus par le bras, je laissai notre belle à cet appropriement, ne doutant pas qu'elle ne le menât à bien, d'autant que Zara réapparut, trotti-nant sur ses hauts talons, la fraise de Samson à la main, pour la lui remettre au col, une fois son pour-point boutonné.

Le petit viret que nous descendîmes l'un derrière l'autre nous sembla fort glacial comme si le vent avait eu pouvoir de passer à travers les pierres ron-dies dont il était façonné. Mais saillant en la grand'salle et closant l'huis qui fermait derrière nous la froidure des degrés, que hautes, claires et confor-tantes nous parurent les flammes des deux chemi-nées face à face!

Nos gens étaient déjà assis chacun à sa place, au bas bout de la table, le bonnet sous le cul, les mains lavées et la bouche cousue, tandis que Sauveterre et Siorac marchaient de long en large, non point côte à côte, mais en sens opposés. Et se croisant au milieu de leurs respectives navettes, échangeaient quelques mots à la volée, Sauveterre comme à son accoutumée prenant soin de ne jamais mettre le pied sur le joint des grandes dalles, ce qui le contraignait à faire, quand et quand, un grand pas ou un petit pas : tâche peu facile, vu qu'il claudiquait de la navrure qu'il avait reçue à la gambe senestre, vingt-sept ans plus tôt, à Cerisolles.

— Cornedebœuf, gronda-t-il (ce bœuf et cette corne composant le seul juron qu'il se permît), quel extravagant débours que deux feux en la même salle !

— N'est-ce point pour cela que nos deux cheminées furent bâties ? dit mon père en le croisant. Chacune chauffant sa moitié d'air.

— Mais deux feux ! dit Sauveterre, quand on eût pu se passer d'un seul !

— Nous peut-être, dit Siorac poursuivant son chemin, et son dos au dos de Sauveterre répondant, mais non point les dames qui vont le tétin à demi découvert.

Et que ce fût là parole taquinante pour tabuster son frère, j'en suis bien assuré.

— La peste soit de ces ruineux tétins ! grommela Sauveterre, poursuivant son chemin jusqu'à son bout, l'œil fixé sur le joint des dalles. Ne les peut-on vêtir de laine pour ménager notre bois ?

— Que ce serait pitié ! dit mon père à mi-voix et parvenu à son extrémité de salle.

Mais Sauveterre avait l'ouïe fine.

— A ce compte, dit-il, tirant à nouveau vers Siorac, notre bois fera l'an à peine.

— Allons, mon frère, dit Siorac, nous avons assez de bûches au bûcher pour nous durer deux hivers.

— Mais non un rude hiver comme sera celui-ci, dit l'oncle : quérez-en plutôt notre Faujanet (il prononçait comme nous tous « Faujanette », à la périgordine).

— Faujanet, dit mon père, s'arrêtant le sourcil levé et tournant la face vers le bas bout de la table, que sais-tu de l'hiver qui vient ?

Faujanet se leva, lequel était comme Sauveterre (raison pour quoi ils étaient l'un à l'autre tant affec-

36

tionnés) noiraud de peau et claudiquant. Mais avant que d'ouvrir le bec, il prit le bonnet qui chauffait entre sa fesse et l'escabelle et le tourna entre ses deux rudes mains pour bien marquer qu'il parlait au coseigneur le chef découvert.

— Moussu, dit Faujanet, j'étais cette matine pour faire plus droit notre talus des Beunes quand je tombai sur un terrier. Tiens donc, m'apensai-je, un lapin! Et je creusai et je creusai. Mais point! C'était marmotte! Et enfouie à une bonne demi-toise! Preuve donc que l'hiver vient tôt cette année, et sera dur, et que la neige est pour rester.

Cette prédiction — qui paraissait à tous fort certaine, personne ne mettant en doute la sagesse de l'hivernante marmotte à chercher chaleur au plus profond — fit que nos gens tirèrent une mine fort longue, ce qu'observant mon père, il ne manqua pas de gausser pour leur redonner du ventre :

— *Cand avetz fred*, dit-il en oc, *cal tener lo tiol estrech* [1]. Ce qui ne faillit pas à les faire rire à gueule bec et ce faisant, d'envisager *lou moussu* d'un air d'atendrézie connivence comme s'ils lui savaient gré de citer les proverbes qui avaient nourri leurs enfances.

— Avec votre permission, Moussu, dit Faujanet, à qui on sentait bien que revenait la citation suivante, vu qu'il était celui-là qui avait trouvé la marmotte, « *annada de neu, fe de jintilóme, annada d'abonde* [2]! », ce qui les fit tous et toutes esbouffer à ventre déboutonné, non qu'il y eût rien de comique en ce confortant proverbe, mais pour ce que Faujanet qui était notre tonnelier, avait dit, parlant en son nom, « foi de gentilhomme », et l'avait dit, qui plus est, parlant à un baron. Aussi bien était-on aise assez de rabattre quelque peu Faujanet dont on voyait bien qu'il allait s'enfler tout l'hiver de sa trouvaille, surtout si elle avait dit vrai.

Les rires cependant cessèrent et nos gens se

---

1. Quand vous avez froid, il faut tenir le cul étroit.
2. Année de neige, foi de gentilhomme, année d'abondance!

levèrent, comme Siorac les en avait de prime requis, pour honorer Dame Gertrude du Luc, quand, l'huis du viret s'ouvrant, elle entra, précédée de Zara et de Samson, celui-ci fraisé et boutonné, ses belles boucles de cuivre coiffées à ravir et portant les deux chandeliers qui dissipaient en flammettes les pécunes de la châtellenie, Zara se bornant à déclore devant lui la porte, ce que même une suave main pouvait faire sans se gâter.

A vrai dire, nos gens n'avaient pas à se forcer prou pour s'accoiser, tant ils béaient devant la blondeur de la Normande et devant ses splendides affiquets qui ramentevaient aux plus vieils ma défunte mère en ses bijoux et atours, tant est que d'aucuns — hors d'ouïe de Sauveterre — opinaient que pour grand que fût le débours en viandes, en bois et en chandelles, le château paraissait plus gai depuis que les « dames » y logeaient, ma nourrice Barberine ajoutant — papiste qu'elle restait dans l'âme sous sa croûte huguenote — que Dame Gertrude était « tant belle et bonne que la Benoîte Vierge », et bien pitié que le Moussu ne voulût pas quérir et marier sa pareille en le Sarladais, Mespech n'étant au comble de son mieux s'il n'avait baronne, beau logis ne se pouvant tant plus passer de femme qu'aveugle de son bâton.

La grand'salle n'étant jusque-là éclairée que par ses seules cheminées, l'apparition de mon svelte Samson portant au poing les dispendieux chandeliers, fit que mon père nous aperçut, Quéribus et moi, qui étions dans l'ombre restés pour ne point troubler le pendulaire et querelleur trantolement de la frérèche. Et nous voyant, il nous fit de loin le plus débonnaire souris, et ayant de prime posé fort dévotement sa moustache sur la main des dames (avec les regards qu'on devine) il vint de son pas vif et bondissant nous donner à chacun une forte brassée, aimant fort Quéribus, tout muguet emperlé qu'il fût, et Quéribus le lui rendant bien, qui tout de gob l'invita au nom de

Puymartin, ainsi que Sauveterre, à la fête du 10 novembre, et dans le même souffle, lui annonça son département le 15. Sauveterre, pendant ce temps, faisait aux dames un roide et profond salut mais de loin comme s'il y eût péril pour son âme à approcher davantage ces vases d'iniquités, combien qu'ils fussent peints et ornés. On prit place à table, et tout soudain, Samson, ayant déposé son double fardeau, se frappa le front et murmurant : « Mais je suis fol ! », dépêcha Miroul quérir le verdâtre flacon, dans la chambre de Gertrude oublié, tant sans doute il avait aimé que Zara et sa maîtresse lui servissent de chambrières.

Mon valet s'acquitta de sa mission en un battement de cils, et sans même emprunter chandelle, ses yeux vairons voyant la nuit comme ceux d'un chat, à qui jà il ressemblait fort par sa féline agilité. On ne pouvait, certes, en dire autant de la Maligou qui, lorsqu'elle saillit de la cuisine, portant soupière, marchait à pas fort menus, et à chaque pas tremblotait comme gelée, tant sa charnure s'enflait à distance de ses os. Samson, dès qu'elle eut la soupière posée, lui remit le verdâtre breuvage, lui expliquant le quoi, le qu'est-ce et le comment, ce qu'elle ouït révérencieusement, avec d'infinies grâces et bénédictions sur le joli Moussu pour sa bonne médecine, laquelle toutefois ne la cura point, son irréfrénable flux de ventre continuant les jours suivants de pis en pis et ne cédant enfin qu'après qu'elle eut glouti matin et soir une décoction de feuilles de noyer et de ronces que Barberine en son mas était accoutumée à donner à ses vaches quand elles souffraient de cette intempérie. Tel et si grand, pourtant, était le respect que nos gens nourrissaient pour les fioles et flacons de mon Samson qu'aucun d'eux ne songea à sourire de son échec, Barberine opinant, bien au rebours, que son remède était trop beau et trop savant pour la curation d'une simple servante.

Mon père étant assis au haut bout de la table (ainsi nommé, je gage, pour ce que le feu lui chauffait les reins, le bas bout ne méritant pas ce soir-là son nom, la deuxième cheminée flambant haut derrière la large croupe de ma bonne Barberine) il ne pouvait qu'il n'eût à sa dextre le co-seigneur de Mespech, et à sa senestre, Dame Gertrude du Luc.

— Monsieur mon frère, dit Siorac en français, savez-vous que Puymartin nous invite le 10 à une grande fête en son château ?

— Humph ! dit Sauveterre pour qui fête voulait dire bal, et bal, perdition, mais qui savait aussi qu'il ne pourrait se dispenser d'y paraître, Puymartin devant entrer en notre alliance, si le mariage de François avec Diane se faisait.

— Avez-vous ouï, François ? dit Siorac d'un air entendu.

— J'ai ouï, Monsieur mon père, dit mon aîné, ouvrant le bec pour la première et dernière fois en cette repue, pour ce qu'il ne daignait bailler mot, ni même regard à Dame du Luc, qui, à ses yeux, n'était pas née assez, et à plus forte raison à Zara, laquelle n'était point née du tout, tant le piaffard se paonnait de ces deux tortils de baron qui couronneraient un jour sa tête. Et du reste, à qui eût-il parlé ? N'étais-je pas un cadet ? et Samson, un bâtard ? L'un médecin ! l'autre apothicaire ! Certes, il y avait Quéribus, mais celui-ci n'avait d'yeux ni de voix que pour la frérèche et pour les dames dont, tout entiché qu'il fût lui-même de sa nobilité, il ne se demandait point si elles étaient nées, puisqu'elles étaient là, et leur éclat embellissant le monde.

— Monsieur mon frère, dit Siorac, en oc, tirant avantage de ce que Gertrude fût engagée par Quéribus, je vous vois tout revêche et rebours dans le pensement de cette fête.

— Mais non que d'elle, dit Sauveterre, jetant un œil aux chandeliers et aux deux feux. Je ne veux vous celer, mon frère, que je n'aime pas le train dont les choses vont céans, pour ce que je ne vois partout où porte mon regard que dépenses et dissipations. *Non ego mendosos ausi defendere mores* [1].

1. Ce n'est pas moi qui oserais défendre des mœurs relâchées (Ovide).

— En ce cas, dit mon père, citant en oc le Nouveau Testament : réjouissez-vous, mon frère, avec ceux qui se réjouissent. Nos deux papistes départent le 15 avec notre ami que voilà.

A quoi Quéribus qui entendait l'oc (sa châtellenie étant sise dans le Carcassonnais) jeta un œil à mon père et un autre à moi, sourit, et incontinent reprit avec Gertrude ses muguetteries de cour.

— Cette nouvelle infiniment me conforte ! dit Sauveterre en oc avec un grand soupir. *Nulla fere causa est in qua non femina litem moverit* [1]. Ainsi, de vous à moi, mon frère, ce long mois passé. Et la querelle n'était point tant de chandelles et de bois que de cette *odor di femina* qui imprègne nos murs.

— Quoi ? dit mon père. Ne la respiriez-vous pas, avant, avec Catherine et nos chambrières ?

— Mais celle-là ne vous subjuguait point, dit Sauveterre.

— Ha ! dit Siorac en y mettant quelque gravité, vous touchez là un point de grande conséquence et qui m'a tenu longtemps étonné. Il se peut qu'on n'aime point les femmes. Mais il ne se peut qu'on les aime sans les aimer excessivement.

Parole qui tant bien dépeint la complexion de Jean de Siorac (et la mienne) qu'à ce jour je me la rementois, et la face de mon père quand il la prononça, et la mine qu'eut Sauveterre en l'oyant, lequel eût, certes, préféré un langage où la nature n'eût pas pris le pas sur la vertu. Cependant, dans le même instant, il était trop félice, en sa jaleuse affection, d'apprendre le proche envol de nos jolies oiselles, pour chercher puce derechef à Siorac. Hélas, pauvre Sauveterre, que déçu il ne faillit d'être, comme je dirai plus loin !

Ma petite sœur Catherine, dont *l'odor di femina* ne

1. Il n'est guère d'action où la femme n'ait pas été la cause de la querelle.

chatouillait point, au dire de mon oncle, les narines paternelles, n'était point tant petite que je l'aimais à dire, mais bien femme devenue de la taille à l'orteil, mince et bien rondie, l'œil en fleur, la face éclatant d'un beau teint, sans pimplochement aucun, ni affiquets — hors le collier que je lui avais baillé pour la compenser de la bague en or que j'avais offerte à la Gavachette. Elle oyait tout ceci que je viens de conter de cet air coi, quiet et chattemite qu'on apprend à nos filles dès les enfances. Mais moi qui la connaissais bien, je savais qu'elle n'était point tant marrie qu'elle paraissait l'être du département de nos dames, encore qu'elle aimât assez avec elles, en le secret de leur chambre, babiller, et se vêtir de leurs atours, et jouer avec les couleurs dont elles se pimpladaient le visage — mais opinait, toutefois, que son père, dont elle raffolait, leur donnait une attention qui n'était due qu'à elle, car ma mère n'étant plus, Catherine se voyait à Mespech la dame du logis, au moins jusqu'à ses noces, sauf que de celles-ci elle désespérait en son for quelque peu, ayant fait avec Barberine des revues et dénombrements des prétendants possibles en notre Sarladais, et n'ayant découvert parmi eux aucun jeune gentilhomme qui l'eût ragoûtée assez pour qu'elle eût appétit à jeter sur lui la griffe.

Car griffe elle avait et bon bec aussi, avec ses frères d'une hauteur et braveté incroyables, nous vousoyant, nous gourmandant, nous tabustant, ne souffrant ni baiser ni brassée, nous appelant roidement « Monsieur mon frère », et à la moindre picanerie, nous tournant la froidureuse épaule dans un irrité tournoiement de son vertugadin. Par ses frères, j'entends non point François à qui elle ne jetait jamais un œil, tant elle l'avait à contre-poil, mais Samson et moi qu'elle aimait, sans qu'il y parût prou, de grande et jaleuse amour, raison de plus pour priser peu Gertrude et moins encore, ma Gavachette, avec qui pourtant elle avait grandi, ayant même âge à trois jours près.

Au lever du repas et tandis qu'Alazaïs, Miroul et la

Florine disposaient les sièges autour du feu — la librairie étant trop froide par cette nuit neigeuse pour s'y retirer avec les dames — Catherine me prit à part à l'autre bout de la table et me dit, le bras dans le mien passé :

— Monsieur mon frère, j'ai ouï par Samson qu'après son département de céans avec Dame Gertrude du Luc (elle ne mentionnait point Zara qu'elle affectait de ne point voir non plus, outrée qu'elle était de son batifolage avec le baron de Mespech), votre propos est de vous aller installer médecin en Bordeaux.

— Tel est, en effet, mon projet, dis-je, assez peu content que Samson eût jasé, Catherine, tout muet qu'il fût, étant habile à lui crocheter les mots hors la bouche.

— D'où vient donc, dit-elle retirant sa main de mon bras, branlant ses boucles blondes en son ire et levant haut la crête en un courroux que peut-être elle contrefeignait, d'où vient que Samson l'ait su avant moi ?

— Madame ma sœur, dis-je, assez piqué qu'elle me voulût de prime abord pécheur et repentant, ai-je avec vous passé contrat de tout vous dire ?

— Nenni. Mais votre fraternelle amour vous eût dû y porter peut-être, dit-elle avec une petite moue.

Mais à cela je restai de marbre et voyant bien qu'elle ne m'avait point du tout mis à genoux, elle prit le parti de me rendre sa main, son souris et ses beaux yeux pervenche et me dit en me tendant la joue :

— Qu'importe, Pierre, je vous pardonne. Baisez là !

Ce que je fis, mais point à la fureur, tout mignonnant que je sois à mon accoutumée avec ce sexe sublime, mais allant à ces poutounes-là comme un chat, la patte sur le recul, la moustache hérissée et inquisiteuse, étant méfiant assez de ce captieux début et de ces griffes sous ce velours. Inquiète, je pouvais voir de mon œil senestre que la Gavachette l'était aussi, laquelle laissait traîner aux alentours ses

petites oreilles, tout affairée qu'elle paraissait être
— elle pourtant si apparessante — à frotter la grande
table derrière notre dos.

— Mon Pierre, reprit Catherine après m'avoir mon
baiser rendu, médecin, vous allez prendre logis en
Bordeaux, et tant que vous n'aurez pas marié votre
Angelina, il vous faudra femme pour ménager votre
maison et commander Miroul et sa Florine. Que ne
m'emmenez-vous ? J'y serais, je crois, suffisante.

Eussé-je su que répondre à cela (qui me laissa
d'abord béant) que je n'en aurais eu le temps, pour ce
qu'entre nous surgit la Gavachette, son œil noir de
Roume noircissant de fureur.

— Madame, dit-elle, les deux mains sur les
hanches, s'il est femme en cette maison que Pierre
devrait prendre avec lui en Bordeaux, c'est assurément moi, qui suis sa garce et qui lui baillerai des
commodités auxquelles une sœur ne saurait prétendre.

— Quoi ? cria Catherine fort redressée et tout à
plein hors de soi, quoi, oiselle ! oses-tu bien m'interrompre en cet entretien ? Et présumer me faire
pièce ? Va-t'en en ta cuisine, souillon ! Va, crapaute !
Vipère ! Verte lézarde !

— Madame, dit la Gavachette en lui faisant en irrision une profonde révérence, toute serpente que je
sois, j'ai bel homme sur ma coite et de lui j'ai conçu !

— Escorpionne ! cria ma sœur, cuides-tu que ton
vilain péché te donne le pas sur moi ?

Et sur la Gavachette marchant tout soudain, par
deux fois elle la souffleta.

— Ha Madame ! Faire batture à une femme
grosse ! C'est traîtrise ! cria la Gavachette qui eût
rendu coup pour coup, je crois, si entre les deux
garces me mettant vivement, je n'avais retenu son
bras, mon dos empêchant Catherine de continuer ses
assauts, à quoi elle avait fort appétit, tâchant de me
déborder. Ce que voyant mon père, et dans quel
prédicament je m'encontrais là, me trouvant sous
le double feu de ces furies, il se leva et me vint
incontinent en renfort, commandant à Catherine de

se retirer en sa chambre et à la Gavachette en la souillarde. Ce qu'elles firent, grinçant quasiment des dents et l'œil — noir ou bleu pervenche — étincelant de tous ses feux.

— Et quel était, mon Pierre, dit Jean de Siorac, quand chacune de son côté, elles eurent départi en un furieux balancement de leurs cotillons, l'un de toile et l'autre de brocart. Quel était le propos ou prétexte de cette becquetade ?

Je le lui contai à mi-voix tandis qu'il marchait de-ci de-là dans la salle de son pas impatient, incapable qu'il était de rester jamais en repos, mais alerte et bondissant, tout grison qu'il fût, le torse redressé, les mains sur les hanches, le jarret tendu et portant, en l'honneur des dames, ce pourpoint de satin vert pâle — le vert, auquel il restait fidèle, ayant été la couleur de ma défunte mère — lequel pourpoint s'était fait couper pour me venir chercher à Barbentane chez les Montcalm en 1567 et qu'il avait si peu endossé ces cinq années passées que l'étoffe en paraissait neuve, mais non point la façon — quant à elle tout à plein « hors la mode qui trotte », comme on dit en Paris. Cependant, fait comme il était là, le baron de Mespech avait grand air et bonne allure.

— Ha ! Mon Pierre ! dit-il, m'espinchant de côté de son œil vif et gai, il n'y a pas apparence, comme dit Quéribus, que vous ayez jamais disette de garces au logis, mais bien plutôt surabondance, étant un homme excessivement donnant et caressant : complexion à laquelle même une sœur est sensible, qui ne quitte jamais, même la nuit, le collier d'or que vous lui baillâtes. Quant à la Gavachette, encore que je n'aime point qu'on fasse frappement à garce grosse sous mon toit, j'opine qu'elle a bien mérité ces soufflets que voilà, étant avec un chacun céans d'une braveté insufférable. Il y a, poursuivit-il en me prenant le bras et en me serrant à soi, une facilité aux amours populaires, mais il y a péril aussi, pour ce que nous oublions trop que nos bonnes chambrières sont femmes autant que nos galantes dames, et n'ont de cesse qu'elles n'attentent de nous passer le licol au cou dès qu'elles nous tiennent.

Là-dessus, il soupira — soupir qui me donna à penser que la Franchou le picaniait, ayant pris quelque ombrage que la Zara vînt chasser sur ses terres.

— Quant à Catherine, reprit-il, elle est tout juste comme était votre défunte mère : fort affectionnée à ceux qu'elle aime, mais fort déprisante aux autres, et avec tous haut à la main, ne souffrant mors ni bride, ruant des quatre fers, et de clic et de clac indomptable. Eh bien, Monsieur mon fils, poursuivit-il en riant, de la Gavachette et de Catherine, laquelle de ces deux ménades emmènerez-vous en Bordeaux? Car il est clair que vous ne pourrez avoir les deux ensemble.

— Je n'y avais point donné pensée jusqu'à cette heure, dis-je, et m'en voici songeard. J'entends bien que Catherine est fort peu ragoûtée du plat pays, n'y trouvant point prétendant à chausser, et a fort appétit à vivre en grande ville, y espérant merveilles. Mais je n'aimerais point, repris-je après avoir rêvé quelque peu, vous priver de la lumière de sa belle face.

— Laquelle luit peu, dit mon père, en l'absence de Samson et de vous, Catherine hennissant après de plus jeunes chevaux qu'on n'encontre en nos vieux murs. Pierre, si vous la voulez, la prenez tout de gob sans plus penser à moi.

— Mais la veux-je? Je ne sais, dis-je, hésitant toujours. Je l'aime, certes, d'une grande et fraternelle amour, toutefois...

— Toutefois? dit mon père en riant derechef, ne me dites ce « toutefois »-là avant d'en avoir médité plus outre. Vous aurez tout le temps qu'il y faut, Samson ne départant que le 15.

La neige, aux matines, ne fut pas pour discontinuer, mais tomba, et tomba, et à si gros flocons, et si serrés, que de la fenêtre de la salle d'armes, à peu que je ne pusse distinguer le clocher de Marcuays de l'autre côté de la combe, comme si du ciel eût chu une tapisserie de franges blanches qui eût l'horizon à demi celé, tout bruit aussi assourdissant, à telle enseigne que si j'oyais chanter nos coqs enroués, je ne pouvais ouïr, leur répondant, les coqs des mas voisins. Pis même, encore que dans cet instant mon Samson tirât contre le maître en fait d'armes Giacomi, il me semblait que le froissement des épées frappait moins fort ma gourde et paresseuse oreille.

Miroul et mon grand et gros Fröhlich à mes côtés s'accoisaient, tant ils béaient de voir Giacomi, sans bouger d'une ligne, déconcerter d'un imperceptible mouvement de son poignet la lame de mon frère, et lui donner de la sienne dans la poitrine d'un mouvement si prompt qu'on eût dit le coup de bec d'un oiseau.

— Eh quoi, Samson ! dit Giacomi avec cet italien zézaiement qui prêtait tant de bonne grâce à son moindre propos, avez-vous le corps retiré ? Hérésie toute pure ! C'est affaire à la lame de détourner la lame ! Et non au torse de sonner la retraite !

— Je m'en ramentevrai, dit Samson, qui de nous trois était l'élève le plus docile, mais non le meilleur, étant de sa complexion lent à concevoir et tardif à exécuter.

Qu'excessivement vif en comparaison me paraissait Giacomi, la membrature si resserrée sur les os, les jambes et les bras si longs et de ses mouvements tant économe et ménager que c'était merveille de le voir, en branlant si peu, achever prou ! Et que j'aimais sa face aussi, ovale et brune, dont tous les traits tiraient joyeusement vers le haut : les coins des paupières, les commissures des lèvres et jusqu'au nez qu'il avait retroussé. Personne de grande qualité, miroir de courtoisie, homme de bon et rare métal qui, tout papiste qu'il fût, s'était mis au hasard de sa vie pour m'apporter aide et secours au mitan des sanglantes matines de Paris.

— Giacomi, dis-je, son assaut terminé, et le tirant à part dans l'embrasure d'une fenêtre, j'ai vergogne à te voir exercer ton art avec d'aussi petits seigneurs que nous, toi qui fus au Louvre l'assistant de Silvie, et le maître de si grands personnages. Et si fort que j'aimerais te garder céans et mon père aussi, si ne voudrais-je pour un empire entraver ta fortune...

— Qu'est ceci à dire? dit Giacomi en levant le sourcil.

— Que si tu as appétit à partir le 15 avec Quéribus et son escorte...

— Quoi, mon frère! s'écria Giacomi d'un air de fâcherie contrefaite. Vous aurais-je déplu? Etes-vous contre moi piqué? Suis-je relégué en les banlieues et faubourgs de votre bon plaisir?

A ce discours qui était tant drapé en sa gaie gausserie, je sus que Giacomi allait avec moi rester et riant du confortement que cela m'apportait, mais le cœur me battant un peu, je dis d'une voix étouffée, le nœud de la gorge me serrant un peu :

— Ha Giacomi! Tu sais bien que mon cœur est attaché au tien depuis la Saint-Barthélemy par des grappins d'acier!

— Mon frère, dit Giacomi, n'allons-pas nous atendrézir, chacun sur les bienfaits de l'autre et pleurer comme fontaine sur nos bénignités. L'amitié est comme une viole dont les cordes ne doivent pas être jusqu'aux larmes tendues.

Il dit cela qui me parut fort poétiquement italien, avec un geste gracieux et vif de sa main senestre, puis s'éloignant, il me parla d'un ton léger par-dessus son épaule.

— Mais toi-même, mon Pierre! dit-il, jetant un œil à la vitre enneigée, vas-tu à Mespech l'hiver demeurer?

— Que nenni! J'ai le propos, après le département de nos belles, de m'aller installer médecin en Bordeaux, qui est ville belle, grande et fort bien étoffée par son négoce maritime.

— Eh bien, dit Giacomi avec un sourire, si tu veux de moi, mon Pierre, je t'y suivrai dans tes armes et bagages. Je ne doute que j'y trouverai élèves, comme toi des patients.

A quoi tournant la tête, je vis mon Fröhlich, muet toujours mais énormément renfrogné, pour ce qu'il aimait peu le labour des champs où il était en Mespech employé et n'osait me quérir de me suivre en Bordeaux, sachant bien que j'y aurais Miroul en mon service et que je n'étais pas pécunieux assez pour avoir deux valets.

Mais je n'eus guère le loisir de conforter mon bon Suisse de Berne : Escorgol poussant son gros nez et sa tant grosse bedondaine à la porte de la salle, m'annonça, tout à plein hors de souffle, qu'un cavalier suivi d'un page requérait l'entrant à nos portes, se disant de mes amis.

Notre Escorgol avait ceci de très particulier qu'ayant le nez fort grand, il avait peu d'odorat, et ayant l'oreille fort petite, l'ouïe la plus fine de tout le Sarladais. Il eût pu, disait-on, ouïr à cinquante toises le pied nu d'un enfantelet sur le chemin herbeux de Mespech. Raison pour quoi on l'avait fait portier. Mais aussi avait-il l'œil fort perçant, encore qu'il disparût quasiment dans les plis et replis de ses paupières.

— S'est-il nommé, Escorgol ?

— Il s'y est tout à plein refusé, Moussu, arguant qu'il ne dirait son nom qu'à vous.

— Connais-tu du moins sa voix ?

— Nenni. Et moins encore sa parladure, son oc n'étant point de céans.

— Et sa face ?

— Je ne l'ai pu voir. Le drole est plié jusqu'au sourcil d'un grand manteau, lequel est tout couvert de neige.

— Sanguienne ! criai-je. Allons éclaircir ce mystère !

Et je partis, devançant Escorgol, suivi de Miroul, Giacomi et Fröhlich, mon Samson, au moment que de venir avec nous, s'immobilisant, pour ce qu'il trouva devant lui métal plus attractif, Gertrude apparaissant tout soudain à la porte du viret.

Ayant passé les deux ponts-levis de l'île et enfin dans la dernière enceinte parvenu, je courus démasquer le judas du châtelet d'entrée et vis, en effet, sur le chemin, un grand quidam enfourchant un cheval noir duquel (je parle du guillaume) c'était à peine si on pouvait entrevoir un œil, tant sa capuche et son ample manteau brun l'enveloppaient de cap à pied. A vrai dire, le manteau, brun de son étoffe et de substance, était quasi tout blanc de flocons et la monture n'était noire que dans les dessous, tant il neigeait sur elle et sur le cavalier, ce dont celui-ci paraissait fort peu incommodé, à la différence de son joli page, lequel soufflait dans ses doigts gourds avec de petites mines souffrantes.

— Qui es-tu, neigeux compagnon? dis-je par le judas.

— Est-ce bien Pierre de Siorac qui à moi s'adresse derrière l'entrelacs de cette petite grille? dit la voix du gautier, laquelle, bien que son manteau l'étouffât, ne me parut pas tout à plein déconnue.

— C'est bien je.

— S'il en est ainsi, ha vraiment traître judas! Judas vraiment judas qui me dérobe la vue de sa tant belle face!

— Qui es-tu pour parler ainsi?

— Un qui t'aime. Mais dis-moi: ôte-moi de quelque doutance encore: Est-ce bien le Révérend Docteur médecin Pierre de Siorac, fils cadet du baron de Mespech, qui parle à ma personne?

— Ne m'as-tu pas ouï? C'est bien je qui suis là!

— Ne me connais-tu point, Pierre de Siorac?

— A visage encapuchonné, non.

— Et à la voix?

— Point tout à plein.

— Ha! dit le guillaume d'une voix gaussante, où donc est la voix du sang?

— La voix du sang?

— Ou si tu préfères, le murmure du lait: je fus ta nourrice, Pierre.

— Ma nourrice, un homme?

— Suis-je un homme? dit le gautier de la même voix ironique et gaussante. Il m'arrive vingt fois le jour d'en douter. Mais passons. Je ne fus pas, Pierre, ta nourrice selon la chair comme Barberine, mais selon l'esprit.

— Selon l'esprit?

— Oui-da! t'ayant nourri, en Montpellier, aux sté-riles mamelles de logique et de philosophie de la vache Aristote.

— Quoi! criai-je, béant, ouvrant tout à plein le judas et de joie transporté, Fogacer! Est-ce toi, Foga-cer?

— *Ipse, mi fili* [1], dit-il, abaissant sa capuche.

Et souriant, son chef nu se couvrant lentement de flocons, il m'envisageait de son œil noisette, arquant son sourcil diabolique.

CHAPITRE II

Mon père fut fort aise d'encontrer Fogacer, dont il avait ouï par ma bouche, encore que j'eusse omis de l'instruire de la particularité de ses mœurs, laquelle l'eût pris très au rebours de son estomac, étant si étrangère à sa complexion, et si honnie par son Eglise. Et Fogacer étant, pour sa part, si accou-tumé par la persécution des gens de sa farine à déguiser sa voix, ses gestes et son déportement (les-quels n'étaient point tout à fait de son sexe, quand il n'y prenait garde) le baron de Mespech fut à mille lieues de rien soupçonner, même quand Fogacer le pria de ne point coucher son petit valet avec Miroul, comme le propos en était devant lui agité, mais avec lui-même, étant, dit-il, sujet la nuit à des étouffe-ments que seul son serviteur savait alléger par le massage de l'épigastre.

Mon Fogacer articula cette demande sans battre un cil, la raison qu'il en donnait ne pouvant que per-suader mon père dont on se ramentoit qu'il avait étu-dié la médecine en Montpellier avant que de choisir le métier des armes. Quant à Sauveterre, convaincu qu'il était que tout le mal en ce monde ne venait que des femmes, il n'avait point d'odorat pour la bougre-

1. Moi-même, mon fils.

rie, ni « autres choses énormes et détestables », comme dit notre Calvin, lequel, à Genève — tout comme le Pape à Rome — condamnait au bûcher ceux-là qui s'y livraient, étant l'un et l'autre (j'entends de Calvin et du Pape) quasi réconciliés en cette occasion sur les cendres de ces malheureux.

A moi-même fut laissé le choix de la chambre, et je choisis celle de la tour Nord (encore qu'elle fût froidureuse) pour cette raison qu'elle s'encontrait à Mespech fort isolée et des maîtres et des valets, tant est qu'on y pouvait faire noise et vacarme sans être de personne ouï.

— *Mi fili*, dit Fogacer quand le joli valet eut clos l'huis sur nous, lequel était fermé par un fort gros verrou, plaise à vous de me laisser m'étendre sur la coite. J'ai chevauché trois grosses journées quasi sans débotter depuis Périgueux, et encore que je préfère cette navrure-là aux flammes qui attendaient ma croupière en cette bonne ville, le feu m'en cuit excessivement.

— Mais Fogacer, étais-tu en Périgueux sous la menace des fagots ? Et qui ou quoi t'avait mérité ce sort ?

— Ma vertu, dit Fogacer en arquant son noir sourcil.

— Ta vertu, dis-je, prenant place sur une escabelle à côté de sa couche, tandis que son valet, ou comme disait Fogacer, son page, s'accroupetonnait sur le plancher à une demi-toise de son maître, et sans le quitter de l'œil, comme s'il eût craint que celui-ci s'évaporât en l'air, s'il faillait un quart de seconde à l'envisager, ta vertu, Fogacer, a déjà été tenue pour débattable, en particulier en Montpellier, si bien je me ramentois.

— Cependant, dit Fogacer, avec son lent et sinueux sourire, n'y aurait-il pas couardise à cesser d'être ce que je suis, pour ce que mon être ne plaît point à ceux qui commandent aux gibets et aux bûchers et baptisent crime ma vertu, au nom de principes obscurs, qui ont surgi, fort poussiéreux, de la nuit des croyances ?

— Crime ou vertu, compagnon, que fis-tu en Périgueux qui te valut d'être promis aux flammes ?

— J'aimais, dit Fogacer fort gravement et sans plus gausser ni sourire, à la seule guise dont je peux aimer, le seul objet que je tienne pour aimable. Mais combien que mon amour fût noble et pur en mon cœur, il fut réputé tout soudain « abominable et diabolique » par les puissants que j'ai dits, ceux-là étant gouvernés par de certains esprits étroits, estéquits, chattemites et zélés. Et me voilà désespérément à la fuite, galopant sur les chemins à brides avalées, craignant pour ma vie, craignant pour la sienne surtout, ajouta-t-il, posant la dextre sur les boucles blondes de son page, lequel tout aussitôt la prit dans les siennes et de baisers la couvrit avec un air d'infinie gratitude.

— Ce drolissou, poursuivit Fogacer en retirant doucement sa main des siennes, et plus ému que je ne l'avais vu jamais, était dans le triste emploi d'un saltarin de Paris, lequel, lui ayant appris ses tours de baladin, le faisait durement et périlleusement labourer sans autre salaire qu'une chiche pitance ; en outre, lui infligeait batture et frappement, l'abreuvant quand et quand d'un milliasse d'injures. Or, il advint que ce méchant, ayant en Paris commis quelque vilenie, dut avec sa bande quitter la capitale, et vaguer de ville en ville, gagnant son pain par ses farces et batelleries. Et pour moi je ne pus que je ne le suivis alors sur les grands chemins du royaume, étant captivé hors raison par les grâces de mon joli Sylvio, et soignant tous et un chacun dans la troupe sans requérir un sol.

— Ha, Fogacer ! Toi, un des médecins du duc d'Anjou ! Tombé en ces momeries ! Avec ces vagabonds !

— *Trahit sua quemque voluptas !* [1] dit Fogacer avec un soupir. Mais je poursuis. En Périgueux enfin, je décidai cet ange que voilà — car ange il est, tant par le cœur que par la corporelle enveloppe — à planter

---

1. Chacun est entraîné par la volupté qui lui est propre.

là son tyranniseur et avec moi s'en sauver. Mais le maître saltarin, qui avait cligné doucement les yeux sur ma passion tout le temps qu'elle avait servi ses intérêts, sentit à mon département se réveiller sa chrétienne conscience et courut me dénoncer à l'Evêché de Périgueux (ici Fogacer baissa la voix) comme bougre et comme athée, le misérable ayant au surplus observé que je n'allais à messe que d'une fesse, et peu souvent. Sur quoi l'Evêché me dépêcha à l'auberge un clerc bien gras pour de moi s'enquérir, lequel clerc j'engraissai plus outre de mes sonnantes clicailles pour qu'il me laissât départir. Ce que je fis à beau pied, et le jour même, sentant en mes alentours une odeur de roussi et de soufre, et sachant — bien mieux que personne — que les maudits ne peuvent espérer justice en ce royaume.

— Les maudits, Fogacer?

— Les huguenots, les juifs, les athées, et les sodomites. Et moi qui suis des deux derniers, j'étais donc en grand péril d'être brûlé deux fois, quand une seule eût suffi. Ha! Quel siècle cruel, mon Pierre! Que de zèle à plaire à Dieu en navrant l'homme!

Sur quoi il s'esbouffa, mais avec la face de qui prend le parti de rire, ayant mille raisons de pleurer.

— Savais-tu que j'étais à Mespech? dis-je, m'étant un moment accoisé.

— Point avant d'arriver en Sarlat où, à mon immense confortement, j'entendis que tu t'étais tiré sain et gaillard de la Saint-Barthélemy. Peux-je, mon Pierre, poursuivit-il en se dressant sur son séant et en m'envisageant œil à œil, demeurer en Mespech le temps qu'il faudra pour que s'assoupissent les cléricales vigilances? Mon projet est de tirer ensuite vers Bordeaux et de là, gagner La Rochelle où, d'après ce que j'ouïs, mon maître est pour assiéger les huguenots qui s'y remparent.

— Gentil maudit, dis-je avec un sourire, dois-tu aider le duc d'Anjou à mettre en pièces d'autres maudits?

— Nenni, *mi fili*, dit Fogacer, ce n'est point l'aider en son entreprise que d'attenter de le curer de ses intempéries. Le seul sang que je tirerai est le sien, lequel étant bleu, me protégera de la persécution.

A quoi je ris et assurai Fogacer qu'il pourrait demeurer en Mespech aussi longtemps qu'il le trouverait bon, mon père sachant bien que je lui avais dû la vie en Montpellier, quand les juges me voulaient chanter pouilles pour le défouissement que l'on sait et mes amours sur une tombe avec un cotillon diabolique.

La neige tomba si dru et si continuement dans les jours qui suivirent l'arrivée en nos murs de Fogacer qu'elle menaça d'interdire par son abondance les chemins de nos alentours, celui de Sarlat étant d'ores en avant impraticable et nous coupant du siège de la sénéchaussée. Ce qui, au dire des anciens de nos villages, ne s'était point vu en Périgord depuis soixante-sept ans, tant est que la frérèche, consultant avec les nobles du voisinage, décida de mettre les laboureurs à la tâche pour vaincre cette incommodité et garder à tout le moins ouvertes les voies entre les châteaux et Marcuays. Labour de Sisyphe que celui-là et fort dur aux pauvres gens qui suaient dans l'aigre bise à pelleter sur les côtés la neige, sachant bien qu'ils seraient pour recommencer le lendemain ; infinie corvée qu'ils devaient aux seigneurs et qu'ils acceptaient fort à contre-poil, pour ce qu'ils n'y touchaient pas salaire, Mespech étant la seule châtellenie à servir aux siens une soupe chaude, et une seule, de tout l'interminable jour.

Je voulus aller aider au déneigement des abords de Mespech avec Samson (mais non François qui trouva la chose indigne de son rang) et dès que ma résolution fut connue, il n'y eut homme valide en Mespech qui ne voulût m'accompagner, et jusqu'à Giacomi, Fogacer et Quéribus, lequel, tout muguet qu'il fût, laboura d'arrache-peau, se piquant d'honneur à ne pas pelleter moins que moi. Sanguienne ! Que rude, et dure, et rufe fut cette journée pour nous, et pour nos paumes pâtissantes, sauf pour Giacomi qui avait pris le soin de se ganter, ne voulant pas gâter ses mains d'escrimeur ! Avec quelle friandise, de retour à Mespech, bien avant la nuitée, nous gloutîmes une collation d'avant repas ! Et avec quelle joie et confortement, Quéribus, Samson et moi nous encontrâmes en la chambre de Gertrude, bon feu cramant dans l'âtre, chandelles illuminantes, et nos belles et gentilles dames, fort occupées à ajuster leurs robes et affiquets pour la fête du 10 novembre à Puymartin. Ha ! Le bruissement des brocarts et satins ! le scintillement des perles et des pierres ! l'enivrement des parfums ! le doux babil ! et les gestes rondis et gracieux de nos nymphes en leurs joyeux affairements ! Quelle ne fut pas ma bonne heure, m'apensai-je, me dilatant à ces délices, d'être né en château, et non point en masure ; sans quoi à cette heure, je serais encore à suer et peiner avec nos laboureurs.

Ma petite sœur était là, et plus affectionnée à Gertrude qu'elle ne l'avait jamais été, pour ce que celle-ci, en sa débonnaireté, lui donnait, pour le bal, une fort jolie vêture qu'il n'était question que de mincir à la taille et d'acourter en sa longueur pour qu'elle lui allât tout à plein : opération qui n'était point tant simple qu'il y paraissait, à en juger par les débateries de nos dames à ce propos, comme au sujet de deux colliers entre lesquels il importait de choisir pour orner la blanche et douce gorge de Catherine, la robe la laissant voir, encore qu'à la discrétion, la collerette (du point de dentelle le plus beau) étant relevée en éventail derrière la nuque.

— Baron, dit Gertrude, après que Quéribus l'eut saluée avec plus de retenue qu'à l'accoutumée, peut-être parce que Catherine était là, départagez-nous, je vous prie, vous qui êtes rompu aux usances de cour : je tiens pour les rubis comme mieux accordés au rose de la vêture. Et Catherine tient pour les perles.

— Cela dépend, dit Quéribus, prenant son arbitrage fort à cœur et plus sérieux à cette frivolerie que juge en Parlement. Si la robe rose était pour être portée par vous, belle Gertrude, il y faudrait les rubis, les deux couleurs ayant entre elles une naturelle affinité. Mais dès lors qu'elle vêtira Dame Catherine, celle-ci ayant seize ans et n'ayant point mari, je tiens que les perles, en leur laiteuse blancheur, conviennent davantage à ses pudiques virginités.

Ce disant, lui donnant du bel œil, il fit un grand salut à Catherine qui battit du cil et rougit excessivement.

— Baron, dit Gertrude pour qui Quéribus, familier du duc d'Anjou, ne pouvait errer en ces matières, le duc étant réputé *urbi et orbi* comme l'arbitre des élégances, vous avez parlé d'or et fort galamment : nous suivrons vos avis.

Belle lectrice qui lisez ceci et qui assurément avez connu aussi ces fièvres et branles de combat qui précèdent un bal, où il vous semblait qu'il y allait quasiment de la vie d'apparaître à votre avantage et d'être vue en votre splendeur avant même que de voir, et de jeter qui-cy qui-là sous vos cils un regard vif et dérobé sur les plus aimables de vos adorateurs — je prie le ciel que vous ne me gardiez point une trop mauvaise dent de ce que mon propos n'est point de vous conter, comme vous eussiez aimé peut-être, cette fête du 10 novembre — « Hé Monsieur ! Pourquoi non ? — Le temps me presse : j'ai promis de galoper. — Mais, Monsieur, galoper, il me semble que vous ne le faites guère depuis votre retour en Mespech. — C'est que ces mois passés en mon nid crénelé ne me reviennent pas en mémoire sans un grand pantèlement de cœur, non plus que ces belles tablées où pas une écuelle ne faillait encore à une place laissée vide... — Monsieur, vous m'effrayez ! Est-ce quelqu'un que j'aime ? — Nenni. — Ce n'est point votre sœur ? — Nenni. Elle est vive, et bien vive, à l'heure où, grison, j'écris ceci. Et en cette grande fête du 10 novembre, Madame, — puisque vous n'étiez point là — elle fut la reine, comme eût dit notre voisin Brantôme. » Oui-da ! Catherine brilla même au-dessus de Gertrude du Luc et de sa dame d'atour d'un tel inimitable éclat qu'il ne fût gentilhomme en Périgord qui ne voulût avec elle baller, tant est que le baron de Quéribus, lequel se disait pourtant quasi rassasié de nos beautés de Cour en Paris, fut tant ébloui de ce jeune soleil qu'il l'invita trois fois, et l'eût invitée une quatrième, si mon père ne m'eût à lui dépêché pour lui souffler de n'en rien faire, afin de ne point émoudre les langues aux jaseries. A quoi je vis bien que mon Quéribus consentit d'un air très mal'engroin et la crête fort basse.

Encore que les chemins de Mespech à Marcuays, et de Marcuays à Puymartin, eussent été le jour même par nos laboureurs pelletés, la neige tomba si dru et si continuement pendant le bal qu'à peu que nos chevaux et la coche de Gertrude où nos trois dames avaient pris place fussent empêchés par les amoncellements à regagner Mespech : grandes affres que ce retardement pour le pauvre Sauveterre qui, en la librairie, nous avait, veillant, espérés en compagnie de Fogacer, lequel avait décliné l'invitation de Puymartin, n'ayant pas, dit-il, goût à ces fêtes-là.

— Mon neveu, me dit le lendemain Sauveterre, plus que jamais semblable en sa vêture noire à un corbeau courbé, vous tenez en Fogacer un ami qui vous devrait bien servir de modèle, étant le miroir des meilleures vertus. Jeune encore et de surcroît papiste, je le prise fort d'avoir préféré la compagnie d'un barbon et d'un petit valet à celle de ces Dalilas.

— Des Dalilas, Monsieur mon oncle ! Mais on encontrait en Puymartin les meilleurs gentilshommes du Sarladais !

— Ceux-ci après celles-là courant ! dit Sauveterre avec aigreur. Il faut bien le dire à la fin, mon neveu. C'est la femme, et la femme seule, qu'on va quérir dans ces sortes de divertissements. Et quiconque n'a pas appétit lubrique à la femme n'y trouvera pas son pain.

— Hélas ! dis-je affectant de baisser la crête, ne sais-je point assez que ma vertu, sur le point que vous dites, est à mille lieues d'égaler celle de Fogacer...

— Vous dites vrai, mon neveu, et pour moi, tant d'austérité en un homme de si peu d'années me conforte excessivement, tout papiste qu'il soit. Savez-vous qu'il apprend à lire à son petit valet, afin que son intelligence puisse s'ouvrir à de bonnes lectures? N'est-ce pas émerveillable dans le siècle où nous sommes qu'un révérend docteur médecin prenne tant de peine pour élever un simple serviteur jusqu'à l'entendement du bien?

A cela qui était sans réplique je ne répliquai rien, admirant en mon for la sainte simplicité de Sauveterre et la parfaite seigneurie que Fogacer gardait sur soi, comme si la perpétuelle persécution qui pesait sur sa vie le tenait comme un capitaine continuellement en alerte, la cuirasse endossée, l'arme prête et la contremine creusée. Ha! pensai-je, n'est-ce pas pitié que d'être tenu comme lui par la dureté de nos mœurs à avancer dans la vie le visage toujours masqué, et contraint par nos zélés à être lui-même tant chattemitique que notre bon Sauveterre pouvait bien voir et ouïr le chat, mais sans rien entendre à son miaou.

Nous en eûmes bien d'autres à fouetter quand la neige, loin de discontinuer après le 10 novembre, s'entassa si bien sur le plat pays qu'hors les chemins de nos alentours — gardés ouverts par l'incessant labeur que j'ai dit — tous autres furent rendus tant impraticables qu'il n'était point possible d'y mettre le pied, ou le sabot d'un cheval sans s'y enfouir tout à plein. Quéribus dut donc remettre le boute-selle *sine die*, et encore qu'à ouïr Fogacer annoncer que le duc d'Anjou était pour aller mettre le siège devant La Rochelle, il eût juré trois jours plus tôt que son sang lui bouillait de l'impatience d'aller combattre à son côté — protestation dont je ne pouvais douter, l'homme étant si vaillant — il ne parut pas tant marri que je l'aurais cru d'avoir à demeurer, et de semaine en semaine de remettre son département, voire, comme la fortune le voulut (la neige persistant), de prendre ses quartiers d'hiver à Puymartin, quitte à galoper quotidiennement de Puymartin à Marcuays, et de Marcuays à Mespech, afin que de demeurer tout le jour en notre compagnie, ce qui ne laissa pas que d'étonner mon père, jugeant qu'il eût été de sa part plus séant et courtois d'être davantage en celle de son hôte.

La frérèche, à nous voir tous et un chacun rester en Mespech en ces mois froidureux, rit d'un côté de la face et pleura de l'autre moitié. Mon père, lui, fut au comble d'une joie sans mélange dans le pensement de nous garder, Samson et moi, à son côté plus longtemps qu'il n'avait espéré, et encore que Sauveterre, qui nous aimait prou, partageât cette liesse, elle lui était fort gâtée par *l'odor di femina* que Gertrude et Zara continuèrent à répandre en nos murs : déplaisir multiplié par les extravagants débours de chandelles et de bûches que leur présence traînait après soi. Sauveterre alla même en sa chicheté jusqu'à déplorer, très à la vinaigre, la quantité de viandes que les friandes consommaient. A quoi mon père répliqua que Giacomi, Fogacer et Sylvio, à eux trois, bien davantage gloutissaient.

— Mais, disait Sauveterre, ils sont hommes, et donnent la main, quand il le faut, au ménage des bêtes.

— Monsieur l'Ecuyer, dit le baron de Mespech en souriant, voudriez-vous voir Dame du Luc panser notre étalon ?

— Femme file au logis, dit Sauveterre, lequel voyant mon père hausser l'épaule ajouta : — Passe encore pour Dame du Luc. Elle est née. Mais Zara ! Que fait Zara de ses dix doigts tout le jour ?

— Elle les frotte d'onguent.

— Cornedebœuf ! C'est scandale que cette oisiveté ! Ne pourrait-elle aider aux tâches de la maison ?

— Vous oubliez, dit mon père, qu'elle n'est pas dans notre emploi, mais au service de sa maîtresse.

— Et au vôtre aussi à l'occasion, dit Sauveterre fort sèchement, et tournant une épaule irritée, il s'en alla jusqu'au bout de la librairie, claudiquant, le dos courbé et les mains derrière le dos croisées, mon père le suivant de l'œil non sans irrision et affection tout ensemble, et l'oyant, sans jamais patience perdre, faire quotidiennement le cracheur, le tousseur et le rechigné.

— Je le redis encore, reprit Sauveterre en revenant à mon père et en mâchellant ses mots, je n'aime guère le train que les choses vont céans. Votre Dame du Luc a fait de sa chambre un palais de Circé, où elle charme et englue nos cadets et Quéribus.

— Voire! dit mon père, j'y ai vu souvent nos droles y pénétrer, mais jamais en ressortir pourceaux.

A quoi, relevant la tête du traité de Vésale que je lisais, ou tâchais de lire, à la fenêtre de la librairie, je souris et je dis:

— Le charme de Gertrude n'est point tant fort que d'aller jusque-là.

— Mais il agit sur Catherine, reprit Sauveterre, laquelle est maintenant raffolée d'elle et je crois bien, de Quéribus. Tant est qu'il n'est jamais en cette chambre des délices qu'elle ne s'y encontre aussi.

— Ha! Voilà qui est plus sérieux! dit mon père en se renfrognant. Il faudra y tenir l'œil, et peut-être la main. Que te semble, Pierre, de ces visites quotidiennes de Quéribus à Mespech?

— Que la limaille sait bien pourquoi l'aimant l'attire, dis-je, en me levant et tirant à lui, mais, Monsieur mon père, si mignonnant que soit Quéribus en ses muguetteries de Cour avec Dame Gertrude, il est avec Catherine tant grave et respectueux que le plus aigre censeur n'y trouverait à reprendre.

— Et Catherine?

— Plus froidureuse que le roc battu par la vague hivernale.

— Un roc! s'écria Sauveterre en levant les deux bras au ciel! Quel roc est-ce là qui brûle au-dedans! Ne voyez-vous pas la flamme affleurer dans ses yeux, dès qu'elle jette l'œil sur lui?

— Mon frère, dit mon père que ce propos parut picanier quelque peu, si Dieu n'avait point mis ce feu-là en l'homme et en la femme, quelle raison auraient-ils de se conjoindre, étant si différents? Mais Pierre, est-il constant que vous n'avez point vu passer entre Catherine et le baron quelque billet secret, de main à main insinué? Ou surpris entre deux portes quelque petit conciliabule?

— Nenni. Ces deux feux brûlent, mais séparés, et comme ayant peur l'un de l'autre.

— On sait ce que vaut l'aune de cette peur-là ! gronda Sauveterre, claudiquant à la fureur d'un bout à l'autre de la librairie. Cornedebœuf ! Un papiste !

— Mais Gertrude l'est aussi ! dit mon père d'un ton beaucoup plus raisin que figue. Et Diane. Et Angelina. Faut-il punir ma fille de ce que ses frères épousent des papistes ?

Mon père n'en dit pas plus, mais pour moi il en avait dit assez pour me persuader qu'il ne repousserait point Quéribus, si celui-ci prenait le parti de l'approcher, le baron étant pour Catherine un parti bien au-dessus de ce que le Périgord pouvait offrir de meilleur à son choix, étant si bien né, si étoffé, si riche en alliances, et si avant dans les grâces du duc d'Anjou, duquel nul ne doutait qu'il serait roi un proche jour, Charles IX n'ayant point d'héritier, et son mal, de mois en mois, empirant.

Je me désolais en ces longs mois neigeux que les courriers, faute de pouvoir passer les chemins empêchés, ne pussent m'apporter des nouvelles de mon Angelina, laquelle m'occupait le pensement de l'aube à la nuit et encore que je fusse alors fort diligemment plongé dans le *Magnum Opus* de Vésale, ses beaux yeux de biche ne laissaient pas que de m'envisager entre les lignes de l'austère traité, l'espérance et la désespérance alternant en mon cœur partagé. Il est vrai que ce cœur, l'homme a toujours licence de le séparer de son impérieux appétit, mon petit serpent de Gavachette comblant celui-là. Mais le comblait-elle vraiment ? A vrai dire, je ne sais, car, de tous les plaisirs et soulas dont le corps féminin nous amielle et nous flatte, il n'en est pas qui soit pour l'âme suc substantifique, si l'amour ne marche après lui. La Gavachette, assurément, rendait moins pesants les murs de Mespech à mes vertes années, mais il s'en fallait prou, pourtant, que j'eusse pour elle autant d'amitié que jadis pour la petite Hélix, ou pour ma petite mouche d'enfer en Paris, à qui je ne laissais pas de penser souvent en gratitude et affection pour l'aide et secours à moi et aux miens apportés lors des sanglantes matines de la Saint-Barthélemy.

Je n'avais en Paris entr'aperçu mon Angelina que quelques secondes, courant à beau pied à côté de sa coche et de la main soulevant la tapisserie qu'on avait rabattue sur la portière pour me celer sa vue, mais quel regard j'avais eu d'elle! Que de volumes tenaient en lui! Je lisais, et relisais, et relisais encore la lettre que j'avais de sa plume reçue à mon retour en Mespech, avant que la neige nous isolât du monde, laquelle lettre me laissait espérer que le Père Anselme devenant un jour proche le confesseur de M. de Montcalm, celui-ci (qui était comme on s'en ramentoit, un cousin de Quéribus) pourrait devenir moins imployable à nos projets. Ha beau pensamor! Angelina serait-elle mienne à la parfin, et après tant d'années? Et par quel sortilège, de toutes les mignotes que j'avais aguignées en toutes les parties du royaume, beaucoup, comme les dames d'atour de Catherine de Médicis, tant belles et magnifiques qu'aucune fille de bonne mère en France, Angelina seule avait touché d'une seule œillade de son œil débonnaire ce cœur qui ne fut dès lors rempli que de sa seule face? Quels charmes, quels philtres, quel savant breuvage composé par Amour, faisaient de sa main une main si chère que caressant ses doigts si fins, leur seul contact me contrecaressait à me faire perdre souffle?

La neige ne consentit à fondre que le 5 avril, mais alors en quantités si grosses et incrédibles (s'étant amoncelée depuis novembre) qu'elle inonda le plat pays et, libérant les chemins, les rendit tant aqueux et boueux qu'on n'y pouvait davantage passer. Par bonheur, notre plat pays périgordin ne mérite point ce nom, se trouvant bossué de pechs et de collines, et les chemins dont je parle ne laissant pas d'être pentus, l'eau n'y demeura guère, mais se rassembla, ruisselante, dans les combes, où elle grossit nos Beunes, et fit du moulin de Coulondre Bras-de-Fer une île inaccessible, hors en barque. Mais toute molle glaise ne pouvant qu'elle ne s'assèche, comme est dit dans la Bible que fit la Terre après le déluge, le soleil fit tant qu'il solidifia nos sols et mon Quéribus, la mort dans l'âme (à ce que je vis bien) dut sonner le boute-selle, comme il avait dit, m'assurant que s'il n'était tué au service du duc d'Anjou, ne sachant où on en était de la guerre avec les nôtres et du siège de La Rochelle, il ne laisserait pas de m'écrire et s'il le pouvait, de revenir en Mespech, y laissant des amis — il usa de cet ambigueux pluriel — que son cœur lui poignait fort de quitter. Là-dessus, il m'accola, m'appela « son frère » — ce qu'il n'avait encore jamais fait — et me bailla à la fureur tous les poutounes qu'il eût tant volontiers posés sur une joue plus douce.

Les dames, au départir, versèrent quelques larme-lettes, lesquelles chez Zara furent toutes de cérémo-nie, tant elle était en son for friande de s'encontrer derechef aux alentours de Paris, mais non chez Ger-trude qui s'était prou attachée à mon père et même en la bénignité de son âme, à Sauveterre, étant toute innocente du trouble qu'elle avait jeté en son esprit, autant par sa consumation des biens de Mespech que par ses féminins parfums. J'observai que son œil, sur mon Samson posé, brillait comme celui d'un aigle emportant agnelet en ses serres, encore que ces serres-là fussent tendres à la peau laiteuse de mon gentil frère et peu féroces à sa toison de cuivre. J'augurai, à la voir la narine frémissante, que ce mariage-là, à peine le pied en Normandie, se ferait à la charge, et au tambour.

— Ha Samson ! dit le baron de Mespech en lui donnant une forte brassée que je crus ne devoir mie finir, ha mon fils ! Quand donc vous reverrai-je ?

Il n'en dit pas davantage, mais la coche et les che-vaux évanouis à l'horizon, il se retira avec Sauve-terre, François et moi en la librairie et assis en son grand fauteuil devant le feu flambant, il mit la main dextre devant sa face, et sans noise pleura. Nous étions accoisés, et comme saisis de stupeur, tant par sa malenconie que par le silence songeard de la maison après tant de liesse et de ris que Quéribus et les dames avaient avec eux apportés, et avec eux ravis.

On toqua à la porte, laquelle j'allai déclore pour livrer passage à ma grandette petite sœur, Catherine. Vêtue de bleu azur, un ruban de même couleur nouant ses cheveux d'or, elle entra dans la pièce de ce pas vif et altier qui me ramentevait ma mère, portant fort haut la crête comme à l'accoutumée, encore qu'il me semblât que ses yeux étaient rouges.

— Monsieur mon père, dit-elle après lui avoir fait une profonde révérence, j'ai trouvé ce billet dans le corbillon où je mets mes ouvrages, et s'adressant à ma personne, qui suis fille et en paternelle puissance, il m'apparaît que vous devez le lire.

— Voyons-le donc, dit le baron de Mespech, non sans quelque gravité.

Et ayant déplié le poulet, il le lut, la face imperscrutable, puis le tendit à Sauveterre qui, l'ayant lu à son tour, sourcillant fort, le donna à François qui, l'ayant parcouru d'un air dédaigneux, sur un signe de mon père me le tendit. Le voici :

« Madame, encore que de la bouche je vous aie dit adieu, je vous prie que vous me permettiez par cet écrit de vous baiser les mains comme à ce que j'honore et aime le plus au monde. Et cela, mes volontés et mes paroles le chanteront très haut et le témoigneront par toutes preuves.

Les jours me dureront années que serez de moi absente. Depuis que cette tant benoîte neige a par male heure fondu, et le sol durci, je vous jure que je n'ai eu de nuit où les yeux m'ont séché.

Je vous baise les mains cent mille fois encore.

Quéribus. »

— Catherine, dit enfin mon père, avez-vous lu ce billet ?

— Vous l'aurais-je porté, si je ne l'avais lu ? dit Catherine sur un ton de respect quasi impertinent tant il était outré.

— J'entends bien. Mais que pensez-vous de ce qu'il dit ?

— Monsieur mon père, dit Catherine, j'en pense ce que vous me direz qu'il convient que j'en pense.

Et ce disant, elle fit une révérence plus profonde encore à mon père, lequel fut ébahi que Catherine pût s'incliner si bas en étant si hautaine et mettre autant de rebèquement muet en sa contrefaite soumission ; mélange étrange qui embarrassa si fort le baron de Mespech qu'il eût mille fois préféré, je gage, affronter l'épée à la main cinq ou six *bravàccios* qu'en ce pacifique entretien, sa propre fille dont, en outre, il était raffolé, l'appelant « ma mignonne, mon âme, mon petit œil », si bien que l'ennemi était déjà dans la place avant même que d'avoir fait brèche.

— C'est bien, dit-il, prenant le parti de rompre, retirez-vous, Catherine.

Ce qu'elle fit dans le majestueux balancement de son vertugadin, l'œil en fleur et le menton levé, me laissant béant qu'en ses années si tendres elle eût su envelopper tant de défi en un si grand respect, et laisser percer une si imployable fermeté dans le langage de l'obéissance.

— Eh bien, dit mon père quand l'huis se fut sur elle reclos, qu'opinez-vous de tout ceci, mon frère ?

— Qu'il faut rompre incontinent avec ce traître ! cria Sauveterre, l'œil jetant des flammes.

— Et pourquoi donc ? dit mon père.

— Pour ce qu'il a forfait aux lois de l'hospitalité en adressant à la dérobée à la fille de son hôte cette lettre tant fausse et menteuse.

— Menteuse ? dit mon père en levant le sourcil. Je la trouve touchante assez. En quoi menteuse ?

— Monsieur mon frère, dit Sauveterre avec indignation, y a-t-il apparence que Quéribus ait pleuré toutes les nuits depuis que la neige a fondu ? Qui le croira, sauf pucelle pucelante ?

— Monsieur mon oncle, dis-je vivement, Quéribus n'est point menteur, tout le rebours ! Ne prenons pas la lettre au pied ! « Les yeux ne m'ont séché » est une façon de dire. On ne parle pas d'autre guise à la Cour depuis Ronsard.

— Quoi! s'écria Sauveterre au comble de son ire, Ronsard! Avez-vous lu Ronsard, mon neveu? Cet ennemi juré de notre foi!

— J'ai lu ses amoureux sonnets, dis-je, vergogné assez de le devoir admettre en cette librairie qui, certes, ne comptait aucun poème frivole, sauf peut-être, en grec, Anacréon.

— Nous nous égarons, dit mon père. Monsieur mon frère, pour Quéribus, je crains que le muguet ne vous cache l'homme. L'homme est d'un bon métal. Rien ne l'obligeait à se mettre à tant d'incommodité et péril pour cacher Pierre en Saint-Cloud après la Saint-Barthélemy et le conduire en sûreté jusqu'ici. Et quant à son poulet, je ne le trouve pas si damnable, assurant la dame de son respect, et disant qu'il « *lui en donnera toutes preuves* ». J'opine donc qu'il faut laisser courre.

— Laisser courre! s'écria Sauveterre.

— Oui-da! Et attendre que le baron se déclare et d'autant que Catherine en est coiffée, comme il est manifeste à la façon dont elle a brandi son billet au nez des hommes de sa maison.

— Vous défiant, dit Sauveterre aigrement.

— Laissons là le défi! Je ne vais pas croiser le fer avec ma fille, comme je suis bien marri de l'avoir fait avec ma défunte épouse dont elle a hérité le sang, la piaffe, la braveté et la rebelle complexion. Rien ne prévaudra jamais que douceur sur cette rude garce. En outre, je ne lui veux faire de peine, si je peux l'éviter.

Dans la semaine qui suivit, et encore que le baron de Mespech affectât un front serein, je sentis qu'il avait tant pâti que Samson s'envolât hors du nid paternel sans qu'on sût quand reviendrait, que je résolus de surseoir quelque peu à mon propre départir, ne voulant pas ajouter incontinent à la navrure d'un père que je tiens pour le meilleur qui fût. Ha certes! Ce n'est pas lui qui eût dit, comme Montaigne

« qu'il avait perdu deux ou trois enfants en bas âge, non sans regret, mais sans grande fâcherie ». Car, tout grand homme de guerre qu'il était, ayant, comme on sait, illustré son nom à Cerisoles et à Calais, il se montrait avec ceux de son sang tant plus tendre, débonnaire et affectionné qu'une mère, appétant à notre mieux-être bien au-dessus du sien. En ces malenconiques jours du département de Samson, je l'ai ouï dire plus d'une fois qu'il se réjouissait fort que son joli bâtard allât marier Gertrude en Normandie et qu'il reçût d'elle l'apothicairerie de Montfort, pour ce qu'il opinait (je prie mes belles lectrices de ne point sourciller aux propos rustiques d'un gentilhomme du plat pays) « qu'il n'est pas pour un homme bonheur plus substantifique que d'être sa vie durant bien enconné en une bonne garce, tout en labourant avec liesse au labour de son choix ».

J'avais quelque raison pour délayer plus outre. Le printemps déclosant toutes fleurs, Mespech allait entrer dans ces mois verdureux dont je voulais en mon Périgord goûter les rebiscoulantes délices après les neiges qui nous avaient foulés. Dès que la fonte de celles-ci avait rendu les chemins praticables, j'avais écrit à mon Angelina pour lui assurer que j'étais à jamais pour elle dans les sentiments que je lui avais dits lors de notre première encontre, et ma lettre à peine départie, si fol et hors raison est le cœur d'un amant que je me mis à espérer chaque jour sa réponse, alors même qu'il était manifeste qu'elle ne pourrait me parvenir que dans le cœur de l'été.

Fogacer, suivi de son Sylvio, avait quitté nos murs en même temps que Quéribus, non moins impatient que le baron de retrouver le duc d'Anjou et d'autant qu'après l'alerte en Périgueux, il avait le plus grand besoin que Son Altesse étendît derechef sur lui son bras protecteur.

Ce fut sa lettre, de toutes celles que j'attendais, que je reçus la première vers la fin août, par laquelle, après mille grâces et mercis aux co-seigneurs de Mespech pour leur hospitalité, il me mandait que le duc ayant été élu roi de Pologne, il avait levé le siège de La Rochelle, ne voulant pas offenser la minorité protestante de son futur royaume et accordant par la même occurrence aux huguenots de France un traité que certes, ils n'eussent osé espérer après la Saint-Barthélemy. Nouvelle qui réjouit fort la frérèche, encore qu'elle ne crût guère à la durée de cette paix précaire, les papistes français étant si encharnés à l'éradication des nôtres.

Fogacer ajoutait que Quéribus suivrait le duc en son nouvel apanage, quoique le cœur bien lourd (il s'apensait que je savais pourquoi) et que pour lui, il en ferait autant, non point tant parce que le révérend docteur Miron avait besoin de lui que parce que son bouclier partant pour Varsovie, il ne pouvait qu'il ne le suivît, préférant les frimas de l'exil polonais aux flammes que je savais. Cependant, il opinait que cet éloignement n'était pas pour durer prou, ayant observé au Louvre combien Charles était toussant et mal allant. Je fus à quelque peine pour entendre cette dernière phrase et il m'y fallut un dictionnaire pour ce que Fogacer l'avait écrite en grec, craignant qu'on ne lût sa lettre sur le chemin.

Encore que Catherine eût peu de goût pour l'étude, elle ne laissa pas, debout derrière moi, de se pencher sur mon épaule tout le temps que je mis à ce labour, et, le grec traduit, me dit :

— Que signifie ceci ? Quelle différence cela fait-il pour Fogacer que le roi soit toussant et mal allant ?

— S'il rend son âme à Dieu, le duc d'Anjou est pour lui succéder et partant, s'en reviendra en France avec tous ceux de sa suite.

— Ha ! dit Catherine, son blond visage resplendissant d'une liesse subite, j'en suis fort aise pour Fogacer.

A quoi je souris, mais sans dire mot ni miette, pour ce que de tous les mois que Fogacer avait passés en Mespech parmi nous, à peu que Catherine se fût aperçue qu'il était là.

Ce connivent sourire ne put qu'il n'enhardît Catherine à se déclore un peu plus et, me mettant la main sur la nuque (elle, pourtant, si épargnante en mignonneries), elle me requit de lire la lettre de Fogacer, ce que j'accordai incontinent, et ce qu'elle fit non sans mal, sachant à peine mieux ses lettres que ma petite mouche d'enfer en Paris.

— Monsieur mon frère, murmura-t-elle *sotto voce*, quand elle en fut venue à bout, si j'en crois Fogacer, vous savez donc pourquoi le baron avait le cœur si lourd en quittant France pour Pologne?

— Mais, Madame ma sœur, vous le savez aussi.

— Moi? dit-elle en arquant ses sourcils d'un air de candeur enfantine qui me parut mi-naturel mi-contrefait.

— Le baron ne vous a-t-il pas écrit dans sa lettre du corbillon que « *les jours lui dureront années que serez de lui absente* »?

— Dois-je cependant le croire? dit Catherine d'une voix pressée et pantelante comme si le trop-plein de son pensamor pût soudain s'épancher. Le baron n'écrit-il pas de cette même encre aux galantes dames de Cour en Paris? Peux-je avoir en lui fiance assez? N'est-ce pas pitié que le baron aille s'enclore de soi en cette vilaine Varsovie? Qui l'y forçait? Etes-vous apensé qu'il se pourrait qu'il m'y oublie?

A quoi je me levai et, lui faisant face, je me pris à rire.

— Quoi! dit-elle, fort sourcillante et redressant la crête, vous osez rire de moi?

— C'est, dis-je, riant toujours, que je ne sais à laquelle de vos questions je dois répondre en premier.

— Mais, répondez à toutes, méchant frère! cria-t-elle en frappant du pied. A toutes! Je ne serais pas satisfaite à moins!

— Oyez donc, dis-je sans plus m'esbouffer. Votre réponse, la voici, Catherine, ma tant douce sœur, pour autant que je la connaisse. J'opine que Quéribus vous aime de grande amour et qu'il ne faillira pas, avant son départir pour Varsovie, à demander votre main au baron de Mespech.

— Le cuidez-vous vraiment?

— Oui-da!

— Ha! Mon Pierre! s'écria Catherine. Et elle qui, en son incrédible hautesse répugnait si fort en son accoutumée aux brassées et poutounes, elle me jeta les bras autour du col et m'accolant avec autant de force que si j'avais été l'objet de sa dilection, me baisotta la face à la fureur en disant : « Ha! mon Pierre! Ha! mon frère! Vous êtes le plus amiable des hommes! »

— Ma mie! dis-je en riant, ce superlatif est de trop. Le plus amiable des hommes est celui dont « *les yeux n'ont séché* » depuis que la neige a fondu.

De celui-là, mon père reçut un mois plus tard une missive tant belle et tant mal orthographiée qu'il fut autant ému par la sincérité de sa grande amour qu'ébaudi par l'anarchie de ses lettres. Mais il est tant de clercs en ce royaume, pour ne point parler des gentilshommes, qui s'avèrent aussi incertains en leur écriture, et non moins douteurs les imprimeurs, comme il apparaît dans le fait que le même mot dans le même livre se présente, comme une coquette, dans des vêtures différentes, que mon père, assurément plus docte qu'aucun homme noble dans le Sarladais, ne le retint pas à péché contre le baron, à qui il fit une réponse en son principe acquiesçante, mais en ses réserves prudente, ne voulant pas engager tout à plein la foi de sa fille à un seigneur dont on ne savait point combien de mois, combien d'années peut-être, il allait passer dans les frimas.

Pour moi, l'été tirant vers sa terminaison et le mois d'août, comme souvent en Périgord, se dissolvant en orages qui amenaient foudre et froidure, je commençais à faire mes bagues pour Bordeaux, sentant bien que Giacomi, Miroul et sa Florine, appétaient impatiemment à vivre en grande ville, mon gentil Italien pour ce qu'il regrettait sa Gênes natale, Florine son Paris et Miroul toute rue où il pût muser. Je consultai donc avec mon seigneur et bien-aimé père et avec lui fixai au premier septembre mon département de Mespech. Hélas! Une fois de plus, cela ne se fit pas.

Nous nous encontrions tous à table à la nuitée, chacun assis à sa place coutumière, Cabusse le Gascon, Jonas le carrier et Coulondre Bras-de-Fer étant des nôtres, avec leurs garces, pour ce que ce 31 août était un dimanche, quand notre portier Escorgol surgit, demandant à voix haletante permission de relever la herse et admettre en nos murs la Jacotte du curé Pincettes ou, comme il osa dire en son trouble, la Curotte, laquelle, courant à en perdre son vent, requérait à grands cris aide et protection et toquait à deux poings l'huis du châtelet d'entrée. La frérèche acquiesçant, Escorgol s'en sauva, précédé de sa bedondaine et bientôt apparut la pauvre Jacotte, tremblante, pleurante, hors souffle, et d'eau dégouttelante, laquelle se ruant comme folle aux genoux de mon père, le supplia à mains jointes et la voix de gros sanglots entrecoupée, de voler au secours de son curé et de Marcuays qui, sans Moussu lou baron et Moussu l'Escudier, étaient pour être tout à plein détruits et les manants et habitants, occis et pillés par une bande de fiers gueux qui, ayant surpris le village, le mettaient à sac. Pour elle, elle avait pu par une petite porte s'enfuir au jardin et de là, coupant au plus court par la combe, où à peu qu'elle ne se fût noyée dans un fossé que les pluies avaient débordé, raison pour quoi elle était trempée comme mie de pain en soupe.

— Maligou, dit mon père en se levant, donne à la pauvrette du lait chaud avec une bonne goutte d'esprit-de-vin dedans. Et toi, Barberine, va quérir un de tes cotillons pour l'enrober à sec. Jacotte, dérobe-toi sur l'heure, devant ce feu ! Miroul, fais-le flamber !

— Quoi ! dit la Jacotte. Nue ! Devant les hommes ! Ha, Moussu ! C'est péché !

— Il n'y a pas péché où prêche la nécessité, dit mon père. Veux-tu crever de la froidure que tu as prise en l'eau glacée ? Allons, fais ce qu'on te dit, Jacotte. Et ce faisant, réponds-moi.

— Oui, Moussu lou Baron, dit la Curotte qui, ayant sacrifié à la chrétienne pudeur du bout du bec n'était point tant marrie de se montrer en Eve, pour ce qu'on la réputait plus abondante et ferme en ses tétins qu'aucune garce en tout le pays d'alentour.

— Cabusse! Va avec Jonas et Coulondre quérir les corselets, les armes et les morions, poursuivit mon père, qui les avait pour cette mission choisis, leurs garces étant jaleuses. Et bien l'entendirent ainsi ceux de nos droles qui n'étaient point mariés et qui, riant sous cape et se poussant du coude, s'ébaudirent fort de ce commandement qui privait leurs herculéens compagnons des beautés dont ils s'allaient repaître en un joyeux affairement, se levant, s'entrerudoyant, s'entreclignant des yeux, lesquels aussi ils écarquillaient à l'avance en se haussant du col, oubliant par là (ce que mon père peut-être avait prévu) la male peur qui avant tout combat vous point les tripes. Emotion tout à plein déconnue de Sauveterre, ou si elle ne l'était pas, repoussée par la seule prière, et non par ce peu ragoûtant dévêtement auquel il tourna le dos tout de gob, n'osant contredire à l'ordre du co-seigneur, le feu qui brûlait là étant, de reste, le seul de la maison en la fraîche nuitée et la pauvre Jacotte, tremblant à cœur fendre de ses membres transis.

Mais, pour deux yeux qui se clouirent là, combien s'ouvraient, comme j'ai dit, à saillir des orbites parmi nos gens, dont les langues clabaudaient dru en oc, à cet inespéré et inouï spectacle de la Curotte du curé se mettant nue devant eux en sa natureté, chose qu'ils n'avaient jamais crue possible même en leurs rêves les plus dévergognés et qui leur était un événement de telle immense conséquence qu'il passait même l'attaque de Marcuays et qu'il leur tardait d'être déjà au lendemain pour l'aller conter à ceux qui ne l'avaient pas vu. Cependant, à cette branle, et noise, et jaserie de nos droles succéda un silence où vous eussiez ouï tournoyer dans l'air une plume de poule, quand la Jacotte, ayant ôté de ses doigts gourds et glacés la dernière de ses hardes mouillées, apparut enfin en sa robuste charnure, le pied large, la gambe courte et musclée, la croupière rondie et forte, et le tétin incroyablement généreux, encore que ferme et pommelant.

Tirant parti de ce que Sauveterre tournait le dos à

cette scène, Miroul n'avait pas craint de jeter dans l'âtre un fagot entier, lequel prenant feu sur les braises, flamba tout soudain haut et clair, éclairant cette statue de chair et de sang en toutes les parties de sa robuste femelleté, et d'autant qu'affamée de la chaleur des flammes, la pauvre Jacotte (mais dois-je encore l'appeler pauvre, le ciel l'ayant, à toutes vues, si richement dotée?) se tournait qui-cy qui-là pour se dégourdir plus avant, aucun n'ayant d'yeux assez pour la voir, hormis, comme j'ai dit, Sauveterre et mon aîné François lequel, sans tourner tout à plein la froide épaule à cet envigorant spectacle, l'envisageait la paupière mi-close d'un air supercilieux. Ce qu'observant mon père, il dit en oc d'une voix gaussante.

— Ha bah! La duchesse ou la laboureuse, c'est tout le même, quand on en vient à la natureté!

— Duchesse n'ai mie en ma vie espinchée, dit la Barberine, laquelle ayant sorti du coffre ses cotillons, et les trouvant fraîchelets, les tendait devant le feu de ses deux mains avant que de les bailler à la Curotte — mais des tétins comme voilà, je dis qu'on n'en a pas vu souvent dans le pays alentour. Havre de grâce! Même les miens, quand j'allais nourrissant les petits moussus de Mespech, ils n'étaient point tant si gros et si beaux.

— Ho que si, Barberine! dis-je. Et moi qui y ai bu trois ans...

— Quatre! dit Barberine. Et même que tu y goûtais encore, friand que tu étais quand j'étais nourrissant Catherine.

— Ho! dis-je, que bien je me les ramentois! Ronds à plaisir et doux à la menotte!

A quoi elle rit de franche liesse, et le pauvre Petromol, notre sellier, qui avait perdu femme et enfants par peste, ces six années passées, dit d'une voix rauque et basse :

— *Excusa-me*, Jacotte, et toi aussi Barberine, mais les popetas de la Sarrazine, quand elle les baillait à son pitchoune le dimanche à la tablée de Mespech, — plus petits se peut que les vôtres, mais bruns et dorés que c'était merveille, et tant mignons à voir que j'aurais bu à eux, je ne me régalais pas plus. Sans offense, Sarrazine!

Mais Sarrazine, qui entendait bien que Petromol pâtissait prou d'être en sa vie seulet, l'envisagea avec compassion de ses beaux yeux de gazelle, et tenant comme toutes les garces présentes que le plaisir de nourrir n'est point seulement pour la mère et l'enfant, mais comme le veut le ciel en sa bénignité, pour tous les aguignants, sourit avec une douceur que j'eusse dite de la Benoîte Vierge si n'étais huguenot, et dit :

— Grand merci, Petromol.

— Cornedebœuf! gronda Sauveterre, en français, langue de nos gens tout à plein déconnue, va-t-on jaser et babiller sur tous les tétins à la ronde quand on pille Marcuays?

Et assurément il n'eût pu gloser sur ceux qu'on voyait là, leur tournant si obstinément le dos.

— Espérez un peu, mon frère, dit le baron de Mespech, il faut le temps de s'armer en guerre : nous ne pouvons courre au branle en pourpoint.

Comme il parlait, Cabusse revint, suivi de Coulondre et Jonas, tous trois ayant leurs bras musculeux chargés de corselets, d'armes et de morions, lesquels, si doucement qu'ils les posèrent sur la table, y firent en s'entrechoquant quelque bruit et noise qui nous réveillèrent comme chevaux qui oient la trompette, et nous voilà tous à nous entrarmer en silence, chacun attachant par-derrière le corselet de l'autre, l'œil du dedans fixé sur un pensement de navrure et de mort, mais l'œil du dehors attaché à la Jacotte qui, cambrée, la tête renversée et les deux bras tenant haut le bol, buvait le bon lait chaud que la Maligou venait de lui bailler : spectacle qui nous insufflait cœur et vaillance pour ce que nous ne savions que trop ce que ces méchants gueux feraient aux gentilles garces de nos villages, si on n'allait pas incontinent les découdre.

— Allons, Jacotte, dit mon père, le temps presse. Dis-nous ce que tu sais de ces gueux, et leur nombre, et leurs armes et surtout s'ils ont, oui ou non, des pistoles, des pistolets, des arquebuses et autres bâtons à feu.

— *Excusa-me*, Moussu lou Baron, le nombre précisément ne peux dire, n'ayant mis le nez au fenestrou de la cure que tout soudain je l'en tirai par peur et tremblement et aussi pour courre le dire à mon pauvre *cura*.

— Mais cependant les vis, Jacotte, dit Siorac, et devrais dire combien ils sont?

— Se peut qu'elle ne sait pas ses chiffres, dit Sauveterre.

— *Excusa-me*, Moussu l'Escudier, dit Jacotte, la crête redressée, mes chiffres bien je sais jusqu'à vingt, et que la Benoîte Vierge me foudroie si je mens.

— Dieu seul foudroie! s'écria Sauveterre, lequel en son ire faillit comme la femme de Loth, se retourner au risque d'être, comme elle, changé en statue de sel. Dieu seul! reprit-il et non Marie, qui n'est pas Dieu!

— *Excusa-me*, Moussou l'Escudier, dit Jacotte non sans dignité (encore qu'elle fût nue comme Eve), mon *cura* ne me l'a point enseigné ainsi.

— Allons, mon frère, dit Siorac en français, le temps ne se prête pas plus à théologie qu'à tétin. Miroul, tisonne ce fagot — ce que fit Miroul, son œil bleu innocent tourné vers le feu et son œil marron glissant d'en bas sur la curotte. — Voici, dit mon père, dix (en tendant ses dix doigts dans la direction de la Jacotte), ces marauds étaient-ils dix? Ou bien quinze (maintenant sa dextre ouverte, il tendit deux fois de suite sa main gauche) ou bien vingt? (tendant les deux mains deux fois). A quoi Jacotte ne put tout de gob répondre, pour ce que la Barberine lui enrobait sa ferme charnure d'un laineux cotillon qui fit assurément davantage pour sa propre commodité que pour celle des envisageants.

— Que c'est pitié de les celer si tôt, dit Petromol, à qui répondirent les grognements des irrassasiés en oc, mais aussi en allemand de mon bon Suisse de Berne, lequel languissait d'une bonne garce qu'il avait en Paris.

— Je va vous dire, Moussu lou Baron, dit la Jacotte. Se peut dix. Se peut quinze.

— Se peut vingt? dit Sauveterre avec irrision.

— Se peut vingt, dit la Jacotte, qui n'y voyait pas malice.

— Vous voilà bien renseigné, mon frère, dit Sauveterre. Et qu'en est-il des armes maintenant, Jacotte?

— *Ma fé!* dit la Jacotte, en s'approchant de la table, j'ai vu se peut de cela (montrant une épée) et se peut de cela aussi (montrant une pique).

— Et de cela? dit Sauveterre en montrant une hallebarde.

— Se peut.

— Et de cela? dit mon père en montrant une arquebuse.

— Se peut.

— Et de cela? dit mon père en montrant une pistole.

— Se peut.

— Sanguienne! Et ont-ils de cela, dit mon père en montrant nos morions et nos corselets.

— Que nenni! dit Jacotte, armadure n'ai point vue sur eux!

— Encore heureux! dit mon père entre ses dents.

— Cornedebœuf, dit Sauveterre, s'ils sont vingt, armés de bâtons à feu, avec ou sans corselet, cela fait, avec le peu que nous sommes, un plus gros morceau que nous ne pouvons mâcheller. Mon frère, j'opine que nous dépêchions à Puymartin quérir son aide et n'attaquions qu'à l'aube, plus forts de ses forces à lui, et y voyant plus clair.

— Moussu l'Escudier, dit la Jacotte, les larmes lui jaillissant des yeux et tombant sur ses grosses joues, ces méchants sont comme loups affamés! Si vous tardez plus avant, vous n'encontrerez plus à Marcuays que maisons en cendres, droles occis et garces éventrées.

— Qu'en êtes-vous apensé, mon frère? dit Siorac en français.

— Qui raison parle n'a pas toujours contre cœur raison, dit Sauveterre que les accents de la Jacotte n'avaient pas laissé insensible. Ainsi de moi. Dépêchons Miroul incontinent à Puymartin et encore que le combat soit inégal, à la grâce de Dieu! Mespech ne peut laisser brûler son village à son nez!

— Alors, prions que Puymartin arrive à temps! dit Siorac. Maligou, Barberine, nouez un chiffon blanc au bras de nos hommes. Qu'ils n'aillent pas s'entroccire, quoique la nuit, par bonne chance, soit lunaire assez. Miroul, dis à Puymartin de mettre aux siens pareille écharpe. Mon frère, reprit-il en français, je désire que vous gardiez le château en notre absence avec Faujanet, Coulondre Bras-de-Fer, Escorgol et François.

— Que nenni! s'écria en français Sauveterre, tout soudain ivre de rage qu'on le voulût laisser derrière les murs avec un bancal, un manchot, un bedonnant et un couard. Je serai du combat et le veux ainsi!

— Mais, mon frère, votre gambe!

— Elle me porte! dit le co-seigneur, plus encoléré que je ne l'avais jamais vu. Que quérir de plus?

— Mais peux-je laisser le ménagement de la défense de Mespech à François qui est si jeune?

— Vous le pouvez. François manœuvre à merveille nos couleuvrines et nous ne serons si loin que nous ne les oyions, si elles tonnent.

— François, l'avez-vous ainsi pour agréable? dit mon père, sur un ton froidureux assez, étant déçu que son aîné n'eût jeté flammes et feu pour être de la partie, comme assurément j'eusse fait à sa place.

— Monsieur mon père, dit François, son long visage correct restant imperscrutable, je ferai votre commandement. Avec vous, si vous me voulez à Marcuays. Céans, si vous me voulez céans. Et je peux alors vous assurer que je ferai bonne garde sur les remparts tout le temps que serez parti.

Il parla ainsi, non qu'il fût couard, comme le cuidait Sauveterre qui était soldat à l'ancienne mode et avait servi sous un roi chevalier. Mon aîné calculait davantage. N'ayant chaleur ni au cœur ni au ventre, il inclinait moins à sauver les pauvrets de Marcuays qu'à sauvegarder le siège et château de sa future baronnie. Ce qu'il eût fait, de reste, avec vaillance, si la fortune de guerre l'avait voulu.

On sella les chevaux et quand Escorgol releva la herse pour nous laisser passer, je vins au botte à botte avec mon père, Jacotte montée en croupe se tenant à ses hanches. Et à la clarté de la lune, je lui vis la face soucieuse sous le morion. Et certes il y avait matière. Si ces marauds étaient vingt, nous n'étions pas la moitié si nombreux qu'il eût fallu : la frérèche, les deux cousins Siorac, (dont l'un avait reçu balafre au combat de la Lendrevie). Le Gascon Cabusse, Jonas le carrier, Petromol, Fröhlich, Giacomi et moi. Cela faisait dix en tout, puisqu'on ne pouvait compter sur Miroul qu'on venait, sans grande espérance de le trouver au gîte, de dépêcher à Puymartin, lequel courait comme fol de fête en fête dans les châteaux des alentours.

On démonta derrière un mas désoccupé qui se nommait la Fumélie, lequel comprenait un clos de prés et de labours en contrebas du mur d'enceinte du village, preuve que les gueux se gardaient mal, puisqu'ils eussent dû s'assurer de la possession de cette maison qui commandait le chemin venant de Mespech.

On laissa Petromol avec nos montures, sans doute parce que mon père avait de lui quelque doutance, ne l'ayant jamais vu combattre, et c'est à neuf seulement, emmenant avec nous Jacotte, qu'on s'approcha en silence dudit mur qui enclosait le village et que fermait, au nord, une forte porte garnie d'une guérite où veillait (et dormait assurément au moment de la surprise) un éclopé, ivrogne et vieil, du nom de Villemont, qui n'eût su rien faire d'autre que le veilleur et qui le faisait mal, y ayant perdu la vie comme il était probable.

— Jacotte, dit mon père à voix basse en cheminant, tu vas aller toquer à l'huis, disant que tu es la servante du *cura*, rentrant d'une veillée de mas, et dès que ces vilains déclouiront, tu t'ensauveras au cimetière pour y demeurer cachée.

— Moussu lou Baron, dit la Curotte, je prierai la

Benoîte Vierge pour mon *cura*, pour vous et aussi, ajouta-t-elle après avoir quelque peu balancé, pour Moussu l'Escudier.

— Amen, dit mon père. Compagnons, poursuivit-il à voix étouffée, ses gens faisant cercle autour de lui, dégainez sans froissement de fer et tenez les pointes en bas de peur de vous entrenavrer. Bec cousu, tous ! Et branle de chat, une patte après l'autre, et de velours ! Le silence avant la griffe ! Ne faites feu de vos pistoles qu'en toute extrémité, pour ce que balle tirée fait plus de noise que lame dans charnure entrant. Les gueux doivent être à la pillerie et picorée, flaconnant prou. Point de merci ! Compagnons, Monsieur l'Escudier, mon fils Pierre, le signor Giacomi et moi, attaquons la cure où le plus gros doit être. Le reste de vosautres demeurez en la place en renfort, Cabusse étant le chef. Dieu vous garde, mes enfants !

Vaillante et forte garce qu'elle était et tenant debout par tous les vents, la curotte joua son rollet sans battre un cil, quit l'entrée d'une voix assurée et gaussante comme si Villemont eût été dans la guérite encore, au lieu que de gésir dans la fange, comme nous le vîmes une seconde plus tard, le gargamel tranché d'une oreille à l'autre, étant passé sans désemparer du sommeil vineux au sommeil éternel.

Gorge pour gorge, et sans cri pousser, celle de l'ouvrant fut ouverte en un tournemain par le cotel de Fröhlich, le gueux tombant comme sac de blé sur Villemont, et Fröhlich pesant de son énorme poids sur l'huis, cassant la chaînette, ouvrant la grosse porte, et nous livrant passage. Nous étions dans la place ! Et mon père et moi, les premiers à nous ruer dans la cure dont la porte par bonne fortune n'était pas close, si bien que quatre de ces vilains qui tourmentaient le curé Pincettes en le pendant par les poignets à la poutre du plafond, lui voulant faire dire, je gage, où il cachait son or, furent incontinent percés, non sans que l'un d'eux fît feu sans l'atteindre sur mon père qui le daguait.

— Ha ! dit mon père, je n'aime pas cela ! A la noise et vacarme, les cafards vont sortir de leur trou !

Il se jeta sur le degré qui menait à l'étage, mais je fus plus vif que lui, le voulant garantir d'un coup porté dans le noir, et ce faisant, trébuchai sur un gueux mi-ivre mi-mort de peur, que je pris à la gorge.

— Vilain, dis-je à voix basse le serrant de la main comme un étau, et le genou sur son poitrail, combien là-haut ? Ta vie, si tu réponds !

— Un seul. Le capitaine.

Je lui donnai du gantelet de fer sur l'oreille et d'un coup de pied le fis bouler en bas, lui sauvant ainsi la vie comme je sus plus tard. Mais jetant un œil par le fenestrou, la lune étant tout à plein hors nuages, je fus fort effrayé de voir les nôtres sur la place enveloppés d'une douzaine de gueux hurlant à la mort. Tirant mon pistolet de ma ceinture, j'en dépêchai un, et Sauveterre à ma dextre, un autre.

— Mon frère, dit Siorac, saisissez-vous avec Pierre du capitaine ! Je cours au secours des nôtres avec Giacomi !

La porte de l'étage étant close, je la déclouis d'un coup de pied et me jetai dans la pièce fort à l'étourdie pour ce que je vis devant la fenêtre un grand drole qui, je gage, se préparait à se défenestrer pour rejoindre les siens et qui, à mon surgissement, me confronta, une épée dans une main — ce qui de rien ne m'était — et un pistolet dans l'autre — ce qui m'était beaucoup — le mien étant déchargé, et celui de l'oncle Sauveterre aussi. Je m'arrêtai en mon élan furieux et l'oncle aussi, béant que le guillaume ne tirât point, encore que me visant et quasi plus étonné de le voir nu, la lune entrant dans la chambre à flots et mon œil découvrant enfin à sa dextre, sur la coite du curé Pincettes, une drolette du village, nue elle aussi, et que le quidam apparemment forçait, si du moins forcement il y avait, pour ce que le drole était fort beau, l'épaule large, le poitrail profond, la gambe longue et la crête haute, fier et féroce gueux né pour le gibet et s'en gaussant.

— Moussu ! dit-il à Sauveterre d'une voix forte et quasi rieuse, mais toujours me visant, si je ne tire point, me donnerez-vous ma vie ?

— Si tu tires, dit Sauveterre, tu seras incontinent par moi dépêché !

— Je le cuide ! dit le gautier, lequel jouait fort bien du plat de la langue. Me garde le ciel, poursuivit-il en irrision, de me croire l'égal d'un gentilhomme, l'épée au poing. Cependant, moi mort, Moussu votre fils restera occis et belle cuisse cela lui fera de nourrir avec moi les vers.

— Vilain ! s'écria Sauveterre tremblant de rage, vais-je m'abaisser à barguigner avec un scélérat ?

— Faut bien, Moussu ! Aussi vrai que mon nom est le grand Jacquet ! Mon pistolet court plus vitement que votre épée.

— Le crois-tu, vilain ? cria Sauveterre, lui portant une terrible botte, mais qui n'atteignit pas son but, sa traîtreuse et claudicante gambe ne lui permettant pas de se fendre assez. Ce que voyant le drole, changeant sa visée, il fit feu sur l'oncle, qui tomba sous la force du coup et le tireur à la seconde près, percé par moi de part en part.

Je me jetai au genou de l'oncle.

— Ce n'est rien, dit Sauveterre d'une voix ferme assez. Je monterai à cheval dans huit jours. Pierre, défenestre ce gueux pour que les siens le voient et perdent cœur.

Mais le drole était grand et lourd et mon corselet de surcroît me gênant, je dis :

— Garce (je ne nommerai son nom, lui ayant promis de le taire), viens me prêter la main !

Ce qu'elle fit, nue qu'elle était et à nous deux, non sans nous donner peine, on fit comme Sauveterre avait dit.

— Que c'était un beau grand drole ! dit la garce, quand il eut chu sur le pavé de la place. Que c'est pitié !

— Que c'eût été pitié plus grande, coquefredouille, s'il t'avait occise après t'avoir dépucelée.

— Que je me l'apensais bien aussi, dit la garce, *l'auzel qué canta lo matin, lo ser sera plumat* [1] ! Mais

---

1. L'oiselle qui chante le matin le soir sera plumée.

maintenant, me voilà tout à plein déshonorée, sans même avoir eu la commodité de la chose! Moussu, si vous jasez, il n'y aura point de mari pour moi en tout le pays alentour.

— Va, va, je m'accoiserai.

— Encore que tu ne le mérites guère, dévergognée, dit Sauveterre qui s'étant quelque peu accoté au mur, regarnissait son pistolet, quoique fort haletant et la face fort pâle. Enrobe-toi, garce, ensauvetoi et prie pour ton péché. Pierre, ne te montre point à la fenêtre.

A ce moment, on entendit un cri:

— Le grand Jacquet en a!

Et Sauveterre me tendant son pistolet, je risquai un œil par la fenêtre et faisant feu, dépêchai le crieur. Après quoi, je ne fus guère long à recharger mon arme, quoique inutilement, les gueux lâchant pied dans la confusion et les nôtres leur courant sus pour leur tailler des croupières. Mais un fort nuage noir cachant alors la lune, mon père, toutefois, leur cria de rallier, craignant qu'ils ne s'entretuent en dépit de leurs écharpes blanches.

— Pierre, dit Sauveterre, la face ferme assez, mais la voix, à ce qu'il me sembla, faiblissante, décroche ce curé de sa poutre. Paillard et traîtreux qu'il est, il ne mérite pas le sort du bon larron, ni même du mauvais.

J'y courus et dans la salle entrant, vis mon père qui vers moi bondissant, cria:

— Pierre, es-tu sauf?

— Oui-da! Et vous, mon père?

— Sans un poil tombé! Et tout joyeux, il me bailla une forte brassée, frottant sa moustache sur ma joue. Et Sauveterre? ajouta-t-il.

— Navré d'une pistolétade. Mais il dit qu'il montera à cheval dans huit jours.

— Ha! J'y vais! dit Siorac, son visage s'abrunissant.

Je l'allais suivre quand une voix dit du plafond.

— Ha! Moussu! Aidez-moi! Je pâtis prou! A peu que mes bras ne se brisent!

Et Giacomi, à son tour entrant, je lui dis de soulever le curé Pincettes par les gambes dans l'air ballantes pour aiser les poids du corps : et cela fait, de deux coups d'épée je tranchai les cordes. Pincettes s'affaissa comme poupée de son sur l'épaule de Giacomi, gémissant que c'en était fait de ses poignets, desquels je défis les liens, la chair en étant à l'alentour, boursouflée et violacée, mais sans saignement, ce dont j'augurai bien, d'autant que de rompement d'os à la palpation, je n'encontrai aucun, ni au poignet ni à l'épaule, mais assurément un fort étirement des tendons et déchirement des muscles qui devraient incommoder le tourmenté au moins jusqu'à l'an neuf.

Jacotte, de son cimetière revenue, voyant son curé en ce prédicament, battit des ailes comme poule effarée et se mit à tourner en rond, plus babillante que moulin en eau vive. Je lui commandai de s'accoiser, de frotter les bras de son *cura* à l'esprit-de-vin, de le coucher en sa coite et de lui donner, pour dormir un peu d'opium que je savais qu'elle détenait, Pincettes, moyennant clicailles, faisant quelque peu l'apothicaire à l'alentour, mais la Dieu merci, en si petite quantité, étant chiche-face, qu'il ne tuait personne.

Comme j'achevais à Jacotte mes recommandations, je vis mon père descendre d'un pas las et lourd les degrés de l'étage et tirant à moi, l'œil baissé, la face grave, il me prit par le bras et me dit en français :

— La navrure n'est point petite. La balle a percé le corselet et traversé le poumon de part en part. C'était folie de ne pas accorder vie sauve à ce gueux ! Que valait-elle au regard de celle de Sauveterre et de la vôtre ?

— Mais, dis-je, la salive me séchant en bouche, et le nœud de la gorge serré. Ambroise Paré assure qu'on peut recouvrer d'une arquebusade au poumon.

— Assurément, on le peut. Mais la pronostique n'est pas bonne chez un homme de cet âge et de si peu d'appétit à vivre. Pierre, fais-toi bailler char et mule dans le village pour ramener l'oncle à Mespech. Il ne pourra tenir à cheval.

Je trouvai les gens du village dans l'effroi et le tremblement, et chantant haut le los de Mespech, pour ce que nul ne doutait que si nous n'étions survenus, les gueux, picorée et pillerie finies, ne les eussent tous passés au fil de l'épée, garces et curé compris. Ils étaient donc soulagés de n'avoir que deux morts à pleurer, si tant est qu'ils les pleurassent : le veilleur Villemont et un nommé Fontanet qui avait été occis une pique à la main, défendant bec et ongles son bien, ce dont tout le monde le blâma, pour ce qu'il convenait peu au vilain d'être vaillant comme gentilhomme, n'ayant pas été comme lui nourri aux armes dès l'enfance, et sortant, pour ainsi parler, de sa condition en voulant singer sa vaillance.

A peine cependant m'eut-on, en un grand bruissement de babil, baillé char et mule, que j'ouïs un coup de feu, et l'oreille dressée, un second que je sus venir de la Fumélie où les fuyards, à coup sûr, en voulaient à nos chevaux, Petromol les arquebusant de la fenêtre du mas.

— Compagnons ! criai-je, à moi ! à la Fumélie ! On nous veut larronner nos chevaux !

Et déjà je me ruai au porche du village, suivi des nôtres quand la voix de mon père, rugissant derrière mon dos, emplit la place du village de son tonnerre :

— Pierre ! Je t'ordonne et commande de demeurer céans ! Cabusse, Fröhlich, Jonas, mes deux cousins Siorac, courez à la Fumélie et à la prudence, vous faisant connaître par cri de Petromol ! Ne hasardez rien ! L'affaire nous coûte trop déjà ! Mieux vaut perdre monture que cavalier !

Combien que je fusse fort vergogné et chagrin que mon père m'eût rabattu devant nos gens, j'entendis par ces mots qu'il ne l'avait fait que par la crainte de me perdre dans cette échauffourée, partageant la superstition commune aux soldats qui veut qu'un malheur ne vienne jamais seul. En quoi il ne se trompait guère puisqu'à la Fumélie, mon Fröhlich reçut de ces vilains une balle, qui, déchirant son morion, à un demi-pouce près, lui eût percé le crâne, se contentant de lui arracher à demi l'oreille senestre que toutefois je lui recousis à Mespech une heure plus tard, sans autre incommodité pour lui qu'un grand pâtiment sur l'heure et plus tard, une grande cicatrice à parader devant les belles.

Il s'en fallait de prou que la navrure de Sauveterre fût si bénigne. A chaque respiration, quelque peu de sang ne pouvait qu'il ne jaillît du trou de la poitrine. Et même quand j'eus réussi à l'arrêter — ce qui fut pour l'oncle excessivement à dol — il ne recouvra guère de forces, la fièvre demeurant aiguë et continue, le pouls désordonné, et le cœur par instants faiblissant, la gêne à respirer étant immense. De trois jours, ni mon père ni moi ne quittâmes son chevet, lui recommandant de branler le moins qu'il se pouvait, de s'accoiser tout à plein, de prendre souffle à très petits coups, et de boire lait et bouillon. Ce qu'il fit point par point pour nous agrader, n'ayant fiance ni foi en sa guérison.

Ne pouvant selon nos prescriptions ouvrir la bouche, il nous envisageait mon père et moi selon que l'un ou l'autre fût assis à côté de lui, avec un air de si suave et profonde affection que c'était à peine si nous pouvions devant lui refréner nos pleurs. Il semblait que toute l'imployable rigueur qui avait été la sienne sa vie durant se fût comme dissoute à l'approche de la mort, laissant nue l'âme sensible et infiniment bénigne qu'elle avait jusque-là masquée, tant par vergogne que par huguenote austérité.

Le matin du quatrième jour, la fièvre étant tombée, et le malade ayant dormi grâce à l'opium qu'on lui avait administré la veille, mon père lui dit :

— Mon frère, vous allez mieux.

— Nenni, je meurs, dit Sauveterre avec un air de si absolue certitude que je vis bien que mon père n'y voulait ni pouvait contredire, d'autant que la respiration, ce jour-là, devint fort labourante, pénible et comme entrecoupée de moments où le patient perdait haleine au point qu'on eût cru qu'il allait passer. Il n'était plus utile de recommander à l'oncle Sauveterre de s'accoiser : il n'avait plus guère de vent pour parler et demeurait la bouche ouverte comme un poisson hors de l'eau.

Cependant, vers le soir, il reprit quelques forces et demanda à mon père d'appeler à son chevet François et Catherine, à qui toutefois il se contenta de dire d'une voix ténue :

— Ramentez-vous que vous fûtes tous deux élevés dans la religion réformée.

Et de la main, il les renvoya, n'ayant point pour eux une si grande amour que pour Samson et pour moi, Catherine parce qu'elle était fille, et François, parce qu'il était lui.

Il hoqueta vers les six heures, mais vers les sept heures, les hoquets s'apaisant, il se tourna vers mon père et l'envisageant longuement, il esquissa un sourire et dit d'une voix faible, mais cependant distincte :

— Jean, tu as été, ces trente-sept ans passés, ma seule joie terrestre.

Mon père qui était assis à son chevet, lui donna alors la main et je vis que Sauveterre la serrait avec force, me donnant quelque fol espoir de le voir se recouvrer malgré tous les indubitables signes qui allaient au rebours. Mais j'entendis mieux au bout d'un instant ce qu'il en était : à cette main qui de toute sa vie ne lui avait failli, tant mon père avait été pour lui un fidèle et immutable ami, il se raccrochait à la fin pour livrer ce dernier combat que nous ne pouvons que perdre, et passer le noirâtre et traîtreux passage qui débouche à la mort. Toutefois, il parla encore vers les neuf heures, d'une voix perceptible à peine.

— Ma présence céans, dit-il en un souffle...

Mon père approcha l'ouïe et hocha la tête pour lui faire entendre qu'il écoutait.

— Ma présence céans, reprit l'oncle par bribes et saccades... ne fut que dure absence... aux félicités éternelles.

Mon père et moi, nous nous entrevisageâmes en silence, nous apensant que Sauveterre ne pouvait mieux résumer la rigueur d'une vie qui n'avait été que l'attente de ce qui la devait suivre. Je vis que mon père voulait parler, mais ne le put, sa voix s'étranglant dans le nœud de sa gorge et les larmes roulant sur ses joues, grosses comme des pois. De reste, toute parole eût été inutile. Sauveterre, son brun visage pâli et creusé, avait déjà dépassé, en son dur voyage, les mots et les pensées de sa native langue, le regard étant trouble et fixe, et la respiration tant sifflante et labourante que le cœur me cognait de l'ouïr dans le désespoir de ne pouvoir l'aiser.

— Pierre, dit mon père quand l'horloge eut sonné dix heures, va manger un morcillon à la salle et boire un pichet de vin.

Je me levai pour lui obéir, les épaules fort lourdes, quand tout soudain Sauveterre donna un violent soubresaut. Un flot de sang jaillit de sa bouche, ses mains se crispèrent et il retomba d'un coup dans une immobilité dont nous sûmes, avant même que d'avoir écouté son cœur, qu'elle était aussi éternelle que les félicités qu'il s'en promettait.

CHAPITRE III

Ce fut pour Jean de Siorac béante et âpre plaie que la mort de Jean de Sauveterre lequel rendit sa noble âme à Dieu en la soixante-deuxième année de son âge, le co-seigneur étant de cinq ans plus âgé que le baron de Mespech et celui-ci, son héritier par affrèrement devant notaire de Sarlat en date de 1545, acte par lequel, s'adoptant, comme on sait, avant que d'acheter la châtellenie, les deux Jean se baillèrent l'un à l'autre leurs biens présents et à venir.

Mais s'il est un bien qu'ils ne purent alors se donner, ce fut de quitter ensemble cette terre où ils avaient vécu trente-sept années dans le lien par eux forgé au cours des jours venteux de leur vie, ayant servi au botte à botte en leurs vertes années dans la légion de Normandie, sans jamais se séparer depuis dans les dents des inouïs périls de la persécution contre les huguenots, dressés côte à côte dans le Sarladais comme deux rocs par le flanc soudés, et que battirent continuement les flots sans les pouvoir rompre ni disjoindre.

Hélas, la mort venait d'achever ce que la malice des hommes avait failli à faire et la frérèche — comme on l'appelait à dix lieues à la ronde — s'encontrait d'ores en avant amputée d'une moitié, saignant d'une navrure qu'il n'était chirurgien au monde qui pût panser ni curer. Et de mon père, dont je dirai plus avant le chagrin, jusqu'au dernier de nos gens, lesquels aimaient Sauveterre de grand respect, n'étant point rebutés par son imployable vertu, bien le rebours, notre pauvre Mespech n'était que dol et deuil, ses murs retentissant de pleurs et de lamentations, ou pis encore s'endormant dans un morne silence, comme si la présence de l'homme l'avait tout soudain déserté.

Quant à mon père, il m'apparut qu'à la mort de Sauveterre il devint veuf pour la seconde fois, tant il fut mis hors ses gonds par la disparition de son compagnon d'attelage et de labour, avec qui il avait eu un tel quotidien commerce, ménageant la châtellenie, lisant les mêmes livres, suivant le même culte, décidant tout d'une seule voix et pourtant disputant sans trêve, comme on l'a vu, car ces hommes, unis dans la même foi et la même irréfragable amitié, étaient d'étoffe et de complexion si contraires que c'était miracle qu'ils en fussent venus à tant s'aimer.

Mon père, dont la moustache avait blanchi en une nuit après la mort de Sauveterre, parut se perdre dans l'anxieuseté d'un endeuillement sans limites, l'œil figé à terre, la lèvre serrée, la parole rare, le geste lent et hésitant, comme s'il cherchait sans cesse à ses côtés, à table, à cheval, à la librairie, à l'étable ou au champ, ce frère grondeur et mal'engroin dont il aimait jusqu'aux rechignements, parce qu'ils venaient de lui, et aussi, à ce que je me suis souvent apensé, parce qu'en lui ramentevant les plus sévères maximes de sa foi huguenote, ils le dispensaient en quelque guise de s'y plier, la haute vertu de Sauveterre lui étant, pour ainsi parler, le garant de sa gaillardise.

Le désarroi et la désolation de mon père étant tels, j'avais sursis une fois de plus à mon département de Mespech, sachant bien que Jean de Siorac ne pourrait être en aucune manière conforté par mon aîné François dont la présence pesait tout son poids de froidure, même en cet afflict et tristesse. Quant à ma petite sœur Catherine, combien qu'elle fût de mon père raffolée, elle était fort occupée depuis la lettre du corbillon à faire de vifs vœux pour que Charles IX rendît sa méchante âme à son Créateur afin qu'incontinent revinssent en France de leurs frimas polonais le duc d'Anjou et sa brillante suite. Vivant ainsi dans le nuage de son grand pensamor, elle bondissait sur les chemins fleuris du futur et se voyant déjà baronne, reçue au Louvre, et logée en Paris, c'est à peine si elle touchait terre encore à Mespech dont la malenconie ne pouvait qu'effleurer, sans la gâter, la liesse de son jeune cœur.

Je demeurai donc en Mespech, de prime pour quelques jours, et mon père faillant à sortir de son douloir, quelques semaines encore, et son pâtiment croissant au lieu que de décroître (et me donnant à la parfin quelques inquiétudes sur sa santé) un deuxième hiver en son entièreté. Et que me furent interminables ces longs mois froidureux passés derechef en la châtellenie sans le confortement de mon Samson, de Quéribus, de Gertrude, de la belle Zara, toute jeunesse, beauté et gaîté envolées tout soudain de nos murs, Catherine inaccessible en ses songes dorés, et ma Gavachette fort tousseuse, crachante et maigrissante, ayant pris un méchant froid qui lui tourmentait le poitrail, et de surplus fort aigrie de la fausse couche qui l'avait privée en mars de me bailler bâtard.

Je tâchai à succéder au co-seigneur en ses tâches et fonctions auprès de mon père, mais entendant à la fin que ce replâtrement faisait à Jean de Siorac plus de mal que de bien, je me garnis d'une autre arquebuse et entrepris de réveiller sa grande et ancienne amour pour la médecine. Sous le couvert de fourbir mon propre savoir qui se rouillait à ne pratiquer point, je l'entraînai aux lectures et à la dissection, tant des animaux sacrifiés pour nos viandes que des pauvrets mourant comme mouches sur les chemins en ce rude hiver. Et après trois mois de cette continuelle et quotidienne étude, je vis mon père redevenir plus vif, sa taille redressée, sa vigueur revenue, et émerger en même temps de l'excessive et morose dévotion où la mort de Sauveterre l'avait plongé, par où, à ce que je cuide, il faisait par trop saigner sa conscience pour les péchés où sa complexion l'avait porté, et le devait porter encore, s'il ne voulait point renoncer à la vie en renonçant à l'ardent appétit qu'il en avait.

Et de cela conversant au débotté avec lui au coin du feu en la librairie, au retour d'une chevauchée sur nos terres, j'osai lui dire tout de gob que clore l'huis comme il avait fait, depuis la mort du co-seigneur, entre sa chambre et la chambre jouxtante me paraissait tout à plein hors raison, privant Mespech des fils et des filles qu'il pourrait en sa verdeur procréer encore, fécondité tant souvent recommandée par le Seigneur en sa Bible, comme bien il le savait luimême pour avoir lu, médité et cité à Sauveterre ce passage du Livre Saint où l'on voit Jacob répétitivement engrosser Rachel, Lia et les servantes d'ycelles.

A quoi, sans d'abord piper mot ni miette, mon père se leva et marcha qui-cy qui-là dans la librairie, mais d'un pas vigoureux et comme impatient, le dos droit, la crête haute, et comme en était sa coutumière usance, les deux mains sur les hanches, me comblant d'aise et d'espoir de le voir recouvrer enfin cet *habitus corporis* [1] où je l'avais toujours vu.

— Il est vrai, dit-il, que je faisais à mon frère Jean cette citation, et bien d'autres de la même farine que je tirais du Livre. Mais n'était-ce point sacrilègement couvrir mes péchés de trop haute autorité ? Et quand

1. Attitude du corps.

je coqueliquais avec la pauvre pastourelle qui me donna Samson, n'était-ce pas adultère manifeste, votre mère étant vive alors et mon épouse devant Dieu ?

— Certes ! dis-je, mais l'arbre se juge à ses fruits : cette faute-là vous fut au ciel assurément pardonnée, puisqu'il vous donna Samson, ce bel ange qu'il n'est personne au monde qui n'admire et chérit, et que l'oncle même, qui vous fit tant de prêches au moment de sa conception, tient en plus haute estime qu'aucun de vos fils légitimes.

— Vous avez dit « tient », dit mon père en levant le sourcil. Vous parlez de Sauveterre comme s'il était vif ! Aussi l'est-il dans mon cœur, poursuivit-il d'un air rêveux, et en mon for, je dispute avec lui sans cesse, et de tout. Or, il est bien constant, comme vous dites, mon Pierre, que votre oncle Sauveterre, je l'ai observé maintes fois, n'était point fâché, bien le rebours, de voir multiplier les enfantelets par quoi Mespech croissait et se fortifiait. Il abhorrait mes fautes, mais il en aimait les effets.

A quoi je m'accoisai, le voyant en ses songes perdu et craignant de les lui gâter en ouvrant le bec derechef. Ne le sais-je pas bien, moi chez qui l'imaginative, comme chez mon père, a si grande seigneurie : nos pensées sont comme des pouliches qu'il faut laisser galoper au pré, tête haute et crinière au vent et ne les brider point tant qu'elles ballent de-cy de-là, jeunettes, sur leurs belles jambes. Le mors peut venir après, si mors on veut.

Dès que la Gavachette s'était alitée, j'avais délaissé sa coite, non que je crusse à la contagion de son intempérie, mais la pauvre garce était si brûlante et branlante que je ne trouvais guère le repos contre son flanc fiévreux. En outre, j'avais obtenu de mon père qu'on entretînt continuement près d'elle un grand feu, pour ce que j'opinais qu'accroître sa sueur évacuerait à la fin son mal. Remède dont je ne sais s'il devait la curer, mais étant alors comme chassé de ma chambre, sauf pour de brèves visites, par la chaleur insufférable que j'y trouvais, je me réfugiai dans un petit cabinet jouxtant à celui de la Franchou, laquelle j'oyais la nuit se tourner et se retourner sur sa couche comme crêpe à la poêle, à s'teure pleurant à gros sanglots, à s'teure soupirant comme soufflet en forge, s'encontrant bien seulette depuis que le baron de Mespech ne l'allait plus rejoindre, mon père étant plus empêché par la remontrance d'un mort qu'il ne l'avait été, celui-là étant vif. Cependant, la Franchou étant garce si rondelette, fraîchelette et bénigne, je ne doutai point que mon père en la disposition où je venais de le voir, la dût combler à nouveau : ce dont j'augurai bien pour sa santé et gaillardie, le médecin l'emportant en moi sur le moraliste, et plaise au lecteur de me le pardonner, s'il opine là-dessus autrement.

Mon Angelina m'avait écrit deux lettres que j'avais relues si souvent dans le silence et la réclusion de mon petit cabinet (y étant seulet, moi aussi, et mangeant mon rôt à la fumée, comme on dit en Périgord) que mes yeux eussent à force usé le papier même, s'ils l'avaient pu. Non qu'elles m'apportassent l'espoir que j'avais attendu d'elles en les ouvrant, le confesseur de M. de Montcalm dont la vie, semblait-il, ne tenait plus qu'à un souffle, usant de ce souffle encore pour détourner son pénitent de l'enfer qui s'ouvrirait incontinent sous ses pieds, s'il osait bailler sa fille à un hérétique. Le billet latin arraché à Pincettes, lequel, si bien on se ramentoit, attestait que j'avais été baptisé en l'église romaine — ce qui était constant — et que j'oyais la messe — ce qui ne fut vrai qu'en trois ou quatre occasions — laissa iné-branlable le zèle de ce moribond qui, avant que de me marier, me voulait voir amender tout à plein en la chapelle de Barbentane, quasiment à genoux, en chemise et le cierge à la main, avouant les erreurs et fallaces de ma foi huguenote. Mon Angelina, sachant bien qu'en raison de mon attachement au parti de mon père, on ne me pourrait pousser à ces extrémités, trouvait son seul recours à prier le ciel de rappeler à lui ce religieux qui à ce qu'elle opinait, méritait bien enfin quelque repos pour l'avoir si bien servi. Ce qu'elle disait qu'elle faisait avec une tant naïve innocence qu'elle me laissait mi-ému, mi-ébaudi.

A la fin juin, moins de deux ans après la Saint-Barthélemy la nouvelle nous parvint de la mort de Charles IX en son Louvre le 30 mai, lequel, à ce que me conta plus tard Pierre de l'Etoile, agonisa en de tourmentants remords d'avoir versé tant de sang lors du massacre tristement famé des nôtres en Paris, montrant ainsi plus de cœur que la Médicis qui conçut et décida la chose sans battre un cil, l'imposa à son fils par de tortueux mensonges et ne se repentit mie.

— Monsieur mon frère, dit Catherine, en entrant à la nuitée la chandelle à la main, dans mon petit cabinet à l'heure où je m'allais coucher, j'ai ouï dire que le roi était mort. La chose est-elle sûre ?

— Elle l'est. Mon père la tient du sénéchal de Sarlat.

— Que la paix soit à sa pauvre âme ! dit Catherine en se signant. Ayant fait, elle ne put que sa face ne resplendît de joie. C'est donc, poursuivit-elle, que le duc d'Anjou va quitter Varsovie pour s'en revenir en ce royaume ?

— Il est certain, dis-je, qu'il préférerait, s'il le peut, régner en France qu'en Pologne.

— S'il le peut ! dit-elle, son bel œil bleu agrandi par la soudaine angoisse que lui donnait ce « si ».

— C'est qu'il n'est pas certain, Catherine, que ses bons sujets polonais, qui ont été à tant de peine à se trouver un roi, le laissent départir, maintenant qu'ils le tiennent.

— Quoi ! dit Catherine en redressant la crête d'un air fort encoléré, ses sujets oseraient le tenir prisonnier ! Ah ! Méchant frère ! cria-t-elle, vous vous gaussez !

— Nenni! dis-je avec un sourire. Il n'est de vous que de le quérir à votre père : il vous le dira comme moi. Mais ma sœur, poursuivis-je, ne vous alarmez pas si vite ! Le duc d'Anjou est un grand capitaine. Il trouvera bien quelque subterfuge pour se dérober, lui et sa suite.

Cette « *suite* » annula le « *si* », et amiella si bien ma petite sœur Catherine que, posant sa fine main sur mon épaule, elle me dit :

— Ha ! Mon Pierre ! Quand on vous envisage, combien étrangement vous ressemblez au baron de Quéribus !

— On le dit. Mais je ne suis pas tant beau, ajoutai-je en riant. Nous sommes apensés, l'un comme l'autre, que je suis l'ébauche et qu'il est le dessin achevé.

— Cela est bien vrai, dit-elle.

A quoi je ris. Rire auquel elle ne prit point garde, étant toute à son pensement.

— Et vous n'êtes point non plus si bien attifuré, poursuivit-elle avec le dernier sérieux, pour ce que vous n'avez qu'un seul pourpoint à la mode qui trotte en Paris, et celui-là même, ne le tenant que de lui.

— C'est que je ne suis point tant riche, dis-je, souriant toujours et comme bien on pense, prodigieusement gaudi et réjoui par le tour de cette jaserie.

— En effet, dit-elle avec gravité.

— Je ne suis pas baron non plus.

— Assurément, dit-elle, vous ne l'êtes point et ne le serez jamais. Cependant, ajouta-t-elle après s'être quelque peu sur soi-même réfléchie, je vous aimerai toujours, mon Pierre, tout cadet impécunieux que vous soyez, et de surcroît médecin.

— Madame, dis-je en la saluant, je vous sais un gré infini de vos bonnes dispositions.

A quoi elle se réveilla enfin du beau milieu de ses songes et dit en tapant du pied :

— Ha ! Pierre ! Vous vous gaussez encore !

— Ho ! Que nenni ! dis-je, et je vous jure, pour ma part, que je vous aimerai tout autant qu'à ce jour d'hui quand vous serez baronne.

— Serai-je baronne? dit-elle, l'œil en fleur. Ce n'est point, poursuivit-elle avec un retour à sa coutumière hautesse, qu'un titre m'éblouisse, Mespech étant ce qu'il est et notre mère, de si ancienne souche. Mais le baron est tant aimable! Mon Pierre, peux-je vous poutouner le bonsoir?

— Me le devez-vous quérir? dis-je en souriant.

Mais au lieu que de me baisotter, elle me mit les deux bras autour de la taille et posant sur mon épaule sa mignonne tête, laquelle était à l'entour auréolée des beaux et blonds cheveux qu'elle avait pour la nuit dénattés, elle demeura là un moment, toute rêveuse et songearde, la paupière mi-close sur son œil bleu pervenche et la lèvre entrouverte.

— Allons! dit-elle avec un soupir, il faut s'aller coucher. Pierre ces méchants Polonais ne vont-ils point occire notre gentil nouveau roi, s'ils le rattrapent sur le chemin de France?

— Y êtes-vous apensée! Porter la main sur la personne d'un roi!

— Ou sur ceux de sa suite?

— Pas davantage. Allez, Catherine, dormir, quiète, en votre couche! Le baron sera céans à la mi-août, je vous le gage sur mon bonnet de docteur. Et qui pourrait-il marier d'autre que vous, qui êtes tant plus belle qu'aucune fille de baron en France?

A quoi elle me sourit de façon fort candide et confiante, une petite moue de contentement sur sa suave lèvre et quasi sommeillante jà, étant mi-enfant encore, mais femme pourtant tout à plein, ces choses-là se gaussant de nos arithmétiques.

Ainsi commença pour Catherine une longue attente qui chemina parallèlement à la mienne, chacun de nous ayant un objet différent. N'est-ce pas émerveillable, quand on y songe, que le tissu de notre présent ne soit fait que de notre futur, soit que nous y ayons un ardent appétit, soit que nous l'appréhendions. Et n'est-ce pas une bien grande folie et déraison de ne point vivre à plein les jours qui coulent en notre vie si brève, par l'espérance ou la crainte que nous entretenons de l'avenir?

Ma pauvre Gavachette n'en était plus à rêver au bonheur éternel de gloire et d'apparessement que lui eût donné en Mespech un fils de ma greffe. Elle luttait contre la mort, qui la voulait de ce monde ravir, et quand enfin elle en triompha, et se leva sans fièvre de sa coite, elle était tant maigre, chancelante et pâle, toute charnure évanouie, toute couleur sur sa face effacée et la peau tant resserrée sur les os qu'à peu qu'elle ne parût être son propre fantôme. A telle enseigne que la Maligou, la voyant surgir au premier matin de son lever en sa souillarde, s'écria d'une voix blèze et l'œil terrifié :

— Ha! Pauvre âme! Que me viens-tu céans tourmenter? T'ai-je en rien nui de ton vivant?

La Gavachette vivait, cependant, mais d'une vie étique, gloutissant prou, profitant peu, hagarde, lente en son mouvoir, distante de ses alentours, n'ouvrant le bec qu'à l'occasion, la voix ténue, la parole rare et quasiment bénigne, comme si son intempérie lui eût ôté la force de sécréter son coutumier venin. Elle m'eût voulu de retour incontinent dans sa chambre pour y reprendre notre commerce, mais je m'y refusai, arguant qu'elle était trop atténuée pour le branle de ces mignonneries, mais le vrai est que mon appétit avait laissé place à la compassion et qu'aussi je m'apensai que si un jour proche le ciel exauçait les prières que l'on sait quant au confesseur de M. de Montcalm, il valait mieux ne point risquer derechef d'avoir de la Gavachette fils ou fille dont Angelina pourrait prendre ombrage. Au demeurant, je n'avais point, comme j'ai dit, pour la Gavachette la chaleur d'affection que j'avais nourrie pour la petite Hélix, sa complexion étant si piquante et son humeur, si serpenteuse. Cependant, me sentant tenu envers elle à quelque obligation d'amitié, je ne faillais pas de la visiter trois fois le jour pour lui continuer mes curations et tâcher de la conforter.

A la mi-août, nous reçûmes une longue lettre de Dame Gertrude du Luc, accompagnée de deux poulets adressés à mon père, l'un de Samson, l'autre de la belle Zara et si étrangement graffignés l'un et l'autre qu'on eût dit qu'un chat les avait de sa griffe tracés, mon père labourant une grosse heure à les déchiffrer, mais, ce faisant, rempli de contentement à chacun des poulets, quoique pour des raisons différentes. Gertrude qui écrivait plus longuement en lettres mieux moulées, ne nous mandait rien que d'heureux sur son mariage avec Samson, l'installation en Montfort-l'Amaury, et la prospérité de l'apothicairerie, laquelle pourtant pâtissait quelque peu de ce qu'il n'y avait point de médecin en Montfort qui eût pu faire des ordonnances, tant est que Samson avait écrit à notre condisciple, le révérend docteur Merdanson, lequel avait mis la main avec moi au défouissement et dissection en Montpellier des morts du cimetière Saint-Denis (où j'avais, si le lecteur s'en ramentoit, si funestement encontré la belle sorcière Mangane). Ce Merdanson, qui était un grand et fort gaillard, avait une bien étrange sorte de manie : de ses lèvres sortait continuement un tel torrent scatologique — le solide l'emportant sur le liquide — que je lui dis un jour, avant qu'il devînt mon ami, qu'il devait être fort peu versé en son anatomie puisqu'il confondait sa bouche avec son anus. Ce n'est point à dire qu'il ne fût pas homme de bien, tout le rebours — et fort bon médecin, fort instruit, et aux patients nuit et jour dévoué, et j'approuvai fort que mon Samson l'eût voulu près de lui, s'il le pouvait faire venir en Montfort, pour ce qu'il était contraire à son état d'apothicaire de façonner des médecines sans ordonnances et de son propre chef. Pratique de surcroît périlleuse, comme bien on sait.

Nous étions à souper, à la nuitée, le 29 août, quand Escorgol, précédé de son nez et de sa bedondaine, vint nous dire d'une voix hors souffle qu'un gentilhomme suivi d'une nombreuse escorte et qui disait être le baron de Quéribus requérait l'entrant.

— Quoi ! Le baron ? cria Catherine, se levant à demi de son escabelle, et y retombant tout soudain, elle pâma; ce qui fit que la Maligou, Barberine et Franchou concoururent à elle avec des cris, chacune pensant que la pâmoison était affaire de garce, mais aucune, de vrai, ne sachant que faire, et grattant autour de ma sœur comme poules dans la poussière.

— La peste de ces caquets! dit mon père, se doutant bien que c'était là une intempérie dont fille saine et gaillarde ne meurt point. Desserrez-lui un petit sa basquine et baillez-lui de l'esprit-de-vin. Si elle ne recouvre pas, mettez-la au lit pour deux jours.

Ces mots et l'esprit-de-vin firent merveille. Catherine reprit vie et couleurs en un tournemain et comme la bonne Barberine lui voulait desserrer la basquine, elle lui dit d'une voix ferme assez qu'elle n'en fît rien, qu'elle désirait demeurer en l'état, ce qui n'était point, de reste, tout à fait vrai, pour ce qu'elle demanda incontinent à mon père la permission de se retirer en sa chambre pour s'accommoder, requérant Franchou de la suivre pour lui prêter la main. A quoi mon père consentant, Catherine, debout sans aide aucune, tourna sur soi en un grand tournoiement de son vertugadin et courant au viret, y disparut, mon père et moi entrechangeant un petit souris, sachant bien que cet accommodement-là n'était point tant pour reprendre souffle que pour la coiffure et l'attifure.

— Mais Escorgol, dit mon père, tu connais bien le baron, tu l'as vu mille fois. Et toi qui as l'ouïe si fine, n'as-tu point reconnu sa voix?

— Aussi me suis-je bien apensé que c'est lui. Mais il fait nuit. Il a une forte escorte. Et je ne veux point la herse relever ni l'huis déclouir que mon maître me le commande.

— Monsieur mon fils cadet, dit le baron de Mespech, voulez-vous y aller?

Ha! Je fis plus qu'y aller: j'y courus! j'y volai! J'y fus en un battement de cils! Et mettant le torse hors du fenestrou du châtelet d'entrée, je criai dans la nuit:

— Quéribus! mon petit œil! Est-ce toi?

— C'est je, mon Pierre, à n'en douter point! A peu

que je n'aie crevé mes chevaux pour arriver céans! Comment se porte (il allait dire Catherine, mais se bridant, reprit un ton plus bas) le baron de Mespech?

— Fort bien, criai-je en riant, et Catherine à merveille!

— Ha! Mon frère! dit-il et n'en put dire davantage.

— Au diable cette herse et cet huis! criai-je, je ne les peux relever et déclouir et cet Escorgol se traîne en nos murs comme escargot sur son ventre. Ventre Saint-Denis, Escorgol! criai-je, Escorgol! Par ici! A l'herse. A l'huis! A moi!

— Ha! Moussu! cria de loin Escorgol tout à plein hors de vent, n'ayant jamais poussé tant vite devant lui son nez et sa bedondaine, lesquels pesaient un tel poids de charnure que c'était miracle qu'il ne fût pas tombé sur eux en chemin, ha! Moussu! Espérez un petit! Il n'y a point le feu!

— Le feu! dis-je, mais en français pour qu'il ne m'entendît pas, je vais te le bouter aux fesses pour te catapulter céans!

A quoi mon Quéribus rit comme fol et à la parfin, après un grand branle et grincement de ferrailles, de ferrures et de déverrouillages, nous fûmes dans les bras l'un de l'autre, chacun toquant de la paume le dos de l'autre et nous entrebaisant à la fureur.

Je dis à Escorgol d'accommoder du mieux qu'il put les chevaux et l'escorte, et entraînai à la course mon Quéribus jusqu'à la grand'salle où, dès qu'il fut entré, saluant mon père, il ne put qu'il ne trahît quelque désarroi à ne pas voir l'objet de sa dilection. Désarroi qu'il put en douleur celer quand, s'enquérant de M. de Sauveterre, il apprit qu'il n'était plus. Sur quoi, mon père l'ayant fait à sa dextre asseoir, et commandé qu'on lui garnît une écuelle d'argent, entreprit le récit de l'âpre combat de Marcuays contre les gueux et de la mortelle navrure que le co-seigneur y reçut. Conte que mon Quéribus ouït, la mine triste et l'oreille courtoise et gloutissant ses viandes à l'aveuglette, ayant l'œil à s'teure sur mon père fixé, à s'teure sur le viret par où il cuidait que

Catherine allait entrer et tout à plein vainement, pour ce qu'elle ne parut pas de tout le repas, soit que son attifure consumât tant de temps, soit peut-être qu'elle voulût aiguiser par le retardement l'appétit qu'on avait à la voir et dont elle devait bien s'apenser qu'il croissait de minute en minute, le sien n'étant pas moindre, mais cependant, davantage en son commandement, comme le voulait l'astuce que le Créateur a baillée à son suave sexe en compensation de la force qu'il a en moins.

Sitôt la repue finie, mon père emmena Quéribus en la librairie pour ce qu'il voulait laisser place en la grand'salle à l'escorte, laquelle, après avoir dessellé et pansé leurs montures en nos écuries, ne pouvait qu'elle n'eût gorges sèches et dents aiguës après sa longue chevauchée, la Maligou et Barberine s'affairant, et elles-mêmes fort affriandées à nourrir ces friands, lesquels étaient beaux et vigoureux à donner de la jaleuseté à ceux de Mespech. Mais, la Dieu merci pour eux, et aussi pour notre économie hugue-note, ils devaient dès le lendemain loger, avec leur maître, chez Puymartin, lequel étant cousin de Quéribus, se serait offensé, si le baron s'était paysé ailleurs qu'en sa maison.

Mon pauvre Quéribus s'asseyant en la librairie à la droite de mon père, dans le grand et roide siège que Sauveterre avait occupé pendant tant d'années, tâchait de faire bonne mine contre son désespoir à voir se prolonger l'absence de Catherine, se demandant si sa place en son cœur pendant son long et froidureux exil n'avait point été prise par quelque gentilhomme du Sarladais, mon père, à dire le vrai, ne s'étant engagé avec lui qu'à demi, comme on s'en ramentoit, et très à la réserve, ne sachant quand il reviendrait des frimas. Et mon père, d'autant ébaudi des affres de son hôte qu'il savait qu'elles allaient incessamment cesser, et n'étant point marri, au demeurant, que le beau baron de Cour sentît peser sur sa superbe le joug d'une demoiselle de notre rustique noblesse, le pressa de lui conter l'aventureux retour hors Pologne du roi et de sa suite, sans que le baron pût trouver voix et cœur à le contenter, arguant de la fatigue de sa chevauchée.

— Baron, dit mon père en riant, vous m'étonnez! Fatigue de fesse n'atteint pas langue! Mais voilà, ajouta-t-il, en voyant Franchou entrer avec un pichet de vin chaud et fumant, qui va grandement vous conforter!

Mais Quéribus dont l'œil avait brillé quand s'était déclos l'huis de la librairie, pour s'éteindre incontinent quand Franchou avait paru, laissa la chambrière remplir son gobelet sans un merci et sans y toucher, envisageant son vin avec des yeux absents et ne sachant même point, à ce que je cuide, ce qu'il tenait en sa dextre. Cependant, Franchou, s'approchant du baron de Mespech, lui glissa en main un billet qu'il déplia et lut à part soi, un souris jouant sur ses lèvres, la bonne Franchou pendant ce temps, dévorant son maître de l'œil, étant de nouveau fort épanouie, à ce que j'observai.

— Mon cher Quéribus, dit Jean de Siorac mi-gaussant mi-ému, ma fille me requiert par ce billet l'honneur de vous venir saluer céans. L'avez-vous pour agréable? Ou êtes-vous tant las que vous préférez votre lit?

— Nenni! nenni! dit Quéribus d'une voix blèze, et il n'en dit pas plus car, perdant toutes couleurs, il faillit lui-même pâmer et serait assurément tombé, s'il n'avait été assis. Voyant quoi, prenant le gobelet qui tremblait entre ses doigts, je le portai à ses lèvres et le lui fis vider d'un trait. Le breuvage fit merveille. Et vous eussiez dit qu'au lieu du bon vin insophistiqué de Mespech, mon Quéribus avait glouti un philtre magique tant soudain il reprit vie et vigueur, redressé sur son siège, l'épaule se carrant, la crête haute, et l'œil étincelant dardé sur la porte par où Franchou venait de disparaître prestement, étant fort réjouie du pitoyable état où une minute avant elle avait vu le baron, et la bouche déjà toute gonflée du conte qu'elle allait en faire à Catherine, avant que de revenir céans avec elle.

Belle lectrice, dont le cœur s'intéresse à ma petite sœur Catherine, qu'êtes-vous apensée de la façon dont pendant ce temps elle va s'attifurant en sa chambre pour se présenter au galant ? Va-t-elle s'enrober en la même splendide guise qui fut sienne lors de la fête du 10 novembre de l'an passé chez Puymartin — parure accommodée à sa taille et tournure par Gertrude et la belle Zara — ou bien au rebours, va-t-elle se garnir d'un plus simple et quotidien cotillon ? — Ha Monsieur ! La chose est délicate ! La magnifique vêture du 10 novembre aurait ceci de bon qu'elle ramentevrait au baron le bal où il succomba aux charmes de votre sœur. Mais d'un autre côtel, n'est-ce pas là faire plus de frais que ne le requièrent la pudeur et la dignité et pour ainsi parler, courtisaner trop manifestement ? De reste, le baron n'est-il pas blasé des parisiens affiquets de nos belles dames de Cour ? Et n'aime-t-il point en Catherine, justement, des grâces plus fraîches et naturelles ? — Donc, si je vous entends bien, Madame, vous croyez à Catherine trop de finesse et de hautesse pour se parer à la profusion en cette occasion que voilà ? — Assurément, et je serais fort déçue, Monsieur, si votre sœur n'apparaissait point vêtue en votre librairie de façon fort simplette. — Vous le gagez, Madame ? — Mille fois ! — Hé, Madame ! Vous avez mille fois gagné !

C'est donc quasiment en sa natureté qu'apparut ma gentille sœur Catherine, en un habillement rose d'un fort souple coton, le corps de cotte rose aussi, point de fraise, mais un décolleté virginal, quelques pudiques perles entourant son cou mignon, de pimplochement pas le moindre, la face lavée d'eau claire, le cheveu d'or testonné en torsades et noué d'un ruban rose, de hauts talons pour ajouter à sa stature, mais qu'on ne voyait point, le bas de son cotillon escarmouchant le sol : y ayant, en bref, si peu à admirer en sa vêture qu'on ne pouvait que davantage adorer (avec les yeux du baron) le jeune corps en sa minceur rondie, sans parler de sa tête si belle, de sa face si lisse et de ses grands yeux bleus brillants et fort bien éclairés, pour ce que Franchou qui la précédait, brandissait un chandelier qui ne portait pas moins de quatre chandelles (hélas, pauvre Sauveterre!), seule profusion que Catherine se fût permise, mais lecteur, ne fallait-il pas qu'on la vît, en sa savante simplicité, s'abîmer en une profonde révérence devant mon père, et une autre devant le baron? Lequel, se levant avec la vivacité d'un carreau d'arbalète, l'œil lui sortant quasi de l'orbite en la véhémence qu'il avait à la voir, lui dit, fort balbutiant, qu'elle eût à prendre le siège qu'il venait de quitter, qu'elle y serait mise plus commodément, et que pour lui une escabelle suffirait. Sur quoi, en effet, il s'y assit, mais si brusquement qu'il grimaça, la fesse lui dolant encore de son galop par combes et pechs, lesquels il n'avait tant furieusement chevauchés que dans l'espérance de revoir sa belle après tant de mois neigeux en Varsovie. Elle était là, à la parfin! Et il eût pu l'envisager des jours et des jours d'affilée, la vue étant le seul de nos sens qui soit irrassasiable, pour peu que l'amour nous poigne.

De parole, quand Quéribus fut posé sur son escabelle par la moitié de sa croupière, pas une seule! Et par ma foi! je crus bien que ce silence allait durer un siècle, tant le baron était absorbé dans l'objet de sa contemplation, et l'objet même, tant ravi d'être ainsi contemplé qu'il s'accoisait aussi, le teint rosi, le parpal haletant, et battant du cil à la dérobée pour s'assurer qu'on l'envisageait bien toujours et que l'envisageant ne laissait pas d'être aussi aimable que ses rêves le lui avaient peint.

— Mon cher Quéribus, dit à la fin mon père, apensant que ce médusement avait assez duré, maintenant que je vous vois tout rebiscoulé par le vin chaud que vous bûtes, peut-être pourrai-je obtenir de votre débonnaireté le récit de l'évasion du roi hors Pologne?

— Ha! Monsieur! s'écria Quéribus en se levant, je

me veux mal de mort de ne l'avoir fait plus tôt ! Il faut que la lassitude m'ait troublé le pensement pour que je manquasse à ce point à la courtoisie due à mon hôte ! Plaise à vous, Monsieur le Baron, d'agréer mes plus humbles excuses !

Ce disant, il fit à mon père, ployant le corps, un profond et gracieux salut, mais ce ploiement ne se faisant pas sans lui tirer une grimace, il prit le parti de ne se point rasseoir et de rester droit et debout tout le temps de son récit, marchant qui-cy qui-là dans la librairie, ce qui lui donnait aussi plus de vues plongeantes en catimini sur ma petite sœur Catherine, laquelle de son côtel courbait son joli cou de dextre et de senestre pour le mieux ouïr et le suivre de l'œil.

— On dit, reprit mon père, que ces Polonais ne voulaient du tout laisser départir le roi, ayant été à tant de peine pour l'élire.

— Mais c'est aussi, dit Quéribus en riant, qu'ils estimaient que le royaume de Pologne n'est pas moindre que le royaume de France, et qu'ils eussent voulu que le roi nommât un vice-roi en sa capitale afin de demeurer roi en Varsovie !

— Le beau barguin que c'était là ! dit mon père en riant à son tour. Non que le royaume de Pologne ne soit de grande étendue et noblesse, mais celui de France est plus riche, le ciel y sourit davantage et quelle ville au monde passe Paris ?

— Assurément, dit Quéribus, mais les Palatins étant fort résolus à retenir le roi, il fallut bien user de ruse pour leur échapper.

— Que sont les Palatins, Monsieur ? dit Catherine.

— Les grands nobles, gouverneurs de provinces, Madame, dit Quéribus en lui faisant un salut, mais en prenant garde à ne pas ployer au-delà du poitrail — lesquels Palatins, quand ils s'accordent entre eux en leurs assemblées, sont plus rois que le roi même en cet étrange pays. Mais je poursuis. Le 18 juin, par une fort chaude nuitée, le roi ayant promis de demeurer en son royaume de Pologne, donna en son palais un pantagruélique festin aux Palatins avec force bons vins de France, lesquels, ceux-là étant, de leur complexion, grands paillards et soiffards, burent à s'enfler la panse et roulèrent sous la table à la minuit. Voyant quoi, le roi se retira en sa chambre et contrefeignit de se mettre au lit, le comte Tenczinski, lequel tenait à peine debout, tirant les rideaux sur lui.

— Comment se nommait ce comte? dit mon père.

— Tenczinski. Il était maréchal du palais, fort barbu et fort piaffant de sa taille géantine. En bref, Tenczinski s'en va, titubant. Le roi se lève, revêt la vêture de son valet de chambre et gagne la poterne, suivi de Du Halde Villequier, Du Guast Soubré, Quélus, Pibrac, Miron, Fogacer et moi.

— Ha! dis-je! Fogacer!

— Et moi, dit Quéribus, jetant le bel œil à Catherine.

— Ha! Monsieur! dit-elle, poursuivez, je tremble pour les fugitifs!

— Madame, dit-il avec un nouveau salut, assurément vous le pouvez! Car à peine avions-nous sailli du palais qu'un cuisinier qui avait reconnu le roi, court le dire à Tenczinski, lequel, tout ronflant qu'il fût, se lève d'entre ses pairs, rassemble ses féroces Tartars et sautant en selle, tout ivre qu'il fût, se lance sur nos traces! Ha! Messieurs! Quelle chevauchée ce fut là! A quelques lieues de la frontière autrichienne, à l'aube, nous les vîmes en notre dos galopant à brides avalées pour nous saisir. Havre de grâce! S'ils n'y avaient failli, ils eussent fait prisonnier le roi, certes, mais nos têtes à nous!...

— Vos têtes, Monsieur? dit Catherine les deux mains sur son cœur.

— Seraient tombées!

— A Dieu n'a plu, mon cher Quéribus, dit mon père mi-sérieux mi-riant, qu'une tête si bien faite eût chu sous un fer polonais!

— Il s'en fallut pourtant d'un cheveu! dit Quéribus, fort enflammé. Comme on atteignait le premier bourg autrichien, lequel se nommait Plès, la jument du roi chut sous lui, plus morte que chèvre morte et déjà Tenczinski était là, avec ses Tartars derrière lui. Nul secours, comme bien on pense, à espérer des manants et habitants du bourg autrichien, lesquels, à la vue des envahisseurs, s'étaient remparés et claque-murés au logis, chacun en sa chacunière.

— Ha Monsieur ! dit Catherine haletante, que va donc faire ce terrible Ten...

— Tenczinski. Sans un mot, il envisage le roi (lequel le contrenvisage), arrête ses Tartars, avance seul vers nous sur son petit cheval blanc, démonte, et démontant, choit à plein dans la poussière de la place, nous laissant émerveillés qu'il eût pu tenir tant d'heures en cette condition sur sa bouillante monture. Il se relève enfin, titubant, et le roi lui crie :

— Comte, mon ami, venez-vous en ami ou en ennemi ?

— Ha ! Sire ! dit le géant en son français tout aussi titubant (et fort ému je gage, que le roi l'eût appelé « mon ami »), je viens en très humble serviteur du roi.

— Alors, cria Soubré, faites retirer vos Tartars !

Sur quoi, Tenczinski, qui tenait un fouet de chasse à la main, se retourna, et en claquant la mèche dans le vide avec tant de force qu'il faillit perdre derechef sa balance, hurla en son étrange parladure un commandement à ses cavaliers, lesquels, nous montrant leur croupière, disparurent en un battement de cil, seul restant en la place, le petit cheval blanc du comte, lequel, je parle du cheval, parut avoir fort bien entendu que ni la hurlade ni la fouettade ne le concernaient, et suivait pas à pas son maître, celui-ci s'avançant en flageolant sur ses grandes gambes vers le roi, plus grand d'au moins deux têtes que ceux qui se trouvaient là (encore que je ne sois pas petit, ajouta Quéribus en redressant la crête), la barbe poisseuse du vin qu'il avait glouti et blanche de la poussière qu'il avait, en démontant, mordue, le pourpoint déchiré et déboutonné sur son poitrail velu, les chausses tombantes, le cou et les bras ornés de bijoux énormes mais, la Dieu merci, n'ayant pour arme qu'un poignard, ce qui ne laissa pas que de nous rassurer, ayant tous épées et pistolets, hors le roi.

— Ha Sire! cria Tenczinski en se jetant aux pieds de Sa Majesté, et parlant en son français rocailleux, mais avec une bien émerveillable éloquence pour un homme à ce point enivré, je vous supplie que vous ne départiez point de Pologne, mais que vous reveniez à vos pauvres sujets lesquels, si vous ne retracez vos pas jusqu'en votre capitale, se réveilleront demain tout orphelins et dégarnis de leur roi bien-aimé.

— Cela ne se peut, dit Henri. (Je suis de ceux, ajouta Quéribus non sans quelque piaffe, qui le peuvent nommer ainsi et qu'il tutoie dans les occasions.) Je m'en vais saisir en Paris le royaume que Dieu m'a donné par légitime succession mais, Comte mon ami, je ne quitte point pour autant celui qu'Il m'a baillé par élection. Et je ne dépars que pour revenir céans quand je serai sacré roi de France.

— Ha Sire! Sire! cria Tenczinski au comble de la désespérance, pour ce qu'il décroyait tout à plein ce qu'il venait d'ouïr, mais cependant, ne voulant révoquer en doute la parole de son roi et incapable de parler plus outre, il pleurait à grosses larmes, se donnait de son poing sur son énorme poitrail, s'arrachait barbe et cheveux, et passant à la parfin la mèche de son fouet autour des gambes de Sa Majesté, il les enserra, lui baisant les genoux et criant entre deux sanglots :

— Sire! Sire! Revenez incontinent à votre pauvre peuple orphelin!

Nous mîmes la main à la poignée de l'épée à voir ainsi le roi lié par ce géant, mais Henri, avec sa suaveté et grâce coutumières, et à ce qu'il me parut, fort atendrézi par les protestations d'amour du maréchal du palais, nous fit signe de demeurer cois et quiets, et dit :

— Comte, êtes-vous fidèle sujet à votre roi ?

— Ha Sire! cria Tenczinski en se levant tout chancelant, le gros anneau d'or qui ornait son oreille senestre tremblant sous l'effet de son émeuvement, en pouvez-vous douter ?

Sur quoi, se reculant en titubant de trois pas, il tira son poignard, se taillada la dextre et but son sang, ce qui, je gage, voulait dire, en l'étrange usance de son peuple, qu'il jurait sa foi à jamais à Sa Majesté.

— Comte, dit le roi, qui n'avait pas cillé à voir le géant tirer son arme, puisque vous m'êtes bon, loyal et dévoué sujet, je vous commande de retourner en Varsovie dire aux Palatins ce qu'il en est de mon propos.

— Sire, je ferai votre commandement, dit Tenczinski, les larmes lui coulant des yeux dans la barbe, et tout soudain, ayant remis sans tâtonner le moindre, tout oscillant qu'il fût, son poignard au fourreau, il arracha de son avant-bras dextre, lequel était musculeux et velu, un gros bracelet d'or et, mettant un genou à terre, il le tendit en présent au roi, celui-ci l'acceptant, lui faisant mille gracieux mercis, soupesant, cependant, le bijou comme étonné de son poids et fort embarrassé, pour ce qu'étant habillé en la vêture de son valet de chambre, il ne trouvait sur lui rien à bailler au comte qu'une aiguillette d'or si chétive qu'il en fut comme vergogné, étant le roi de deux grands royaumes de la Chrétienté. Enfin, à sa prière, Soubré, chercha sur soi un diamant, lequel était fort beau et d'une grosseur répondant à celle de Tenczinski et de son cadeau, valant bien, à ce que je gage, douze cents écus, et dont le comte fut si content qu'ayant miré l'aurore en son travers, ses larmes tout de gob séchant, il le tourna et retourna entre ses doigts épais, et ne sachant où le mettre en sûreté, son pourpoint étant en loques, le fourra dans sa bouche, salua le roi jusqu'au sol, sauta sur son petit cheval avec une agilité merveilleuse, claqua son fouet et galopa hors vue plus prompt qu'arquebusade.

— A Dieu ne plaise qu'il ne l'avale ! dit Pibrac.

— S'il l'avale, dit le roi avec un sourire (étant raffolé, comme on sait, des *giochi di parole* [1]), l'eau de ce diamant sera bien la seule qu'il aura jamais bue !

A quoi nous nous esbouffâmes à rire, et plus qu'aucune autre Catherine qui envisageait Quéribus

---

1. Jeux de mots. (Ital.)

de ses yeux bleu pervenche comme l'être le plus beau, le plus vaillant et le plus spirituel que le monde des humains pouvait offrir à son choix. Mon père n'allait pas à ces extrémités, mais je pouvais discerner que le baron l'avait fort ébaudi par la façon gasconne, épique et piaffarde dont il avait mené son récit. Et pour moi qui connaissais Quéribus mieux que Catherine et mon père tout ensemble, je ne laissais pas que m'émouvoir de la bouillante adoration qu'il nourrissait pour ma sœur bien-aimée, sachant bien que ses dehors de fendant et de mangeur de charrette ferrée cachaient un cœur généreux.

— Et quand, dit mon père, avez-vous quis au roi de laisser pour un temps son service ?

— A Venise, où Sa Majesté fut splendidement reçue et dont elle se promettait délices après les frimas polonais. Pour moi, ayant reçu mon congé à genoux comme le comte Tenczinski (à qui, ajouta-t-il en donnant le bel œil à Catherine, je me flatte, au reste, de ne ressembler point), j'ai traversé l'Alpe au plus vite avec ma petite escorte (laquelle, lecteur, n'était point si petite, mais convenait par le nombre, l'appareil et montures à un riche baron) et m'encontrant alors sous le doux climat de Provence, j'allais me payser chez mon cousin Montcalm en Barbentane.

— Barbentane ! m'écriai-je en bondissant de mon escabelle, laquelle chut avec noise sur le sol.

— Ne fallait-il pas, dit Quéribus avec un sourire des plus picaniers que j'allasse, étant si proche, saluer le comte mon cousin et poutouner mes trois belles cousines, mère et filles ?

— Trois ? dis-je.

— Mme de Montcalm, Angelina et Larissa.

— Larissa, dis-je béant, qui est Larissa ?

— La sœur jumelle d'Angelina. Mais laissons Larissa : c'est une triste et male aventure que je dirai plus tard. J'ai là, dit-il en se levant et en tirant à moi, deux lettres. L'une à Monsieur votre père destinée. L'autre à vous-même.

— Ha traître ! lui dis-je à voix basse, que ne l'as-tu dit plus tôt ?

110

Et à peu que je ne lui arrachasse des mains la missive qu'il me tendait pour la déclore à la lumière du chandelier que Franchou avait sur la table posé, mon père en faisant autant pour la sienne mais avec, certes, plus de quiétude que moi dont les mains tremblaient comme feuille de peuplier au vent, le cœur, cependant, me cognant comme fol dans le poitrail. Ha ! Belle lectrice ! Vous qui connaissez, à n'en pas douter, ces émeuvements-là, que vous dire des miens, sinon que les prières d'Angelina avaient été à la parfin exaucées et que le Ciel avait ouvert ses portes à un bienheureux de plus, celui-là même qui promettait l'Enfer à M. de Montcalm s'il mariait sa fille à moi.

— M. de Montcalm, dit enfin Jean de Siorac, s'adressant à ceux qui étaient là, lesquels l'écoutaient en un silence à ouïr une épingle tomber, M. de Montcalm m'écrit céans une lettre fort civile où il me mande qu'il tiendrait pour infiniment agréable que mon fils Pierre convolât avec Angelina en même temps que ma fille Catherine avec le baron de Quéribus, pour peu que l'un et l'autre de mes enfants, étant huguenots, consentissent à une condition que son confesseur, le Père Anselme, y voudrait mettre, lequel en la chapelle du château célébrerait ce double mariage. Et cette condition étant ce qu'elle est, je vais y rêver et pour ainsi parler dormir sur elle quelques heures, en vous disant aux matines ce que je m'en suis apensé. Baron, poursuivit-il, je vous salue et vous souhaite le bonsoir et un quiet repos après votre longue chevauchée. Mon Pierre, montrez au baron sa chambre. Catherine, prenez mon bras. Franchou, sotte caillette, que fais-tu là à pleurer comme vache sans son veau, au lieu que de nous éclairer.

— Ha Moussu ! Ha mon bon maître ! dit Franchou en oc, je vous ai bien ouï et je pleurerai tout le temps que serez de moi absent, départant en la Provence marier votre drole et drolette.

— C'est donc, coquefredouille, dit mon père, que tu as ouï ce que je n'ai pas dit encore : tant s'en faut.

A quoi, je pinçai en catimini le bras de ma Catherine pour lui faire entendre que ce « *tant s'en faut* », en mon opinion, n'était que de façade, mon père ayant lieu d'être fort satisfait de cette double alliance, mais ne voulant pas s'y ruer incontinent, ayant, lui aussi, quelque hautesse à ménager et devant ces ménagements aussi bien à son tortil de baron qu'aux exploits qui le lui avaient gagné. Quant à la condition, je la sus le lendemain après une longue nuit qui fut blanche, non de mes affres, mais des enivrantes délices que je me promettais de mon proche avenir, ayant aimé mon Angelina de si longues années sans la pouvoir à moi unir et à peine approcher, tant le confesseur de son père avait de seigneurie sur lui. Quant à la condition du Père Anselme, mon père ne l'ayant pas tout de gob refusée, je jugeai qu'elle était douce assez (le Père Anselme m'aimant prou), pour qu'il acquiesçât. Et en effet, à la pique du jour, comme je m'ensommeillais enfin, étant lassé des turbulences inouïes de ma nuit — Ha ! Qu'Angelina m'eût été présente en sa réalité, si mon esprit avait été souverain assez pour l'incarner ! —, mon Miroul vint me secouer comme noyer pour dire que mon père m'espérait en sa chambre, devant se rendre au marché de Marcuays pour y barguigner un couple de bœufs dont son bouvier lui avait dit grand bien.

— Ha mon Pierre ! dit mon père (Franchou tournant autour de lui pour l'habiller, ce que les mouvements tant vifs et continuels du baron rendaient fort incommode), vous voilà ! Ote-toi du chemin, Franchou !

— Moussu, vous ne pouvez aller nu !

— Ote-toi ! Pierre, une forte brassée ! Pierre en deux mots ! La condition, la voici ! Mais laisse-moi, Franchou, cornedebœuf !

— Moussu, espérez un peu : je vous boutonne le pourpoint ! Pouvez-vous montrer aux manants votre crin de poitrail ?

— Pierre, la condition ! Ha ! la peste soit de la mouche à voleter à mes alentours ! Que fais-tu à mon col ?

112

— J'y boutonne la fraise. Va-t-on vous voir à Marcuays défraisé?

— Pierre, il s'agit pour vous de promettre au Père Anselme d'ouïr la messe chaque fois que vous vous encontrerez en un logis dont le seigneur est catholique.

— N'est-ce que cela? dis-je. C'est peu.

— C'est peu et prou. Tu m'étouffes, sotte embéguinée! Ote tes doigts de mon gargamel!

— Moussu! Votre fraise pend comme pis de vache! laissez-moi la boucler!

— Monsieur mon père, je ne vous entends pas. Où est le prou dans ce peu-là?

— A supposer que vous soyez au Louvre commis par le roi à aider Miron et Fogacer dans leurs curations, vous devrez ouïr la messe quotidiennement, étant en la demeure du roi. Niquedouille, as-tu enfin fini?

— Moussu, vos chausses pendent et votre aiguillette est déclose!

— Mon père, dis-je, la voix me passant à peine le nœud de la gorge tant elle était serrée, est-il question de cette commission? Suis-je pour la remplir? Est-ce donc décidé?

— Tout à plein! Franchou, ventre Saint-Antoine! Ote-toi les doigts de là!

— Moussu, vous ne pouvez aller, débraguetté, par les rues de nos villages. *Ma fé!* On rirait bien de vous!

— Médecin du roi! dis-je tout rêveux, n'est-ce pas émerveillable! Que peux-je appéter de mieux?

— Certes, mais mon Pierre, ouïr la messe!

— Je l'orrai d'une oreille huguenote.

— Autant dire que tu seras assis le cul entre deux escabelles: Une fesse à Genève, l'autre à Rome et fort écartelé. Franchou, ma petite caille, as-tu fini?

— Oui-da, Moussu! Vous voilà net! Et gai comme un alléluia de Pâques!

— Amen. Pierre, songes-y encore! La messe tous les jours!

— Mais mon père, en Paris! Au Louvre! Médecin du roi!

A quoi mon père ne dit mot ni miette. N'avait-il pas servi loyalement, tout huguenot qu'il fût, notre roi Henri II, lequel fut pourtant celui qui commença contre nous la persécution que l'on sait ? Et il s'en fut, chantonnant une chanson gaillarde en le soleil de ce bel été, la gambe alerte, le dos droit, et comme avait dit Franchou qui le suivait de l'œil comme la poule, son coq rutilant, « gai comme un alléluia de Pâques ». Et qu'on lui pardonne de mêler ainsi le profane au sacré, mais c'est là un dicton que nos garces citent volontiers en notre Périgord sans y voir malice.

Je bondis jusqu'à la chambre de mon Quéribus et n'ayant pas eu réponse à mon toquement d'huis, entrai et le trouvai nu en sa natureté sur sa coite, le drap repoussé et lui-même ensommeillé et enca-gnardé dans les doux rêves qui eussent été encore les miens, quoique sur un objet différent, si Miroul ne m'avait pas réveillé. Et à vrai dire, je balançai un petit à faire saillir le baron de ses songes, mais me réfléchissant qu'il avait, lui, l'avantage, en déclosant les paupières, de jeter l'œil sur sa grande amour, ce qui n'était pas en mon pouvoir, j'avançai les doigts pour le prendre à l'épaule, et cependant, laissai ma main dans l'air en suspens, tant me frappa alors sa ressemblance avec moi et d'autant plus que son œil était clos, lequel chez moi est bleu-gris et le sien, bleu azur, bordé de cils noirs qui en avivent l'éclat. C'est cette particularité qui jointe à la ciselure plus déli-cate de son nez et à la jolie ourlure de sa bouche (les-quels chez moi sont plus frustes) me faisait l'admirer au-dessus de moi (encore que je ne sois pas non plus sans piaffe, mais certes moins naïve que la sienne) et dire coutumièrement, ce qui le ravissait, qu'il était le dessin achevé et moi, l'esquisse.

Si c'est un bien traître ami que le miroir qui ne laisse pas, quand on s'y mire, de vous déceler le laid en même temps que le beau, et aussi les griffes des années par lesquelles, la Dieu merci, je n'étais pas encore, à vingt-trois ans, impiteusement graffigné, mon Quéribus, lui, était miroir bénin, suave, et fort embellissant et qui me confortait à l'extrême, pour peu que je voulusse bien oublier que je n'étais pas tant beau que lui — à quoi j'arrivai fort bien, quand je l'aimais, et mieux encore, quand je l'aimais moins. Car encore que mon amitié pour lui ne tombât mie en froidure, elle ne pouvait qu'elle ne fluctuât un petit, selon que je voyais davantage l'une des deux faces de Quéribus : l'homme ou le muguet.

— Baron, dis-je en le secouant à la fin, qu'êtes-vous là à vous apparesser sur votre coite, quand je sais quelqu'une qui est déjà debout, fraîche, parée, joyeuse et gloutissant pain, lait, jambon et autres viandes en la grand'salle.

— Ha ! dit-il mi-réveillé, mi-cillant et s'asseyant sur son séant (ce qui le fit grimacer). Où dites-vous que s'encontre ma belle ? Vertudieu ! J'y cours !

— N'y courez point tout nu, vous offenseriez la pudeur ! Et ne jurez point, de grâce, en ces murs huguenots ! Et troisièmement, Monsieur mon frère, apprenez de moi, tout en mettant votre vêture, que mon père, ayant accepté pour moi la condition du Père Anselme, il n'y a pas apparence, comme vous aimez à dire, qu'il la refuse pour Catherine.

— Ha ! Mon frère ! Mon bon frère ! s'écria Quéribus en se ruant à moi et à soi me serrant. Quel bon ange de Dieu vous êtes de me faire au lever cette annonce !

— Ventre Saint-Antoine ! dis-je en riant, si moi, je suis un ange, c'est que la divine cohorte est plus garnie en sexe qu'on ne le dit ! Baron, plaise à vous de me répondre sur un point qui est pour moi d'immense conséquence. Est-il constant que je sois commis médecin du roi, et par qui ?

— Mais par le roi ! dit Quéribus en s'esbouffant, la main sur la bouche, à la façon des coquardeaux de Cour.

— J'entends bien. Mais de soi ?

— De soi. De moi. De Fogacer.

— Ha ! dis-je, Fogacer !

— Et moi ! dit Quéribus, d'un air piqué. M'apensez-vous muet quand il s'agit de chanter votre los devant Sa Majesté, laquelle, de reste, se ramentoit fort bien de vous et vous tient pour fort homme de bien, ainsi que votre père, dont il sait combien il fut à François Ier et Henri II serviteur dévoué et loyal. Et dès qu'il apprit mon propos de m'allier à votre famille en mariant votre sœur et le vôtre, de vous allier aux Montcalm en épousant ma cousine, il conçut le projet d'avoir en sa Cour en même temps que moi, vous, Monsieur votre père et M. de Montcalm (à qui il a dessein de bailler quelque charge au Louvre) tant il a appétit à rassembler autour de lui des amis sûrs et fidèles, et qui lui doivent tout, sachant son pouvoir de toutes parts menacé par les factions qui déchirent son royaume.

— Mais, Monsieur mon frère, je suis huguenot. Mon père aussi.

— Le roi ne craint point les huguenots, dès lors qu'ils l'aiment et le servent. Il n'est point tant ennemi de Henri de Navarre que du Guise, de l'Espagnol et des prêtres guisards.

— Je ne sais ce qu'il en sera de M. de Montcalm, dis-je après m'être un petit réfléchi, mais je doute que mon père accepte de quitter Mespech, ayant tant à cœur le ménagement de ses terres et y ayant tant innové et acheté qu'on le cite en modèle dans tout le pays alentour.

— J'ai dit au roi ce qu'il en était, et le roi ne veut point presser votre père. Mais il opine que le baron de Mespech, s'il estime son roi menacé, pourrait un jour, comme Cincinnatus, quitter la charrue pour l'épée.

— Ha ! dis-je ravi, je répéterai à mon père ce propos qui tant l'honore, venant de cette auguste bouche.

L'escorte de Quéribus étant si nombreuse et brillante, mon père résolut de n'emmener avec nous en notre voyage à Barbentane que Giacomi, Cabusse, Fröhlich et Miroul, ces deux derniers étant nos valets, Giacomi notre ami et maître en fait d'armes et Cabusse, pour ainsi dire, notre féal, depuis qu'avec la picorée qu'il avait faite au siège de Calais il avait acheté le Breuil, mais fort appétant, toutefois, à nous accompagner par les pechs et combes du plat pays, ayant gardé de son état de soldat l'humeur aventureuse.

Quatre, c'était fort peu pour le baron de Mespech et s'il eût osé, mon Quéribus eût sourcillé que mon père n'eût pas suite plus magnifique, mais il avait déjà trop à faire à le persuader de vêtir Catherine comme il la voulait pour son mariage et de faire attifurer de neuf et lui-même, et moi, et notre escorte, pour trop appuyer sur la chanterelle du nombre, préférant faire vibrer la corde de la qualité. A quoi il n'épargna ni effort ni labour et le maître-tailleur de Sarlat venant tout exprès en nos murs pour prendre nos mesures, il dessina, au grand ébahissement de l'artisan périgordin, un pourpoint et des chausses à la mode de Paris qu'il voulait qu'on reproduisît, à tout le moins pour mon père, pour moi et pour mes deux compagnons, Miroul et Fröhlich recevant des livrées.

— Des livrées! me dit mon père en sa librairie, qu'ai-je à faire de livrées pour mes gens! Ne labourent-ils pas aussi bien sans livrées? Par ma foi, ce beau muguet nous va ruinant en somptuaires superfuités! Que penserait mon pauvre Sauveterre de ces sottes vanités? Vîtes-vous les chausses que le baron nous a dessinées? On dirait des caleçons de femme tant elles collent à la cuisse!

— Telles les veut la mode, Monsieur mon père!

— Et la mode, qui la veut?

— Mais le roi, j'imagine.

— Le roi se devrait de prime s'inquiéter de son royaume où les factions tirent à hue et à dia. Mes vieilles chausses bouffantes s'étaient à moi si commodément culottées que je suis bien marri de les laisser en mes coffres pour m'aller attifurer en ces caleçons-là. Cornedebœuf! J'enrage de ces débours et de ce ridicule!

— Mais, mon père, nous ne pouvons aller contre : C'est la mode qui trotte en la capitale.

— Ha ! dit Jean de Siorac en levant les deux mains au ciel, que ne peux-je à la mode lui mettre le pied de par le cul pour qu'elle regalope en Paris ?

Je ris à cette petite gausserie, encore qu'il ne m'échappât pas qu'il y avait en cette ire un élément de comédie et peut-être de tendresse, comme si mon père eût voulu jouer le rôle de Sauveterre, et pour ainsi parler, l'incarner en ses propos et son humeur, afin que de le rendre un bref instant aussi présent dans sa vie qu'il l'était en son pensement. Et bien assuré suis-je ce jour d'hui que je ne me trompai pas en cette conjecture, pour avoir surpris mon père, plus d'une fois depuis, à cet affectueux et quasi magique dédoublement par quoi, comme Ulysse, il faisait boire du sang à l'ombre d'un mort en le faisant parler par sa bouche.

Cependant, le maître-tailleur revenant avec le pourpoint et les chausses, lesquelles étaient vert tilleul (couleur de ma défunte mère que le baron de Mespech porta sa vie durant), mon père, de Sauveterre redevenu Siorac, ne fut point répugnant à les revêtir et marcha qui-cy qui-là dans sa chambre et non sans se donner grand'peine pour celer à Quéribus et à moi le plaisir qu'il trouvait à « ces sottes vanités ».

Il fallut quasiment un bon mois pour que fussent achevés ces préparatifs que je vis traîner jour après jour avec une impatience à mes ongles ronger, mon Angelina m'étant maintenant si proche et toutefois si lointaine et mon Miroul, certes, plus félice que moi puisqu'ayant ouï le propos du voyage, il obtint de marier incontinent sa Florine selon notre culte huguenot, en Mespech. Ce que voyant, ma petite sœur Catherine qui pour chambrière ne pouvait avoir la Franchou qui allaitait encore et ne voulait la Gavachette, contre les insolences de qui elle gardait une dent fort mauvaise (l'appelant « escorpionne » et « serpente » à son nez), elle quit de mon père Florine, mi pour s'obliger soi, mi pour obliger elle, et moi-même y consentant pour la durée de ce voyage, voulant néanmoins retenir la blondette et gentille garce au service de mon Angelina, Miroul demeurant mon valet comme il y avait appétit malgré tout l'or qu'il avait tiré du massacreur barbu de la Saint-Barthélemy (comme j'ai jà conté) or que, sur le conseil de mon père, il avait confié à un honnête juif de Bordeaux pour qu'il lui donnât du ventre par ses usures.

A la fin des fins, on départit de Mespech, ma sœur montée sur une haquenée blanche à côté de qui le bouillant cheval de Quéribus se trouvait malgré lui fort empressé, mordillant son mors et la gambe tant frémissante de cette lente allure que le baron, le trouvant sous lui tant incommodé, ne pouvait qu'il ne lui lâchât la bride de temps en temps, ce que voyant, ma Pompée qui n'avait mie consenti à se laisser passer par quiconque — étalon, hongre ou jument — elle me requérait en hennissant le galop que tout de gob je lui donnais à la poursuite de l'insolente monture qui osait devant elle courir, et celle-ci ne voulant aussi qu'on la rattrapât, il ne fallait pas moins qu'un chemin pentu et malaisé pour les mettre en accord, soufflantes et félices de cette échappée, et mon Quéribus et moi au botte à botte, et au pas.

— Mon frère, dis-je, nous voyant éloignés assez du gros de l'escorte, éclairez-moi enfin d'un mystère ! Je fus plus d'un mois à Barbentane pour me remettre de la navrure au bras que les gueux m'avaient baillée quand au côté du Père Anselme je délivrai les Montcalm de leurs griffes et pendant tout ce temps écoulé, non seulement je n'ai mie jeté les yeux sur Larissa, mais je n'ai jamais ouï une seule fois père, mère ou sœur mentionner son nom.

— Ha ! dit Quéribus avec un soupir, la mine grave et triste, il y avait de bonnes raisons à cela ! Et il sied que vous les appreniez, comme, du reste, le comte m'en a donné mission, maintenant que vous allez entrer en son alliance. Car la pauvre Larissa fut cause pour les siens de fort grands pâtiments et désespérances, alors qu'il y avait apparence qu'elle aurait dû leur apporter autant de joies que votre Angelina.

— Lui ressemble-t-elle?

— Deux gouttes d'eau ne sont pas plus semblables. La taille, le cheveu, l'œil, les traits, la voix, les pas et la démarche, tout est chez l'une et l'autre si étrangement semblable que vous ne sauriez que les confondre, si la Nature n'avait voulu mettre une marque distincte sur la face de Larissa : une verrue qu'elle porte sur le côté senestre du visage entre le menton et la commissure de la lèvre, particularité qu'elle a toujours honnie et tâché de dissimuler sous un point de pimplochement.

— Voilà néanmoins qui permet de la distinguer.

— Nenni! Car Angelina qui est plus bénigne et piteuse qu'aucune fille de bonne mère en France s'est souvent laissé persuader par Larissa de porter même point en même place, ce qui, en leurs tendres années, a souvent épargné à Larissa le fouet qu'elle méritait et valu à Angelina celui qu'elle ne méritait point.

— Ha! C'était trahison!

— Nenni! Larissa n'est point tant malicieuse qu'il y paraît à ces petites chatonies. Elle est débonnaire aussi, quoique depuis l'enfance farouche et fantasque. Hélas! poursuivit Quéribus, j'ai peine à dire le reste.

Et il s'accoisa un petit, la tête penchée et l'œil fixé sur les oreilles de sa monture.

— N'est-ce pas pitié, reprit-il d'une voix songearde, qu'une famille tant noble, tant riche en vertus diverses et tant connue pour son honorableté puisse être en butte aux embûches du démon?

— Le démon? dis-je, béant et quasi décroyant mon ouïe.

— Qui d'autre? dit Quéribus, plus grave que je ne l'avais jamais vu, et lui à l'accoutumée si piaffant et vaillant, l'air comme effrayé de ce qu'il m'allait dire.

« Oyez, Monsieur mon frère, poursuivit-il, ce conte infiniment déplorable et dont je fus le témoin affligé, étant jeune drole alors et m'encontrant en Barbentane chez mon cousin. Larissa marchait sur ses treize ans, quand Mme de Montcalm, s'entichant d'un galapian du plat pays, le décrotta et en fit son page. Entendez-moi, je dis son page, et non point son mignon, la vertu de la dame étant irréfragable et comme telle partout connue, le béjaune ne lui étant rien qu'une manière de fils, elle qui n'en avait point, et sachant bien en outre que le petit valet est chose en grande usance en Paris chez les personnes du sexe qui se piquent de mode. Pour moi, poursuivit Quéribus d'un ton roide, je sais ce que je sais, et si j'étais les maris, je ne souffrirais pas cet extravagant et quotidien commerce avec ces pages de ruelle, ces petits moricauds d'Afrique, et même ces nains dont nos galantes dames, à la Cour, sont raffolées. C'est placer la tentation trop près de l'appétit. Et comment s'étonner après ces imprudences-là si quelque beau matin, votre épouse vous baille un fils un peu trop noir de peau, ou un peu bas sur pattes et comment ne pas avouer et avaler alors cette étrange progéniture sans tout à plein se déshonorer? Mais, vertudieu! je m'égare. Mme de Montcalm n'est point, elle, de cette farine-là et pour tout dire en un mot, le danger ne courait point de son côtel, mais de Larissa.

— Quoi? Larissa! Mais elle avait treize ans!

— A peine! et si prodigieusement dissimulée que personne n'aurait rien su de son coupable commerce si sa chambrière, de prime à elle fort connivente, mais prenant peur qu'on ne découvrît la chose, prit le parti de la révéler à M. de Montcalm, lequel fut peu sage, à la vérité, car en son irréfrénable ire, il irrompit en la chambre de sa fille au milieu de la nuit, suivi de la chambrière, et y encontrant le petit drole à sa fille emmêlé, tira tout de gob son épée.

— La Dieu merci, le tua-t-il?

— Il n'en eut pas le temps. Le page, épouvanté, se rua hors la coite, se défenestra et chut si mal qu'il se brisa le col. A quoi Larissa, poussant des cris ou plutôt des ululements qui tenaient plus de la bête que de l'humain et entendant bien qui l'avait trahie, saisit sous son oreiller un petit poignard et le plongea dans la poitrine de sa chambrière, et se fût elle-même occise, si Montcalm n'avait arrêté son bras. Après quoi, se versant à terre, elle s'y roula dans des contorsions atroces, l'écume à la bouche et poursuivant des heures durant sa stridente hurlade, l'œil exorbité, les traits de sa face tordus, la peau tant rouge qu'enfer rougeoyant et faisant battures et morsures à quiconque l'approchait.

— La Seigneur Dieu! Deux morts et une folle pour une coquelicade!

— Non point deux. Contre toute attente, la chambrière survécut, mais les médecins, ayant examiné Larissa et l'ayant trouvée saine en toutes les parties de son corps, opinèrent que la prétendue intempérie de la patiente étant telle qu'ils ne la pouvaient découvrir ni connaître, ni par conséquent curer par leurs remèdes, elle ne pouvait qu'elle ne fût du démon possédée.

— L'emerveillable diagnostic! m'écriai-je, indigné. N'est-ce pas supposer que toutes les humaines maladies sont par nous inventoriées?

— Je ne sais ce qu'il en est, dit Quéribus, mais tant est que le déportement de Larissa en la suite parut donner raison aux médecins, car à s'teure apathique et prostrée en un coin de sa chambre, elle pleurait sans un cri, dodelinant de la tête et à s'teure reprenant son insufférable hurlade, elle se roulait au sol, écumante, battait et graffignait soi, et à s'teure encore, dénattant ses cheveux, et se dérobant tout à plein, elle courait nue par le château, se ruant à tout homme qui s'encontrait sur son chemin, jeune ou vieil, à soi le serrant et l'accolant, avec un visage enflammé et proférant d'une voix rauque mille obscènes invites et incitations.

— Ma pauvre Angelina fut-elle le témoin de ces extrémités?

— Non point. On l'avait éloignée. Et quant à Larissa, les Montcalm décidèrent de la montrer à un capucin de Montpellier, fort docte en démonologie, le Père Marcellin, lequel ayant observé la pauvre

122

garce en toutes les phases de ses étrangetés, nous déclara qu'il avait relevé en elle les indices certains et avérés de la satanique possession. A savoir, premièrement le visage effarouché, l'œil épouvantable, la contenance hideuse; deuxièmement, de grands tourments et tranchées par le travers de l'épigastre, des boyaux et des parties honteuses; troisièmement, une extrême torsion de torse et de bassin dès qu'elle se versait à terre; quatrièmement, un appétit continuel et frénétique à l'homme; cinquièmement, une volubilité de paroles sales, fâcheuses ou lubriques dès que sa volonté était prise à rebours.

« Le Père Marcellin en conclut que Larissa était la proie de cinq démons différents, en elle à demeure accrochés, mais qu'il se faisait fort de jeter hors par la vertu de son exorcisme.

— Et le fit-il?

— Nenni! Il le tenta à ma remembrance trois fois, et trois fois y faillit. Tant est que M. de Montcalm le couvrit de clicailles et le renvoya.

— Mais, dis-je fort étonné, fallait-il tant lui graisser le poignet pour prix de ses répétés échecs?

— Il le fallait! Sans cela, il eût pu dénoncer Larissa comme sorcière à l'évêché. Ce qui l'eût mise en grand péril d'être brûlée, toute fille de comte qu'elle fût! Raison aussi pour quoi M. de Montcalm, faisant violence à la grande amour qu'il nourrissait pour elle, la serra en un couvent où la pauvrette demeura des années et y aurait croupi assurément jusqu'à la fin de ses jours infélices, si Samarcas ne l'en avait tirée.

— Qui est ce Samarcas?

— Un jésuite. Vénéré par les Montcalm pour ce qu'il ramena Larissa en Barbentane, l'exorcisa, la purifia et la remit à la parfin en la possession de son âme.

— Et quand ce Samarcas vint-il à bout de ce miracle? dis-je, au moins autant étonné par la curation que par l'intempérie, pour ce que je décrois tout à plein ces démoniaques possessions, opinant, comme M. de Montaigne, que les sorcières ne sont que pauvres folles, sans rien du diable en elles qu'en leur imaginative et relevant de l'ellébore plus que de la ciguë. Cependant, je tus à Quéribus ce sentiment, pour ce qu'il heurte l'opinion commune en notre siècle et apparaît quasi sacrilégieux aux Eglises — la réformée comme la papiste.

— Deux mois après la Saint-Barthélemy, dit Quéribus. Il y a donc quasiment deux ans que Larissa est décloîtrée. Et l'ayant vue à mon retour de Venise, je peux testifier qu'elle est à ce jour tant saine qu'Angelina, à laquelle la lie un lien si intime et si quotidien qu'on ne peut quasiment voir la première sans voir la seconde, chacune étant comme le reflet de l'autre.

Parole que j'ouïs avec quelque malaise, non certes que je souhaitasse que la pauvre Larissa fût encore en son couvent, mais je ne laissai pas toutefois de m'apenser que le passé de cette pauvre garce ne pouvait qu'il n'eût laissé en elle quelques traces, et celles-ci peut-être périlleuses pour sa sœur jumelle, laquelle était tant naïve et affectionnée qu'une enfant.

Les Montcalm firent un émerveillable accueil à mon père, à Catherine et plus encore à moi-même, non point seulement parce que j'allais leur être ce fils que la fortune avait voulu qu'ils n'eussent point (quatre enfants, dont deux mâles, leur étant morts en bas âge), mais aussi pour se racheter, en quelque guise, du malgracieux visage dont ils m'avaient en Paris rebuffé, voulant alors marier leur fille à ce grand fat de Condomine.

Notre troupe survint en Barbentane pour la repue du soir et Mme de Montcalm, fort splendidement vêtue en une robe bleu azur et parée de fort beaux bijoux, me murmura à l'oreille après que je lui eus baisé la main à l'espagnole.

— Monsieur, prenez patience. Vous allez voir votre Angelina. Elle achève de s'attifurer.

— Ha Madame! dis-je, fort ému qu'elle ait dit ce

« votre ». De la patience, j'en ai eu, comme Angelina, durant de fort longues années et je jure que je n'en garde mauvaise dent à personne, respectant le scrupule de conscience qui fit tout le délai.

— Pierre, dit Mme de Montcalm, qui à ces mots eût pleuré, si les pleurs n'eussent pas gâté le pimplochement de son bel œil, vous nous serez un bon fils, j'en suis tout assurée. Baisez là.

Et elle me tendit sa joue où je mis un poutoune fort léger, ne voulant ni gâter la céruse dont elle était enduite, ni m'y aigrir la lèvre, ayant peu de fiance en la digestibilité de ce blanc, que l'on tire, à ce que j'ai ouï, du plomb, ce métal n'étant point en bon renom chez les apothicaires. De la joue suave de Mme de Montcalm, je passai à la rêche joue du comte, lequel me donna, par surcroît, une forte brassée et quelques bonnes et rudes tapes sur l'épaule et le dos, mais cela sans dire un mot, ayant larme au bord du cil, gargamel noué, et étant, à ce que je cuide, excessivement félice en son for d'accorder enfin les rigueurs de sa papiste foi à la gratitude qu'il me devait pour lui avoir vie sauvée.

Le Père Anselme se tenait à sa dextre, lequel me serra contre sa bure et me claqua deux gros poutounes à la paysanne, me louant de ma bonne mine à sa manière enjouée et gaussante dont je pus voir qu'elle plaisait fort à mon père, ce maître moine n'étant pas chattemite comme souvent ceux de sa confrérie, mais l'œil franc, le cou fort, le poitrail large, le cheveu ras comme chaume après moisson, le nez grand et courbe comme soc de charrue, le menton galochard, la gueule bien fendue, la denture blanche et belle, la parole sonore et quand il riait, un rire à lui secouer les tripes dedans sa tressautante bedondaine.

A sa senestre se tenait un personnage que M. de Montcalm me présenta comme étant le père jésuite Samarcas dont la vêture me surprit fort pour ce qu'il ne portait ni bure ni soutane, mais un pourpoint de velours noir avec une fraise grande assez et un poignard au côtel, dont j'augurai qu'il saurait user dans les occasions, pour ce qu'il était comme le capitaine Cossolat de Montpellier, un homme fort bien pris en sa taille et fort carré des épaules, sans graisse aucune, mais la membrature sèche et musculeuse, et je ne sais quoi de prompt et de souple en son moindre mouvement qui disait l'homme rompu aux athlétiques exercitations. Et en effet, à peine sut-il que Giacomi était maître en fait d'armes qu'il quit de lui, dès le lendemain, un assaut et s'y montra épée fort fine. Plus même, ou pis même, comme on voudra : quand il cuida s'être insinué assez dans les bonnes grâces du *maestro*, il lui dit en confidence qu'il avait ouï en Paris (lequel lui était tout aussi bien connu que Rome, Madrid, Lisbonne ou Londres) que l'Italien était le seul à posséder la botte de Jarnac, et que possédant, quant à lui, la botte dite des jésuites, il eût aimé que Giacomi et lui barguignassent leurs respectifs secrets. Proposition que Giacomi tout de gob déclina, bien qu'à sa courtoise guise, et m'en dit le lendemain la raison.

— Mon Pierre, ne savez-vous point que le jésuite est tenu d'obéir à son ordre *perinde ac cadaver* [1]. Bailler la botte de Jarnac à un jésuite, c'est la bailler à tous ceux de sa farine.

— Même s'il s'engage par serment à ne la jamais révéler ?

— Le général des Jésuites le relèvera de ce serment. Quelques signes de croix, quelques mots latins, *é il giòco i fatto* [2].

— Monsieur mon frère, dis-je avec un sourire, vous connaissez les Ordres papistes mieux que moi, mais n'avez-vous point appétit à apprendre cette tant fameuse botte des jésuites ?

— Oui-da, mais pas au prix qu'y met Samarcas ! Ma conscience (et le serment fait à mon maître), dont je jure que personne en ce monde ne me relèvera mie, me font une obligation de ne révéler point la botte de Jarnac pour ce que, coupant, comme bien

1. Comme un cadavre. (Lat.)
2. Les jeux sont faits. (Ital.)

vous savez, le jarret de l'assaillant, elle le rend à vie estropiat.

— Et cependant, vous me l'avez apprise.

— A vous seul, mon frère, dit Giacomi, me jetant son long bras par-dessus l'épaule, à charge de ne la divulguer point et pour ce que j'ai toute fiance en vous. Mais Samarcas! Savons-nous seulement de quelle nation est issu ce mystérieux guillaume! Ce religieux porte-dague! Ce moine sans couvent! Ce tonsuré à gambe voyagère qui va chevauchant de royaume en royaume et qui jargonne un français baragouiné d'espagnol, d'italien et d'anglais!

— Dieu, dis-je, souriant derechef, a baillé le don des langues aux apôtres.

— Le bel apôtre que celui-là! Qui sert-il en ses missions lointaines? Le Pape? Philippe II? Le Guise? Il revient de Londres. Qu'y est-il allé faire? Cuidez-vous qu'il y ait attenté de convertir au catholicisme la reine Elizabeth? Et de quelle origine, cause et nature est la grande seigneurie qu'il exerce sur Larissa au point qu'elle l'envisage avec une vénération tant craintive et prosternée que s'il était Dieu lui-même!

— C'est qu'il l'a exorcisée, dis-je, voulant à Giacomi celer combien je décroyais, et la possession démoniaque, et la dépossession.

— Mais l'exorcisme est rite public et solennel, dit gravement Giacomi. Et au rebours de toutes les règles, celui de Samarcas fut privé et secret, se déroulant en chambre verrouillée, où il s'était avec Larissa enclos pour n'en saillir que trois jours et trois nuits plus tard, Larissa quiète, coite et angélique, à ce qu'on m'a conté. Voilà qui pue le sortilège!

— Ha Giacomi! dis-je en riant, si l'exorciste même est soupçonné de magie, où s'arrêtera l'Inquisition?

— Mais savez-vous encore, reprit Giacomi que je n'avais jamais vu si enflammé (peut-être parce qu'étant papiste, il ressentait davantage que moi les infinis abus qui s'encontrent en l'usance de son Eglise), que M. de Montcalm a fait serment de ne marier mie sa Larissa pour la peur que Samarcas lui

a faite que le démon la reposséderait le jour même de
ses noces ? Pis même ! Que M. de Montcalm, se
dépouillant quasiment de sa puissance paternelle, a
baillé à Samarcas la garde et tutelle de sa fille, au
point que lorsqu'il départ de Barbentane pour ses
missions secrètes, il l'emmène avec lui !

— Quoi ! Avec lui ? Et Mme de Montcalm y
consent ?

— Oui-da ! Effrayée qu'elle est dans le pensement
que Samarcas lui a jeté dans l'esprit, que le Diable en
son absence pourrait se remettre en Larissa.

— Mais Giacomi, dis-je béant, d'où tenez-vous
tout ceci que vous dites ?

— Du maître en fait d'armes du comte.

— Ha ! dis-je, le Florentin ?

Lequel Florentin qui était au service de M. de
Montcalm depuis dix ans, avait l'œil fort fin, l'ouïe
alerte et la langue émoulue, et depuis notre arrivée
en Barbentane, ne quittait notre Giacomi d'une
semelle, étant ravi de payser avec lui en sa langue.

Mais j'anticipe, ayant fort peu Samarcas en mon
pensement en ce premier soir de notre arrivée en
Barbentane où, assis à table avec mes aimables
hôtes, je laissai mon écuelle s'ennuyer, mon œil étant
fixé, comme celui de Quéribus en Mespech, sur l'huis
par où mon Angelina devait apparaître, l'escabelle à
ma dextre restant vide, mais non la seule, celle à la
senestre de Samarcas en face de moi, restant pareillement inoccupée, ce qui eût dû me mettre puce au
poitrail de ce qui allait advenir, et me prémunir
contre la stupide béance qui fut mienne quand, l'huis
s'ouvrant tout soudain, je vis pénétrer en la
grand'salle, non point une, mais deux grandettes
filles, lesquelles étaient si étrangement semblables
par la taille, les membres, la vêture et la face, qu'il n'y
avait aucun signe au monde qui m'eût permis de distinguer laquelle était Angelina et laquelle, Larissa,
d'autant que chacune des deux avait même petite

tache noire à la commissure de la lèvre senestre, pour la raison que Quéribus m'avait apprise en Mespech : Larissa transmuant par ce pimplochement sa native verrue en un grain de beauté et Angelina contrefeignant le même en la grande bénignité de son cœur, sa jumelle le quérant d'elle.

Je me levai, le cœur me toquant et encore que mon médusement fît d'abord naître quelques rires, ces rires furent étouffés par un croissant embarras, aucun de nous, pas même leurs parents, n'ayant le pouvoir de distinguer entre les deux mignotes, tandis qu'elles se tenaient debout sur le seuil, sans branler mie, la main dans la main, et chacune d'elles comme le reflet de l'autre et moi-même frappé de stupeur en ma place, attentant désespérément de deviner laquelle était mon aimée, impollue et sans tache, et laquelle, une pauvre folle qui s'était laissé coqueliquer à treize ans par un petit valet, daguant une chambrière et abandonnée ensuite aux obscènes délires que l'on sait. Tout un chacun s'accoisant alors et tombant par degrés en un silence mortel, ce qui augmenta la malaisance des aregardants (et quant à moi me bouleversa de nerf en nerf et de moelle en moelle), fut d'observer que les deux drolettes, ayant mêmes grands yeux de biche, ce à quoi elles ne pouvaient mais — m'envisageaient, cependant, du même air amoureux, alors qu'assurément l'une des deux me voyait pour la première fois, et m'était tout autant étrangère que moi-même l'étais à elle.

Cependant, alors qu'elles m'envisageaient l'une et l'autre de l'air que j'ai dit, le même sourire affectionné jouant sur leurs lèvres ourlées, je ne laissais pas d'apercevoir, tout stupide que je fusse, que leur immobilité n'allait pas sans quelque tension ; que la main de l'une serrait la main de l'autre avec une force à la faire blanchir, comme si elle eût voulu l'empêcher d'avancer plus outre en la salle afin que non pas dissoudre l'indétermination où elles se trouvaient l'une et l'autre, l'une ayant appétit à la défaire, et l'autre à ne la défaire point. Et celle-ci me paraissant être Larissa, pour ce que je n'imaginais pas qu'Angelina pût ne pas désirer me rejoindre tout de gob et s'asseoir à ma dextre, je me mis à envisager celle qu'on retenait, et celle-là seulement, d'un air plus tendre et plus confiant. Ce que voyant celle qui retenait, cessant ses souris à moi adressés, se mordit la lèvre et battit du cil d'un air fort malheureux, resserrant cependant sa prise sur la main de sa jumelle, laquelle je gage, était forte assez pour se dégager, mais n'en avait pas le cœur, étant si bonne et si piteuse.

Cette indécente contrainte portait en elle une signification si odieuse et si manifeste que M. de Montcalm qui, à ce que je cuide, l'apercevait aussi, l'eût fait cesser, s'il n'avait été trop vergogné, et peut-être épouvanté par le pensement d'un subit retour du démon en Larissa pour ouvrir la bouche. A ce que me dit plus tard Giacomi, il se borna à jeter à Samarcas un œil fort suppliant que le jésuite, qui avait envisagé toute la scène que je viens de dire d'un air indifférent, feignit de prime de ne pas encontrer, mais Mme de Montcalm s'étant penchée à lui et lui ayant à l'oreille murmuré quelques mots, Samarcas se retourna sur son escabelle, et jetant un regard, un seul, et fort bref à Larissa, il dit sur le ton le plus négligent du monde :

— Larissa, venez tout de gob céans et vous asseyez à mon côté sans tant languir.

A quoi tressaillant à sa voix de cap à pied, Larissa lâcha incontinent la main d'Angelina, et s'avança, l'œil baissé et la mine contrite, et s'assit comme il avait dit, sa jumelle, libérée, courant à moi comme oiselle vole à son oiseau.

Quand je me fus repu de sa vue et de sa voix, sur lesquels mes yeux et mon ouïe se jetaient pour ainsi parler avec une friandise inouïe, me pouvant à peine rassasier de ce que cet objet de ma dilection me pouvait donner de soi en notre première encontre après ces deux ans écoulés, et en Paris encore ne l'ayant vue qu'un temps si bref sans même la pouvoir entendre, je ne laissai pas que de jeter un œil en catimini sur Samarcas et son étrange pupille, laquelle,

quiète et coite, se tenait, l'œil baissé et le parpal haletant, tandis que le jésuite, sa grande main velue plaquant celle de Larissa contre le plat de la table et l'y
tenant serrée et prisonnière comme souris sous la
griffe d'un chat, lui faisait à l'oreille, d'une voix
assourdie et grave comme un tambour d'un crêpe
recouvert, tout un prêche que la pauvrette oyait,
branlant du chef et parpelejant continuement des
paupières, mais sans jamais oser lever l'œil sur moi.
Tant bourdonnante et basse était la voix de Samarcas que je ne pouvais, quant à moi, attraper les
paroles qu'il jetait une à une dans la mignonne
oreille de Larissa avec tout leur poids de péché. Mais
je pouvais, en revanche, le physionomiser tout à loisir, son attention étant ailleurs tant retenue, et moi
l'envisageant comme j'ai dit, à la dérobée, mon œil
à s'teure de lui vaguant, et à s'teure à lui revenant.

Samarcas avait la face de cette couleur brun jaunâtre qu'on appelle le bistre, le nez long et courbe, les
joues tant creuses et la chair tant resserrée sur les os
qu'on voyait saillir les muscles de la mâchoire quand
il mâchellait ses viandes, ladite mâchoire étant forte
et carrée, les lèvres minces et au repos fort compri-
mées l'une sur l'autre, les sourcils broussailleux et
très noirs, lesquels, se rejoignant à la base du nez,
soulignaient son front d'un gros trait quasiment rec-
tiligne, ledit front haut et bossué, le cheveu abondant
et bouclé avec beaucoup plus de poivre que de sel,
celui-ci n'apparaissant qu'aux tempes, les yeux d'un
noir de jais, très enfoncés dans l'orbite, étincelants et
brûlants sous la barrière des sourcils, et outre ce feu,
fort mobiles, vifs, épiants, sondeurs, fureteurs et
paraissant voir comme ceux de la mouche, de tous
les côtés à la fois, tant est qu'il ne fut pas sans apercevoir que je l'examinais, combien que son regard restât fixé sur Larissa, et vers moi se tournant tout soudain, me jeta un terrible coup d'œil, lequel, m'ayant
percé jusqu'aux moelles, fut incontinent suivi par un
sourire tant charmant, amical et suave qu'il me laissa
béant, ne sachant ce que je devais retenir de cette
prime escarmouche : la déclaration de guerre ou

l'offre de paix qui l'avait suivie. J'observais cependant, avant de retirer mes troupes, que Samarcas portait moustache et barbe, celle-ci fort courte et fort soigneusement taillée aux ciseaux, comme l'étaient d'ailleurs les ongles de sa main, laquelle, combien qu'elle fût velue sur le dessus, était propre, la fraise immaculée et les godrons d'ycelle bien repassés, et je n'eusse pas juré, à les envisager plus outre, que les boucles de ses cheveux ne devaient pas davantage à l'art qu'à la nature.

Le contrat de mariage de ma petite sœur Catherine avait été arrêté en Mespech en un battement de cil, Quéribus étant si coulant, mais il fallut une bonne semaine pour que le mien fût débattu en Barbentane entre mon père et le comte, Mme de Montcalm veillant, pendant ce temps, à ce qu'Angelina et moi ne fussions jamais laissés seuls en même lieu, ce qui ne laissait pas de nous incommoder pour ce qu'ainsi nous étaient refusés les baisers et autres innocentes mignonneries que les plus sourcillants accordent aux fiancés, mais que la Gorgone qui nous avait en sa garde ne nous eût pas permis. En outre, Larissa, dès que Samarcas s'absentait, s'attachait à sa sœur comme l'ombre au corps, et assise, coite, sur une chaise, l'œil continuement baissé à terre, mais à ce que je cuide, dévorant ma moindre parole, comme elle m'eût de l'œil dévoré, si elle avait osé enfreindre les tables de la Loi. La Gorgone que j'ai dite était une sorte d'intendante au service de la comtesse — le domestique en Barbentane étant le double en nombre qu'en Mespech, encore que Montcalm fût deux fois moins riche que mon père, comme bien il apparut dans la discussion du contrat — et je ne sais si Mme de Montcalm lui avait commandé une si imployable roideur, ou si elle la tirait de l'aigreur et du vinaigre de sa propre chasteté, mais à peine approchais-je ma face de la belle face d'Angelina, étant par elle aussi irréfrénablement attiré que le cheval par l'herbe tendre et verte du printemps, qu'elle se mettait à toussir et disait du ton le plus rebuffant :

— Plaise à vous, Monsieur de Siorac, de distances garder.

A quoi Angelina soupirait, et Larissa, une octave plus bas, soupirait aussi, la paupière toujours abaissée, mais partageant tous les émeuvements de sa jumelle dans la seconde même où elle les éprouvait et buvant, à ce que j'opine, les compliments et les muguetteries que j'adressais à sa sœur, comme si elle en eût été aussi l'objet. Quant à moi, fort rebéqué par la tyrannie de cette ménine, laquelle, si elle ne portait pas, comme la Gorgone, des serpents parmi ses cheveux, en sécrétait les venins en son cœur, ennemie qu'elle était de toute vie et tendresse, j'osai, le monstre s'éloignant un petit pour quérir du vin (flaconnant prou, à ce que je cuide) demander à mon aimée un rendez-vous secret à la tombée du jour, dans la poivrière flanquant la tour Est, celle-là même où en 1567, elle m'avait gagé sa foi, et cette remembrance lui étant tant chère qu'à moi-même, mon importunité ne faillit pas à vaincre ses scrupules et après quelques implorations, elle fut bonne assez pour y consentir. Ma prière, bien qu'à voix basse, fut de force forcée dite à portée d'ouïe de Larissa, en laquelle toutefois Angelina avait autant de fiance qu'en elle-même, les deux sœurs ne s'étant jamais l'une et l'autre trahies, et ayant entre elles une amitié, ou pour mieux dire, une amour incrédiblement intime et immutable, et l'une avec l'autre cette sorte de commerce connivent, indulgent et facile qu'un homme d'ordinaire n'entretient qu'avec soi.

Dès que le jour déclina, je pris donc congé de mon Angelina, de Larissa et de la Gorgone (avec qui je tâchai de garder quelques formes) et me retirai dans ma chambre où je demeurai quelque temps à muser, espérant la nuit, laquelle survenant, je gagnai le chemin de ronde, et me mis à poste dans la poivrière, petite guérite ouverte sur ledit chemin par une ouverture ogivale et garnie de meurtrières coudées par lesquelles, étant soi-même hors d'atteinte, on eût pu contrebattre des assaillants assez intrépides pour escalader la tour Est, laquelle surplombait les douves de quinze toises au moins. Combien que la nuit fût froide assez, le vent soufflant sur les remparts continuement pour ce qu'il n'y trouvait pas de traverse à sa course, la poivrière, dès que j'eus en son dedans pénétré, m'en protégea et me bailla, par surcroît, une fort douce et commode tiédeur, ses pierres polies et rondies conservant la chaleur du soleil, comme je m'en aperçus en y posant la main, la matière dont elles étaient façonnées étant, bien que rêche, caressante à mes doigts et leur contournement, infiniment plaisant à mes sens, sans que je pusse dire pourquoi. Tant est que je m'ococoulais en cette minuscule piécette comme ver à soie en son cocon, y étant bien remparé contre la bise, la froidure et la nuit, et le cœur au surplus gonflé de l'attente de ma bien-aimée et mes membres tout tremblants d'une folle liesse dans le pensement de serrer à la parfin contre moi les suavités de son corps.

J'ouïs les talons d'Angelina sur les dalles du chemin de ronde, et tout soudain, la nuit étant claire assez, je la vis qui, apparaissant à l'entrée ogivale de la poivrière, se tournait de profil pour permettre à son vertugadin de passer l'estéquite ouverture, et comme je tendais mes mains vers elle, à mon grand étonnement, elle ne les prit point, mais me jetant ses bras autour du col, m'accola étroitement, et de soi cherchant mes lèvres sans mot piper, me baisotta si furieusement que j'en fus fort béant, et encore que je répondisse à son étreinte et ses poutounes, je ne laissais pas, pourtant, en ce qui me pouvait rester de réflexion (en dépit de ce branle) de me sentir surpris que mon Angelina, assurément en sa naïveté, eût dépouillé à ce point sa native pudeur, que de se jeter tout de gob avec moi en des tumultes où je ne l'eusse voulu conduire que la bague au doigt. Et ce pensement en moi l'emportant à la fin sur l'agitation de mes sens, je détachai ses mains de mon col et les tenant toutes deux au bout de mes bras, l'éloignai de moi, et scrutant sa face pour autant que je la pouvais voir dans la demi-obscurité, je lui dis, reprenant souffle :

— Angelina, qu'est ceci ?

Je ne sais si elle m'eût répondu, ne pouvant voir ses yeux, ses paupières étant baissées, mais de toute guise elle n'eut pas le temps de répliquer. Une voix grave et forte disant derrière elle :

— Vous êtes abusé, Monsieur de Siorac. Ce n'est pas Angelina qui s'encontre céans. C'est Larissa.

Je levai les yeux et devinai plutôt que je ne reconnus (car dans la pénombre je ne voyais distinctement que sa fraise) la silhouette noire de Samarcas, laquelle était si large que ses épaules me parurent toucher les deux bords de l'ouverture dans laquelle elle s'encadrait.

— Quoi ! criai-je, hors de moi et laissant aller ses mains, Larissa ! Est-ce vous, Larissa ? Quelle fallace et indigne feintise ! Avez-vous toute vergogne perdue ?

— Monsieur de Siorac, dit Samarcas dont la voix profonde résonnait étrangement sous la voûte de la poivrière, plaise à vous de vous ramentevoir votre chrétienne charité ; Larissa, en dépit de ses ans, n'est qu'une enfant. En son pensement et son déportement, elle a tout juste l'âge qui fut le sien quand on la serra au couvent (à cette remembrance, je crus voir la pauvrette frémir de la tête aux pieds), arrachée à Barbentane, à ses parents si chers et si amiables, et par-dessus tout, à sa jumelle, sans laquelle son être fut comme amputé de sa meilleure moitié.

— Mais Monsieur, dis-je plus touché par son discours que je n'eusse voulu, Larissa me devait-elle tromper ? Et usurper à mon endroit le rollet de sa sœur ?

— Mais, c'est qu'elle ne sait pas bien si elle n'est point sa sœur, tant elle le voudrait être ! dit Samarcas d'une voix pressante. Raison pour quoi elle cache désespérément, sous un point de pimplochement, cette verrue qui la distingue d'Angelina. Monsieur, dit-il sur un ton d'autorité si tranquille que je ne songeais même point à la lui disputer, votre main !

Et la saisissant de sa senestre, il emprisonna dans l'anse de son coude dextre la tête de Larissa, et guidant mon index entre son menton et sa lèvre, il me fit toucher du doigt la verrue.

— En sentez-vous bien le relief? dit-il. A ce relief qui ne s'encontre pas sous le pimplochement qu'Angelina, en sa bénignité, place en sa face en même lieu, il vous sera toujours loisible, pour peu que vous le vouliez (ceci fut dit sur un ton assez menaçant) de reconnaître Larissa.

— Mais je ne suis pas Larissa! cria tout soudain Larissa en levant la tête et en tapant du pied, je suis Angelina! Larissa n'est que malice et méchantise, et la proie du démon!

— Tenez-vous coite! dit Samarcas d'un ton sévère, et saisissant par-derrière ses deux poignets, il la serra à soi avec force. Et cessez vos chatonies! Je ne les souffrirai pas! Vais-je vous fouetter? Ou quérez-vous qu'on vous serre derechef au couvent?

— Ho non! Ho non! Ho non! s'écria Larissa, qui, tout soudain se déroidissant, parut à Samarcas s'en remettre toute et s'abandonner. Ce que voyant, Samarcas libéra ses mains et Larissa, se retournant et lui enserrant la taille de ses bras, posa de soi sa tête sur son épaule et demeura tranquille en cette filiale posture, plus docile qu'une enfantelette.

— D'ores en avant, reprit Samarcas avec une douceur qui m'étonna, et en posant légèrement sa forte main sur les cheveux de sa pupille, ramentez-vous que vous êtes Larissa, que vous devez votre corps de male méchance garder, et que si vous péchez, vous serez pardonnée, pour peu que soit sincère et véritable votre confesse.

— Amen, dit Larissa d'une petite voix quiète et étouffée.

— Monsieur de Siorac, poursuivit le jésuite dont les graves accents parurent m'emplir la tête tant ils résonnaient dans la poivrière, vous entendez et mesurez par ce qui est venu à passer céans, combien votre arrivée en Barbentane a porté de trouble en cette pauvre tête. N'y ayant pas intérêt que ce trouble gagne d'autres personnes et cette noble famille n'ayant que trop pâti déjà, peux-je quérir de vous de ne toucher mot à quiconque de cette déplorable méprise ? Et peux-je aussi vous prier instamment (le même ton de menace affleurant en cette prière, qui ne l'était guère que de nom) de vous engager d'honneur à empêcher le retour de cette méprise-là, vous ayant ce soir enseigné un moyen assuré et certain d'y parer.

— Monsieur, dis-je d'un ton ferme et froidureux, la méprise, comme vous voulez bien dire, n'a pas été de mon fait et je n'ai pas à m'engager d'honneur à prévenir son renouvellement, mon honneur n'ayant pas failli en cette occasion, pas plus, du reste, qu'en aucune autre.

— Monsieur de Siorac, dit Samarcas, nullement rabattu par ma roideur, je ne doute pas que votre bonne foi désormais veillera avec le dernier scrupule à ce que Larissa ne soit jamais par vous avec sa jumelle confondue, confusion qui aurait pour tous des conséquences si amères que je répugne à les envisager, et plus encore à les nommer.

Là-dessus, il me fit un petit salut tout aussi roide que mon ton et, prenant Larissa par la main, il la tira après lui dans le chemin de ronde et sans tant languir s'en fut.

Sanguienne ! m'apensai-je, tout à plein hors mes gonds, à peu qu'il ne m'ait défié ! Havre de grâce ! Un duel ! Céans ! Et avec un jésuite ! Ce Samarcas doit avoir une fiance démesurée en sa fameuse botte ! A vivre continuement en son sein, il a pris les usances du monde ! Le ton seul est onctueux, car pour le fond, il brave, piaffe et défie comme le plus jaleux et furieux des maris !

Mon ire toutefois s'aquiétant et m'étant sur moi quelque peu réfléchi, en ayant le loisir, Angelina n'apparaissant point encore, je résolus de n'obéir point à la première des injonctions de Samarcas, et de cacher la chatonie de Larissa à ses parents et mon père, mais de m'en ouvrir en revanche à Giacomi qui me paraissait nourrir pour cette pauvre garce intérêt et compassion, et de prime à Angelina, laquelle avait quelque droit à ne point ignorer la fallace de sa jumelle et moi-même me sentant en quelque obligation de la lui révéler.

Je crus rêver quand j'ouïs derechef des talons de garce résonner sur les dalles du chemin de ronde, et quand je vis sur le blanc plus clair de la nuit se profiler la silhouette sombre de mon aimée, laquelle se mit elle aussi de côtel pour permettre à son vertugadin de passer l'ouverture de la poivrière, et prit les mains que je lui tendis, mais sans s'approcher plus outre, paraissant fort vergognée de s'encontrer seule avec moi, et à cette heure, et en un lieu si resserré. Quoi voyant, et observant qu'elle était hors de vent et haleine du fait de son émeuvement, je renonçai, pour le présent du moins, au plaisir de poutouner ses lèvres fraîchelettes et veillai à distances garder, comme eût dit la Gorgone, lui voulant d'abord conter ce qu'il en était de Larissa, conte qu'elle ouït, à ce que je cuide, d'une oreille attentive, mais sans que je pusse rien voir des mines de sa face, distinguant à peine ses traits dans la pénombre et voyant luire ses grands yeux noirs sans en saisir l'expression. Quand j'eus fini, elle s'accoisa un petit et, soupirant, dit d'une voix où je ne trouvai pas la plus petite trace de colère ou de mauvaise dent :

— Pauvrette ! Elle voudrait être moi : Voilà toute l'affaire ! Elle l'a voulu dès nos maillots et enfances, pâtissant prou de cette malheureuse verrue, à cause de quoi elle s'est infiniment déprisée, s'estimant à moi tant inférieure et indigne qu'elle s'eût voulu détruire toute, si on l'avait laissée ! Raison pour quoi le démon, la voyant d'elle-même tant ennemie, a pu en elle entrer !

Ceci me laissa béant, encore que j'entendisse bien qu'Angelina ne faisait que répéter ici ce qui s'était dit en ses alentours et pour moi, ne voulant ni contredire une opinion si bien admise par tous qu'elle avait pris toutes les couleurs de la vérité ni moi-même l'admettre en me taisant, je pris le parti de gausser un peu et je dis :

— Le démon a bon dos! Est-ce le démon qui l'a poussée à admettre ce petit page en sa coite?

— Assurément! dit Angelina avec une tranquille assurance, qui d'autre? Ma mère, comme mon cousin vous l'a dû dire, était fort raffolée de ce drolissou, lequel était joli à croquer, vif frisquet, amiable, jouant à ravir de la viole, troussant des vers. Je l'aimais, à dire le vrai, comme fillette aime à cet âge, sottement, sans lui permettre toutefois aucune privauté, et à la fin des fins, infectai Larissa de ce malavisé sentiment.

— Mais d'où vient, dis-je, si Larissa arde tant à vous ressembler qu'elle n'ait pas retenu en cette affaire votre pudeur et vergogne?

— Pour ce que le démon était jà entré en elle, dit Angelina du ton le plus égal.

Ha! pensai-je, me sentant sans force pour ébranler cette irréfragable certitude, je ne viendrai mie à bout de cette vérité-là et à tout le plus la peux-je graffigner!

— Mais, dis-je, si j'en juge par ce qui ce soir s'est passé en cette poivrière, peut-on dire que le diable l'a tout à plein quittée?

— Mais c'est là justement le point, dit Angelina d'une voix où s'oyait quelque dol et souci. Le Père Samarcas que tous céans vénèrent à l'égal d'un grand saint, opine que le démon, ayant de Larissa sailli, est demeuré toutefois dans les banlieues et faubourgs de son âme et à la moindre occasion, s'insinuerait derechef en son mitan s'il n'y veillait. Raison pour quoi, en sa grande sainteté, et émerveillable dévouement à l'âme qu'il a sauvée, il ne la veut quitter d'un pouce, jour et nuit.

— Quoi! La nuit aussi?

— La nuit surtout. Il dort en un petit cabinet jouxtant la chambre de Larissa, l'un et l'autre verrouillés, d'épais contrevents de chêne remparant les fenêtres, le Père Samarcas considérant Larissa comme assiégée par l'esprit malin en les troubles et confusions de la nuit, et lui-même, la garnison qui la défend.

Voilà qui me donna fort à penser et qui m'eût

donné fort à dire, si je m'étais avisé que l'esprit d'Angelina était trop roidement fermé sur ses croyances pour accueillir volontiers mes paroles. C'est une étrange erreur et où beaucoup inclinent que d'imaginer que la garce dont nous sommes raffolés puisse être le moindrement du monde disposée, en nous épousant, à marier aussi nos opinions et nos philosophies. Il s'en faut de beaucoup, et il s'en fallait de plus loin encore quant à Angelina, la belle étant papiste, et moi de la religion que l'on sait, et donc fort peu accoutumé à l'immense seigneurie que la direction des âmes baille aux prêtres dans les familles catholiques.

Depuis que j'étais céans, il était devenu manifeste à mes yeux stupéfaits (et à ceux aussi du baron de Mespech, lequel s'en scandalisait prou) que le Père Anselme et le Père Samarcas, se partageant amiablement le pouvoir (si peu d'amour qu'ils eussent l'un pour l'autre), gouvernaient tout en Barbentane, l'un, parce qu'il confessait le comte, Mme de Montcalm et Angelina et l'autre, parce que Larissa était sa pupille. A voir la chose à yeux déclos, ce n'était point M. de Montcalm, mais le Père Anselme qui me baillait Angelina en mariage, et à la condition qu'il y avait mise et à laquelle, tout huguenot que je fusse, je ne pouvais que je n'obéisse. Et en la même guise, ce n'était point le comte, mais le Père Samarcas qui avait résolu que Larissa ne se marierait mie, le démon qui sommeillait « *en les faubourgs et les banlieues de son âme* » pouvant, en cette occasion, réenvahir la ville.

Angelina s'accoisant dans l'ombre et le silence de la poivrière, je m'accoisai aussi et la prenant avec beaucoup de douceur dans mes bras, je la baisottai quelque peu, mais fort décentement et sans la serrer à moi et pour dire le vrai, fort chaffourré de chagrin de la chatonie de Larissa, sentant bien qu'elle m'avait gâté le charme de l'instant et Samarcas plus encore, l'un et l'autre m'ayant fait à grand dol appréhender à quel point j'étais étranger à la famille où j'allais entrer et pis même, en quelque manière, à la mignote que j'aimais.

Je m'en ouvris le lendemain à Giacomi dans la salle d'armes, alors que nous reprenions souffle, assis après un assaut sur un petit banc disposé dans l'encoignure d'une fenêtre, nos gambes étalées devant nous, et les siennes dépassant prou les miennes.

— Pour qu'Angelina voie Samarcas du même œil que vous, dit Giacomi avec son délicieux zézaiement, il faudra de la patience. Mais il en faut toujours dans les humaines affections. Dois-je vous plaindre, Monsieur mon frère, ajouta-t-il avec un sourire, vous qu'on aime et qui aimez?

— Giacomi, dis-je en gaussant, aimez-vous qui ne vous aime?

A cela toutefois il ne répondit ni mot ni miette, mais l'œil baissé, la mine grave, et la pointe de sa longue épée, au bout de son long bras, traçant sur le plancher des signes incertains.

— Si j'étais vous, reprit-il, je ne garderais pas mauvaise dent à Larissa. La pauvrette appelle une compassion infinie. Et n'est-ce pas pitié que le démon ayant été dépossédé de son âme, elle soit tombée en la possession de cet autre qu'on tient céans pour le plus grand des saints!

— Monsieur, dit une voix grave à l'autre bout de la salle, me ferez-vous l'honneur d'un amical assaut?

Absorbé que j'étais, et par ce que disait Giacomi et par les arabesques qu'il dessinait sur le plancher, et que je tâchais d'entendre, je n'avais pas ouï l'huis s'ouvrir, et levant la tête, je vis Samarcas debout sur le seuil, une épée nue à la main, et sur les lèvres un souris que démentait le flamboiement de ses yeux.

CHAPITRE IV

Le mariage du baron de Quéribus avec ma petite sœur Catherine et celui d'Angelina de Montcalm et de moi-même furent célébrés le 16 novembre 1574 en la chapelle du Château de Barbentane, après que j'eus solennellement juré sur mon salut « *d'ouïr la messe partout où je m'encontrerai en logis catholique, et de laisser ma dame et épouse élever les fruits de notre union dans la foi de ses ancêtres* ».

A cette condition, mon père, si bien on s'en ramentoit, avait lui-même souscrit, quand il avait marié Isabelle de Caumont, la différence étant qu'à cette date il n'avait pas encore avoué la confession huguenote, ce qui fait, comme je l'ai dit déjà, que je fus élevé dans le papisme jusqu'à mes dix ans révolus. Et souscrivant ce jour à la condition imposée par le Père Anselme, je me retrouvai à vingt-trois ans mi-chair mi-poisson, ou comme disait si bien le baron de Mespech, le cul entre deux escabelles, ce qui m'était moins malcommode que le lecteur pourrait s'apenser, ayant quant à moi pris en grande détestation le zèle religieux pour avoir vu de mes yeux le massacre des catholiques lors de la Michelade de Nismes et celui des nôtres en Paris le 24 août. Ce n'est pas à dire que je fusse devenu, comme Fogacer, tout à plein sceptique, mais le fond de l'adoration de Dieu m'apparaissait de plus grande conséquence que sa forme, si entachée que soit celle-ci, en l'Eglise romaine, d'erreurs, d'ajouts et de superstitions.

Mon père, qui avait si vif le sentiment de ses devoirs seigneuriaux, eût voulu quitter Barbentane quasiment le lendemain des noces, mais M. de Montcalm n'y voulut pas consentir, arguant que Mespech étant entré dans les mois hiverneux, et toute moisson, vendange et cueillette finies, la présence du maître au logis ne s'avérait pas nécessaire. Et encore qu'au rebours de l'opinion du comte, mon père considérât celle-ci comme très utile, même par les froidures, au bon ménage de son domaine, il ne laissa pas que de se réfléchir que Catherine et moi nous établissant en Paris, il se passerait de longs mois, peut-être des années, sans que nous nous revissions, les voyages étant si périlleux dans les remuements du royaume, si bien qu'il s'avisa, comme ma sœur l'en priait tous les jours (étant de son père tant

142

raffolée) et comme moi-même l'en requérais, de lâcher bride un petit à ses affections, et de surseoir à son retour en Périgord, au moins le temps que prendrait M. de Montcalm pour arranger ses propres affaires et sonner lui-même le boute-selle pour la capitale.

Je fus aux anges de cette décision, pour ce que l'inouï bonheur que me donnait la possession de mon Angelina eût reçu quelques épines et pointures du fait du soudain département de mon père, et de la pensée que je ne manquais d'avoir que Jean de Siorac s'allait encontrer bien seul en Mespech, privé de Sauveterre, de Samson, de Catherine et de moi, son vieil âge, si vert qu'il fût, souffrant âprement du vide de nos absences. Et tant parlante en mon imaginative m'était sa solitude en les murs de Mespech que je me voyais quasiment à sa place et comme dépossédé des enfants que je n'avais pas encore. N'est-ce pas pitié, à y songer plus outre, que le ruban de notre vie se déroulant impitoyablement, et les années ne faillant pas à amoindrir nos forces, nous soyons, de surcroît, diminués en notre être par la fuite hors du natal nid des fils et filles de notre chair ?

Que je fus, au rebours, soulagé qu'au lendemain de ce double mariage, Samarcas qui souffrait mal l'intérêt que Giacomi portait à Larissa, prît le soudain parti de s'envoler pour Reims, emportant sa pupille en ses terribles serres, et par là, désespérant l'Italien, mais mettant fin du même coup à la male aise où me jetaient avec Larissa mes rapports ambigueux. Et comment eussent-ils pu ne pas être tels, ni mon corps ni mon cœur ne pouvant rester à elle tout à plein froidureux, Larissa étant si étrangement semblable en sa mortelle enveloppe à mon aimée, combien qu'une invisible corruption l'habitât, laquelle, si fort que je la réprouvasse, ne manquait pas de me troubler. Car dans le même temps que je devais faire tomber un à un chez Angelina les bastions de la pudeur, la forteresse chez Larissa était si commodément faible et si démantelée qu'elle s'ouvrait de soi, tous ses sens éveillés, criants et appétants, là où chez mon épouse tant chérie, ils dormaient encore. Ainsi, à l'encontrer seule, au détour d'un couloir, son grand œil attaché sur moi et sa main me frôlant, je la reconnaissais à ce que mes membres frémissaient à son silencieux appel.

Samarcas nous donna à entendre qu'il allait rejoindre en la ville que j'ai dite, le famé séminaire des jésuites, mais d'après quelques mots qui échappèrent à Larissa et que sa jumelle me répéta, il semblait qu'il n'y devait faire qu'une escale, son ultime destination étant Londres.

— Et que diable, me dit Giacomi quand nous fûmes seuls dans la salle d'armes, que diable va faire ce démon dans un pays qui compte si peu de catholiques? *Chi la sa* [1]?

— Mais vous! dis-je en riant, car votre ton dit assez que vous le croyez attelé à une besogne aussi noire que lui-même.

— Oui-da! Je le cuide ainsi! C'est un homme pour qui tous moyens sont bons à toutes fins! Savez-vous que si je n'y avais pris garde, il m'eût embroché comme volaille à notre dernier assaut?

— Cornedebœuf! Vous toucha-t-il?

— Nenni! Je parai! Mais de par quelque dévergognée parade, non de mon arme, mais de mes membres! Benoîte Vierge, j'en rougis encore! Et m'en trouvai sur l'instant si encoléré que liant derechef ma lame à la sienne, je la lui fis sauter des mains. Mon Pierre! Si son œil avait été pistole, il me dépêchait! Mais ce ne fut qu'un éclair, et s'aquiétant tout soudain, il ramassa et rengaina, et me dit, dans *la note bassa* [2] qu'il affectionne:

— *Maestro*, est-ce là votre botte?

— Nenni, *padre*, ma botte fait de l'assaillant un estropiat à vie.

— Mais celle-ci vous le livre à merci! Et sur ces deux bottes-là, dit-il en gaussant, mais une flamme noire brillant sous son épais sourcil, on peut mar-

---

1. Qui le sait? (Ital.)
2. La note grave. (Ital.)

cher fort loin! *Maestro*, poursuivit-il, avec un sourire tout ensemble suave et menaçant, si j'étais le Grand Inquisiteur d'Espagne, je vous ferais avouer vos bottes par le chevalet, la roue et l'estrapade.

— Mais, *padre*, je suis bon catholique!

— Qui peut affirmer l'être, dit-il, l'œil derechef flamboyant qui hante un huguenot?

— Lequel oit la messe.

— Du fin bout de l'oreille! Mais *Maestro*, reprit-il en tapant du plat de la main sur le fourreau de son épée, la grand merci à vous de m'avoir montré qu'on ne viendra point à bout de vous, ceci en mains.

— Venir à bout de moi? dis-je levant le sourcil, que signifie cet évangélique langage?

— Je n'en gloserai pas plus outre, dit-il. Vous l'entendez assez.

Sur quoi il me fit un profond salut et s'en fut, et mon Pierre, croyez-moi, cet homme tient plus de Diable que de Dieu, j'en jurerais mon âme! Et je suis quasiment étouffé de rage et de compassion à savoir la pauvre Larissa en ses mains!

Ha! m'apensai-je, observant en cette ire et furie mon Giacomi, à l'accoutumée si suave et serein, que l'amour vous change donc un homme!

— Et savez-vous, dis-je, ceci que je tiens d'Angelina : à son département, Samarcas a quis et obtenu de M. de Montcalm une somme de mille écus pour la maintenance de sa pupille.

— Voilà qui peu m'étonne! dit Giacomi, le méchant ne peut qu'il ne soit chiche-face! *Samarcas è un uomo che scorticare un pedocchio per avere la pelle* [1].

À quoi je ris, ne voulant envisager Samarcas en des couleurs si sombres que Giacomi, si roide et si zélé que le jésuite fût sur le point de la religion, mais hélas! je pourrais citer, en Nismes et Montpellier, des huguenots et même des ministres de la religion comme M. de Gasc, qui à cet égard bien le valaient.

1. C'est un homme qui écorcherait un pou pour en avoir la peau. (Ital.)

D'un autre côtel et tâchant de tenir les balances égales, j'entendais bien que les Montcalm, combien qu'ils outrassent en mon opinion la vénération où ils tenaient Samarcas, ne nourrissaient pas sans raison quelque gratitude pour lui. Quelles que fussent la guise et la façon dont il avait usé pour guérir Larissa et la nature de l'étrange seigneurie qu'il détenait sur elle (et là-dessus j'avais quelque petite idée que le lecteur m'excusera de taire), force forcée m'était de voir que réussissant où tous avaient failli, il avait bel et bien arraché Larissa à la geôle conventuelle où elle pourrissait, la pauvrette lui devant, et à lui seul, le refleurissement de sa vie.

Au département de sa sœur jumelle, mon Angelina versa des larmes que je bus sur ses joues fraîche-lettes, la mignonnant à l'infini pour tâcher de l'apazimer. Et puisque nous sommes présentement sur ce chapitre-là, je voudrais répéter céans que je ne partage point l'opinion de M. de Montaigne qui, lors de ma visite « *en ses douces retraites paternelles* », me dit de me bien garder de caresser mon épouse future, « *de peur que les extravagances de la licence amoureuse ne la fassent sortir hors des gonds de raison* ». Mais, belle lectrice, n'est-ce pas justement raison qu'un homme apprenne à la compagne de ses jours ces « *enchériments* » délicieux qui font « *la volupté si vive, si aiguë et si chatouilleuse* » ? Faut-il donc avec elle se mettre abruptement en besogne à la manière « *chiennine* », d'une façon si vite et si précipiteuse qu'elle n'y éprouve rien, ou peu de chose, n'ayant pas été éveillée par degrés au tumulte des sens ? Et doit-on se priver, soi, de l'inouï bonheur de parcourir des doigts et de la lèvre les provinces de son suave corps et de surprendre, ce faisant, sur sa douce face, et dans ses yeux de biche, et se peut aussi dans un soupir, l'émeuvement qu'on lui baille ?

Si l'homme est seul pour naître, et seul davantage pour naître à la mort, je prie au moins qu'il ne le soit pas, et sa compagne non plus, au moment où, de leur conjonction, doit venir une vie nouvelle, bien persuadé que je suis qu'il n'est pire solitude que le plaisir reçu, mais non point dans le même temps donné. Le soudard forçant qui filles, qui femmes, dans le sac d'une ville, ne serre pas à soi un être, mais une chose, et la posséder ou la détruire, pour ce désespéré vilain, c'est tout un. Ce n'est pas là plaisir. C'est — je le dis encore — solitude triste et animale. Mais le corps n'est plus tant parlant que l'âme, la tendresse, la largesse et l'humaine considération, quand le prime propos du mari est d'apporter à son épouse, en surseoyant, s'il le faut, à la sienne, la délice qu'il y aurait quelque basse chicheté à lui rogner, considérant que le Créateur la lui a accordée, en compensation du pâtiment de la grossesse, alors même que nous donnant en portion un plaisir égal, il nous a tenu quitte de ces incommodités.

Nous étions en Barbentane depuis deux mois déjà, M. de Montcalm mettant quelque nonchalance à ses préparatifs, quand mon père me manda un soir par Fröhlich (lequel s'était à lui fort attaché et lui servait de valet) d'avoir à le venir trouver en son appartement. Ce que faisant, et ébaudi assez d'en voir saillir, comme j'y pénétrais, une vive et frisquette friponne de chambrière qu'on appelait Jeannotte, et à qui il ne m'avait pas échappé que Jean de Siorac avait, depuis peu, donné le bel œil, je fus surpris de trouver à mon père l'air plus mal'engroin que je ne m'y serais attendu, étant donné l'aimable compagnie dont il venait d'avoir l'usance.

— Monsieur mon père, dis-je avec un souris, qu'est cela ? Pourquoi tant de sourcil ? Jeannotte vous aura-t-elle fâché ?

— Nenni ! dit-il. La Dieu merci, la mignote est complaisante assez. Mais j'ai, hélas, d'autres avoines à mâcheller, et plus amères. Tenez, lisez cette lettre de François que je reçois dans l'heure.

Et me la tendant du bout des doigts, non sans quelque déprisement, il se jeta sur un fauteuil, croisa avec impatience une gambe sur l'autre, et le front plissé, m'envisagea d'une prunelle perçante, tandis que je lisais le poulet de mon aîné :

« Monsieur mon père,

« Il n'y a rien à vous mander que de bon sur Mespech, tous, bêtes et gens, se portant à merveille et moi-même ménageant la châtellenie dans le respect de vos commandements. Je suis, toutefois, au regret de vous annoncer que je me suis à la parfin converti à la religion catholique, apostolique et romaine, n'y ayant pas d'autre moyen pour moi de marier ma Diane, ni de ménager son domaine à compte et demi avec Puymartin, ni d'hériter du titre de baron de Fontenac au premier enfant mâle qu'elle me baillera.

Monseigneur l'Evêque de Sarlat a voulu donner à ma conversion un particulier éclat, la célébrant en la cathédrale. Et m'étant bien apensé que cette circonstance vous serait à dol et fâcherie, si vous étiez lors en Mespech, j'ai préféré me soumettre à cette épreuve en votre absence et vous supplie instamment de ne pas m'en garder mauvaise dent, ne désirant rien tant que votre affection, et vous protestant que je serai jusqu'à la fin des temps

De tout cœur votre très humble, obéissant et dévoué serviteur.

François de SIORAC. »

— Eh bien, dit mon père, qu'en êtes-vous apensé?

A quoi je fus dans l'embarras, n'ayant point goûté le ton gourmé de cette lettre si correcte, mais ne voulant point charger mon aîné (encore que je l'aimasse peu) pour ce que je n'étais pas sans quelque sympathie pour ses raisons.

— Ce que j'en pense? dis-je.

— Oui-da!

— Que je ne sais pas ce que j'eusse fait moi-même, si j'avais été en tel prédicament que François, l'évêque de Sarlat n'étant point tant accommodant que le Père Anselme.

— Je vais vous le dire, Pierre! dit le baron de Mespech : vous m'eussiez consulté *avant*.

— Assurément. Mais François est François : il n'aura pas osé s'affronter à vous.

— Et bref, c'est un couard! cria mon père en se levant, et le sourcil sur les yeux, il marcha qui-cy qui-là dans la pièce. Et qui pis est, reprit-il à la fureur, un couard catholique!

— Non point couard, dis-je. Si un jour on s'en prend à son bien, François se battra bec et ongles.

— Ha! Ne le défendez pas! cria mon père tout soudain ivre de rage. Ce chattemite savait bien, avant même mon département de Mespech, qu'il allait retourner jaquette, et il ne m'a rien dit! Et le voilà qui m'assure dans ce poulet qu'il « *ne désire rien tant que mon affection* »! Et « *de tout cœur* »! Mais, corne-de-bœuf! Eût-il osé changer de camp, Sauveterre étant vif encore et dans nos murs? Ha! mon Pierre, j'enrage dans le pensement que la huguenoterie de Mespech n'aura duré que l'espace de ma brève vie, le deuxième baron de Mespech retournant à la foi catholique comme le chien à son vomissement, et tous mes petits-enfants — tous! Les fils et filles de François! de Samson! de Catherine! et de vous! — étant élevés et abreuvés dès leurs maillots et enfances au lait impur des idolâtries papistes!

A cela, je m'accoisai un petit et allai jeter un œil par la fenêtre au jour finissant sur les pechs pierreux de Provence (laquelle pour être, à sa manière, aimable et lumineuse, n'est point tant verte que notre Périgord) et ne sachant au demeurant que dire, entendant bien l'immense dol de mon père à voir son culte par degrés déserté par ses descendants, et moi-même étant de ceux-là.

— Ha! mon père, dis-je à la parfin et m'étant sur moi réfléchi, pardonnez à François: sa conversion n'est point par la male heure la sienne, mais une parmi d'innumérables depuis le 24 août. C'est là l'après-moisson de la Saint-Barthélemy: parmi tant d'épis couchés et foulés par l'orage, il n'est plus pour les prêtres que de glaner. Péril de mort est là. Vous-même, pour désarmer l'évêché de Sarlat avez consenti le don gracieux d'une terre aux capucins de la bonne ville et invité Pincettes à dire messe en Mespech pour vos hôtes papistes. Moi-même, Monsieur mon père, j'ai baillé un écu audit Pincettes pour redorer une idole, et à mon âme et corps bien défendant, j'ois la messe tous les jours céans, étant de force forcée un Janus à double face, une face catholique et une face huguenote, ou si l'on veut, un de ces marranes de Montpellier qui professent le papisme du bout des lèvres, lesquelles restent scellées sur le judaïsme qui fait battre leur cœur.

— Cependant, dit mon père avec douleur, vous oyez la messe !

— Je l'ois, dis-je avec un souris, mais comme dit le dicton, une oreille aux champs et l'autre à la ville, étranger en mon for aux errements du culte romain.

— Vous, mon Pierre ! mais vos fils ! dit Jean de Siorac, non sans quelque tendresse qui lui fit les yeux embuer, tandis que me venant jeter le bras pardessus l'épaule, il me serrait à soi. Mais, reprit-il, vos fils ! Vos petits-fils !

— Je prendrai garde qu'ils sachent très exactement de ma bouche les inouïes persécutions que nous avons souffertes des mains des prêtres. Et qui sait si d'aucuns de notre chair, les temps devenant plus doux aux nôtres, ne retourneront pas à la pureté de notre foi ?

— Cependant, mon Pierre, dit le baron de Mespech en m'aguignant du coin de l'œil, il m'apparaît que de mes quatre enfants, vous êtes, se peut, le moins zélé sur le point de la religion. D'où cela vient-il ?

— De ce que je tiens le zèle en grande détestation, en ayant vu les néfastes effets en Nismes et en Paris. Mais, Monsieur mon père, poursuivis-je, ne voulant pas là-dessus me mettre avec lui en débat, plaise à vous de me laisser présentement me retirer : j'ai promis à mon Angelina de l'aider à choisir entre deux vêtures pour le souper du soir, lesquelles l'espèrent, sur son lit déployées.

— Ha ! Ne délayez pas plus outre ! dit mon père en riant. C'est chose de conséquence que les affiquets d'une femme, par quoi elle s'adorne pour se plaire et nous plaire. N'était que ce gentil sexe y prenne tant de soins, où serait la place de la beauté en notre quotidienne vie ?

Il fallut bien pourtant quitter un jour cet homme excellent et départant pour Paris, le laisser retourner dans son Périgord pour y vivre à Mespech en sa double solitude : celle d'un père délaissé des siens et celle de sa foi, la seconde le poignant tout autant que la première, le propos de mon père, quand il avait été anobli, n'étant point seulement de fonder châtellenie et famille, mais d'être le premier chaînon d'une lignée huguenote qui aurait pu joindre à la prospérité de son domaine la vérité d'un credo purifié.

Que de larmes furent versées à son département, et par ma petite sœur Catherine, tout énamourée qu'elle fût de son Quéribus (avec qui ne touchant plus terre, elle courait d'un pied léger sur les nuages dorés du bonheur le plus fol), et par mon Angelina, dont la coutumière bénignité avait deviné le pâtiment du baron de Mespech à cette âpre séparation, et dois-je le dire enfin sans honte ni vergogne, par moi-même qui le chérissais d'autant que, fait de si bon et pur métal, il n'était pas sans de certaines faiblesses qui me le rendaient proche.

Je me ramentus quelques années plus tard de la désolation rongeante de mon père à voir la délitescence de son huguenoterie, quand étant à messe avec le roi en la chapelle de l'hôtel de Bourbon (lequel faisait face au guichet du Louvre), j'observai deux seigneurs qui étaient entrés en sa suite, lesquels me parurent ouïr le service romain d'une oreille triste et rechignée, et comme si ce qu'ils écoutaient leur restait fort au travers de l'estomac. Et Fogacer étant lors à mon côtel et son œil vif captant la direction du mien, il me sourit d'un air fort entendu, mais sans mot piper. Quelques instants plus tard, m'encontrant avec lui dans la salle des cariatides (attendant que le roi nous fît appeler) et adossés à une des gigantesques féminines statues sculptées par Jean Goujon,

151

Fogacer quérant de moi si, tout grand coureur de cotillon que je fusse, je ne serais pas décontenancé par la géantine stature de ces mignotes, à supposer qu'elles s'éveillassent soudain à la vie, la pierre devenant chair, et moi répliquant en riant que nenni, ajoutant en anglais (pour ce qu'alors je m'appliquais diligemment à l'étude de cette langue) : « *You can't have too much of a good thing* [1] ! » il me revint, je ne sais pourquoi à l'esprit, au milieu de ce badinage, la physionomie grave, attristée et rebelute des deux seigneurs que j'avais vus à messe en l'hôtel de Bourbon, et je demandai incontinent à Fogacer (qui savait toujours tout sur tous) quels ils étaient, ne les ayant point vus à la Cour avant ce jour. Il me dit leurs noms (qu'il n'est pas dans mon propos de répéter ici) et ajouta *sotto voce*, pour ce que nous avions alors en nos alentours une foule bigarrée de courtisans et de gardes en allées et venues incessantes :

— Ce sont comme vous, *mi fili*, des catholiques de façade, j'entends des huguenots de cœur qui viennent d'arriver céans et auxquels le roi a demandé de *caler la voile*, s'ils voulaient le servir.

— Caler la voile ? dis-je. Qu'est cela ?

— C'est un terme des gens de mer dont Sa Majesté, qui a appris depuis peu le mot, aime user. Il veut dire qu'on diminue la voilure, le ciel devenant venteux et tracasseux.

— Et certes, Dieu sait s'il l'est !

— Et *assurément* Dieu sait s'il l'est ! reprit Fogacer avec un souris. *Mi fili*, à quoi vous sert d'ouïr la messe si vous vous trahissez par un « certes » ?

A quoi il ajouta en gaussant :

— « Certes ! Certes ! » dit le huguenot, pour ce qu'il est l'homme des certitudes !

— Et point les papistes ?

— Les papistes sont zélés. Mais à ce que j'opine, bien peu d'entre eux, en ce siècle, mourraient sur un bûcher pour prouver leur foi.

— Le roi mourrait-il pour sa foi ?

1. Vous ne pouvez avoir trop d'une bonne chose.

— Monsieur le Chevalier, dit Fogacer (qui me donna ce titre, Sa Majesté, une semaine plus tôt, me l'ayant conféré, ainsi qu'une petite seigneurie en Montfort-l'Amaury dite du Chêne Rogneux), ne dites pas « le roi ». Dites : Henri. De cette façon, si quelque malintentionné surprend votre propos, il ne saura si vous parlez d'Henri de Guise, d'Henri de Navarre ou du roi — lequel les méchants becs en Paris appellent — le savez-vous ? — Henri le troisième, pour ce que les deux premiers lui rognent son royaume.

— Parole sale et fâcheuse, dis-je à voix basse, et que vous ne devriez répéter.

— C'est que j'ai moi aussi méchant bec, dit Fogacer en arquant son sourcil diabolique, quoique le cœur soit bon et à Henri fidèle.

— Vous ne m'avez point répondu, repris-je, Révérend Docteur Sait tout, sur le point de la religion de notre Henri ?

— C'est que le point est débattable ! Henri aime les moines, le couvent, la bure. Il pèlerine. Il fait retraite. Il processionne.

— Je sais tout cela. En outre, vêtu du sac du pénitent, la taille ceinte de sa ceinture de têtes de mort...

— Il se donne le fouet. Mais savez-vous pourquoi ? poursuivit Fogacer, l'œil luisant. C'est qu'il a grand appétit à se nettoyer la conscience, laquelle, une fois nette, il macule derechef par les plaisirs que l'on sait.

— Méchant bec, taisez-vous ! Répondez : Henri mourrait-il pour sa foi ?

— Il mourrait plutôt de la foi des autres, l'Eglise poussant Guise à lui crocheter son royaume et sa vie.

— Vous m'étonnez, dis-je avec un sourire, depuis dix ans que je le sers, j'ai ouï Henri protester plus de dix fois de son zèle à servir l'Eglise et à extirper l'hérésie.

— *Il cale la voile*, dit Fogacer avec son sinueux sourire. Manœuvre à quoi notre Henri excelle dans les tempêtes. Et comme vous avez si bien dit, le diable sait si nous en avons.

— Je n'ai pas dit le Diable, mais Dieu.

— Et d'où jugez-vous, dit Fogacer, que c'est Dieu qui souffle sur le royaume ces pestilentielles nuées?

Plaise au lecteur de me pardonner de sauter à beau pied comme je viens de le faire de 1574, date de mon mariage et de mon établissement en Paris — à 1584, année fort néfaste au royaume et à mon bon maître le roi Henri Troisième. Mais mon humeur étant de galoper et non de marcher l'amble, j'eusse craint d'ennuyer à conter mon bonheur domestique au long de ces dix années révolues, lesquelles furent pour moi tant calmes et paisibles que douce rivière en prairie sinuante. Non que les troubles et remue-ments, notablement dus à *Monsieur*, frère du roi, manquassent en notre pauvre France, mais ce furent là, malgré tout, des années presque paisibles au regard de ce qui allait lugubrement suivre à partir de 1584, et en l'Etat, et en ma vie, laquelle, étant fort engagée au service du roi, redevint tout soudain à cette date que je dis, agitée, torrentueuse, et bondis-sant de roc en roc sur d'inouïes traverses.

C'est le 6 mai de cette année-là qu'apparurent dans le ciel de France les premiers vents tempétueux qui allaient déchirer le royaume et ébranler le trône. Et bien je me ramentois que me l'annonça le beau baron de Quéribus, lequel me visitait cet après-midi-là avec ma petite sœur Catherine en mon logis de la rue du Champ Fleuri, laquelle se situe à deux pas du Louvre et parallèle à la rue de l'Autruche, où je l'y trouvai, en revenant dudit Louvre en compagnie d'Angelina, tenant dans ses bras mon fils Olivier, son quatrième enfantelet, lequel avait un an d'âge et quoiqu'il marchât déjà, babillait encore une langue tout à plein déconnue.

Quéribus, magnifiquement vêtu d'un pourpoint saumon et de chausses en camaïeu, la fraise large, immaculée et gaudronnée à la perfection, le bonnet ou coffion portant aigrette, laissant voir sur le devant ses cheveux frisurés et envolutés, lesquels revenaient sur le rebord dudit bonnet, les perles en rangs plus serrés que soldats en bataille lui barrant le poitrail, un diamant pendant et tremblant au bout de son oreille senestre, et portant bagues sur ses gants à ses deux mains. C'était là, à la vérité, pour notre beau muguet, une vêture modeste assez, comparée aux somptueuses attifures qu'il portait aux bals de la Cour, ayant en ses coffres plus de cent costumes tant riches (et plus) que celui-là, où le satin, la soie et le brocart se mêlaient à ravir, à telle enseigne qu'il eût pu porter chaque jour que Dieu créait un appareil différent, et souvent le faisait, ne voulant point être vergogné devant le roi par de plus chamarrés que lui. Ai-je oublié encore la courte cape marron et dorée, pendant d'une épaule et escarmouchant sa taille de guêpe, sans laquelle aucun galant n'eût osé se montrer à la Cour, même par la canicule ?

Je sus que Quéribus était dans ma maison avant que de jeter l'œil sur lui et à peine mon huis déclos, par l'odorant sillage qu'avaient laissé derrière lui les parfums dont il se pulvérisait, lesquels, assurément, dépassaient en force, sinon en suavité, ceux de Catherine et d'Angelina réunies.

Et en effet, à peine avais-je mis le pied dans la grand'salle que je le vis aussi grand que nature (et l'air beaucoup moins naturel, ayant l'œil fardé et le teint enduit de céruse) se ruer à moi, les bras ouverts et m'étouffant quasiment de sa forte brassée, mais cependant sans me poutouner plus que du bout du bec, craignant sans doute de gâter sa céruse. Et à peine eus-je le temps de saluer Madame mon épouse et Madame ma sœur qu'il me serra à soi derechef et le bras jeté autour de mon col, me dit :

— Ha ! mon Pierre ! les choses vont de mal en pis au royaume ! *Monsieur* se meurt !

— Quoi ! dis-je, la chose est sûre ?

— Certaine ! Je la tiens de Marc Miron. Réduit qu'il était déjà, sec, étique, atténué, Monsieur en est à cracher et toussir le reste de ses poumons.

— Cornedebœuf ! dis-je, je ne le pleurerai pas !

— Moi non plus ! dit Quéribus.

— Eh quoi! dit Angelina, comme à son accoutumée bénigne et piteuse, n'y aura-t-il personne en ce royaume pour verser larmelette sur ce frère nôtre qui va passer?

— Ce frère, dit Quéribus, fut pour le roi un frère exécrable. Il a levé des armées contre lui. Il a tout mêlé, tout brouillé! Traître à son sang! Infidèle à son frère et souverain!

— Il est de fait, dit Catherine, que le duc était excessivement laid: petit, noir comme pruneau, les gambes torses, la face bouffie et gâtée de la petite vérole. Jà ne se vit chez les Valois pareil avorton.

— Mais l'âme pire que la face, dit Quéribus, étant tout ensemble couarde et cruelle.

— Cruelle? dit Angelina.

— Ha! dis-je, à n'en pas douter! Le duc fit massacrer à Issoire en 77 tous les manants et habitants huguenots de ladite ville, après qu'ils se furent à lui rendus.

— Ha pour cela! dit le baron en riant, les huguenots sont comme l'hydre de Lerne, on leur coupe une tête: sept repoussent!

— Monsieur, dit Catherine, sourcillante et la crête haute, si vous vous gaussez de mes parents huguenots, l'huis de ma chambre vous sera clos ce soir!

— Madame mon épouse, dit Quéribus en s'agenouillant gracieusement devant son vertugadin brodé d'or (la vêture de Catherine ne le cédant rien à la sienne en somptuosité), à ce châtiment, lui-même tant cruel, je préférerais le chevalet et la roue! Plaise à vous de me pardonner ma petite gausserie!

Ce disant, il lui prit les deux mains qu'elle lui abandonna avec un souris et les baisotta, prenant soin de ne pas y aller trop à la fureur pour ne pas gâter sa céruse.

— Il reste, dit-il en se levant, que *Monsieur* fut au royaume proprement calamiteux. Il a failli à lui rien apporter de bon. Et le pis est qu'ayant, vif, desservi le roi, il le dessert, mort, davantage.

— Comment cela se peut-il? dit Angelina, levant vers lui son bel œil noir, transparent, et naïf. Mort, pourrait-il méfaire?

— Hélas oui ! dit Quéribus, mort, il pose au roi le tracasseux problème de sa succession, Henri n'ayant pas d'enfant, combien qu'il soit depuis dix ans marié. *Monsieur* eût pu lui succéder, comme Henri lui-même a succédé à son frère Charles, et comme Charles IX lui-même, à son frère François II.

— Mais, dit Angelina, la Benoîte Vierge peut encore l'accommoder d'un fils. Ma gentille sœur Catherine fut sept ans sans enfant avant que la Benoîte Vierge lui voulût bien bailler un fruit.

— Assurément, le Seigneur me fut à la fin complaisant, dit Catherine, laquelle huguenote en son cœur (encore que comme moi elle dût ouïr la messe) ne voulait pas nommer Marie comme l'auteur de ce divin bienfait.

— Raison pour quoi, dit Quéribus, le roi pèlerine à user ses semelles de Notre-Dame de Paris à Notre-Dame de Chartres, couvrant en deux jours ce très long chemin, et n'y gagnant rien que des pieds ampoulés que soigne le chevalier de Siorac.

— Lequel chevalier, dis-je en riant, soigne aussi les siens, et au retour, fait semeller ses souliers, alors que j'ai ouï dire que Sa Majesté jetait les siens, n'ayant point été élevé dans l'économie huguenote !

Comme je disais, l'enfantelet Olivier se mit tout soudain à hucher à oreilles étourdies. Mon Angelina incontinent délaça sa cotte, et en faisant saillir le plus beau tétin du monde, le donna à sa bouche sans dents, pour ce que je l'avais persuadée qu'aucun tétin étranger ne vaudrait jamais le sien, à nourrir son pitchoune, et qu'il serait temps de recruter une nourrice lachère, si son lait venait à tarir. Ce qui ne fut.

Nous nous accoisâmes le temps que dura cette tétée, émerveillés et atendrézis que nous étions tous quatre par ce tant gracieux spectacle et par l'insatiable appétit de ce marmot, gloutissant à tas, et ce faisant, crochant ses petits doigts dans ce parpal si rondi, si suave et si blanc que je ne le pouvais voir sans que mon cœur battît.

Quand l'enfantelet eut enfin fini ses agapes, Angelina me requit sans piper de son œil de biche de le lui prendre des bras et de le tenir droit en marchant qui-cy qui-là, afin que le petit malappris fît son rot, Angelina cependant relaçant sa cotte, mais sans l'usage de ses yeux, son regard ne quittant pas Olivier, comme si elle eût craint que je le laissasse choir et à terre verser. Je le lui rendis enfin et le pitchoune s'ensommeillant, la gentille Florine vint le prendre pour le placer au bas bout de la pièce en sa jolie barcelonnette, laquelle elle balançait quand et quand du bout du pied, tandis qu'elle filait sa quenouille, n'étant pas fille à s'apparesser.

— Je ne vois pas tant d'où vient ce tracasseux problème pour la succession du roi, dit Catherine, à supposer que le Ciel ne baille pas de fils à Henri. J'ai ouï dire par Monsieur mon père que les Bourbons succéderaient alors aux Valois, et qu'Henri de Navarre, étant son légitime héritier, monterait après lui sur le trône.

— Hélas, mon petit cœur ! dit Quéribus, tirant une escabelle et s'asseyant à son pied, Navarre s'est converti au culte romain après la Saint-Barthélemy, le cotel sur la gorge. Mais, s'étant échappé du Louvre qui lui était une geôle dorée, il s'est reconverti à la Réforme et de ce fait, s'encontre non seulement hérétique, mais relaps, et en grand danger d'être excommunié. Verra-t-on un hérétique sur le trône de France ? Se peut que partie de la noblesse l'agrée par respect pour son sang, mais le peuple n'en voudra pas ! Et le clergé le vouera à l'exécration. D'où il est venu que le Guise qui convoite lui-même le trône, mais ne peut l'avouer, pousse en avant ce grand benêt de cardinal de Bourbon, lequel est Bourbon de la branche cadette, et l'oncle de Navarre.

— La branche cadette ! dit Angelina en souriant.

— Et un cardinal ! dit Catherine.

— Et vieil ! dit Quéribus en riant.

— Ayant, dis-je en riant aussi, tant si peu de cervelle qu'il ne saurait même se cuire un œuf, étant le plus rassotté et radoteux vieillard de la création !

— Et, dit Quéribus de plus belle s'esbouffant, de trente ans plus âgé que le roi auquel il prétend succéder, son chef tant branlant qu'il ne pourra supporter la couronne, ni son bras soutenir le sceptre, ayant tout juste la force d'un poulet et n'en ayant même pas l'esprit ! Tudieu ! Je sais pourquoi le Guise pousse sur le trône ce gros coussin de vaine pourpre. C'est pour y être plus commodément assis !

A quoi nous rîmes tous quatre à gorge déployée, si gros d'immenses périls, troubles, guerres et destructions, fût pour le royaume ce problème de la succession.

Nous achevions à peine ces rires, quand mon gentil Miroul (lequel depuis dix ans qu'il avait épousé sa Florine, baignait dans une liesse infinie, et se réveillait chaque matin comme étonné de son bonheur) nous vint dire que Samson, Gertrude et sa Zara nous venaient visiter. Je vous laisse à penser la noise et la vacarme que fit cette annonce et les bruissements de soie et de brocart quand les dames se levant et sur elles-mêmes virevoltant, s'entrembrassèrent à la fureur et nous-mêmes, j'entends Quéribus et moi, ne donnant point au chant langue que l'on peut bien apenser être mieux employée ailleurs. Enfin, quand nous nous fûmes tous mignonnés, poutounés et contre-poutounés et en outre caressés irrassasiablement de l'œil, tant nous étions heureux de nous remplir le regard des nouveaux-venants et eux de nous, car encore que Montfort-l'Amaury ne fût pas aux antipodes, il y fallait bien une journée de coche et de cheval pour atteindre Paris et je ne voyais que cinq à six fois l'an mon Samson, lequel, lectrice, était tout aussi joli qu'en ses vertes années quoiqu'il eût, comme moi-même, (et le roï) passé trente-trois ans déjà, et Gertrude fort belle encore et ma Zara, indestructiblement séduisante, ce que je lui dis tout de gob en la baisottant mille et mille fois sur ses suaves joues, mon Angelina n'étant pas jaleuse, sachant bien que Zara n'avait guère goût à l'homme. Et y apparaissant à la parfin, qu'après tout le glosage, babillage, et badinage, les gorges étaient sèches et les dents émoulues, on passa à table où l'on gloutit à tas je ne sais combien de viandes succulentes et de pichets de vin, sauf que je mangeai sobrement, devant faire assaut après la repue avec le maestro Giacomi, lequel survenant et son œil s'éclairant à voir toutes ces bruissantes beautés à table, il s'attrista tout soudain de ne point parmi elles découvrir Larissa, comme assurément il l'avait de prime espéré. Et moi le voyant en son humeur noire, incontinent me levai et l'emmenai par le bras dans ma salle d'armes, laquelle était située en mon grenier, tâchant de le conforter de la désespérance où il se ventrouillait, n'ayant pas jeté l'œil sur Larissa depuis trois mois.

— Ha ! dit-il, n'est-ce pas pitié de savoir la pauvrette dans les mains de ce méchant qui, tout religieux qu'il soit, n'est qu'un gueux de sac et de corde !

— Monsieur mon frère, dis-je, s'il mérite la corde, tôt ou tard il y viendra. Quiconque s'en gausse, un jour s'en chausse !

— Mais Larissa ! cria Giacomi, sa face s'allongeant, Larissa étant de force forcée à lui connivente et complice en ses entreprises, elle sera pendue aussi ! Ou qui pis est, si la geôle et la solitude la remettent en ses folies, brûlée comme possédée du diable !

A quoi je m'accoisai, ne doutant point quant à moi, que Samarcas fût emmanché en quelque noir et périlleux dessein, tant ses répétés voyages à Londres me le faisaient suspect, à telle enseigne que les craintes de mon Giacomi ne me paraissaient point mal fondées, j'avais quelque peine à me persuader moi-même en tâchant de les lui dissiper.

Nous en étions là de notre entretien quand Miroul vint nous dire qu'un quidam ayant toqué à notre huis, il avait vu par le judas un gautier plié jusqu'aux yeux dans un grand manteau noir, lequel lui dit qu'il me voulait voir pour une affaire de conséquence concernant ma famille, mais sans toutefois consentir à se nommer. Je mis pistole à ma ceinture, en baillai une à Giacomi et tous deux dégainés, nous descendîmes, et me trouvant quant à moi fort méfiant de cette visite nocturne, je commandai à Miroul de mettre lanterne à l'étage pour éclairer l'alentour et me venir dire s'il ne voyait point de remuement sous les encorbellements des maisons.

— Monsieur, dis-je ouvrant le judas mais sans y mettre œil, craignant d'être par là arquebusé, qu'êtes-vous et que me voulez?

— Etes-vous le chevalier de Siorac? dit le guillaume.

— Oui-da, c'est je!

— En ce cas, c'est bien à vous que j'ai affaire et je quiers de vous l'entrant.

— Monsieur, dis-je, il fait nuit, vous ne vous nommez point. Il y faut de la circonspection. Etes-vous armé?

— J'ai pistole et épée tout comme vous-même, Monsieur le Chevalier, tout comme le maestro Giacomi qui est avec vous et le baron de Quéribus, sans compter l'escorte du baron, laquelle est forte de cinq hommes et festoie en votre souillarde. Et hors aussi votre valet Miroul, lequel armé d'une lanterne et d'une arquebuse, aguigne à l'étage les alentours et me tuerait raide, je gage, sur un signe de vous.

— Monsieur, dis-je, je m'émerveille que vous sachiez tout si bien de mon logis.

— Et hors de votre logis aussi, Monsieur le Chevalier. C'est mon état de tout savoir et de ce savoir je vis, le faisant payer à un chacun dans les occasions.

— Monsieur, êtes-vous seul?

— Non point. J'ai mon escorte qui m'espère à l'angle du Champ Fleuri et la rue de l'Autruche. Plaise à vous de m'ouvrir! Le pavé me mouille la semelle et le ruisseau me pue au nez!

— Monsieur, dis-je alors, plaise à vous de déplier votre manteau et de montrer vos deux mains en entrant céans, sans vous inquiéter de la pistole que vous verrez dans la mienne. Je ne suis pas dans l'habitude de dépêcher les inconnus.

— Vous êtes obéi, Monsieur le Chevalier, dit le guillaume en me montrant ses deux mains au judas.

Sur quoi, laissant Giacomi déverrouiller l'huis, je m'effaçai, la pistole dans ma senestre et l'épée dans ma dextre, le maestro laissant au déclouir tout juste ce qu'il fallait d'espace pour laisser entrer le quidam et remparant la porte tout de gob derrière lui.

Je fis entrer le guillaume dans un petit cabinet à la fenêtre barreautée où j'étais accoutumé à s'teure à lire, à s'teure à rédiger missives, afin que de n'y être point disturbé par la noise et le babil de mes enfants.

— Monsieur le Chevalier, dit le quidam en s'asseyant sur une escabelle, puisque je suis tenu à ne point vous dire mon nom, appelez-moi Mosca.

— Mosca : la mouche, dit Giacomi, en ma langue italienne.

— Mais aussi en latin, *maestro*, dit Mosca en lui faisant un petit salut.

Sur quoi il s'accoisa, nous envisageant sans gêne aucune l'un après l'autre à la lumière du chandelier que Miroul venait de poser sur la table, en renfort de ma chandelle et moi-même le contr'envisageant fort curieusement et lui trouvant l'air beaucoup plus d'un renard que d'une mouche, l'œil fendu, oblique, fureteur, épiant ; le nez long, le museau fin, la moustache fauve et hérissée, l'oreille grande ; toute la face comme tirée en avant par l'avidité à voir, entendre et surprendre, et je ne sais quoi dans la façon dont il posait le pied qui trahissait une aptitude à fuir au moindre péril, encore qu'il y eût en même temps en lui une sorte d'impudence qui lui devait tenir lieu de courage dans les occasions ; au reste, beaucoup d'esprit en sa physionomie rusée et mobile ; la taille médiocre et la corpulence fluette, mais non sans quelque réserve de force et d'agilité à ce que j'opinai, m'apensant que cette mouche-là devait savoir à toute extrémité, piquer, et de l'épée, et de la dague. Pour sa vêture, il était habillé de gris sombre et il eût eu la mine d'un notaire sans les armes que j'ai dites.

— Monsieur le Chevalier, dit Mosca avec un de ses coutumiers petits saluts, peux-je quérir de vous si vous avez vu de longtemps Dame Larissa de Montcalm (à ce nom, Giacomi tressaillit) en Paris ?

— Je l'ai vue en Paris vers la fin janvier, je gage : j'entends il y a de cela trois bons mois.

A quoi Mosca sourit, découvrant des petites dents jaunes et acérées et dit :

— Elle s'y encontre derechef ces trois jours écoulés.

— Et où cela ? cria Giacomi.

— *Maestro*, dit Mosca, je ne baille pas mes informations *de gratis*. Je les vends contre clicailles trébuchantes.

A cela, je ne faillis pas de voir que Giacomi à mes côtés brûlait de verser tout de gob son escarcelle dans la gueule de ce renard, aussi lui posai-je la main sur le bras et lui glissai à l'oreille « *lasciatemi parlare* [1] », ayant fiance davantage en mon ménagement huguenot quand il s'agit de barguigner.

— Monsieur Mosca, dis-je, je ne connais pas votre nom véritable. Peux-je au moins savoir votre état, étant fort manifeste que la valeur de vos nouvelles y sera quelque peu liée.

— Monsieur le Chevalier, dit Mosca après avoir balancé un petit, bien me surnommé-je la mouche, pour ce que je suis les yeux et les oreilles de celui qui m'emploie.

— Mais qui vous emploie, Maître Mouche ?

— Celui que vous servez, dit Mosca avec un petit salut.

— Et à celui-là, dis-je, vendez-vous aussi vos nouvelles ?

— Assurément.

— Adonc, vous lui avez déjà vendu celles que nous barguignons.

— Oui-da.

— En ce cas, mon maître m'aimant fort, il me les baillera *de gratis*.

— Que nenni. Ces nouvelles touchent à des secrets d'Etat, et notre maître a là-dessus la bouche fort cousue, et même à sa mère n'en dit mot.

A cela je me réfléchis un petit, et ne doutai pas en

1. Laissez-moi parler. (Ital.)

mon for que Mosca eût dit vrai, le roi étant de force méfiant et dissimulé, tant de traîtres l'environnant, et jusque sur les degrés du trône.

— Monsieur Mosca, dis-je, vendriez-vous vos nouvelles aux ennemis du roi ?

— Il faudrait pour cela que je leur avoue les avoir espionnés, ce qui n'irait pas pour moi sans péril.

— Je me serais apensé, dis-je avec un sourire, que vous ne voudriez point leur vendre leurs propres secrets par affection pour notre maître.

— Monsieur le Chevalier, dit Mosca, je ne pimploche pas mon discours. J'aime fort celui que vous dites, mais je suis surtout affectionné à moi-même, à mon col que j'entends préserver, et à mon escarcelle.

— Monsieur, dis-je gravement, je commence à goûter votre compagnie : Vous n'êtes pas chattemite. Et combien entendez-vous ce soir rajouter à votre escarcelle ?

— Cela dépend : s'il n'est question que du logement de Dame Larissa en Paris, vingt-cinq écus. S'il est question de Samarcas, cent.

— Holà ! dis-je, cent écus !

— C'est que Samarcas touche aux secrets que j'ai dits.

— Monsieur Mosca, dis-je, voyons d'abord pour le logis. Nous verrons ensuite le jésuite. Eh bien ? Qu'est cela ? Vous ne pipez ?

— C'est qu'il vous faut de prime ma langue délier.

Et pour ce déliement, il ne fallut pas moins que vider, et ma bourse, et celle de Giacomi. Sur quoi, tendant à Miroul mon escarcelle, je lui commandai en oc à l'oreille de l'aller remplir derechef où il savait, s'il me prenait appétit d'en savoir plus sur Samarcas.

— La grand merci à vous, Monsieur le Chevalier, et à vous aussi, Maestro, dit Mosca, se filant de la dextre sa fauve et hérissée moustache. La grand merci encore, et de ces espèces, et de ne pas avoir attenté d'user de force avec moi pour le violement et découvrement de mes secrets.

— Monsieur, dis-je, je ne porte pas la main sur un outil du roi.

— Je vous en sais grand gré. Aussi vous en dirai-je davantage que je n'en avais le propos. Dame Larissa et Samarcas ont pris la voile à Douvres le 28 avril à la pique du jour et ont débarqué à Calais en l'après-midi, logeant à l'auberge du *Mouton d'Or*. Le 29, ils ont loué une coche pour la capitale et le loueur étant une mouche de ma ruche, leur bailla un cocher qui me vint dire où ils logent en Paris. Lieu qui ne fut pas sans m'étonner, sachant qu'à l'accoutumée, ils descendent chez M. de Montcalm.

Et ici, comme Mosca s'accoisait, Giacomi s'écria :

— Et où donc, Maître Mouche ?

— Hélas, *maestro*, vous n'y pouvez mettre le pied, et Monsieur le Chevalier pas davantage. Le lieu est inviolable. C'est l'abbaye de Saint-Germain-des-Prés. Le roi lui-même n'oserait en quérir l'accès pour sa prévôté tant il est déjà à messe déchiré et mis en quartiers par tous les prêcheurs de la capitale.

— Mais comment, dis-je (ayant fort sur le cœur mes clicailles envolées), comment saurons-nous en ce cas que Larissa s'y encontre bien ?

— Monsieur le Chevalier, dit Mosca la crête redressée, je ne tiens pas boutique et marchandise de fallaces : mes nouvelles sonnent tant clair et net que vos écus. De Dame Larissa, vous ne verrez miette hors les murs, mais si vous postez votre vif valet non loin du guichet de l'abbaye, vous en verrez demain saillir Samarcas, l'épée au côté et tranchant fort du gentilhomme. Mais pour l'amour du Ciel, ne le faites pas suivre. J'ai déjà une mouche à sa queue, et la vôtre me gâterait tout.

— Vous le faites suivre ? dis-je. Et pourquoi ?

— Plaise à vous, Monsieur le Chevalier, dit Mosca avec un sourire, de vous ramentevoir notre barguin.

— Ha, Monsieur ! Cent écus, c'est prou !

— C'est peu, s'agissant d'un secret d'Etat.

— Que je ne sache pas que j'ai tant intérêt à connaître !

— Que vous avez, Monsieur le Chevalier, le plus grand intérêt à connaître, pour ce que, pour la male heure, il est lié à la sûreté et la vie d'une dame de votre famille.

A quoi je vis Giacomi pâlir, et se donner peine à rester muet, comme je l'en avais quis. Et pour moi, le cœur ne laissait pas non plus de me toquer dans le pensement du péril que courait Larissa à se trouver au beau mitan des toiles que tissait le jésuite.

— Miroul, dis-je, à la parfin me décidant, compte cent écus à Monsieur Mosca.

Ce que fit Miroul, non sans un certain air rechigné et mal'engroin, étant fort dévoué à mes intérêts, et moi-même envisageant non sans humeur mes belles pécunes passant de mon escarcelle à celle de Mosca. Mais d'un autre côtel, il ne m'échappait point que ledit Mosca, bien loin d'être un espion chétif, volait fort haut au-dessus de la ruche des mouches, qu'il en était le chef et le guide, qu'il mettait de reste une sorte d'honnêteté en son déshonnête barguin, que ses nouvelles sonnaient franc et qu'elles pouvaient être d'immense conséquence, non seulement pour ma famille, mais pour mon maître et bien-aimé souverain, lequel j'ardais fort à servir dans l'extrême dénuement, détresse et péril où il s'encontrait, trahi de toutes parts et de toutes parts attaqué.

Quand mes pauvres pécunes eurent tristement tintinnabulé dans la bourse de Mosca, celui-ci en tira les cordons comme s'il eût voulu l'étrangler, l'enfouit dans une poche dissimulée sous l'aisselle de son pourpoint et de sa dextre se fila longuement sa moustache roux renard en contenance tant joyeuse qu'à peu qu'à l'envisager ma gorge se soulevât.

— Monsieur le Chevalier, dit-il, me voyant sourciller, j'entends bien que vous avez peine à vous séparer de vos clicailles, bon huguenot que vous êtes, malgré que vous alliez *à contrainte*, comme disent ceux de vos frères qui à la Cour *calent la voile*.

— « *Allez à contrainte* », dis-je, qu'est cela ?

— C'est le terme dont ils usent pour désigner la messe.

— Ha ! dis-je en riant, je ne le savais pas ! « *Allez à contrainte* », voilà qui est piquant !

— Monsieur le Chevalier, dit Mosca avec un petit salut, je suis ravi de vous avoir fait rire. Et maintenant, oyez mon conte. Il est à vous : vous l'avez bien payé. En janvier de cette année, laquelle comme vous savez est si funestement famée, la reine Elizabeth d'Angleterre chassa de Londres l'ambassadeur espagnol qu'elle soupçonnait être de tous les complots fomentés contre elle par Philippe II et les jésuites. En février de cette même année, elle arrêtait un Gallois catholique du nom de Parry qui la voulait en embûche tuer, lequel Parry était une tête bien folle, mais fort bien dirigée aussi par les jésuites du séminaire de Reims.

— Reims ! criai-je, donnant de l'œil à Giacomi.

— Oui-da ! Reims ! Et de Reims et aussi de Trèves sont partis je ne sais combien d'attentements contre la vie du Prince d'Orange, lequel est le plus ferme soutien de l'Eglise réformée dans les Pays-Bas. A supposer qu'il soit occis, l'Espagnol trouvera plus facile d'imposer son joug à cet infortuné pays. Mêmement, la reine Elizabeth dépêchée, il serait plus aisé à Philippe II, hissant Marie Stuart sur le trône, de conquérir l'Angleterre.

— Conquérir l'Angleterre ? dis-je béant.

— Rien moins, Monsieur le Chevalier, dit Mosca.

— Mais, je ne discerne pas là-dedans l'intérêt des jésuites, dit Giacomi après s'être sur soi un petit réfléchi.

— Les jésuites n'ont cure du temporel, mais ils sont infiniment zélés pour le spirituel et dans leur zèle, sincères, dévoués et vaillants. Leur propos est de recatholiciser l'Angleterre et les Pays-Bas. Mais, hélas ! pour atteindre à cette noble fin, tous moyens ignobles sont bons : la guerre, l'inquisition, le meurtre.

— Ha ! dis-je, envisageant Mosca œil à œil, vous me faites trembler, Monsieur ! La reine Elizabeth, le prince d'Orange, et sans doute aussi les princes luthériens d'Allemagne, qui sait le roi de Navarre ? Le plan de ces assassinements s'arrête-t-il à ces seuls souverains ?

— Que nenni, dit Mosca, abaissant sa paupière sur son œil.

— Quoi! criai-je hors mes gonds, notre maître? Mais il est catholique!

— Fort peu zélé — aux yeux des zélés — pour extirper l'hérésie, jugeant que la puissance des huguenots en son royaume contrebalance le poids des Guise.

— Le tuerait-on?

— Il n'est question que de le cloîtrer, puisqu'il aime tant les moines. En fait, rien de plus chatte-mite. Vous savez comme moi à quel fil ténu tient la vie d'un prisonnier d'Etat, quand elle incommode le pouvoir. Or, si l'affaire ne faillit pas, ce pouvoir-là sera le Guise.

— Le roi sait-il cela? dis-je, mes paroles passant à peine le nœud de la gorge.

— Cela, et davantage, dit Mosca.

Ha! pensai-je, tout à plein terrifié, je ne m'étonne plus de lire si souvent dans les yeux de mon pauvre maître tant de méfiance et de malenconie. Comment peut-on garder vent et haleine, et se maintenir en appétit de vie, à sentir une épée branler perpétuelle-ment au-dessus de son chef?

— Mais, dit Giacomi dont le pensement était moins du roi que de Larissa, que fait Samarcas en cela?

— Samarcas, Maestro, saille du séminaire de Reims comme le ver du fruit, lequel fruit a été façonné tout exprès par le Guise pour nourrir ces vers, ceux-ci ayant pour fin principale et dernière, la reconquête spirituelle de l'Angleterre.

— Par l'assassinement?

— Entre autres blâmables méthodes. Or, obser-vez, je vous prie, Monsieur le Chevalier: Samarcas fait à Londres de fréquents séjours et quand il vient en Paris, il fait visite à Mendoza, lequel Mendoza, présentement ambassadeur d'Espagne en ce royaume-ci, est justement l'ambassadeur qu'Eliza-beth chassa du sien en janvier dernier pour avoir contre elle comploté. Raison pour quoi le nez de Samarcas apparaissant à Paris, je mets une mouche à sa queue, l'intérêt manifeste de mon maître n'étant pas qu'on tue Elizabeth.

— Dieu la préserve! dis-je, bien connaissant que cette grande reine était au monde notre prime et principal rempart contre l'oppression du papisme.

— Dieu! dit Mosca, et Walsingham...

— Walsingham? dis-je, oyant pour la première fois ce nom qui me devait devenir tant familier.

— C'est le ministre anglais qui veille sur la sûreté de la reine et le Seigneur sait s'il y fait bonne et âpre garde! Monsieur le Chevalier, poursuivit Mosca en se levant, le temps me presse et je sens que mon escorte s'enrhume à m'espérer sur le pavé; plaise à vous d'ouïr à la parfin de toutes mes nouvelles la plus étrange : Samarcas n'est point présentement suivi que de ma seule mouche, mais d'une autre, et celle-ci, anglaise, appartenant à la maison de l'ambassadeur anglais en Paris.

— Ha! dis-je, voilà qui éclaire tout à plein le rollet de Samarcas!

— Je le cuide aussi.

Et me faisant un grand salut, et un autre à Giacomi, mesuré à l'aune de son importance, mon renardier Mosca prit congé, me laissant plus léger de mes écus et plus lourd des secrets qu'il m'avait impartis.

— Moussu, dit Miroul, son œil marron luisant et malicieux, mais son œil bleu restant froid, avez-vous appétit à connaître de moi le nom véritable de ce maître Mosca?

— Quoi! Miroul! Tu le sais?

— Certes, Moussu, je le sais, dit-il, son œil marron fort pétillant, mais ne sais si le vais dire, pour ce que je l'ai appris en musant dans les rues de Paris quand vous m'envoyez faire le « vas-y-dire » à vos amis (on voit par ce jargon-là combien mon Miroul en dix ans était devenu parisien, car il n'est qu'en notre bonne ville qu'on appelle « vas-y-dire » un valet qu'on envoie courre la commission).

— Eh bien, Miroul, dis-je, qu'est-ce à dire?

— C'est que, Moussu, vous n'aimez point que je muse en chemin, me trantolant le nez en l'air et l'œil grand déclos dans les rues et ruelles de la capitale. Vous m'en avez fort, et à maintes reprises, tabusté, le sourcil haut et contre moi tout rebroussé.

— Ha Miroul! dis-je, parle, parle! Tu lasserais la patience d'un saint papiste tant tu es contrariant aux volontés d'un maître!

— Hélas! Moussu! dit-il, l'œil tout à plein égayé, vous voilà encore à me picanier! Moi qui ne badaude qu'à votre service! M'enrichissant d'un milliasse de choses à tant voir et ouïr sur le gras pavé de Paris! Saurais-je ce que je sais, si je ne m'étais point arrêté devant le Châtelet, le lundi de la semaine révolue?

— Ha! Méchant valet! criai-je, vas-tu parler à la parfin?

— Moussu, dit Miroul, contrefeignant le piqué, si je suis méchant, je perds langue et m'accoise.

— Ha! Mon Miroul! Je te prie, ne fais plus le folâtre! *Diga me* [1]!

— Si je suis *votre* Miroul, dit Miroul, je ne suis point tant méchant. Et si vous m'en *priez*, votre prière est un commandement. Mais Moussu, me picanierez-vous derechef, si je muse en Paris, voyant que mes musardies tant m'apprennent?

— Ha Miroul! cria alors Giacomi qui jaunissait d'impatience à ouïr ce débat, tu as assurément le meilleur des maîtres et le plus débonnaire de la chrétienté! Combien souffriraient impertinence aussi insufférable sans prendre le bâton?

— *Maestro*, dit Miroul, non sans quelque gravité et hautesse, je ne suis pas sur ce pied-là avec Monsieur le Chevalier! Bien sait-il que je donnerais tout, hors Florine, pour sa vie et que je le sers par grande amour de lui et gratitude, ayant des écus en Bordeaux et me pouvant établir, si je veux.

Et ce disant, il eut tout soudain le pleur au bord du cil. Ce qui fit que, fort chagrin de son déplaisir et moi-même la gorge me nouant, je le pris dans mes

1. Dis-moi. (Oc.)

170

bras et lui baisai la joue. A quoi son œil marron s'éclaira dans le moment même que sa larme coulait sur sa joue, si bien que, riant et pleurant, comme soleil à travers pluie, il me dit :

— Ha Moussu ! Me deviez-vous tant rebuffer le lundi de la semaine révolue pour une demi-heure à peine de retard ? A quoi sert de vivre en Paris si on ne muse ?

— Miroul, dis-je, le baisant, tout contrit, derechef, vais-je te faire des excuses ?

— Ha Moussu, que nenni ! ce serait au-dessous de vous ! Mais, pour notre homme, voici : Ce lundi-là, sur les huit heures du matin, faisant pour vous le « vas-y-dire », j'ai vu saillir du Châtelet trois coupe-bourses qu'on menait pendre à Montfaucon. Hélas pauvres droles, la semaine commençait mal pour eux. (A quoi il rit, tout plein consolé par sa petite gausserie.) Et celui qui les y menait, entouré de ses hoquetons blancs, la pique au poing, c'était comme je l'appris d'un bon bec badaudant, le lieutenant de la prévôté, Maître Nicolas Poulain.

— Quoi ! Maître Mosca ?

— *Ipse* [1]. Par la male heure, mal éclairé qu'il était, je ne le reconnus céans que sur son partement, sans cela je vous l'eusse dit en oc à l'oreille et la nouvelle eût pu vous épargner quelques clicailles.

— Quoi ? Qu'est cela ?

— Eût-il pu tant écorner vos pécunes, si vous aviez su qu'il était un officier du roi ? lequel, certes n'est point assez haut pour être vu à la Cour et encontré par vous. Comme quoi, Moussu, il apparaît, ajouta Miroul (qui ne put se retenir à la parfin — *in cauda venenum* [2] — de me bailler leçon), qu'il vaut mieux, dans les occasions, courre les rues de Paris que les galeries du Louvre.

Je souris à ce trait, mais sans le relever, ne sachant plus bien, après tant d'années passées côte à côte lequel, à la vérité, de Miroul et de moi est le maître,

1. Lui-même. (Lat.)
2. Dans la queue le venin. (Lat.)

car tant je le gronde, tant il me tance, ne laissant rien passer qui l'a navré et s'en revanchant tôt ou tard. Ainsi en est-il, en mon opinion, du seigneur et du valet, pour peu que l'affection s'y mêle, le roi lui-même étant, pour ainsi parler, commandé par ceux qui lui obéissent, lesquels, filtrant à lui les nouvelles qui leur agréent, et elles seules, lui insinuent aussi la façon d'y répondre.

Mon pauvre Giacomi était dans la désolation à savoir sa Larissa si proche, et tant inaccessible derrière les murs de l'abbaye, où j'opine que Samarcas l'avait serrée pour ce qu'il avait discerné les progrès que le *maestro* avait faits dans l'affection de sa pupille et ne voulait point, pour cette raison, descendre chez les Montcalm, le *maestro* y étant à toute heure le très bien venu, et Samarcas lui-même perpétuellement hors logis, vaquant plus à ses affaires qu'à ses prières. Pour moi, il ne m'avait pas échappé que pendant ces dix ans écoulés, Giacomi n'avait eu que Larissa imprimée en son cœur, quels que fussent les humbles cotillons qu'il courut par ailleurs, ne voulant point vivre tout à plein escouillé, mais refusant à toutes mains mariage, dans l'espérance d'avoir Larissa un jour pour épouse, tenant pour rien les désordres antérieurs de la pauvrette, puisqu'ils lui avaient été, dans son opinion, insufflés par les diables et diablots qui s'étaient mis en elle.

Et je ne laissai pas de m'apenser aussi que si Samarcas disparaissait, les Montcalm n'eussent pas tordu le nez longtemps à ce projet, Giacomi étant à l'évidence un homme de qualité, en éclatante faveur auprès du roi, lequel, pour le remercier de ses bonnes leçons, l'avait anobli du titre d'écuyer et enrichi d'une petite terre dite de la Surie, dont Giacomi avait pris le nom pour franciser le sien. En outre, le maître Silvie se faisant vieil, Giacomi avait pour élèves les plus grands seigneurs du royaume, et s'étant bien fait la main de leurs libéralités, avait, de ses pécunes, acheté une fort belle maison en la grande rue Saint-Honoré avec bretèche et pignon, si bien que vivant là un train à l'italienne, on le tenait même pour plus étoffé qu'il n'était.

Quant à Larissa et Giacomi, pour parler présentement des deux ensemble, sans qu'ils eussent pu, au long de ces dix années, échanger plus de dix mots et plus de dix baisers, les rougeurs à la rencontre, les pâleurs au département, et en toute entrevue, le parpal haletant, le cœur oppressé, le balbutiement, le tremblement des mains, les sueurs subites, les faiblesses des gambes, et par-dessus tout, et en toutes occasions où d'autres gens se trouvaient là (et à peu que les pauvrets se fussent jamais trouvés seuls, quelque effort que j'y fisse) l'éloquence torrentueuse, quoique muette, des yeux brillants de liesse, ivres d'appétit, ou de larmes embués, les avaient fait silencieusement s'entrejurer foi et fidélité mieux que n'eussent fait les oraisons chuchotées de dix prêtres papistes.

Et à cela songeant, en ma grande amitié pour mon frère Giacomi et en mon amour, comme j'ai dit, non moins grande, mais plus ambigueuse pour ma jolie sœur Larissa (cette ambiguïté m'étant une raison de plus de les vouloir unir), combien de fois j'ai imaginé, mi-rêveux, mi-dormant, que, défiant Samarcas, et avec cet enfant des ténèbres en décousant tout de gob sur le pré, ma botte de Jarnac contre sa botte de jésuite, à la fin je le dépêchais ! Mais, lecteur, il en fut de ce songe-là comme de beaucoup d'autres : il ne s'accomplit pas. Et l'issue en fut autre, comme on verra.

Je retirai mon Giacomi en ma salle d'armes, mais craignant que s'il dégainait pour un assaut avec moi, il ne se passât son épée au travers du corps tant il était désespéré, je le pris par le bras et marchant qui-cy qui-là dans la salle, je le laissai exhaler tout son saoul ses chagrins et ses fureurs — ses yeux à s'teure jetant des flammes, à s'teure pleurant, et quand et quand grinçant des dents, serrant les poings, tapant le pied ou gémissant, la tête sur mon épaule posée — tout ceci accompagné par un fleuve de mots dont je ne saurais ici répéter le quart, le reste étant en italien (que j'eusse entendu assez bien, s'il eût parlé moins vite) et aussi en un patois de Gênes, qui m'était tout à plein déconnu.

Enfin, quand je le vis lassé de ses huchements, de ses larmes, et de tout le branle qu'il s'était donné, je le fis asseoir sur un coffre qui était là et je lui dis :

— Monsieur mon frère, à voir le fond de l'affaire, que nous a appris Nicolas Poulain que nous n'ayons déjà deviné ? Or, si le péril pour Larissa d'être serrée en geôle anglaise comme complice et connivente de ce comploteur n'est que trop manifeste, nous ne pouvons le conjurer en informant les Montcalm : ils vénèrent trop Samarcas, et contre sa vénérée parole, la nôtre serait de nulle conséquence. Et d'un autre côtel, aviser les Montcalm, ce serait aviser Samarcas lui-même que tissant sa toile, il est lui-même pris aux rets d'une surveillance, et française, et anglaise. Et il n'est pas dans l'intérêt de notre maître, ni de la reine Elizabeth, ni d'ailleurs de Larissa, qu'il en soit averti.

— Que pouvons-nous donc faire en ce prédicament ? dit Giacomi.

— Vérifier que Samarcas est bien au logis de l'Abbaye, mais sans le suivre, et le voyant sans être vu, comme nous l'a recommandé le maître Mouche. Nous saurons ainsi quelle fiance on peut avoir en ce Poulain et en ses contes.

Je quis Gertrude du Luc de me prêter sa coche de voyage, et le lendemain, avant l'aube, Giacomi et moi, vêtus de noir, et la face couverte d'un masque, Miroul conduisant la coche, le chapeau sur l'œil, nous vînmes nous poster sur la placette qui fait face au guichet de Saint-Germain-des-Prés, laquelle à cette heure, le jour n'étant point levé, s'encontrait fort déserte, n'était que quelques mauvais garçons guenillés, nous voyant demeurer là, sortirent en rampant de leurs taudis comme cloportes d'un trou et nous voulurent nos chevaux rober. Quoi voyant, nous saillîmes, l'épée au poing de la coche et, Miroul aidant, nous baillâmes aux coquins telles et si fortes platissades sur la croupière et le dos, qu'ils n'y revinrent plus. Après quoi, nous restâmes sur nos gardes, ce faubourg Saint-Germain étant, comme on sait, mal famé, encore qu'aux portes de Paris, et montrant une suite de maisons, ou pour mieux dire masures, clopantes, béantes et à demi démolies, où grouille un menu peuple de mendiants, tire-laines, catins et coupe-bourses. Petit miracle qu'au milieu de ce cloaque, cette belle et riche abbaye de Saint-Germain-des-Prés (ces prés-là, entre les ruines que j'ai dites, étant si gangrenés d'orties et de chardons que pas même un âne n'y eût trouvé provende) se fût entourée de hauts murs hors échelle pour mettre ses moines et ses trésors à l'abri des gueux qui grouillaient à ses pieds !

La pique du jour étant frisquette pour ce 7 mai, nous étions remontés dans la coche, nous apensant aussi que nous y serions mieux pour y surveiller, sans être aperçus, le guichet de Saint-Germain, le doigt soulevant la tapisserie de la porte et l'œil derrière la vitre, laissant à Miroul le soin de nous garder des alentours, ce pauvre faubourg Saint-Germain comme j'ai dit, n'étant que ruines à toit crevé, inhabitées par l'habitant, et servant la nuit de garenne à de bien nuisibles lapins, lesquels, bien loin de se nourrir de l'herbe qui poussait sur les pavés disjoints, ne rêvaient et ronflaient que pilleries et meurtreries.

Cependant, au bout d'un assez long moment, le jour étant levé, je vis (le carreau étant du côté où j'étais assis dans la coche) un mendiant en guenilles grisâtres se couler entre les murailles et s'accroupir à quelques toises du guichet et y rester tant immobile qu'à peu que je ne le confondisse avec les pierres de l'Abbaye, lesquelles étaient de la couleur de ses loques, et cette confusion, à y penser plus outre, ne me paraissant pas fortuite, je jugeai que ce caïman qui, du reste, ne saillait pas des terriers du faubourg, mais de Paris, devait être la mouche que Poulain avait attachée à la queue de Samarcas. En outre, on n'encontre point caïman où n'est personne à quémander, et n'était-il pas étrange, qu'envisageant notre coche et Miroul à la faction, le gautier ne fût point venu ramper de ce côté pour nous tendre la main?

A peine, cependant, avait-il pris place que surgit un autre guillaume, vêtu de noir comme un clerc, sauf qu'il avait dague et épée, et un pourpoint qui n'était point coupé à la française, lequel, après avoir jeté un œil comme indifférent à l'homme de Poulain et un autre, plus vif, à notre coche, vint s'adosser assez loin du guichet contre la muraille et se mit à se faire les ongles avec une paire de petits ciseaux. Celui-là, que je jugeai être l'homme de Walsingham, ne me parut pas renvoyer l'esteuf avec autant d'adresse que l'homme de Mosca, ne se fondant pas si bien avec les alentours.

Je jugeai, à ces deux présences, l'une indiscernable et l'autre moins discrète, que Poulain avait dit vrai et que le décor était planté pour le surgissement de la *dramatis persona* [1] que nous attendions — les deux mouches, Giacomi et moi, et Giacomi, à ce que je vis, crispant quand et quand sa longue et fine main sur la poignée de son épée. Sur quoi, voyant son émeuvement, et craignant qu'il le malconseillât dans les occasions, je lui dis de souffrir que je le commandasse en cette aventure et de ne branler mie de son chef, mais d'attendre mon mot.

A peine avais-je dit que le guichet de l'Abbaye s'ouvrit (ce qui ne fut pas une plus petite affaire que le déclouir du guichet du Louvre) et l'huis ouvert, deux grands sbires en saillirent, l'épée au côté, lesquels avaient bien plus l'air de *spadaccini* [2] que de moines, et qui, jetant un œil à l'alentour, rentrèrent d'où ils étaient venus et après un temps qui me parut infini, réapparurent, suivis cette fois de Samarcas, lequel, à la vue de l'homme de Walsingham, marcha

1. Personnage du drame. (Lat.)
2. Spadassins. (Ital.)

droit à lui, vif et raide comme carreau d'arbalète et à une toise de lui dégorgeant contre lui un torrent de mots furieux, dégaina. Le guillaume tout de gob mit l'épée à la main et les fers se croisèrent et froissèrent sans que les *spadaccini* s'en mêlassent, envisageant l'affaire de loin, la main à la hanche et le souris aux lèvres, comme s'ils étaient très assurés de son issue.

— Benoîte Vierge! me cria Giacomi à l'oreille, allons-nous laisser assassiner cet homme? Samarcas tire pour tuer! Bien le vois-je!

— Ha! Giacomi! dis-je, vous iriez tout perdre! Si vous paraissez, même avec un masque, Samarcas vous reconnaîtra à votre escrime. Il donnera de la voix. Nous aurons sur le dos tous les moines en un battement de cils et qui pis est, le jésuite saura que sa présence en Paris et ses intrigues sont connues des familiers du roi.

— Ha! dit Giacomi, je vous obéis, mais, havre de grâce, n'y pouvoir rien faire! Samarcas a tant d'art et si peu d'entrailles!

— Mais l'Anglais ne tire pas si mal!

— Il tire bien. Aussi allez-vous voir jaillir la fameuse botte des jésuites! Ouvrez l'œil, elle ne va pas tarder! Je la sens à l'ouïe qui vient! Mon Pierre, c'est un assassinat. Ce pauvre Anglais est vaillant et adroit, mais il ne sait point qu'il n'a plus qu'une seconde à vivre!

— Miroul! dis-je, apparais, le chapeau sur l'œil, et claque ton fouet du plus fort que tu peux!

Ce que Miroul fit incontinent et je me suis apensé depuis que ce claquement soudain troubla notre bretteur assez, non pour qu'il faillît sa botte, mais pour qu'il faillît à en tuer l'Anglais, sa lame ne lui trouant pas le cœur, mais, comme j'observai une minute plus tard, le poumon. Cependant, à la vue de Miroul les *spadaccini* avaient dégainé et venaient à la coche. Sur quoi, je jugeai bon d'apparaître, Giacomi à mon côté, nos épées hors fourreau, et criant en anglais pour qu'ils nous crussent du même pays que le dépêché :

— Come here, goddam! We shall kill you [1] !

A quoi Samarcas ne voulant pas, à ce que j'opine, d'une émotion publique, les premiers passants commençant à apparaître, jugea plus expédient de rappeler ses sbires et toquant au guichet de l'Abbaye, de se faire admettre avec eux derechef, derrière son huis.

Je commandai alors à Miroul de ranger la coche entre l'Abbaye et l'Anglais, afin qu'elle fît rempart contre quelque arquebusade qui nous prendrait pour cible du haut de ses murs et courus au navré qui, à mon approche, ouvrit l'œil et esquissa un mouvement fort faible pour se saisir de sa dague, cuidant sans doute que je le voulais achever. A quoi je dis :

— Do not move! We are friends. We shall take care of you [2].

Ce qui le rassura assez pour qu'il laissât Giacomi et Miroul le saisir, qui du pied, qui des épaules, et le hisser, tout sanglant qu'il fût, sur la coche de ma pauvre Gertrude, où j'étais pour le rejoindre quand le mendiant en grisâtres guenilles accroupi contre la muraille, lequel de tout le duel n'avait ni branlé ni pipé, tendit la main hors ses loques et dardant vers moi un œil perçant, marmonna :

— Un sol, un petit sol, pour l'amour de Dieu !

Prière qui était tant humble que son regard l'était peu. Je mis la main fort ostensiblement à mon escarcelle, et vers lui me dirigeant, je lui mis une piécette dans les doigts.

— Monsieur, dit-il à voix fort basse, gardez-vous de porter l'Anglais à son ambassade, ni d'y paraître vous-même, ou aucun de vos gens. Nombre de mouches espagnoles volettent à l'entour.

Langage qui me surprit fort par sa poésie dans la bouche d'un espion, ne sachant point alors que ces métaphores étaient d'usance quotidienne en le jargon de leur état. Etrange chose que cet étonnement

1. Venez ici ! Par Dieu ! Nous vous tuerons !
2. Ne bougez pas. Nous sommes vos amis. Nous prendrons soin de vous.

me fût passé en l'esprit de cette suavité d'expression, dans le temps même où j'avais tant à réfléchir, à craindre et à résoudre.

Cependant, la coche rangée en mon écurie, les chevaux dételés et le navré en sa couche, je le fis déshabiller et, examinant sa plaie, je vis qu'elle n'était point si sévère que celle qui avait mis le pauvre Sauveterre au tombeau, celle-là étant l'œuvre d'une balle de pistole et celle-ci d'une épée qui n'avait point même percé le poumon de part en part, encore qu'elle s'y fût enfoncée de deux bons pouces au moins. Mais l'Anglais était jeune, de complexion robuste, sain et gaillard en toutes les parties de son corps et à ce que je vis, fort désireux de vivre, n'étant nullement impatient, comme mon oncle Sauveterre, de rejoindre les félicités éternelles. Quoi voyant, je tâchai de le rassurer et lui dis en sa langue :

— Mon maître Ambroise Paré, dont peut-être vous avez ouï, tient qu'une blessure au poumon se peut guérir et curer pour peu que le patient se tienne en repos, sans parler, sans toussir, et fuyant à se donner branle.

A quoi, d'un air fort obéissant, l'Anglais qui se nommait Mundane battit du cil qu'il avait du plus beau roux (ayant le cheveu et le poil de cette couleur et l'œil d'un bleu pâle), et je vis bien à cette exemplaire docilité qu'il était, par la bonne heure de ces patients qui aident le médecin au lieu d'aider la maladie. De quoi j'augurai que pour peu que l'infection ne se mît pas dans sa navrure, il serait sur pied dans un mois. Cependant, comme je m'allais retirer après avoir lavé et pansé sa plaie, et lui baillant au départir un peu d'opium pour assouager son pâtiment, il me dit d'une voix ténue et essoufflée :

— *Sir, will you be so kind as to tell my embassy of my predicament [1] ?*

Je lui fis signe de la tête que oui, encore que je ne susse guère alors comment m'y prendre pour ce

1. Monsieur, voulez-vous être assez bon pour informer mon ambassade de ma situation ?

faire, me ramentevant la recommandation de la mouche. Et là-dessus musant et songeant, je descendis de l'étage à ma cour et de là en mon écurie où je vis, dedans la coche, Miroul, fort affairé à laver de ses mains les macules de sang qu'on y voyait.

— Ha! Mon Miroul! dis-je, cela est fort bien! Et mieux encore que tu le fasses toi-même, au lieu que de confier cette tâche à l'indiscrétion d'une chambrière. Mais, Miroul, cela ne suffit! Il ne faudrait pas que cette coche puisse être reconnue à sa couleur blanche par les gens que tu sais et pour cela prends la peine de la repeindre en rose, laquelle est tout justement la couleur dont Dame du Luc est raffolée.

— Moussu, dit Miroul, sortant par la portière une tête hirsute et m'envisageant, la mine très rebroussée, n'y comptez point! Peintre point ne suis ni ne veux être, étant fort au-dessus, par ma condition, des métiers mécaniques. En outre, les couleurs me puent!

— Ha! Mon Miroul! dis-je, nul ne t'y force! Si point ne le veux, point ne le fais! Il faudra donc appeler à la tâche quelque peintre du voisinage qui ne fera pas mieux que toi et se peut ira clabaudant!

Sur quoi, je le quittai avec un soupir contrefeint, bien assuré que m'ayant dit non de cet air mal'engroin, il allait s'y mettre de soi, et avec beaucoup de soin, dès que j'aurais tourné l'épaule.

Mon Angelina était au lit venant de donner le tétin à son enfantelet, et fut fort aise de me voir, ne m'ayant pas trouvé à son réveil, mais elle ne me voulut toutefois ni parler ni baisotter qu'elle ne se fût allée baigner sa belle face, testonner sa blonde crinière et parfumer son col où j'aimais fort poser mes lèvres, la peau y étant si douce. Ce que je fis dès qu'elle eut cessé, selon son dire, d'être « trop horrible pour être envisagée » et la tenant dans mes bras, je la badinais là-dessus quelque peu, tandis que son bel œil de biche me considérait, plein de muettes questions, auxquelles elle ne voulait donner voix, sur l'usage que j'avais de mon aube. Je l'entendais fort bien, mais ne voulant point lui révéler la vérité nue, pour ce que je craignais qu'elle ne s'inquiétât excessivement de Larissa, je lui dis :

— Angelina, mon petit œil, je ne peux te dire où je fus ce matin, tenu en secret par le service du roi, mais je fus bien employé et d'autant que sur mon chemin, j'ai recueilli un gentilhomme anglais navré d'un méchant coup d'épée, lequel gentilhomme présentement dans notre chambre bleue repose, soigné et pansé par moi. Il faudra commander à nos gens de ne l'y pas déranger, pour ce qu'il a pris de l'opium qui l'ensommeille de ses souffrances.

Comme je disais, mes lèvres suivant la volute de sa suave oreille, on toqua à la porte et Gertrude, suivie de sa belle Zara, entra, toutes deux en de flottantes robes de nuit qui découvraient leurs belles épaules et au-delà. Elles poussèrent d'allègres cris et ris à nous voir si bien employés à nous poutouner et nous rejoignant sur la couche, elles firent à mon Angelina et à moi-même des mignardies à l'infini, étant toutes deux fort affectionnées et fort friandes aussi des compliments dont je les encensais tout le jour. Quand il s'agit des dames, je tiens qu'il faut y aller, non au petit cuiller, mais à la truelle, comme le maçon, afin de consolider le peu de fiance qu'ont les pauvrettes en la durée de leurs beautés. Cependant, je ne m'y contrains, ni ne m'y contrefais en aucune guise, étant de ma complexion si sensible aux grâces du corps féminin que je ne peux que je n'envisage une jolie mignote sans avoir un âpre appétit à la caresser, ce qui ne se pouvant faire tout de gob des doigts et du bec, je le fais du moins avec des mots, si bien que le plaisir que je leur baille, je me le donne d'abord à moi-même.

Il est vrai qu'avec Gertrude et Zara je pouvais aller quelque peu plus loin que les paroles, et jusqu'où je ne saurais dire, n'ayant jamais voulu pousser les choses jusqu'au point où le recul ne serait plus courtois, les louanges prenant alors le relais de tels actes à quoi je ne pouvais mettre la patte sans offenser Samson et mon Angelina, et cependant il est un charme en ces mignardies-là, tout à la fois parce qu'elles paraissent innocentes, et ne le sont point tout à fait, réservant en catimini la portion du rêve ou du regret.

Enfin, quand j'eus bien mignonné nos belles dans le tiède et délicieux désordre où je les voyais, le cheveu dénoué et n'ayant pour vêtures que leurs molles et flottantes robes de nuit sans les rigides basquines et vertugadins dont la mode qui trotte veut qu'elles se cuirassent; et que les caressant, j'eusse été par elles contrecaressé tout mon soûl (encore que mon soûl ne vienne pas si vite), je pris une mine grave et leur contant comment j'avais recueilli ès rues un gentil-homme anglais navré d'un coup d'épée, je le recommandai à leurs soins, ne voulant point que les chambrières (hors Florine) mettent le nez dans la chambre, ne sachant quant à moi (dis-je) le quoi ni le qu'est-ce de ce duel, et ne voulant point y être compromis.

— Ha! s'écria Gertrude, un Anglais! Zara, as-tu ouï? Un Anglais!

— Ha, Madame! dit Zara, à peu que je n'en croie mes petites oreilles! Un Anglais! Un Anglais céans!

Et vous eussiez cru, à les entendre, qu'un sujet de la reine Elizabeth était la chose la plus rare du monde.

— Ha, mon frère! dit Gertrude, est-il jeune au moins?

— Il l'est.

— Et beau? dit Zara.

— Il est roux.

— Ha Monsieur mon frère! s'écria Gertrude, comment dites-vous cela? Avec quel déprisement! Que partial et méchant vous êtes! Ne vous ai-je pas ouï, il y a un mois, porter aux nues Lady Stafford pour ce qu'elle était précisément de ce roux.

— C'est différent, dis-je, Lady Stafford a le cheveu vénitien. Mon homme l'a carotte.

— Mais, Monsieur mon frère, vous partez? dit

Gertrude, me voyant prendre la porte. Vous aurais-je piqué en parlant de votre méchantise ?

— Nenni, nenni ! dis-je avec un sourire. Rien en ce royaume n'est plus débonnaire que vous, Gertrude, hors mon Angelina.

— Et moi ? dit Zara.

A quoi, refermant la porte, je ne me donnai point le loisir de répondre, tout plein que j'étais du propos que je venais de former, à ouïr Gertrude, de visiter sans délayer la maréchale de Joyeuse.

Je lui fis porter un mot par mon Miroul, fort aise d'abandonner la coche de Gertrude pour s'aller muser en Paris, sachant bien que je n'allais point cette fois le picanier de sa musarderie. Et par le fait, il ne revint qu'après la repue de midi, ayant mis deux grosses heures, là où une seule eût suffi. A quoi j'eus un double contentement : celui que la maréchale me manda qu'elle voulait bien me recevoir, et celui d'ouïr Florine tabuster son mari plus âprement de son retard que je n'eusse jamais osé faire. Et sans qu'il osât rebéquer, tout bien fendu de gueule qu'il fût. — Ha ! pensai-je, voilà bien les hommes ! Avec moi le mangeur de charrettes ferrées ! avec sa Florine, le doux agneau ! Tant les femmes mènent les maris là où il leur chaut et les peuvent toquer sans qu'ils puissent les coups parer, étant trop proches de leur cœur.

Dès qu'on m'eut ouvert l'huis chez la maréchale, et que je me trouvai dans l'antichambre de son logis, sur qui tombai-je (mais à vrai dire, sans aucun mal), sinon sur Aglaé de Mérol, laquelle j'avais bien connue en mes jours d'écolier médecin en Montpellier, comme je l'ai jà conté, Aglaé étant la dame d'atour de Mme de Joyeuse qu'on n'appelait en ces temps-là que la vicomtesse, son mari étant le gouverneur de la bonne ville.

Aglaé désespérait alors de convoler jamais, son père étant fort riche et ne la voulant marier qu'à un gentilhomme ayant au moins cinquante mille livres de rentes, et les trois ou quatre prétendants en Languedoc qui répondaient à cette exigence ragoûtant peu la belle. Havre de grâce! Dix-huit ans déjà avaient coulé comme sable sur une dune depuis que j'avais pour la première fois baisé sur sa jolie fossette la brune mignote, laquelle, orpheline enfin, ayant suivi Mme de Joyeuse en Paris, y encontra le marquis de Miroudot, beau gentilhomme de dix ans son cadet, de bonne et ancienne noblesse, mais pauvre comme Job et n'ayant pour vivre que ses dettes — lequel, étant maîtresse de ses destinées, elle épousa.

En quoi elle fit bien et mal, car si Philippe de Miroudot, qui était un gentilhomme de beaucoup d'esprit, d'un goût fort raffiné et du tact le plus suave, devint pour elle le plus délicieux des amis, passant des heures avec elle en son cabinet à l'habiller, à la coiffer, à la pimplocher, en revanche, ses soins et sa complexion ne le portaient pas plus avant, étant à d'autres objets intéressé. Tant est qu'Aglaé eut toutes les peines du monde à se faire faire de lui un enfant, son jeune mari n'allant que d'une fesse à cette entreprise, si affectionné qu'il fût à elle, si épris de sa compagnie et si amoureux de ses vêtures. Sentiments dont Aglaé sentait bien tout le prix, mais qui ne la comblaient pas tout à plein, encore que sa grande amour pour Philippe n'en fût pas délitée, mais prît un cours plus maternel, la pauvrette trouvant les commodités qui lui faillaient chez un de ces pages des ruelles dont la mode trottait fort, comme l'avait observé Quéribus, chez les dames de la Cour.

— Monsieur le Chevalier, dit Aglaé à qui je ne manquais pas de donner un baiser sur sa fossette comme la coutume s'en était prise dix-huit ans plus tôt, que de liesse j'ai à vous voir céans! Moi qui me plains de ne pas vous encontrer autant que je le voudrais! Il est vrai que, fait comme vous l'êtes, toute femme décrépite perd tout aimant pour vous, et que moi qui ai passé trente ans, et Mme de Joyeuse...

— Ha, Madame! dis-je, la baisottant de nouveau plus près de la commissure de sa lèvre mignarde que de sa fossette, ne me dites pas l'âge de la maréchale, et quant au vôtre, il est celui de mon Angelina ! Vous savez comme je l'aime ! Et je vous jure que sur vous comme sur elle, les années ont passé sans oser faire injure à vos impérissables beautés !

— Monsieur ! dit-elle, mi-riant, mi-sourcillant, je suis bien vieille, en effet, si vous me croyez devoir couvrir d'autant d'hyperboles que celles dont votre langue dorée caressait Mme de Joyeuse en Montpellier !

— Mais c'est fort différent ! Je le lui devais bien, étant son mignon et son martyr...

— Ha Monsieur ! Tenez-vous coi là-dessus ! s'écria Aglaé en me posant le doigt sur les lèvres et en contrefaisant la pudique d'un air d'irrision. Plus un mot en ce logis sur ce passé-là et votre Ecole du Gémir ! Vous ne pouvez que vous ne l'oubliiez ! Et tout de gob ! Comme la maréchale elle-même, laquelle, depuis un an que vous ne l'avez vue, est bien changée, étant tombée dans la plus zélée dévotion ! Monsieur, c'est à ne pas y croire ! A part le manger et le boire, nous ne comptons plus pour rien notre corps, cette guenille déprisée ! Nous menons en ce logis un train conventuel, oyant la messe tous les matins, communiant toutes les semaines, passant au moins deux heures le jour en notre oratoire, entrant en retraite, courant les pauvres pour leur faire charité. Bref, nous ne sommes plus enflammées que par l'amour de Dieu !

— Nous ?

— Elle, veux-je dire.

— Havre de grâce ! m'écriai-je, oserai-je bien entrer ? La maréchale ne va-t-elle point me haïr, ma face lui ramentevant son passé ?

— Non point si vous prenez, Monsieur, l'air modeste et confit, effleurant à peine sa main de vos lèvres, la paupière baissée sur vos yeux assassins, le corps (qui est guenille) contraint et effacé, et la face funèbre.

— Funèbre, Madame ! Quand Mme de Joyeuse a tant de raisons de se glorifier en ses fils, le roi acca-

blant l'archimignon et ses frères de faveurs inouïes !
l'archimignon duc, pair, amiral ! le comte du Bouchage, grand-maître de la garde-robe ! et l'évêque
attendant son chapeau de cardinal !

— Monsieur, « accabler » est le mot. Nous
sommes grands céans. — Les plus grands du
royaume avant même Epernon. — Mais nous avons
la grandeur triste.

Lecteur, le plus chattemite dévotaire n'eut jamais
mine plus prêtrale que moi quand, pénétrant dans le
salon de la maréchale de Joyeuse, j'allai, l'œil à terre,
l'échine révérente et la voix chuchotée, lui présenter
mes devoirs, que mon ancienne belle accueillit d'un
air bénin, et fort innocent des erreurs qu'elle avait pu
avec moi partager et dont elle était tant revenue que
la remembrance même s'en trouvait abolie.

— Monsieur, dit-elle, vous me délaissez ! Il est vrai
que je vis maintenant quasiment retirée du monde et
de ses vanités (comptant pour rien, je suppose, la
bonne douzaine de hauts seigneurs et de dames
superbement parées qui venaient là faire leur cour à
la mère de l'archimignon). Mais n'êtes-vous pas, par
les Caumont du Périgord, mon petit cousin ? Et à ce
titre, tenu à quelque obligation d'assiduité auprès de
ma personne ?

— Madame la Maréchale, dis-je, je serais au désespoir d'y avoir manqué, mais vous êtes montée si
haut, votre famille et vous, et brillez d'un tel éclat à la
tête de ce royaume que j'ai eu peur, m'approchant de
vous trop souvent, de blesser mes yeux éblouis.

— Ha ! dit-elle, m'envisageant avec malenconie de
ses beaux yeux mordorés (la seule chose dans son
visage qui me ramentevait sa jeunesse, le reste étant,
hélas, fort flétri par les ans), mon cousin, vous vous
gaussez ! Car c'est justement là où le bât me blesse !
Nous sommes montés trop vite et trop haut ! Cette
ascension m'épouvante ! Je ne songe qu'à la chute qui
de force forcée la suivra ! Savez-vous que lorsque le

roi a marié mon fils (il en avait marié deux, mais elle parlait d'Anne de Joyeuse dont le prénom ambigueux faisait sourire les méchants de la Cour) à la princesse lorraine, faisant de lui son beau-frère, je me suis trouvée si stupéfaite par cette élévation et les libéralités inouïes qui l'accompagnaient que je me suis tenue serrée en mon oratoire deux jours et deux nuits, contrefeignant une intempérie pour n'avoir point à me montrer, et priant Dieu d'arrêter au plus vite le cours de cette immense fortune dans l'horrible appréhension où j'étais, où je suis toujours, de notre inévitable déclin.

— Madame la Maréchale! dis-je, béant, puisse le Ciel ne pas vous avoir ouïe! Et pourquoi, après tout, tant redouter l'avenir? De l'aveu unanime Anne est fort solidement ancré dans la faveur du roi.

— Mais le roi est mortel, mon cousin! dit la maréchale en baissant la voix jusqu'au murmure, et s'il meurt, qu'en sera-t-il de nous? Cette châtellenie de Limours que le roi a baillée à mon fils, à son mariage, savez-vous son histoire? (Je la connaissais, mais ne sourcillai point.) François Ier l'a arrachée des mains du trésorier Ponchet pour la bailler à Mme d'Etampes. Le roi mort, Henri II l'a arrachée à Mme d'Etampes pour la donner à Diane de Poitiers, à qui elle fut arrachée à la mort d'Henri II et la voilà maintenant ès poings de mon fils! N'ai-je pas quelque raison de craindre?

A quoi je répliquai d'un air grave je ne sais quelle fadaise consolante, fort amusé en mon for que Mme de Joyeuse, en sa naïveté, eût évoqué le sort de cette châtellenie de Limours qu'un étrange destin avait vouée, comme disait mon ami l'Etoile, « *à venir successivement en proie à toutes les mignonnes et mignons de nos rois* ».

— Mais, Madame, dis-je à la parfin, Anne est marié à une princesse lorraine! Qui oserait retirer cette terre à la sœur de la reine?

— Ha mon cousin! dit la maréchale, la larme au bord de l'œil, vous touchez là à la pire de mes appréhensions! L'état de mon fils lui permettra-t-il toujours de soutenir les exigences d'un rang si haut ? Que le roi disparaisse et le train de cette princesse tourne infailliblement à la ruine de notre maison ! Je l'ai osé dire à Sa Majesté, laquelle m'a répliqué : « Mais, Madame, je ne suis ni vieil ni mal allant. Ne vous tourmentez pas du pensement de ma mort plus que je ne fais moi-même. Au reste, je saurais pourvoir aux sûretés de Monsieur votre fils en raison de l'extrême amitié que je lui porte et du fait que je le tiens véritablement pour mon frère, l'ayant marié à la sœur de la reine. »

— Madame, dis-je, d'aussi fortes assurances, tombées d'une telle bouche, vous devraient mettre en repos !

— Ha mon cousin ! dit la maréchale, ses beaux yeux mordorés se morfondant dans ses pleurs retenus, hélas, rien n'y a fait ! Je suis plus que jamais dans mes agitations et mes inquiétudes !

Hélas pour moi aussi ! Je n'en avais pas fini avec cette chanson-là et pendant un gros quart d'heure encore, Mme de Joyeuse, sa grassouillette main posée sur mon bras, poursuivit ses gémissements et ses lamentations, me laissant béant de cette angoisseuse attente de l'avenir où la jetaient la puissance, la gloire et les richesses de ses fils. Havre de grâce ! pensai-je, la pauvre n'est que peur ! Et n'est-il pas étrange que cette archidévote qui tâche par ses continuelles prières de se fortifier contre l'Enfer, craigne davantage encore l'écroulement de ses terrestres fortunes ? L'une de ces deux craintes ne devrait-elle pas l'autre annuler, au lieu qu'elles se cumulent en son for ?

Lecteur, à ouïr les fâcheux, je mets à l'accoutumée une douceur digne d'un saint papiste, et encore que l'appétit me dévorât fort de laisser là cet entretien, ayant aperçu, entre tous ceux qui étaient là, la chevelure rousse de Lady Stafford, laquelle je savais fort assidue chez la maréchale, et la visitant quasiment tous les jours, partie par amitié pour elle, partie aussi, à ce que je m'apensai, pour recueillir auprès de personnes si proches du roi quelques bruits ou rumeurs dont elle pouvait faire la provende de son mari, je ne laissais rien paraître de mes impatiences, tâchant plutôt à tarir le flot des récriminations de mon ancienne belle, laquelle en Montpellier, si ma remembrance est bonne, se vouait aussi passionnément aux délices du moment présent qu'elle s'abandonnait ce jour d'hui aux présages sinistres du futur.

A la parfin, une bonace aquiétant la mer des jérémiades où j'étais quasiment noyé, j'en profitai pour mettre la tête hors l'eau et pour quérir de la maréchale des nouvelles de sa mère, Mme du Bouchage, dont je savais en quelle grande amour et vénération elle était tenue par Anne de Joyeuse et ses frères.

— Ha! La Dieu merci! dit Mme de Joyeuse, elle se porte à merveille, et toujours bonne et bénigne à sa fille, m'a dépêché de ses terres de bons boudins et andouilles, lesquels, avec quelques flacons de vin, arrivèrent hersoir, comme nous allions souper. Je les fis tout de gob accommoder par mon cuisinier et je peux vous assurer que ce sont les meilleurs que je mangeai jamais. Et à vrai dire, j'en gloutis excessivement, et quant au vin, je crains que nous n'en bûmes pas peu. Tant est, mon petit cousin, que me voilà ce jour le cœur au bord des lèvres et résolument à la diète. Ha mon cousin! Je ne suis plus ce que j'étais!

— Madame, dis-je, peux-je vous assurer, au nom d'Hippocrate, qu'aucun foie, fût-il juvénile, ne pourrait résister à un excès de boudin et d'andouille? Mais n'est-ce pas là Lady Stafford que je vois retirée en cette embrasure? Et peux-je vous supplier, Madame, de me présenter à elle, tant j'ai appétit à pratiquer avec elle mon anglais, dont on dit qu'elle le parle à ravir?

A quoi la maréchale me jeta un regard fort vif, comme si elle me soupçonnait de quelque frivole dessein à l'endroit de l'épouse de l'ambassadeur d'Angleterre, mais ne lisant qu'innocence en mon œil modeste et se ramentevant que j'étais marié et connu pour être fort amoureux de ma femme, et à sa foi fidèle, elle me mena par la main à Lady Stafford et dit :

— *My Lady*, puis-je vous présenter mon petit cousin, le chevalier de Siorac, lequel est de bonne noblesse, combien qu'il lui ait pris fantaisie d'étudier la médecine, étant le seul gentilhomme en ce royaume à l'avoir fait, et de reste, comme il en est advenu, pour son honneur et pour son avancement, étant un des médecins du roi.

A quoi, my Lady Stafford, m'ayant envisagé un moment de son œil bleu-vert avec la plus grave attention (comme me jugeant et me jaugeant à de secrètes balances) me voulut bien tendre la main avec un sourire tout ensemble gracieux et froidureux. Et qu'elle eût quelque raison de n'avoir point fiance au premier venu, je n'en doutai point, vivant en ce royaume environnée des ennemis de sa reine.

Je lui baisai à l'espagnole le bout de ses longs doigts (lesquels étaient ornés de bagues magnifiques) et commençai incontinent à m'adresser à elle en anglais, ne lui disant rien que de très banal en cette langue, mais ne faillant pas à faire fuir par elle, et la douairière qui l'entretenait, et Mme de Joyeuse. Cependant, dès que nous fûmes seuls, je lui dis *sotto voce* que j'étais un huguenot qui allait *à contrainte*, et ayant par là, à ce que je supposais, gagné quelque peu sa confiance, pour ce que l'Eglise d'Angleterre, quoique encore peu éloignée des errements du culte romain, n'avait pas pire ennemi que le Pape, je lui dis ce qu'il en était de Mundane, de sa navrure et des circonstances où il l'avait reçue : récit qu'elle ouït avec l'attention la plus grande, son œil pers et perçant ne quittant pas le mien, lequel se trouvait par là fort empêché de s'égarer sur ses lèvres, qui étaient ravissantes, et sur ses autres beautés, my Lady ne portant pas de fraise, mais une collerette haut dressée derrière la nuque, et sur le devant, un décolleté à damner un moine macéré, encore que la dame eût dans son air une hautesse à glacer les aguignants, après les avoir enflammés par ce qu'elle découvrait de sa charnure, laquelle était, je le note encore, d'une blancheur éblouissante (sans ajout aucun de céruse).

— *My Lady*, poursuivis-je, Mister Mundane ne peut qu'il ne soit bougé de sa coite. Aussi le garderai-je en mon logis jusqu'à sa curation, si Dieu veut qu'il guérisse.

My Lady Stafford fut d'abord un long temps sans me dire mot ni miette, m'envisageant cependant de son œil tout ensemble si beau et si sagace que c'était un délice d'être par elle tant regardé et parlant enfin, me ravit davantage, n'ayant jamais ouï une douce voix féminine parler si mignardement la langue anglaise que je tiens pour une des plus belles et des plus mélodieuses du monde, étant si fluide, flexible et élégante que vous diriez la musique des sphères. Elle me dit que son mari m'avait assurément de grandes obligations d'avoir pris soin de Mister Mundane, mais que pour elle, elle n'entendait guère, après mon récit, quelle était la raison pour laquelle je m'étais mis à tant d'incommodités et périls, si ce n'est que je pensais par là être agréable à mon roi, lequel avait un intérêt manifeste à ce que rien ne vînt ébranler une couronne amie.

Je lui dis que j'ardais en effet à servir mon souverain, ce qui m'inclinait à être l'ami de ses amis, mais que j'avais, en outre, un intérêt tout particulier dans l'affaire, l'homme dont nous parlions tenant en son pouvoir et seigneurie la sœur de mon épouse, pour la vie et la liberté de laquelle je ne laissais pas de trembler, la voyant engagée si avant dans des aventures anglaises dont elle était cependant tout à plein innocente, ayant l'esprit quelque peu dérangé.

— Et comment, me dit my Lady se nomme Madame votre sœur ?

— Larissa de Montcalm.

— Je garderai son nom en l'esprit, dit my Lady Stafford, laquelle, me baillant derechef sa main à baiser, me signifia par là mon congé, mais avec un sourire si enchanteur que même au jour où j'écris ceci, je me ramentois l'émeuvement qu'il me donna.

Ayant ainsi accompli à ma satisfaction, et sans doute à la sienne, le propos que je m'étais fait de l'entretenir d'une affaire de si grande conséquence pour ma famille et pour Giacomi, je quittai la comtesse de Stafford et me dirigeant vers la maréchale, j'allais quérir de cette grande dévoreuse d'oraisons (et de boudins) la permission de me retirer, quand tout soudain, il se fit à la porte du salon une grande vacarme et les deux battants de l'huis ayant été déclouis par deux ou trois faquins de valets en livrée chamarrée, apparurent, se tenant par le bras, et plus superbes qu'oiseaux des îles en leurs magnifiques accoutrements, le duc et pair Anne de Joyeuse et son frère cadet Henri, comte du Bouchage, grand-maître de la garde-robe du roi, suivis d'une nuée de gentilshommes de leur maison dont seulement les plus élevés en rang pénétrèrent dans le salon en leur sillage, les portes étant incontinent refermées sur le reste qui s'accommoda comme il put de l'antichambre, n'y étant là que deux ou trois tabourets, à ce que j'avais vu à l'entrant.

Les deux frères qui paraissaient si affectionnés l'un l'autre et se tenaient par le bras avaient tous deux la taille élevée, la tournure fort élégante, le même visage allongé, le nez tirant sur l'aquilin et les yeux bleu azur, et se seraient comme jumeaux ressemblés, sauf que le cheveu et le collier de barbe, qui chez Anne étaient blond doré, se trouvaient du roux le plus franc chez Henri, lequel aussi portait sur sa belle face une expression austère et malenconique qui ne s'encontrait point sur celle de son aîné, celui-ci bouillonnant de ris, de jeux, de grâces et de gaîté.

Et à vrai dire, l'apparence du comte du Bouchage ne mentait point, le comte n'ayant pas moins de dévotion que sa mère, étant fiché dès l'enfance en de saintes habitudes, contre lesquelles les délices et vanités de la Cour s'avérèrent sans force aucune, et bien incapables de le retenir, à la mort de son épouse, de se cloîtrer chez les capucins, échangeant le pourpoint emperlé des courtisans contre la bure et la ceinture de corde.

Pour Anne, dont la complexion, comme la tête, était plus légère, il vivait dans l'ivresse, le tourbillon et l'étourdiement des immenses bienfaits dont le roi le comblait. Etant, tout au rebours du duc d'Epernon, bien inférieur à sa fortune, il se croyait fort au-dessus, et à le voir pénétrer dans le salon de la maréchale et jeter à l'entour ses regards ravis, je pouvais voir à ses yeux, à sa voix, à ses gestes, à sa façon de se jeter sur un fauteuil qu'il vivait naïvement un infantin triomphe et qu'il se prenait pour le roi même, dont il n'était pourtant que le reflet, porté par la vague de sa faveur, monté à son sommet comme l'écume, et en ayant la consistance.

Il n'y avait pourtant pas à nier qu'il fût beau, bien fait, jeune, allègre, gracieux et avec tout un chacun (tous en ce salon, sauf Lady Stafford, s'empressant autour de son fauteuil pour lui faire la cour) infiniment aimable.

Quand mon tour fut venu de le saluer, il me dit :

— Ha ! Monsieur de Siorac ! Que j'ai d'aise à vous voir ! Et comme bien je me ramentois les petits soldats de bois que vous me donnâtes en Montpellier quand je n'étais encore qu'un enfantelet et avec lesquels vous voulûtes bien m'expliquer cette glorieuse campagne de Calais où nous reprîmes la bonne ville à ces méchants Anglais !...

Pour moi, assurément, belle et bonne parole, sinon que c'était la dixième fois qu'Anne me la baillait, oubliant à chaque fois en sa volatile cervelle qu'il me l'avait déjà dite. Mais n'était-ce pas surtout parler très à l'étourdie, et très mal à propos, du vaillant peuple anglais devant Lady Stafford, laquelle, j'opine aussi, qu'il eût dû de prime saluer au lieu que d'attendre qu'elle vînt à lui.

J'en étais là de ces réflexions, quand la porte du salon se déclouit non sans quelque résistance des valets géantins qui la gardaient, et le baron de Quéribus entra, l'air affairé, lequel, après avoir baisé la main de la maréchale et rendu ses devoirs au duc de Joyeuse, me tira à part dans une embrasure de fenêtre et me dit d'une voix basse et pressée :

— Je viens de votre logis, mon Pierre, où Angelina m'a dit que vous étiez céans : le roi requiert sur l'heure votre présence en son appartement.

— Quoi? en son appartement?

— Il est au lit.

— Déjà! Est-il malade?

— Il l'est ou il le contrefeint, je ne sais. Je l'ai trouvé dans une extrême agitation, l'esprit triste et le regard tout à plein angoisseux.

CHAPITRE V

On a tant glosé sur la santé de mon bon maître, et les guisards et les liguards ont de bec à oreille tant chuchoté là-dessus de fallaces — lesquelles tendaient à faire accroire qu'Henri n'étant pas apte à régner, il devait céder la place — que je tiens à dire, parlant en mon nom, mais aussi en celui du révérend docteur Miron, de Fogacer et des autres médecins de Sa Majesté, que s'il est vrai que notre royal patient était visité de beaucoup de maux dont certains le gênaient prou et ne laissaient pas non plus de l'humilier, aucun d'eux toutefois ne nous parut menacer à brève échéance sa vie, laquelle eût peut-être couru jusqu'à l'âge extrême auquel les hommes en ce royaume sont accoutumés à mourir, si le couteau du moine assassin n'en avait funestement coupé le fil en sa trente-huitième année.

Comme il convient que mon propos, pour être persuasible, établisse les faits réels tels qu'ils furent, quelque vergogne que j'en doive éprouver, s'agissant d'un grand roi, il me faut dire ici qu'Henri pâtit de divers abcès, aposthumes et fistules, l'une sous l'œil senestre, l'autre sous le bras dextre, et d'autres encore au bas-ventre, et sur les testicules — celles-ci étant, se peut, la cause de sa stérilité — lesquelles humeurs froides, sans être du tout enflammées ni grossissantes, ni entraîner de fièvre aiguë, ni suppurer au-delà d'une certaine moiteur, se trouvaient comme à demeure installées là où elles étaient apparues, ce qui ne laissait pas de donner au patient incommodité et angoisse.

Le roi souffrait aussi d'hémorroïdes, lesquelles étaient parfois tant grosses qu'elles gênaient son assiette, raison pour quoi il préférait le carrosse au cheval (encore qu'il fût bon cavalier), préférence qui n'était point du tout due à la mollesse de sa complexion, comme on ne manqua pas d'en répandre le bruit, mais à l'intempérie que je viens de dire et qui ne se peut pas curer, comme on sait, dès lors qu'elle est là. Raison aussi pour quoi il n'aimait ni jouter ni chasser à courre. Mais pour la chasse, encore qu'il s'y livrât plus souvent qu'on ne l'a dit, la bénignité de son humeur ne l'y portait pas prou, n'ayant point goût au sang des bêtes comme son frère Charles IX, et se rangeant au nombre de ceux (dont Montaigne était) qui n'aiment pas « *entendre gémir un lièvre sous les dents des chiens* ».

Au rebours dudit Charles IX, de Guise et de Navarre, il n'aimait guère non plus le jeu de paume, pour ce qu'il trouvait, à ce que je crois, indigne de sa grandeur de se produire devant la Cour en chemise et une raquette ès poing. Mais en revanche il était fort raffolé du noble art de l'escrime, et grâce aux leçons du grand Silvie (qu'il avait fait chevalier) et grâce aussi à une perpétuelle application, il tirait avec beaucoup de finesse, tant est que bien peu de gentilshommes en ce royaume le valaient, l'épée en main.

Qui l'eût envisagé en cet exercice, comme je fis plus d'une fois, n'eût pu assurément prétendre qu'il était mol, faible ou égrotant, car il s'y adonnait à la fureur, et sans désemparer, soufflant, suant, mais non lassé. Et quant à moi, je peux mieux qu'un autre testifier de la robusteté du roi, l'ayant, comme j'ai dit déjà, accompagné en son pèlerinage de Notre-Dame de Paris à Notre-Dame de Chartres, long chemin qu'il parcourut à beau pied en deux jours, après quoi, s'étant reposé à Chartres un jour et une nuit, il refit de Chartres à Paris la même interminable marche en deux jours aussi, sans souffrir d'autres incommodités que des pieds ampoulés, et aussi quelques pâtiments d'estomac pour avoir excessivement mangé à l'étape.

Etrange déportement pour un moribond que d'user ses semelles sur les cailloux des routes et de s'emplir la panse au gîte! Car encore qu'il ne bût guère que de l'eau, Henri gloutissait comme ogre — et jusqu'à deux chapons à la queue l'un de l'autre — n'étant pas homme, comme veut le dicton, à tourner le cul à la mangeoire, et pas davantage à table que sur le champ de bataille.

Il est vrai qu'à ce régime, il avait sur ses trente ans pris quelque embonpoint, mais s'entretenant un jour en toute familiarité avec Monsieur de Thou, premier président du Parlement, lequel était vieil mais bien allant, et lui demandant le secret de son émerveillable verdeur, de Thou lui répondit qu'ayant un bon tempérament, il avait pris soin de le garder tel, en menant une vie égale, mangeant dormant, se réveillant à la même heure, usant des mêmes aliments et ne faisant jamais d'excès. Réflexion qui tant frappa Henri que, de ce temps, il ne fit plus que deux repas par jour et ne mangea plus qu'un chapon au lieu de deux. Ce dont il se trouva bien.

J'oserais dire, après tout ceci, que la véritable intempérie dont souffrait mon bon maître et souverain, se trouvait enracinée non point dans son corps mais dans son âme, que la persécution la plus âpre et la plus continue avait durement meurtrie et mutilée. Car étant de son humeur infiniment magnanime et poussant cette rare vertu au point de pardonner ceux qui du haut des chaires sacrées le traînaient dans la boue, Henri Troisième n'aspirait qu'à paix garder pour ses sujets, ne croyant pas qu'on pût vaincre l'hérésie par le couteau, et cependant, n'encontrait chez lesdits sujets, qu'ils fussent romains ou huguenots, que la plus impiteuse exécration. Ha, lecteur! Que cesse enfin dans la suite des siècles la criante injustice dont le détestable esprit de parti accabla mon pauvre maître de son vivant! Ce sera, assurément, pour nos fils et nos petits-fils un sujet d'effarement que d'observer à quels inouïs excès le zèle religieux portait alors les esprits et combien la vérité la plus manifeste était perpétuellement méconnue!

Henri était tant laborieux qu'il passait des heures en son conseil et dans son cabinet, mais il ne pouvait qu'il ne se récréât sans qu'on criât qu'il s'apparessait. Apprenait-il le latin, les méchants becs disaient qu'il « *déclinait* ». De son naturel et de son habitus il était fort pieux : on le prétendait ennemi secret de l'Eglise, fauteur d'hérétiques, suppôt du diable, que sais-je encore ? Trop vaillant pour hurler avec les loups, il montrait une émerveillable constance à servir l'Etat selon ses vues : on le traitait de couard. Sa volonté, regardant les grands principes du gouvernement, et nommément celui de sa succession, resta jusqu'à la fin inébranlable : on la disait faible et vacillante. Enfin — comme j'ai dit déjà, et comme jamais ne le répéterai assez —, de par sa complexion et sa réflexion, Henri était infiniment débonnaire — et on l'a dit cruel.

Cette haine encharnée dont il fut sans trêve navré, les milliasses d'injures et de calomnies répandues sur lui en tous lieux, les trahisons dont il fut l'objet de la part des Grands, des ministres, des officiers, des serviteurs, des favoris et bientôt (à l'exception de la reine) de son frère Alençon, de sa sœur Margot, et de sa mère Catherine (ces deux dernières passées aux Guisards) et à partir de 1584, les menaces de plus en plus grièves et complotantes qui pesèrent sur sa liberté et sa vie, tout cela retentit aigrement sur cette âme sensitive au point de l'énerver toute, et de la faire passer irréfrénablement des larmes à la fureur, de la fureur à la malenconie, de la malenconie à la désespérance.

J'ai vu sa face ruisseler de larmes à ouïr rapporter un méchant mot sur lui de la Montpensier. Je l'ai vu, sur une remarque étourdie de Joyeuse, tant s'encolérer contre son archimignon que de le battre des poings et des pieds. Je l'ai vu trembler à chaque éclair, lors d'un gros orage, cuidant que le ciel, prenant le relais des hommes, allait le foudroyer. Je l'ai vu, dans les mois hiverneux, frémir de la maussaderie des pluies et des vents, tomber dans les angoises, ressentir les petites incommodités de la vie comme autant d'insufférables piqûres. A ces moments, replié sur soi, la bouche amère, l'œil aguignant de côté, méfiant et suspicionneux, il prenait tout à mal. Et les gentilshommes à l'alentour devaient se garder de toute gausserie, ou imprudent propos, comme en fit l'expérience le pauvre X, lequel, oyant le premier valet de chambre Du Halde dire devant Sa Majesté qu'il suffisait que la Cour apparût dans un lieu pour que la peste en disparût, s'exclama en riant :

— Un diable chasse l'autre !

A quoi le roi fut soudain si irrité qu'il se jeta sur X et le battit comme seigle vert, et, se peut, eût fait pis, si d'Epernon ne lui avait des poings arraché.

D'après ce que m'avait dit chez la maréchale le baron de Quéribus, Henri se trouvait dans ces humeurs-là et ce ne fut pas sans quelque appréhension que je requis l'entrant de son appartement à son maître d'hôtel, M. de Merle, lequel sachant déjà ce qu'il en était de ma visite, m'introduisit incontinent et me dit à l'oreille de prendre garde de ne pas aggraver Sa Majesté, tant déjà elle se sentait accablée en son pensement.

Le roi était étendu sur sa coite, quasi aussi rigidement que s'il eût été le gisant d'un tombeau, portant sur le visage le masque dont il s'affublait dans son sommeil pour la raison qu'il craignait que l'air malfaisant de la nuit ne lui gâtât le teint (lequel, à la vérité, était olivâtre, résistant fort bien au vent comme au soleil, et ne me paraissait point tant fragile). Sans mot dire, il abandonnait ses mains à deux chambrières qui, à genoux sur la coite de part et d'autre de sa personne, lui enduisaient les doigts, la paume et le dessus d'un onguent jaunâtre à forte senteur de musc, Du Halde debout dans la ruelle ayant l'œil à ce massage et, à ce que j'entendis, le dirigeant, le bouffon Chicot étant, quant à lui, assis sur une escabelle, l'air assez mal'engroin, étant très affectionné à son maître et fort malheureux de le voir en ses angoisses.

Je voudrais noter céans pour mes petits-fils que Chicot, encore qu'il jouât si bien le fol, n'était ni petit ni contrefait mais un gentilhomme gascon, et fort vaillant l'épée en main, comme bien il le devait prouver par sa mort.

— Qui vient là ? dit la voix du roi, étouffée par le masque qui recouvrait son visage.

— Sire, c'est le chevalier de la Saignée, dit Chicot qui aimait donner des surnoms aux gens, appelant Guise « *le Magnifique* »; son épouse, « *la Maîtresse à Saint-Megrin* »; le trésorier Descars, « *le grand Rabbi* »; le cardinal de Guise, frère du duc « *le grand Putier* » (pour ce qu'assurément il l'était); le cardinal de Bourbon, « *le gros Sottard* » et le roi lui-même, « *sa double Majesté* », par allusion à la couronne de Pologne qu'à vrai dire il avait perdue.

— Chicot, donne ton escabelle au chevalier et taistoi, dit le roi sous son masque.

— Pour mon escabelle, voilà qui est fait, dit Chicot en se levant, mais Henri, dois-je me taire quand le Magnifique te parle de si haut ? Qu'est-ce qu'un bouffon qui ne pipe ? Que si tu ne veux plus te servir de moi, Henri, dis à ton grand rabbi de me payer mon compte, sans que j'aie à graisser le poignet de ce fils de putain. Je trouverai parti ailleurs. Déjà, les Messieurs de Guise me font la cour pour m'avoir à la leur. Et d'autre part, le bourreau de Thoulouse me fait des offres qui ne sont pas à rejeter, y ayant en ce royaume des quidams qui ne sont pas tant magnifiques que je n'aimerais les envoyer tout bottés au gibet. Mais que si tu me veux encore, Henri, mon petit œil, je demeurerai des tiens, malgré les Guise, malgré le bourreau de Thoulouse, voire même malgré ta chaise percée dont je sentis ce matin un si mauvais vent !

— Chicot ! dit le roi en riant sous le masque, demeure, mais accoisé. J'ai à parler à M. de Siorac.

— Mais, Henri, dit Chicot, ravi de n'avoir pas failli à dérider Sa Majesté, que te dira Monsieur de la Saignée de plus que moi ? Il n'oit la messe que d'une fesse. Moi, je l'ois des deux. Et ne sait-on pas que pour être roi de France, ce jour d'hui, c'est assez d'être catholique. Raison pour quoi le gros Sottard aspire à ta succession.

A quoi le roi rit encore, retira son masque et se soulevant sur un coude, dit :

— Du Halde ! Renvoie ces femmes et mets-moi mes gants.

Sur quoi les chambrières, sans attendre le mot du valet de chambre, firent au roi une première révérence, puis reculant vers la porte, une deuxième, et enfin une troisième au seuil de ladite porte que Du Halde avait derrière elles déclose.

— Mets le verrou, Du Halde, et toi Chicot, pour le coup tais-toi !

— Si votre double Majesté me le commande, dit Chicot, j'obéirai deux fois. Que si deux fois je désobéis, je me donnerai à moi-même doubles coups d'étrivière. Comme dit le Magnifique : Que chacun ici-bas se fouette *à sa guise*.

— Ha Chicot ! dit le roi en riant, si je ne t'aimais tant, je te haïrais !

— Et vice-versa, dit Chicot.

— Siorac, dit le roi avec un sourire quelque peu amer, vous étonnez-vous que d'aucuns grands en ce royaume fassent fi de mon commandement ? Même mon bouffon ne veut m'ouïr.

— Il y a une différence, dit Chicot, c'est que moi je te désobéis en t'aimant.

— Quoi, Chicot ! dit le roi en riant, mais non sans quelque âpreté, quelle impertinence est la tienne ! Vas-tu prétendre que mon cousin le duc de Guise n'est pas de moi raffolé ? Il me l'assure tous les jours !

— Et assurément c'est vrai, dit Chicot. Il donnerait pour *toi* la dernière goutte de *ton* sang.

— Ha Chicot ! dit le roi qui n'avait pas trop goûté cette saillie-là, à la parfin tu me fâcherais !

— Cela ne se peut. Le roi peut-il garder mauvaise dent à son chicot ?

A quoi cette fois le roi rit à gueule-bec et à franche lippée, aimant à la fureur les *giochi di parole* et y étant lui-même fort habile.

— Sire, dit Du Halde, si Votre Majesté tressaute et branle, je ne saurais lui passer les gants.

— Passe, Du Halde, passe, dit le roi.

Lesquels gants, qui étaient de fine soie et que le roi gardait toute la nuit, avaient pour propos de préserver ses mains frottées d'onguents. Précaution qui, à la réflexion, me laissait toujours béant, tant j'y voyais pour ma part une incommodité que je n'eusse pu souffrir. Il est vrai que mes propres mains, qui n'avaient point d'autre mérite que d'être quotidiennement décrassées, n'étaient point tant belles que celles du roi.

— Mon petit Henri, dit Chicot, qui connaissait infailliblement le moment où il devait se taire, tu m'as assez ouï, je m'accoise, et je n'ouvrirai plus le bec que lorsque tes affaires avec M. de Siorac feront appel à ma sagacité.

A cela le roi sourit et qu'il eût fiance en son for en la sagesse de son fou, c'est ce dont je m'avisai, quand je le vis renvoyer Du Halde, mais garder Chicot en tiers à notre entretien.

— Monsieur de Siorac, dit le roi, j'ai su par Mosca ce qu'il était advenu ce matin devant le guichet de Saint-Germain. Mais comme Mosca ne peut qu'il n'apparaisse en mon Louvre sans perdre la fiance de ceux qu'il espionne pour moi, il me l'a fait assavoir par un émissaire tant brièvement que j'aimerais avoir de vous un récit plus circonstancié.

Je satisfis le roi incontinent et lui disant le quoi, le qu'est-ce et le comment de cette aventure, je pris soin de la lui conter le plus élégamment que je pus, sachant combien Henri était amoureux de beau langage, ayant étudié avec le savant Pibrac l'éloquence et l'élocution et étant renommé *urbi et orbi* pour son « *parler exquis* ».

— Monsieur de Siorac, dit-il quand j'eus fini, voilà qui est bien dit et bien fait. Vous fûtes humain de recueillir Mundane et sage d'en avertir Lord Stafford par d'indirectes voies. La sauvegarde et sûreté de ma bien-aimée cousine, la reine Elizabeth, nous tient d'autant à cœur que si sa personne et son royaume venaient à succomber aux coups de l'étranger, les nôtres en seraient infiniment vulnérés. Comme vous savez, le prince d'Orange, la reine Elizabeth et moi, encore que nous soyons de cultes différents, le prince étant réformé, la reine anglicane et moi-même catholique, nous avons les mêmes ennemis, lesquels couvrent fallacieusement leurs desseins du manteau de la religion.

— Lequel manteau est troué, dit Chicot, pour laisser passer les dagues des assassins.

— Bien dit Chicot, dit le roi avec un rire tant bref et rauque qu'il parut avoir peine à passer le nœud de sa gorge. Monsieur de Siorac, reprit-il après s'être sur soi un petit réfléchi, j'aimerais vous présenter une requête.

— Une requête, Sire, de vous à moi ! Sire, commandez !

— Que nenni. Je ne veux tenir que de votre bon vouloir votre acquiescement à mon projet, sachant bien qu'il n'a rien à voir avec votre état de médecin, et qu'il ne laissera pas, de reste, de vous mettre en grand péril.

— Sire, raison de plus !

— Henri, dit Chicot, tu l'as ouï. Monsieur de la Saignée est prêt à se saigner pour toi. *Talis pater qualis filius* [1].

— Fils, dit le roi, tu as raison. Et bien je me ramentois que le baron de Mespech a bien servi mon grand-père à Cérisoles et mon père à Calais.

— Henricus, dit Chicot, je ne suis pas ton fils. Je ne le suis, ni ne veux l'être : Tu n'as enfanté que des ingrats.

— Sauf un, dit le roi.

Et je me demandai à cette sibylline parole qui des deux archimignons était l'ingrat, et l'autre l'ami fidèle, lequel, à y penser plus outre, me parut devoir être d'Epernon, ce que la suite de cet entretien confirma de la plus éclatante façon.

— Monsieur de Siorac, reprit le roi, l'intermédiaire entre Mosca et moi ne m'agrée point du tout. Il a très peu d'esprit et beaucoup d'appétit.

— Mais Mosca lui-même, dis-je avec un sourire...

1. Tel père, tel fils. (Lat.)

— Mosca, dit Chicot, prend pécunes à toutes mains, et celles du roi et celles de ses ennemis.

— Mais Mosca ne peut trahir que dans un sens, dit le roi, ne sachant rien de mes plans, et sachant tout des leurs. Tandis que son intermédiaire peut trahir Mosca : auquel cas, je serais moi-même trahi.

— C'est bien raisonné pour un roi, dit Chicot.

— Sire, dis-je, si je vous entends bien, vous voulez que je sois d'ores en avant le relais entre Mosca et vous, pour ce que vous avez pleine fiance en ma fidélité, ce dont je demeure infiniment honoré.

— Mais pour ce que aussi, dit le roi, étant mon médecin, vous avez à moi accès tant facile et naturel qu'il ne mettra puce au poitrail à personne.

— Mais, Sire, dis-je, je ne vois pas bien le péril où ce rollet me jette.

— Immense, dit le roi, en m'envisageant œil à œil, le sien étant grand, noir de jais et dans le mien fort fixement fiché. Si Mosca se fait prendre par ceux qu'il trahit, il livrera votre nom et ces zélés, comme vous savez, ne respirent et ne ronflent que meurtre.

— Ha Sire, dis-je, j'ai été en bien d'autres dangers !

A quoi le roi baissa un instant son bel œil, sachant que je ne voulais nommer devant lui la Saint-Barthélemy pour ce qu'il y avait pris quelque part, et moi sachant bien, de mon côté qu'Henri, depuis le siège de La Rochelle s'étant persuadé que « *le couteau ne résout rien* » contre les réformés, luttait de tout son pouvoir contre les Guise qui le voulaient pousser à une nouvelle croisade. Raison aussi pour quoi je servais de si grand cœur ce monarque qui protégeait les miens, lesquels étaient toujours les miens, bien que j'allasse à messe. Mais il est vrai que je l'aimais aussi pour lui-même, et tant pour sa tête bien faite que pour son cœur, le plus débonnaire et généreux qui fût jamais. Et qu'Henri eût senti à merveille mes dispositions à son endroit, c'est ce dont je suis bien persuadé, ses jugements sur les hommes, sauf quand la passion le menait, étant à l'accoutumée si sûrs et si pénétrants.

— Monsieur de Siorac, reprit le roi en m'envisageant de nouveau, vous avez connu il y a quelque douze ans (faisant ainsi une fort discrète allusion à l'assassinat de Coligny) mon cousin le roi de Navarre.

— Oui, Sire. J'ai cheminé une nuit avec lui du Louvre à la rue de Béthisy (laquelle était la maison où gîtait Coligny lequel, pas plus que le roi, je ne voulais nommer en cet entretien), et nous avons ensemble devisé.

— Et cuidez-vous qu'il se ramentevra de vous?

— Je crois que oui, Sire, si je ne présume pas trop. Le roi de Navarre m'a hautement loué de ce que, gentilhomme, j'avais étudié la médecine : circonstance qui le frappa prou.

— Voilà qui lui ressemble, dit Henri avec un souris. Le roi de Navarre, en bon huguenot, a la religion de l'utile.

— C'est même toute la religion qu'il a, dit Chicot.

— Silence, mon fol, dit le roi sévèrement. Des consciences personne n'est juge, pas même toi, Chicot, si sage et si fol que tu sois. Monsieur de Siorac, reprit-il, Monsieur mon frère étant mourant et la reine ne m'ayant pas donné de fils, je n'ai ni ne veux d'autre héritier qu'Henri de Navarre. En outre, je l'estime fort. C'est un prince bien né et de bon naturel. Mon penchant a toujours été de l'aimer et je sais qu'il m'aime. Il est un peu colère et piquant, mais le fond est bon. Je m'assure que mes humeurs lui plairont et que nous nous accommoderons bien ensemble. J'ai le propos, dans une petite semaine, de députer vers lui le duc d'Epernon pour le mander que je le reconnais comme mon héritier, pour peu qu'il consente à se convertir à la religion catholique, et à cette occasion, Monsieur de Siorac, je vous saurais grand gré d'accompagner en son voyage en Guyenne le duc d'Epernon, lequel souffre quasi continuement de la gorge et s'encontre sans son médecin, celui-là étant cloué au lit par la maladie.

— Sire, je ferai là-dessus tout votre commandement, dis-je en soulignant le *tout*, pour ce qu'il ne m'échappait pas que la curation du duc d'Epernon n'était pas *toute* la mission que le roi me confiait et qu'il laissait la part qu'il ne voulait dire à mon imagination.

— Mon petit Henriot, dit Chicot, moi qui suis un si dévot suppôt du Magnifique, ta décision me jette dans la désolation! Quoi! Tu préfères Navarre, qui est hérétique et qui pis est relaps, à son oncle, le gros Sottard, lequel est bon catholique, puisqu'il est cardinal, et en outre, tant gâteux qu'il chie sous lui! Le méchant choix que tu fais là! Et qui va faire hurler à tes chausses les Guisards, les prêtres, les prédicateurs et la Montpensier, laquelle, encore qu'elle boite à dextre, est tant légère de sa cuisse senestre que son frère, le grand Putier. Ha Henriquet! Fais donc fi des règles les mieux établies de la succession! Préférons, si m'en crois, la branche cadette à la branche aînée! Et l'oncle embrenné au vaillant neveu! Havre de grâce, le gros Sottard devenu roi et troquant sa crosse pour le sceptre, voilà le Magnifique connétable! Choix céleste, Henricus! Voulu par le Seigneur Dieu, le Pape, l'Espagnol, le peuple de Paris et les plus vociférants curés de la capitale! Que d'ennemis stridents tu te fais! N'es-tu pas assez haï comme tu l'es?

— Je le suis à ma suffisance, dit Henri III qui, ayant écouté fort attentivement son fol, lui répondit avec une gravité qui m'étonna: — Mais, Chicot, retiens bien ceci en ton esprit: les règles de la succession commandent au roi et il ne saurait à sa guise les enfreindre sans ébranler les fondements du royaume. Navarre est par ces règles mon légitime successeur. Et je ne saurais décider à son préjudice que tel ou tel autre le soit. Je n'ai pas fait, lors de mon sacre, jurement d'exclure un prince de ma succession sur le fait de la religion. Et ce n'est pas non plus une chose qui se puisse décider de mon autorité privée. L'Etat ordonne. Et convaincu que je suis que le bien de l'Etat en cette occasion le commande aussi, je suis fort aise en ma conscience de désigner Navarre pour mon successeur.

A quoi Chicot, oubliant son rollet de bouffon, s'accoisa, et je me tus aussi, tous deux frappés au-delà de toute expression par cette belle et forte remontrance, par où apparaissait avec tant de ferme propos la fidélité du roi aux principes de la royauté, lesquels il estimait autant au-dessus de lui qu'il était lui-même au-dessus de ses sujets.

— Monsieur de Siorac, reprit le roi en me tendant un papier plié en quatre, il faut pour ce voyage en Guyenne vous mettre en bon équipage afin de faire digne figure auprès du duc d'Epernon. Sur le vu de ceci, mon trésorier vous comptera trois cents écus.

— Pour peu que vous lui en bailliez cinquante, dit Chicot. Je connais le grand Rabbi.

— Sire, dis-je, je vous fais mille grâces et mercis de votre émerveillable libéralité.

— Ne le remerciez pas, dit Chicot, sa nature donnante est son plus grand défaut. Si nous n'avions pas tant baillé pécunes aux ingrats, nous en aurions davantage pour nous armer contre le Magnifique.

— Que Dieu, Monsieur de Siorac, dit le roi, contrefeignant de ne pas ouïr, vous garde sain et gaillard à mon service ! Vous m'obligez grandement par votre acquiescence et elle ne peut qu'elle ne redouble l'amitié que je vous porte. Je vous eusse présenté la main, Chevalier, si elle n'était jà gantée pour la nuit. Chicot, mon masque, je te prie.

— Sire, dit Chicot en le lui arrangeant du mieux qu'il put sur sa belle face, peux-je dormir par terre à côté de votre coite ?

— Hélas non, Chicot. Tes pieds me puent. Appelle Du Halde. Ce masque n'est pas mis de la façon que j'aime. Chevalier, je m'endors content de votre obéissance et m'assure que me serez fidèle.

— Ha ! Monsieur de la Saignée, me dit Chicot, quand ayant avec moi quitté le roi, il eut dit en l'antichambre à Du Halde que Sa Majesté le quérait. De toutes les braves et bonnes gens qui sont sur terre, Henri est le plus débonnaire et à ses serviteurs le plus affectionné. Ha ! J'enrage du mal que l'on veut faire à cet agneau ! Et qu'on nous fait à nous au travers de lui ! Que si je pouvais encontrer par le royaume un sac assez grand, j'y fourrerais le Magnifique, le grand Putier, la Boiteuse et je les irais noyer en Seine !

Il dit cela, la larme au bord du cil, ému mi de pitié pour le roi, mi de colère à l'encontre de ses mortels ennemis.

— Mais, où trouver, dis-je, un sac assez grand ?

— Patience ! dit Chicot en me donnant une forte brassée, que bien volontiers et de tout cœur je lui rendis, encore qu'à l'approcher de plus près, j'observai que le roi avait dit vrai quant à ses pieds. Au surplus, il portait comme Bellegarde, une perpétuelle goutte à son nez qu'il ne mouchait jamais et qui, de par cette circonstance, tombait où elle voulait, ce qui ne laissa pas de m'inquiéter quelque peu quand il m'embrassa. Mais que lui-même, tout vif bec qu'il fût, incisif, tabusteur et griffu, eût par là-dessous un cœur immense, c'est ce dont je ne doutai point après cette scène, et en conséquence, l'aimai jusqu'à sa mort, qui fut héroïque, comme j'ai dit.

Ma pauvre Angelina fut à quelque dol et pâtiment à ouïr que je l'allais quitter et encore que je tâchasse de la persuader que ce n'était qu'une affaire de deux mois, elle n'en crut rien, sachant bien la manière dont les grands voyagent en ce royaume, suivis d'un train superbe, reçus de ville en ville par fêtes et banquets et s'attardant aux étapes de délices en délices. Mais encore qu'elle fût fort marrie de cette séparation, et se peut jaleuse assez des Circés que je pourrais encontrer dans mon périple, elle avait trop de hautesse et de noblesse pour me couvrir de larmes, ou laisser rien paraître de ses suspicions. Cependant, à observer la façon songearde dont elle m'envisageait, ses beaux yeux de biche posés sur moi avec tant de candeur et de bonne foi, il me semblait qu'ils s'embuaient parfois de la malenconie, à laquelle en sa retenue et son scrupuleux souci de ma commodité elle ne voulait donner voix. Et mon amour alors redoublant pour elle de par l'appréhension de son exquise gentillesse, je me jetais en des transports sans fin, la mignotant, la poutounant à la fureur, et ce qu'enfin ni mes lèvres ni mes mains n'avaient pu dire à ma suffisance, je l'ajoutai avec des mots, trouvant cent façons de lui dire que mon cœur était attaché au sien par des grappins d'acier ; que ce que sa beauté avait commencé, son admirable bénignité l'avait achevé en moi ; et que je l'aimerais enfin jusqu'à la consommation des siècles, ou à tout le moins, tant que je serais vif dans le monde des vivants.

La quittant pour aller pourvoir à mon équipage, comme le roi en sa libéralité me l'avait commandé, je ne pensais qu'à lui témoigner plus avant les sentiments dont j'étais pour elle tant rempli qu'il ne me semblait pas que je pusse jamais les lui exprimer d'une façon qui me pût contenter, pour ce qu'il y avait en eux un infini qui échappait à mon terrestre pouvoir. Musant pour mes emplettes dans les rues de Paris, je la voyais partout, rapportant à elle tout ce que je voyais de bon et de beau dans les vitrines des marchands, et éprouvant un étrange appétit à lui donner l'univers entier, si j'avais pu.

En ces rêveuses dispositions, j'envisageais à la fenêtre d'un joaillier les coûteuses parures qu'il y avait disposées pour séduire les chalands, quand une dame masquée de noir, suivie de sa chambrière également masquée, descendit d'une coche sans armoiries à deux toises de moi et vint sans tant de façons se planter à mon côtel, regardant ou contrefeignant de regarder les bijoux dont déjà je voyais en mon esprit mon Angelina parée.

Je doutai de prime que l'inconnue ne fût quelque huppée ribaude en quête d'un galant à dépouiller, doute qui toutefois disparut, dès qu'elle parla, sa voix étant douce, basse et musicale et son français fort raffiné, encore que prononcé avec un accent qui ne m'était pas déconnu.

— Monsieur, dit-elle, n'est-il pas constant que de toutes celles qui se voient ici, la bague qui vous plaît est cette lumineuse opale de Hongrie sertie de petits diamants ?

— Madame, dis-je, étonné assez de cette ouverture, c'est bien observé. C'est celle-là même. Mais je crains n'être pas étoffé assez pour l'acquérir.

— Quelle pitié! dit l'inconnue. Ou plutôt quelle demi-pitié, car pour moi, reprit-elle, je connais une noble dame qui serait fort aise de l'offrir à Madame votre épouse pour la remercier de la dépense et de l'incommodité où elle fut à recueillir et soigner chez elle un gentilhomme blessé.

— Madame, dis-je, pris de quelque méfiance, je ne sais de quel gentilhomme vous parlez, ni qui est cette noble personne, ni qui vous êtes.

— Je sers celle que j'ai dite, dit l'inconnue et elle est bonne assez pour me prêter dans les occasions ses bijoux et Monsieur, si comme je crois, vous avez l'œil à tout ce qui tient de la joaillerie, peut-être connaîtrez-vous cette dame en les reconnaissant?

Ce disant, elle déganta non sans quelque lentitude sa main senestre, et quand elle fut nue, la portant à son masque comme si elle l'eût voulu rajuster, elle me laissa admirer à loisir les bagues qui resplendissaient aux doigts de my Lady Stafford quand je les avais baisés chez la maréchale.

Je vis bien alors qu'on n'essayait point de me piper et je me trouvai, au demeurant, enchanté de la finesse de la féminine appréhension puisque, alors même que je n'en avais rien dit, my Lady Stafford percevant bien que ses splendides bagues me laissaient étonné, imagina ensuite par une fort jolie chatonie de se servir d'elles, à mon endroit, comme signal de reconnaissance.

— Le gentilhomme, dis-je, est en bonne voie de curation. Il pourra monter à cheval dans huit jours.

— Il pourra donc vous accompagner en votre voyage de Guyenne, dit l'inconnue, me laissant béant, et de ce qu'elle sût où j'allais, et de cette inattendue requête.

— Tel serait donc, dis-je quand je recouvrai ma voix, le désir de votre maîtresse?

— Oui, Monsieur.

— Assurément, dis-je, son désir est à considérer mais je ne peux que je n'en fasse part d'abord à mon maître, afin de savoir s'il lui agrée, et je ne le saurai que demain aux matines.

— Eh bien, Monsieur, dit-elle, convenons de nous encontrer céans demain, à la même heure, afin que vous me disiez ce qu'il en est.

— J'y consens, dis-je, pour peu que vous m'apportiez de l'identité de votre maîtresse preuve plus persuasible que des bagues.

A quoi l'inconnue dont je supposais qu'elle devait être une dame d'atour de my Lady Stafford fit entendre un petit rire taquinant et s'en fut en un grand balancement de son vertugadin qu'elle eut toutefois quelque peine à faire passer par la porte de la coche, se devant présenter de côté, et des deux mains le comprimant pour l'y faire pénétrer, sa chambrière n'étant pas quant à elle mise à tant de labour, son cotillon étant moins ample, comme le voulait la modestie de sa condition. — Ha! pensai-je égayé, on dit bien, quand on dit d'un riche qu'il est « étoffé ». Tant vaut l'aune, tant vaut le rang!

Je pus parler au roi à son lever sous le prétexte de lui prendre le pouls et lui ayant à voix fort basse rapporté ce que je viens de dire, il me commanda, après s'être un petit sur soi réfléchi, d'accéder à la requête qui m'était faite, mais à condition que personne ne sût que ce gentilhomme était anglais, étant quant à lui bien assuré que dans la suite du duc d'Epernon les Guise trouveraient bien moyen de glisser quelque espion; qu'au demeurant, il entendait bien que la reine Elizabeth désirait, par l'intermédiaire de ce gentilhomme, se concerter avec Navarre sur les moyens de déjouer les complots de leurs ennemis, lesquels étant aussi les siens, c'était là tout justement la raison qui le faisait consentir à ce projet.

Comme chaque jour, j'accompagnai le roi à messe en la chapelle de l'hôtel de Bourbon et retournant en mon logis, j'y trouvai mon Giacomi dans la plus âpre malenconie, pour ce qu'il venait de recevoir d'un

« vas-y-dire » de Mosca un mot à moi et à lui-même adressé (preuve que le lieutenant de la prévôté avait discerné l'intérêt que le maestro portait à Larissa), disant que Samarcas dont la mouche avait depuis quatre jours perdu trace en Paris, s'était embarqué l'avant-veille à Calais avec sa pupille. Je confortai Giacomi de mon mieux et ne laissant pas de suivre la soudaine inspiration que me dicta mon cœur, je le priai de m'accompagner en Guyenne puisque aussi bien j'allais emmener Miroul et Mister Mundane avec moi. Il balança de prime, mais je lui suggérai de dire aux Montcalm que notre absence durerait six mois : nouvelle dont ils ne manqueraient pas de faire état dans leurs lettres à leur fille, la conséquence en étant que Samarcas, se peut, descendrait chez eux à son proche voyage, croyant le maestro éloigné de sa pupille.

Observant l'œil de Giacomi fiché dans le mien tandis que je parlais, je vis bien que je lui redonnais une sorte de vie par ce miroitant espoir, pourtant excessivement fragile, pour ce que je n'étais pas sûr en mon for ni de retourner avant les six mois que je disais, ni que Samarcas avant ce terme vînt en Paris. Mais, lecteur, tu sais bien qu'un amant dans la perpétuelle angoisse qui le poigne de perdre l'objet de ses pensées, ne se repaît que d'hypothèses, les unes sombres, les autres radieuses et toutes, hors raison. Du moins, la viande dont quant à moi je le venais nourrir n'était, elle, ni creuse ni insensée, puisqu'il était constant que Samarcas en Paris ne prendrait pas gîte chez les Montcalm tant qu'il saurait que Giacomi s'y pourrait encontrer.

Dans l'examen que je fis de lui après ma repue du midi, je trouvai Mister Mundane en si bonne voie de curation que je ne doutai pas qu'il pût se mettre en selle à la date que le roi avait fixée pour le département du duc d'Epernon, et tout de gob lui contai ce que la souveraine qu'il servait attendait de lui. A quoi il me répondit qu'il n'ignorait pas que, sa mission en Paris achevée, on le devait envoyer en Guyenne auprès du roi de Navarre et qu'il serait ravi de faire ce voyage avec moi, et sous ma protection, pour ce qu'il parlait français avec un accent qui le rendrait suspect aux Guisards, ceux-ci tenant la reine d'Angleterre et ses loyaux sujets en particulière exécration.

— Mister Mundane, dis-je, j'ai songé à cette difficulté et j'ai pensé la résoudre en vous proposant de jouer à mon côté le même rollet que Miroul et de revêtir comme lui une livrée de service, personne ne se souciant de la parladure d'un valet, alors que celle d'un gentilhomme éveille plus pointilleusement l'attention. J'espère, Mister Mundane, ajoutai-je, que ma proposition n'offense pas votre dignité.

— Elle l'offense grandement, dit Mundane qui aimait fort à dire le rebours de son sentiment — gausserie qui lui était habituelle et qu'il accompagnait à son accoutumée, non d'un rire, mais d'un gloussement, son teint virant alors au rouge pierre de brique comme sa barbe et ses cheveux — mais reprit-il incontinent, je saurai faire passer mon sécurité personnelle avant mon dignité. Un poumon troué est assez pour moi ! Je n'aimerais pas avoir les deux...

— Mister Mundane, dis-je, en lui posant doucement la main sur l'épaule, en votre état, il convient d'éviter le rire, la toux, la parole et tout excès de branle. Je crains fort que vous ne soyez un petit fatigué par Zara.

— Nenni. Elle parle. Pas je. Je ne déclos pas le bouche. Elle parle sur soi, reprit-il avec un petit gloussement : sujet dont elle est raffolée. Et si je ne l'ois que d'une oreille, en revanche je la bois des deux yeux.

— Mais l'œil, dis-je, peut être la cause de quelque agitation.

— Point à ce stade de ma curation, révérend docteur médecin, dit-il avec un sourire de gratitude et en même temps sur soi-même quelque peu gaussant. Je ne fais que renaître, repassant par un nouveau enfance, et n'étant encore qu'un enfantelet dans les bras de Zara.

— Quoi ? Dans ses bras ? dis-je en riant, déjà !

— La Dieu merci, elle est très affectionnée, dit Mundane, la mine imperscrutable, mais l'œil pétillant.

Je laissai là mon allègre Anglais, fort content de voir avec quelles dents aiguës il allait remordre à la vie après l'avoir bien failli perdre, et je me hâtai à mon rendez-vous devant la boutique du joaillier Corane, laquelle était sise sur le pont aux Changes et à ce jour y est encore, à ce que je cuide. Mais cette fois, je m'y fis suivre de Miroul et de Giacomi, lesquels, en plus d'une épée, portaient pistolets dans leurs chausses et pour moi, j'avais, à la manière italienne, fixé une longue dague derrière mon dos, laquelle dissimulée par une courte cape, me pouvait être, à l'occasion, de bonne et prompte usance, étant plus facile en corps à corps à dégainer qu'une épée. Non que je craignisse quelque embûche des gracieuses dames qui avaient pris langue avec moi, mais seulement des mouches guisardes qui les auraient pu suivre.

Je sentis, comme on dit en Paris, que la plume me passait par le bec (ce qui veut dire, en clair français, qu'on est déçu), quand je ne vis plus en la vitrine de Corane l'opale de Hongrie sertie de petits diamants que j'y avais admirée la veille, absence qui étrangement m'aggrava beaucoup, alors même que je ne me proposais pas de l'acheter, les trois cents écus que m'avait baillés le roi devant être consacrés à mon équipage. En outre, comme bien me l'avait dit Chicot, le grand Rabbi m'avait fait là-dessus en me payant, une encorne de cinquante écus, de sorte que les deux cent cinquante écus restants allaient me suffire à peine, d'autant qu'il faudrait se nourrir sur ce viatique au long de ce grand périple, ce qui n'était pas beaucoup, considérant que nous ne serions pas moins de quatre, Giacomi, Mundane, Miroul et moi, sans compter les quatre montures et le mulet bâté portant armes et bagues.

J'en étais là de ces incommodes pensées quand une dame masquée de noir que je reconnus fort bien à sa tournure (laquelle me parut davantage rondie par les artifices que par la nature) vint à mon côté et faisant mine d'admirer les parures, me dit :

— Monsieur, si vous consentez à me suivre jusqu'à la rue de la Vieille-Pelleterie, vous y trouverez une coche à l'arrêt où ma maîtresse vous entretiendra. Cependant, Monsieur, prenez garde, je vois deux hommes qui me paraissent non loin de là avoir l'œil sur vous.

— Comment sont-ils ? dis-je, la cohue étant grande à cet instant sur le pont aux Changes.

— L'un est grand et mince et l'autre fort fluet.

— Ils sont à moi, dis-je avec un sourire. Madame, poursuivez jusqu'à la rue que vous dites. Je naviguerai à vue dans le sillage de votre vertugadin.

Je reconnus au mitan de la rue de la Vieille-Pelleterie — laquelle est longue assez et débouche sur le Palais dans l'île de la Cité — la coche sans armoiries où j'avais vu la veille ladite dame non sans peine s'engouffrer, laquelle cette fois n'y monta point, mais fit signe au cocher de me donner l'entrant. Descendant de son siège, le guillaume repoussa la tapisserie, déclouit la porte, déplia les marches et sans piper me fit signe de la main de monter. Ce que je fis, mais à la manière d'un chat, une patte en avant, l'autre jà sur le recul, et non sans vérifier sous ma cape derrière mon dos si ma dague jouait bien dans son fourreau. Cependant, au premier coup d'œil, je vis bien qu'il n'y avait là, comme dit le poète, que *l'ornement du genre humain*, et que la beauté était bien la seule arme que j'aurais là-dedans, à redouter. Je sais bien que nos muguets parlent communément à la Cour d'œillades assassines, mais ces pointes-là n'ont jamais infligé que de petites morts qui sont bien les seules dont on revient toujours.

Le dedans de la coche était encombré de trois grands cotillons, pour autant que je pus les voir, car le cocher refermant la tapisserie sur la porte incontinent que je fus entré, je me trouvai dans une fort parfumée pénombre où c'est à peine si je parvins à distinguer le vertugadin à côté duquel je m'encontrai assis et qui me parut être le plus grand et le plus riche des trois. Cependant, mon œil s'accoutumant davantage à l'obscurité et mes gambes se faisant place comme elles le purent, au milieu des bruissants brocarts qui les enfouissaient, je me crus assez douillettement logé pour prendre mon mal en patience et j'attendis ce que m'allait dire ma voisine laquelle, retirant son masque que même en la coche elle portait, m'envisagea un petit avec un sourire enchanteur et, posant sa main gantée sur mon avant-bras droit, lequel reposait, sinon sur sa gambe, du moins sur son accoutrement (tant nous étions serrés) me remercia d'une voix douce et musicale d'être venu jusqu'à elle et quit de moi ce que mon maître avait décidé touchant Mister Mundane. Cependant qu'elle parlait, je reconnus d'abord son timbre, puis ce que je pouvais voir de ses cheveux qui étaient, on s'en ramentoit, du roux vénitien le plus beau, et fort ravi de me trouver en cette coche si proche de cette haute et belle dame que nos visages se touchaient presque, je lui dis d'une voix quelque peu tremblante ce qu'il en était de la décision du roi, observant qu'elle me serrait davantage l'avant-bras en son contentement tandis que je parlais. Quand j'eus fini, elle me dit sur un ton joyeux et gai, qui me frappa d'autant qu'à notre première encontre chez la maréchale, je lui avais trouvé la mine haute et froidureuse :

— Monsieur le Chevalier, j'espère que les poches de votre pourpoint sont profondes assez, car j'ai beaucoup de choses à vous remettre de la part du comte de Stafford. Premièrement : une lettre pour Mister Mundane. Deuxièmement, la bourse que voilà contenant deux cents écus français, lesquels vous déchargeront des dépens à vous causés par Mister Mundane au cours de votre voyage en Guyenne. En troisième lieu : une bague que j'offre de ma personne à Madame votre épouse pour la remercier de l'incommodité où elle fut à recueillir chez elle Mister Mundane.

A quoi je lui fis des mercis à l'infini qui se terminèrent toutefois en petite disputation car, acceptant de grand cœur la bague, sachant bien quelle elle était (encore que je n'eusse pas déclos son écrin) et combien Angelina, qui aimait fort les bijoux, en serait raffolée, je ne voulus pas, m'estimant ainsi bien assez payé de mes soins, accepter la bourse. Mais my Lady Stafford ne l'entendait pas de cette oreille-là, laquelle était tant mignonne qu'obstinée, et elle argua qu'il y avait là deux compensations différentes, l'une pour la curation de la navrure, l'autre pour les débours du voyage, et que d'ailleurs elle ne faisait, en me les remettant, que suivre les instructions du comte de Stafford : tant est qu'obéissant à son mari, elle exigeait de moi à elle la même obéissance. Ceci fut dit en français avec un accent charmant et une petite moue impérieuse et gracieuse qui eût mis à vauderoute mes plus solides légions, quand bien même my Lady Stafford n'eût pas ajouté, cette fois en anglais :

— Chevalier, *we have argued enough. I shall kiss you, if you do accept it* [1].

— Ha Madame ! dis-je, c'est trop se condescendre !

Mais je n'achevai pas. Elle me ferma la bouche par la façon qu'elle avait dite, laquelle fut, quoique suave, fort brève, comme pour me laisser entendre que rien ne viendrait après, ce dont d'ailleurs je ne me serais flatté en aucune guise, sachant combien cette haute dame tenait à haut prix, et sa naissance et sa vertu, la première fortifiant la seconde, comme il arrive. Après quoi, il ne me resta plus, ayant empoché ce baiser si léger et cette bourse si lourde, qu'à baigner my Lady Stafford de mes mercis, de mes grâces, de mes louanges, de l'assurance de mon infini respect. Ce que je fis à profusion et selon ma coutume, à la truelle, la laissant à la parfin tant contente de moi, et de mon éloquence, qu'assurément elle l'était d'elle-même, ayant si bien servi par moi son mari et sa reine.

Ce ne fut pas une mince et médiocre affaire que

1. Nous avons assez disputé. Je vous baiserai, si vous acceptez.

cette ambassade du duc d'Epernon auprès du roi de Navarre, et les dépens n'y furent pas épargnés, le duc et pair étant suivi d'un train véritablement royal, ne comptant pas moins de cinq cents gentilshommes, lesquels ayant reçu du roi en son immense libéralité même dotation que moi, tenaient à point d'honneur et galanterie non seulement d'être splendidement attifurés, mais de se faire suivre eux-mêmes selon leur rang, importance et fortune, d'une suite de cinq à dix personnes, tant est que moi-même je me serais senti fort vergogné au mitan de ce grandiose équipage de n'être accompagné que de deux valets en livrée et d'un maître d'armes si, par bonheur, le baron de Quéribus, qui avait pris soin, comme bien le lecteur s'en doute, de s'entourer d'un nombreux domestique (y compris un fol, un masseur et un astrologue) ne m'avait quis instamment de joindre mes forces aux siennes, tant je pense pour que nous nous confortions en chemin de notre mutuelle compagnie que pour ne pas avoir à rougir du train par trop huguenot, épargnant et chétif de son beau-frère.

Si donc à cette suite de cinq cents gentilshommes, on ajoute les suites de chacun de ces cinq cents-là, lesquels pour le moins quadruplaient le nombre des cavaliers, sans compter les gardes du duc d'Epernon (et les ribaudes qui les suivaient, le duc ne voulant pas de forcements aux étapes), ses officiers, ses intendants, ses laquais, ses pages, ses cuisiniers, les chariots et les mules portant les armes et les bagues, on ne peut qu'on n'imagine l'interminable ruban de cette immense et magnifique troupe, progressant avec une lourde lentitude, sous un soleil de plomb, et dans la vacarme assourdissante de milliers de sabots sur la route poudreuse.

Sur mon conseil Quéribus avait quis et obtenu du duc d'Epernon la charge de partir en avant-garde préparer l'étape au gîte, mission qui n'était point facile mais qui s'avéra d'une grande commodité pour ce que de tout le voyage, nous pûmes de la sorte échapper à l'inouï encombrement des équipages, à la réciproque turbulence des montures, aux arrêts, aux à-coups, aux ruades, aux chutes et par-dessus tout aux nuages étouffants de poussière que les chevaux soulevaient, et qui impiteusement blanchissaient les faces les plus rubicondes et les vêtures les plus colorées.

En outre, comme nous arrivions les premiers à l'étape, il nous était loisible de nous envitailler à plein sans que les viandes renchérissent, se raréfient et à la parfin disparaissent, car pour la male heure des bourgs et des villes par lesquels nous passions, nous les laissions aussi vides d'aliments que troupes ennemies. Les laboureurs qui, au bord de leur champ, béaient devant notre superbe cortège, eussent été bien avisés de mêler quelque effroi à leur admiration, car nous passions dans le plat pays comme une nuée de sauterelles ; il ne restait plus rien derrière nous.

A marcher si lentement, il nous fallut dix jours pour atteindre la Touraine où nous gîtâmes à Loches, gros bourg qui plut fort au duc d'Epernon par ses formidables défenses et qu'il voulut, comme dit Rabelais, *circumbilivaginer* avant que d'y entrer, admirant la force de ses murailles, ses tours et son donjon carré, lequel est, en effet, un des plus beaux et des plus hauts que je visse jamais.

Au train où nous allions, il nous fallut un mois et demi pour atteindre Pamiers, où le roi de Navarre avait fait dire au duc par un chevaucheur qu'il l'espérait. Cependant, désireux de faire honneur à Henri Troisième en la personne de son ambassadeur, le roi de Navarre, par une fort insigne condescendance, vint au-devant du duc, à Saverdun. Il y eut quelque gêne et vergogne en cette jonction sur la route entre les deux troupes, celle d'Epernon étant si nombreuse et si magnifique, et celle du roi de Navarre, si petite et si médiocrement parée, comme si le riche Nord encontrait là le Sud pauvre, et la somptuosité catholique, la parcimonie huguenote.

Henri de Navarre, ayant fait signe à sa suite de s'arrêter, s'avança seul sur son cheval blanc comme pour se mettre ès mains du représentant de son roi et témoigner devant tous de la fiance qu'il lui faisait. Quoi voyant, Epernon arrêta aussi les siens et s'avançant de son côté vers Navarre sur son beau genet d'Espagne, lui ôta son chapeau à plumes et Henri s'étant lui aussi découvert, ils conversèrent quelques minutes à la manière des princes, qui ne se contentent pas d'être aimables l'un envers l'autre, mais veulent aussi montrer au monde qu'ils le sont.

Cet entretien fini, Navarre tourna bride et revint vers les siens, lesquels avec lui prirent au trot le chemin de Pamiers, et y advinrent bien avant nous, leur équipement étant si léger. On observera qu'Epernon n'avait pas eu à confier à Quéribus sa coutumière mission d'avant-garde, le gîte à l'étape devant être préparé par Navarre, puisqu'il était chez lui.

Navarre, à ce que j'opine, dut quelque peu se réfléchir sur la pauvreté de son escorte, car au lieu de nous attendre à cheval à la porte de Pamiers, il démonta, et nous espéra à pied, entouré d'une douzaine à peine de gentilshommes et de gardes, et sans aucun faste ni apparat, comme pour marquer que sa royale majesté n'en éprouvait pas le besoin et qu'il entendait recevoir le duc, comme le premier bourgeois de sa ville, à fraîche et gaillarde gueule.

Epernon qui était, comme son hôte, gascon, comprit fort bien la subtilesse d'Henri de Navarre qui, ne pouvant point le lui disputer par la splendeur, voulait emporter la palme par la simplicité et, se pliant souplement à la fine intention du roi, démonta aussitôt, jeta la bride à son valet, (et encore que le soleil, en ce midi, eût assez de force pour cuire un œuf) ôta son chapeau à plumes, et s'avança à pied et le chef nu, sur la route pour rendre hommage à l'héritier présomptif, lequel, charmé qu'il l'eût si bien entendu, vint à son encontre, lui donna une forte brassée et, le prenant familièrement par le bras, l'introduisit dans la ville où, par bonheur pour le duc qui allait toujours découvert, les maisons lui apportèrent une ombre fraîchelette en même temps qu'un peuple en liesse et fort vociférant acclamait tout ensemble le roi de Navarre et, en sa propre personne, le roi de France.

Les princes ne pouvant décemment aller à pied, et les gentilshommes à cheval, ceux de la suite d'Epernon laissèrent leurs montures aux valets et flageolant sur leurs gambes, la trotte ayant été fort longue, s'engouffrèrent, la fesse lasse, par la grand'porte de la ville, Giacomi et moi-même jouant du coude pour nous pousser au premier rang dans l'avidité où nous étions de voir et, se peut, d'ouïr le Béarnais.

A dire le vrai, il ne me parut pas fort changé, encore que douze ans se fussent écoulés depuis que j'avais cheminé, à son côté, du Louvre au logis de Coligny en la nuit qui précéda le massacre des nôtres, sauf qu'il me parut plus petit que dans ma remembrance, impression qui était due peut-être au fait qu'Epernon marchait à son côtel. Mais c'était toujours le même long nez dans une longue face, le même œil vif, l'air bonhomme et la lèvre gaussante. Et encore qu'il eût fait quelques frais de vêture pour recevoir le duc, ses manières promptes et frustes sentaient davantage le soldat que le prince. Cependant, on voyait bien qu'il n'était pas homme non plus à se laisser morguer et qu'il avait cette fiance en soi que donnent l'habitude de commander et l'aptitude à agir.

Poussant comme j'ai dit au premier rang, je vins à heurter une montagne d'homme qui se trouvait derrière le roi et portait la livrée jaune et rouge et ses gardes (rouge pour Navarre et jaune pour Béarn) lequel, à se sentir ainsi toqué sur ses arrières, tourna à demi la tête et dit :

— *Herrgott!* Prends garde, *Mensch!*

Et moi, fort saisi par cette voix dont je reconnaissais tout soudain le timbre, je saisis le bras du géant de mes deux mains pour l'amener à me montrer sa face, ce qui n'eut pas d'autre effet que de lui faire lever le bras et moi-même à ce bras agrippé, mes pieds quittant le sol. Mais ce faisant, il ne put qu'il ne jetât un œil par-dessus son épaule et à son tour me reconnaissant, poussa un cri qu'on eût entendu à l'autre bout de Pamiers, si le bon peuple n'eût pas à cet instant poussé des acclamations à déboucher un sourd.

— *Ach!* Mon noble Monsieur! hucha-t-il en détendant par degrés son bras pour me reposer quiètement sur le pavé. Vous céans!

— Fröhlich! criai-je à mon tour, mon bon Suisse de Berne! Que fais-tu à Pamiers? As-tu quitté à la parfin le service de mon père?

— *Nein! Nein! Nein!* cria Fröhlich en crescendo, les larmes coulant sur sa face large et rouge comme un jambon. Moi quitter le baron? *Schelme! Schelme!* (ce qui voulait dire « honte » en son patois).

— Mais pourtant, dis-je béant, c'est bien toi que je vois céans. Tu n'es ni rêve ni fantôme, mais homme de bons muscles et solide chair! Cornedebœuf! c'est toi, mon Fröhlich! Et accoutré de la livrée jaune et rouge qui fut la tienne il y a douze ans! Au service derechef de Navarre! Céans! A Pamiers! D'où je conclus que tu t'es ôté du service de mon père!

— *Schelme! Schelme!* cria Fröhlich, moi, quitter le baron! Un homme tant vaillant et débonnaire que jamais ne se vit son pareil en le royaume! *Nein! Nein!* A lui je suis, à lui je reste!

— Mais, mon Fröhlich, dis-je en riant, comment peux-tu servir ensemble le roi de Navarre à Pamiers et mon père en Périgord?

— Mais, cria Fröhlich dont la rubiconde face s'élargit d'un sourire, comme s'il entendait enfin la raison pour laquelle je m'étais apensé qu'il avait quitté mon père, c'est bien sûr, que Monsieur le baron est là! Servant, comme moi, le roi de Navarre!

— Quoi! criai-je, mon père! Mon père céans! Mon bon Fröhlich, mène-moi à son logis! Sur l'heure! Sans tant languir!

— Mon noble monsieur, dit Fröhlich, laissez un petit que je mette de l'ordre dans cette populace qui tant presse le roi qu'elle l'étouffe! *Herr Gott!* Sont-ce là manières? A vous je suis, dès que les princes seront dedans la maison de ville, remparés derrière les portes closes! Espérez-moi!

Ce disant, il saisit sa hallebarde des deux mains et la mettant à l'horizontale devant lui, il courut refouler à lui seul je ne sais combien de manants et habitants de Pamiers qui en leur liesse se mettaient tant au travers du roi de Navarre qu'ils lui empêchaient l'entrant. — Ha! m'apensai-je, bien j'entends maintenant pourquoi Henri m'a donné comme médecin à Epernon en cette ambassade en Guyenne. Il savait que j'y verrais mon père! Et outre la joie qu'il me baillait là, il s'est sans doute avisé, en sa sagacité, que je saurais par lui bien des choses qui, se peut, seraient cachées à Epernon et qui lui seraient fort utiles à connaître.

Je retraçai mes pas pour retrouver Giacomi, mon Miroul et Mundane, ce qui ne fut pas facile dans la presse et la confusion des chevaux en ces étroites rues, la noise des acclamations continuant sans rien rabattre, à croire que les gosiers de ces guillaumes étaient du même bronze que leurs cloches, lesquelles carillonnaient à tympan meurtrir, preuve qu'elles n'étaient plus céans catholiques, et l'œil (je parle du mien) attiré qui-cy qui-là par de brunes, accortes et rieuses mignotes qui se montraient curieusement aux fenêtres et qui, n'osant hasarder leurs charnures ès rues au milieu de tant d'hommes affamés, échangeaient d'un côté à l'autre de la rue des gausseries en oc sur les nouveaux venants, qui eussent fait rougir un saint papiste. Qui se fût apensé que ce peuple-là serait devenu triste en se donnant à Calvin aurait été dans la plus manifeste erreur, car ce n'était partout à notre accueil, sous le radieux soleil de juin, que cris, fleurs brandies ou jetées, rires, chants et interminables vivats, tant était grande la gaîté innée de ces bonnes gens et immense, leur liesse à la pensée que le réconciliement du roi de France au roi de Navarre ramènerait la paix.

Les gambes et les fesses lasses de cette longue trotte du Nord au Sud du royaume jusqu'à son extrême confin — les Pyrénées étant là, devant nous, qui nous remparaient contre Philippe II d'Espagne et son zèle morose et meurtrier — nous étions tous, je gage, fort heureux de nous trouver là, reçus et recueillis dans l'amitié de cette bonne ville comme dans un cocon, et moi plus ravi qu'aucun autre pour la raison que j'allais encontrer le baron de Mespech. Les joues toutes gonflées de cette inouïe nouvelle, je retrouvai enfin dans le tohu-vabohu de ce grand concours de peuple mes compagnons. Et je vous laisse à imaginer la joie de Giacomi et de Miroul, lesquels dans l'impatience où ils étaient de saluer Jean de Siorac me donnèrent tour à tour à moi-même une forte brassée, laquelle je leur rendis à double et à triple, étant hors des gonds de raison, tant le bonheur me soulevait de terre, Fröhlich (quand nous le retrouvâmes enfin, dans la bordailla de la colorée cohue qui assiégeait la maison de ville, en huchant des « vive le roi » et « vive le duc » à oreilles étourdies), Fröhlich, dis-je, recevant toute sa part des marques d'affection, Giacomi et Miroul étant tout comme moi excessivement réjouis de revoir le géantin compagnon qui avait bataillé d'estoc et de taille avec nous, quand nous nous mîmes à la fuite, douze ans plus tôt, dans le sanglant Paris de la Saint-Barthélemy.

Ha lecteur ! il est, certes, bien des joies dans notre brève vie, mais en est-il de comparable à celle de retrouver, après tant d'années, le visage d'un père chéri, d'ouïr à nouveau sa voix et de le voir sain, gaillard, allègre, aller et venir en son logis à sa coutumière guise, les mains aux hanches, le pas vif, le dos droit, le menton relevé, blanchi, certes, de poil, mais l'œil bleu brillant de tous ses feux et la lèvre gourmande testifiant qu'il était irrassasié des plaisirs de l'existence, lesquels lui venaient des sens, de l'esprit et du cœur, car pour ce qui est du paraître et de la gloire, il les tenait pour nuls.

— Ha ! mon Pierre, dit-il après s'être enquis de Catherine, de Samson et de moi, et avoir bu les nouvelles que je lui en donnais, je m'ennuyais à mourir au côtel de ce grand niquedouille de François, lequel est devenu si pompeux et paonnant depuis qu'à la naissance de son aîné, son chef a reçu le tortil de baron de Fontenac. Certes, il gère bien ledit domaine et le mien aussi, et il est fort exact à remplir les devoirs de sa charge. Mais ventre Saint-Antoine !

mon Sauveterre me manquant durement, et ma pauvre Franchou morte en couches, je pissais vinaigre à voir continuement à ma dextre cette face-là, longue et triste comme un carême! En outre, le voilà qui, ayant tourné jaquette comme tu sais, découvre que la doublure lui colle à la peau, et se fait plus catholique que le pape, oyant la messe tous les jours, adorant les saints, mâchellant des « *ave maria* » et, le croirais-tu, pèlerinant! Cornedebœuf! Mon sang me bouillit à ces momeries chattemitiques! Je lui ai laissé ces deux mois écoulés le ménage de Mespech, et me voilà suivant Navarre de bourg en ville, sans cure aucune des méchants logis où je loge, n'ayant pour tout domestique qu'un petit valet et une seule chambrière, laquelle, au demeurant, est bonne fille en diable.

Ha pensai-je, aguignant la mignote, coite et quiète sur une escabelle à côtel du fenestrou, bonne fille en diable? ou diable en bonne fille? Monsieur mon père, vos soixante-sept ans vous pèsent peu sur le râble et de vous je serais fort inquiet s'il cessait d'en être ainsi, étant quant à moi bien persuadé qu'impuissance est fille d'abstinence, et non l'inverse.

Après la repue, que nous gloutîmes à dents aiguës et émoulues, Giacomi, qui sentait que mon père me voulait entretenir en particulier, me dit qu'il avait appétit à voir la ville de Pamiers et emmena avec lui Mundane et Miroul, nous laissant seuls. Sur quoi mon père m'ayant demandé la raison pour quoi Henri Troisième avait voulu que j'accompagnasse le duc d'Epernon en son ambassade, je lui dis que cette raison, à la vérité, était triple, une seule étant sûre, et les deux autres, conjecturales.

— Voyons celle-là qui est sûre, dit Jean de Siorac en riant.

— Le duc pâtissant continuement de la gorge, le roi voulait que je le curasse, son médecin étant cloué au lit.

— Et le duc, en effet, pâtit de cette intempérie?

— Sans doute aucun.

— Que lui prescrivez-vous?

— Des gargarisations d'eau bouillue et salée, aux matines, à midi et à vêpres. Entre-temps, je lui recommande du miel.

— Et de l'eau, dit mon père, dites-lui de boire prou.

— Je n'y manquerai pas. La deuxième raison...

— Qui est conjecturale, dit mon père en riant derechef, comme si le mot l'eût titillé.

— ... est que le roi a désiré m'accommoder, vous sachant céans.

— Il le savait, en effet. Duplessis-Mornay m'a vu avec Navarre, et il est en Paris et à la Cour depuis avril.

— La troisième raison, repris-je, est que le roi a pu penser qu'il vous tâterait le pouls par mon truchement.

— Holà! Holà! s'écria mon père en riant. Monsieur mon fils, espionnez-vous mon roi pour le compte du vôtre?

— Je sers l'un en servant l'autre, croyant leurs fortunes liées.

— Bien dit, fils! dit mon père. Elles le sont. Elles le sont dans le principe et elles le seront un jour dans le fait. Contre Guise, le pape et Philippe II, le roi n'a d'autre allié sûr que Navarre.

— Et Elizabeth.

— Ha! Elizabeth! dit Jean de Siorac avec un sourire, est-ce là la raison pour que vous ayez emmené dans vos bagues cet Anglais dont je dirais qu'il n'y a pas apparence qu'il soit né dans la condition où je le vois?

— Oui-da! Il doit voir Navarre pour sa souveraine. Le pouvez-vous arranger?

— J'y vais rêver. Révérend docteur médecin, reprit-il avec un sourire, êtes-vous le médecin du roi ou son agent?

— Je suis les deux.

— Gardez-vous bien! dit mon père en hochant la tête. S'il y a profit à être l'un, il y a danger à être l'autre.

— Le roi m'en a prévenu. Monsieur mon père,

vous êtes-vous apensé que l'ambassade d'Epernon va réussir?

— C'est à Navarre d'en décider.

— Mais vous-même, qu'en jugez-vous?

— Monsieur mon fils, dit Jean de Siorac, son œil fort pétillant, êtes-vous en train de me sonder?

— Oui, Monsieur.

Oyant quoi, mon père s'esbouffa à ne plus savoir s'arrêter, sa chambrière Mariette, à cet éclat, levant la tête de son ouvrage, et encore qu'elle n'eût pas entendu un traître mot de notre discours, ne parlant que l'oc de ses montagnes, elle se mit à rire aussi, réjouie qu'elle était de voir mon père si joyeux. Ce qu'observant Jean de Siorac, il vint par-derrière elle, qui était assise sur une escabelle près du fenestrou, et lui mignonna des deux mains les épaules, les bras et les tétins.

— Le corps humain est symétrique, dit-il. Raison pour quoi nous avons deux mains pour le caresser.

— Monsieur mon père, dis-je, vous ne m'avez pas répondu.

— C'est que je pense qu'il vous est loisible de vous répondre à vous-même.

— Comment cela?

— A deux ans près, vous avez l'âge du roi de Navarre. Imaginez-vous à sa place en 1572, lui, le galapian des montagnes du Béarn, le petit reyot à peine décrotté, parlant mieux l'oc que le français, arrivant, éberlué au Louvre, jeté en pâture à la malice des muguets de Cour, au déprisement des Grands, à la haine du peuple, étant huguenot. En outre, les gambes courtes, le torse long, un nez dit-on « *plus long que son royaume* », point beau, mal dégrossi, mal décrassé, mal parfumé; sentant l'ail, le pied, la sueur : préalable cocu cocué, épousant la princesse Margot, laquelle a déjà perdu pucelage à putasser avec le Guise; gaussé et moqué de tous, couvert de crachats et de brocards, détesté par Catherine de Médicis pour ce que Nostradamus lui a prédit que « *le Béarnais aura tout l'héritage* »; voyant au matin de la Saint-Barthélemy tous ses gentilshommes massacrés sous ses yeux dans la cour du Louvre ; Charles IX lui mettant quasiment le cotel sur la gorge : « Messe ou mort ! Choisis ! » Il choisit la messe, il l'oit, il communie sous les quolibets de la Cour, Catherine s'esbouffant à rire, l'œil et la face tournés vers les ambassadeurs étrangers. Suivent quatre ans — quatre ans, mon Pierre ! — de captivité dorée dans les murs du Louvre où *le petit prisonnier de roitelet* » tourne en rond, sa vie perpétuellement menacée. On fouille ses appartements. On ne lui laisse qu'un valet. Quand la Cour voyage, on le serre dans le carrosse de Catherine, où la reine-mère, de son gros œil rond de chouette, le surveille. Quand la Cour chasse, il est suivi de deux gentilshommes qui ne le quittent pas d'un pouce, même quand il pisse. Quand il paillarde, c'est avec des créatures de Catherine qui rapportent tout à leur maîtresse, même ses soupirs. Havre de grâce ! Que de couleuvres avalées ! Il s'échappe enfin. Le voilà roi en son royaume, chef d'un parti puissant, affrontant ses ex-geôliers. Monsieur mon fils, si vous étiez Navarre, retourneriez-vous en ce sinistre Louvre avec cette même Catherine, ces mêmes ministres, ce même Guise, et, battant les murs du château, ce même peuple Saint-Barthélemisant de Paris qui tient Navarre en plus stridente exécration que Belzébuth ?

— Nenni.

— Voilà votre réponse. Vous vous l'êtes baillée à vous-même.

— Mais, Monsieur mon père, le prédicament n'est cependant point le même. Henri III n'est point Charles IX. Il aime Navarre, et encore qu'il *cale la voile* quand il le faut, sa volonté n'est pas vacillante.

— Vous oubliez, Monsieur mon fils, qu'Henri III n'a aucun point d'appui pour une politique quelconque et qu'il est présentement en son Louvre aussi menacé que le serait Navarre, s'il avait la folie de s'y aller fourrer.

— Monsieur mon père, dis-je, après m'être sur moi un petit réfléchi, peux-je répéter au duc d'Epernon les termes de cet entretien ?

227

— Nenni, dit mon père avec un souris qui démentait sa défense. Laissez donc Epernon plaider ! Il y a à l'affaire d'autres considérations que celles que nous venons de dire. Elles sont de si grande conséquence pour la paix du royaume que Navarre peut fort bien balancer.

J'examinai la gorge d'Epernon le soir de cet entretien avant qu'il s'allât coucher, et la trouvai toujours rouge et quelque peu gonflée, mais sans points ni plaques blanchâtres, d'où je conclus que s'il continuait les gargarisations et le miel, il serait en bonne voie de curation, pour peu qu'il prît garde de ne pas prendre froid, étant en eau.

Quand j'eus fini mon examen, Epernon, qui n'avait certes point l'exquise civilité de notre bon maître et souverain, me dit du ton bref et impérieux dont il usait avec tous :

— Que dit Mespech de mon ambassade ?

— Ce que j'en dis, Monseigneur.

— Et qu'en dites-vous ?

— Que gîter derechef au Louvre ne peut que rebuter Navarre.

— Mais il se pourrait qu'il n'y logeât point ! dit vivement Epernon, mais par exemple au château de Saint-Germain-en-Laye, et bien garnisonné en troupes.

Il n'en dit pas davantage, mais la vivacité de sa repartie ne laissa pas de me persuader qu'Epernon sentait toutes les difficultés de son entreprise et qu'il redoutait d'y faillir.

Je ne sus pas un iota de ce qui fut dit entre Epernon et Navarre ce jour-là à Pamiers, ni à Encausse le 29 juin, où ils s'encontrèrent à nouveau, mais en revanche, des longs entretiens qu'ils eurent à Pau du 3 au 11 juillet, j'eus quelques échos par mon père, lequel, s'il n'assista pas aux pourparlers, se trouva être présent quand Navarre en débattit avec ses principaux conseillers, à savoir Marmet, ministre de la religion réformée, Du Ferrier son chancelier et M. de Roquelaure, lequel, quoique catholique, s'était fort fidèlement attaché à la personne et à la fortune, bonne ou mauvaise, du roi de Navarre.

A vrai dire, Mespech n'ouvrit pas le bec en cet entretien, Navarre n'ayant à aucun moment requis son avis, et quant à moi, j'opine que s'il pria mon père d'assister à ce conseil secret, ce fut pour qu'il m'en répétât les termes et que le roi les apprît d'une autre source que celle du duc d'Epernon.

C'est bien ainsi, de reste, que mon père l'entendit, sans cela il ne m'en eût pas touché mot. Le plus singulier en tout ceci fut que Navarre, à aucun moment en toutes ces journées, ne fit mine de se ramentevoir de moi, ni ne m'adressa la parole, ni ne me jeta un regard, tant familier il était pourtant avec tous, y compris avec le plus petit gâte-sauce ou garçon d'écurie, et alors même qu'il avait quis à Pamiers de Fröhlich ce qu'il en était de mon avancement et faveur à la Cour.

Ce qui donna tout son poids à ce conseil secret de Navarre, c'est que les participants savaient, au moment où il se tint, que *Monsieur*, dont la vie depuis le début mai était déplorée, avait passé à trépas le 11 juin, nouvelle que nous apprîmes le 8 juillet par un chevaucheur envoyé de Paris par le roi. Il ne s'agissait donc plus d'une éventualité, mais d'un événement accompli qui, laissant Henri III sans successeur, le poignait urgemment de s'entendre avec Navarre s'il ne voulait pas que le cardinal de Bourbon ne lui frisât le poil en prenant les devants.

J'ai lu depuis les lettres et créances par lesquelles Sa Majesté admonestait, priait, exhortait le roi de Navarre à venir à la Cour auprès d'elle et à ouïr la messe, pour ce qu'il le voulait reconnaître pour son héritier, titre que méritaient ses qualités de beau-frère et de seul légitime successeur à la couronne de France et recevoir d'elle à cette enseigne tels honneurs, avantages et bons traitements que lesdites qualités requéraient. Il n'est pas formellement dit dans ces missives, mais il y est à tout le moins fortement suggéré que Navarre serait nommé lieutenant-général, dès lors que sa conversion serait consommée, charge qui ferait de lui, du vivant même du roi, le deuxième du royaume sans pour autant qu'il renonçât à être le premier en Navarre.

Le septième jour des pourparlers avec Epernon à Pau, Navarre, au rebours de son habitude, se retira, après la repue, en son cabinet avec Roquelaure, le ministre Marmet, le chancelier Du Ferrier, et comme j'ai dit déjà, le baron de Mespech auquel il fit signe de la tête de le suivre en passant devant lui. Sur quoi, renvoyant tous valets et gardes, il fit clore la porte du cabinet, et sans piper mot, se mit à se trantoler qui-cy qui-là dans la pièce, les mains derrière le dos, l'air rêveux et songeard. En quoi sa mine n'était point différente — au témoignage des participants — de ce qu'elle avait été pendant les pourparlers où il n'avait pas ouvert le bec, écoutant, hochant le chef, posant quelques questions, mais sans jamais exprimer ou trahir son sentiment, sinon à cet instant même où, seul avec ses conseillers, il n'avait pas à déguiser davantage le souci et l'embarras où il se trouvait plongé.

— Eh bien, Sire, dit à la fin Roquelaure, lequel était un grand et gros homme dont la bonne trogne cramoisie témoignait assez qu'il était peu apte quant à lui à dissimuler, d'où vous vient cette nouvelle tristesse ? N'avez-vous pas, bien au rebours, toute raison et occasion de vous sentir content ? Le roi de France non seulement reconnaît vos droits à la succession, mais il est disposé à vous recevoir en sa Cour et à faire de vous le premier et plus ferme soutien de son trône.

— A une condition, toutefois, dit le ministre Marmet.

— Monsieur mon père, dis-je en interrompant Jean de Siorac en son récit, à quoi ressemble le ministre Marmet ?

— Je ne m'étonne pas que vous ne l'ayez pas remarqué, dit mon père en riant. Il ressemble à une ombre. Il n'a pour ainsi dire pas de corps, étant long, maigre et de noir vêtu, l'œil creux, la lèvre mince. Plus ferme en sa foi que le plus ferme des rocs, il a échappé à je ne sais combien de bûchers. Monsieur mon fils, si vous voulez bien ne pas m'interrompre, je reprends :

— A une condition, toutefois, dit Marmet.

— Hé ! Je sais bien laquelle ! dit Navarre, pardessus son épaule, non sans quelque âpreté, cette condition-là étant une épine en sa conscience.

Et il continua, comme par ci-devant il faisait, à marcher à grands pas dans la pièce, combien courtes que ses gambes fussent, mais l'énergie qu'il y mettait suppléait à la brièveté du membre. Béarn est tout monts et vaux, comme on sait, et le Béarnais avait le pas montagnard, allongé et infatigable. Je le vois, quant à moi, assez semblable à une grange de mas sur un pech, mal proportionnée, mais bâtie à chaux et sable.

— Et, dis-je, le chancelier Du Ferrier ?

— Mon fils, vous m'interrompez. Du Ferrier, vous l'avez vu : vieil, auguste, les dix commandements inscrits sur sa noble face. Son œil sagace allait de Navarre à Roquelaure et de Roquelaure à Marmet, et ayant trop en son pensement pour faire fiance à sa langue de tout exprimer, il s'accoisait. Mais vous sentez bien, Monsieur mon fils, que cet accoisement-là, n'était pas celui du premier guillaume venu ! *Nein ! Nein ! Nein*, comme dirait mon bon Fröhlich. Du Ferrier se taisait avec force, avec majesté : Moïse espérant sur le mont Sinaï l'illumination du ciel. Cependant, c'est un politique. Il n'est huguenot que de fraîche date, et se trouve bien moins zélé sur le fait de la religion que le ministre Marmet.

Mais ce triple silence — celui de Navarre, celui de Du Ferrier, et celui de Marmet qui n'avait pas dit cinq mots, mais ces cinq mots, redoutables —, ce triple silence, dis-je, ne parut pas à la longue, supportable à Roquelaure, lequel étant homme de prime saut et franc bec, laissa couler hors lui tout soudain le torrent de ses sentiments.

— Ha, Sire ! s'écria-t-il, je me doute bien de ce qu'il

en est! Vous délibérez en votre for si vous allez embrasser votre bonne fortune en acceptant l'offre du roi, ou si vous la refuserez pour complaire à votre ministre que voilà, et autres de son humeur qui vous conseillent pour leur commodité et passion partisane sans aucun respect de votre service et du bien public !

A cette furieuse attaque, Marmet ne battit pas un cil, et comment en effet, tombant sur un tel roc, la plus précipiteuse cataracte eût-elle pu l'entamer ?

— Je ne suis pas, dit-il d'une voix douce, insoucieux du bien public. Ouïr la messe est affaire à la conscience du roi de Navarre. On l'y a forcé, il y a quatorze ans, le cotel sur la gorge. On l'en prie ce jour d'hui. Mais qui l'en prie ? Le vainqueur de Jarnac et de Moncontour et un des artisans de la Saint-Barthélemy ! Certes, le prédicament a changé le roi, mais ce que la circonstance a fait, la circonstance le peut défaire. Navarre peut bien à la Cour être le bras droit de Henri III comme Coligny, hélas, fut celui de Charles IX. Mais faveur de Cour est inconstante. En Béarn, en Navarre, en Guyenne, les réformés sont le bouclier et la lance du roi. S'il oit la messe, il se désarme. S'il retourne à la Cour, il se met ès poings de ses ennemis. Il sera donc nu deux fois.

A cela, Navarre, sans cesser d'arpenter la pièce de son pas de montagnard, jeta un œil vif à Marmet pour ce que celui-ci, à sa manière douce et voilée, lui laissait entendre qu'à ouïr la messe, il perdrait l'amitié des huguenots, et par conséquent, le parti dont il tirait sa force.

— Mais, s'écria Roquelaure avec feu, ne pas se résigner à ouïr la messe, n'est-ce pas renoncer à devenir roi de France ? Si tôt au contraire qu'on saura à la Cour que le roi de Navarre a ouï une messe, vous verrez en un instant toute la France accourir à lui pour lui offrir ses forces, ses moyens, ses richesses...

— Faut-il perdre son âme pour gagner Mammon ? dit Marmet.

— Mais, dit Roquelaure avec une naïve impudence, cette messe dont vous ne voulez pas, est-il bien nécessaire que le roi l'oït dans son cœur ? Ne peut-il être catholique que de la bouche et de l'extérieur ?

Mais là-dessus tomba dans la pièce un silence si long, si lourd et si froidureux que le pauvre Roquelaure, qui était lui-même catholique, mais de la plus mondaine espèce, en fut un temps décontenancé, n'entendant guère comment les huguenots sentaient sur ce chapitre qu'il venait d'ouvrir avec une bien étrange légèreté. Cependant, se campant sur ses fortes gambes, et paraissant, comme Antée, reprendre force au contact de la terre, il ajouta, ses yeux noirs lançant foudres et éclairs :

— Si nous rebutons et refusons le roi de France, il y a péril à ce qu'il soit contraint de s'entendre avec Guise, les huguenots faisant les frais de cette entente. Et je le demande alors à tous ceux qui s'encontrent céans : Ne vaudrait-il pas mieux ouïr cinq cents messes que de rallumer une guerre civile et revoir son cortège d'horreurs ?

Parler massacres aux huguenots qui en ont fait si souvent les frais, c'est un langage qu'ils peuvent entendre, et l'argument de Roquelaure, même si « les cinq cents messes » leur restaient au travers de la gorge, ne resta pas sans effet sur les présents, encore que Marmet se tût, ayant tout dit, que Du Ferrier se tût, parce qu'il avait trop à dire et que le roi se tût, pour ce qu'il ne pouvait ouvrir la bouche sans trancher, et qu'il ne voulait pas trancher encore.

— Eh bien, mon père, dit le roi à Du Ferrier, qu'en êtes-vous à la fin apensé ?

— Qu'il faut, dit Du Ferrier, d'un ton fort mesuré, froidement examiner les effets d'une abjuration immédiate. J'opine qu'ils seraient déplorables, et sur les catholiques qui ne la croiraient sincère, et sur les huguenots. Et quels en seraient les avantages ? A mon sens, très douteux, la Cour et Paris étant ce qu'ils sont. L'heure ne me paraît donc pas venue de cette considérable concession, laquelle brouillerait tout sans rien arranger. Le roi de Navarre n'a déjà que trop changé de religion. Et je crois qu'il vaut mieux qu'il demeure tel qu'il est que de se mettre en danger d'être réputé inconstant et léger sans apparence certaine d'en tirer commodité. Que faire donc ? poursuivit-il. Rester fidèle à la justice, veiller que le catholique ne pille point le huguenot, que le huguenot n'entreprenne rien sur le catholique. Toute la France est affamée de voir ces temps-là. Les deux factions qui semblent ce jour si incompatibles se trouveront ainsi doucement rassemblées par la clémence.

— Ha Monsieur mon père ! m'écriai-je, ce sont là de fort nobles paroles et qui me ramentoivent au plus vif ce que nous dit un jour à Mespech Etienne de la Boétie, et ce que laisse entendre Montaigne en ses *Essais*.

— Et en son temps Michel de l'Hôpital, dit Jean de Siorac, si amis de la tolérance sont les grands esprits de ce siècle. Mais je poursuis. Au silence qui suivit la déclaration de Du Ferrier, laquelle ne repoussait point absolument l'abjuration du roi, mais la trouvait inopportune, on sentit que Roquelaure avait perdu la partie, encore que le roi, sans donner raison à l'un ni tort à l'autre, se contentât, penché sur Du Ferrier, de lui dire quelques mots à l'oreille. Après quoi, nous faisant à la ronde un petit salut, et un sourire d'amitié, il déclouit la porte et s'en alla.

Le lendemain qui était un 11 juillet, mon père reçut à l'aube la visite du roi de Navarre qui, n'étant accompagné que du seul Roquelaure, prit une collation avec lui, laquelle lui fut servie par le seul Mundane qu'on avait été en toute hâte réveiller. Après quoi, mon père se retirant, Navarre et Roquelaure restèrent avec l'Anglais, et ce qui se dit à cette occasion, je ne l'ai pas su, mais je m'en doute assez, la reine Elizabeth n'ayant pas intérêt à l'affaiblissement de Navarre tant que le Guise menacerait de faire choir la France dans le camp espagnol, auquel cas l'Angleterre s'encontrerait bien seule en son île, d'autant qu'on commençait à murmurer partout que Philippe II préparait une immense flotte pour l'envahir et y rétablir le papisme.

Ce même 11 juillet, vint à passer à Delft en Hollande un événement de grande conséquence et fort désastreux pour la paix du monde, et combien que je n'en eusse connaissance qu'un mois plus tard, je vais le dire ici, le cœur assurément aussi lourd et navré à l'heure où j'écris ces lignes qu'à l'instant où j'appris cette déplorable nouvelle : le prince d'Orange, dit aussi le Taciturne, pour ce qu'il parlait peu, mais toujours à bon escient, fut occis d'un coup de pistolet par un nommé Balthazar Gérard, lequel, lui ayant remis une lettre, pendant que le Stathouder de Hollande attentivement la lisait, lui tira du pistolet pardessous le grand manteau dont il était enveloppé et l'atteignit au cœur. Mis à la question, Gérard confessa que le premier exhortement à cet assassinat lui avait été donné à Rome par un jésuite, lequel lui assura qu'il ferait là un acte infiniment méritoire qui lui vaudrait, à sa mort, d'être porté par les anges droit au Paradis où il siégerait au plus près de Jésus-Christ et de la Benoîte Vierge. Passant de Rome en Paris, il avait été affermi dans son dessein par l'ambassadeur d'Espagne Mendoza, et en Flandre par le duc de Parme qui lui promit des biens immenses s'il venait à bout de l'exécuter. Pis encore, un jésuite de Trèves lui enveloppa le corps d'un parchemin vierge et béni, lequel lui devait assurer l'invulnérabilité après qu'il aurait frappé.

Ainsi fortifié par la promesse de l'impunité, de l'or espagnol et du Paradis, cette pauvre tête, croyant ne servir que Dieu en cette affaire, où bien d'autres intérêts que le sien montraient le bout de leur diabolique oreille, dépêcha le plus magnanime des princes et, sur le continent, le plus solide rempart de la foi huguenote. Le duc de Parme, triomphant, mit aussitôt en branle l'énorme machine qui devait enlever le port d'Anvers, réduire les Flandres, et menacer l'Angleterre.

Nous étions en Lyon quand la nouvelle nous parvint et l'apprenant moi-même à Mundane, bien je me ramentois que, se laissant tomber sur une escabelle, il se prit la tête dans les mains et pleura de chaudes et amères larmes, me laissant étonné de son soudain émeuvement, pour ce qu'il était à son accoutumée d'une complexion calme, tardive et imperscrutable, même quand il gaussait, ce qu'il faisait non en riant, mais en gloussant.

— Ha, dis-je, Mister Mundane, connaissiez-vous le Taciturne et étiez-vous à lui si affectionné?

— *No, no*, dit-il, oubliant son français en le désarroi de cette mort. *I have never set my eyes on him* [1].

— D'où vient donc que vous preniez la chose à si grand dol et fâcherie?

— *Oh my queen!* dit Mundane soulevé de sanglots, *my queen! my poor queen!*

— Que fait votre reine en ce discours? dis-je, béant.

— *She is the next on the list* [2], dit Mundane, ôtant la tête de ses mains et m'envisageant d'un air fort égaré.

A quoi, entendant bien qu'il craignait maintenant pour Elizabeth, Philippe II et les jésuites ayant si bien réussi en leur attentement contre le Taciturne, je le confortai de mon mieux, lui remontrant que l'Angleterre se trouvant être une île, l'entrant s'en pouvait garder facilement en surveillant les ports, et que Walsingham, à ce qu'on disait, avait, comme Argus, cent yeux, dont la moitié toujours ouverts, pour épier les ennemis de la reine. Le nom de Walsingham, lequel était le ministre dont, je gage, ce gentilhomme était l'agent, lui remit du cœur au ventre et les pleurs lui tarirent aux yeux, me laissant émerveillé de l'immense amour qu'il portait à sa souveraine. Plût à Dieu qu'il y ait en France chez les Français naturels une aussi belle et grande affection au roi que celle-là! Et que nos épées le puissent à jamais garder des poignards dont il est entouré!

C'est à Lyon qu'Epernon rejoignit Henri III, lequel y était venu pour ôter le gouvernement de la ville au seigneur de Mandelot (dont il avait eu vent qu'il était

---

1. Je n'ai jamais jeté les yeux sur lui.
2. Elle est la prochaine sur la liste.

guisard) et de le donner au comte du Bouchage, ce frère de Joyeuse dont j'ai jà parlé en cette chronique. Pour les mêmes raisons il ôta la capitainerie et la citadelle à La Mante et la bailla à Montcassin, en qui il avait fiance pour ce qu'il était cousin du duc d'Epernon : Fiance qui fut, hélas, mal placée, ledit Montcassin, en la suite des jours, le trahissant pour Guise. Tant il était malaisé au roi en ce méchant siècle, et Guise s'étant mis dans son royaume comme le ver dans le bois, de s'appuyer sur des serviteurs qui ne fussent pas tout à plein pourris.

Comme Epernon approchait de Lyon, un fort stupide accident lui faillit coûter la vie. Bon nombre de gentilshommes de la suite du roi vinrent de Lyon à son devant et l'encontrèrent sur un chemin assez étroit que bordait un ravin. Ceux-là, après les salutations, tournant leurs chevaux pour s'en retourner à la ville et y précéder l'archimignon, il se trouva que, par male heure, l'épée d'un guillaume accrocha la bride du cheval ducal, lequel, effrayé, leva la tête, recula, et roula dans le précipice avec son cavalier. On les crut morts, et la monture l'était, mais non Epernon qui était seulement pâmé, ayant l'épaule démise, mais sans rupture d'os. Je la lui remis sur l'heure, et à Lyon, le pansai de quelques écorchures tandis que le roi, de prime fort inquiet (le bruit ayant couru à Lyon qu'Epernon avait passé) fut fort aise d'ouïr de ma bouche que la navrure était de petite conséquence.

— Epernon, mon petit maître, dit Chicot, que si tu avais vu la grande liesse des manants et habitants de Lyon à la nouvelle de ta mort, tu aurais su comme on t'aime...

— Peu me chaut d'être aimé, dit Epernon, sans même sourire à cette gausserie, je sers le roi.

— Et fidèlement, dit le roi.

— Voire, mon petit œil! dit Chicot. Est-ce pour servir le roi que tu as ôté la capitainerie de Loches à M. de La Châtre, ou pour te la bailler à toi-même?

— Oui-da! dit Epernon sans battre un cil. La Châtre est un guisard, toute bonne mine qu'il m'ait faite. Ses caresses à Loches sentaient la puce.

En quoi l'archimignon ne se trompait pas, La Châtre, dans la suite, passant au Guise, et lui livrant la ville de Bourges. Je consigne ceci en ma chronique afin de rendre toute justice à Epernon. Aussi, sur le chapitre des pécunes où son avidité a été tant blâmée, désiré-je ajouter que les innumérables écus qu'il se fit bailler par le roi, ne tombaient pas tous en son escarcelle, mais se trouvaient parfois employés au royal service : comme par exemple les deniers par quoi il recruta et paya cette fameuse troupe des *quarante-cinq* dont il entoura le roi jour et nuit pour le protéger des assassinements.

Le soir même de cette grande chute d'Epernon, je revis le roi à son coucher et sous prétexte de lui prendre le pouls, entrai en son alcôve et lui contai par le menu ce que j'avais appris de mon père touchant le conseil secret du roi de Navarre.

— Si pensé-je, dit à la parfin le roi, l'air rêveux et songeard, que nous ne pourrons que nous ne soyons un jour alliés, lui et moi. Désunis, nous serions détruits, l'un après l'autre. Unis, nous détruirons.

Mundane étant fort impatient de regagner Paris pour remettre à my Lord Stafford une missive que Navarre lui avait confiée pour la reine, et moi-même me languissant grandement, après ces trois mois écoulés, de mon Angelina et de mes beaux enfants, je demandai mon congé au roi, ne désirant pas délayer en Lyon tout le temps qu'Epernon et lui-même y voulaient rester pour assister aux fêtes qui s'y donnaient en leur honneur, le roi étant raffolé de ces amusements, surtout quand il s'y trouvait du théâtre, des ballets et de la poésie.

C'est assez mal volontiers qu'Henri m'accorda mon congé, craignant, disait-il, pour ma sûreté, y ayant dans le plat pays, depuis le début des troubles, d'infinis brigands, lesquels embûchaient les voyageurs, ne leur laissant que leurs mortelles dépouilles et leurs âmes. Je représentai à Sa Majesté que nous étions quatre, fort bien garnis en pistolets et fort rompus au jeu de l'épée, sans compter mon valet Miroul qui lançait le cotel comme pas un fils de bonne mère en France, mais le roi qui avait l'âme d'un père pour ses serviteurs (encore qu'il eût mon âge) n'en voulut rien ouïr, et quasi de force forcée me donna un sergent et trois gardes, pour venir en renfort de ma petite troupe, sans compter une somme de cent écus (pour pourvoir aux dépens), lesquels le grand Rabbi, en me les comptant, me rabattit à soixante-quinze. L'étonnant, après cela, que les trésoriers du roi fassent de telles énormes fortunes qu'ils peuvent dans les occasions, prêter des pécunes à Sa Majesté, lesquelles, à y regarder de près, ne sont autres que les siennes !

Ce sergent s'appelait Delpech et avait vu le jour dans le Sarladais, ce qui me le rendit cher, comme bien on pense, outre qu'il était, à la manière périgordine, aimable et serviciable, sans autre défaut qu'un penchant à la bouteille. Mais quant à moi je me fusse bien passé de lui, et de ses trois hommes, lesquels portant la livrée du roi, nous signalaient comme appartenant à Sa Majesté, ce qui ne laissait pas de me faire regarder d'un mauvais œil par les guisards partout où nous passions, et me donnait quelque malaise, d'autant que j'eus le sentiment une fois ou deux, d'être suivi sur le grand chemin de Lyon à Paris, sentiment qui se confirma quand, tournant bride, avec ma petite troupe pour affronter les suiveurs, je les vis, eux aussi, faire demi-tour et détaler : circonstance qui me donna fort à penser, sachant bien que les brigands s'embûchent en avant de vous, en quelque bois ou derrière quelque pont — et non derrière, pour ce que, venant à votre queue, ils ne peuvent ni véritablement vous surprendre, ni même vous rattraper, leurs montures d'ordinaire ne valant pas celles des gentilshommes. Il fallait donc que mes suiveurs fussent d'une bien autre espèce que les caïmans des routes et eussent bien d'autres raisons de garder le nez sur notre piste que l'appétit à nos clicailles, à nos bagues et à nos chevaux.

J'en conçus tant d'alarme que je débattis avec mon

Giacomi si, quittant le grand chemin, où il serait toujours loisible à nos poursuivants de nous joindre à l'étape, nous ne devions pas, afin de brouiller le nez de nos chiens, prendre par le plus long pour rejoindre Paris. Mais Giacomi opina au rebours, disant que sur le grand chemin, il y avait tel et continuel branle de chars et de cavaliers qu'il serait difficile à ces guillaumes de nous attaquer sans que nous soyons secourus, sans compter les périls qu'une troupe aussi aguerrie que la nôtre pourrait faire courir à la leur, laquelle, à ce que nous avions pu voir, n'avait même pas sur nous la supériorité du nombre.

Là-dessus, Mister Mundane, qui avait ouï nos discours, véhémentement intervint et me pria et supplia de la façon la plus pressante (encore que toujours fort civile) de continuer par le plus court, le message dont il était porteur ne souffrant aucun délai. Je résistai de prime à cet assaut, mais le pauvre Mundane le renouvelant d'une manière si désespérée qu'on eût cru que la vie de sa reine en dépendait et Miroul, dont je requis alors l'avis, abondant dans le sens de l'Anglais et de Giacomi, je ne voulus pas avoir raison contre tous, et de maugré, contre ma propre raison, et au rebrousse-poil de mon meilleur instinct, j'abandonnai mon projet.

En quoi, j'eus grandement tort, comme l'irréparable suite de l'affaire me le montra bien : J'en ai encore à ce jour le plus grand regret et pâtiment, gardant toujours en la pensée l'âpre leçon que je reçus en ce voyage et qui est que le chef naturel d'une troupe, s'il est bien avisé de consulter ses compagnons à l'heure du péril, doit cependant décider seul, fût-ce même à l'encontre des siens, ce qu'il tient pour le plus sûr, étant seul comptable du succès de l'entreprise et de l'existence de tous. Responsabilité à quoi je faillis ce jour, pour la première — et je prie Dieu de me tenir à ce serment —, pour la dernière fois de ma vie.

On logea à Mâcon à l'*Auberge du Cheval Noir*, laquelle est sise dans le faubourg nord de la ville, en un carrefour qui est dit du « cheval mort », ce qui fit dire à Miroul que le pauvret avait dû mourir de la peste, pour ce qu'étant devenu tout noir à son décès, il figurait maintenant sur l'enseigne de l'alberguier, et dans l'âme d'ycelui, qui nous écorcha proprement, nous extorquant cinq écus là où deux auraient suffi, arguant que le grand chemin étant si passant, son logis ne se trouvait pas à court de chalands. Ce qui de reste se vérifia, pour ce qu'une heure après nous, tandis que nous étions fort occupés à notre repue, quatre gautiers lui vinrent demander gîte, qu'il plaça au bas bout de notre table et qui se jetèrent sur les viandes comme porcs à l'engrais, étant gens de basse mine, barbus et sales, dînant le chapeau sur l'œil, ne poussant que grognements là où on eût attendu des mots, et leur chef se curant les dents avec son cotel. Je dis leur chef, car il me parut tel de par l'autorité qu'il paraissait détenir sur les trois autres, encore qu'il fût le plus petit des quatre, fluet comme belette, et le museau fort renardier.

La vue de ces gorets s'éclaboussant de sauces dans leur avidité à gloutir (Miroul me disant à l'oreille qu'on pouvait connaître aux taches de leurs pourpoints ce que ces gueux avaient mangé depuis huit jours) étant fort peu ragoûtante, mon œil, les laissant là, s'amusa au manège de la chambrière, laquelle était une brune, vive et frisquette mignote que l'alberguier d'enfer appelait Marianne et qui, nous ayant fait quelques avances et caresses de main à main en nous servant à boire, à Giacomi de prime, à moi ensuite, et ne se voyant pas encouragée en ces quartiers, Giacomi étant dans ses malenconies et moi dans le pensement de mon Angelina, jeta incontinent le gros de ses forces contre Miroul. Mon gentil valet, encore qu'il aimât sa Florine de grande amour, n'était pas homme à résister à un cotillon et capitula aux premières escarmouches, la friponne, alors multipliant les assauts au point de lui mettre son mignon tétin contre la bouche sous prétexte de le servir. Tant est que j'augurai que mon Miroul n'était point pour réparer prou ses forces en la nuit qui venait. Tenant l'affaire pour conclue, et opinant avec

Montaigne « *qu'il faut laisser un peu de place à l'imprudence d'un valet* », surtout quand ce valet vous sert comme me servait Miroul, je pris le parti de contrefeindre une complète cécité à la connivence du couple et engageant mon Giacomi en un entretien sur Larissa, j'entrepris de rallumer quelques flammettes d'espoir dans les cendres qui l'étouffaient.

Cependant, mon œil étant qui-cy qui-là attiré par les allées et venues de la mignonne — y ayant une sorte d'invincible attrait dans le corps féminin qui me contraint à l'envisager dès qu'il entre en branle — je la vis plongée en un assez longuet conciliabule, à l'autre bout de la table, avec la belette à face renardière que j'ai jà décrite, ce qui me fit quelque peu la dépriser, le guillaume étant si bas — et davantage encore quand je la vis, revenant à notre bout, durement rabattre la main de mon Miroul qui lui biscottait les arrières, et ne faisant dès lors pas plus cas de lui que s'il eût été un croûton moisi, tourner tout soudain ses batteries contre Mister Mundane — dont l'œil, à dire le vrai, ne l'avait pas un instant quittée et lui tirer tant de salves qu'elle fit brèche et fut dans la place en un tournemain. Ha! m'apensai-je, combien de ce suave sexe sont à la lune semblables, de laquelle le visage se varie au fil du mois en mille figures! Aussi bien, n'est-ce pas de jours qu'il s'agit ici, mais de minutes!

Le chiche-face d'alberguier nous vint dire après la repue de bien garder pour la nuitée à clore et remparer les contrevents de nos fenêtres, celles-ci donnant sur le chemin, et le faubourg pullulant de mauvais garçons qui, voyant une verrière ouverte à la lune, ne se feraient pas vergogne d'y monter, par échelle ou chanlatte, pour surprendre les dormeurs à l'avantage. Egalement, de bien entraver nos montures à l'écurie et de commander à nos valets d'y tenir l'œil quand et quand, pour non pas qu'on nous les larronne, car si bien clos et verrouillé que fût l'huis donnant sur le chemin, il n'avait pas à s'y reposer, ces gueux passant par le chaix d'une aiguille pour rober le bien d'autrui.

Pour Giacomi et moi qui partagions même lit en une chambre, nous eussions bien aspiré à laisser nos contrevents déclos, la nuit d'août étant fort chaude, étoilée et lunaire, mais à la plus fraîchelette brise préférant la sûreté de nos vies, je fis comme l'alberguier d'enfer avait dit, et à Mundane qui devait dormir avec Miroul dans une chambre jouxtant la nôtre, je répétai les instructions de l'hôte, craignant qu'il ne les eût entendues, le français du bonhomme étant baragouiné d'un patois de Mâcon.

Cependant, je n'avais pas plus tôt clos ma porte qu'on y toqua, et l'ouvrant, quasi nu que j'étais (tant mon lit appelait jà mes gambes lassées), je vis mon Miroul, lequel tout habillé, avec pistolet à la ceinture, épée et dague — sans compter ses deux cotels qu'on ne pouvait voir pour ce qu'il les cachait dans ses chausses — me dit :

— Moussu, je me suis apensé que j'irai dormir à l'écurie, pour non pas avoir à y descendre deux ou trois fois la nuit, ce qui serait de petit gain, si on nous larronne nos montures dans les intervalles.

Il me dit cela d'un certain ton tout ensemble chagrin et méritant, et moi, élevant la chandelle pour mieux voir sa face, je lui trouvai la crête fort rabattue, ce qui me mit en pensée qu'ayant été tout soudain reculé des premières faveurs de Marianne au bénéfice de Mundane, il voulait laisser à l'Anglais place libre en sa chambre, se donnant quelque peine à faire le généreux, et allant sur le foin de l'écurie, comme on dit en Périgord, *manger son rôt à la fumée*. Car jamais plus beau songe n'a remplacé mignote et mieux vaut, comme chacun sait, chambrière en auberge que princesse en palais, si celle-ci n'est que rêve.

— Va, va, mon Miroul, dis-je, me sentant marri pour lui pour ce qu'il allait garder gorge sèche après avoir eu tant de salive en bouche, tu fais bien : on ne saurait prendre trop de sûretés, les chemins étant si mal famés, et les porcelins guillaumes qu'on a vus ce soir se ventrouiller dans leurs viandes me paraissant avoir gros cous pour grosses cordes !

Quoi dit, et l'ayant adouci plus outre de mes louanges, je le poutounai de bon cœur sur les deux joues, le renvoyant content assez de lui-même et de sa vertu, ce qui toutefois est petite pitance quand on se proposait de mordre à si mignon péché.

Je ne m'ensommeillai point tant vite que j'eusse pensé, ayant le cul si dolent de notre longue trotte, et mon pensement retournant quand et quand aux gueux qui nous avaient suivis sur le grand chemin, je regrettais plus qu'à moitié le parti que j'avais élu, opinant qu'il n'est pire vice que l'impatience, laquelle nous avait fait quitter de prime la suite du roi et d'Epernon, pour nous mettre au péril de voyager hors des gros bataillons et présentement nous poussait à persévérer dans l'erreur à non pas prendre par le plus long. Et cette inquiétude me poignant enfin à me faire battre le cœur, je me levai et allai bien vainement vérifier si mes contrevents étaient bien remparés, puis toquant à la porte de Mundane, et celui-ci me la venant déclore, point du tout endormi, comme bien on pense, j'allai jeter un œil à sa fenêtre, laquelle était close comme tombeau, et lui souhaitant le bonsoir, lui recommandai de verrouiller bien son huis, et de dormir avec son épée nue.

— Ha Chevalier ! dit-il en me jetant un œil vif et en gloussant, son cheveu et sa barbe rousse flambant à la lueur de la chandelle, si vous aviez eu épouse tant maigre et froidureuse que votre bonne lame, auriez-vous les tant beaux enfants qu'on vous voit ?

Encore que le cœur n'y fût pas, je voulus bien rire de sa petite gausserie mais toutefois j'ajoutai que s'il recevait visite d'aventure, qu'il prît garde à reverrouiller la porte dès sa terminaison. Il me répondit en fort gaillarde humeur, m'assurant que comme Ulysse, il saurait se garder des Circés, des Calypsos et des sirènes, et que de reste il avait le beau sexe en grande détestation, n'aimant rien tant que la compagnie des chiens et des chevaux. C'était là mon Mundane tout craché, trouvant plaisir à déguiser, et à glousser derrière son masque.

Le quittant, j'allai toquer à la chambre du sergent

Delpech, lequel je vis sur sa coite, ronflant déjà (ayant prou flaconné) et ses trois gardes accommodés comme ils pouvaient sur le plancher. Voyant mon grand fendant hors de combat déjà, je vérifiai le verrouillage de sa fenêtre, et dépêchai deux des hommes avec leurs armes à l'écurie veiller les chevaux avec Miroul selon le tour qu'il leur plairait de ménager à trois. Quant au garde qui restait, je lui commandai de prendre soin de son chef et de remparer l'huis après mon département.

Ces dispositions prises, je me sentis le cœur plus léger, mais cependant pris soin de charger mes pistolets et de dégainer mon épée, passant sa dragonne à mon poignet, et plaçant mon boute-feu à côté de la chandelle que je soufflai enfin, et quasi du même souffle, m'éteignant moi-même, tant je passai promptement de veille à sommeil, lequel, toutefois, fut lourd, traversé, et répétitif, me voyant et me revoyant sans fin en quête d'une chose que j'avais perdue sans même savoir quelle elle était, hors le fait que sa perte était pour moi de grande conséquence.

De reste, il me sembla n'avoir dormi du tout, quand tout soudain une grande noise et vacarme, suivie d'un grand cri m'éveilla et me jeta sur pieds. Un pistolet ès poing, et mon épée pendant à ma dextre par sa dragonne, je me ruai et toquai comme fol à coups redoublés à la porte de Mundane, mais sans recevoir de réponse, et sans la pouvoir ouvrir, pour ce qu'elle était verrouillée du dedans. Giacomi me rejoignant la chandelle allumée en main, et le garde de Delpech, tous deux comme moi nus comme vers, et l'alberguier accourant, armé d'une hache, nous suppliant de ne point enfoncer son huis, ce que pourtant nous fîmes, après que je lui eus promis deux écus pour son dommage, et pris la hache des mains pour fendre le chêne.

Point ne me fut besoin de la chandelle de Giacomi pour voir que le pauvre Mundane était mort, la lune entrant à flots par la fenêtre grand'ouverte et éclairant son corps sanglant sur sa coite, lequel était percé de je ne sais combien de coups, sans qu'il ait eu le loisir de se défendre, son épée n'étant qu'à demi dégainée. Et quant à ses bagues, je n'en vis pas trace, sans cuider un instant toutefois que la roberie ait été la cause de l'assassinement, non plus que Mundane eût ouvert de soi les contrevents à ses meurtriers. Et observant sur le lit un corps de cotte et un cotillon, je renvoyai l'alberguier et le garde, non sans que celui-ci, qui était comme Delpech périgordin, eût opiné que les vaunéants qui avaient fait cette méchantise n'étaient point de leur état des soldats, lesquels eussent tout de gob tranché la gorge de l'Anglais pour le garder de crier et de donner l'alarme.

Laquelle alarme, de reste, était bel et bien donnée présentement, toute l'auberge, en branle et émoi du fait des cris et des coups de hache, et les chalands à leur sommeil arrachés, accourant en chemise, chandelle à la main, tant est que leur voulant refuser l'entrant de la chambre, je pris le parti de faire là quelque peu le mangeur de charrettes ferrées et surgissant devant cette badaude presse, nu que j'étais, mais pistole et épée au poing, je me fis sourcillant en diable et criai d'une voix forte :

— Bonnes gens, je suis officier du roi, comme vous l'avez vu à la vesprée aux livrées de mes gardes. Et au nom du roi je vous ordonne et commande de vous retirer chacun en sa chacunière et de vous refourrer quiètement au lit, sans présumer plus outre !

Et comme malgré cela il y en eut encore parmi ces guillaumes d'assez audacieux pour pousser plus avant dans leur irrasatiable appétit à voir, je pointai vers eux mon épée et huchai à oreilles étourdies :

— Cornedebœuf ! Je ferai un fantôme de celui qui osera avancer !

Cela fut assez pour disperser ces lièvres qui s'allèrent remparer chacun en son gîte, laissant place et passage à Miroul que je vis au fond du couloir voler à mon secours, l'épée au poing et qui fut tant aise de me voir sain et gaillard que c'est à peine s'il battit un cil en voyant Mundane expiré dans son sang.

— Ha Moussu! cria-t-il sans pouvoir dire autre chose que « ha Moussu! » deux ou trois fois à la queue.

— Miroul, dis-je le coupant, retourne à l'écurie sur l'instant et réveille ces balourds, s'ils dorment encore, et fais bonne garde. Et dis-moi, ajoutai-je, ayant peu de doutes sur les auteurs de cette meurtrerie, les porcelins gautiers d'hier soir n'ont-ils pas de longtemps sonné le boute-selle?

— Oui-da!

— Et n'eusses-tu pas dû m'en aviser?

— Mais Moussu, c'est qu'ils le firent deux heures à peine la repue achevée, et en toute paix et quiétude, comme de bons sujets du roi, sans piaffer ni menacer, mais avec nous trois, bien le rebours, fort civils.

— Ha! mon Miroul, dis-je, que n'es-tu venu, pourtant, m'en avertir! D'ores en avant, si quelqu'un des chalands de cette auberge se présente avant l'aube pour seller sa monture, accours céans et me le dis!

A quoi mon Miroul départit, la crête basse, et fort marri d'avoir failli, et d'en être blâmé, ayant le point d'honneur fort sensible, quoique valet.

Son département me laissant la place avec Giacomi, je pris la chandelle des mains du maestro et, me baissant pour éclairer le dessous du lit, j'y vis comme bien je l'apensais, Marianne blottie, nue, muette et apparemment quasi morte d'effroi. Je lui commandai de saillir de son trou et s'en étant tirée, elle fit mine de pâmer, quand elle vit Mundane inanimé : faiblesse qui pourtant allait mal avec la résolution de sa face. Quoi voyant, je lui dis d'un ton grave et froidureux de se vêtir. Ce qu'elle fit avec plus de calme que je n'en eusse attendu d'une garce témoin d'un tel carnage, mais l'observant, et me donnant peine pour me défaire de la trop grande amour que m'inspirent les garces à l'accoutumée, et de la voir comme quelqu'un avec qui je devais croiser le fer, et non point comme la brune et frisquette mignote qu'elle était, mince et souple comme une lame, et cependant fort joliment contournée et rondie partout où il fallait et la face fort belle, en outre, l'œil de jais, vif, parlant, le cheveu admirable et une bouche à ne regarder qu'elle, dès qu'elle parlait :

— Marianne, lui dis-je, m'efforçant à quelque dureté, si j'étais maintenant pour te remettre au prévôt de la ville, il est sûr que tu serais mise de prime à la question, et ensuite pendue pour avoir été au moins connivente à cette meurtrerie, ayant été trouvée par moi sous le lit d'un homme assassiné.

— Connivente, Monsieur, cria-t-elle perdant quelque couleur, mais non point ses esprits. Assurément, je ne le suis point ! Sans cela serais-je restée dans la place au lieu de fuir avec ces mécréants ?

— Lesquels ont peut-être trouvé expédient de t'abandonner, le coup fait.

— Nenni, cria-t-elle, nenni ! Je le jure sur mon salut, m'entende la Benoîte Vierge et le diable me crame tout de gob, si je mens ! Je n'avais jamais vu ces méchants avant la repue d'hier, et bien sottarde je fus d'avoir pris les cinq écus de ce vaunéant pour paillarder avec le goddam et ouvrir le contrevent une fois qu'il serait ensommeillé, le vilain renard m'ayant dit qu'il lui voulait seulement jouer gausserie et chatonie, lui faisant accroire qu'il était mon mari, raison pour quoi il tenait à table son chapeau sur le nez.

— Et tu le crus, coquefredouille ?

— Le moyen de ne le point croire, ses écus me remplissant les mains ! Encore que je fusse étonnée assez qu'il me dît de fuir par la porte, dès que j'aurais déclos le contrevent, ce que je n'eus garde de faire, mais me cachai sous le lit pour bien rire à la farce. Havre de grâce ! Je crus que leurs épées allaient trouer la coite et me pourfendre vive ! Et pensez, Monsieur, que mon corps de cotte et mon cotillon étant restés sous le drap, je mourais de peur qu'ils n'allassent mettre le nez dessous le lit et me dépêcher. Mais ils n'y pensèrent point, la Dieu merci, étant tout occupés à fouiller les bagues.

— Ils ne s'en saisirent donc point tout de gob ?

— Nenni. Ils ne les emportèrent qu'à votre toquement.

— Giacomi, dis-je en italien, il est clair que ces *spadaccini* cherchaient la lettre.

— Monsieur, dit Marianne qui me parut reprendre couleur et assurance, j'entends l'italien, ma mère étant de Florence. Et je sais ce qu'il en est de la lettre, ayant vu dans le miroir le goddam la cacher pendant que je me dévêtais.

— Et où est-elle ?

— Vous le dirai-je, dit-elle en relevant la crête, avant que vous me promettiez de ne point me livrer au prévôt ?

— Tudieu, criai-je encoléré, que voilà une froidureuse garce ! On tue un gentilhomme à son nez et elle barguigne comme la Florentine.

— C'est que je suis florentine, dit Marianne sans battre un cil.

— Friponne, dis-je, si je te livre, la torture t'ouvrira les lèvres !

— Mais point devant vous seulement, dit Marianne qui paraissait avoir plus d'esprit que je ne l'aurais gagé.

— Giacomi, dis-je en latin, qu'es-tu apensé de cette garce ? N'est-elle point trop maline pour être honnête ? Crois-tu son conte ?

— Si elle était sotte, je le croirais, dit Giacomi, cicéronant à son tour. Mais d'un autre côtel, si la lettre est le secret d'Etat que tu dis, peut-on laisser le prévôt de Mâcon s'en saisir ? J'opine donc qu'il faut traiter.

— Mais pas avant, criai-je, d'avoir attenté d'emporter la place à la fureur !

Et empoignant tout soudain Marianne par ses longs cheveux, je menaçai sa poitrine de mon épée nue.

— C'en est assez ! criai-je d'une voix forte, pas de barguin ! Parle, si tu veux vivre !

— Monsieur, dit Marianne avec un soudain sourire, vous vous gaussez ! Iriez-vous occire une femme, vous qui déjà répugnez tant à la laisser pendre ?

— Mon Pierre, reprit Giacomi en latin, la garce a pris tes mesures en un clin d'œil et pour ce qui est de la connaître, elle est plus profonde que nous ne la

249

pouvons jauger. Je ne sais véritablement qu'en penser, sinon que si elle était connivente à ces meurtriers, elle leur eût dit où s'encontrait la lettre, puisqu'elle a vu Mundane la cacher.

La justesse de cette observation me frappant, qui paraissait disculper Marianne, j'eus la faiblesse une fois de plus de ne pas écouter mon intime sentiment qui m'inclinait tout au rebours, et résolus de laisser la donzelle libre, pour peu que j'eusse d'elle la lettre. En quoi j'errai misérablement, comme la suite le montra bien.

— Garce, dis-je, barguin conclu : la lettre contre la liberté.

— Monsieur le Chevalier, dit Marianne m'envisageant œil à œil, ai-je là-dessus votre parole de gentilhomme ?

— Tu l'as. Et d'où sais-tu, repris-je tout soudain, que je suis chevalier ?

— J'ai ouï le sergent des gardes vous appeler ainsi, dit Marianne promptement.

Et encore que la chose fût possible, je ne la crus pas, mais passai outre dans l'impatience où j'étais d'avoir cette lettre qui touchait aux intérêts de trois royaumes, car combien qu'elle fût adressée par Navarre à la seule Elizabeth, je ne doutai pas qu'il y fût question de mon maître.

— Le goddam a placé la lettre sous le coffre que voilà, dit Marianne d'un air fort mal'engroin, comme si elle eût autant rechigné à me livrer la lettre que moi-même, à libérer sa personne.

Le coffre se trouvait si grand et si lourd, étant aspé de tant de ferrures et de barres que, saisissant sa poignée, je faillis à le soulever du tout, quelque effort que j'y fisse, et dus appeler Giacomi à mon aide, fort béant que Mundane eût réussi seul cet exploit.

— Tant promis, tant tenu, Marianne, dis-je, la lettre en main. Tu as ton congé.

— La merci Dieu et à vous, Monsieur le Chevalier, dit Marianne en me faisant une déférente révérence qui démentait son œil, lequel ne me parut ni tendre ni pardonnant.

— C'est bien plutôt le diable qu'elle devrait mercier, dit Giacomi, lequel s'approchant du corps du Mundane, ajouta d'une voix malenconique : N'est-ce pas pitié que la vie de ce bon gentilhomme soit par nous si peu déplorée, cette maudite lettre pour qui il fut occis retenant si fort notre attention ?

— Il est vrai, mon frère, dis-je, je sens là, moi aussi, quelque façon d'injustice et de dureté. Cependant, on ne peut pleurer le compagnon tombé au combat, tant que le combat se poursuit, et m'est avis que nous sommes tous maintenant en grand péril, ayant ceci entre nos mains.

Là-dessus, le voyant accoisé et à ce que je crois, priant pour le pauvre Mundane, je le quittai pour m'aller vêtir en ma chambre et serrer en mon pourpoint la lettre, laquelle me parut me brûler la peau tant elle portait la mort en son pli. Revenant dans la chambre de l'Anglais, j'y vis le sergent Delpech que son garde avait réveillé et qui paraissait débarbouillé de ses flacons, mais fort marri et vergogné d'avoir dormi comme loir au mitan de la vacarme. Je le dépêchai quérir l'alberguier, et Giacomi me quittant pour s'aller à son tour enrober, j'examinai de plus près les navrures de Mundane, et tant par la bouche des plaies que par le fait qu'aucune ne se retrouvait dans son dos (comme je m'en assurais en le retournant) je conclus qu'il avait été dagué, et non pas pourfendu de part en part par des épées, comme Marianne l'avait fallacieusement conté, affirmant même qu'elles avaient percé la coite et menacé sa propre vie.

— Alberguier, dis-je au chiche-face comme il entrait, que sais-tu de cette Marianne que tu as en ton emploi, touchant son gîte, ses parents, son village ?

— Mais rien, mon noble Monsieur, dit le guillaume, je l'ai engagée hier dans l'après-midi, une heure après que ma chambrière m'eut quitté sans crier gare, et cette étrange garce se présentant de soi, et sans même disputer des gages, ceux que je baille n'ayant guère de ventre, mon profit étant si chétif.

Mais, Monsieur, poursuivit-il, à vous parler en toute révérence, il me faudra en bonne justice me payer ma coite, pour ce qu'elle est toute gâtée de sang, et aussi le drap qui manque.

— Quoi? dis-je, béant, qu'est cela? Un drap qui manque? Crois-tu que ces misérables aient emporté ton drap? A la vérité, ce serait belle picorée pour eux qui sont riches à présent des dépouilles de ce gentilhomme!

— Monsieur, dit l'alberguier, voyez de vous: il n'y en a qu'un. Où donc est l'autre?

— Mais je ne sais, dis-je, il a pu glisser au sol.

Là-dessus, se mettant à croupetons pour voir le dessous du lit, l'alberguier poussa un cri et ramena un drap roulé en boule lequel parut à prime vue taché de sang, et déplié, laissa échapper une dague.

— Vertudieu! criai-je, tout à plein hors mes sens. Où est cette garce d'enfer! Alberguier, sur ta vie! Mène-moi à sa chambre!

Mais comme l'alberguier me précédait dans le viret, je me heurtai à Miroul, accourant à moi, effaré, et ses yeux vairons lui saillant quasi de l'orbite.

— Moussu, cria-t-il, Marianne vient que de s'enfuir à brides avalées sur votre genet d'Espagne!

— Quoi? hurlai-je, mon genet!

— Ha, Moussu, quelle damnable chatonie! Elle est venue me mander de votre part d'avoir à seller votre monture pour vous. Quoi fait, et étant embarrassé de la bride pour déclore l'huis sur le chemin, elle s'offrit de la tenir, et cependant que j'étais occupé à rabattre les battants, elle fit saillir votre genet, et tout soudain bondissant en selle, et comme un homme, l'enfourchant, elle piqua et disparut.

CHAPITRE VI

Qu'elle eût commis la meurtrerie, et qu'elle l'eût, seule, commise, sans aide ni connivence aucune des porcelins guillaumes que j'avais soupçonnés, c'est ce qui bien apparut à pousser l'enquête plus outre. Marianne avait tiré avantage du nocturne départ de ces vaunéants, (lesquels avaient peut-être d'autres péchés à confesser) pour leur mettre l'affaire sur les cornes, plaçant la chanlatte à la fenêtre de Mundane, le contrevent étant clos, le déclosant son coup fait, jetant par l'apperture les bagues de l'Anglais sur le chemin, pour nous faire croire que les guillaumes les avaient emportées, s'essuyant le sang qui la tachait sur l'un des draps, y cachant sa dague, et elle-même sous le lit, contrefaisant quasiment la pâmée à la découvrade du forfait qu'elle avait elle-même perpétré avec tant de froidureuse résolution, ayant percé le pauvre Mundane d'une dizaine de coups.

On supposa qu'étant advenue à Mâcon bien avant nous, elle avait encontré, à la traversée de la ville, toutes les auberges pleines sauf, au faubourg, celle du *Cheval Noir*, et s'avisant que c'était là que nous gîterions, acheta la chambrière d'ycelle pour qu'elle donnât son congé à l'alberguier et prît sa place, jugeant que Mundane, s'il se fût défié d'une voyageuse, ne se méfierait pas d'une chambrière dont on sait bien en ce royaume qu'on les choisit accortes et jeunes pour charmer contre clicailles les nuits des chalands. Quant à son manège et ses mines pendant la repue de la veille, ses agaceries à Giacomi, à moimême, à Miroul, son entretien à voix basse avec la belette à face renardière, ce n'était que coquettes grimaces pour émoudre Mundane, gagner accès à sa coite, et l'ayant épuisé de ses mignonneries, le dépêcher en son sommeil.

Elle faillit en deux choses : la première (que le garde avait bien observée) à savoir qu'au rebours de Judith sacrifiant Holopherne, elle ne coupa pas tout de gob la gorge à sa victime, de sorte que Mundane put crier et me donner l'alarme ; la seconde, que n'ayant pas mis la main au coffre, elle crut qu'elle le pourrait soulever, comme Mundane avait fait, pour piper la lettre qu'il avait mise dessous. En quoi, elle échoua tout à plein, ayant tué Mundane pour rien, et se trouvant elle-même en grand péril du gibet, ou de l'écartèlement, dont elle se tira toutefois à l'avantage, me roulant comme poisson en farine, et par-dessus ce beau barguin, me robant mon cheval, lequel était bien le seul de cette écurie qui l'eût pu rattraper, si elle avait choisi tout autre.

Il n'est pas à écarter qu'elle ait été le chef de la petite troupe qui avait mis depuis Lyon le nez sur notre piste, mais que jugeant à notre nombre et assez formidable aspect que les chances au combat n'eussent pas été égales, elle avait pris le parti d'employer la ruse, là où la force n'aurait pas prévalu. Et quant à moi, outre la perte de mon genet d'Espagne (que j'avais payé cinq cents écus, étant un fort bel animal tout ensemble rapide et robuste), je me savais d'ores en avant sur la liste noire des puissants ennemis du roi, cette Marianne ne pouvant qu'elle ne fût une guisarde zélée, et comme on a vu sanguinaire, dans l'exécution des desseins de son maître.

Je rachetai, la rage au cœur, un cheval, et prenant cette fois par le plus long, j'entends par les petits chemins, je parvins en Paris sans encombre ni traverses et n'eus de cesse que je ne remisse à my Lady Stafford que j'encontrai derechef chez la maréchale de Joyeuse la lettre de Navarre. Ce dont elle me fit de grands mercis, et sans témoigner autant de dol de la mort de Mundane que j'eusse voulu qu'elle montrât. Mais les Anglais, ce me semble, tiennent plus encore que nous en leur pensement les différences de naissance, de rang et de degré, comme il ressort du fait qu'ils ont deux mots pour la noblesse (où nous n'avons qu'un), la *gentry* qui est en bas et la *nobility* qui est en haut. Mundane appartenant à la première et my Lady Stafford à la seconde, elle se jugeait assurément trop haute pour le pleurer, et ne fit de lui, en cette occasion, qu'un éloge mitigé, disant qu'il était, certes, un gentilhomme tout dévoué à la reine, mais toutefois imprudent. « *Rash* » fut le mot qu'elle employa, montrant quelque déprisement à ouïr de ma bouche qu'un gentilhomme anglais eût consenti à coqueliquer en auberge avec une chambrière, et celle-ci française, de surcroît.

Je fus quelque peu déçu que ni le duc de Joyeuse ni le comte du Bouchage ne visitassent ce jour-là la maréchale, mais à laisser traîner mes oreilles dans le salon de ma protectrice, il m'apparut qu'on y croquait fort l'hérétique et que ce mâchellement sentait quelque peu le Guise pour des gens qui ne devaient qu'au roi l'immense fortune de leur maison. Le marquis de Miroudot, dont l'œil était fort fin et avait percé mon étonnement, quelque peine que je me donnasse pour n'en pas montrer, me dit *sotto voce*, me prenant par le bras :

— Combien l'on est injuste envers moi, dit la girouette, de m'appeler ainsi : c'est le vent qui tourne, et non pas moi...

Miroudot appartenait à cette espèce de gens que les guisards vinrent à haïr presque autant que les huguenots et qu'on appelait alors les *politiques* ; désignant par là les catholiques qui ne voulaient en aucune façon en découdre avec les réformés, soit qu'ils eussent pour eux quelques secrètes sympathies, soit le plus souvent qu'ils tinssent le zèle du pape, du clergé, et de l'Espagnol pour excessivement suspect, et redoutassent de se mettre sur le dos la tyrannie d'une Inquisition, soit encore qu'ils fussent fidèles au roi et clairement discernassent que la guerre civile, où le Guise nous voulait jeter, ne profiterait qu'à lui seul, la religion n'étant que le manteau de son ambition.

Ces *Politiques* si honnis étaient, à la vérité, de fort bonnes et honnêtes gens, comme Miroudot, comme l'Etoile, comme Roquelaure, mais y ayant entre eux une telle diversité de nuances dans leurs opinions, et dans leur cœur beaucoup de prudence et peu de zèle, ils ne surent jamais s'unir pour résister à l'oppression des guisards et ne luttèrent contre eux que par leur nombre et par leur inertie.

Dès que je sus que le roi était de Lyon revenu avec Epernon, je l'allai trouver, et en son antichambre encontrai une foule de courtisans qui l'assiégeaient, étant comme assoiffés de ses faveurs et de ses libéralités, ne l'ayant pas vu de deux mois, la plupart royalistes, mais d'aucuns guisards avérés qui mangeaient aux deux râteliers et gloutissaient les écus de ce règne, l'œil déjà fiché sur ceux du règne suivant, ou qu'ils espéraient tel.

— Ha, *mi fili*! me dit Fogacer qui de la presse surgissant et me donnant une forte brassée m'entoura de ses bras arachnéens, l'œil fort vif sous son diabolique sourcil, te voilà revenu de tes ambassades, entouré de je ne sais quelle odeur de soufre et de fagots, comme au temps où tu courus un cotillon d'enfer parmi les tombes du cimetière Saint-Denis. Mais c'est bien pis, poursuivit-il à mon oreille. Il n'est question céans que des maléfices, sortilèges et autres sorcelleries dont tu uses pour servir les desseins tortueux du roi.

— Touchant cette magie, dis-je en riant, ne sachant ce qu'il connaissait de mes traverses, j'ai surtout prescrit à l'archimignon pour sa gorge des gargarisations d'eau bouillue et salée.

— On dit plus, *mi fili*, dit Fogacer à voix fort basse.

— Que dit-on?

— Que tu fus celui de la suite d'Epernon chargé de remettre en sous-main de la part du roi à Navarre deux cent mille écus pour qu'il fasse la guerre aux catholiques de ce royaume.

— Mais Navarre ne m'a ni parlé ni même vu.

— C'est justement par là que tu deviens suspect, n'y ayant pas apparence que le Béarnais t'ait pu oublier, t'ayant encontré la veille de la Saint-Barthélemy. Aussi bien dit-on que ce fut par le truchement du baron de Mespech que tu lui remis les clicailles.

— C'est invention pure et simple.

— *Mi fili*, dit Fogacer, arquant son noir sourcil, une invention est rarement pure et jamais simple.

A quoi, il rit, et étant appelé par le révérend docteur Miron, me quitta, me laissant béant et alarmé des bruits qui couraient sur mon compte en Paris, lesquels me désignaient clairement au couteau des assassins, n'y ayant pas en ces temps-là fallace tant énorme qu'elle ne fût avalée par le sot peuple. Je voulus m'en éclaircir auprès de mon Quéribus, et le cherchant parmi la presse, je le vis s'entretenant avec un demi-guisard, lequel me voyant approcher, prit précipitamment congé du baron, et me jetant un œil effrayé par-dessus sa froidureuse épaule, s'enfuit comme s'il avait vu le diable.

— Vertudieu! me dit mon Quéribus après m'avoir quasiment étouffé de ses embrassements et usé la joue à force de poutounes, vous êtes, mon Pierre, en fort mauvaise odeur en Paris. Ces deux cent mille écus sont une tache sur l'écu de votre bonne renommée!

A quoi il rit, fort content de son *giòco di parole*.

— Mais qui croit ce conte absurde?

— Nul à la Cour, sauf peut-être le sottard qui me tenait la gambe, quand votre seule vue le mit à vauderoute. Peu de gens au Louvre ignorent, en effet, que si le roi remit deux cent mille écus à Epernon à son département, ce fut pour couvrir les frais de son ambassade. Mais soyez bien assuré que le peuple de Paris va croire la fable comme Evangile.

— Mais qui peut bien forger ces fallaces?

— Comment? Vous ne le savez pas? C'est la Boiteuse! Elle a une sorte de talent pour inventer les nouvelles les plus propres à nuire au roi et à servir son frère. Quoi fait, elle les raconte dans des billets qu'elle fait tenir — avec pécunes — aux plus frénétiques prédicateurs guisards de Paris, lesquels les sèment le dimanche parmi le menu peuple comme si c'étaient paroles de Dieu.

— Mais qui va croire que le roi a donné deux cent mille écus à Navarre pour faire la guerre à ses propres armées?

— Les Parisiens, mon Pierre. Il n'est rien de saugrenu qu'on ne puisse faire avaler aux Parisiens en le leur répétant souvent. Et par exemple, que le roi a dépensé quatre cent mille écus à Lyon en achetant des petits chiens dammerets.

— Qu'est cela?

— Ces tout petits chiens que les dames aiment porter en leur giron. Observez, mon Pierre, l'énormité de la somme : quatre cent mille écus. A cinq cents écus par chien, le roi en aurait acheté huit cent mille ! Havre de grâce ! Qu'en eût-il fait ?

— Et cependant, cela se dit en chaire ?

— Nenni, nenni ! Cela se dit à la sacristie, se chuchote au confessionnal, se laisse entendre en chaire, et se huche à la procession ! Les séminaires en font des leçons pour les prêtrelets ! Et les Messieurs de la Sorbonne, des gloses à leurs écoliers ! En ma conscience ! Il en faudrait mourir ! (Encore que les deux expressions ne fussent plus guère en usance, Quéribus les employait toujours pour affirmer sa fidélité à Henri, lequel les avait mises à la mode qui trotte quand il était duc d'Anjou.) Comptez, mon Pierre, reprit-il avec feu, mais en baissant la voix, qu'il y a près de cinq cents rues en Paris et qu'il n'est rue si petite qu'elle ne compte pour le moins dix religieux (qui moines, qui prêtres) et imaginez quel immense filet est jeté sur le menu peuple de notre bonne ville par ces cinq mille zélateurs de Guise !

— Querelleur Quéribus, dit Chicot en poussant entre Quéribus et moi son long nez au bout duquel pendait une irréfrénable goutte, et toi, la Saignée, j'ai cru ouïr de mes grandes oreilles (lesquelles étaient fort grandes, à la vérité) que vous complotiez contre le Magnifique ! C'est crime capital en ce royaume ! N'allez-vous pas à prêche ? Ne connaissez-vous pas l'Evangile selon la Boiteuse[1] ? Selon le Grand Putier[2] ? Selon le Gros Pourceau[3] ? Et mieux encore selon le Magnifique[4], lequel se rince tant volontiers la bouche de ses propres éloges. Observez, de reste, je vous prie, que nos quatre évangélistes sont les quatre princes lorrains. Un : la Boiteuse ; deux : le Gros Pourceau lequel sur sa putain s'apparesse ; trois : le Grand Putier, brandissant d'une main son goupillon et de l'autre, son vit ; quatre : le Magnifique, lequel est le miroir de toutes les vertus,

1. La duchesse de Montpensier.
2. Le cardinal de Guise.
3. Le duc de Mayenne.
4. Le duc de Guise.

connues et inconnues. Tous quatre, colonnes et cariatides de notre Sainte Mère l'Eglise !

— Chicot, tu t'aigris, dit Quéribus lequel, encore qu'il fût antiguisard, n'aimait pas entendre médire des princes, fussent-ils lorrains, et partant étrangers.

— C'est Paris qui s'aigrit, dit Chicot. Paris souffre de deux grands maux : cent mille chevaux et cinq mille prêtres. Les uns chiant des aunes de crottin puant. Les autres, des aunes de sermons guisards.

A quoi nous rîmes, et nos rires attirant à nous des courtisans, pour ce qu'ils étaient fort friands des mots de Chicot, lesquels se colportaient communément d'un bout à l'autre du Louvre, Chicot nous prit chacun par un bras, et sa goutte lui tombant — la Dieu merci — sur son propre pourpoint, il nous entraîna dans une embrasure de fenêtre où, après avoir observé que personne, à cette heure matinale, n'avait encore soulagé son ventre, nous fîmes notre siège — mais à vrai dire pour peu de temps.

— La Saignée, dit Chicot à voix fort basse et d'un ton fort sérieux, le roi est bien marri qu'Epernon ait failli dans son ambassade, car, le Béarnais converti, il comptait fort sur lui pour fortifier son trône. En outre, en sa grande bonté, il s'inquiète de ta sûreté, ayant eu vent de tes traverses à Mâcon.

— Quoi ? Déjà ?

— Henri a ses agents, dit Chicot. Serais-tu donc le seul ? Au reste, il va te recevoir, dès qu'il aura fini de dévider la quenouille de ses péchés dans l'oreille du Père Auger.

— Chicot, dis-je, toi dont la folie est si sage...

— Beau début, dit Chicot.

— Apprends-moi pourquoi les jésuites étant occupés en Londres, en Trèves, en Reims et en Rome, aux beaux projets que nous savons, Henri ait choisi l'un d'eux pour confesseur.

— Il y a une réponse à cela, dit Chicot : c'est que le Père Auger est royaliste résolu, et le fut toujours.

— Il y a une autre réponse à cela, dit Quéribus, c'est que les jésuites ne mettent pas tous leurs œufs dans le même panier.

— Vrai, dit Chicot. Mais ils mettent neuf œufs dans le panier du Guise. Et un seul dans celui d'Henri.

— Messieurs, dit s'approchant vivement de nous un grand et fort chamarré courtisan lequel, si bien je me ramentois, était Alphonse d'Ornano, je suis au désespoir de vous déloger, mais il me faut la place pour me soulager.

— Corse, dit Chicot, elle est à toi, vu que tu es le meilleur des Corses, et à ton roi si dévoué.

— Voilà qui est vrai, dit d'Ornano en posant en hâte ses chausses : Je donnerais ma vie pour le roi.

— Et ton bren à son palais, dit Chicot.

A ce moment, l'huis du roi se déclouit, et Du Halde hucha à tue-tête :

— Le chevalier de Siorac, médecin du roi !

Je fendis incontinent la presse, contrefeignant une modeste mine, mais en mon for paonnant assez de passer sur le ventre de ces beaux seigneurs, Chicot m'emboîtant le pas, lequel Du Halde arrêta, quand il fut pour passer le seuil.

— J'ai dit « le médecin du roi », dit Du Halde, raide comme un reître de Germanie.

— Si suis-je, dit Chicot. Je lui soigne l'âme.

— Laisse-le passer, Du Halde ! cria le roi de l'intérieur.

— Du Halde, dit Chicot, d'ores en avant je t'appellerai Du Halte.

Le roi était debout, la main gauche appuyée sur le manteau de la cheminée, vêtu d'un pourpoint vert pâle avec des crevés jaunes, lequel, ainsi que ses chausses, était couvert de broderies d'or, de pierreries et de perles en rangs innumérables. Sous sa fraise dont les godrons étaient fort bien empesés, et du blanc le plus beau (Sa Majesté l'amidonnait elle-même à l'eau de riz), il portait un double collier d'ambre serti d'or, lequel, dès que je m'approchai de lui, me parut répandre une suave odeur ; à sa main dextre, deux bagues et à sa main senestre, trois ; à chaque oreille pas moins de deux pendants, l'un de diamants, l'autre de perles. Sous le petit bonnet qu'il avait mis à la mode qui trotte et qui était surmonté de deux aigrettes, ses cheveux étaient relevés en arceaux qui les faisaient bouffer.

Henri, qui pouvait être en son intimité libre et rieur, comme il le fut en notre dernier entretien, s'encontrait cette matine en ses humeurs graves, ce qui voulait dire que je ne devais pas m'attendre à ce qu'il rît, ni même sourît ni qu'il fît aucun autre geste que de me donner sa main dextre à baiser, sa main senestre reposant sur le montant de la cheminée tant immobile que du marbre, le corps tant raide que statue, et ses beaux yeux italiens, noirs, profonds et liquides, m'envisageant à plein visage et le regard fixe, œil à œil, sans battre un cil.

Paré comme une idole (et pour le moins chargé d'autant de pierres, perles et bijoux que la reine Elizabeth quand je la vis à Londres au moment de l'ambassade qu'y fit en 1586 Pomponne de Bellièvre), grand, élégant en sa tournure malgré l'embonpoint qui le menaçait, la face fort belle, quoique un peu fermée et malenconique, Henri ne laissait pas de paraître véritablement auguste comme s'il eût donné le plus clair de ses soins à composer une image du roi qui, par sa seule vertu, eût imposé son autorité. Quand il ouvrait la bouche, son parler exquis donnait une grâce souveraine à son pensement, lequel était toujours le plus avisé, le plus fin, le plus juste, le plus à propos de tous ceux qui se trouvaient là. Enfin, s'il se montra généreux, comme j'ai dit déjà, au-delà de tous les rois, et combla de présents inouïs tous ceux qui le servaient, cela ne vint pas seulement de sa complexion naturelle, mais de l'idée qu'il se faisait de sa fonction de roi, appelant ses serviteurs « ses enfants » (lui qui n'en avait pas) et à eux bénin, libéral et infiniment pardonnant — pour peu qu'ils lui fussent fidèles.

S'il faut trouver fautes à ce bon prince — ce à quoi je répugne tant je l'aimais —, c'est que cette image de roi qu'il s'était composée (à tant d'art et labour) par sa splendide apparence, l'étiquette étudiée dont il s'entourait, l'éloquence travaillée de sa parole publique, l'émerveillable intelligence des affaires de l'Etat en toute occasion démontrée, et enfin avec ses officiers et ses serviteurs sa générosité sans limites, bref cette image si belle, si noble, auguste même, n'était pourtant qu'une image quasiment aussi immobile que la belle main qui reposait comme du marbre — marbre sur marbre, eût-on pu dire — sur le manteau de la cheminée, tandis que n'étant pas encore à bonne distance de lui pour m'agenouiller, il ne me tendait pas encore sa dextre, gardant en ses membres et jusque dans ses yeux fichés dans les miens, l'inaltérabilité d'une statue.

Tout le temps que je fus à lui, j'entends jusqu'à sa mort, Henri me parut souffrir d'une sorte de répugnance à agir, à mouvoir et à sévir (puisque, hélas, les temps le voulaient). Non que son vouloir fût faible, ni son âme, irrésolue. Mais lisant quotidiennement Machiavel, il s'était persuadé qu'il valait mieux feindre la cécité, dissimuler, temporiser, sourire; déportements qui n'allaient que trop selon la pente de sa nature, laquelle le portait à souffrir en stoïque, sans battre un cil, les empiétements, les écornes, les dépossessions, voire les humiliations. Non cependant qu'il n'en fût irrité, ni qu'il n'abandonnât en son for le ferme propos de les rhabiller un jour à son avantage. Mais sa trop longue patience donnait à ses ennemis enhardis, et parfois même à ses serviteurs, l'impression qu'il était mol et couard, alors qu'il ne l'était du tout (comme la suite bien le montra).

Ce prince infiniment raisonnable eut la faiblesse de croire en le pouvoir de la raison en un siècle zélé. Il voulait raisonner et persuader plutôt que décoller les têtes qui conspiraient à sa ruine. Il les fit enfin tomber, mais en la tout ultime extrémité, et comme en désespoir de ne plus rien pouvoir ni vouloir qui fût autre.

Bien je me ramentois au sujet des prédicateurs et docteurs de Sorbonne qui insultaient et calomniaient le roi que trois petites années après le jour et l'entretien que je suis à conter céans, le roi, étant contre eux fort encoléré, les manda ainsi que le Parlement devant lui en son Louvre et leur fit deux grosses heures une âpre et forte réprimande sur leur insolente et effrénée licence à prêcher contre lui.

Les marauds l'ouïrent en tremblant, le plus tremblant de tous étant Boucher (le bien nommé), curé de Saint-Prévost, à qui Sa Majesté dit qu'il était « *méchant et impudent* », ayant osé prêcher contre elle des calomnies et évidents mensonges, comme d'avoir laissé entendre au peuple que Sa Majesté avait ordonné de jeter en un sac à l'eau Burlat, théologat d'Orléans, alors que ce même Burlat non seulement était bien vif, mais festoyait quotidiennement en sa compagnie et celle d'autres prêtres, gloutissant, flaconnant, glosant et ergotant.

— Boucher, s'écria le roi, et vous tous, curés et docteurs de même triste farine, vous ne pouvez hélas nier que vous ne soyez par là notoirement damnés, et par deux moyens :

« L'un pour avoir publiquement, et en la chaire de vérité, détracté contre moi, votre roi légitime et naturel, et avancé plusieurs calomnies et propos contre mon honneur, ce qui vous est défendu par l'Écriture sainte.

« L'autre, que sortant de chaire, après avoir bien menti et médit de moi, vous allez droit à l'autel dire la messe sans se réconcilier à moi, ni confesser lesdits mensonges et médisances, combien que tous les jours vous prêchiez que quand on a menti ou mal parlé de quelqu'un, se faut aller réconcilier à lui avant de se présenter à l'autel.

« Et quant à vous, Messieurs les maîtres ès arts de la Sorbonne, j'ai ouï dire que le 16 de ce mois, réunis en vos murs après un bon dîner, vous avez pris, après en avoir débattu, une résolution secrète, selon laquelle il était légitime qu'on ôtât le gouvernement aux princes qu'on ne trouvait pas tels qu'il le fallait. On m'a prié de n'avoir pas égard à cette belle résolution, pour ce qu'elle avait été prise après une repue. Mais cependant, Messieurs de la Sorbonne qui vous mêlez, après boire, des sceptres et des couronnes, et vous Messieurs les prêcheurs, je voudrais vous ramentevoir que le pape Sixte Quint, à présent régnant, a dépêché aux galères, pour avoir médit de lui en leurs sermons une bonne douzaine de cordeliers. Et enfin je veux, désire et commande que vous gardiez en la gibecière de votre esprit qu'il n'est aucun d'entre vous — je dis aucun — qui ne mérite autant et davantage que ces cordeliers ; que je veux bien pour cette fois oublier et pardonner le tout, à charge de n'y retourner pas, faute de quoi je prierais ma cour de Parlement de faire bonne et exemplaire justice contre vous. »

Ce fut là, assurément une belle et forte harangue, mais dont la suave raisonnableté volait trop haut pour atteindre les âmes si basses qui l'écoutaient, lesquelles ne voyant poindre au bout de l'algarade pour leurs gros cous de gras bénéficiers la hart qu'ils méritaient, sentirent l'impunité accroître leur audace et la patience du roi redoubler la haine qu'ils lui portaient.

De Thou m'a dit un jour que les paresses et retardements du roi à agir et sévir tenaient à ce qu'il était avant tout un homme de cabinet, aimant dans la quiétude de l'étude à méditer les us, les coutumes et les édits du royaume afin de rhabiller les abus que son œil pénétrant y avait discernés et qu'Henri ne fut jamais tant heureux que lorsqu'il put, pendant les plus paisibles années de son règne, se vouer tout entier à la construction de cet immense corps de lois qu'on appela après lui, en fort légitime hommage à cette œuvre de grande conséquence : le Code Henri III.

Je ne sais si, quant à moi, j'apporterai prou d'eau à ce moulin, pour ce que j'ai vu le roi, tout homme de cabinet qu'il fût, prendre tant de décisions, lesquelles étaient en soi très excellentes — comme l'ambassade d'Epernon à Navarre — mais qui faillirent. Ce n'est point tant, touchant le roi, la méditation qui n'arrivait point à trouver en l'action une sœur, mais l'action elle-même qui paraissait orpheline, n'encontrant jamais que des temps si mouvants et si incertains que son échec faisait douter qu'elle ait eu pour mère la sagesse. Que si l'on veut, pourtant, comparer le déportement du duc de Guise en cette même période qui va de 1584 à 1588, on observera qu'il parut lui aussi, pareillement paralysé, hésitant, oscillant. C'est que le prédicament pour lui était tout aussi trouble que pour le roi ; que s'il avait pour lui l'or de l'Espagne et la faveur du peuple, il avait contre lui la légitimité du souverain ; et qu'enfin ayant pris pour bouclier la religion, ce bouclier, le poussant, l'embarrassant, l'aveuglant même, le contraignait à marcher en crabe vers le trône.

Mon pauvre maître, lui, s'encontrait alourdi en ses pas et démarches par l'énorme poids d'une conscience qu'il n'arrivait point à réconcilier avec les plaisirs qui étaient les siens et qui se trouvaient tenus en grand déprisement et détestation par les Eglises (la huguenote comme la catholique), le clergé, les ministres du culte et le peuple. C'est pour se tirer du cœur ce fardeau nauséeux qu'Henri faisait si souvent retraite dans des monastères, confiné en chétive cellule dans les prières et les macérations, ou bien qu'il menait, pieds nus dans les boues et l'immondice des rues parisiennes, d'interminables processions au cours desquelles, chantant et priant derrière la bure du pénitent, il se flagellait. Tant est que quelques crachats (calomnies, fallaces ou libelles) qui tombassent sur cette pauvre âme du haut des chaires sacrées, quelque affront et écornement à son pouvoir que lui fît subir le Guise, elle se trouvait en son for encore plus noire qu'on ne la faisait. Tant est que si le roi, en elle, eût voulu se venger, le pécheur, lui, se résignait à boire sans broncher le fiel et le vinaigre des humiliations.

Je ne dis pas que me vinrent toutes les idées que voilà entre le moment où Du Halde déclouit l'huis et le moment où posant un genou à terre devant le roi, il me tendit sa belle main à baiser, laquelle je pris avec délicatesse en ma rugueuse poigne, sachant tous les soins qu'il prenait à la rendre suave. Mais elles me viennent en foule à me ramentevoir cet entretien parmi d'autres, non qu'il s'y dît rien qui passât l'ordinaire, mais parce que je fus frappé alors par le déportement du roi, lequel avait l'air en sa parfaite immobilité de poser pour sa propre statue. Hélas! Les vils ennemis qui l'ont, vif, tant sali, triomphent encore en quelque mesure après sa mort, puisque dans les gravures où ils le représentent, je vois Henri portant dans un panier contre sa poitrine un petit chien dammeret — ce qui fut la fantaisie d'une journée — ou jouant au bilboquet — ce qui fut l'amusement d'une heure. C'est pourtant par ces représentations puériles et grotesques qu'on détracte encore à la dignité d'un prince dont le règne dura quinze ans et dont l'immense mérite fut de maintenir l'unité de l'Etat et de défendre bec et ongles la légitimité de la succession monarchique.

Boquet, qui fit la bille à laquelle est attaché son nom, végétait misérablement en Paris dans une échoppe obscure à tourner à la main ce jouet dont nul ne voulait jusqu'au jour où l'artisan fut reconnu par un serviteur du roi pour avoir été celui qui démêla les forêts lors de la fuite d'Henri hors Varsovie douze ans plus tôt : service signalé pour lequel jamais récompense n'avait été ni requise, ni baillée. Quoi apprenant, le roi sans délayer, se porta avec sa Cour en sa boutique, acheta toutes ses billes à Boquet, et lui en commanda d'autres, imité incontinent par tous les courtisans de sa suite, et de proche en proche par les pages, les palefreniers, laquais, écoliers de l'Université, artisans, bourgeois, truands et même à ce que j'ai ouï dire, par les manants de nos bonnes villes dans les provinces. Quant au roi, s'en étant en public diverti assez pour lancer la mode qui trotte par son royaume et par là, étoffer le bon et modeste Boquet, il donna sa bille à Chicot, qui s'en amusa peu, aimant mieux enfiler les mots l'un dans l'autre qu'un bout de bois dans une boule. Et voilà pourtant comment la fidélité, la gratitude et la débonnaireté d'un grand roi furent tournées éternellement à ridicule et à odieux par la haine guisarde, alors même que l'enrichissement de Boquet n'avait pas coûté un liard aux finances de l'Etat !

— Siorac, dit le roi, quand je me fus relevé, ayant baisé le bout de ses doigts, j'ai ouï de votre traverse à Mâcon par un lieutenant de ma prévôté qui galopa au plus court, alors que vous étiez tenu pour votre sûreté à prendre par le plus long. Cependant, comme son rapport fut succinct, j'aimerais avoir de votre bouche un conte plus complet.

Je satisfis Sa Majesté du mieux que je pus, me ramentevant comme elle aimait connaître tout par le détail, et que ce tout fût, en outre, bien dit, vif, coloré, signifiant à l'esprit, et parlant à l'imagination.

Quoi fait, le roi, inclinant la tête sur son épaule dans une attitude de méditation, se réfléchit un petit sur soi et dit :

— D'un côtel, j'eusse mieux fait de mettre Mundane dans la queue de Quéribus. Vous étiez trop, Siorac, sous l'œil des agents de Guise, premièrement comme mon médecin (on sait déjà comme j'use de Marc Miron en mes missions), deuxièmement, comme huguenot calant la voile, troisièmement comme fils d'un père illustre servant Navarre. D'un autre côtel, Quéribus n'eût pas mené à Mâcon l'enquête si bien et si promptement qu'il eût comme vous, *mon enfant*, trouvé la lettre.

Par ce « *mon enfant* » — le roi ayant même âge que moi — Henri me témoignait à la fois affection et gratitude. Tout l'homme tenait à ces nuances : il savait l'art de dire prou en disant peu.

— Comment, reprit-il, était cette Marianne ?

— Vive, brune, mince, frisquette, l'œil de jais, le cheveu aile de corbeau, une bouche à manger.

— L'eussiez-vous mangée, dit le roi sans sourire, si vous en aviez eu l'occasion ?

— Nenni, Sire. Je n'eusse pas eu fiance, porteur

d'une lettre, à ces occasions-là. A mau chat, mau rat [1].

— La Saignée, dit Chicot, tu erres. La garce étant accorte, c'est « beau chat, mau rat » qu'il faudrait dire. En outre, le rat n'est point si mauvais, s'il sait s'ensauver à temps.

— Chicot, dit le roi, connais-tu une garce de cette description en tes alentours ?

— Oui-da, dit Chicot. Elle est de bonne noblesse et sert deux cuisses.

— Deux cuisses ? dit Henri en levant le sourcil.

— L'une trop courte, l'autre trop légère.

— Ha Siorac ! dit le roi. Il va falloir pourvoir à ta sûreté et à celle des tiens ! Dans le nid de vipères de la Boiteuse ne se médite que le sang. Déjà on t'a mis sur le dos ces deux cent mille écus. Le couteau est pour suivre. Eloigne-toi de Paris, mon enfant, pars ce jour même, sans délayer une heure, gagne ta seigneurie du Chêne Rogneux, fortifie-toi et n'en sors que je ne te rappelle céans. Mon trésorier te remettra sur le vu de ce mot deux mille écus qui te serviront à te bien armer et remparer. Et pendant tout le temps de ton absence, mon Chicot, qui est le plus méchant bec de la Cour, répandra le bruit au Louvre que tu as fait une écorne au roi et qu'il t'a exilé dans tes glèbes.

— Ha Sire ! dis-je avec douleur, vous quitter m'est déjà à tant de fâcherie et pâtiment ! Faut-il encore y ajouter ce méchant bruit de ma disgrâce ?

— Bah ! Ce n'est que vent ! Mais qui te protégera mieux que deux enseignes d'arquebusiers ! Qui sait même si au lieu de te vouloir occire, quelque Marianne ne viendra pas te caresser en ta solitude pour gagner ton épée à Guise ?

— Cornedebœuf ! m'écriai-je, je lui en mettrai deux pouces dans le cœur !

— Belle espèce de fornication ! dit Chicot, mais qui a le tort de ne pouvoir être répétée !

Toutefois le roi ne sourit pas à cette gausserie, étant dans ses humeurs malenconiques, que per-

1. A méchant chat, méchant rat.

sonne au monde, pas même Chicot, ne pouvait alléger, éclairer ni guérir.

Je n'étais pas moins sombre en prenant congé de mon bon maître que je ne savais quand reverrais, et dans l'impossibilité où j'étais de le servir avant le temps qu'il faudrait pour que le tohu-vabohu des deux cent mille écus mensongers fût oublié, le proche futur n'étant tissé que de longs mois moroses en ma seigneurie du Chêne Rogneux, sans autre joie que de fortifier ses quatre murs, pour le remparement desquels le grand Rabbi, rognant encore, me versa quinze cents écus, étonné qu'il était que je ne fusse pas plus allègre à les voir tomber en mon escarcelle, mais à dire le vrai de tout le moment que je fus à quitter le Louvre, je fus si chaffourré de chagrin, et le pleur me coulait tant de l'œil que Chicot, j'imagine, n'eut aucun mal à accréditer ma disgrâce, laquelle quand je parvins au guichet de la rue de l'Autruche, Fogacer, Quéribus, Giacomi et Miroul connaissaient déjà, ainsi que le capitaine de Rambouillet, lequel assis sur une escabelle près du guichet (pour ce que sa bedondaine étant lourde, il aimait la reposer sur ses cuisses) me dit en me tendant la main à sa manière gaillarde et bonhomme :

— Adieu, mon ami. Le roi vous aime trop pour que cet exil perdure.

Paroles qui me confortèrent au-delà de toute expression (alors même que je savais que ma disgrâce était contrefaite) et qui firent que me penchant, les larmes tombant de mes yeux, grosses comme des pois, je baisai par deux fois les joues rugueuses de Rambouillet, larges et rouges comme des jambons qu'on n'eût pas encore passés à la flamme.

— Mon Pierre, dit Quéribus, entrons à la chapelle de l'hôtel de Bourbon. Il serait bon qu'on nous vît à messe ce dernier dimanche en Paris, et nous pourrons y jaser sans craindre le couteau, et en toute quiétude, y ayant peu de monde en cette heure matinale.

Dès qu'il nous vit, le bedonnant bedeau de la chapelle s'avança vers nous, flairant à notre bonne mine la belle obole, afin que de nous placer « *en bonne et digne place* », mais Quéribus lui répliquant que nous voulions la dernière, tant par humilité que pour y faire tranquillement nos dévotions, le bedeau qui entendait bien ce langage, tant de commerces divers, voire même amoureux, se traitant en l'ombre connivente de sa chapelle si communément proche du Louvre, commerces sur lesquels, le poignet graissé, il clignait doucement de l'œil, nous plaça derrière un gros pilier et nous quitta fort content de nous et de nos libéralités, priant que le Seigneur voulût bien nous tenir à jamais en sa sainte garde.

— Amen, dit Fogacer.

— Moussu, dit Miroul, peux-je aller aux porches de la chapelle garder l'œil sur les alentours?

— Va, Miroul, dis-je tristement, va muser à ta guise, mon fils : Dieu sait combien de mois les rues de Paris vont nous être ravies! Muse, fils, muse! Mais ne t'écarte point. Nous départons ce jour pour le plat pays.

Il partit, et Quéribus à ma dextre, Giacomi à ma senestre, et Fogacer derrière moi, lequel était flanqué d'un page qu'il appelait Silvio (du nom du galapian qu'il avait enlevé en Périgueux une dizaine d'années plus tôt et qui était mort d'un *miserere*, le laissant inconsolable), me pressant de questions sur ma disgrâce, je gardai de leur rien dire de Mundane, ni de Marianne, ni de la roberie de ma monture, mais seulement que le roi me voulait éloigner de Paris en raison des bruits qui couraient sur les deux cent mille écus que j'avais prétendument remis pour lui à Navarre.

— Ha mon frère! me dit Giacomi à l'oreille, encore que je sois au désespoir qu'on vous exile de Paris, que cet exil vient donc à point pour accommoder mes affaires, si du moins vous consentez à ce que je vous suive au Chêne Rogneux!

— Quoi, mon frère? dis-je, fort mal'engroin, quel sentiment étrange est-ce là? Mon exil vous conforte! Ma disgrâce vous arrange!

— Ha mon Pierre ! dit Giacomi excessivement rougissant, je me serai mal exprimé ! Sachez, cependant, que Samarcas, nous croyant encore en nos missions de Guyenne, est descendu en Paris chez les Montcalm, que j'ai vu ce jour même Larissa en particulier, qu'elle m'a juré sa foi et aussi de se dérober, dès qu'elle pourrait, à l'emprise de ce méchant. Cependant Samarcas survenant, par chance sans me voir, annonça son département sous les quarante-huit heures, ayant eu vent de votre retour céans. Tant est que s'il apprend que vous quittez ce jour pour le Chêne Rogneux, il pourrait surseoir à sonner le boute-selle, ce qui me permettrait, après vous avoir ostensiblement suivi en vos terres, de revenir en Paris.

— Malheur de l'un, bonheur de l'autre, dis-je en souriant d'un seul côté de la face. Giacomi, sois heureux sans scrupule : je partirai ce jour. Si du moins Quéribus, dis-je en me tournant vers lui, veut bien me prêter sa coche.

— Sa coche, son escorte et lui-même, dit Quéribus.

— Et moi, dit Fogacer.

— Quoi ? dis-je, Fogacer, et le service du roi ?

— *Mi fili*, encore que le mensonge soit à l'occasion suave, sa douceur entre amis offusque. J'eusse bien voulu contrefeindre que je te voulais escorter pour ta sécurité. Mais le baron ? Mais Giacomi ? Où trouver de plus fines épées ? Et meilleur lanceur de cotel que ton Miroul, que je vois présentement apparaître à l'huis de la chapelle, les joues toutes gonflées d'une nouvelle qu'il te va selon son us, petit à petit, distiller. *Mi fili*, la vérité, la voilà, ni pure, ni simple, comme j'ai dit déjà. Je dois fuir loin de ma rue, de mon gîte et de mon voisinage, où l'on commence à suspecter que je n'aime pas le cotillon autant que je devrais.

— Et Henri ? dis-je.

— Henri me croit au chevet de ma vieille mère, laquelle est morte ces vingt ans passés. Mensonge derechef. Mais qu'y peux-je ? La conséquente sottardise des hommes me contraint à sans cesse mentir et partir. Le Juif errant, c'est je.

— Moussu, dit Miroul, son œil bleu luisant dans la pénombre, peux-je avec vous seul à seul...

Je me levai et le joignis derrière un pilier.

— Moussu, dit-il, n'est-ce pas un grand sujet d'étonnement pour le sage combien on apprend de choses à muser par les rues, pour peu qu'on garde l'œil et l'ouïe grands ouverts !

— Miroul, dis-je, ce prologue est trop long. Arrivons-en au fait.

— Mais c'est que le fait, dit Miroul, requiert quelque glose.

— Glose, je te prie.

— Moussu, quand je m'apense que vous m'avez tant durement tancé ces dix mois écoulés pour avoir musé une heure en Paris, alors que j'y apprenais le nom du lieutenant de la Prévôté.

— Mes erreurs et mes repentances font-elles partie de ta glose ?

— Nenni, ma glose est sur la force de la coïncidence.

— Voyons cela.

— Une dame quitte son logis pour vous aller attendre au guichet du Louvre et vous porter un avertissement. Au même moment, pour muser, je sors de la chapelle. D'où il ressort, dit-il, fort content de son *gioco di parole*, que si je n'avais point musé, je n'eusse pas encontré la dame.

— Me voilà fort pénétré de la force de la coïncidence.

— Moussu, qu'arrive-t-il ? On vous a changé votre naturel ! Vous ne me tabustez plus ! Vous êtes triste et patient !

— C'est là l'effet de l'exil.

— Moussu, ne voulez-vous pas savoir qui est cette dame ?

— La connais-je ?

— De fort près, jadis. En amitié, ce jour.

— Son nom ?

— De son état, elle est bonnetière-enjoliveuse.

— Mon Alizon ! Ma petite mouche d'enfer !

— Ha Moussu, vous vous réveillez !

— Miroul, cours la quérir!

— Moussu, dit Miroul, observez que j'y vais sans vous picanier davantage, tant votre chagrin me fait peine.

Et le voyant partir comme carreau d'arbalète, fort soulagé qu'il ne glosât pas plus outre, je fis signe au bedeau et lui glissant quelques clicailles, je lui dis que j'avais à entretenir une dame de nos communes dévotions, et qu'il y faudrait quelque lieu écarté.

— Derrière ce rideau, dit-il, vous serez fort commodément pour l'élévation de vos âmes. Mon gentilhomme, je prierai cependant pour vous.

Même lorsque derrière le rempart du rideau, elle ôta son masque de sa jolie face, j'eusse à peine reconnu mon Alizon tant elle était splendidement attifurée en un cotillon vert pâle brodé de fils d'or, et un corps de cotte de même couleur et étoffe, laquelle était du plus beau brocart.

— Alizon, dis-je tandis que me jetant les bras au col elle me poutounait à la fureur, tout séparée qu'elle fût de moi par la largeur de son vertugadin, Alizon! Ma jolie mouche! Comment te voilà faite! On te donnerait de la demoiselle en ces beaux affiquets!

— Ha Monsieur! Vous vous moquez! Je suis toujours bonnetière-enjoliveuse, quoique maintenant maîtresse, comme vous savez. Mais ma quête de vous par la ville n'allant pas sans péril, pour ce que vous êtes de présent si mal famé en raison de ces deux cent mille écus...

— Menterie, Alizon! Fallace! Calomnie déprisable!

— Ha Monsieur! Que je suis aise de l'ouïr de votre bonne bouche! Là, baisez-moi derechef, mon Pierre! N'ai-je pas été sans vous voir ces trois mois écoulés?

— Mais cette vêture, Alizon!

— Je la viens de terminer pour une de mes pratiques et ayant même taille et tournure qu'elle, j'ai eu l'impudence de m'en enrober afin qu'on ne me reconnût point, voulant parler à votre personne.

— Mais si tu encontres par les rues cette dame dont tu portes les plumes?

— Monsieur, elle ne saurait contre moi s'aigrir, vu que je ne m'en suis parée que pour courre sauver la vie de son frère.

— Quoi! dis-je, Catherine! Catherine! Ma sœur Catherine! Havre de grâce! Que je voudrais voir son nez! Ha ma petite mouche d'enfer! criai-je en riant et en la prenant à mon tour dans mes bras et en couvrant sa face de baisers, quelle jolie chatonie est-ce là!

— Moussu, dit Miroul, en soulevant le rideau assez pour passer la tête, plaise à vous de ne pas vous esbouffer tant. Vous troublez la messe. Et le bedeau lui-même sourcille à vos rieuses dévotions.

— Graisse-le, Miroul! Alizon m'a guéri de ma malenconie!

— Moussu, je m'en réjouis. Je n'aimais pas vous voir tant patient avec moi.

— Mon Pierre, dit Alizon quand le rideau fut retombé, que vous êtes un étrange corps! Je cours vous dénoncer une embûche contre votre vie, et vous riez!

— Si tu connaissais tant bien que moi ma petite sœur Catherine, tu rirais aussi, Alizon! La dame est d'une telle incrédible hautesse qu'à te voir en ses cotillons elle se roulerait de dépit dans la boue! Alizon, si cette robe est refusée, je la paierai : elle est à toi.

— Monsieur, la merci à vous! Mais le temps presse! On vous attend pour vous arquebuser de l'étage de l'Aiguillerie qui fait face à votre logis.

— Mais cette Aiguillerie est close ce mois passé.

— Raison pour quoi on l'a pu louer.

— Petite mouche, tu bourdonnes d'or! D'où tiens-tu la nouvelle de cet attentement?

— De deux dames qui en jasaient à voix sourde ce matin derrière une tapisserie, à laquelle, au bruit de votre nom, je collai l'oreille.

— Et toi, que faisais-tu de l'autre côté de cette tapisserie?

— Je livrais des bonnets.

— Qui sont ces dames?

— Monsieur, dit Alizon en redressant d'un air outragé un torse que les ans n'avaient point alourdi, je ne voudrais dire leurs noms, vu qu'elles sont mes pratiques.

A quoi j'ouvrais le bec pour rire derechef quand Alizon me le ferma de ses baisers.

— De grâce, Monsieur, dit-elle quasiment dans ma bouche, ne riez pas! Vous troublez la Sainte Messe!

Ce qui m'eût fait rire de plus belle, si j'avais pu, et aussi me donna quelques regrets doux et âpres, tout fidèle que j'eusse juré d'être à mon Angelina.

— Alizon, dis-je, d'elle à la fin m'arrachant. Je jure que je connais ces deux dames. L'une est fort haute, bien que petite. L'autre est plus basse, quoique plus grande. Et celle-ci est, comme toi, vive, brune, frisquette, sauf que l'œil est moins doux. Et elle se nomme...

— Mademoiselle de La Vasselière, dit Alizon, prise sans vert.

— Alizon, dis-je en lui fermant la bouche de la main, garde-toi de prononcer des noms : tu perdrais tes pratiques. Je vais aviser de cette affaire pour laquelle je suis jà autant en tes dettes qu'en cette aube de la Saint-Barthélemy où tu me cousis une manche blanche à l'épaule pour aiser ma fuite.

— Ha Monsieur, ce n'était rien! dit-elle rougissante, non pour le péril encouru, mais pour ce qu'en ces temps-là nous étions si proches.

— Rien? dis-je. Rien que la vie. Alizon, je te sais haute en tes humeurs, mais de grâce, prends cette bague, poursuivis-je, en m'ôtant du petit doigt une topaze que je passai incontinent à son annulaire pardessus son gant.

— Mon Pierre, dit-elle, mon état est trop bas pour porter bague si étoffée, mais je la garderai en mes trésors pour l'amour de toi.

Elle achevait quand, le rideau se soulevant, elle eut juste le temps de se détourner pour remettre son masque, tandis que le bedeau disait d'une voix basse et bourdonnante :

— Mon gentilhomme, on a prononcé l'*ite missa*

est. Ne vaudrait-il pas mieux que la dame s'ensauve avant que les fidèles sortent?

— Oui-da! C'est bien pensé!

Mon Alizon fut hors en un battement de cil, et revenant m'agenouiller derrière le pilier, je me trouvai cette fois entre Quéribus et Fogacer, l'œil baissé tous trois et les mains jointes, tout le temps que sortirent les quelques matinaux courtisans, lesquels, au passage, m'envisageaient et me dévisageaient selon la grande ou petite amour qu'ils nourrissaient pour moi qui, les aguignant du coin de ma prunelle, vis bien que ma disgrâce était déjà crue, répandue et glosée. Quelle édifiante image nous donnions, Fogacer, Quéribus et moi, à ces gentilshommes à prolonger ainsi nos dévotions, encore que l'un fût athéiste, le second, huguenot et le troisième, catholique tant tiède qu'on l'eût pu dire froidureux! Ainsi en va-t-il de cet étrange siècle où le zèle n'est souvent que grimace.

— *Mi fili*, dit Fogacer *sotto voce*, essuyez-vous la joue qu'on vous a de rouge barbouillée. N'êtes-vous pas vergogné de vous faire poutouner par une personne du sexe dans le temple du Seigneur?

— Ce temple, dit Quéribus en se penchant, a souvent été mis à pire usance. La princesse Margot s'y est donnée au baron de Vitteaux pour le persuader de tuer Du Guast.

— Baron, vous errez, dit Fogacer, la fornication ne se fit pas sur ces dalles-ci, mais sur celles de la chapelle des Grands Augustins.

— Vrai, dis-je, mais céans, Catherine pieusement communia le jour où elle fit assassiner Coligny.

Je ne voulus pas informer Quéribus et Fogacer de l'embûche qu'on m'avait machinée, ne sachant si le roi les voulait mettre dans le secret de ces affaires-là alors que Giacomi et Miroul l'étaient de force forcée depuis Mâcon. Je laissai donc le baron partir pour préparer sa coche et son escorte qu'il me promit pour le coup de midi, et Fogacer ayant assuré qu'il serait là sans délayer avec son Silvio, je restai seul avec le maestro et Miroul, et à voix fort basse, le bedeau laissant traîner ses oreilles dans les alentours, je leur dis ce qu'il en était.

— Moussu, dit Miroul, vous ramentez-vous l'Aiguillerie de la bonne Thomassine en Montpellier, laquelle avait deux issues, comme souvent ces sortes de petites maisons où l'on fait plus, comme chacun sait, que vendre des aiguilles. N'en serait-il pas de même pour celle-là et peut-on imaginer que l'assassinateur, le coup d'arquebuse tiré, saille quiètement dans la rue où vous gisez dans votre sang ? Nenni ! Cela ne se peut ! Je gage, moi, que son cheval l'attend dans une ruelle de derrière pour qu'il l'enfourche, son coup fait, comme fit Maurevert après la meurtrerie de Coligny.

— C'est raison parler, dit Giacomi. Cherchons la monture dans la rue qui va parallèle à la rue du Champ Fleuri et d'elle, remontons jusqu'à l'homme.

Je m'accoisai, admirant que l'idée ne fût même pas venue à Giacomi qu'il eût pu ne pas se fourrer dans une aventure grosse pour lui de conséquences, non point seulement dans le présent péril, mais aussi dans ceux qui viendraient à la queue. Me ramentevant alors comment je l'avais rebuffé pour avoir dit que mon exil venait à point pour accommoder ses affaires, je lui soufflai tout bas à l'oreille en lui serrant le bras :

— Monsieur mon frère, je vous dois quelques excuses du rabrouement que je vous fis, ce moment passé. Je vous en prie, pardonnez-moi.

— Ce n'est rien, dit-il en détournant la tête en sa vergogne. Je me suis fendu inconsidérément et votre pointe m'a frôlé. Mon frère, allons débusquer ce maraud ! Piège éventé, bataille gagnée ! Il me tarde de voir la face de ce guillaume !

Duquel, cependant, « remontant de la monture à l'homme » et trouvant toutes portes ouvertes dans l'Aiguillerie tant le drole avait hâte de fuir, son coup lâché — duquel, dis-je, on vit d'abord le cul, posé sur une escabelle, face à la fenêtre par laquelle, tandis que j'ouvrais l'huis de mon logis il comptait m'arquebuser.

— Allons ! dis-je, mettant ma pointe dans son gras, pose ton arme, compagnon, et montre-nous ta face !

Ce qu'il fit, après qu'il eut vu par-dessus son épaule nos trois épées l'entourer.

— Qu'est cela ? dit-il, béant. Et quelle affaire avez-vous avec moi qui n'en ai pas à vous ?

— Si fait ! dis-je, et je l'envisageai à mon aise, fort sourcillant, le laissant bouillir et mijoter dans l'appréhension de la hart.

Non qu'il eût, du reste, tant mauvaise face que j'eusse attendu, encore qu'elle fût assez fessue, et point belle, la lèvre du dessus étant coupée et une oreille manquante, mais l'œil point tant méchant que niais.

— Je suis, dis-je, le chevalier de Siorac.

— Mon gentilhomme, dit-il, je vous avais hélas, reconnu pour ce qu'on vous a montré à moi ce matin comme vous sailliez du Louvre. Mais n'est-ce pas traîtrise, poursuivit-il, alors que je vous attendais devant, de surgir sur mon arrière ?

— Le traître, c'est toi ! dit Miroul en lui posant sa pointe sur la gorge.

— Mon gentilhomme, dit le guillaume sans battre un cil, si je dois être dépêché que ce soit à la chaude et non ès mains du prévôt, lequel me tourmentera avant que de me pendre, ce qui fait un grand embarras, et long, et languissant.

A quoi j'envisageai l'homme d'un œil moins dur, me ramentevant ce que m'avait dit Espoumel en sa geôle de Montpellier.

— Point n'y faudra la question, dis-je, si tu réponds aux miennes. Quel est ton nom ?

— Nicolas Mérigot dit le garde.

— Que veut dire ce surnom ?

— Que je fus des gardes françaises dont on me chassa pour avoir larronné mon sergent.

— Et de ton état présent ?

— Truand de la truanderie, dit Miroul.

— Non point seulement, dit Mérigot. Je suis batelier et garçon de rivière du côté de deçà.

— Du côté de deçà ? Que veut dire ce jargon ?

— Que je suis batelier de Seine en Paris, ne pouvant labourer ni en amont ni en aval. Nous sommes cinq cents de ceux-là, et tous mauvais garçons.

— Quoi? Tous? dit Giacomi.

— Nos traditions le veulent.

— N'est-ce pas pitié, dit Miroul, que pour naviguer en rivière de Seine, on se doit remettre ès main de coquins qui n'ont ni foi ni loi!

— Qu'est cela? s'écria Mérigot d'un air fort outragé. Point de foi? Nous sommes tous bons catholiques, et tenons la Benoîte Vierge en particulière vénération.

— Je cuidais, dis-je, que c'était les bouchers, mazeliers et chaircutiers de l'Ecorcherie qui vénéraient la Vierge?

— Ils ont la leur, et nous avons la nôtre, laquelle nous portons en nos processions.

— Oyez le malheureux idolâtre! dit Miroul en oc.

A quoi Giacomi sourit, pour ce qu'il priait la Vierge matin et soir et était d'elle quasiment amoureux.

— Mérigot, dis-je, qui t'a soudoyé pour cette meurtrerie?

— Un gautier qui m'est venu trouver hier sur le quai au Foin, m'a régalé d'un flacon, et m'a proposé trente écus...

— Trente deniers, dit Miroul.

— Monsieur, dit Mérigot, l'envisageant de son œil sottard, je ne l'eusse fait pour si peu.

— Pourquoi toi, dis-je, plutôt qu'un autre?

— Pour ce que je sais arquebuser, ayant été garde française. Toutefois, j'ai de prime refusé.

— Pourquoi cela?

— Je suis larron. Je ne tiens pas boutique de sang.

— Et qu'est donc cela qui t'aura décidé? Le cheval?

— On le prêtait seulement. Une fois hors Paris et ayant gagné Saint-Cloud, je le devais attacher à un anneau derrière l'église de ce village dans laquelle le gautier m'eût compté les écus.

— Ou bien plutôt un coup de stylet pour s'assurer de ton silence.

— Ho! Ho! dit Mérigot, l'œil fort écarquillé. Cela ne se peut! Le gautier m'a dit être le majordome d'une grande maison, et d'ailleurs que son maître me saurait tirer de geôle, si par malheur on m'y fourrait. Pour moi, je me suis apensé qu'il appartenait à Guise, vu qu'il m'a dit qu'il vous fallait dépêcher, pour ce que vous étiez à Navarre, suppôt d'enfer.

— Ha! dis-je. Voilà qui est beau! Et c'est cela qui t'aura résolu au sang?

J'ouvris alors de ma main senestre mon pourpoint et lui montrant la médaille de Marie que je porte à ce jour encore contre ma poitrine, ma mère me l'ayant donnée en son agonie, je lui dis :

— Mérigot, on t'a trompé. Je suis comme toi bon catholique. Le gautier est un mien cousin avec qui je suis en procès d'héritage et qui tâche de le gagner en me faisant occire.

A quoi Mérigot fut béant, et à ce que je vis, me crut comme Evangile, étant de cette espèce musculeuse qui n'a même pas de cervelle assez pour cuire un œuf.

— Ce gautier que tu dis, quelle espèce de mine montre-t-il? N'est-il pas plutôt...

— Petit, dit Mérigot, la face maigre, l'œil noir, une cicatrice à la lèvre du dessous.

— C'est lui! dis-je. C'est mon cousin tout craché! De reste, j'avais reconnu son cheval! Mérigot, n'est-ce pas pitié que de cauteleux coquins poussent d'honnêtes mauvais garçons de Seine à se faire assassins sous le prétexte et manteau de la religion?

— C'est traîtrise! dit Mérigot en serrant les poings, lesquels étaient assurément gros assez pour peser sur les avirons quand le vent refusait sur Seine.

— Miroul, dis-je, cours me chercher au logis papier et écritoire.

— Mon gentilhomme, dit Mérigot, qu'allez-vous faire de moi?

— De prime mettre noir sur blanc ta déposition pour que tu ne sois pas tourmenté. De suite, nous aviserons.

Miroul revenu, je dis en oc à Giacomi, lequel oc il avait appris en Mespech pendant son long séjour :

— Eh bien que faisons-nous de ce drolissou ?

— S'il était de la maison du Magnifique et de ses frères, dit Miroul, robant son tour de parole au *maestro*, il y aurait de l'agrément à le leur tuer, pour tirer d'eux quelque sang en réparation de celui qu'ils nous ont voulu verser. Mais le maraud n'étant qu'un mauvais garçon de rivière...

— J'opine qu'on le devrait remettre ès main du prévôt, dit Giacomi. Loi est loi. Sans Alizon, Pierre en la minute que je parle, serait mort.

— J'opine le rebours, dit Miroul. Si le Magnifique le tire des mains du prévôt, comme il a fait déjà pour d'autres pendards, le voilà son homme à jamais, et un homme d'autant dangereux qu'il est le plus grand sottard de la création. Non, Moussu : libre ou mort. Voilà mon arrêt.

— Je m'en vais y rêver, dis-je en français. Et je commençai à écrire en ces termes la déposition de Mérigot :

« Moi, Mérigot Nicolas, batelier et garçon de Seine, du côté de deçà, non marié, hantant communément le quai au Foin, déclare, testifie et sur mon salut jure comme vrais, sincères et véritables les faits ci-après... »

Suivit le récit de son soudoiement, et attentement contre moi, et la description du gautier soudoyeur (mais sans référence aucune à mon supposé cousinage) déposition que je terminai ainsi.

« A la suite de laquelle susdite confession, le chevalier de Siorac, reconnaissant qu'on m'avait mené à cette entreprise par fallace et tromperie, voulut bien me pardonner l'attentement contre sa vie, et attendu que par bonne heure le sang n'avait pas été versé, ne voulut pas, étant bon catholique, que le mien le soit non plus, et me rendit à la liberté, recommandant de dire toute la vérité de l'affaire à mes compagnons bateliers du quai au Foin et me donnant cinq écus pour les régaler en son nom et au nom de notre souverain naturel et légitime, le roi Henri III, priant Dieu et la Benoîte Vierge qu'ils nous gardassent tous en leur sainte garde. »

Oyant cela, le batelier se jeta à mes pieds et, me baisant les mains, me quit un bon milliasse de pardons et m'assura qu'il serait à l'avenir si reconnaissant et affectionné à ma personne que je n'aurais jamais, lui vivant, à me repentir de ma bénignité. Disant cela, d'un bout à l'autre de son énorme corps, il tremblait comme feuille de peuplier à la bise, lui qui l'instant d'avant s'était offert à la pointe de Miroul sans battre un cil en sa fruste vaillance.

— Mérigot, je m'en vais présentement dans mes terres, dis-je, mais à mon retour, je te ferai quérir par mon Miroul, lequel est mon secrétaire (Miroul rougit de bonheur à m'ouïr lui donner ce titre), afin que tu me dises ce qu'il en est de ta vie. Que si cependant mon méchant cousin te vient relancer quai au Foin...

— Je le foutrai cul par-dessus tête en Seine, dit Mérigot en brandissant les poings.

— Sans toutefois le noyer, dis-je. Signe là, Mérigot, si tu sais écrire.

— Mon nom du moins, dit Mérigot qui en sua de grosses gouttes, la plume d'oie pesant plus lourd en sa patte qu'un aviron de frêne.

Miroul, après avoir éteint la mèche de l'arquebuse (laquelle, si elle eût brûlé en la rue, eût pu donner quelque humeur ou frayeur à notre voisinage) s'en saisit, et Giacomi prit, à saillir de l'Aiguillerie, la bride du cheval, et mes deux compagnons portant à eux deux toute la picorée de cette grande bataille, je laissai partir mon prisonnier sans armes ni bagues, mais fort content d'avoir gardé son cou de la hart, ou les tripes de son gros corps des navrures de nos épées.

En mon logis, dès que j'eus couru donner une forte brassée à Angelina et à mes beaux enfants, je laissai Giacomi s'entretenir avec Madame mon épouse de sa sœur jumelle et des espérances qu'elle avait en lui réveillées et m'enfermai avec Miroul dans le petit cabinet d'en bas — celui-là même où j'avais reçu Mosca — pour poursuivre mes écritures.

— Miroul, dis-je, m'appuyant à la table en face de lui, puisque te voilà mon secrétaire, il te faut écrire la lettre que je te vais dicter.

— Ha Moussu! dit-il, l'orthographe va y perdre prou. La mienne n'est pas tant bonne que la vôtre.

— Mais la tienne est meilleure que celle de la reine-mère. Ecris, Miroul, sans tant languir. Et de prime, l'adresse!

à Madame de La Vasselière
Hôtel de Montpensier
Paris.

— Tiens donc, dit Miroul. Est-ce celle que je crois?

— Ou dont tu as se peut ouï le nom dans la chapelle, l'oreille collée à ce rideau?

— *Nosse velint omnes, mercedem solvere nemo* [1], dit Miroul qui aimait se remparer de citations en ses moments d'embarras. Ainsi de moi, avec votre permission, Monsieur.

— Permission accordée. Ecris, Miroul.

« Madame

« Encore que vous m'ayez à Mâcon dagué un valet, j'ai bien voulu passer barguin avec vous et tant promis, tant tenu, je vous ai rendue à la liberté dont vous usâtes incontinent pour me rober un cheval de cinq cents écus au nez de mon autre valet... »

— Au nez de mon secrétaire, dit Miroul.

— « Au nez de mon secrétaire. Et ce jour redoublant vos outrages, vous attentâtes de me faire arquebuser par un guillaume, lequel, par bonne heure pour moi, aguignait trop ses devants et pas assez ses arrières. Ce qui fait qu'il fut pris. Mes gens le voulaient dépêcher... »

— Moussu, que pensez-vous de : « Mon secrétaire, en son ire, le voulait dépêcher »?

— Si tu veux. « Mais je ne consentis point à sa volonté, n'ayant pas le cœur de verser le sang d'un

1. Tout le monde veut savoir, et personne ne veut en payer le prix. (Lat.)

chrétien, et d'un autre côtel, ne le voulant point remettre ès poing du prévôt, à qui il eût pu jaser de tel ou tel, et se peut d'un majordome de votre maison. Je l'ai donc renvoyé à ses bateaux. Cependant, Madame, je garde sa monture en compensation du cheval qu'on me roba à Mâcon... »

— Voilà qui est chié chanté! dit Miroul.

— « Et je conserve son arquebuse pour l'amour de vous. » A la ligne « J'ose dire, Madame, que j'eusse trouvé piquant d'être occis par vos soins le jour où je pars pour l'exil. Etre honni des deux parts, n'est-ce pas émerveillable? J'eusse été tué deux fois : la prime par votre balle. La seconde, par le ridicule. »

— Moussu, voilà qui est profond.

— A la ligne. « Mes talents étant d'ores en avant inemployés, je m'en vais morfondre dans mes terres, où je peux vous assurer que je ne mangerai aucun des plats de champignons que l'on pourra m'envoyer. »

— Moussu, que viennent faire ici ces champignons?

— C'est par eux qu'Annet de Commarques empoisonna mon cousin Geoffroy de Caumont.

— Mais le sait-elle?

— Geoffroy de Caumont était son cousin aussi.

— Havre de grâce! Etes-vous apparenté à cette furie d'Enfer?

— Il se pourrait bien. A la ligne. « Que si je dois encontrer une autre fois votre inoubliable beauté... »

— Inoubliable surtout par le cotel, dit Miroul.

— « Que ce soit, je vous prie, en telle occasion, où il sera peu question de dague et d'arquebuse, mais prou de l'admiration avec laquelle j'ai l'honneur d'être, Madame, en dépit de tout, à jamais votre humble et respectueux serviteur. » Et tu signes pour moi.

— Quoi, Moussu, pour vous?

— Tu signes S. Rien d'autre. S suivi d'un point. Ajoute ce post-scriptum : « Ma mère étant née Caumont-Castelnau, serions-nous donc cousins? »

— Moussu, dit Miroul après avoir tracé un S

pansu des deux bouts, comment appelle-t-on une lettre où l'on caresse qui vous a voulu mordre ?

— Une « *captatio benevolentiae* » [1].

— Et pourquoi avez-vous appétit à capter la bienveillance de cette meurtrière ?

— Pour qu'elle cesse de me vouloir meurtrir.

— Et le voudra-t-elle ?

— Se peut qu'elle m'aime, si elle me croit honni du roi.

— Se peut qu'elle contrefeigne de vous aimer, dit Miroul, si elle décroit votre défaveur.

— C'est toi qui es profond, Miroul, dis-je avec un sourire, que veux-tu ? On est toujours deux à jouer ces jeux-là et ils sont toujours périlleux. Mais je préfère sentir son épée liée à la mienne que de craindre de la voir saillir de l'ombre dans mon dos. Je n'aurai pas toujours une Alizon.

— Ni un Miroul, dit Miroul avec humeur.

— Ni un Miroul, dis-je avec un sourire, lequel m'est une sorte de mentor, et beaucoup davantage. Miroul, veux-tu faire incontinent de ta belle écriture une copie de la déposition de Mérigot, ainsi qu'une copie de la lettre à La Vasselière.

— Moussu, ce que vous dites de ma « belle écriture » est une *captatio benevolentiae* tout à plein sans vergogne, vu que vous savez bien qu'il est onze heures, heure à laquelle tout honnête homme est censé gloutir. J'ai grand'faim.

— Un effort encore, je vous prie, Monsieur le Secrétaire ! De reste, je suis pour labourer face à toi, écrivant une lettre au roi.

— Quoi ? De votre écriture ?

— Mais au roi, Miroul ! Et pour lui faire tenir tes copies !

— Ha ! dit Miroul en souriant d'un seul côtel de la face, je suis infiniment honoré. Mais l'honneur ne nourrit pas son homme.

Il fit plus de vingt remarques encore de cette aigre farine, ayant une façon à lui de me montrer son

1. Une captation de bienveillance.

affection en me tabustant, mais cependant il fit les copies à merveille, sans ligne ni mot sauter, et fort lisiblement, tandis que je faisais à Henri un conte succinct de ce qui était advenu, ajoutant que j'avais fait écrire et signer ma lettre à Marianne par mon Miroul, pour éviter que ces diablesses ne s'avisassent de faire des forgeries de mon écriture et de ma signature, ayant eu vent qu'on tenait chez la Boiteuse grande officine de faux et de contrefaçons où l'on tâchait même d'imiter le sceau du roi.

— Sais-tu, Miroul, qu'on brûle la main droite au contrefacteur du sceau du roi?

— Avec la Boiteuse, dit Miroul, il ne sera pas besoin de cela. Elle brûle déjà par le milieu. Et *quid* aussi de la reine-mère? On dit aussi qu'elle l'a une ou deux fois forgé.

— Ha! c'est différent, dis-je. Henri ne veut point qu'on traite inhumainement ni sa mère ni sa sœur, quelles traîtrises qu'elles lui fassent.

Je cachetai l'un dans l'autre les trois plis à la cire et après une brève repue, priai Miroul de les porter incontinent au Louvre.

— Moussu, entendons-nous, dit-il d'un ton roide assez. Suis-je votre secrétaire? Ou votre « vas-y-dire »?

— Tu as raison, Miroul, dis-je. Maintenant que tu es mon secrétaire, il faudra bien que je me cherche un petit valet pour te remplacer en tes menials offices.

— Quoi? dit Miroul, son œil marron fort sombre et son œil bleu noircissant, un petit valet? Céans? Je ne le souffrirais pas! Moussu, je quitterai votre service sur l'heure, si tôt que je verrai apparaître céans un petit béjaune qui ne fera que sottises! Monsieur, vous n'ignorez pas que j'ai du bien et peux m'établir quand je veux.

— Donc, Miroul, dis-je, point de petit valet?

— Monsieur, dit-il solennellement en français. Je n'en supporterais pas la queue d'un, je le jure!

— Je vais donc aller porter moi-même ce pli au Louvre, et le remettre ès mains propres de Chicot, pour qu'il le fasse tenir au roi.

— Monsieur, vous vous moquez, dit Miroul avec un air d'immense dignité, j'irai de ma personne. N'est-il pas naturel qu'un secrétaire porte les lettres qu'il a lui-même écrites ? Les pourrions-nous confier au premier galapian venu ? Le laisserait-on entrer de prime au guichet du Louvre ? Et saurait-il trouver Chicot en ce dédale ?

Je fus cinq mois en ma seigneurie du Chêne Rogneux, employant les deniers du roi à mettre mes murs hors échelle, à construire une tour qui me donnait des vues à l'alentour, et même à me creuser un souterrain qui de l'intérieur de mon enceinte, conduisait hors, dans la forêt de Montfort-l'Amaury, souterrain d'où un homme pouvait émerger dans la futaie pour quérir du secours, au cas où je verrais mes murs battus par une bande de vaunéants à la solde de mes ennemis. J'achetai même une petite couleuvrine que je fis hisser jusqu'au sommet de ma tour, et dont je doutai fort qu'elle pût faire beaucoup de mal aux assiégeants, sinon les frapper de terreur par la grande noise et vacarme qu'elle produisait : moyen aussi de donner l'alarme, car la seule fois où je la tirai à blanc, elle fut entendue jusqu'à Méré et Galluis, d'où l'on courut quérir de moi ce qui se passait.

Giacomi, qui deux jours après m'avoir escorté céans, était reparti à petit bruit en Paris pour la raison que l'on connaît, n'avait point failli chez les Montcalm à revoir Larissa et à l'ouïr confirmer sa foi et sa promesse de tâcher de s'évader des serres du jésuite, dès que faire se pourrait tenter, propos qui, cependant me laissa sceptique un petit, pour ce que je cuidais que l'emprise que Samarcas avait sur elle était plus morale que physique et qu'il la tenait par l'âme prisonnière davantage que par le corps.

Je reçus cinq mois après avoir quitté Paris une lettre de Mme de La Vasselière qui me laissa dans quelque perplexité.

« Monsieur mon Cousin,

Il me paraît étrange que vous vous réclamiez — légitimement, je crois — de mon alliance et de ma parenté au moment même où vous m'accusez de vous avoir dagué un valet à Mâcon, robé un cheval, et attenté de vous arquebuser.

Mon cousin, c'est folie. Il aura fallu que vous soyez abusé par quelque garce qui aura eu l'impudence de me ressembler, et se peut, d'usurper mon nom.

Pour moi, je proteste que mes armes sont toutes féminines : Je dague avec une moue, j'arquebuse avec un sourire, je robe un cœur avec une œillade, et avec la même œillade, mais tirée d'un bord plus roide, je l'assassine. Cependant, je sais curer aussi, et chose étrange, avec les mêmes armes avec lesquelles j'ai fait tant de dommages.

Mon cousin, si vous ne craignez pas d'être soumis à mon artillerie, venez me voir, votre exil prenant fin, à l'hôtel de Montpensier où dans l'attente charmée de vous voir, je jure que je serai votre humble et dévouée servante.

Jeanne de La Vasselière. »

Je ne voulus montrer cette lettre à mon Angelina, pour ce qu'elle eût craint pour moi nuit et jour, si elle avait su la vérité. En outre, elle ne manquait ni de soucis ni de traverses, ayant six beaux enfants à nourrir et curer tous, sains et gaillards, n'ayant été confiés que le moins possible aux soins mercenaires — lesquels, toutefois, ne manquaient point en notre logis, mais toujours par mon Angelina de fort près surveillés, y ayant parmi les nourrices et chambrières d'enfant, un amas de séculaires superstitions, grossières et dangereuses, desquelles il fallait prendre garde, pour ce que souvent le nourrisson y perd vie, vue, ouïe et santé, à l'insu de ces sortes de parents qui trop se reposent sur la fausse expérience et le prétendu savoir de ces femmes qui ne font que se transmettre l'une l'autre des recettes, ou des secrets, qui viennent de la nuit des temps et ne supportent en aucune façon la lumière de la Raison; comme l'usance de déverser un cuiller d'esprit-de-vin dans le lait du nourrisson, pour qu'il s'ensommeille incontinent la nuit et non pas huche à déboucher les oreilles de ses parents ensommeillés : remède qui vise davantage au repos desdits parents qu'au bon être de l'enfantelet, lequel bien loin de se trouver fortifié par cet usage, en sera moins sain et vigoureux tout le reste de sa vie.

J'ai appelé l'aînée de mes deux filles Elizabeth pour ce que j'admirais fort la vaillance et l'énergie de la reine d'Angleterre; l'enfant qui me naquit ensuite et qui fut encore une fille, Françoise d'après ma grand'mère maternelle que j'aimai prou, l'ayant pourtant peu connue; le troisième qui fut l'aîné de mes fils, Philippe, pour ce que j'eusse aimé être ainsi prénommé; mon deuxième fils, Pierre, pour ce qu'il me ressemblait, dès le premier jour qu'il vint au monde. Mon troisième fils, Olivier, pour ce qu'Olivier est de tous les chevaliers de Charlemagne mon preux préféré; mon quatrième fils, Frédéric, pour ce qu'Angelina me requit de l'appeler ainsi, aimant les consonances de ce nom et y lisant un grand destin.

Dame Gertrude du Luc, elle, de mon Samson avait eu dix enfants, dont deux perdus en bas âge de la petite vérole, et se désolait fort pour ce qu'elle approchait de cette période de la vie où la nature est accoutumée à interdire aux femmes d'enfanter plus outre. Et à la vérité, à la voir si épanouie et si vigoureuse, sans l'ombre d'une bedondaine, la face fraîche, colorée et sans rides, on eût pu douter de la sagesse de la nature à fixer si tôt le terme de la fécondité féminine, alors que chez l'homme elle le recule jusqu'à un âge parfois fort avancé, si l'on en croit la Bible.

Je n'avais vu de longtemps mon Samson et quand je le revis enfoui dans ses bocaux d'apothicaire en Montfort et de l'aube à vesprée y consumant ses jours, je le trouvai fort épaissi par le milieu du corps, le teint mâchellé, l'œil terne, le cul lourd, et sa jolie face point tant belle qu'elle avait été, la peau en étant blanche et comme bouffie. Et encore que Gertrude le picaniât fort pour qu'il prît quelque exercice hors son officine, prétendant même qu'il préférait coucher avec ses bocaux qu'avec elle (ce qui n'était à croire, vu le nombre des enfants qu'il lui avait faits et l'impérieuse complexion de la dame et de ses appétits), j'entendis bien que l'admonestation, fût-elle fraternelle, ne suffirait pas à vaincre la passion dont son alchimie le subjuguait, et décidant de lui opposer une passion non moins forte, je le pris à part, et lui confiant, sans en dire plus, que je courais quelque danger (raison pour quoi Quéribus m'avait laissé la moitié de son escorte), je le suppliai d'assurer avec moi ma sécurité, tant par les patrouilles que nous ferions ensemble dans la forêt de Montfort que par les exercices d'épée, de tir et d'escalade auxquels nous devions être l'un et l'autre rompus, afin de résister aux embûches, faisant de nous deux, de Giacomi (quand il était là), de Miroul et des gens de Quéribus autant de soldats aguerris, à opposer, dans les occasions, aux traîtres assauts de mes ennemis.

Samson, ému de me savoir en péril, se jeta dans mes herculéens travaux comme le bel ange de Dieu qu'il était, tant est que l'officine eût été déserte sans le premier commis qui, à vrai dire, suffisait à tout, et sans la vigilance de Gertrude, le lit conjugal peu honoré, tant mon joli frère se sentait las d'avoir couru par monts et pechs avec moi tout le jour. Mais la curation fit merveille : car outre qu'il me tint bonne et fraternelle compagnie, en l'absence de Giacomi (Larissa et Samarcas n'ayant pas encore quitté Paris), je renouai avec lui les liens de grande et mutuelle amour qui avaient fleuri en nos maillots et enfances, mais que nos états et intérêts si différents, son zèle religieux, son excessive naïveté, la roideur de sa complexion, et à la fin l'éloignement de nos logis avaient quelque peu détendus. Je le vis enfin avec bonheur, amaigri et fortifié par nos exercices, recouvrer la virile symétrie de son corps, l'émerveillable jeunesse de sa face dont la peau laissa à nouveau apparaître ces taches de rousseur qui ne laissaient pas de m'émouvoir toujours et ses yeux bleu azur, si lumineux et si candides que personne ne les pouvait envisager sans l'aimer.

Gertrude, en sa coche qu'elle avait quasiment remplie de ses huit enfants, de deux nourrices, d'elle-même et de Zara, nous venait voir en notre seigneurie, quasi toutes les après-midi quand le temps n'était ni à pluie ni à neige, et en cette fin février il faisait si clair soleil que l'on pouvait s'ébattre sur l'herbe de mon enceinte où l'espace ne manquait pas non plus pour qu'y huchassent et grouillassent à leur aise ses enfantelets et les miens, et les mères s'entretenir de leur incessant labour, entretien auquel Florine et Zara mettaient du bec, encore que la belle Zara n'eût jamais voulu convoler.

— Zara, disait Gertrude, veux-tu m'apporter céans le petit Alexandre que je vois qu'il vient de s'oublier ?

— Nenni, Madame ! dit Zara en levant en l'air ses belles mains : il est tout embrenné, et je ne saurais le toucher, ni même m'approcher de lui, tant cette odeur me pue ! Madame, c'est à raquer !

— Il faut bien pourtant, étant mère, s'y accoutumer, dit Gertrude, en faisant signe à une de ses nourrices de lui apporter le rugissant paquet.

— Raison pour quoi je n'ai point voulu être mère, Madame, vu que tout est dégoûtant en ces affaires-là : la brutalité infâme de l'homme, la laideur de la grossesse, les affres de l'accouchement, l'enfantelet, enfin, lequel, certes, serait bien mignon avec ses petites mines, ses yeux candides, et son fraîchelet petit corps, si par malheur il ne chiait ni ne pissait sous lui continuellement. Ha ! dit-elle en posant la main devant sa bouche, à peu que je ne raque, rien que d'y penser en mon imagination, tant tout cela m'abhorre !

— Mais Zara, dit mon Angelina qui, étant l'épouse d'un médecin voulait faire ouïr là-dessus la voix de la raison, ce n'est là que le tribut de la nature. Toi-même y es soumise.

— Mais hors la vue de tous ! Du plus vite que je peux ! Et fort vergognée que ces horreurs et ces senteurs puissent saillir de moi ! Havre de grâce, je me lave et parfume ensuite, tant tout cela peu me ragoûte! Passe encore pour les hommes, lesquels sont par nature grossiers! Mais n'eût-on pas pu arranger les affaires autrement pour notre sexe, qui est, de sa complexion, tant plus tendre et délicat?

Elle achevait quand le portier accourut me dire que M. le curé de Montfort requérait l'entrant. Sur quoi, désirant l'honorer, j'allai de ma personne lui ouvrir, étant avec lui sur un pied d'amitié qui n'allait pas de part et d'autre sans quelques pensées de derrière la tête qui n'eussent pas fort accommodé les choses à être mises devant. J'opinai pourtant que c'était un assez bon homme, point du tout tant zélé qu'on l'eût pu craindre, n'attaquant point le roi en ses sermons, ne croquant l'hérétique que sur le mode de la déploration et de la jérémiade (sans cliquetis de pertuisane ni appels voilés au massacre), modération qui en Paris l'eût fait taxer de « *politique* » par les guisards.

Cependant, le nez qu'il avait grand et long, toujours pointé en les affaires de ses paroissiens (dont j'étais) et piqué assez qu'Angelina, moi-même, nos enfants, Miroul, et mes gens ne se confessassent qu'au Père Anselme, il humait autour de nous, de moi surtout, de ses grandes narines une odeur dont il n'eût pas présumé de dire, étant si prudent, qu'elle évoquait le soufre, mais qui, toutefois, lui en donnait le sentiment.

— Ha, Monsieur le Chevalier! dit le curé Ameline en élevant les deux mains en l'air, quel charmant et bucolique tableau que voilà! Et comme j'ai joie à envisager ces quatorze petits Siorac, tant de vous que de votre frère Samson, s'ébattre là comme de petits anges.

Lesquels anges, présentement, menaient un bruit d'enfer, et huchaient à oreilles étourdies, se toquant l'un l'autre, qui de la main, qui du pied, comme démons encharnés, pleurant, riant, mouchant et hélas pour Zara! d'aucuns même conchiés et compissés.

— L'Eglise prétendue réformée, reprit le curé

Ameline en m'aguignant du coin de l'œil, veut que ses ministres se marient. Mais je me suis toujours apensé que la Sainte Eglise catholique Apostolique et Romaine fit preuve d'une sagesse véritablement divine en refusant à ses prêtres les tracas et traverses d'une grande famille, les immenses débours qu'elle entraîne, les chaînes par lesquelles elle enserre la vie d'un homme, pour ne point parler céans, dit-il avec un sourire fin, et les dames présentes étant assurément exceptées (il les salua), des humeurs atrabilaires d'une épouse.

« Il est vrai, poursuivit-il, que le Seigneur a voulu en quelque sorte corriger la tyrannie domestique des femmes en les rappelant à lui quasiment toujours à la quatrième ou cinquième couche : preuve, Mesdames, ajouta-t-il avec un deuxième salut, que le Très Haut vous a estimées trop douces et pliables à la volonté de Messieurs vos époux pour vous soumettre à la commune loi. »

A cela Angelina et Gertrude sourirent sans répondre mot ni miette, ayant de mon père et moi depièça appris que l'ignorance, la malpropreté et la superstition des sages-femmes faisaient plus pour les couches fatales que la volonté du Seigneur.

Cependant, le curé Ameline qui, jugeant qu'il avait assez caressé, et nos beaux enfants, et les vases d'iniquité qui les avaient produits (sans pourtant se briser à la quatrième couche), voulait poursuivre cet entretien loin du huchement des petits anges et des jaseries des Maries, me pria de lui faire visiter la tour que je venais de bâtir « assurément, dit-il en levant les deux mains, à grands frais et dépens ! » ce qui, je gage, me laissait entendre qu'à être si libéral à embellir ma seigneurie, je pouvais l'être aussi à aider le maître-couvreur à refaire le toit de la sacristie. « Monsieur le Chevalier, dit-il, avez-vous ouï de certains remuements présents d'aucuns grands de ce royaume qui seraient entrés en ligue, se peut avec la bénédiction du pape, se confédérant avec le roi Philippe II avec qui ils auraient passé traité afin que de s'opposer par les armes, s'il le fallait, à l'accession au trône du roi de Navarre ? »

— J'ai ouï d'une ligue, dis-je, mais non de ce traité avec un prince étranger. Et s'il est avéré que la nouvelle soit vraie, je la déplore excessivement. Seul le roi de ce royaume a pouvoir de passer traité avec un souverain étranger. Mais c'est trahison de la part d'un sujet !

— Mais le roi, dit Ameline, que ce mot de trahison appliqué à Guise mettait fort mal à l'aise, le roi est si mol, si hésitant ! Ne dit-on pas aussi qu'il soutient en sous-main le roi de Navarre ?

— Monsieur le curé, dis-je en l'envisageant œil à œil, si vous faites par là allusion à l'infâme rumeur de ces deux cent mille écus...

— Ho que nenni ! s'écria Ameline en levant les deux mains. Ho que nenni ! Vous êtes maintenant lavé de cet affreux bruit et à ce que j'ois, on ne l'entend plus nulle part murmurer en Paris, ni au Louvre, ni chez les grands, ni dans les chaires sacrées. Il semble qu'on vous plaigne même d'avoir été si méchamment noirci.

A ce moment, mon secrétaire Miroul pénétra dans le cabinet de la tour où cet entretien se poursuivait, ouvrit la bouche, la clouit à la vue d'Ameline, et la déclosant de nouveau, dit en oc :

— Moussu, votre beau-frère qui vient d'arriver céans vous attend dans la chambre bleue et vous y requiert sans délayer tant la chose est de conséquence.

— Qu'est cela ? dit Ameline, pointant en avant son grand nez.

— C'est de l'oc, Monsieur le curé. Mon secrétaire et moi, nous sommes accoutumés à nous exercer dans les langues que nous savons : l'oc, l'italien, l'anglais, et le latin.

— Ha le latin ! dit le curé Ameline, il est parfois si déconnu, même parmi les hauts dignitaires de notre Eglise ! Ainsi du cardinal de Vendôme qui possède un laquais qui en sait là-dessus plus que lui, tant est que recevant un chanoine qui, par respect, s'adressait à lui en cette langue :

— Quelle est, dit-il, levant fort haut la crête, cette étrange parladure ?

— Mais Monseigneur, dit le chanoine, c'est du latin !

— Faquin ! cria alors le cardinal en se tournant, encoléré, vers son laquais, ne pouvais-tu m'en aviser ?

Je ris à cette petite gausserie que j'oyais de sa bouche pour la troisième fois et avant que de raccompagner le curé Ameline à mon châtelet d'entrée (d'où il voulut bien bénir tous ceux qui se trouvaient en mon enceinte), je le graissai de quelques écus pour aider à la toiture de sa sacristie, le commode d'une soutane, à ce que je vis à cette occasion, étant qu'elle soit bien pourvue en poches profondes, où tout disparaît le temps de dire « Amen ».

Du châtelet d'entrée, je retraversais l'enceinte herbue où s'ébattaient, dans la noise et la vacarme, les quatorze petits Siorac quand je vis, jasant avec Angelina et Gertrude (et ignorant tout à plein Zara comme à son ordinaire), ma petite sœur Catherine, laquelle, à ma vue, poussant un petit cri, fut bonne assez pour oublier sa hautesse et se jeter en mes bras — tout comme l'eût fait une naturelle sœur qui n'eût pas été baronne — et me poutouner non point à la fureur (car elle ménageait ses fards même en ses élans), mais avec autant de tendresse que lorsque à Mespech, en ses enfances ensommeillées, je la portais deux étages en mes bras jusqu'à sa coite. Et moi ne l'ayant pas vue de cinq mois, la serrai à moi et ne sus, en mon émeuvement, que dire :

— Ma sœur ! Ma petite sœur Catherine !

— Petite ! dit-elle, se déprenant de moi. Où prenez-vous que je sois petite ? Bien le rebours ! Je suis tant grande que vous ! Et se peut davantage !

Ce qui était la vérité du diable, ses talons aidant, et sans compter l'échafaudage emperlé de ses beaux cheveux, lesquels étaient encore dépassés par l'ample collerette à la Elizabeth qu'elle affectionnait. Et moi, me reculant et la regardant de la tête aux pieds, et la voyant splendidement attifurée d'un cotillon de brocart vert pâle brodé de fils d'or, lequel, encore que je le visse pour la première fois sur elle, bien je me ramentevais, je me pris à m'esbouffer comme fol, et la quittant incontinent (fort encolérée contre moi et son œil bleu noircissant en son ire) je gagnai, toujours riant, la chambre bleue où m'attendait Quéribus.

Le baron, en bon muguet de Cour, était bien plus brassant et poutounant que son épouse, et sans se donner peine, vu que nous nous accommodions fort bien l'un à l'autre tandis qu'avec Catherine — si raffolés que nous fussions l'un de l'autre — les querelles et bouderies étaient tant innumérables que les jours de pluie en Ile-de-France.

— Ha mon Pierre! dit-il, les salutations finies, courez faire vos bagues! Le roi vous requiert en Paris!

— Quoi? dis-je, émerveillé, en Paris? Au Louvre? Près de Lui?

Mais m'avisant tout soudain que Quéribus ne savait rien ni de Marianne, ni de Mâcon ni de l'attentement contre moi, je décidai de perpétuer la fable et fallace de mon exil et dis:

— Quoi? Ma disgrâce est remise! Et comment? Contez-moi cela! Quelle en fut l'occasion?

— Nulle plus simple, dit Quéribus. Le roi, au réveil hier matin, a dit: Siorac a tant merveilleusement curé le mal de gorge de M. d'Epernon que je ne doute pas qu'il cure le mien aussi. Que fait-il donc en ses terres? Mon Querelleur, allez me le quérir! Vous n'ignorez point, poursuivit Quéribus avec un rien de piaffe, qu'Henri, depuis mon duel manqué avec vous, aime à m'appeler Querelleur Quéribus, ou mieux encore: mon Querelleur!

Ce que, certes, je savais tout aussi bien que lui, ne courant pas le risque de jamais oublier ce duel où j'eusse perdu la vie, si Henri ne l'avait empêché. Mais sachant tout aussi bien la réponse que Quéribus attendait de moi (le rollet de chacun étant, ces douze années passées, de l'un à l'autre si bien établi), je dis:

— C'est que le roi vous tient en très grande affection.

— Je le crois aussi, dit Quéribus en redressant sa taille de guêpe.

M'apensant après ce compliment que mon rappel en Paris n'était point peut-être sans lien avec les remuements dont venait de m'entretenir le curé Ameline, je dis :

— Qu'en est-il des affaires du roi ?

— Incommodes. Les princes lorrains et divers grands de la noblesse ont formé une sainte ligue pour la tuition et défense de l'Eglise catholique, et l'extirpation de l'hérésie.

— Voilà qui n'est pas neuf.

— Ce qui l'est, c'est qu'ils ont passé traité au château de Joinville déclarant Navarre exclu du trône de France comme hérétique, et reconnaissant le cardinal de Bourbon comme successeur d'Henri. Qui pis est, le traité est signé par les représentants de Philippe II.

— Mais, m'écriai-je, c'est trahison et rébellion ouverte !

— Ouverte, non, dit Quéribus avec un sourire. Vous connaissez Guise : il avance comme un chat, une patte toujours sur le recul. Le traité est secret, ce qui veut dire qu'on le divulgue sous le manteau. Ce n'est pas un défi au roi. C'est une pression sur lui.

— Que fait le roi ?

— Le défi n'étant pas ouvert, il n'a garde de le relever.

— Est-ce tout ? dis-je, béant.

— Que voulez-vous qu'il fasse d'autre ? dit Quéribus. *Il cale la voile*.

— Mais, dis-je, encore très troublé, à force de caler la voile, Henri court grand risque de se faire aborder et expédier par le fond.

Laissant là Quéribus et voulant sonner le boute-selle le lendemain dès la pique du jour, j'allai dire à Angelina de faire préparer nos bagues sans délayer, nouvelle qu'elle accueillit avec la joie la plus vive, ayant fort langui après Paris ces six mois écoulés, Gertrude s'encontrant en revanche bien marrie de ne la pouvoir suivre et la belle Zara plus encore, Samson étant confit en ses bocaux et ne les pouvant quitter.

Je trouvai Fogacer en ma librairie, relisant le traité d'Ambroise Paré, assis sur un fauteuil qu'il affectionnait, Silvio sur un tabouret, à ses pieds, le dos appuyé à ses genoux et ne faisant rien d'autre que de rêver, l'œil dans le vide, cependant très attentif dès que Fogacer ouvrait le bec.

— Eh bien, révérend docteur Fogacer, dis-je, ne lisez-vous point ce traité pour la dixième fois au moins ? Qu'en êtes-vous à la fin apensé ?

— Emerveillable pour tout ce qui touche à l'anatomie et à la chirurgie. Mais n'apportant rien, je dis hélas rien, sur les communes intempéries que les superstitions et les fallaces des traditions grecques, arabes et juives. « *Cordonnier, ne critique pas audessus de la chaussure !* »

— Qu'est cela ? dit Silvio, ouvrant grand son bel œil brun et secouant ses cheveux noirs bouclés comme s'il se réveillait. Que vient faire là ce cordonnier ?

— Il est fort célèbre dans l'histoire de l'art, dit Fogacer avec un sourire. Oyez, Silvio. Le peintre Appelle, ayant exposé dans la rue le tableau d'un homme, un cordonnier critiqua la guise dont sa sandale était faite. Mais Appelle, ayant rhabillé le défaut, le cordonnier, le lendemain, trouva à redire au dessin de la gambe. A quoi Appelle, encoléré, répliqua ce que j'ai dit.

— Vous opinez donc, dit Silvio, que le chirurgien ne doit pas opiner au-dessus de la chirurgie ?

— Et de l'anatomie, dis-je, puisqu'il ne saurait couper ce qu'il ne connaît point.

— *Mi fili*, dit Fogacer en posant le livre sur une table basse, et plaçant sa main senestre sur les boucles noires de Silvio, vous n'êtes point venu céans me parler d'Ambroise Paré, mais de votre proche départ pour Paris.

— Comment le savez-vous ? dis-je, béant.

— J'ai reçu ce matin, dit Fogacer arquant son sourcil diabolique, une lettre du marquis de Miroudot qui m'apprend, entre autres choses, la signature du traité de Joinville entre les Guise et Philippe II.

— Vous connaissez donc le marquis ? dis-je, marchant de béance en béance.

— Ce serait le calomnier que de dire intimement, dit Fogacer avec un petit rire. Mais vous savez bien, *mi fili*, qu'en notre étrange confrérie toutes les distinctions de rang et de fortune sont en quelque mesure abolies par la force de nos intérêts communs.

— Passe encore pour cette amitié, dis-je en souriant, mais quel lien établissez-vous entre le traité de Joinville, et mon départ pour Paris ?

— Manifeste, dit Fogacer. *Mi fili*, je ne suis pas tant crédule que le baron, et pour moi, j'ai décru depièça votre disgrâce, voyant toute la pécune que vous dépensiez à remparer votre seigneurie, pécune si grosse qu'elle ne pouvait vous venir que du roi. Un prince graisse-t-il quelqu'un qu'il exile ? Réponds, Silvio.

— Non, Monsieur.

— Vous l'avez ouï, chevalier. En outre, quand j'ai vu par la fenêtre de la librairie, votre beau muguet de Cour paonner et piaffer, j'ai bien vu que pour faire tant l'important, il ne pouvait que vous porter l'ordre du roi, lequel a pour lors le plus grand besoin de se renforcer de tous ses serviteurs, et donc de vous, son présent prédicament étant désespéré.

— Désespéré, Fogacer ? dis-je, le cœur affreusement me toquant.

— Tout à plein. Primo : la reine-mère (et bien sûr, tous les ministres qu'elle a nommés et qui sont ses créatures) trahissent le roi, ayant pris en sous-main le parti du Guise.

— Quoi ? Catherine gagnée à Guise ?

— Le fort et le faible du Guise, dit Fogacer avec son lent sourire sodomique, c'est qu'il promet à toutes mains, tisse trop d'affaires, brouille trop de fils ! Ainsi, à ce vieux fol de cardinal de Bourbon il a promis le trône, Navarre dépêché. A Philippe II, il ne promet rien moins que la France, Henri et Navarre occis. Et à Catherine, il promet — le second tué et défait — le sceptre à son petit-fils le marquis de Pont-à-Mousson, lequel est le fils de sa fille Claude et du duc de Lorraine.

— Quoi! dis-je, Pont-à-Mousson accéderait au trône par les femmes! qu'en serait-il donc de la Loi salique?

— Laquelle, dit Fogacer, n'est pas une loi, mais une tradition dont Catherine méconnaît en France la force, étant italienne.

— Je n'en crois pas mes oreilles! Catherine est-elle à notre pauvre roi si mauvaise mère?

— Nenni! Mais jugeant inévitable la victoire de Guise sur Henri, elle opine qu'en étant guisarde, elle pourra adoucir, à la fin des fins, le sort de son fils, et au moins lui sauver la vie.

— Le cuidez-vous ainsi, Fogacer?

— Non. Mais je ne suis pas loin d'opiner comme elle que le roi est quasiment pris dans les filets et qu'il est peu assuré d'en sortir.

— Fogacer! dis-je, atterré et le cœur me toquant comme fol, havre de grâce! que dites-vous là? Le roi perdu! Mais il n'a même pas livré bataille à Guise!

— Il ne la peut livrer! Je tiens de Miroudot — et ne me demandez point, *mi fili*, de qui il le tient lui-même — que Philippe II a promis à Guise six cent mille écus par an pour faire des amas d'armes et d'hommes de guerre contre le roi! Et le roi, que ses libéralités ont épuisé, que peut-il tirer du Parlement ou des Etats? S'il y a guerre, l'or espagnol la gagnera.

— Mais Navarre? Mais Elizabeth?

— *Mi fili*, vous l'avez du doigt toqué; le roi ne peut s'allier à Navarre que si Navarre se convertit, et Navarre ne peut se convertir sans perdre son armée. Quant à Elizabeth, que peut-elle faire pour Henri étant elle-même en perpétuelle attente d'assassinement jésuitique et d'invasion espagnole? Ajoutez à cela que le menu peuple et les marchands en Paris étant guisards, le roi n'est même pas assuré de sa capitale! Silvio, poursuivit Fogacer, moins pour demander à son page d'opinionner que pour s'assurer qu'il avait ouï l'entretien d'une ouïe diligente, le voulant instruire de tout et son jugement sainement façonner, que te semble-t-il des chances du roi en ce prédicament?

— Petites, dit Silvio en se levant tant lestement qu'un chat et les mains aux hanches, envisageant Fogacer de son grand œil brun par-dessus ses boucles noires sur son front emmêlées, mais...

— Mais? dit Fogacer, l'œil fiché sur Silvio et son expression tenant davantage d'une mère émerveillée de son enfant que du diable.

— Mais, dit Silvio, le roi est notre souverain naturel et légitime. N'est-ce pas une grande force?

— C'en est une! dit Fogacer ravi, me laissant béant de l'enthousiasme de son regard, lui que j'avais toujours vu ricanant et gaussant. *Mi fili*, dit-il comme pour me prendre à témoin des prouesses de son élève, avez-vous bien ouï Silvio?

— Je l'ai ouï, dis-je avec un sourire, et à son dire, j'ajouterai encore que le roi est méfiant, secret, habile et qu'il y a infiniment plus d'esprit dans son petit doigt que dans la tête du Magnifique, la trogne du grand Putier, la panse du gros Pourceau ou les cuisses de la Boiteuse!

— Par Jupiter! Voilà qui est parlé! s'écria Fogacer en riant. On ne peut conclure à vous entendre, *mi fili*, que vous êtes raffolé de la Sainte Ligue et des Guise! Si ne suis-je pas! Tout ce qui de soi se nomme « *saint* » ne m'inspire pas fiance : la *Sainte* Eglise, le *Saint* Concile, la *Sainte* Ligue et sortant d'elle comme le ver du fruit, la *Sainte* Inquisition! Tudieu! La *Sainte* Inquisition en Paris! Où serait la liesse de vivre? On inquisitionne jà bien assez en ma vie! En Paris tracas et traverses me collent à la peau, plus nombreux que morpions dans le poil d'un moine! *Mi fili*, abuserais-je de votre libérale hospitalité en demeurant céans le temps qu'il faudra pour que Miroudot me trouve logis avec mon page dans un quartier où je serai tout à plein déconnu, le mien me voulant voir pendre, écarteler, brûler!

— Brûler? dis-je.

— Ne brûle-t-on pas les bougres et les athéistes?

— Mais le roi ne vous peut-il protéger?

— Le roi, hélas, ne le peut plus, étant lui-même ouvertement accusé d'être bougre. Vous entendez

301

bien, *mi fili*, que peu chaudrait ma bougrerie à mes bons voisins, poursuivit-il, si je n'étais réputé « politique ». Il n'est même pas besoin de l'Espagnol en Paris ! L'Inquisition y est jà ! Savez-vous qu'on fait en catimini des répertoires des maisons des « *politiques* », pour les massacrer tous, le jour où Guise prendra la capitale ?

— Mais comment savez-vous cela, Fogacer ?

— Ha ! dit Fogacer, arquant son sourcil diabolique. J'ai la narine plus subtile que celle d'un juif : de loin, de fort loin, du fond de l'horizon, je sens venir les massacres.

A cela, tout soudain, Silvio, mettant ses deux mains sur sa face, éclata en sanglots.

— Fogacer, dis-je, vous pouvez céans demeurer avec Silvio aussi longtemps que vous le voudrez. Les gens que je garde en ma seigneurie vous y traiteront comme le maître du logis. Mais que dirai-je au roi de votre longue absence ?

A quoi Fogacer balança à répondre, ayant appétit en son émeuvement à prendre Silvio en ses bras pour le conforter, et toutefois ne présumant point de le faire en ma présence.

— Vous lui direz, dit-il détournant quelque peu la tête pour me celer son œil brillant de pleurs, mais forçant néanmoins ses lèvres à un sinueux sourire, vous lui direz que le Ciel incommodément prolonge l'intempérie de ma mère malgré mes bonnes curations.

— Mais qu'est cela ? dit Angelina en entrant dans la librairie en un grand bruissement et tournoiement de son vertugadin, Silvio en pleurs ? Fogacer, la larme au bord du cil ? Mon Pierre, avez-vous tabusté mes deux grands amis que voici ?

— Nenni, dis-je avec un sourire, et bien marri je suis qu'ils ne puissent avec nous s'en retourner demain en Paris, attendant céans qu'on leur y trouve un nouveau logis, l'ancien leur ayant failli.

— Qu'ils viennent donc loger chez nous rue du Champ Fleuri ! cria-t-elle.

Quoi disant, elle les prit l'un et l'autre par le bras,

et les serrant à soi, leur sourit d'un air suave, les aimant prou et étant en retour excessivement aimée d'eux, surtout de Fogacer qui était d'elle de longue date si raffolé que ce raffolement chez tout autre m'eût donné de l'ombrage. Mais bien savais-je qu'il y avait là cette sorte d'amour qui ne comporte même pas cet appétit secret et ambigueux d'un père pour sa fille ou d'une sœur pour son frère, mais se trouve, pour ainsi parler, désubstantialisé en immatérielle tendresse.

Quiconque voyait Fogacer le voyait sceptique, ricanant, diabolique, mais mon Angelina, aveugle à tout cela, décroyait son athéisme, ses négations, ses mœurs, et il fallait que ce qu'elle voyait fût vrai aussi en quelque guise pour que Fogacer répondît à cette image qu'elle avait de lui par une perpétuelle et immutable adoration.

— Ha ma mie! dit Fogacer, sa voix tout soudain muant dans les notes claires et hautes jusqu'à devenir infantine, je n'eusse osé le quérir de vous, quelque envie que j'en eusse, de crainte de vous venir à traverse, mais si vous le voulez, je le veux! Vous êtes tant bonne, bénigne et pardonnante que si j'avais davantage de religion, je vous comparerais à la Benoîte Vierge!

— Coquefredouille que vous êtes! dit mon Angelina en se haussant sur ses talons pour lui piquer un poutoune sur la joue, car Fogacer la dépassait d'une bonne tête, encore qu'il se déportât avec elle comme un enfantelet, vous blasphémez!

— Ma mie, osez-vous bien me tabuster! dit Fogacer, ravi en son for d'être tancé.

— Vous blasphémez, petit sot que vous êtes! dit impérieusement mon Angelina, c'est péché d'oser me comparer à la mère de Dieu, moi qui ne suis la mère que de six diablotins — sept en vous comptant, dit-elle en envisageant Fogacer avec un ravissant sourire, non huit, ajouta-t-elle, craignant en sa débonnaireté que le pauvre Silvio ne se sentît rejeté de la poussinade qu'elle rassemblait dans le chaud duvet de ses plumes. Allons, mes amis, reprit-elle, allègre et forte, courez à votre chambre et faites vos bagues sans tant languir ! J'irai le tantôt y jeter un coup d'œil, ajouta-t-elle, en leur donnant à chacun une pression du bras, et en les lâchant, un petit toquement de la main sur la nuque.

— Et moi, Madame, dis-je quand ils furent partis, n'aurai-je donc rien de vous ?

— Monsieur, dit-elle avec un petit brillement tendre et taquinant de ses beaux yeux de biché, vous aurez tout, mais à mon heure, qui n'est pas celle-ci, ni la suivante, ni même celle d'après, ayant un milliasse de choses à faire, où vous ne pouvez m'aider. Sauf...

— Sauf, dis-je.

— Que vous pourriez commander à nos gens d'emplir pour les huit heures notre cuve à baigner d'eau chaude, pour ce que à remuer ces bagues infinies, je me sens déjà tant crasseuse que la reine Margot, laquelle, si bien je me ramentois, se vantait d'être restée huit jours sans se laver les mains.

Sur quoi elle rit d'un rire joyeux et fraîchelet, et pivotant sur ses talons, son vertugadin tournoyant en corolle sous sa fine taille, elle courut à ses tâches.

De la reine Margot dont j'avais vu de ces yeux que voilà le mariage avec le roi de Navarre, je n'avais guère ouï depuis que son frère l'avait bannie de sa Cour, étant quasi rejetée en raison de ses folies par sa famille entière, et pour ce qui est de son mari, quoique l'ayant acceptée en son château de Nérac, il la caressait assez de belles paroles et bon visage, mais de la main, de la lèvre et du membre point du tout, ne voulant pas qu'elle pût prétendre être grosse de sa greffe, y ayant tant d'infinies probabilités qu'elle le fût d'un quelconque gautier, la dame étant de soi si prodigue.

Or, le matin de notre département, alors que j'allais sonner le boute-selle, ayant quasiment moi-même le pied à l'étrier, un chevaucheur me vint remettre une lettre, et reconnaissant à lire l'adresse la belle et forte écriture de mon père, je jetai la bride de ma monture à mon Miroul, et à la hâte décachetai :

« Monsieur mon fils,

J'envoie cette lettre à votre seigneurie du Chêne Rogneux et une copie d'ycelle à votre logis du Champ Fleuri, assuré que je désire être que vous recevrez l'une ou l'autre, la nouvelle que je vous y mande étant de grande conséquence, non point pour vous mais pour le roi, à qui il faut que vous la communiquiez dans l'heure, ou si vous êtes au Chêne Rogneux, dans le jour : ainsi le veut le roi de Navarre, lequel — c'est la nouvelle comme ci-dessus annoncée — vient de réchapper à un attentement d'empoisonnement sur sa personne, perpétré par un de ses secrétaires nommé Ferraud, que sa femme lui avait donné. Ledit Ferraud, mis à la question, dit et soutint qu'il l'avait fait par le conseil et commandement de sa maîtresse, laquelle était malcontente de ce que son mari ne consentît à l'approcher.

Toutefois, il se dit céans que la froidure et négligence du roi de Navarre touchant la reine datant d'août 1583 (suite aux rumeurs de son avortement en la Cour du roi son frère, alors qu'elle était depuis quinze mois éloignée de son époux), il se pourrait que l'attentement ait été inspiré, non point tant par l'ire et mauvaise dent de la reine que par son espoir de se remettre bien avec Guise, dont on sait qu'elle était raffolée par-devant son mariage — se peut même par l'instigation dudit Guise.

Le roi de Navarre désirerait de savoir de son cousin et souverain bien-aimé le roi de France ce que Sa Majesté voudrait qu'il fît de la reine, ne voulant pas offenser Sa Majesté, en la traitant inhumainement, mais ne désirant pas non plus la garder par-devers soi en ses rangs et dignités.

Se pouvant aussi que cet assassinement fît partie d'un plan plus général visant divers princes de la chrétienté — comme on l'a bien vu lors de la malheureuse meurtrerie du prince d'Orange —, le roi de Navarre supplie son cousin et bien-aimé souverain de veiller à ses propres sûretés et à sa vie, priant le Ciel, cependant, de le vouloir tenir en sa sainte garde.

Monsieur mon fils, je suis sain et gaillard et vous souhaite le même ainsi que Madame votre épouse et vos enfants.

Jean. »

Nous advînmes en Paris à la tombée du jour, et tout botté et poussérieux que je fusse, je courus au Louvre où Alphonse d'Ornano qui était assis au guichet me dit de lui remettre mon épée et ma dague, le duc d'Epernon, depuis un mois colonel-général de l'Infanterie française, ayant décidé que nul n'entrerait armé au Louvre, mesure que je trouvai fort appropriée au trouble des temps. Mais de là courant par le grand escalier jusqu'à la chambre du roi où je gageai qu'il était déjà, étant donné le tard de l'heure, j'encontrai Du Halde dans l'antichambre et lui disant que le roi m'avait requis à toute hâte, et Du Halde me répliquant qu'il allait quérir de Sa Majesté si elle me voulait recevoir, moi, en mon impatience, et la tête pleine de l'empoisonnement de Navarre que j'allais lui annoncer, le suivant par la porte entrebâillée, je me vis happé tout soudain par des bras vigoureux et quasiment réduit à néant, étant piqué devant, derrière et sur les flancs par je ne sais combien de dagues menaçantes, tandis qu'un géantin gentilhomme, noir et barbu jusqu'aux sourcils, m'affrontait et disait d'une voix terrible avec un fort accent gascon :

— Tudieu, Monsieur! Entre-t-on ainsi chez le roi? Qui êtes-vous et où croyez-vous être?

— Monsieur, dis-je, blanc de rage, qui êtes-vous vous-même, et quelle manière est-ce là de m'assaillir à l'avantage et d'entourer de poignards un homme désarmé?

— Je suis Laugnac de Montpezat, dit le gentilhomme, capitaine des *quarante-cinq*, dont vous ne voyez ici que cinq, lesquels vont cependant vous fouiller, pour désarmé que vous chantiez être !

— Monsieur, c'en est trop ! criai-je, mais vainement, car deux de ces *spadaccini* qui puaient l'ail et la sueur, me tenant par les gambes, et deux autres, les bras, le cinquième parcourut mon pourpoint et mes chausses, pouce par pouce, de ses doigts vigilants.

— Monsieur, dis-je, indigné, je suis le chevalier de Siorac, médecin du roi !

— Se peut, dit Laugnac avec la dernière arrogance, mais je ne vous connais point et ne vous ai pas vu céans ces six mois écoulés.

— J'étais sur mes terres.

— Se peut en exil ? dit Laugnac, levant un noir sourcil.

— En exil, en effet. Mais le roi m'a rappelé.

— Par lettres patentes que vous pouvez montrer ?

— Nenni. Par le mandement du baron de Quéribus.

— Lequel, dit un des cinq, n'a pas été vu céans de trois jours.

— Et pour cause, Monsieur, dis-je. Il était chez moi en Montfort-l'Amaury.

— Il reste, Monsieur, dit Laugnac point du tout adouci, qu'aucun de nous ne vous connaît.

— Messieurs, dis-je, il y a six mois aucun de vous n'était céans, ayant été recrutés en Gascogne par le duc d'Epernon.

Cela, à leur vérité, ne leur plut guère, et je pus voir aux yeux de ces Gascons gasconnants, me fusillant avec rage de tous côtés, qu'ils m'eussent fait volontiers un mauvais parti, s'ils eussent osé.

Par bonne heure pour moi, l'huis du roi se décloit, et Chicot apparut, la goutte au nez, lequel me voyant dans les mains et sous les poignards des *quarante-cinq*, s'esbouffa à rire :

— Rapière, dit-il à Laugnac, si tu occis les médecins d'Henri, tu vas perdre tes douze cents écus de gage et bouche à court, ce qui te serait bien à peine, vu que tu gloutis comme quatre.

Et là-dessus, Du Halde survenant et me voyant en ce prédicament, au lieu de rire, sourcilla et dit l'un ton de hautesse déprisante :

— Messieurs, je vous trouve bien hâtifs et précipiteux. Ce gentilhomme est attendu par Sa Majesté.

Sur quoi, les cinq me lâchèrent, quinauds et penauds, mais cependant sourcillant, hérissés et grondeurs comme chiens que leur maître enlève à la curée.

CHAPITRE VII

Le roi n'était point couché, mais employé en sa chapelle à un labour qui me parut bien étrange, encore que j'en eusse ouï parler jà par Quéribus, mais tant de fables couraient sur Henri que j'eusse décru cette occupation-là, si je ne l'avais de mes yeux envisagée : Sa Majesté découpait avec une paire de grands ciseaux des miniatures dans un de ces livres de prières qu'on était accoutumé d'écrire à la main devant que se répandît l'usance de l'imprimerie ; lesquelles miniatures, peintes par les artistes les plus habiles, le roi, après les avoir tout à plein détachées du texte, ordonnait à un petit page de les coller sur les boiseries de sa chapelle aux endroits qu'il lui désignait du doigt, non sans avoir balancé et réfléchi lequel endroit conviendrait le mieux, le page restant en suspens, le pinceau de colle à la main tout le temps que durait cette méditation ; et moi-même, attendant que le roi me vît, j'étais en suspens aussi sur le seuil de cette chapelle, ou plutôt de cet oratoire, garni d'un autel très bien orné, mais tout petit, d'un seul prie-Dieu recouvert de velours rouge et d'un lutrin, lequel portait le manuscrit illuminé dont le roi, me sembla-t-il, avait jà découpé plus du quart.

Je ne nie pas que l'effet sur les murs de la chapelle ne fût heureux assez, les miniatures n'étant pas groupées au hasard, mais selon les affinités de sujet et de couleur, de sorte que cette entreprise ne défaillait pas tant à la logique, ni même à l'art, qu'en son principe même, lequel me laissa quelque peu béant, pour ce qu'il me sembla que seul un enfant eût pu concevoir l'idée de gâter un livre d'heures infiniment précieux pour en orner un oratoire qui eût pu recevoir une décoration assurément plus convenable, sans compter que les miniatures ayant été conçues pour illustrer les prières, il eût dû apparaître quasi sacrilégieux à un papiste de les en détacher.

Le roi me tournait le dos, et tout à son affaire, ne m'avait pas ouï, et moi ne présumant pas de bouger avant qu'il ne me vît et ne me présentât la main, je restai là quelques instants, fort mal à l'aise de le surprendre à ce bizarre passe-temps, et étonné qu'il y mît tant de gravité, alors que son royaume lui était disputé au Nord comme au Sud, sa propre capitale travaillée contre lui par les guisards, ses finances aux abois, et sa vie menacée.

— Sire, dit enfin Du Halde derrière moi, lequel n'avait point failli d'observer mon embarrassant prédicament, M. de Siorac est là.

— Ha Siorac! dit le roi comme s'il m'avait vu la veille, et passant les grands ciseaux de sa dextre à sa senestre, il me présenta distraitement la main, laquelle je baisai, ayant mis un genou à terre.

Quoi fait, le roi se remit à son labour comme s'il avait oublié la raison pour quoi il m'avait quis de revenir à toute hâte de ma seigneurie. Et moi l'envisageant sans mot piper, attendant son bon plaisir, j'observai que sa face paraissait altérée, son teint olivâtre pâli, ses grands yeux noirs creusés et cernés, et aussi que les doigts que tenaient les ciseaux ne laissaient pas que de trembler un petit, ce qui lui demandait quelque peine pour couper droit, à telle enseigne que dans l'effort qu'il mettait, la sueur perlait à son front, alors même que le temps, en ce février, était si froidureux.

— Eh bien, Siorac, dit-il tendant avec un soupir la miniature découpée au page, et lui montrant de l'index la place où il la devait coller, qu'en est-il donc de toi?

— Sire, dis-je, j'ai reçu ce matin une lettre de mon père, tenant la plume pour le roi de Navarre, lequel vous mande des nouvelles de grande conséquence concernant son épouse.

— Ha! dit le roi avec une expression dans son œil excessivement déprisante et amère, Margot! Margot encore! Qu'est cela? Lis, Siorac!

Je lus la lettre qu'Henri parut à peine écouter, poursuivant cependant son découpage, la paupière baissée, la lèvre froncée, le front fort sourcillant, avec une attention telle, et si grande à sa tâche qu'on eût dit que la fortune de son trône en dépendait.

Quand j'eus ma lecture fini, il resta accoisé jusqu'à ce que la miniature sur laquelle il peinait (ses ciseaux tremblant toujours) fût du livre d'heures détachée, considéra, la tête penchée sur l'épaule, où il allait la placer dans l'étrange mosaïque qui tapissait son oratoire, et de l'index (dont l'ongle était fort long et peint en rouge vif) montrant au page l'emplacement choisi pour elle, la lui tendit.

— Si Margot n'avait failli, dit-il sur le ton de la conversation la plus ordinaire, mais sa lèvre inférieure bizarrement trémulente, voilà qui eût fort accommodé le Guise.

— Sire, dit alors Chicot qui jusque-là était resté derrière Du Halde et dont je notai qu'il avait la face pâle et abattue, sans rien de gaussant ni d'allègre dans sa voix et oubliant à ce point son rollet de bouffon que non pas tutoyer le roi, cuidez-vous que le Guise (que pour une fois il n'appelait pas le Magnifique) le lui ait fait faire?

— Je ne sais, dit le roi. Margot fait aussi peu de cas de la vie d'un homme que d'un poulet. C'est une femme infiniment peu pardonnante et la mauvaise dent qu'elle garde à Navarre de ne l'avoir pas approchée de deux ans... Siorac, relis la lettre, je te prie.

J'obéis, et quand j'arrivai à la phrase où il était dit que « le roi de Navarre désirait savoir de son cousin et souverain bien-aimé le roi de France ce que Sa Majesté voudrait qu'il fît de la reine, ne voulant pas offenser Sa Majesté en la traitant inhumainement, mais ne désirant pas non plus la garder par-devers soi en ses rangs et dignités ».

— Navarre, dit le roi en hochant la tête et en posant ses ciseaux sur le livre d'heures, écrit toujours précisément ce qu'il faut. Il n'ignore pas qu'il m'offenserait en traitant inhumainement Margot, quoi qu'elle eût fait. J'aimerais, dit-il en s'étant un petit réfléchi, qu'elle fût mise en possession d'une ville où Navarre pourrait quand et quand la voir pour en tirer des enfants... Mais, ajouta-t-il tout de gob, Navarre ne le fera point. Et comment le blâmerais-je, l'ayant moi-même averti des infidélités de la dame ? En quoi je ne sais si j'ai eu raison.

Je fus étonné d'entendre Henri débattre devant moi des affaires de sa famille, mais il est vrai qu'un roi appartient tant à son royaume qu'il n'a rien à soi de privé, même son cœur, tant sa vie, jusque dans ses traverses les plus personnelles, peut influencer les nôtres. Toutefois, j'opine que si Henri avait été en sa coutumière assiette, il n'eût pas, sur le même ton musant, songeard et comme parlant à soi, ajouté ce qui suit et que j'eusse préféré ne pas entendre.

— Hors Marie de Clèves, dit-il en reprenant ses ciseaux, je n'ai jamais aimé femme que Margot, et l'aurais voulue à jamais vertueuse, sauf se peut avec moi. L'eût-elle été, je serais ce jour un homme différent.

Quoi dit — qui d'un côtel n'était pas si clair et qui de l'autre, l'était trop — le roi reprit son labour iconoclastique, tant est que Du Halde, lequel était avec Henri sur un ton de familiarité où l'avait établi depiéça un dévouement sans limites, présuma à la parfin de dire :

— Sire, vous avez appelé M. de Siorac pour une affaire qui ne souffrait pas de délais...

— Ha Siorac, dit soudain le roi d'une voix nette, claire et résolue, comme si Du Halde l'eût réveillé d'un long sommeil et posant ses ciseaux pour ne point les reprendre, Siorac, mon enfant, la rumeur contre toi s'est tue : se peut que ta lettre à La Vasselière l'ait fait. Se peut aussi ton exil contrefeint. Mais j'opine qu'on n'en veut plus à ta vie et que tu peux en Paris demeurer et derechef me servir, mais en sous-main, ayant semé le bruit que tu es rappelé pour panser le duc d'Epernon d'un chancreux mal de gorge qui le tient souffrant et dégaillardi depuis janvier et lui faire les diètes et curations nécessaires. Mais dans la réalité, mon enfant, c'est Mosca que tu devras voir et sonder sur les brouilleries que me fait Guise avec le peuple de Paris, promettant au gautier autant d'écus que les guisards lui auront donnés pour faire leurs besognes.

— Mais, Sire, dis-je, n'avez-vous point dit à Quéribus que vous pâtissiez vous-même d'un grand mal de gorge ?

— Nenni, nenni. Il aura mal entendu. Le seul véritable mal dont je souffre est là, reprit le roi en désignant son cœur, pour ce que j'y suis fort navré de voir ceux que j'aime me trahir, ceux-là étant dignes de porter au-dessus de tous les autres la cornette d'ingratitude.

A quoi Chicot et moi nous entrevisageant en silence (Du Halde ayant quitté la chapelle, quelque noise et remuement s'étant fait ouïr en l'anti-chambre), nous nous demandions si par « ceux-là » le roi désignait la reine-mère — ou Margot — ou le duc de Joyeuse, lequel, devant tout au roi, inclinait d'ores en avant à Guise, à ce que Quéribus, au Chêne Rogneux, m'avait confirmé — ou peut-être les trois ensemble.

— Sire, dit Du Halde, c'est M. le cardinal de Bourbon que vous avez mandé.

— Introduisez, Du Halde, dit le roi avec un sou-rire, lequel éclaira non seulement sa face, mais par contrecoup les nôtres, Chicot reprenant cœur assez à son rollet de bouffon pour dire :

— Henri, sais-tu qu'on a trouvé en ton anti-chambre, laissés là tout exprès par quelque plaisant, deux dessins au crayon, l'un représentant le gros Sottard...

— Chut, chut, Chicot ! dit le roi, la face toutefois égayée.

— ... en pourpoint, l'épée au côté, mais son bonnet de cardinal sur la tête, et au-dessous cette légende :

Ah Corydon, Corydon, quae te dementia coepit [1] ?

— Chut, chut, Chicot ! dit le roi en riant, le présomptueux présomptif héritier va entrer !

— ... et l'autre, poursuivit Chicot, représentant le grand Putier avec sa robe rouge et son bonnet de cardinal, mais une grande épée nue à la main et dessous cette légende :

Domine, mitte gladium in vaginam, Ecclesia nescit sanguinem [2].

A quoi le roi s'esbouffa à rire et parut tout soudain ragaillardi et rebiscoulé de ses humeurs sombres et ruminantes, au point même que sa face elle-même changea et sembla plus saine et plus jeune.

— Page, cria-t-il, ferme l'huis sur ma chapelle, afin que le présomptif ne voie pas mes puérilités ! Il en ferait des contes infinis à ses amis guisards ! Et pourtant si d'aucuns en leur âge d'homme, sucent, ou mordent leur pouce, pour aiser leur esprit et apaiser leur âme, que ne peux-je, moi, à cette fin, découper des images ? Et pourtant, je n'ai fait de mal qu'à ce malheureux manuscrit qui, de toute guise, sera poussière dans mille ans.

— C'est bien prêché, dit Chicot, contrefeignant d'avoir mal ouï, tout de Guise sera poussière ! et bien avant mille ans !

A quoi, le roi rit encore, et le grave et austère Du Halde qui avait écouté ces folies et ces indécences le souris aux lèvres pour ce qu'il voyait qu'Henri avait, grâce à elles, sailli de sa malenconie, ouvrant enfin l'huis de l'antichambre, le cardinal de Bourbon apparut, non point à la vérité, en pourpoint, mais en robe rouge et le bonnet en tête, et sous ce bonnet, je ne sais quoi dans sa face de vain, de sot, de faible et de violent qui de prime ne pouvait qu'on n'eût envie de le rabattre et de lui se moquer. Le roi, sa haute

1. Ha Corydon, Corydon, quelle démence t'a saisi ?
2. Seigneur, enfonce ton glaive en un vagin : l'Eglise n'aime pas verser le sang.

taille redressée, le pas vif, le visage riant, et ses beaux yeux italiens étincelants de gaîté gaussante, marcha à lui et sans lui présenter la main, ni souffrir qu'il mît le genou à terre, lui donna une forte brassée et quasiment l'étouffa de caresses, de compliments et de cajoleries, tels, et si grands, et si outrés, qu'on eût pu croire que le cardinal, qui avait le double de son âge, était son fils et son dauphin.

— Mon cousin, dit le roi qui, lui prenant le bras sous le sien, se mit à promener le cardinal d'un bout à l'autre de sa chambre et certes, plus vivement que la bedondaine du prélat n'y avait agrément. Allez-vous me dire la vérité sur ce que je vais de vous quérir?

— Sire, dit le bonhomme (en Paris on nomme ainsi un homme vieil, sans référence aucune à sa débonnaireté), moyennant que je sache la vraie réponse à votre question, assurément je vous la baillerai aussi roide.

— Ha, dit le roi, en riant, mon cousin, vous voilà pris!

— Comment cela? Pris? dit le cardinal en écarquillant son œil sot.

— Mon cousin, reprit le roi, contrefeignant quelque gravité, Dieu ne m'a point donné de lignée jusqu'à cette heure, et il y a grande apparence que je n'en aurai point. Hélas, toutes les choses du monde sont incertaines, et le Seigneur pourrait me rappeler à lui ce jour d'hui! Cela advenant, la couronne tombe de droite ligne en la maison des Bourbons: dites-moi, mon cousin, ne voudriez-vous pas alors, bien que procédant de la branche cadette, prendre le pas sur votre neveu le roi de Navarre, et l'emporter par-dessus lui, comme le royaume de France revenant à vous et non à lui.

— Sire! Sire! bégaya le cardinal, son œil rond effaré de poule roulant en tous sens en son orbite, qui s'est jamais avisé que vous alliez passer? Assurément, c'est chose à quoi je n'ai jamais pensé moi-même, poursuivit-il en baissant une paupière hypocrite; je prie Dieu de tout cœur qu'il nous épargne ce grand malheur, et ayant le double de votre âge, je crois que les dents ne me feront plus mal de long-temps quand le Seigneur disposera de Votre Majesté... Mais qu'Elle puisse avant moi disparaître, non assurément je n'y pense point, reprit-il, son œil tant faux que sot, aguignant de tous les côtés comme pour trouver un trou de souris où il s'eût pu cacher, non, non, ajouta-t-il, sa voix montant tout soudain dans l'aigu, je n'y pense point, comme étant hors de toute raison et apparence, et contre l'ordre de nature qui veut que le vieil précède le jeune en la tombe...

— Mon cousin, dit le roi, la face grave, mais l'œil pétillant, étant en son for très ébaudi par les protes-tations du cardinal, ne voyons-nous pas tous les jours comme l'ordre de la nature s'inverse et s'inter-vertit, le jeune précédant le vieil sur le chemin du Styx. Si cela donc advenait en ce qui me concerne, dites-moi, mon cousin, dites-moi librement, comme vous avez promis de le faire, ne voudriez-vous pas disputer ma succession à votre neveu le roi de Navarre ?

— Ha Sire ! gémit le cardinal en se donnant quel-que timide peine pour retirer son bras du bras du roi et ralentir le branle que Sa Majesté lui donnait qui-cy qui-là dans la chambre, Ha Sire ! Vous me pressez beaucoup !

— Mais, à la fin, Monsieur le Cardinal, dit le roi, n'allez-vous point me dire là-dessus toute la vérité, celle-ci ayant, au demeurant, comme une affinité naturelle à votre état sacré !

— Assurément, dit le cardinal, fort essoufflé du branle qu'on lui donnait. Eh bien, Sire, puisque vous me le commandez de si pressante sorte, encore que le grand malheur que vous évoquez ne me soit jamais tombé en le pensement, étant si éloigné du cours de la nature et du discours de la raison (phrase de prêche, pensai-je, en oyant le cardinal la débiter si vite), toutefois ajouta-t-il la paupière baissée, si ce grand malheur advenait, pour lequel je n'aurais jamais assez de larmes et d'affliction toutefois, Sire, en ce cas, je pense que le royaume me devrait revenir à moi, comme étant bon catholique, et non pas à mon neveu Navarre, qui est huguenot, et je serais alors fort résolu à ne lui pas quitter.

A quoi, le roi arrêtant le fol va-et-vient d'un bout à l'autre de la chambre, mena le cardinal jusqu'à l'huis et là, retirant son bras du sien, l'envisagea avec un sourire et dit :

— Mon bon ami, Paris vous donnerait, se peut, la couronne, mais le Parlement vous l'ôterait.

Ayant dit et se tournant vers Du Halde, il lui dit d'une voix gaussante :

— Du Halde, raccompagnez monsieur le cardinal de Bourbon, avec tous les honneurs que vous devez à sa personne, à son état et à ses ambitions.

Après quoi, sans lui présenter la main, il fit au cardinal un petit salut et lui tourna le dos.

Et dès qu'il eut sailli hors, il se jeta sur son grand fauteuil et se cachant la bouche de sa main, comme font les dames, s'esbouffa à rire, en cela imité par Du Halde, Chicot et moi, mais non le page, lequel nous espinchait de ses grands yeux bleus, sans mot piper.

— Henri ! dit Chicot, que tu as bien tiré les vermes hors du nez du Grand Sottard !

— Des vermes ou des vipères ! dit le roi.

— Monsieur Chicot, dit alors le page, me laissant béant qu'il présumât ouvrir le bec en présence de Sa Majesté...

— Monsieur Chicot ! répéta Chicot comme indigné. Galapian ! Oses-tu bien me monsieuriser ! Sache que je suis Chicot tout court, bouffon de sa double majesté, mais hors la présence royale, appelle-moi Sire aussi, étant le roi des bouffons.

— Chicot, fit le page en rougissant, je m'en ramentevrai.

— Parle, cependant, mon enfant, dit le roi avec sa coutumière bénignité.

— Sire, dit le page qui ne savait plus s'il devait s'adresser au roi de France ou au roi des bouffons : Pourquoi le Parlement ôterait-il la couronne au cardinal ?

— Pour ce que, dit le roi gravement comme s'il se

fût adressé à son grand conseil, le cardinal appartient à la branche cadette des Bourbons dont son neveu Henri de Navarre incarne, lui, la branche aînée.

— Malgré tout, Henri, dit Chicot, le Parlement oserait-il quitter le sceptre au cardinal, si Guise était en position de lui mettre le cotel sur la gorge, les parlementaires n'étant pas, que je sache, de l'étoffe dont on fait les héros !

— Assurément, dit Henri, mais cela advenant, les règles de la succession monarchique seraient manifestement violées et la légitimité du roi pourrait être à chaque instant récusée, l'Etat s'encontrant ébranlé en ses plus fermes assises.

— La force, dit Chicot, est une grande force.

— Nenni ! dit le roi avec feu, c'est une force faible, puisqu'elle ne se perpétue que par elle-même. J'entends par les guerres civiles, l'usurpation appelant de soi un autre usurpateur. Chicot, ois bien ceci qui est mon Evangile : la légitimité assurée par les lois de la succession monarchique est le seul fondement pacifique du pouvoir. Si je n'y tenais la main nous verrions bientôt pulluler je ne sais combien de présomptueux présomptifs : le cardinal de Bourbon, le marquis de Pont-à-Mousson, le comte de Soissons, que sais-je encore !

— Et quoi, Sire, le comte aussi ? dit Du Halde.

— Le comte y songe. Et pourquoi pas lui ? C'est un Bourbon, bon catholique. (Ravi de ces deux « bons », le roi répéta : « c'est un Bourbon bon catholique » en riant tout soudain.) Et d'après de ce que j'ois dire, il tâche de fortifier ses droits en attendant d'épouser la sœur du roi de Navarre : à quoi il a bien de l'estomac, la dame étant plus laide que les sept péchés capitaux.

En revenant à mon logis, je ruminais cet entretien, lequel j'ai conté à quelque détail pour ce qu'Henri y apparaît à plein et à vif en la curieuse diversité de ses déportements contraires, le découpement de ses miniatures, pour enfantin qu'il semble, ne devant pas, en mon opinion, dérober à l'œil, ni diminuer à l'esprit, la claire entente qu'il avait des affaires de l'Etat, ni son habileté à manœuvrer les hommes quand il le jugeait utile.

Mais tout faillait cette année en les mains de mon bon maître. Utile, ce dialogue avec le cardinal ne le fut guère, celui-ci étant trop abismalement niais et vaniteux pour que rien ne le pût décourager de la stupide ambition que Guise avait insufflée en lui. Rien, je dis rien, moi qui parle : ni la pourpre, ni l'âge, ni les infirmités, ni les lois du royaume, ni le Parlement, ni l'opposition déclarée du roi. Preuve que les grandes vilenies se font tout autant par le moyen des sots que par celui des méchants. Et que de reste, dans la réalité des choses, elles se fassent le plus communément par la conjonction des deux, c'est ce dont je m'assure et m'acertaine, si peu que je sois mêlé, et en tant humble place, aux affaires du royaume.

Le lendemain, je quis de mon Miroul d'aller trouver Nicolas Poulain et de lui mander de me venir voir à la nuitée, en mon logis, et lecteur, tu penses bien que mon Miroul y fit d'abord quelque traverse, me disant qu'il n'était ni mon « vas-y-dire » ni mon petit valet, mais mon secrétaire et que cette course, en conséquence, était au-dessous de son état. Et moi, sachant que mon Miroul, quoi que je lui demandasse, invariablement commençait par dire non (après quoi, il le faisait toujours), je lui dis du ton le plus bref :

— Ce n'est pas une course, c'est une mission, et de grande conséquence ; et si tu ne veux pas y aller, j'irai de ma personne. La chose ne souffre pas délai.

Sur quoi, je lui tournai le dos et le contraguignant du coin de l'œil, tandis que je m'éloignai, je le vis jeter sa cape sur son épaule, se coiffer de son chapeau et s'assurer que ses cotels s'encontraient bien en ses chausses.

Non point à la nuitée, mais au plus noir d'ycelle, Mosca me vint toquer à l'huis, bien escorté et couvert d'un grand manteau, et moi l'espinchant à la lanterne par le judas, il consentit à peine à découvrir le bout de son museau lequel, si peu qu'il en montra, était si renardier que je l'eusse entre mille reconnu.

— Entrez, entrez, maître Mouche, dis-je, je suis fort aise de vous voir.

Il n'eût pu, certes, en dire autant, et pointant ledit museau en avant, son long nez reniflant à l'avance mes futures paroles, son œil oblique épiant ma face et celle de Miroul, la moustache fauve, hérissée et fort suspicionneuse, le quart d'une fesse assis sur l'escabelle que Miroul lui avait présentée, et peu heureux que Giacomi apparaissant, armé, fermât derrière lui la porte du petit cabinet où je l'avais introduit, duquel le fenestrou donnant au rez-de-chaussée était aspé de barres de fer et remparé en outre d'un lourd contrevent de chêne, tant est que mon Mosca se trouvait bien isolé de sa tant belle escorte et comme pris en la nasse, un contre trois, si souriants et accommodants que nous fussions tous trois, et de l'œil, et du bec, et du geste.

— Maître Mosca, dis-je, me voilà fort content de votre empressement à me donner jour, comme on dit en Paris, même quand le rendez-vous a lieu la nuit. Mais bien sachant que votre temps n'est pas moins précieux que le mien, j'en viens tout de gob au point, sans gloser plus outre.

Disant quoi, je vis mon renard si tendu en tous les muscles, nerfs et tendons de sa frêle et pourtant robuste carcasse, et l'œil tant roulant en l'orbite comme une petite bête inquiète que je décidai de me fendre et de pousser ma pointe à l'avantage.

— Mosca, dis-je d'une voix rude et rapide, on fait des brouilleries au roi dans sa capitale. Vous êtes partie à ces brouilleries, le roi le sait, et ordonne que vous les lui découvriez toutes. Choisissez, Maître Mosca. Bouche ouverte : vie et pécunes. Bouche cousue : la hart.

Un lieutenant de la prévôté qui, quasi quotidiennement, mène de pauvres hères pendre à Montfaucon pour le vol de quelques deniers, est tant accoutumé à voir la corde serrer le cou des autres qu'il la conçoit fort mal autour du sien, d'autant qu'il sait d'expérience quelle vilaine grimace on fait au gibet, la langue pendante et les pieds dansant fort incommodément dans les airs.

Mon dit Mosca, à mon brutal discours, quasiment défaillit, l'air lui manquant soudain, et quand il reprit enfin vent et haleine, coulant vers moi un regard incrédiblement faux, ferma à demi une pieuse paupière et dit :

— Monsieur le Chevalier, ce n'est pas promesse de vie et de pécunes qui m'ouvrira la bouche, mais ma conscience, laquelle, de trois mois passés, me crie pouilles de cette méchante et damnable entreprise où je fus de maugré embarqué, étonné que je suis par tout le sang qu'elle doit épandre, et de la pillerie et meurtrerie qui doivent se faire céans en Paris même, lesquelles, outre l'horreur d'un si grand carnage, ne seraient que ruine et dissipation de l'Etat, tant est que peu me profiteraient les grandes richesses qui me furent promises par ceux-là qui le veulent faire, si je perdais mon âme en ce barguin, et devrais, à ma mort, prendre le chemin de l'enfer.

— J'abhorre ce cauteleux coquin, dit Giacomi en italien, et son langage de chattemite. *El mangia santi e caga diaboli* [1].

— Mosca, dis-je, de la même voix brève et tranchante, combien t'avaient promis ceux-là que tu dis ?

— Vingt mille écus.

— Le roi te les donnera.

— Ha Monsieur le Chevalier, dit Mosca, ce n'est pas l'or qui me meut et me branle, mais mon devoir de Français naturel de la première ville de France, où mon roi souverain a pris sa couronne et où je lui ai prêté serment de fidélité en le temps où je fus reçu lieutenant de la prévôté de l'Ile-de-France. Tellement que s'il se doit brasser quelque attentement contre l'Etat, moi, vivant des gages et profits que me donne Sa Majesté, je suis tenu de l'en avertir. Lesquelles considérations, jointes à celles que j'ai dites déjà, me touchèrent tellement le cœur...

— Répète ce mot, je te prie, Mosca, je ne l'ai pas ouï.

— Lequel, Monsieur le Chevalier ? dit Mosca plissant les yeux.

1. Il mange des saints et chie des diables. (Ital.)

— Le dernier.

— Me touchèrent tellement le cœur...

— Ha! dis-je. Voilà qui est bien. Poursuis, je te prie.

— Que je décidai d'en avertir le roi. Mais m'en proposant la manière, je me trouvai si fort perplexe et troublé quant aux difficultés qui s'y prêtaient, (outre la peur que j'avais d'être découvert par les conspirateurs) que je demeurai court, et pour ainsi parler, le cul par terre entre deux selles.

— Comment cela? dis-je.

— Monsieur, dit-il, relevant tout soudain la paupière et m'envisageant œil à œil, je ne pouvais à vous m'adresser, puisque vous étiez parti en votre contrefeint exil.

A cette botte, je demeurai coi, Giacomi, Miroul et moi contréchangeant des regards étonnés.

— Mosca, dis-je enfin, mon *contrefeint exil*? Qu'est cela? Qui le considère tel?

— Mais moi, Monsieur le Chevalier, et la Ligue. Vous êtes tenu par les ligueux pour un serviteur tant fidèle et immutable du roi que votre maison est marquée pour être une des premières éventrée, massacrée et pillée...

— Bah! dis-je, plus ému que je ne le voulais paraître. Nous verrons bien. Maître Mosca, revenons au sujet. Moi absent, ne pouvais-tu avertir le chancelier de Villequier, puisque tu le connais?

— Mais justement, je le connais, dit Mosca. Villequier aurait, de prime, averti la reine-mère et celle-là, pour se couvrir, le roi. Après quoi, la reine-mère et Villequier eussent persuadé le roi que j'étais payé par les huguenots et que tout mon rapport n'était que fable et fallace. J'eusse alors risqué des mains du roi la hart, ou d'être occis par les ligueux, si Villequier, en sous-main, m'avait à eux dénoncé.

— Mon pauvre Mosca, dis-je avec un sourire, à ce que je vois, ni d'un côtel ni de l'autre il n'est facile de trahir! Par bonne fortune, je suis là! Là, devant toi! Et l'ouïe tout ouverte! Tu pourras donc ta conscience soulager et ton cœur conforter à plein. Parle, mon bon maître Mosca! Parle sans tant languir!

— Cependant, Monsieur le Chevalier, dit Mosca, voilà votre valet avec une écritoire...

— Vous voyez mal, Monsieur le Lieutenant, dit Miroul avec hautesse : celui que vous envisagez, assis à cette table, est le secrétaire de M. de Siorac.

— Monsieur le Chevalier, reprit Mosca non sans indignation, si c'est une déposition que l'on veut prendre, vos épées ne me la feront pas signer ! Il faudrait beau voir que le lieutenant de la prévôté s'incrimine et s'inculpe de soi !

— Apaisez-vous, monsieur Mosca, dis-je avec un souris, il n'est question que de notes, votre nom naturel n'y sera pas mentionné.

— S'il en est ainsi, dit Mosca, relevant la crête, comme il faut, par prudence, un peu de variété dans les noms supposés, ne me surnommez pas en ces notes *Mosca* la mouche, mais *Leo* le Lion.

— *Leo*, dis-je, puisque lion il y a, rugis-moi un beau récit et je serai content.

— Monsieur le Chevalier, dit Mosca, il n'y a pas à rugir, mais à gémir, tant les temps sont troubles et le sang de l'homme menacé (et, il se peut, le mien aussi). Mais pour aller au plus bref, voici : Le 2 janvier, Maître Leclerc, procureur à la Cour du Parlement et Georges Michelet, sergent à verge au Châtelet de Paris, bonnes gens avec qui j'avais ces vingt ans passés fréquenté, me vinrent trouver en mon logis et me firent entendre qu'il se présentait une belle occasion de me mettre fort à mon aise en m'étoffant, si je voulais, d'une bonne somme de deniers.

— Sagesse, dit Giacomi en italien, de parler à coquin selon sa coquinerie.

— Et, poursuivit Mosca, de gagner, en outre, la faveur de fort grands seigneurs, lesquels pourraient pourvoir à mon avancement, pour peu que je leur fusse fidèle en ce qui me serait par eux donné à exécuter, qui n'était, de reste, que pour la conservation de la foi catholique, apostolique et romaine.

— Qui ne voudrait à telle noble fin concourir ? dit Giacomi.

— Raison pour quoi, dit Mosca, je jurai d'entrer

en leur Ligue qu'ils appelaient la Sainte Ligue, et le 3 du même mois, je fus au logis de Maître Leclerc où j'encontrai, avec plusieurs autres du même parti, le seigneur de Maineville à nous par le duc de Guise envoyé, pour éclairer nos entreprises, lequel nous dit que la religion catholique était perdue, si on n'y mettait bon ordre, et qu'il y avait plus de dix mille huguenots cachés au Faubourg Saint-Germain, lesquels, le moment venu, feraient une Saint-Barthélemy des catholiques pour faire tenir la couronne au roi de Navarre.

— Et l'avez-vous cru, Mosca? dis-je en levant le sourcil.

— Monsieur, dit Mosca, je suis lieutenant de la prévôté de l'Ile-de-France, et bien sais-je que ne se cachent dans les bouges et les bauges du Faubourg Saint-Germain que des pesteux, des ladres, des coupe-bourses, des caïmans et des ribaudes.

— Vous n'y avez pas cependant contredit? dis-je.

— Monsieur le Chevalier, qui suis-je pour oser contredire le duc de Guise contre lequel le plus grand en ce royaume n'ose parler? De reste, le seigneur de Maineville, car c'est lui qui parle et non pas moi, nous dit aussi que le roi qui va en monastère et singe les pénitents, a osé, en sa traîtrise, faire tenir deux cent mille écus à Navarre pour qu'il fît, en sous-main, la guerre aux catholiques.

— L'avez-vous cru?

— Monsieur le Chevalier, dit Mosca avec une certaine sorte de rampante hautesse, ce que je crois ou décrois est affaire à ma conscience.

— Et à votre cœur, dit Giacomi.

— Et avez-vous cru, dis-je en l'envisageant œil à œil, que j'avais été l'instrument de cette transaction?

— La Sainte Ligue l'a dit de prime, et l'a ensuite dédit, de sorte que je n'ai plus à le croire.

— Ainsi, dis-je, du moment que la Ligue se nomme Sainte, la fable devient vérité et la vérité, fable.

— Monsieur le Chevalier, dit Mosca, du moment que vous êtes d'un parti, vous devez tout croire, ou tout quitter.

— Vous avez donc tout cru ?

— Monsieur le Chevalier, je vous en supplie, laissons là mes créances et mes décréances, et courons au plus bref. Donc, le seigneur de Maineville nous a déclaré à cette occasion qu'il fallait pourvoir aux entreprises des huguenots, des « Politiques », du Parlement et du roi contre la religion catholique, et pour cela, tous ceux de la Sainte Ligue, ayant juré de mourir plutôt que d'endurer lesdites entreprises, il fallait qu'on s'armât secrètement en Paris, afin de se rendre les plus forts. Que la Sainte Ligue, au reste, n'était pas seulement soutenue par le clergé, et les messieurs de la Sorbonne, mais par les princes lorrains, le pape lui-même et le roi d'Espagne.

— Trahison étrangère et rébellion ouverte, dis-je sourcillant, voilà qui va bien : la hart est au bout du chemin.

— Monsieur le Chevalier, plaise à vous de vous ramentevoir que vous m'avez promis vie sauve et vingt mille écus.

— Tant promis, tant tenu. Votre rollet, Mosca, en cette souterraine affaire ?

— Acheter les armes. Pour ce que d'une part, le prévôt Hardi qui est fort vieil se reposait entièrement sur moi, son lieutenant, pour ce que d'autre part, le roi avait fait défense aux armuriers et quincailliers de Paris de vendre des armes sans savoir à qui, mais moi, ès qualité de lieutenant de la prévôté, je les pouvais acheter sous le prétexte de remparer d'aucunes maisons fortes, ayant prétendument reçu cette commission du roi.

— C'est damnable tromperie. Et vous en achetâtes, Mosca ?

— Depuis le 2 janvier, pour six mille écus.

— Cornedebœuf! Six mille écus! Et combien, sur ces six mille, trouvèrent le chemin de votre escarcelle ?

— Fort peu, hélas !

— Et où étaient portées ces armes ?

— Chez Leclerc, Campan, Crusset et en l'hôtel de Guise.

— Et qui baillait les pécunes pour les acheter? Vous en êtes-vous enquis?

— Je n'ai point failli de le demander à Maître Jean Leclerc, lequel m'a répondu que les bailleurs étaient tous gens de bien qui ne se voulaient déclarer qu'au besoin, crainte d'être prématurément découverts.

— Voilà qui est prudent! Et à part ces amas d'armes par quoi le sang des Français naturels doit être dans les occasions menacé, comme vous dites, Maître Mosca, quelle sainte autre entreprise fait la Ligue?

— Elle a pratiqué les manants et habitants de Paris.

— Elle les a pratiqués? Que veut dire ce jargon?

— Qu'elle a tâché de les gagner à sa cause, et y a réussi.

— Et, quels furent les pratiqueurs? dis-je en aguignant Miroul pour qu'il notât leurs noms.

— Ils étaient prou, dit Mosca à qui ce clin d'œil n'avait pas échappé, et qui, se voulant faire prier plus outre, ajouta : chacun pratiquant sa particulière corporation ou ceux-là sur lesquels il détenait quelque puissance du fait de son état ou de son voisinage.

— Maître Mosca, dis-je, vingt mille écus est une grosse somme de deniers, et il va y falloir un récit plus précis...

— Monsieur, dit Mosca, avec un soupir qui tira en avant son museau de renard, je ferai votre commandement pour peu que je sois assuré que votre secrétaire écrive partout Leo et non Mosca.

— *Res effecta, Leo* [1], dit Miroul, qui depuis qu'il était mon secrétaire, se pimplochait excessivement de son latin. A quoi, il ajouta encore, *promissio boni viri fit obligatio* [2].

— Allons, dit Mosca avec un nouveau soupir. Voici les noms que bien me fait peine à prononcer tant j'aime ceux qui les portent, et n'eusse pas voulu

---

1. Lion, la chose est faite.
2. La promesse d'un honnête homme équivaut à une obligation légale.

les trahir, si ma fidélité à mon roi ne m'en avait fait un devoir.

— Que voilà, dit Giacomi, des sentiments bien honnêtes !

— Ces noms, Mosca, dis-je, coupant court à ses grimaces.

Il les donna à la parfin, et sur ces noms et cette grande masse de nouvelles je me réfléchis un petit, mais tâchant de conserver d'autant un front serein et confiant que j'étais en mon for dévoré d'inquiétude, tant il me semblait manifeste que Paris, pratiquée par tant de violents ligueux, et en outre par les prêcheries des prêtres, était jà perdue pour le roi. Sentiment que voulant cacher à mon Poulain en qui j'avais autant de fiance qu'en le croc d'une vipère, je lui demandai à quoi tendaient ces amas d'armes, ces pratiques, ces secrets conciliabules, où ne se méditait que le sang des Français.

— Mais, dit Mosca, rien moins que la prise de Paris par la Sainte Ligue ! Et la saisie du roi en son Louvre, après le massacre de ses conseillers, de ses officiers, de ses mignons, des principaux du Parlement, des « Politiques » et de toute noblesse qui lui voudrait porter secours. Les plans sont faits ! La poudre est prête ! Il n'y manque que l'étincelle, laquelle viendra des deux côtels : l'armée que rassemble Guise et l'armée espagnole.

— Pour celle-ci, dis-je avec un souris, et comme en me gaussant, il lui faudra de prime franchir les Pyrénées !

— Nenni, Monsieur ! dit Mosca comme piqué de mon ton, cela ne sera pas nécessaire. La Ligue est dans l'intention de se saisir sous peu de Boulogne, et de livrer le port à Philippe II pour que son armée y aborde.

Je vis bien que Mosca se mordait la lèvre pour avoir parlé trop vite, et fort ému de ce complot sur Boulogne, et de l'inouïe conséquence de sa réussite, si elle ne faillait, je pressai Mosca de tant de cajoleries et de menaces qu'à la fin il me dévida toute l'affaire.

326

— C'est, dit-il, en la maison des jésuites, ces deux jours écoulés, que cette embûche fut envisagée, vu qu'ils savaient que le prévôt Vétus, lequel ils avaient pratiqué, était accoutumé d'aller de trois mois en trois mois en Boulogne, et qu'y allant, il pourrait, avec cinquante bons soldats, que sous couleur d'escorte on lui baillerait, se saisir d'une des portes de la ville, et ayant fait, la livrer au duc d'Aumale, cousin des Guise, qui aurait des forces dans les alentours.

Je fus tant effrayé pour le roi de cette entreprise que je dormis fort peu, quand Mosca nous eut quittés avec promesse de me revenir voir dès que je le ferais mander, pour ce que je voyais bien quelle menace d'invasion la prise et livraison de Boulogne feraient courir, non point seulement au royaume de France, mais même à la reine Elizabeth, laquelle était notre naturelle alliée contre les menées papistes et guisardes, et s'encontrait tout aussi menacée que nous par cette saisie, machinée, à ce que je m'avisai tout soudain, par des jésuites introduits en la Ligue, et dont je savais le zèle passionné pour la reconquête de l'Angleterre.

Je pus voir le roi dès son lever, et en entrant en sa ruelle sous le prétexte de lui prendre le pouls, je lui remis mon mémoire en lui disant à l'oreille qu'il contenait chose urgente et conséquente. A quoi me répondant qu'il le lirait dès qu'il aurait en sa chapelle récité ses prières, et conféré avec l'ambassadeur d'Angleterre qui avait quis de lui une audience à la première heure, il me pria, avec sa coutumière politesse, d'attendre en l'antichambre qu'il me fît rappeler.

Cependant, à peine eus-je sailli hors que je fus saisi par le bras, mais cette fois de façon tout amicale par Laugnac de Montpezat, lequel me fit de grandes excuses de m'avoir arrêté et fouillé l'avant-veille à la porte du roi avec cinq de ses *quarante-cinq*, disant qu'il n'avait point l'honneur de connaître ma face, pour ce que, au moment où lui-même était arrivé en la Cour, je partais avec le duc d'Epernon en

Guyenne et à mon retour tout soudain en une longue retraite sur mes terres. Il dit « retraite » et non « exil » avec un fin sourire qui me donna à penser qu'il me voulait tirer les vermes du nez, et sachant bien qu'en ces occasions, la parole vaut mieux que le silence, je me retranchai derrière mon amabilité périgordine, laquelle valait bien la gentillesse gasconne dont il faisait parade, tant est que nous fûmes l'un avec l'autre tout miel et tout sourire, cependant que nous nous observions œil à œil, et moi n'aimant guère ce que je voyais, non que Laugnac ne fût pas un fort beau et fort grand gentilhomme qui tenait quasi du Sarrasin par la peau, la barbe et la prunelle, mais avec je ne sais quel forcené appétit en sa face qui ne me plaisait point tout à plein.

Comme nous conversions apparut my Lord Stafford qui se rendait chez le roi, et tous ceux qui étaient là le saluèrent au plus bas sans recevoir d'autre réponse qu'une roide inclinaison du chef.

— On murmure, me dit Laugnac, me lançant pardessus l'épaule un bras affectionné, que my Lord Stafford est venu proposer à Sa Majesté l'ordre de la Jarretière que la reine Elizabeth veut lui conférer, mais seulement s'il y consent. Etes-vous apensé que ce soit vrai ?

— Ah ! Laugnac ! dis-je, qu'en pourrais-je apenser ? Vous en savez là-dessus plus que moi !

— Cependant, dit Laugnac avec un sourire, on vous a vu converser avec Lady Stafford chez la maréchale de Joyeuse !

— Laugnac, dis-je en lui rendant son sourire, qui n'aimerait, dans les occasions, s'entretenir avec une tant haute et belle dame dont la vertu, de surcroît, est une beauté de plus !

Là-dessus, il me quitta, contréchangeant nos sourires encore, et me laissant fort incommodé de ses inquisitions et fort doutant du bien-fondé de sa neuve faveur. Pour moi qui sers mon bien-aimé souverain depuis plus de dix ans, je n'ai guère fiance, à dire le vrai, en ces courtisans qui, en dix mois, gagnent l'amitié d'Henri, m'apensant qu'ayant monté comme l'écume, il se pourrait qu'ils en aient la consistance, et que leur dévouement ne soit que bulle, laquelle, étant mi-air mi-eau, crève au premier souffle contraire.

Le roi, qui avait reçu l'ambassadeur d'Angleterre en son privé — ce qui fit fort jaser et conjecturer les guisards du dépit de n'avoir pas là quelque oreille à la traîne comme dans les audiences publiques — me fit appeler vers les dix heures et entrant dans le vif tout de gob, me dit :

— Siorac, si ce mémoire dit vrai, il est de la plus grande conséquence. Mais l'est-il ? *Quid* de ce *Leo*, ou *Mosca*, ou Poulain ?

— Sire, c'est le plus vénal coquin de la création. S'il advenait qu'on eût voulu acheter sa mère, il la vendrait.

— Il se pourrait donc qu'il ait menti...

— Il se pourrait. Toutefois, Sire, j'opine le rebours. Pour deux raisons : pour ce qu'il a soi incriminé quant aux achats d'armes ; pour ce qu'il a dévoilé aussi le projet de saisir Boulogne. Or cette saisie, si elle n'est pas fable, ne peut qu'elle n'apparaisse un jour.

— C'est raison parler, dit le roi. Il faut, de toute guise, y parer d'avance et prévenir M. de Bernay qui commande à Boulogne. Mais comment le peux-je sans ébruiter l'affaire et faire fuir nos rats ? Il n'y faudrait pas les voies ordinaires, mais le secret et le sous-main.

— Sire, dis-je, commandez, j'y vole ! Ainsi, il n'y aura que vous et moi à en connaître.

— Ha, Siorac ! dit Henri, que j'aime ton zèle à me servir, et que je t'en suis affectionné ! Mais je ne veux point te mettre derechef à si grand péril. Ils t'assassineraient à la fin.

— Aussi n'irai-je point à visage découvert, Sire, mais sous la déguisure d'un marchand.

— D'un marchand ! dit le roi, que cette idée parut excessivement ébaudir, et que vendrais-tu en Boulogne ?

— Des bonnets, Sire.

— Des bonnets ? dit le roi en riant. D'homme ?

— Non point, Sire, de dame. J'ai ouï dire que Mme de Bernay était jeune et belle et je gage qu'ayant son logis en Boulogne, elle sera fort friande des affiquets à la mode qui trotte en Paris.

Je m'étais prou avancé quant à ces bonnets, pour ce que je fus à grand'peine et labour à persuader Alizon à m'accompagner, laquelle ne voulait point quitter boutique pour un temps si long, encore qu'elle eût toute fiance en son premier compagnon, lequel n'était autre que ce Baragran qu'elle avait connu du temps du chiche-face Recroche et engagé à la mort d'ycelui, maugré qu'elle se fût querellée quasi dix ans avec lui, étant attelés au même joug par le même écorcheur, avant que de marier soi à un maître bonnetier-enjoliveur, lequel avait passé à Dieu ces deux ans écoulés. Le sujet de sa querelle avec Baragran, c'est qu'elle l'estimait par trop pliable audit Recroche qui était tant pleure-pain qu'il eût tondu un œuf. Mais une fois qu'elle fut maîtresse, ce qu'elle tenait pour servilité en ce pauvre Baragran devint obéissance, fidélité et probité à ne pas lui faire tort d'un liard. Et l'aimant fort pour ses rares qualités, elle l'eût marié, je gage, si elle ne se fût jugée fort audessus de lui, étant si fine mouche et pouvant prétendre à la demoiselle, ou du moins à la bourgeoise de bon lieu, par les manières et la vêture.

J'ébranlai ses refus en lui assurant qu'elle vendrait aux dames de la noblesse en Boulogne quantité de bonnets, d'escoffions, de basquines et de haussecs (lesquels, en Paris, le menu peuple appelle aussi « faux-cul » pour ce qu'ils étoffent les femmes maigres en cet endroit). Mais ce qui emporta le morceau de clic et de clac, fut qu'en ce voyage, elle voyagerait en coche (ses tendres cuisses n'ayant pas appétit à la selle) et surtout, qu'elle passerait pour mon épouse et logerait ès auberge avec moi sous même nom, moi-même prenant celui de son défunt mari. A ouïr cela, ma petite mouche d'enfer me sauta au cou et me fit tant de poutounes et de mignonneries que je me sentis tenu de lui dire qu'ayant juré fidélité à mon Angelina, je ne jouerais qu'en public et non dans le privé le rollet de l'époux. Mais, soit que la seule apparence déjà la comblât, soit que, me connaissant de longue date, et ayant avec moi de frémissants souvenirs, elle pensât que je ne serais si vaillant que de résister à des occasions si répétées, mes propos ne rabattirent en rien son allégresse et elle commença incontinent à débattre, l'œil rieur, de mes habits en ce voyage et des siens qu'elle voulait le plus étoffés qu'il se pût, arguant que plus un marchand a bonne mine, plus il vend.

Il fallut deux jours pour avoir ces habits. Mais dès que je les eus chez Alizon endossés, elle me dit que mon moindre branle sentait encore trop le gentilhomme par je ne sais quel air de hautesse et de facilité que je tenais de la Cour, que ma main senestre cherchait par trop souvent la poignée de mon absente épée, qu'il y fallait moins de légèreté, mais plus de pompe, que je ne marchais ni ne me mouchais ni ne m'asseyais comme un bourgeois, que je ne devrais pas porter si haut la crête, mais plus lourdement paonner comme un gautier qui a du bien, ne point sautiller et virevolter, mais poser à plat le pied, lequel devait se porter en dehors et non quasiment droit comme je le faisais, m'ôter la boucle d'or de mon oreille dextre qui disait par trop le muguet, le marin ou le soldat, me désembouffer le cheveu et le plaquer plus roide, ne me point parfumer du tout, quitter mon anneau de médecin et mes deux bagues de pierreries, arborer, en revanche, autour du col une montre-horloge en argent et l'envisager gravement quand et quand, comme un guillaume dont le temps est précieux ; ne point parler du bout de la langue, comme je faisais, mais du fond de la gorge ; ne jamais rire dans l'aigu comme nos coquardeaux du Louvre ; ne point me démener dans mes chausses bouffantes avec autant de vivacité que si mes fesses étaient encore frivolement serrées dans les étroites chausses de Cour, mais mesurer mes pas et démarches avec l'austérité convenant à l'ancienne mode. Que si, dit-elle enfin en riant à gueule bec, je n'altérais pas tout à plein mon déportement pour l'accorder à mes habits, mes compères marchands en Boulogne verraient du premier coup d'œil la déguisure et éventeraient la mèche. En bref, qu'il me fallait être instruit par elle en mes manières et apprendre aussi quelques mots du jargon de bonnetier avant que de me hasarder en ma nouvelle peau.

— Ma mie, dis-je, mi-piqué mi-diverti par le portrait qu'elle faisait de moi (et de mon modèle), suis-je donc à tes yeux si ridicule ?

— Mais que nenni ! me dit mon Alizon en me plaquant un poutoune à la commissure de la lèvre, vous êtes, mon Pierre, ce que vous êtes, et il me plaît ainsi. Mais, dix années de Cour ne peuvent qu'elles ne vous aient changé, car tout comme mes bonnets par mes enjoliveuses, les hommes ne peuvent faillir à être façonnés. Et si vous n'étiez si précieux et gracieux gentilhomme, vous aimerais-je ? Et d'autant que chez vous au moins, l'homme affleure hors le courtisan.

Je fus deux jours à m'instruire auprès de ma petite mouche d'enfer des manières, du ton et du langage propres à mon état, leçons qui excessivement l'amusèrent et la caressèrent, pour ce qu'enfin elle s'y voyait au-dessus de moi, tout en m'apprenant le dessous. Temps que j'employai aussi à louer une coche de voyage et à cajoler Quéribus pour qu'il me prêtât son escorte, dont il se privait malaisément, tenant à l'honneur d'être toujours fort entouré, ne fût-ce que pour se rendre au Louvre, qui n'était pourtant qu'à quelques toises de son hôtel, et l'escorte elle-même étant bien marrie de quitter ses éclatantes et chamarrées livrées pour se vêtir de gris, de noir ou de marron comme les gens mécaniques, lesquels nos laquais et valets de cour déprisaient à l'infini. Mais, leur ayant fait entendre qu'il en allait par là du service du roi, lequel les récompenserait par moi de leur complaisance, ils acceptèrent d'un cœur plus léger ces humbles vêtures par quoi ils avaient le sentiment désolant d'être désavancés.

Le voyage se fit sans encombre ni traverse et en Boulogne nous logeâmes dans une auberge point chétive, laquelle s'appelait la *Nef d'Or*, et d'où j'envoyai le lendemain un de mes gens à l'hôtel du gouverneur mander à Mme de Bernay que nous tiendrions à grand honneur de lui montrer, à elle première de toutes les dames et demoiselles de la ville, les affiquets de Paris que nous avions à grand péril apportés jusque-là et qu'elle n'avait qu'à nommer le jour et nous serions là incontinent.

Le mot « affiquets de Paris » fut, je gage, un schibboleth, car moins de deux petites heures plus tard, Mme de Bernay nous fit dire par un grand faquin de laquais qu'elle nous attendait sur le coup de dix heures. Rendez-vous auquel nous nous rendîmes en coche, celle-ci étant bourrée de nos merveilles, que nous laissâmes en la cour de l'hôtel du gouverneur sous la garde de deux géantins valets, mon Alizon me ramentevant à voix basse qu'un marchand donnerait grande offense à une haute dame s'il présumait de l'aguigner comme une femme à laquelle il aurait appétit, et que j'aurais donc, en la présence de Mme de Bernay, à éteindre ces regards avec lesquels j'envisageais à l'accoutumée les personnes du sexe, et d'autant que ladite dame était réputée pour sa jeunesse et ses grâces.

Lesquelles grâces nous furent fort visibles, pour ce que Mme de Bernay nous reçut négligemment à sa toilette, demi vêtue qu'elle était, une chambrière lui tendant le miroir, l'autre la pimplochant, et une troisième lui testonnant le cheveu, mon Alizon fort dépite, à ce que je crus voir, que je fusse admis en cette intimité, encore que la dame ne fît pas plus de cas d'un maître-bonnetier que du tabouret sur quoi elle posait ses pieds nus. Ce qui me laissa quelque loisir, pendant qu'Alizon débitait son compliment et paradait ses affiquets, de lui couler en chattemite quelques regards qui me suffirent à me persuader que la dame valait mieux encore que sa réputation, ayant une charnure à la fois mince et rondie, et un de ces visages d'ange qui peuvent assurément mentir, mais n'en sont pas moins plaisants à envisager, l'œil étant du plus bel azur, le trait ciselé, le sourire suave et le cheveu blond en halo autour de la mignonne tête.

Soit que Mme de Bernay fût séduite par les parures qui lui étaient présentées avec tant d'art par Alizon, soit qu'elle ne voulût en laisser du tout aux dames de la noblesse qui s'encontraient en Boulogne, soit qu'elle ne fût guère épargnante des deniers de son mari, elle eût tout acheté, je gage, si celui-ci n'était apparu et, lui baisant les deux mains, s'enquérant du débours, et le trouvant fort haut, arrêta l'écoulement des pécunes, me disant de le suivre en son cabinet et qu'il me paierait tout de gob.

Je fus ravi de l'ouverture qui m'était ainsi donnée, et l'huis fermé sur nous et les clicailles tombées en mon escarcelle, je dis à M. de Bernay :

— Monseigneur, nos affaires ne finissent pas là. J'ai une lettre à vous remettre de la part du roi.

— Du roi ? dit M. de Bernay, tandis que prenant de ses gros doigts la lettre que j'avais retirée de mon pourpoint, il en considérait le sceau d'abord à l'œil nu, ensuite avec une loupe. C'est bien là, dit-il, le sceau du roi. Mais qui êtes-vous, monsieur ? poursuivit-il en m'envisageant curieusement. Cette missive ne me vient pas par les voies ordinaires.

— C'est que les nouvelles qu'elle apporte ne le sont pas non plus, dis-je, répondant à sa dernière remarque pour non pas répondre à sa prime question.

Ce que M. de Bernay entendit fort bien, étant de ces hommes épais à qui on est surpris à l'usance de trouver de la finesse. Et après un dernier inquisitif regard, rompant le cachet, il lut la lettre, soupira et la relut derechef, moi l'envisageant cependant aussi curieusement qu'il avait fait de ma personne.

Il faut bien avouer que le gouverneur de Boulogne avait moins à se glorifier dans la chair que son épouse, étant fessu et bedondainant, la face grasse et molle, et tant de plis à ses paupières que c'est à peine s'ils ménageaient des fentes à ses prunelles, lesquelles trahissaient à sa lecture malaise et embarras, comme si M. de Bernay eût regretté, étant avide de son repos et ménager de son avenir, d'avoir à choisir entre le roi et la Sainte Ligue, alors qu'il eût de beaucoup préféré sa présente indétermination, laquelle lui permettait de ne pas encourir l'inimitié d'un des deux partis et de ne pas risquer sa place de gouverneur au cas où celui-là, par male heure, emporterait la palme.

Sa deuxième lecture finie, M. de Bernay ne dit ni mot ni miette, mais soupirant encore, me tourna le dos, s'alla poster devant sa verrière dont il tapota d'un doigt les petits carreaux, comme sur soi réfléchissant, et à la parfin retraçant ses pas jusqu'à moi, l'œil remparé derrière les plis de ses paupières, il me dit :

— Monsieur, d'après ce que vous m'avez dit en me la remettant, vous paraissez instruit du contenu de cette lettre.

— Je le suis, Monseigneur.

— Où logez-vous ?

— A la *Nef d'Or*.

— Je vous y enverrai, sur les deux heures de l'après-midi, le capitaine Le Pierre que je vous prie d'instruire à son tour en cette affaire, afin qu'il y mette bon ordre.

A quoi j'osai faire quelque grise et réticente mine et dire :

— Monseigneur, j'aurai peu d'autorité à cet entretien. Ne pourrait-il avoir lieu céans et en votre présence plutôt qu'en mon auberge où, de reste, la visite de votre capitaine à un maître-bonnetier éveillerait la suspicion.

— Céans, cela ne se peut, monsieur, dit M. de Bernay. Je serai absent de mon hôtel dans les deux jours advenants pour visiter une terre que j'ai à dix lieues d'ici, mais le capitaine Le Pierre, en mon absence, est député au commandement de la ville et du port, et je suis assuré qu'étant un brave et bon soldat, il saura agir au mieux.

Je marquai ici par mes regards et mon silence

quelque étonnement de ce que le gouverneur d'une bonne ville du roi s'en absentât juste dans le moment où il apprenait qu'on tâchait de la lui prendre.

— Le capitaine Le Pierre, dit M. de Bernay, vous viendra voir avec sa femme sous le prétexte d'acheter à celle-ci des parures et des affiquets, ce qui donnera à sa visite quelque vraisemblante couleur.

— Monseigneur, dis-je après un silence, si vous n'êtes pas pour apparaître entre le capitaine Le Pierre et moi, comme le capitaine, lui, ne me connaît point, plaise à vous de me rendre la lettre du roi, afin de la lui montrer et de donner ainsi quelque créance à ma mission.

— Votre requête est tant naturelle que je ne peux que je n'y acquiesce, dit le gouverneur avec empressement et en me tendant la lettre si promptement qu'on eût dit qu'elle lui brûlait les doigts, et qu'il était content de passer ce brûlant paquet au capitaine Le Pierre, tandis qu'en ses paisibles terres à dix lieues de Boulogne, il se laverait les doigts que j'ai dits, de ce qui allait se passer en sa bonne ville, et pourrait même arguer, en les occasions, n'avoir jamais reçu ma visite, ni lu la lettre, étant déjà départi.

Le capitaine Le Pierre, quand il me vint voir à la *Nef d'Or*, me fit un tout autre effet, portant en sa membrature sèche, sa face osseuse, ses yeux noirs, la décision et la fermeté qui tant manquaient au gouverneur. En outre, le regard franc, le geste expéditif, la parole sans fard. Je le reçus en l'une des deux chambres que j'avais en ladite auberge retenues, et pourquoi j'en avais loué deux et non pas une, encore qu'elles communiquassent, le lecteur, je gage, le devine, la raison que j'en avais donnée à Alizon étant que l'une, celle où elle dormait, et gardait l'amas de ses affiquets, lui permettrait de recevoir ses chalands, et l'autre, les guillaumes que j'aurais à entretenir.

— Mordieu ! s'écria Le Pierre, fort dépit et colère après avoir lu la lettre de Sa Majesté, qui eût pensé que le prévôt Vétus saurait tromper la confiance du roi et se ferait l'instrument du Guise pour prendre à

Sa Majesté un port de si grande conséquence que Boulogne! Et qui ne voit que cette prise ne profite en rien au Français naturel, mais à l'Espagnol! Vertu-dieu! J'enrage! C'est trahison déshonorante!

Tant M. de Bernay m'avait déçu, tant Le Pierre me ravit par ce discours. Et d'autant qu'il ajouta qu'étant citoyen de Boulogne, né en Boulogne, il préférerait mourir plutôt que de souffrir qu'on livrât sa ville au joug étranger, tant lorrain qu'espagnol. Cependant, le voulant sonder plus avant, je lui demandai ce qu'il était apensé du motif de la religion que les ligueux mettaient en avant pour couvrir leurs entreprises.

— Bah! dit-il, c'est billes vezées! Le roi est catho-lique, comme vous et moi! et il n'y a pas à craindre Navarre, puisque le roi n'est ni mort ni mourant. Ces étrangers (parlant des Lorrains) ont appétit au trône! C'est toute l'affaire! Le reste est baragouin de petits prêchereaux qui mâchellent de l'hérétique de l'aube à la nuit! Si le roi veut faire la guerre à l'hérétique, je la ferai! S'il veut paix garder, je la garderai! Nous avons, nous aussi, en Boulogne nos embrennés et compissés ligueux! Mais, Vertudieu! Tant que je serai là, ils ne m'ébranleront pas le menu peuple en tumulte et sédition! J'y tiendrai la main!

Ceci dit, il fit de sa dextre un poing, lequel ne paraissait ni petit, ni irrésolu.

— Ha! Capitaine! lui dis-je, que je suis aise de vous ouïr, et d'autant que M. de Bernay étant si mol, je doutai de quel parti il fût!

— M. de Bernay, s'écria Le Pierre en riant, est du parti de M. de Bernay! C'est toute l'affaire! Mais il est honnête homme assez. Guise lui a offert vingt mille écus pour lui livrer Boulogne, et il a refusé. Il est vrai qu'il est de soi très étoffé, encore qu'il le soit moins, depuis qu'il a marié cette haute dame, laquelle tout le monde est accordé à dire qu'elle a l'air d'un ange, mais, tudieu, c'est un ange excessive-ment dépenseur! La Dieu merci, Mᵐᵉ Le Pierre a plus de sens dans son petit doigt que ladite dame en ses deux mains, lesquelles sont tout à plein trouées. Mais, pour en revenir à M. de Bernay, ayant refusé l'offre de Guise, il redoute tant sa vengeance qu'à peu qu'il n'embrenne ses chausses à ouïr seulement son nom! C'est toute l'affaire! Il est départi de la ville pour s'aller escargoter pendant l'orage, rentrant cornes et tête, sans penser qu'il sera cueilli quand même! (A quoi Le Pierre s'esbouffa.) Mais tudieu! Tant mieux vaut! J'aurai céans la coudée plus franche, pourvoyant à tout, arrangeant mes toiles et mes pièges et, vertudieu! je vais emberlucoquer l'embûche de ce traître à telle enseigne qu'on en parlera longtemps en Boulogne, et dans le plat pays! Quant à M. de Bernay, il est mieux là où il est que céans où se vont donner quelques bons coups. Qui a peur des feuilles n'aille au bois!

Je fus tant content que le capitaine Le Pierre eût le cœur assis en bon lieu que, ne doutant plus de l'issue de l'entreprise, puisque piège éventé vaut victoire, j'eusse bien voulu sonner le boute-selle dès le lendemain tant j'avais hâte de courre rassurer le roi. Mais, d'un côtel, mon Alizon, qui vendait à tas ses affiquets aux demoiselles de la ville, me supplia de demeurer une petite semaine encore dans l'espérance où elle était de barguigner le reste de son fonds. Et de l'autre, Le Pierre ardait tant à s'illustrer sous l'œil d'un *missus dominicus* [1] qui pourrait en faire un mémoire au souverain, que sans connaître les prières de ma petite mouche d'enfer, il y joignit les siennes, me disant qu'il avait envoyé un coureur reconnaître les forces du duc d'Aumale, et un autre pour lui signaler l'approche du prévôt Vétus, lequel était attendu en Boulogne d'un jour à l'autre, apportant tous les trois mois les soldes de la garnison et que si je voulais bien délayer un petit, je pourrais voir de mes yeux la déconfiture de ces Français dénaturés.

C'était raison, et j'y consentis enfin, à la grande liesse d'Alizon qui se trouvait fort contente de se garnir excessivement en clicailles et se peut, tout autant, de passer pour mon épouse, ne laissant pas de bien jouer son rollet à la table de la *Nef d'Or*, et le soir,

1. Un envoyé du maître.

sous couleur d'une souris qui la terrifiait, abandonnant sa chambre pour venir me retrouver en la mienne, ce qui ne laissait pas de me désommeiller, la sentant si proche, et d'autant que les nuits en Boulogne étant froidureuses, elle ne faillait pas à se serrer à moi pour se réchauffer.

Huit jours ainsi dans l'attente passèrent qui se fondirent, l'un après l'autre, en huit nuits qui me furent tant douces qu'incommodes (tiré à hue et à dia que j'étais par mes désirs contraires) tant est qu'à l'aube du neuvième, le capitaine Le Pierre me vint réveiller avec un morion et un corselet, qu'il me pria d'endosser pour ce qu'il me voulait présent sur le rempart, le prévôt Vétus n'étant, d'après ses coureurs, qu'à deux lieues de la ville.

Je m'y portai et vis de ces yeux que voilà le prévôt arriver avec sa forte escorte auquel un sergent, du haut du châtelet d'entrée, fit signe de se présenter à la porte Est où une belle contrembûche lui était dressée. Car à peine le traître et ses cinquante hommes eurent franchi le seuil, criant déjà : « ville gagnée, ville prise ! » que sans toutefois relever le pont-levis, on laissa retomber la herse derrière eux, et une bonne centaine d'arquebusiers surgissant de tous côtés qui s'étaient jusque-là tenus cachés les mirent en joue, la mèche allumée. Sur quoi, le capitaine Le Pierre cria à ces coquins de mettre bas les armes, faute de quoi, ils seraient hachés.

Ils obéirent, et les démontant, on les mena rondement au cachot, quinauds, penauds et fort moqués du petit peuple qui les vit à travers rues passer. Après quoi, la herse fut relevée, pour donner l'apparence d'une porte ouverte et quasi livrée à qui la voudrait prendre. Il n'y eut pas long à attendre. Le chevaucheur du capitaine Le Pierre advenant à brides avalées nous avisa que le duc d'Aumale approchait avec deux cents cavaliers et trois cents gens de pied.

— Ha ! dit Le Pierre, qui se tenait à ma dextre, deux cents cavaliers, c'est prou ! J'en ai disposé soixante dans le petit bois que vous voyez là à droite et enterré devant une bonne centaine d'arquebusiers.

Quant aux canons, j'ai mis mon gros sur le rempart Est. Je m'en vais donc bien les moudre, mais je n'ai pas de cavalerie assez pour leur courre sus et capturer le duc félon, comme j'eusse aimé le faire, pour le livrer à Sa Majesté !

Et cependant, il y faillit de très peu, car les gens de pied du duc d'Aumale, lesquels se voyaient déjà mettre la ville au sac, forcer qui filles, qui femmes et faire une immense picorée, et qui, joyeusement, accouraient au carnage, en huchant à oreilles étourdies, se firent tout soudain impiteusement tailler et par les arquebusiers de delà, enterrés dans le petit bois, et par les arquebusiers de deçà, et par le canon. Après quoi, la cavalerie de Le Pierre, sortant du couvert des arbres, galopa droit au duc et l'enveloppa, mais étant trop peu nombreuse ne put empêcher que le gros de ses cavaliers ne le dégageât et se mît avec lui ignominieusement à la fuite, leurs gens de pied, de leur côté, s'ensauvant à vauderoute et refluant aussi vite qu'ils avaient afflué.

Lecteur, tu peux bien penser quelle liesse, quelles acclamations et quel vin s'épandirent après ce beau coup-là ! Et quels contes infinis en firent les soldats ! Alors même que tant de mitraille précipitamment tirée ne fit que peu de mal aux troupes du duc, ne tuant et navrant, la Dieu merci, qu'une vingtaine de ces pauvres hommes, lesquels n'étaient hélas que des Français comme nous, mais abusés par Guise et la prétendue Sainte Ligue, qui les mettaient au service du roi d'Espagne, sans même qu'ils le sussent.

Mais si l'engagement fut bref et peu meurtrier, les dispositions de combat que le capitaine Le Pierre avait prises me parurent si judicieuses, et sa résolution si inébranlable que je lui jurai que j'en ferais au roi un récit où il apparaîtrait tant à son avantage qu'il y gagnerait à jamais la faveur de Sa Majesté. Et carousant avec lui ce soir-là en son logis en l'aimable compagnie de son épouse, laquelle se nommait Henriette, et de la prétendue mienne, il me porta une tostée, buvant de prime une bonne gorgée en le gobelet, puis Alizon, puis Henriette, et moi enfin, buvant le reste et mangeant la croûte au fond. Sur quoi, je portai à lui une tostée, et il en porta une à Alizon, et moi à Dame Henriette, et lui au roi, et moi, à la bonne ville de Boulogne, et lui, par irrision, au prévôt Vétus, et moi, par gausserie, au duc d'Aumale, et lui, au Guise, et moi aux jésuites qui avaient machiné ce vilain coup, par bonheur failli, tant est que vers les minuit, on se sépara fort contents l'un de l'autre, et fort branlant sur les gambes, du moins lui et moi, car les dames n'avaient que béqué là où nous avions lampé, tant est que Alizon m'aida à trébucher jusqu'à la *Nef d'Or* et à monter le viret pour gagner notre chambre, et là, comme je m'affalais sur le lit, quasi privé de connaissance, elle me dévêtit.

Je me réveillai au matin, tant fraîchelet que bachelette, mais à me ramentevoir le carouse de la veille, je me sentis fort vergogné de m'être enivré pour la première et, Dieu m'entende à qui j'en fis tout de gob le solennel serment, l'ultime fois de ma vie. Mais observant chez ma petite mouche d'enfer un je ne sais quel air de malicieux triomphe, et en lui demandant la raison, j'appris d'elle que je l'avais dans la nuit besognée tout mon soûl, et tout le sien.

Ma vergogne à ouïr cette nouvelle fut telle que je restai sans voix et comme stupide. Je crois que si j'avais été papiste de cœur autant que je l'étais de bouche, je me serais incontinent rué au confessionnal pour me laver de ce damnable péché, car pour tel assurément je tiens l'adultère, encore que le siècle cligne doucement des yeux sur cette faute-là quand les hommes la commettent, réservant aux femmes ses foudres. Mais, étant demeuré huguenot en mon intime for, je sentis qu'il fallait que je m'arrangeasse du mieux, ou du moins mal, que je pouvais, avec cette faiblesse en laquelle l'affront aux lois du Seigneur me paraissait, à vrai dire, moins grave et griève que celui que j'avais fait à mon Angelina dont les beaux yeux de biche et le regard suave se présentant alors à mon pensement avec une étrange force, ma conscience tant me poigna et me remordit qu'à peu que je ne versasse des pleurs.

Ma pauvre Alizon vit d'un coup d'œil l'étendue de mes affres et me voulant consoler, tant bénigne et affectionnée elle était, mais n'osant cependant ni me prendre dans ses bras ni même m'approcher, me dit qu'il ne me fallait pas si rudement donner la discipline, qu'avant tout il en allait de sa faute à elle qui n'avait point consenti à s'ensommeiller en sa chambre sous le prétexte d'une souris, par ce qu'elle était, à la vérité, si friande de s'endormir en mes bras et que, de reste, ayant de moi tant d'appétit, c'était quasi tenter le diable que de jouer avec elle les maris sans les vouloir jouer tout à plein. Et qu'enfin, tout ce que j'en avais fait, l'avait été pour le service du roi, et qu'ainsi je me devais adoucir la conscience de cette excuse-là, comme aussi du fait de mon vin, lequel m'avait ôté tout ensemble la volonté et la connaissance.

— Ha ! Mon Alizon ! dis-je, que bonne et bénigne tu es de tout prendre sur toi et de me vouloir conforter. Mais qui ne voit que je me suis de prime, et de mon propre chef, mis un bandeau sur l'œil pour non pas voir où ce voyage avec toi m'amenait, sous couleur du service du roi ! et de la déguisure ! et du rollet du mari ! et de l'ivrogneté ! Tromperies de moi par moi-même que tout cela ! Par lesquelles je me suis chattemitement caché où j'avais désir de prime à en venir !

— Ha ! Mon Pierre ! s'écria Alizon au comble de la joie, je le savais ! Tu le voulais aussi ! Encore que tu jouasses tant avec moi le roide et le vertueux, huguenot que tu es !

A quoi elle rit tout soudain.

— Mais, mon Pierre, reprit-elle en se jetant dans mes bras et s'y ococoulant tandis que je l'y serrais, ne me dois-tu pas un peu de ta vie, à moi qui te l'ai deux fois gardée ? Et ne sens-tu pas quelque obligation d'amitié à accommoder mon affection pour toi ? Au moins le temps que nous jouerons sur le chemin le rollet que tu sais ! Ne peux-je être ta femme encore dans les banlieues et faubourgs de ta vie ? Notre rollet cessant, je le jure et promets, aux portes de la capitale !

C'était bien dit, et du bon du cœur, et habilement, et d'aucuns confesseurs n'y eussent pu contredire qui disent que pécher une fois, ou dix, c'est tout un. Tant est que le vin tiré, il ne reste plus au pécheur qu'à le boire ! Sophisme encore, je le crains, par quoi je tâchai de curer ma souffrante conscience, laquelle, toutefois, me chercha moins querelle quand je l'eus assurée, reprenant en mon for le serment d'Alizon, que je ne pécherais, pour ainsi parler, qu'entre parenthèses et seulement de Boulogne en Paris, ma fidélité reprenant là où je l'avais laissée...

Ayant écrit les pages que l'on vient de lire sur cette affaire de Boulogne, et y faisant quelque allusion devant mon cher et immutable ami, Pierre de l'Etoile, sa curiosité qui, en tous temps, fut extrêmement vive, s'éveilla, et il me demanda à les lire. Requête qui ne fut pas sans m'embarrasser, sachant qu'étant si roide moraliste, il ne laisserait pas de tordre le nez sur les faiblesses que je viens de confesser, lequel mot faiblesse est lui-même hypocrite, et me ramentoit ce que dit si bien Montaigne en ses *Essais : « Nous fardons la volupté d'épithètes et qualités maladives et douloureuses : langueur, mollesse, faiblesse, défaillance, morbidezza. »*

L'Etoile, cependant, sans me piper mot ni miette de mes *« langueurs, mollesses et défaillances »*, me fit, me rendant ces pages, une réflexion qui quelque peu me piqua, à savoir que les années écoulées depuis cette affaire de Boulogne avaient quelque peu brouillé mes souvenirs, pour ce qu'il cuidait, quant à lui, qu'elle avait eu lieu quelques mois après le temps où je l'avais située. Cette remarque m'étonnant, je le priai de rechercher avec moi dans le journal qu'il avait tenu quasi jour après jour en ces années troublées, s'il y était fait mention de cet attentement de la Ligue contre Boulogne. Nous n'en trouvâmes aucune. Mais poursuivant notre lecture plus avant, nous encontrâmes en revanche, à la date du 20 mars

1587, un passage concernant non point Boulogne mais la triste ultérieure fortune du capitaine Le Pierre qui l'avait si loyalement défendue et gardée à son roi.

Je copie cette page, le cœur serré, tant m'indigne encore après tant d'années, le lâche assassinement de ce malheureux : « En ce temps-là, le duc d'Aumale fit tuer le capitaine Le Pierre, fort brave soldat, pour ce qu'il avait empêché, étant dedans Boulogne, l'emprise que ledit duc d'Aumale et ceux de la Ligue y avaient dressée pour s'en emparer, dont le roi fut fort mal content et toutefois dissimulant le mal latent qu'il en avait, fit semblant de croire ce que le duc d'Aumale et la Ligue lui en donnèrent à entendre, à savoir que c'était une querelle qu'il avait, encore que le roi fût bien informé du contraire et qu'on l'avait attaqué d'une querelle d'allemand, et fait mourir pour le bon service qu'il lui avait fait. Sa Majesté commanda au duc d'Epernon, qui ne pouvait s'en contenter, et était prêt d'en venir aux mains avec le duc d'Aumale, si le roi lui eût voulu permettre, de n'en faire davantage d'instances, mais d'attendre le temps qui leur ferait raison de toutes ces ligueuses bravades. »

Belle lectrice qui peut-être, à lire ceci, avez la larme au bord du cil, tant l'injustice de ce destin vous émeut, il faut, hélas, que vous vous accommodiez, du mieux que votre doux cœur le peut, à cette malenconique vérité : Ce récit n'est point un conte où les méchants sont punis et les bons, récompensés. C'est même tout le rebours, touchant Boulogne, car oyez bien ceci qui porte à son comble l'iniquité du dénouement : Le prévôt Vétus, je dis bien Vétus, traître à son roi, lequel le capitaine Le Pierre avait serré en geôle en Boulogne, fut libéré quatre mois et demi plus tard, étant de ces prisonniers que le roi et le duc de Guise furent convenus de contréchanger à la suite du traité de Nemours, par lequel Sa Majesté feignait de se réconcilier avec son puissant vassal et en apparence du moins, lui livrait tout. Au sortir de prison, ledit Vétus eut l'extrême impudence de revenir en Paris. Je l'appris et quérant de Nicolas Poulain ce qu'il advint alors de lui, celui-ci se filant de la dextre sa fauve et hérissée moustache, me dit avec un sourire renardier :

— Il fut bien reçu et caressé de tous ceux de la Sainte Ligue, laquelle me commanda de le mener par les meilleures maisons.

— A toi, Maître Mouche ! toi, qui l'avais dénoncé au roi !

— A moi précisément. Ce que je ne laissai pas de trouver fort piquant, dit Mosca découvrant ses petites dents jaunes, et nous fûmes donc de concert dans les plus honorables maisons de la Ligue, par lesquelles le Vétus fut bien vu, bien venu et bien festoyé, tant est que nous demeurâmes huit jours à venir à bout de ces glorieuses visites.

A quoi j'eus bien plutôt envie de pleurer que de rire, comme rire faisait ce *Mosca*, ou *Leo*, ou Poulain, homme à double et triple face, lequel n'ayant ni foi ni âme, n'appétait qu'aux pécunes et à son avancement, et se trouvait fort aise d'avoir un pied dans chaque camp, se flattant pour cette raison d'être bien traité du futur vainqueur, quel qu'il fût. Quel honnête homme pourtant ne se fût pas affligé, en voyant la male fin du capitaine Le Pierre et la gloire du prévôt Vétus, d'observer qu'en ces temps troublés, tout étant perverti et subverti, le loyal sujet du roi se trouvait mis dessous, et le déloyal, dessus ?

A mon retour en Paris, je dépouillai ma peau de marchand-bonnetier chez Alizon, et remettant ma vêture coutumière et ceignant mon épée, je me sentis redevenir gentilhomme en mon for aussi. Ce qu'observant Alizon, qui n'avait failli d'être présente à mon déshabiller et à mon habiller, elle dit, bien plus raisin que figue et la larme à la paupière :

— Vous voilà déjà avec votre grand air derechef ! et déjà le muguet, avant même de quitter mon logis ! ne rêvant qu'à oublier bien vite mes bonnes leçons ès bonneterie bourgeoise, et qui pis est, toutes les commodités que vous avez eues avec moi de Boulogne en Paris !

Ce disant, sa larmelette lui roula sur la joue, et moi, ému de son émeuvement, la prenant dans mes bras et la serrant à moi et la baisottant sur sa mignonne face, je la priai de ne pas me vousoyer, l'assurant que je serais son ami toujours et la visiterais quand et quand, ayant bien garde d'oublier qu'elle m'avait deux fois sauvé la vie, et étant à elle tant affectionné qu'elle l'était à moi.

— Ho! Que cela n'est pas vrai! s'écria-t-elle, et ne le fut jamais! Mais c'est gracieux à toi de le dire, mon Pierre, et doux à moi de l'ouïr. Mais Pierre, ta conscience huguenote te poignant encore d'avoir trop bien joué ton rollet avec moi, ne vas-tu pas me haïr d'y avoir été complaisante? Ah! Pierre! Pierre! poursuivit-elle en me tenant embrassé et serré de toute la force de ses petits bras, cependant qu'elle pleurait à pleines larmes, ces plaintives exclamations étant entrecoupées de sanglots, n'allons-nous jamais retourner en Boulogne?

A quoi je ne sus rien dire, ni rien faire que la poutouner à la fureur, la sentant plus femellement mienne que ne l'avait été aucune femme dans ma vie, et ce sentiment me donnant tout soudain de sa personne un appétit si vif et aigu qu'à peu que je ne la jetasse incontinent sur sa coite, tentation dont la vilité tant m'émut que je commençai à trembler de la tête aux pieds dans l'effort que je faisais pour la rebuter, mais ma résolution l'emportant à la parfin, quoiqu'il m'en coutât prou, je défis le tendre licol de ses bras, je la déliai de moi et lui criant que je la viendrais visiter le lundi suivant, je m'ensauvai.

Je trouvai mon Angelina sortie, étant allée, me dit Miroul, visiter ma sœur Catherine, ledit Miroul à l'accueil me marquant quelque froidure pour ce que je ne l'avais pas emmené avec moi en le voyage de Boulogne, opinant que les espions guisards le pourraient, malgré la déguisure, reconnaître à ses yeux vairons, et courant de prime embrasser mes beaux enfants, je m'enquis des chambrières qui les gardaient où s'encontrait Fogacer, et d'elles apprenant qu'il se trouvait avec Silvio et Giacomi dans le petit cabinet, je redescendis, et les trouvai tous les trois à deviser. Je fus fort aise de revoir leurs amicales faces et eux, la mienne, et après que nous nous fûmes entrembrassés à cœur content, Fogacer ayant quis de moi, avec un sinueux sourire et d'un air fort entendu, si j'étais satisfait de mon voyage et si je ramenais de bonnes nouvelles au roi, et moi lui disant que oui, mais sans en dire plus, ne sachant si Sa Majesté l'avait mis en sa confidence, il s'écria :

— Ha, *Mi fili !* Voilà qui va redonner foi et fiance à notre Henri, car depuis que tu es départi, on n'a vu arriver au Louvre que courriers qui rapportaient je ne sais combien de villes et places livrées sans combat, lesquelles furent prises par stratagème, ou par corruption, ou d'autres éhontés moyens, à telle enseigne que notre pauvre roi voyait son royaume se déliter sous ses yeux en petits morceaux. Le Guise a donné le branle en s'emparant de Châlons-sur-Marne dont il a fait un rendez-vous pour ses gens de guerre. Après quoi, il a pris Toul et Verdun. Son frère Mayenne a saisi Dijon, Mâcon, Auxonne. M. de La Châtre, pour se venger d'Epernon qui lui a enlevé la capitainerie de Loches, a livré Bourges. Les parents et complices de Guise, Elbeuf, Aumale, Mercœur, ont soulevé la Normandie, la Picardie, la Bretagne. D'Entragues s'est assuré d'Orléans.

— Est-ce tout ? dis-je, effaré.

— Le Midi, la Dieu merci, a tenu. L'entreprise de la Ligue a failli à Marseille et les ligueurs ont été envoyés tout bottés au gibet. Thoulouse et Bordeaux restent aux officiers du roi. A l'Est, Guise n'a pas osé attaquer Metz, où d'Epernon a jeté des troupes. Troyes, de prime saisie, s'est ressaisie.

— Tout n'est donc pas perdu ! criai-je, sentant l'espoir renaître.

— Ha, *Mi fili !* dit Fogacer, arquant son sourcil diabolique, je reconnais bien là ton allègre et bondissante humeur.

— C'est que je pense, dis-je, que Dieu ne permettra pas la victoire des ces méchants.

— *Deus non est, neque diabolus* [1], dit Fogacer, son œil noisette étincelant.

— Ha ! révérend docteur médecin ! s'écria Giacomi comme effrayé, je vous en conjure, par la Benoîte Vierge, ne parlez pas ainsi !

— Qu'avez-vous dit, Monsieur ? dit Silvio, lequel s'adressait invariablement à Fogacer dans les termes de la plus grande politesse, en dépit, ou peut-être à cause, des familiarités de leur commerce.

— Rien qui vaille la peine d'être répété, dit Fogacer, qui, à Silvio, à ce que j'opine, ne voulait pas confesser son athéisme, de peur de l'en persuader et de le mettre à autant de péril d'être brûlé qu'il l'était lui-même. Raison pour quoi, reprit-il avec un sourire, j'ai parlé latin, langage des pédants crottés qui croassent en Sorbonne.

— Fogacer, dis-je, non sans quelque aspérité que je rhabillai d'un souris, votre croassement latin n'eût pas été du goût d'Angelina ! Laquelle vous a fait jurer de ne point dire céans, *ipsissima verba* [2].

— Ha ! Mon Pierre ! s'écria Fogacer en rougissant, non sans un certain air naïf et désarmé, qui tout soudain se répandit sur sa face, laquelle parut perdre incontinent son nez aquilin, son sourcil belzébutien et sa lèvre ironique pour ressembler à celle d'un enfantelet. Je vous en prie ! Ne lui répétez point ! Elle me tancerait ou, pis encore, resterait tout un jour sans me vouloir parler !

Quoi je promis en riant, et leur faisant à tous trois quelques excuses d'être si bref à cet entretien, je les quittai, non sans que mon Miroul, que je vis au saillir du petit cabinet, l'épée au côtel et le chapeau sur le chef, n'obtînt de m'accompagner.

Je courus plutôt que je marchai jusqu'à l'hôtel de Quéribus où Angelina poussa un tel cri de liesse à me voir et me couvrit de tant de poutounes que, les lui

1. Dieu n'existe pas et le diable non plus.
2. Ces mots mêmes.

rendant sans chicheté, je me sentis en mon for à la fois le plus heureux des hommes et le plus traître Judas Iscariote qui eût jamais rampé sur la surface de la terre. Ah! Certes, je sais bien que ce genre de sentiment n'est plus guère à la mode qui trotte en Paris, ni à la Cour. Mais, tout muguet qu'Alizon me moque d'être, je ne le suis qu'en mon apparence, pour ce que demeurent en moi, tout ensemble, un provincial et un huguenot.

Cependant, je m'arrachai bientôt à Angelina, à Catherine et à Quéribus à qui je fis de grands mercis pour son escorte, tant j'avais hâte de voir le roi et de lui rapporter l'heureuse faillite de la Ligue en Boulogne. Mais Quéribus, m'ayant fait observer que je ne pouvais me présenter au roi tout sale et suant que j'étais, Sa Majesté ayant la narine si délicate, me fit préparer une cuve à baigner où deux de ses chambrières me raclèrent et m'approprièrent, tandis qu'une troisième me lava, me sécha et me testonna le cheveu. Quoi fait, Quéribus renvoya les drolettes et m'apporta lui-même un de ses somptueux pourpoints et les chausses en camaïeu, disant que si je ne les voulais endosser, il se fâcherait à jamais avec moi, qui devais bien entendre que la vêture, en quelque mesure, allait avec la nouvelle.

— Eh! dis-je, Monsieur mon frère! Comment savez-vous qu'elle est si bonne?

— A votre resplendissante face!

A quoi je ris, mais sans rien lui dire de plus, je le priai de donner pour moi cinq écus à chaque homme de son escorte, en leur recommandant de taire sur leur vie où ils avaient été, et ce qu'ils avaient vu.

— Quoi? Même à moi, Monsieur mon frère? dit Quéribus en riant.

— Même à vous, dis-je en lui donnant une forte brassée. A moins que le roi ne me délie du secret!

Je trouvai le roi vieilli, le visage bouffi et terreux, l'œil cerné, le dos courbe, la dextre passée dans son pourpoint et appuyée sur son épigastre, ce qui me donna à penser que ses brûlures d'estomac avaient repris, et que de nouveau, il mangeait prou, et peu sagement. Ce que me confirma un drageoir en vermeil pendu à sa ceinture, et qui contenait, à ce que je ne tardai pas à voir, des dragées et des pruneaux qu'il mâchellait alternativement, opinant que, les unes le resserrant, il fallait qu'il fût relâché par les autres.

Encore que la saison fût devenue clémente assez, il avait fait allumer un grand feu, et se sentant encore froidureux, il s'était coiffé le chef d'un bonnet fourré de velours noir qu'il avait rapporté de Varsovie, lequel lui tombait jusqu'aux oreilles, et lui eût donné l'air d'un Louis XI, si sa face n'avait point été si fardée de rouge et de blanc, pimplochement qui allait fort mal avec sa barbe mal rasée (spectacle tant peu habituel que j'ouvris de grands yeux) et plus mal encore avec les deux pendants, l'un de perles et l'autre de diamants qui paraient chacune de ses oreilles, lesdits ornements étant d'un tel poids qu'ils en allongeaient le lobe. Quant à son *habitus corporis* [1], j'eusse préféré mille fois le voir, comme souvent, statuesque et immobile, sa belle main à plat sur le manteau de la cheminée, et la face de marbre, que fébrilement marchant qui-cy qui-là dans la pièce à s'teure se frottant l'épigastre, à s'teure pressant des deux mains ses tempes (indice que ses pâtiments de tête avaient, eux aussi, recommencé), ses grands yeux noirs cernés et quasi hagards aguignant de côté le vide d'un air chagrin et suspicionneux, et sa lèvre amère marmonnant telles paroles à voix si basse qu'on ne les pouvait ouïr.

Il fut un moment sans me voir, tant il était enveloppé dans son âpre pensement, mais Du Halde attirant son attention sur moi, il arrêta enfin son branle et me présenta la main, laquelle, après l'avoir baisée, je gardai dans les miennes, présumant d'en prendre le pouls, mais il la retira avec humeur en disant d'une voix brève :

1. Attitude du corps. (Lat.)

— Je ne suis pas malade.

— Sauf, Sire, de la tête et de l'estomac.

— Et me pourrais-tu guérir, toi? dit-il d'un ton brusque et mal'engroin, quand Marc Miron y perd son latin?

— Sire, dis-je, je n'ai pas d'autre médecine pour curer les soucis, que de dire au patient de prendre quelque opium pour dormir, d'ouvrir les fenêtres, de marcher au grand air, de manger moins, et de bannir les dragées et pruneaux que Votre Majesté excessivement gloutit.

— Voilà bien les médecins! dit le roi en haussant les épaules. Ils exilent nos menus plaisirs et nous veulent contents! Eh bien, méchant Siorac, poursuivit-il, la Ligue me prenant tout, veux-tu me prendre mon drageoir aussi?

— Sire, dis-je en riant, donnant donnant! Plaise à Votre Majesté de me donner son drageoir et je lui rends Boulogne!

— Quoi! cria-t-il, Boulogne! Mon drageoir est à toi!

— Oui-da, Sire! La Ligue a failli ignominieusement à s'en saisir! La ville et le port demeurent entre vos mains!

— Ah! Médecin! Bon médecin! s'écria le roi, l'œil en fleur et la crête redressée, tu as curé la paix en Picardie!

— Sire! dis-je, c'est trop me donner los. Je n'ai fait qu'avertir à temps du mal. Le capitaine Le Pierre l'a chassé.

— Siorac, mon enfant! dit le roi, me présentant la main derechef, quelle belle cassure tu as faite là à Guise! Chicot! Du Halde! Avez-vous bien ouï? dit-il en virevoltant sur soi avec une surprenante vivacité, et en sa liesse présenta à Chicot et Du Halde les deux mains qu'ils vinrent avec élan baiser. Siorac, mon fils, reprit-il, l'œil brillant, tu ris? Tu as raison de rire. Mon gai médecin, quelle gaie nouvelle tu m'apportes! cria-t-il, et ôtant tout soudain son bonnet fourré, comme s'il était incommodé de sa chaleur, il se jeta sur son fauteuil avec la pétulance d'un enfant, et dit:

— Siorac! Viens t'asseoir, là! Sur cette escabelle! A ma dextre! Conte-moi le tout, dans le menu et l'archimenu! Que mon oreille s'en rassasie! Laquelle est désaccoutumée à ouïr les victoires.

J'obéis tout de gob, du mieux que je pus, mais à vrai dire, ce mieux n'était point médiocre (que le lecteur me pardonne ce mouvement de vanité) pour ce que j'avais en ma tête labouré ce récit depuis la veille, y occupant tout le loisir de ma longue chevauchée (Alizon se plaignant fort de mon accoisement) sachant bien que le roi voulait que les contes qu'on lui fît fussent vifs même en ces temps où son trône branlait si fort que le plus fol financier n'eût pas gagé un sol sur sa maintenance.

— Mon Siorac! dit le roi quand j'eus fini, voilà qui fut bien pensé, bien fait, et au surplus, bien dit! Ce dont je te loue fort. Ce n'est pas parce que Pibrac est mort et Ronsard mourant que le bien-dire doit mourir aussi, remplacé par le baragouin des prêchereaux ligueux.

— Mais, Sire, dit Du Halde à qui tous les traits, étirés en longueur, donnaient une austérité de face qu'on encontrait peu chez les courtisans papistes, c'est ne pas gagner prou que de point perdre ville!

— Ha, rabat-joie! dit Henri, il ne faut point bouder le bon, quand il vient. Il en vient si peu! En outre, la faillite de la Ligue en Boulogne et Marseille — Sais-tu, Siorac, que nos bons ligueux ont failli à Marseille? — écorne la légende de son invincibilité et arrête un temps les trahisons! Mais, Chicot, tu ne dis rien?

— Sire, je n'ai rien à dire.

— Quoi? Pas la moindre gausserie? La Ligue m'a-t-elle ôté aussi l'esprit de mon bouffon?

— Henri, dit enfin Chicot, la goutte au bout de son long nez. Les traîtres dont tu parles me pèsent sur l'estomac! Je les voudrais raquer avec ma bile. Ou bien chier avec mon bren.

— Ha! dit le roi, qu'importe que je sois entouré d'ingrats, si l'infection ne m'a pas gagné. Mais ma gratitude, à moi, garde le teint frais et le poil dru.

Holà! Du Halde! poursuivit-il en riant, j'y pense enfin : appelle incontinent le barbier qu'il me tonde le pré de la joue! Siorac, mon fils, tu m'as bien servi, et loyalement. Je m'en ramentevrai.

— Moi et le capitaine Le Pierre, Sire.

— Si crois-je que je ne l'oublierai point non plus.

— Hélas! Sire! dit Du Halde, pour un Siorac ou un Le Pierre, combien de Montcassin (lequel Montcassin, que le roi avait dépêché à Metz avec des gens de guerre et des écus, s'était allé avec lesdits écus et lesdits gens de guerre donner au duc de Guise en Châlons-sur-Marne, raccourcissant d'autant son voyage).

— Montcassin, dit le roi, avec une expression d'infini déprisement passant dans ses beaux yeux noirs, n'est que petite souris comparé à ce gros rat qui me grignote mon royaume ville après ville. Ha! Du Halde! Du Halde! Je vois bien que si je laisse faire ces gens-ci, je les aurai à la fin comme maîtres et non comme compagnons! Il est bien temps d'y mettre bon ordre!

— Alors, Sire, m'écriai-je, fort enflammé. Convoquez le ban et l'arrière-ban de votre noblesse! Montons à cheval et courons sus au duc félon!

— Sulphurin Siorac! dit le roi avec un pâle sourire, vais-je donc jeter un brandon dans la gorge du Guise?

— Oui-da, Sire!

— Et jouer le royaume sur le coup de dés d'une bataille? Et commencer une guerre civile? dit Henri, envisageant le vide devant lui d'un air grave. Laquelle guerre ne profite qu'aux financiers, aux maquignons de chevaux, aux quincailliers et marchands d'armes, et ne ferait que remplir le royaume de forces étrangères, de partialités, de discordes éternelles, de meurtres et de brigandages infinis, alors que le pauvre laboureur reprend à peine haleine après l'ahan des troubles passés?

— Mais Henri, dit Chicot, si on ne met pas un chat à la queue de ce rat, il va poursuivre son grignotage, et en Paris même.

— C'est fait! J'y ois sa dent! Et je vois les trous qu'il y fait! Raison de plus pour non pas aller guerroyer loin de ma bonne ville de Paris de peur de n'y pas retrouver mon gîte au retour.

— Ha! Sire! dis-je, en est-on là rendu?

— Et plus outre! Les mémoires de Mosca ne sont que roses approchées de la réalité!

— Que donc faire, Henri? dit Chicot, quand on vous prend à la gorge?

— Machiaveler, dit le roi. Caler la voile. Filer menu le fil. Et quand il est filé, le reprendre. Et le filer derechef. Et le reprendre encore.

— Jusqu'à ce qu'il casse, dit Chicot, lequel s'étant assis à terre à côtel de la cheminée, passait et repassait un petit couteau sur la pierre du foyer.

— Que fais-tu, Chicot? dit le roi.

— J'ai Guise.

A quoi le roi soupira, baissa son bel œil florentin et dit à mi-voix et comme du bout des lèvres:

— Je ne voudrais qu'il soit jamais besoin de cela.

Parole qui me parut ambigueuse pour ce que dans le bon français dont mon bien-aimé souverain se piquait, il eût dû dire « *je voudrais qu'il ne soit jamais besoin de cela* ». Il est vrai qu'à y penser plus outre, les deux phrases n'avaient pas tout à fait la même nuante couleur.

— Ha! Sire! osai-je dire à la fin, tant l'insolence du Guise me pesait sur le cœur, le Lorrain est-il donc si venteux et tracasseux que le roi de France doive caler la voile devant lui? Que va penser votre noblesse?

— Siorac, dit le roi, en attachant sur moi ses grands yeux noirs, as-tu lu Machiavel?

— Non, Sire.

— Alors, médite bien ceci: il y a souvent sagesse, et à coup sûr, la meilleure sorte de vaillance, à passer pour mol et timide aux yeux du monde, si cette apparence est utile à la fin que tu poursuis. Du Halde! ajouta-t-il, pendant que la chose est fraîche encore à ma mémoire, écris à mon trésorier de bailler deux mille écus à Siorac et autant à Le Pierre.

— Sire, dis-je, non sans quelque appréhension d'être rebuté, que Votre Majesté me pardonne, mais je voudrais plus et moins.

— Plus et moins ? dit le roi en levant le sourcil. Chicot, entends-tu cette énigme ?

— Nenni, Henri, à moins que la Saignée soit friand d'une des dames d'atour de la reine-mère.

— Lesquelles, dit le roi, au poids de la morale, ne valent pas deux mille écus pièce, tant s'en faut ! Aussi bien n'ai-je pas autorité sur les putains dorées de la reine-mère ! Laquelle si elle m'entoure déjà de ses ministres, la Dieu merci, ne me circonvient point de ses espieurs cotillons !

— Je n'ai appétit à personne de chair, Sire, dis-je, mais à votre drageoir que vous m'avez quasiment offert de me bailler en façon de troc contre Boulogne.

— Il est à toi, Siorac ! dit le roi, en le détachant tout de gob de sa ceinture comme s'il se fût agi du plus balbutié brimborion.

— Ha ! Sire ! s'écria Du Halde avec reproche, vous donnez tout ! Mais vous ne pouvez, en bonne usance, vous séparer de ce drageoir ! Il vous a été offert par la reine-mère !

— La reine-mère est ligueuse, dit le roi en parlant d'un seul côté du bec, et qui sait si elle ne me le reprendra pas un jour pour le donner à Guise !

— Ah ! Sire ! dit Du Halde, vous vous gaussez !

— Plutôt que de le voir ès poing du Guise, dit le roi, je le préfère en les loyales mains de mon gentil Siorac ! A la seule condition qu'il n'en fasse pas parade à la Cour, tant que ma mère me fera l'honneur d'y avoir son logis.

Havre de grâce ! J'avais les pieds fort bondissants quand je quittai le roi, le drageoir enfoui dans la plus profonde poche de mon pourpoint et quasiment oublieux, en mon infantine allégresse, de la malfortune du royaume. Ha ! Certes, mon pauvre oncle

Sauveterre eût dit que j'étais bien malhabile en mes barguins, puisque j'avais troqué un drageoir de vermeil qui ne valait pas six cents écus, contre deux mille écus sonnants et trébuchants. Tant est qu'aussi, à sa manière huguenote, il m'eût peut-être laissé entendre qu'il se mêlait quelque terrestre idolâtrie en le prix immense que j'attachai à cet objet pour la seule raison qu'il avait appartenu au roi. Mais, d'un autre côtel, quand le monarque gouverne, ès écueils la barque de l'Etat du mieux qu'il est en son pouvoir, un Français naturel, s'il aime sa nation, peut-il chérir son prince à moitié, ou lui être à demi fidèle, surtout quand sa personne est aimable et vous touche autant par ses bienfaits qu'elle vous émeut par sa détresse ?

Au demeurant, ce drageoir me sauva la vie comme je dirai plus tard, et sans du tout s'interposer entre une arquebusade et moi, mais de tout autre et étrange façon, car loin de le porter sur moi et d'en faire parade, je ne le montrai qu'à la seule Angelina quand je retournai au logis et j'enfermai le royal présent pour ne l'en jamais retirer dedans le tiroir secret d'un petit cabinet de merisier que je gardais en ma chambre. Celle-ci communiquant à celle d'Angelina où, oyant qu'elle était revenue, me sachant dans la mienne, je l'allai retrouver et, tout soudain la prenant dans mes bras, la pressai délicieusement sur toute la longueur de mon corps et lui fis mille poutounes au col et à l'oreille, lui adressant, entre deux baisers, mille compliments sur sa beauté, sa bénignité, sa grâce et la grande indestructible amour que j'éprouvais pour elle, et comme je ne laissais pas, cependant, d'être remordi par la remembrance du rollet que j'avais joué de Boulogne en Paris, j'attentai de fuir un sentiment si incommode dans l'ivresse de la mignonnerie, et mon Angelina riant de l'étrangeté de l'heure, et consentant, non sans quelque retenue et réserve, qui sont de sa complexion, je poussai le verrou de l'huis et la menai à sa coite.

Le premier tumulte passé, nous tombâmes dans un tendre devis où chacun ouvrit son cœur à l'autre, moi soulevé sur mon coude, contemplant ses beaux yeux de biche, ma main posée sur son tétin, dont je ne me rassasiais mie, tant sa forme et texture me ravissaient toujours, je lui demandai pourquoi, alors qu'elle était tant libre et affectionnée avec Fogacer, elle montrait à Giacomi sinon de la froidure, du moins une sorte de distance.

— A la vérité, dit-elle non sans quelque vergogne, je les aime autant l'un que l'autre, pour des qualités différentes. Mais Fogacer qui fait tant le fendant et le supérieur avec les personnes de son sexe, m'envisage continuement avec des yeux d'enfant où ne brille pas la moindre étincelle de cet appétit que je n'aime, Monsieur mon mari, à lire qu'en votre seule face, tant chez les autres hommes elle me paraît grossière. Il n'en est pas ainsi de Giacomi, tout poli et courtois qu'il soit, pour ce qu'étant raffolé de ma sœur jumelle, il ne peut que la ressemblance entre elle et moi ne le jette en quelque confusion et ne mette parfois en sa prunelle, à m'envisager, une lueur dont je ne peux m'accommoder.

A quoi je m'accoisai, me ramentevant le trouble ambigueux où à Barbentane j'étais moi-même plongé au détour d'un couloir à l'encontre de Larissa, tant est que je fus alors fort soulagé de la voir départir, emportée dans les serres de Samarcas.

— Cuidez-vous, dit Angelina, à observer mon silence, que nous pouvons nourrir quelque raisonnable espoir de la voir saillir un jour des griffes de ce jésuite?

— Je le crois. Il est manifeste que Samarcas est connu des agents anglais, qu'il le sait, et que néanmoins, en sa folle et fanatique intrépidité, il continue à Londres ses intrigues, tant est qu'un jour, il ne peut faillir à tomber dans les toiles!

Mon Angelina haussa haut le sourcil pour ce que je ne lui en avais jamais tant dit sur les entreprises de Samarcas, lui ayant toujours celé que Mundane était un agent de Walsingham et que le jésuite, pour cette raison, l'avait voulu dépêcher. Cependant, ses grands yeux de biche fichés en les miens, elle ne me posa aucune question, tant elle mettait de scrupule en sa discrétion.

— Mais, dit-elle, alarmée assez, si Samarcas est serré en geôle anglaise, Larissa ne pourrait-elle pas y être jetée aussi sur le soupçon qu'elle est connivente à ces brouilleries ?

— Si cela advient, ma mie, dis-je, je ne manquerai pas de l'apprendre. Et j'aurai alors quelque espoir de l'en pouvoir tirer et de la ramener céans.

Et de cet espoir-là dont ne m'échappait pas la fragilité, mon Angelina ne put qu'elle ne se contentât, et mon pauvre Giacomi aussi, avec qui il ne se passait pas de jour que je n'en débattisse.

Le roi, fin mai, me commanda d'aller soigner le duc d'Epernon, lequel, en le méchant état où il s'encontrait, craignant d'un côtel la naturelle mort qu'on lui prédisait de toutes parts, vu qu'il était fort changé, et de face et de corps, et de l'autre, les assassinements des ligueux, lesquels s'étaient fort encharnés à sa perte, pour ce qu'ils le tenaient pour le seul soutien ferme du trône, s'était retiré au château de Saint-Germain-en-Laye, accompagné de pas moins de quatre cents arquebusiers, soit pour y guérir, soit tout le moins pour y mourir en paix.

J'y fus et trouvai le duc, par le fait, amaigri et affaibli, et souffrant d'un mal de gorge chancreux, lequel je découvris soigné par deux grands ânes de médecins qui lui avaient imposé depuis deux mois la saignée, la diète, la purgation et l'immobilité, curation dont je dis au roi, le soir même, qu'elle réduirait sous peu le duc à l'état de squelette, si elle était continuée.

— Pour moi, ajoutai-je, j'attenterai de redonner santé et vigueur au duc par d'autres moyens, à la condition que ces pédants crottés soient incontinent renvoyés.

Ce que fit le duc, sur le conseil du roi, et bien il s'en trouva, pour ce qu'ayant supprimé de prime la purgation pour ce qu'elle torturait inutilement ses boyaux vides, le patient étant à la diète, je supprimai celle-ci aussi, nourrissant le duc d'aliments liquides qu'il pût entonner. Me ramentevant alors combien mon père abhorrait la saignée, laquelle un charlatan avait importée d'Italie et en France imposée sous le sot prétexte que plus on tire de l'eau trouble d'un puits, plus elle redevient claire, j'ordonnai qu'elle fût discontinuée. Et prenant tout à plein le contrepied de l'ancienne curation, je conseillai au duc de branler de son fauteuil, de marcher, d'exercer son corps. Ce que, ses forces revenant avec la nourriture que je lui donnai, il fit d'autant volontiers qu'ayant une complexion excessivement vive et robuste, il ne pouvait souffrir le repos qu'on lui avait imposé. Pour sa gorge, je me contentai, comme j'avais fait pendant le voyage de Guyenne, de gargarisations d'eau bouillue et salée aux matines, à midi, aux vêpres, après chaque repue. Mais, observant que ce remède soulageait le duc sans vraiment le curer, comme je voyais que, d'un autre côtel, il redevenait chaque jour plus gaillard, j'attentai de lui cautériser au fer rouge les chancres que je lui voyais dans la gorge. Ce que je fis fort légèrement, mais à plusieurs reprises, et à ce que je cuide, avec quelque succès ; car de ce jour, le duc commença à se rétablir, et par le début de juillet, il était tout à plein guéri.

Pendant ces deux mois, je vis le duc quasi quotidiennement et quoique fort assidu à ma curation, tant pour sauver la vie de mon patient que parce que je cuidais cette vie-là extrêmement utile au service du roi, je n'aimais pas davantage sa personne, y ayant en elle une hautesse qui me rebutait, encore que je visse bien qu'elle se trouvait liée à une fermeté d'âme tout à plein admirable et qui était si profondément ancrée en sa complexion que, même à son roi et souverain, Epernon présentait un inflexible front.

Quéribus me conta à ce sujet que dans le premier temps de sa jeune faveur, Epernon s'étant présenté à Henri le pourpoint quelque peu déboutonné, le roi, qui se piquait d'étiquette, l'en avait vertement tancé. A quoi, s'inclinant, mais sans dire mot ni miette, Epernon avait tourné les talons, et retournant chez lui s'était mis incontinent à ses bagues pour quitter le jour même la Cour, ce qu'apprenant le roi, il l'avait tout de gob envoyé quérir pour le prier de se réconcilier à lui.

Quant à sa corporelle enveloppe ou sa guenille, comme eût dit la maréchale (qui ne faillait pas cependant de la bien nourrir de boudin et d'andouillette), elle me parut exceptionnellement forte et résistante et à voir la rapidité avec laquelle mon patient recouvrait la santé dès lors que les médecins ne la détruisaient plus, j'opinais qu'il était bâti à chaux et sable, et fait pour vivre un siècle.

Il me voulut donner une bonne somme de deniers pour le prix de ma curation, laquelle je refusai, disant que je l'avais soigné sur l'ordre du roi, étant aux gages de Sa Majesté. Ce qu'oyant le duc, et sentant bien qu'il y avait aussi quelque hautesse en ce refus, il me dit avec un sourire (pour ce qu'il était fort charmant, dès qu'il le voulait) que le chevalier de Siorac était maintenant son ami, et ne pouvait qu'il n'acceptât de sa main un assez joli diamant et aussi un assez beau cheval qu'il avait en ses écuries. Ce à quoi je consentis, fort heureux qu'il me traitât à la parfin en gentilhomme, sinon comme il m'en flattait en ami, l'amitié lui étant, je gage, un sentiment de tric et de trac inconnu.

N'en ayant pas l'usance, étant content des miens, je vendis le cheval dont je tirai cinq cents écus, et j'offris le diamant à Angelina, un joaillier l'ayant serti en bague, lequel joaillier me disant que la pierre valait bien mille écus. A ce que j'opine, le duc n'eût pas donné la moitié autant en deniers à un médecin qui ne lui eût pas fait sentir qu'il était né.

Jugeant que les forces dont disposait le roi, environ vingt-cinq mille bons soldats, n'étant point inférieures à celles que le Guise avait amassées à l'Est du royaume grâce à l'or de Philippe II, Epernon opinait qu'il fallait incontinent en découdre avec le duc rebelle, ce que je lui ai cent fois ouï dire au roi quand Sa Majesté le venait visiter au château de Saint-Germain-en-Laye pour s'enquérir de sa santé. Mais Sa Majesté qui nourrissait, je crois, une vue plus profonde de la situation, arguait qu'il ne pouvait faire la guerre au duc de Guise tant que celui-ci couvrirait ses entreprises du manteau de la religion, lequel manteau lui valait un soutien si fort du clergé et du peuple qu'il importait de prime de lui retirer. Raison pour quoi le roi signa avec Guise, sur l'intercession de la guisarde reine-mère, ce traité de Nemours, apparemment si désastreux et si ignominieux, par lequel le roi de France, reconnaissant quasiment pour légitime la rébellion contre lui dressée, assurait au duc la garde des villes qu'il lui avait prises.

— Le pis qui est en tout cela, me dit Pierre de l'Etoile, au matin où il m'apprit ces nouvelles (étant toujours merveilleusement informé de tout), c'est que le roi est à pied, et la Ligue à cheval.

— Nenni, dis-je, le pis est la révocation où on l'a contraint de tous les édits de pacification et l'injonction faite par édit aux huguenots de quitter le pays sous six mois, sous peine de confiscation de leurs biens! Beau feu de joie allumé sur un tonneau de poudre!

— Vous êtes-vous apensé, dit Pierre de l'Etoile gravement, que Monsieur votre père pourrait pâtir de cette confiscation?

— Que non pas! Mespech est ce jour d'hui ès poings de mon frère aîné, lequel, ayant tourné jaquette, est dévot catholique. Mais qui ne voit que Sa Majesté n'a évité la guerre civile avec Guise que pour tomber dans une guerre civile avec les huguenots. C'est Scylla après Charybde!

— Mais on peut bien penser, cependant, dit Pierre de l'Etoile, son amère lippe dessinant un sourire, que cette guerre contre les huguenots, Sa Majesté la fera sans zèle aucun!

— Ha! dis-je, je le cuide aussi. Mais n'est-ce pas pousser trop loin le machiavélisme que d'avoir l'air de s'allier à son mortel ennemi pour paraître faire la guerre à son naturel allié?

CHAPITRE VIII

Ce même jour, en rentrant au logis, je trouvai une lettre qu'un petit « vas-y-dire » venait d'y apporter, et qui me plongea dans un abysme de surprise et d'appréhension :

« Monsieur mon Cousin,

Je suis bien marrie que vous n'ayez pas encore répondu à l'invite que je vous ai faite de me visiter en l'hôtel de Montpensier, où j'eusse été pourtant ravie de vous présenter à Madame ma Cousine, laquelle a quelque appétit à vous connaître, ayant ouï sur vous des opinions si diverses qu'elle désire (à vous voir et à vous entretenir) en former une qui ne vienne que de soi. Croyant, Monsieur mon Cousin, que vous ne sauriez négliger les volontés de cette haute dame, comme, hélas, vous avez fait des miennes, je prie Dieu de vous tenir en sa sainte garde, du moins aussi longtemps que ma cousine me commandera d'être, Monsieur mon Cousin, votre humble et dévouée servante.

Jeanne de La Vasselière. »

Je n'en crus pas mes yeux de l'extrême impudence de cette Marianne qui m'ordonnait, en ce poulet où la menace affleurait hors la politesse, de venir me soumettre à l'inquisition de la duchesse de Montpensier, dont le monde entier savait qu'elle servait frénétiquement les ambitions de son frère, inspirait par son or les stridentes prêcheries des prêtereaux de la Ligue et mâchellait mon pauvre roi du matin au soir, portant continuellement à sa ceinture des ciseaux d'or, par lesquels, prétendait cette furie, elle tonsurerait elle-même Henri avant que de le serrer au couvent, lui baillant, disait-elle, sa troisième couronne, la première étant celle de Pologne et la seconde, de France. Perfides et méchants propos, et tant d'autres de même farine, que la Ligue allégrement colportait en Paris, et que le roi, s'il n'avait été débonnaire à l'excès, eût dû punir d'un éternel exil.

Ne pouvant m'ouvrir de cette lettre à mon Angelina, laquelle était tant bonne et naïve qu'elle ne voyait mal à rien ni personne, et d'un autre côtel, ayant pris le parti, pour assurer ses propres sûretés, de lui tout celer des périlleuses entreprises où le service du roi m'avait conduit, je décidai de montrer le billet à Miroul, lequel, fort effrayé à l'idée que je pourrais m'aller remettre ès poings de la farouche Guise en son hôtel, lequel était assurément bien garni d'armes et d'hommes, me dit :

— Moussu, j'opine que point n'y alliez du tout ! Qui tient le loup par les oreilles est en grand péril de sa dent ! D'autant que vous êtes connu comme bon serviteur du roi, et votre logis, déjà marqué pour le massacre !

— Mais, Miroul, dis-je, qui fait la brebis et fuit, le loup le mange !

— Et qui ne le fuit pas est plus vite mangé ! Moussu, attendez sa future dent, si mordre elle doit ! Ne vous jetez pas tout de gob en sa gueule !

Il y avait quelque sens en cet avis, mais trouvant aussi en lui je ne sais quelle passive et paysanne prudence qui me rebutait, je décidai de prendre l'avis de Quéribus, lequel, opinant au rebours de Miroul, me dit en riant :

— Monsieur mon frère, allez-y ! Le péril pour vous n'est pas pis dedans l'hôtel de Montpensier que dehors ! Et vous verrez de votre perçant œil bleu ce monstre dont « *une cuisse est trop courte et l'autre trop légère* » comme dit Chicot : Parole qui l'eût fait dix fois assassiner, s'il n'était déshonorant de dépêcher un bouffon ! La Boiteuse se doute bien comme tout un chacun que vous servez le roi en sous-main. Elle vous requiert en son hôtel pour vous tirer les vermes du nez. Mais je vous crois trop fin pour ne pas lui donner dextrement du fil. Vous n'ignorez pas que le roi fait grand fond de votre à-propos. Raison pour quoi je ne suis point jaloux qu'il vous emploie plus que ma personne, étant quant à moi, plus agile de ma bonne lame que de ma cervelle.

— Vous, mon bon frère, jaloux de moi? m'écriai-je en lui jetant un bras par-dessus l'épaule, alors que je suis l'esquisse et vous...?

— Il est de fait, dit Quéribus en redressant sa taille de guêpe que, touchant ma terrestre apparence, je suis, à trente ans passés, d'une mine à faire tourner bien des têtes, et que j'aurais chaque jour à la Cour un milliasse d'occasions de pécher, si je n'étais si affectionné à Madame votre sœur.

A quoi je souris d'un air entendu, pour ce que, si je croyais qu'il eût toutes les occasions qu'il disait, je décroyais qu'il n'en profitât point. Sourire qui le flatta autant que mon coutumier compliment, tant est que, le quittant, je le laissais tout content de moi, qui le faisais si content de lui, et pour moi, point du tout marri de son avis, lequel à y réfléchir plus outre, était sinon le meilleur, du moins celui des deux qui était le plus conforme à mon humeur.

Je dépêchai donc mon Miroul à l'hôtel Montpensier avec un petit billet, où je me mettais aux pieds de Mlle de La Vasselière et, moins d'une heure après, il revint, la face fort morne et l'œil fort inquiet, me dire qu'il avait vu cette prodigieuse garce, que si ce n'était pas la Marianne de Mâcon, c'était son portrait criant, qu'elle avait ri de la moitié de la bouche en lisant mon poulet, disant, sur un ton d'irrision : « Je suis charmée de l'obéissance de ton maître, et le quiers de venir incontinent en cet hôtel, du moins s'il ne craint pas d'y être dévoré tout cru par les ogresses qui y règnent. »

A ces mots, sans piper, je ceignis mon épée, Miroul me suppliant encore de n'être point fol assez pour m'aller fourvoyer en cet antre, exposant ma vie à ces furies d'enfer qui, quelques mois plus tôt, avaient soudoyé Mérigot pour m'arquebuser, mais comme je ne lui répondis mot ni miette, ma décision étant prise, il voulut à force forcée m'attacher dans le dos sous ma cape une dague à l'italienne, me disant qu'elle me pourrait servir dans les occasions, pour ce qu'il était clair qu'à l'entrée de l'hôtel de Montpensier, on m'ôterait mon épée.

En quoi il ne se trompait guère, et n'eût été la dague à l'italienne, je me fusse senti fort nu et fort désarmé quand un grand diable de laquais m'introduisit dans un petit salon où, l'huis s'ouvrant tout soudain, Marianne apparut, laquelle, me donnant sa main à baiser d'un air de hautesse incrédible, m'envisagea sans sourire le moindre et me disant de m'asseoir du ton le plus tranchant, resta debout, marchant qui-cy qui-là dans la pièce, tout à plein accoisée, mais me jetant quand et quand des regards aussi roides que carreaux d'arbalète. Brune, vive, frisquette, peu d'appas mais ceux-là toujours en mouvement, La Vasselière n'eût pas été sans ressembler à Alizon, sauf qu'elle la dépassait d'une bonne tête, que son œil de jais n'exprimait rien de bien bénin, tout le rebours, et aussi que son attifure, laquelle était en satin blanc brodé de fils d'or et de perles, n'avait rien à envier aux plus hautes dames de la Cour, la collerette de dentelle qui, ouverte par-devant sur son cou mignon, auréolait par-derrière sa nuque, étant ornée, à ce que j'observais, d'une multitude de petits diamants, ses colliers, bracelets et bagues étant ornés des mêmes précieuses pierres, mais plus grosses.

— Monsieur mon cousin, dit-elle en arrêtant ses pas et contrepas en la pièce, si je vous pose quelques questions, voudrez-vous satisfaire ma curiosité ?

— Madame, dis-je avec un souris, mais sur un ton quelque peu mal'engroin, je la contenterais, pour peu que je sache qui me pose cette question : Mademoiselle de La Vasselière ou Marianne ?

— Monsieur le Chevalier, dit-elle, nullement rabattue et la crête fort haute, cette Marianne que vous présumez de nommer est mon amie la plus chère et de moi la plus proche. Mais celle qui vous parle céans et avec tout le poids que lui donne sa parentèle, est la cousine du duc de Guise.

— Madame, dis-je en me levant et en lui faisant un grand salut, encore que je sois, à mon maître le roi, serviteur fidèle et dévoué, je n'ignore pas quel respect je dois à un haut seigneur qui vient immédiatement après le roi en ce royaume.

Ayant dit, je me rassis, bien connaissant que par cette phrase, je ne l'avais satisfaite qu'à demi et ne voulant point, de reste, aller plus loin dans le contentement que je lui donnais.

— D'aucuns, dit-elle avec un air point trop débonnaire dans son œil de jais, opinent que c'est le duc d'Epernon en ce royaume qui vient après le roi. Et il est à supposer que vous êtes de ceux-là, puisque vous l'avez guéri de son chancre à la gorge.

— Madame, dis-je avec quelque roideur, je soigne, panse et fais les nécessaires diètes à tous ceux que le roi me donne comme médecin. S'il me commande un jour de curer Monsieur de Guise, celui-ci pâtissant d'une intempérie, je ne quitterai pas son chevet.

— Voilà qui est bien, dit La Vasselière d'un ton bref.

Après quoi, entendant enfin qu'elle ne me ferait pas branler de cette position, elle s'assit en un fauteuil, et ayant arrangé autour d'elle les plis de son ample vertugadin, elle releva tout soudain son œil vif et me dit :

— Qui était ce Mundane ? D'où venait-il ? Pourquoi était-il parmi vos valets ? Qu'est devenue la lettre qu'il portait ? A qui était-elle adressée ?

— Madame, dis-je, me redressant, je répondrai à cette pluie de questions, pour peu que vous soyez bonne assez pour répondre à une seule des miennes. Pourquoi Marianne l'a-t-elle tué ?

— Elle n'en avait pas le propos, dit vivement La Vasselière, mais tâchant de soulever le coffre pour s'emparer de la lettre, elle fut surprise par l'Anglais qui avait contrefeint le sommeil, et comme, fort encoléré, il saisissait son épée et la tirait hors du fourreau, elle prit peur et se jetant à lui, elle le dagua.

— Répétitivement !

— C'est qu'il la serrait des mains au cou !

— La merci à vous, Madame, dis-je après un silence, de ce récit, qui me donne, assurément, de Marianne une idée plus humaine.

— Je le lui dirai, dit La Vasselière avec un soupçon d'irrision. Elle sera charmée de l'apprendre.

Après quoi, je la priai de répéter ses propres questions, ne lui ayant posé la mienne que pour me donner le temps de méditer mes réponses.

— Pour Mundane, dis-je enfin, je ne vais point vous satisfaire prou. Je ne sais ni qui il était ni d'où il venait. C'est le roi qui me commanda de le mettre dans ma suite, et de l'aider. Raison pour quoi le quidam m'ayant requis à Pamiers de le faire encontrer le roi de Navarre, j'y parvins par le moyen de mon père.

— Lequel est huguenot, dit-elle, et vous, Monsieur ?

— Pour moi, dis-je, comme bien vous savez, Madame, j'ois la messe et vais à confession.

— De bouche ou de cœur ?

— Ha ! Madame ! dis-je d'un ton fort roide en me levant, cette inquisition est insufférable ! C'est à mon confesseur, et non à vous, à me poser cette question !

— Rasseyez-vous, mon cousin, dit-elle en souriant pour la première fois. Si cette question vous offense, je la retire, tant je suis satisfaite que vous m'ayez dit de votre propre chef que Mundane avait encontré Navarre par votre père. Ce que, de reste, bien nous savions.

Ce que, de reste, bien me doutais : sans cela, comment les Guise auraient-ils su l'existence de la lettre et l'importance qu'il lui fallait attacher ? Raison aussi de la contrefeinte franchise dont elle me donnait louange.

— Et à qui, dit-elle, cette lettre était-elle destinée ?

— Elle ne comportait pas d'inscription, dis-je, mentant effrontément, mon œil bleu transparent fiché en le sien.

— Et à qui l'avez-vous remise ?

— Au roi, gageant qu'elle devait être de grande conséquence pour qu'on tuât un homme pour elle, et qu'on attentât d'en tuer un second, le pli remis.

A quoi, sans battre un cil, Mlle de La Vasselière me dit du ton le plus uni :

— Vous aviez été, par malheur, le témoin d'une meurtrerie qui eût pu inculper mon amie la plus proche, et moi-même, puisque vous ne pouviez que vous n'appreniez mon nom, vivant coutumièrement à la Cour.

— Madame, dis-je en levant le sourcil, vous m'étonnez! Le roi eût-il osé faire un procès à la cousine du duc de Guise?

— Je m'en suis avisée depuis. Raison pour quoi l'attentement contre vous n'a pas été renouvelé. D'autant, Monsieur mon cousin, que votre lettre à moi adressée vous montrait plus pliable à nos volontés que je n'aurais cru, libérant votre prisonnier, renonçant à incriminer le majordome de cet hôtel, lequel, n'étant point noble, eût pu être pendu. A vrai dire, peu me chalait sa vie. Mais prou, l'affront que sa mort eût fait à notre maison.

— Ha Madame! m'écriai-je, donnant toutes les apparences d'être emporté par ma propre franchise, que n'ai-je su plus tôt vos bonnes dispositions! Elles m'auraient épargné mon volontaire exil!

— Volontaire, Monsieur! dit La Vasselière, vous n'y avez donc pas été contraint par la disgrâce royale?

— Pas autant que je l'ai prétendu, dis-je, contrefeignant quelque confusion, pour ce que je me voulais alors protéger de vous. Je départis de mon chef, et il est bien vrai qu'à mon département, le roi me montra quelque froidure, pour ce qu'il eût voulu que je continuasse au duc d'Epernon mes bonnes curations.

— Monsieur mon cousin, dit La Vasselière en se levant, je suis charmée que vous vous mettiez tant à l'ouvert avec moi que de me dire la vérité sur votre exil, dont nous n'ignorions point, en effet, qu'il était contrefeint, les trésoriers du roi vous ayant versé deux mille écus, la veille du jour où vous quittâtes Paris.

Ha! pensai-je, ces guisards ont des oreilles partout! Je fus donc bien avisé de lâcher du fil. Comme dit mon Henri, le mensonge le plus dextre et le plus machiavélien est celui-là qui se rapproche le plus de la vérité.

— Madame, dis-je en l'envisageant œil à œil, je

suis moi-même ravi que vous me soyez devenue plus amicale.

— Amicale ? dit-elle en haussant le sourcil, je ne le serai dans le fait, Monsieur, que si vous avez l'heur de plaire à Mme de Montpensier, laquelle est pour vous recevoir, après que vous avez céans attendu un petit.

Sur quoi, me faisant une brève inclinaison du chef, elle me quitta, me laissant ébahi de la hautesse de cette froidureuse garce, laquelle, pour servir Guise, n'avait pas hésité à se prostituer ès auberge à un gentilhomme anglais, à le daguer ensuite de ses mains, et à rober mon cheval.

Mon attente, loin d'être petite, dura bien une grosse heure, et me donna ample loisir de méditer sur le péril où j'étais, m'encontrant ès mains de ces ménades qui faisaient autant de cas de la vie d'un homme que leur chat de celle d'un souriceau, et qui, vous appelant « Monsieur mon cousin », vous eussent fait jeter, à la nuitée, en un sac en la rivière de Seine sur le bord de laquelle leur hôtel si commodément se dressait. Tant le zèle pour la religion excuse de crimes en cet étrange siècle !

Après m'avoir fait un long temps morfondre et moisir dans la plus mortelle inquiétude, et lecteur, tu peux bien penser que ce sentiment eût été plus accablant encore, si j'avais pu savoir alors le sort que réservaient les Guise au capitaine Le Pierre — le même grand laquais me vint quérir pour m'introduire auprès de sa maîtresse, laquelle, à en juger par la belle attifure de sa parente, je m'attendais à voir paraître dans l'appareil quasi royal qui convenait à la sœur d'un duc qui aspirait au trône. Mais, bien loin de me conduire en un grand salon où j'eusse vu la duchesse entourée de sa petite cour, on me mena dans une chambre où je ne vis rien d'abord qu'un grand lit doré dont les custodes, lesquelles étaient du plus beau brocart blanc et or, avaient été tirées, me dérobant la vue de celle qui occupait la coite, mais dont j'oyais la voix, pour ce qu'elle était pour l'heure occupée à gourmander sa gouvernante (ou chambrière, je ne sais), laquelle s'affairait à mettre quelque ordonnance dans la pièce, celle-ci étant jonchée d'un bout à l'autre de vêtures, de chaussures et autres féminins affiquets.

— Si suis-je bien assurée, disait aigrement la voix, que c'est toi, Frédérique, et nulle autre, qui as égaré le brouillon de la lettre d'Henri à Philippe, laquelle j'avais encore hier en mes mains.

— Madame, dit Frédérique, laquelle à ce que j'imaginais, devait être lorraine, pour ce qu'elle était grande, l'œil bleu, le cheveu paille, et fort robuste, ayant l'épaule large et un tétin plus muscle que chair, et gros assez pour saillir hors sa basquine, Madame, cela ne se peut ! Je ne touche jà à vos papiers ! Ayant assez à faire à ranger vos parures qu'une chienne n'y retrouverait pas ses chiots ! Tant est que cette pièce, si je n'y mettais bon ordre, ressemblerait davantage à une bauge qu'à la chambre d'une princesse.

— Oui-da, niquedouille ! dit la voix montant dans l'aigu, tu as bon bec, ce me semble ! Mais tu hucherais d'un autre ton, si je te faisais fouetter devant tout le domestique pour tes impertinences ! Bauge ! Suis-je laie de sanglier pour vivre en bauge !

— Madame, dit Frédérique sans battre un cil, ni cesser son rangement, vous êtes assurément la plus belle princesse de l'univers, mais le diable m'étouffe si vous n'êtes pas aussi la plus désordonnée ! Et vous ne devriez pas me tancer pour la perte du brouillon de Monseigneur le Duc, lequel, je parle du brouillon, vous avez dû mettre à la corbeille sans y penser. Ce qui fait qu'à cette heure il sera brûlé.

— Et pourquoi brûlé, coquefredouille ?

— Pour ce que, dit Frédérique en tapant du plat de la dextre sur son dur tétin lorrain, vous m'avez commandé cent fois le matin de brûler les papiers de la corbeille ! Cent fois, foi de Frédérique ! (elle se toqua à nouveau). Et que la Benoîte Vierge et son divin fils me foudroient si je mens !

— C'est toi, sottarde, hucha la voix de la duchesse derrière la custode, c'est toi qui as jeté ce brouillon à la corbeille! Brouillon que je voulais garder pour ce qu'il était de la main même de mon frère bien-aimé! Lequel brouillon est à cette heure lamentablement brûlé, bâtarde que tu es!

— Bâtarde ne suis, dit Frédérique, en se redressant, fort piquée, les deux mains sur les hanches, et son tétin fort saillant en son généreux courroux. Je connais fort bien, et mon père et ma mère, lesquels étaient laboureurs étoffés au plat pays de Metz. Et vous savez fort bien, Madame, qu'à la Cour, il y a je ne sais combien de seigneurs et de hautes dames qui ne pourraient en dire autant!

À quoi le grand faquin de laquais, se peut impatienté par cette longue béquetade, présuma de toussir.

— Qui est là? dit la voix de la duchesse, aussi aigre que vinaigre et piquante que moutarde.

— C'est Franz, Madame la Duchesse, dit le laquais. Je vous amène le chevalier de Siorac.

— Et tu as osé de toussir en ma présence, rustaud? hucha la duchesse de Montpensier, sa voix montant terriblement vers le criard. Requiers sur l'heure le majordome de te bailler pour moi dix coups de fouet!

— Madame la Duchesse! dit Franz comme indigné, j'ai seulement toussu! je n'ai pas dit, moi, que vous viviez en bauge!

— Tu ne l'as pas dit, maraud, mais tu l'as ouï! Et pour châtier ton indiscrète oreille, requiers le majordome de te bailler dix coups de plus!

— Oui, Madame la Duchesse, dit Franz, rouge comme écrevisse en eau bouillante, lequel, ayant fait à la custode un salut profond (mais à ce que je m'apensai, plein de muette rage), saillit à reculons de la chambre.

— Frédérique, dit la voix derrière la custode, qu'es-tu apensée du chevalier de Siorac, considérant que tu le vois?

— Il n'est pas fort grand, mais bien fait, dit Frédérique, laquelle s'approchant de moi, m'envisagea de près comme taureau qu'elle eût voulu à la foire acheter. Au surcroît, l'œil bleu-gris, le cheveu blond avec un peu de gris aux tempes, le teint frais et à ce que je pense, poursuivit-elle en me tâtant le bras, musculeux assez. En bref, Madame, c'est un galant, et l'œil très fiché sur le tétin des dames.

— Tu veux dire, sur le tien, dit aigrement la voix, lequel tu montres assez pour tirer le regard.

— Ha! Madame! Pas plus que n'est commandé par la mode qui trotte!

— C'est assez jasé, friponne! Mène le chevalier par la main jusqu'à ma ruelle. Et prends garde qu'il ne mette le pied sur mes affiquets. Il les gâterait tout à trac!

La curiosité, en mon for, l'emportant alors sur les sentiments angoissés que j'avais nourris depuis mon entrée en cet antre, j'avais grand appétit, n'ayant ouï jusque-là que sa voix, à voir de mes yeux la fameuse frénétique duchesse, laquelle était à Paris la prime et principale ennemie de mon roi, y ayant façonné de par les prédicateurs à sa solde, une sorte de contre-pouvoir assis sur la populace, rassemblant autour d'elle au surplus une contre-cour, faite d'un ramassis de seigneurs endettés (parfois fort hauts) ou disgraciés, ou mal contents, ou ambitieux, et de dames de même farine, dont elle tirait les fils pour la plus grande gloire de son frère et le plus grand dommage et détriment de mon pauvre maître — l'étonnant en tout cela étant encore que cette brouillonne trouvât le temps, tout occupée qu'elle fût à ses infinies brouilleries, de courir des intrigues également infinies, étant de ce côtel, selon la rumeur, aussi inlassable qu'irrassasiable.

Je trouvai la duchesse non pas couchée, mais à demi assise sur sa coite, un amas d'oreillers lui redressant le dos, les custodes étant tirées tout autour de son lit, encore qu'il fût quasiment midi et sa chambre fort claire, un chandelier à huit branches posé sur une table de chevet l'éclairant à plein, et ce qui me frappa de prime, fort dépoitraillée, étant vêtue, ou plutôt dévêtue, d'une robe de nuit large ouverte sur le devant du corps, lequel ne me parut point gâté par l'âge, encore qu'elle eût passé ce seuil des trente ans au-delà duquel, en nos climats, une femme n'est plus réputée être jeune, le tétin nullement affaissé, combien qu'il ne fût pas aussi arrogant que celui de Frédérique, la peau blanche, la face lisse assez, à ce que j'en pus juger, ne la voyant qu'à l'éclat flatteur des chandelles, l'œil bleu fort vif, le cheveu blond abondant, épandu en mèches folles sur ses épaules, lesquelles étaient agréablement rondies, la bouche large, les lèvres fortes et les dents point trop belles, à ce que je pus voir. Et quant à la mine, rien de la hautesse de La Vasselière, mais une sorte de tranquille assurance de soi, comme si, étant la sœur du futur roi de ce royaume, elle disposait de la vie et de la mort des Français naturels aussi légitimement que du dos de son pauvre laquais.

J'eus tout le temps de l'envisager, ou plutôt de la contre-envisager (encore qu'avec un apparent respect) pour ce qu'à mon entrée en sa ruelle, elle me considérât un long temps (la plume en suspens au bout de sa dextre, étant à son écritoire, écrivant sur ses genoux, la coite autour d'elle jonchée de ses papiers) mais de la même impersonnelle guise que si j'avais été un cheval de selle, ou un chien dammeret qu'elle venait d'acquérir, ou encore un cheval de trait dont elle se fût demandé s'il se trouvait robuste assez pour être mis avec d'autres à tirer sa coche. Ce qui était bien, à y réfléchir, la pire espèce de hautesse, toute coite et quiète qu'elle fût et sans le moindre déprisement, pour ce que l'idée de m'attacher un prix ne lui serait même point venue, du moins un prix moral, car pour ce qui est des clicailles, elle avait tant acheté de prêtres et de seigneurs pour le service de son frère, qu'elle savait, à l'écu près, le coût d'un chacun en ce royaume.

Son examen continuant, je continuai le mien sans que mon regard l'offensât davantage que celui d'un chien un évêque, et je vis que les papiers épandus sur son lit se trouvaient écrits se peut de sa main, qu'il y avait là aussi dans le plus grand désordre des affiquets, des fards, un miroir, et un grand plateau contenant quantité de dragées, de pâtes d'amande et de petits fruits confits, parmi quoi plongeant sa senestre, la dextre étant occupée par sa plume, elle ramassait quand et quand à l'aveugle une poignée, laquelle elle se mettait dans le bec (qui avait raison d'être grand vu ce qu'on y fourrait) — sucreries qu'elle mâchellait tout en parlant, et qui, sitôt glouties, étaient remplacées tout de gob par une autre fournée.

— Chevalier, dit-elle enfin, asseyez-vous !

— Madame la Duchesse, dis-je, que Votre Altesse me pardonne, mais je ne vois pas d'escabelle en la ruelle.

— Asseyez-vous sur ma coite. Suis-je donc si repoussante ?

— Madame, dis-je en la saluant, mes yeux vous l'ont dit assez, vous êtes assurément la plus belle princesse de la chrétienté !

— On dit pourtant que ma cousine la reine, que je n'ai pas vue de longtemps, n'est point tant faisandée qu'Henri ne lui pourrait faire un enfant, s'il en était capable.

— Madame, dis-je avec un deuxième salut, Sa Majesté la reine est fort belle, mais ne vous pourrait assurément disputer la palme quant aux innumérables grâces qu'on voit à Votre Altesse.

— Monsieur, asseyez-vous, dit-elle, trouvant tout naturel que je maniasse à la truelle tant de lourds compliments, ceux-ci étant apparemment dans le ton et la veine de sa petite Cour.

— Madame, dis-je, je suis tout à plein votre esclave.

Et je m'assis. Là-dessus, me prenant au mot quasiment, elle posa sa plume sur son écritoire et me requit de l'en débarrasser en plaçant le tout sur la table de chevet. Quoi fait, il me fallut collecter et plier les billets dont sa coite était jonchée, ce que je fis, non sans y jeter un coup d'œil à la dérobée. Ce qu'observant, elle me dit tout de gob que c'étaient là les instructions qu'elle donnait à ses curés pour le prêche du dimanche; que loin de s'en cacher, elle voulait que le monde entier le sût, pour ce qu'en son opinion, elle faisait plus par le moyen de ses prédicateurs pour la déconfiture du roi et le triomphe de son frère bien-aimé que toutes les armées que ce dernier avait assemblées dans l'Est.

— Frédérique, dit-elle en soulevant de la main la custode, commande à Guillot de porter en personne ces plis à mes curés et de leur remettre à chacun dix écus.

— Dix? dit Frédérique, dix, Madame la Duchesse? Que ruineux sont ces prêchereaux! Vous ne leur en aviez baillé que cinq la semaine dernière.

— C'est, dit la Montpensier en riant, que cette semaine la nouvelle que je leur mande est un peu grosse à avaler, et il la leur faut gloutir de prime, avant qu'ils la régurgitent et en donnent la becquée à leurs ouailles. Mes clicailles huileront leur gosier. Le zèle fera le reste. Et, Frédérique, quand tu auras commandé Guillot, ne reviens pas céans : je veux être seule avec le chevalier.

— Madame, dis-je, le roi lui-même dit que vous avez une sorte de talent pour inventer des nouvelles.

— Cela est vrai, dit-elle avec un sourire d'irrision, et je suis ravie d'en être louée par le roi qui pâtit si fort de ce talent-là.

— Lequel vous a inspiré d'affirmer qu'il y aurait dix mille huguenots cachés en le Faubourg Saint-Germain qui n'attendent que le signal de Navarre pour faire une Saint-Barthélemy des catholiques.

— Ha! dit-elle en riant, cela, qui est fort gros, ne se dit pas au prêche, mais seulement au confessionnal.

— Comme aussi, dis-je, que le chevalier de Siorac aurait remis deux cent mille écus à Navarre de la part du roi pour qu'il fît la guerre à ses sujets catholiques.

— Nouvelle, dit la Montpensier, que j'ai eu beaucoup de mal à dédire après l'avoir dite, tant on me croit, quand je parle par la bouche de mes curés.

— Et pourquoi l'avoir dite alors?

— Pour qu'un quidam prenne sur lui d'aller vous occire sans que j'aie à le commander.

Mme de Montpensier dit cela tout uniment, et comme s'il se fût agi de la chose la plus naturelle du monde.

— Madame la Duchesse, dis-je avec un petit salut, je suis ravi que vous l'ayez dédit.

— Mais je ne sais si j'ai eu bien raison, dit la Montpensier, et me décochant tout soudain un coup d'œil acéré de son œil bleu, elle ajouta : N'est-ce pas vous qui êtes allé en Boulogne avertir M. de Bernay de l'entreprise du duc d'Aumale?

— Nenni, dis-je suivant l'inspiration du moment, je ne fus pas celui-là!

— On vous a vu pourtant en Boulogne une semaine avant l'entreprise.

— Nenni, dis-je, cela ne se peut! Point n'y étais-je!

— Cependant, dit-elle promptement, vous n'étiez pas non plus à Paris.

— Non, Madame, dis-je, sentant que j'étais là en sable périlleux, lequel pourrait sous mes pas à tout moment céder.

— Et où étiez-vous, Monsieur?

— Madame, dis-je, ma parade prenant forme peu à peu en mon esprit tandis que je parlais, quelle inquisition! Ne peux-je rien vous cacher? Suis-je à confesse? Dois-je vous dire où? Et pourquoi aussi bien ne me pas quérir avec qui?

— Avec qui? dit la Montpensier, impliablement.

— Avec une personne du sexe, dis-je en contre-feignant la confusion.

— Ha, dit-elle en riant (je n'oserais dire « à ventre déboutonné », car il l'était déjà) vous voilà pris, Monsieur le chattemite, qui êtes à votre épouse réputé tant fidèle! Vous allez coqueliquer dans les provinces, sachant qu'en Paris tout se sait!

— Madame la Duchesse, dis-je d'un ton mal'engroin assez, vous m'avez contraint à cet aveu, le cotel sur la gorge, mais je jure par la Benoîte Vierge que je ne dirai ni où ni avec qui.

— Il n'en sera pas besoin, Monsieur, dit la Montpensier. Je vous crois et je ne vous ai tant remué que pour en être sûre, sachant bien que vous n'étiez pas celui-là qui a prévenu M. de Bernay.

— Et pourquoi, Madame ?

— Pour ce que le roi, à votre retour, ne vous a pas baillé pécunes, comme il l'eût fait assurément, si vous aviez été son outil en cette affaire. Ce que j'eusse fort déploré pour vous, Monsieur, dit-elle en m'envisageant d'un air entendu, car tous ceux qui ont fait à mon frère cette cassure ne vivront pas longtemps assez pour le pouvoir regretter.

Ha ! pensai-je en un battement de cil, beau drageoir ! Bon drageoir ! Drageoir miraculeux ! Que de grâces et de mercis je te dois ! Et la vie même !

— Madame la Duchesse, dis-je, je suis content d'avoir été tant à l'ouvert avec vous, puisque cela me vaudra de quitter votre hôtel sur mes deux jambes et non point dans un sac au fil de Seine.

A quoi, elle rit encore, ayant cette cruauté allègre, aveugle et quasi innocente qu'on voit à ces sortes de gens pour qui la mort est toujours celle des autres, et jamais la leur propre.

— Monsieur, dit-elle, venons-en au sérieux de la chose : voulez-vous être à moi ?

— Comment l'entend Votre Altesse ? dis-je, béant.

— A mes gages.

— Madame, dis-je après avoir un petit réfléchi, je ne peux être tout ensemble aux gages du roi et à ceux de sa mortelle ennemie. Je ne vais pas par ces chemins obliques. Et je n'appète pas aux pécunes.

— Cela veut dire, Monsieur, dit-elle, un éclair point trop bénin passant dans l'acier de ses yeux, que vous me rebutez !

— Cela veut dire, Madame, dis-je avec un petit salut, que si j'étais à vous, je rebuterais votre pire ennemi, s'il me voulait acheter. N'est-ce rien qu'un serviteur fidèle ? Monsieur le Duc en a-t-il tant ?

— Assurément non, dit-elle avec une moue amère. Il n'est servi qu'à proportion qu'on croit qu'il va l'emporter sur le roi. Et aucun de ses grands alliés n'est sûr. Pas même Philippe. Il nous est revenu qu'il nous voulait voir tirer les marrons du feu, non pour notre propre maison, mais pour la sienne, appétant à mettre sur le trône de France (Henri en étant ôté) la fille qu'il a eue avec Elisabeth de Valois.

— Sa Majesté très catholique, dis-je, fait bon marché de la Loi salique.

— Mais patience! dit-elle, son œil bleu envisageant le vide et sa face devenant tout soudain songearde, comme si elle voyait déjà son frère assis sur le trône de France, et elle-même sur les degrés. Ainsi, reprit-elle l'air un peu vague, comme si elle se désommeillait à peine de ce rêve suave, vous ne voulez pas être à moi? C'est pitié, en mon opinion, qu'un aussi galant gentilhomme s'obstine à servir ce bougre de roi, à moins que vous ne soyez bougre aussi!

— Madame, dis-je avec un sourire, si vous deviez propager cette nouvelle-là dans vos petits papiers à vos prêchereaux, il n'est pas une personne à la Cour qui vous croirait.

— Hé! Je n'y songe point! dit-elle en haussant l'épaule. A part vous faire tuer, que ferais-je de vous? Vous êtes grain trop menu pour être moulu en nos royales meules.

— Madame la Duchesse, dis-je quelque peu piqué, je ne suis pas si fretin! Le Duc d'Epernon me doit la vie.

— Par la male heure! dit-elle.

— Et si j'avais eu l'âge de le soigner, qui sait si je n'eusse pas curé votre illustre père de son arquebusade, laquelle n'avait touché que le creux de l'épaule!

— Monsieur, dit-elle, il me semble que vous vous paonnez prou de votre savoir. A Dieu plaise que vous puissiez conforter ma digestion, laquelle, ajouta-t-elle en se découvrant tout à fait, me durcit, tord et ballonne le ventre fort incommodément.

Ayant dit, elle me saisit la dextre et la posa dessus. Sur quoi des deux mains la palpant qui-cy qui-là de l'épigastre au pubis, je lui dis :

— Madame, si vous ne suciez et mâchelliez tout le

jour tant de drageries, vous ne seriez pas mise à ces petites incommodités. Un jour de diète et quelques tisanes viendraient à bout de vos obstructions.

— Ha Monsieur! dit-elle, que chaudes et douces sont vos mains! Et quel bien immense me font vos habiles et miraculées palpations! Poursuivez-les, je vous prie. Je me sens fondre là où je n'étais que nœuds, et me desserre où je me sentais close.

— Madame la Duchesse, dis-je, je suis bien aise de vous aiser un petit.

— Un petit, Monsieur! Vous y allez si dextrement que vous m'ouvrez comme une fleur au soleil. Laissez-moi vous guider la main! Le remède en sera meilleur!

— Madame, dis-je, si ma main va le chemin que vous voulez ce ne sera plus une curation, mais une mignonnerie, laquelle n'est qu'un prologue à une pièce qui n'a plus rien de médical.

— Et, Monsieur, pourquoi tant languir? Jouons la pièce, si vous y avez autant d'appétit que moi-même!

— Assurément, mais laisserez-vous un fretin vous fretin-fretailler? Ne suis-je pas grain trop menu pour vous?

— Monsieur, c'est à moi de savoir jusqu'où mon rang accepte de descendre. Et allez-vous arguer plus outre que vous êtes fidèle à Madame votre épouse, quand je sais de votre bouche que vous coqueliquez ailleurs?

Lecteur, j'étais pris. Outre qu'il paraissait peu galant de rebuter une haute dame, qui, oubliant sa hautesse, ardait si fort à être contentée, pouvais-je prendre cette furie au rebours de son estomac sans l'offenser à mort, et surtout sans la remettre en quelque soupçon de la prétendue escapade par quoi j'avais déguisé mon rollet en Boulogne. Je laissai donc faire à mon corps ce qu'il voulut, et ce vil animal qui, au défi de toute loi et humaine décence, ne demande jamais tant rien (pour parler à la soldate) que marcher au canon, y marcha tout de gob que je le lui eus permis.

— Mon bon ami, dit la Montpensier en soupirant

d'aise dès que je fus en place, voilà qui est bien, mais donnez-vous garde de bouger : c'est moi qui donne le branle. Perdurez roidement. C'est tout ce que je quiers de vous.

Ordre dont je fus marri, n'aimant guère que la duchesse, à moi aussi, me commandât mon prêche, mais entendant qu'elle était de ces femmes impérieuses qui ne veulent tenir leur plaisir que de soi, et y mettent un temps infini, je me résignais à me tenir vaillamment au garde-à-vous le temps qu'il y faudrait, quitte à enfreindre à la dérobée sa loi quand mon inactivité menaçait de me défaillir : ce que je fis quand et quand, et qui passa quasi inaperçu dans le remuement qu'elle se donnait et qui était si venteux et tracasseux que je ne saurais en donner idée, l'oreille me bourdonnant des soupirs et gémissements qui accompagnaient ses fureurs.

Immobile et tendu au mitan de cette tempête qui se faisait autour de moi, sans que j'eusse licence d'y participer, et au surplus, fort incommodément habillé quant au haut, étouffé, par ma fraise, serré dans mon pourpoint, et sentant derrière mon dos ma dague à l'italienne dont le fourreau m'entrait dans l'omoplate (Ha ! que j'eusse aimé, si mon humaine complexion n'y eût été si contraire, poignarder d'acier, et non de chair, cette ennemie de l'Etat !) je laissai mon attention errer sur les alentours, admirant le prodigieux désordre de cette coite où s'amoncelaient les coussins, quand mon œil étant attiré par un papier écrit qui passait à demi hors d'un oreiller sous lequel il s'était réfugié (pour échapper, je gage, à la dévastation générale), je le tirai subrepticement de la main hors sa cachette et ne reconnaissant pas, à vue de nez, l'écriture de ma déchaînée ménade, j'en lus quelques mots qui me persuadèrent qu'il s'agissait de ce brouillon d'Henri de Guise que la duchesse croyait brûlé, et tout soudain refermant ma main sur lui, le pensement que j'eus aussitôt de le rober, et l'inouï péril qu'il y avait à le faire, se présentant à la fois en mon esprit, à peu que je ne faillis tout à plein à la roideur qu'on attendait de moi, laquelle je ne rattrapai que de justesse par les mouvements que j'ai dits, la sueur me ruisselant dans le dos et de la joie de ma trouvaille, et du danger où je me fourrais derechef, alors qu'à peine je saillais de celui de Boulogne.

Autant que j'en peux juger, la Montpensier fut une grosse demi-heure à venir au bout de ses orages, ce qu'elle fit avec des huchements tant aigus qu'on les pouvait ouïr, je gage, de l'autre bord de la rivière de Seine, huchements accompagnés de convulsions de corps que je m'apensai ne jamais finir, mais s'accoisant et s'aquiétant tout soudain, elle ouvrit son œil bleu acier et des deux mains me repoussant hors d'elle-même avec force (sans que je pusse, achevant mes efforts, en récolter le fruit), elle me fit choir sur la coite et se levant, tira la custode du lit et s'en fut.

— Madame, criai-je, comme indigné, où allez-vous ?

— Rien que pisser, dit la duchesse.

Ce qui, pour malgracieux que ce fût, et de fait et de verbe, me donna du moins le temps de fourrer la lettre robée en une poche de mon pourpoint : Ce que je fis avant même de rehausser et de reboutonner mes chausses.

J'achevai à peine quand réapparaissant, la Montpensier (Frédérique sur ses talons) sembla quasi étonnée de me voir là.

— Quoi ? dit-elle, l'air fort mal'engroin, vous encore ?

— Madame, dis-je avec un salut, j'attendais mon congé.

— Le voici, dit-elle en me tendant roidement la main tout au bout de mon bras. Savez-vous, poursuivit-elle, passant tout soudain de la poule à l'ânesse, que le roi a eu le front de dire tout haut en sa Cour qu'il me jetterait au feu, si je continuais à inspirer des prêches contre lui. Eh bien, Monsieur ! Vous qui êtes fidèle, contre l'intérêt du royaume, et le vôtre propre, à ce bougre de roi, dites, Monsieur, dites de ma part à ce bougre que c'est les sodomites comme lui qu'on brûle sur les bûchers, et non pas moi.

Ayant dit, elle me tourna le dos, et s'asseyant à un

petit secrétaire, elle se remit furieusement à ses écritures, comme si elle eût repris des forces à les épuiser.

Frédérique, sans piper mot, me conduisit au petit salon où La Vasselière, qui m'attendait, m'envisagea d'un air fort froidureux et me dit :

— Monsieur mon cousin, ne vous flattez pas de l'espoir d'avoir gagné la faveur et la protection de la duchesse par le petit service que vous lui avez rendu, lequel elle ne demande jamais deux fois à la même personne, que celle-ci soit noble ou de naissance basse. Vous êtes vivant. Tenez-le pour essentiel. Et n'allez pas parader ces amours à la Cour, si vous le voulez rester.

— Madame, dis-je en lui faisant un profond salut, je me ramentevrai vos avisés conseils.

Sur quoi elle me remit entre les mains de Franz, lequel, à ce que je vis à sa démarche, comme il me précédait dans les escaliers, avait déjà reçu le châtiment que sa maîtresse, pour avoir osé toussir en sa présence, lui avait infligé. Et m'apensant, quant à moi, qu'à peine avais-je été mieux traité que lui, et que tout roturier qu'il fût et moi, noble, nous étions, pour ainsi parler, compagnons d'infortune, j'éprouvai le soudain désir de le lui faire entendre, et le rattrapant, je lui glissai un écu dans la main et lui dis à voix basse :

— Franz, voici pour te conforter d'avoir été fouetté à mon occasion.

— Ha! Monsieur le Chevalier! me dit le géantin valet en me jetant un coup d'œil étonné, la merci à vous! Je reçois céans plus de coups que d'écus, mes gages ne m'ayant pas été payés d'un demi-an. Non que les pécunes manquent en cette maison, mais elles vont toutes aux curés, aux gens de guerre et aux armes. La merci encore à vous, Monsieur le Chevalier! poursuivit-il en m'envisageant d'un œil tant bénin que naïf. Vous avez si bonne face que j'eusse été bien marri qu'on me commandât de vous daguer.

— Quoi? dis-je à voix basse, cela arrive-t-il?

— Ha! Monsieur! Plus souvent que je n'aimerais

en conscience le faire! Encore que notre bon chapelain m'absolve à chaque fois! N'empêche, il m'en remordit quand et quand.

Je me sentis infiniment soulagé, au saillir de l'hôtel de Montpensier, d'échapper aux glacés regards de ces deux impiteuses gorgones, et de retrouver mon gentil Miroul m'espérant, quasi désespéré, sur le pavé, durant les deux grosses heures que je fus soumis à ces Inquisiteuses, lesquelles, par zèle et partialité, avaient transformé leur noble maison en atelier de fausses nouvelles et d'assassinements. Tant il est vrai que de Blanche de Castille à Catherine de Médicis et à la Montpensier, la femelle de l'homme est tout aussi redoutable que le mâle, quand elle s'applique aux affaires de l'Etat, ayant abandonné pour elles les doux arts de l'amour. Car, pour ce qui s'était passé de la duchesse à moi sur cette fiévreuse et sueuse coite, il ne mérite certes pas ce beau nom que je viens de dire, et me donnerait plus à gémir qu'à m'atendrézir, si j'étais de nature pleurarde. Mais telle n'est pas ma complexion, et bien plutôt aimerais-je à rire de cette insatiable gloutonne qui avalait par tous les bouts les hommes et les drageries.

Je revins quasi courant à mon logis, sourd aux questions de mon Miroul, à qui je ne fis, dans le clos de mon petit cabinet, qu'un récit incomplet, taisant, et le besognement de la duchesse, et la roberie de la lettre, pour ce que je ne pouvais expliquer celle-ci sans conter celle-là, et ne voulais pas mettre mon Miroul au péril de partager ces secrets. Et m'avisant, tandis que je parlais, que des fenêtres de l'Aiguillerie, laquelle était vide encore, on me pouvait arquebuser, non seulement à ma porte, mais en mon cabinet même, pour peu que mon fenestrou fût ouvert, j'envoyai incontinent mon Miroul s'enquérir qui possédait, et l'échoppe et le logis dessus, et s'il trouvait le quidam, de les lui louer, son prix étant le mien.

— Ha! Moussu! cria Miroul, son œil marron

s'égayant, vous n'y pensez pas! Son prix étant le vôtre! Devenez-vous papiste de cœur à dépenser à tout va vos clicailles? Je barguignerai, vous pouvez en être assuré! Et vous l'aurez au meilleur coût, comme huguenot qui se respecte, dussé-je y passer le jour!

Bon prétexte, m'apensai-je, pour muser en Paris, l'affaire dextrement conclue.

— Et qui y mettrez-vous, Moussu, une fois que vous l'aurez? Car il faut un fil à cette aiguille, sans cela elle ne pourra coudre et renforcer vos sûretés, devenant pour votre logis une sorte de châtelet d'entrée, ou de tour de guet.

— Je ne sais, dis-je, impatient qu'il s'ensauvât pour lire la lettre qui me brûlait la poitrine.

— Mais moi, dit Miroul avec un air d'immense conséquence, j'ai là-dessus quelques petites idées, lesquelles je vous dirai, à moins que je ne les taise, comme m'est avis que vous avez fait pour d'aucunes choses qui se sont passées ces matines en l'hôtel de Montpensier. Sans cela auriez-vous les yeux si reluisants?

— Mais rien, mon Miroul, dis-je, l'œil baissé, rien. Je ne t'ai rien celé. Va! Va! Et cesse de m'inquisitionner, toi aussi!

Et le prenant aux épaules, je le poussai quasiment hors du petit cabinet, dans lequel je m'enfermai et me verrouillai, closant aussi mon fenestrou, avant que d'oser, tirant de mon pourpoint le brouillon d'Henri de Guise à Philippe II d'Espagne, le lire. Le voici mot pour mot:

« Les difficultés et les fatigues devant lesquelles Votre Majesté n'a point reculé pour le service du Seigneur notre Dieu, dans toutes les terres de son obéissance, témoignent assez de la piété et du zèle qui ont fait faire de si heureux progrès à ses royales entreprises. Le secours que nous avons reçu des mains libérales de Votre Majesté, est une nouvelle preuve de cette piété et de ce zèle. Je ne peux m'empêcher de remercier très respectueusement Votre Majesté pour toutes les obligeances que j'ai contractées envers elle. Ces obligations sont pour moi un lien de plus, et je me trouve aujourd'hui plus étroitement engagé que jamais à exécuter les ordres de Votre Majesté avec mon dévouement ordinaire.

« J'ai déjà prévenu Votre Majesté par ses ambassadeurs et ses ministres de l'heureux commencement que Dieu nous avait fait la grâce de donner à nos affaires. Nous sommes fermement résolus de les pousser en avant avec toute l'ardeur qu'exige une pareille entreprise : Je puis dire en toute vérité que rien ne sera négligé de notre part pour pousser le roi dans une guerre irréconciliable contre les hérétiques... »

Le brouillon s'arrêtait là, mais ce qu'il avouait était damnable assez pour flétrir l'honneur d'un prince lorrain qui se voulait Français sans faire vergogne aucune de recevoir pécunes d'un souverain étranger, et de se mettre à ses ordres.

Je fus sage assez, tout bouillant que je fusse, pour espérer le lendemain, et mon heure habituelle pour voir le roi, et lui chuchotai alors, sous prétexte de lui prendre le pouls, que j'avais choses de grande conséquence à lui impartir, et qu'il voulût bien, pour ce faire, me recevoir en son privé. Ce à quoi il consentit quasi incontinent, devant faire de prime ses oraisons en sa chapelle, sans me faire attendre plus d'un petit quart d'heure en sa chambre avec Du Halde et Chicot, lequel me dit, la goutte au nez :

— La Saignée (il m'appelait ainsi parce qu'il savait que je répugnais fort à cette médication), tu vas trouver Henri en sa plus charmante liesse, ayant engagé avec sa coutumière subtilesse une partie de qui perd gagne avec les huguenots, menant contre eux la guerre si mollement qu'il ne peut les vaincre — déconfiture qui baillerait trop de confiture au Guise — et signant même en le midi une trêve d'un an avec Navarre, lequel, de son côtel, ne fait rien pour mettre le cotel sur la gorge du roi...

Lui prenant le pouls, j'avais à peine vu Henri dans

la pénombre de ses custodes tirées, mais à l'envisager au grand jour de sa chambre, comme il saillait de sa chapelle, je lui trouvai la mine allante, l'œil allègre, la face ni grise ni chiffonnée, et fraîche, la main qu'il me présenta : preuve que dans la longue et souterraine lutte engagée contre le Guise, il avait le sentiment de reprendre quelque peu du fil qu'il lui avait dû lâcher lors du sinistre traité de Nemours.

— Siorac, mon enfant, dit-il quasi joyeusement, en me désignant une escabelle à la dextre de son fauteuil, assieds-toi, je te prie, et dis-moi ton affaire. Je n'ai jamais temps perdu à t'ouïr.

Je lui fis donc le conte de mes matines chez la Montpensier, sans rien omettre d'autre que les paroles sales et fâcheuses de cette furie sur le bûcher promis aux bougres, mais réservant toutefois pour la bonne bouche le brouillon du Guise que je m'apensais bien que le roi serait ravi de tenir en sa possession comme preuve irréfutable — étant écrit de sa propre main — de la félonie du duc.

Mon récit ébaudit grandement Sa Majesté, sauf cependant qu'il sourcilla quelque peu à ouïr que la Montpensier avait une oreille à la traîne chez son argentier, puisqu'elle savait que celui-ci ne m'avait pas pécunes versé à mon retour en Paris.

— Sire, dit l'austère Du Halde, que ne dites-vous au trésorier de désoccuper tous ses commis et d'en embaucher de nouveaux ?

— Nenni, nenni ! dit le roi. Cela m'abhorre de frapper tant d'innocents pour punir un coupable. J'y pourvoirai autrement. Poursuis, Siorac.

Je poursuivis et quand j'en vins au chapitre de mes abdominales palpations et de leur grotesque suite, le roi mit sa main devant sa bouche et s'esbouffa comme bachelette, Du Halde et Chicot riant du bon du cœur, et de mon prédicament, et de voir le roi tant joyeux.

— Ha, Siorac, s'écria le roi, la larme quasi à la paupière tant il gaussait, que tu es donc divertissant !

— Divertissant ? dit Chicot, mais de nous divergeant, étant baptisé Guisard sur les fonts de la Boiteuse !

— Accusation, criai-je, sans fondement aucun!

— Ha! dit le roi en riant de plus belle, laissons là ce fondement, lequel cloche déjà, étant soutenu par deux inégales colonnes.

— Nenni! Nenni! cria Chicot entre deux hoquets de rire (le grave Du Halde ne souriant cette fois que de la moitié du bec à ses indécences). La Saignée est baptisé Guisard, je n'en démordrai pas! Et en outre, en grand danger d'être infecté d'hydrophobie, ayant été mordu en ses parties vitales par les charnelles mâchoires de l'Enragée!

A cette gausserie on se gaudit et s'éjouit de plus belle, et secoués que nous fûmes (sauf Du Halde) par une tempête telle, et si grande, et de gorges chaudes, et de tripes secouées, et quasiment de larmes à l'œil, que j'attendis que nous fussions tous trois aquiétés, et la bonace revenue, pour dire d'un ton grave assez, mais cependant modeste :

— Sire, il y a un épilogue à cette tumultueuse farce, et il me paraît de quelque conséquence.

A quoi, le roi m'envisageant de son bel œil noir fort attentivement, je lui contai par le menu et l'archimenu la roberie du brouillon. Après quoi, sortant la lettre de mon pourpoint, je la lui remis, un genou à terre.

Sa Majesté s'en saisit, et se levant avec vivacité, la lut en marchant qui-cy qui-là dans la chambre.

— Siorac, dit-il enfin avec un sourire, encore que ce soit péché de rober quoi que ce soit à quiconque, je t'absous de ce crime de tout cœur, en considération du bien que tu as fait à l'Etat en le commettant. Je savais la pluie d'or dont Philippe rafraîchissait le Guise, mais grâce à toi, j'en ai la preuve! Car c'est bien son écriture. Mon cousin le duc lorrain est si peu assuré de son français qu'il se voit contraint de faire un brouillon, avant que de dicter une lettre de quelque conséquence à ses secrétaires. Et maugré ce brouillon, observe, Siorac, observe comme le style en faillit. Le duc remercie Philippe de « *toutes les obligeances* » qu'il a contractées envers lui. Et plus loin, il écrit « *ces obligations sont pour moi un lien de plus.* »

Guise ne sent pas la différence entre « *obligeances* » et « *obligations* ». Il les prend pour synonymes. De même, il écrit : « *Je ne puis m'empêcher de remercier très respectueusement Votre Majesté...* » Ce « *Je ne puis m'empêcher* » est fort gauche. On dirait qu'une force pousse Guise, quoi qu'il en ait, à remercier Philippe de ses clicailles !

— Et qu'eût-il fallu dire ? dit Du Halde, étonné que le roi nous donnât, en ces occasions, une leçon ès langue française.

— « *Je m'empresse* », dit le roi avec un sourire, « *Je m'empresse de remercier très respectueusement Votre Majesté* », l'empressement — sans retenue ni réticence — étant le seul sentiment qu'un sujet puisse nourrir à l'égard de son souverain, puisque aussi bien son souverain, c'est, semble-t-il, Philippe et non pas moi. Exemple encore de ce style relâché : « Piété » et « zèle » répétés deux fois en quatre lignes. Méchant style, Siorac, méchant homme ! et le fond le confirme. De quoi est-il question dans cette lettre ? D'intérêts. Et de quoi parle-t-on ? De « Dieu », de « piété », de « zèle » et de « grâce » ! Un chattemite écrivant à un autre chattemite, la plume trempée dans le bénitier ! Guise et Philippe mettent le Seigneur à toutes les sauces de leur basse cuisine, et de sauces, Dieu sait s'ils en tournent ! Et s'ils en gâtent ! Quand Philippe conquit le Portugal, il fit massacrer deux mille moines qui n'avaient que le tort d'aimer leur pays et de le vouloir contre lui défendre. Voilà le « *service de Dieu* » auquel Sa Majesté très catholique met tant de « *piété* » et de « *zèle* » dans ses « *royales entreprises* ».

— Henri, dit Chicot en riant, je suis béant. Parler ainsi de ton beau-frère ! C'est péché !

— Ha ! dit le roi, je suis le beau-frère de Philippe ! Je suis le beau-frère de Marie Stuart ! Dieu me garde de ces alliances dont ma mère était raffolée ! Que de brouilleries elles me font ! Et comme elles me prennent à rebours ! Philippe veut hausser ma nièce, après moi, sur le trône de France ! Et Marie Stuart, de sa geôle, requiert mon aide contre la reine Elizabeth !

— Sire ! dit Du Halde, Navarre est aussi votre beau-frère !

— Mais celui-là, je l'aime, dit le roi. Et je suis fort fâché que le pape ait osé l'excommunier comme hérétique. Et le déclarer déchu de ses droits à la Couronne de France. Arrogante audace ! poursuivit le roi, de la part de ce Sixte Quint, et bien éloignée de la modestie de ses prédécesseurs.

— Henri ! dit Chicot, sais-tu qu'en ses enfances le Sixte gardait les pourceaux ?

— Eh bien, dit le roi non sans âpreté, qu'il garde ses pourceaux, et moi les miens ! Quel droit a-t-il en mon étable ? Et de quel droit décide-t-il de la translation des royaumes établis ? Qu'il nous dise avec quelle espèce de « piété » et « sainteté » il donne ce qui n'est pas sien ? Ote à autrui ce qui lui appartient ! Mutine les vassaux et sujets contre leur prince souverain ! Et renverse les fondements de l'ordre politique !

C'était bien dit : avec force, avec éloquence, avec raison. Et le plus émerveillable, c'est que ce fut dit en défense d'un homme à qui, dans le même moment, le roi était contraint de faire la guerre, tout en l'aimant et le prisant bien au-dessus de tous les princes de la chrétienté.

— Siorac, mon enfant, reprit le roi en s'asseyant et en me présentant la main, rentre au logis et garde-toi bien. Tu m'as, ce coup-ci encore, bien servi. J'userai de ce brouillon un jour à mes propres fins, si Dieu veut que je mène mes projets jusqu'au terme que je leur assigne. Mon Querelleur t'apportera demain un modeste témoignage de ma gratitude.

Ce qui m'intrigua fort, pour ce qu'Henri n'avait jamais avant ce jour employé Quéribus comme messager entre lui-même et moi pour la raison que je le voyais tous les jours.

Mon Miroul ne réapparut rue du Champ Fleuri qu'à la nuitée et fort las ou contrefeignant la lassitude, je ne saurais dire, ce qui me donna à penser qu'il avait passé une partie du jour à muser en Paris.

— Ah ! Moussu ! me dit-il, en me demandant permission de s'asseoir, dès qu'il fut dans mon petit cabinet, je fus à grand-peine et labour à trouver notre homme ! Il ne fallait pas avoir les deux pieds dans un sac, mais lever la semelle pour enfin l'encontrer. Il loge au diable de Vauvert ! Et quasiment dans les faubourgs ! Et pour lui louer l'Aiguillerie, quel ahan ce fut ! Sans la langue que le ciel m'a donnée, laquelle est frétillarde, parleresse, et saliveuse, je n'en serais point venu à bout ! Ha ! Moussu ! L'obstiné chicheface ! L'opiniâtre pleure-pain ! Que non seulement il tondrait un œuf, mais gloutirait le diable avec ses cornes !

— Bref ! dis-je.

— Moussu, dit Miroul qui cilla fort de mon interruption, j'ai eu l'Aiguillerie pour cinq écus le mois.

— C'est prou !

— C'est prou ? s'écria Miroul comme indigné, Moussu, est-ce tout le merci que j'aurai de vous pour avoir couru comme fol tout le jour, usé mes semelles jusqu'à l'empeigne et ampoulé mes pieds ! Moussu ! Suis-je votre secrétaire ou votre « vas-y-dire » ? Prou, Moussu ! Vous avez dit prou ? Le guillaume en quérait quinze de prime et il me fallut une grosse heure pour le dégraisser de cette enflure et le descendre à cinq ! Et vous dites que c'est prou, alors qu'hier vous m'avez dit, à la papiste, que son prix serait le vôtre ? Or, non content de conclure barguin avec ce gautier, et de louer au mieux l'Aiguillerie, je vous ai cherché et trouvé, de surcroît, le locataire et le gardien qu'il vous y faudrait ! Ha ! Moussu, j'enrage ! Voilà donc le prix de mes peines ! Vous m'accueillez d'un air mal'engroin, la moue en bouche, l'œil suspicionneux, quasiment comme si j'avais musé en Paris au lieu d'user mes jambes à votre service ! Vous me coupez le récit que j'en fais ! Et pour le comble de la chose, vous me baillez un « C'est prou » sec et dur comme un croûton !

— Pardonne-moi, Miroul, dis-je pliablement (tout convaincu que je fusse qu'il s'était trantolé à cœur content sur le parisien pavé, n'aimant rien tant que le spectacle de la rue), il a fallu que je sois distrait, nageant dans un océan de soucis...

— Dont vous ne me dites pas le quart, dit Miroul aigrement, tant vous doutez de moi !

— Tu te gausses, Miroul ! criai-je, j'ai en toi la plus entière confidence ! Mais ce sont des secrets qui, à les ouïr, te mettraient en de fort grands périls !

— Raison de plus, dit Miroul, pour que je partage ces dangers avec vous, comme je fis toujours, ces vingt ans écoulés, vous donnant avis et secours dont vous vous trouvâtes bien !

— Mais, dis-je, ces secrets ne m'appartiennent point !

— Moussu, dit Miroul en se levant et l'air fort chagrin, c'est vous qui vous gaussez de moi ! Ces secrets sont à vous, puisque vous les connaissez ! Vous m'amusez de fausses raisons pour ce que vous n'avez plus tant fiance en moi que vous aviez quand vous n'étiez pas si haut à la Cour ni si proche du roi ! Ha, Moussu, c'en est trop, je ne le souffrirai pas ! Pour le coup, je vous quitte ! Primo, me suspicionnant de muser, vous me faites un museau à geler musaraigne ! (même encoléré, mon Miroul était raffolé, comme le roi, comme Chicot, des *giochi di parole*, lesquels, à dire le vrai, sont la fureur et folie de ce siècle). Secundo : c'est pis ! Vous en venez à me faire des cachottes ! Passe que vous taisiez d'aucuns secrets à Mademoiselle Angelina, lesquels ne sont point faits pour femme et l'empérileraient. Mais moi, Moussu, moi ! Qui suis quasi votre ombre ces vingt ans écoulés !

A quoi allant à lui, je le pris aux épaules, et le faisant lever de son escabelle, je lui donnai une forte brassée.

— Ha, mon Miroul, dis-je, tu n'es pas ombre, mais lumière, pour ce que tu as souvent éclairé mon chemin de tes sages avis.

— Lesquels vous ne suivez pas !

— Lesquels sont sages, quand même je ne les suis pas toujours. Ha Miroul, ne me quitte point ! Que ferais-je sans toi en les traverses et tracas dont je suis assailli ? poursuivis-je, contrefeignant une alarme que je n'éprouvais qu'à demi, sachant bien qu'il n'allait pas de mon logis départir, étant de moi si affectionné, et moi de lui. Mon Miroul, repris-je encore, qui, à part Madame mon épouse, est plus haut que toi, et de moi le plus proche en ce logis ? Outre mon secrétaire et majordome, n'es-tu pas mon ami et quasiment mon frère ?

— Ehontée *captatio benevolentiae* ! dit Miroul, mais cependant d'un ton plus doux et comme aquiété. Qu'est-ce qu'un frère à qui on cèle tant de choses ?

— Eh bien, dis-je, je vais rêver cette nuit à celles que je pourrais demain te confier, sans pour autant promettre de te dire tout. Es-tu content, Miroul ?

— A proportion de votre confiance. Et Moussu, ne voulez-vous pas connaître le gardien que je vous ai trouvé pour l'Aiguillerie ?

— Oui-da !

— Mérigot.

— Quoi ? Mon arquebuseur ?

— *Ipse* [1]. Moussu, tant il vous aime pour avoir sauvé son col de la hart qu'il vous sera dévoué jusque dans les dents de la mort.

— Mais quittera-t-il pour moi son état de marinier ?

— Et d'autant que cet état l'a quitté, l'homme ayant chu du mât de son bateau et cassé sa gambe senestre, laquelle mal remise, le fait cloper. Le voilà donc désoccupé.

— Que veut-il ?

— L'or du Pérou : cinq écus le mois pour subsister, lui et sa garce, et deux arquebuses, sa garce chargeant l'une, tandis qu'il décharge l'autre.

— Cinq écus, dis-je en riant, c'est prou ! Ha, Miroul, me devais-tu tant tabuster pour un malheureux petit prou ! C'était bien peu que ce prou-là !

On toqua à l'huis, et sur mon « Entrez », Angelina apparut, fort gracieuse en sa longue et flottante robe de nuit qui la faisait plus grande, le pied mignon en sa mule blanche passant à peine l'ourlet du bas, son

1. *Ipse*, lui-même. (Lat.)

flot de cheveux blonds, dénoués sur ses épaules rondies, et son doux œil de biche m'envisageant avec sa candeur coutumière.

— Monsieur mon mari, dit-elle, que faites-vous donc céans à tant désommeiller? Si vos affaires sont finies, plaise à vous de ne pas délayer plus avant. Votre coite s'ennuie.

CHAPITRE IX

Comme le roi me l'avait annoncé, Quéribus me vint voir le lendemain aux matines, non point à cheval, mais en sa coche pour laquelle à ma surprise il demanda l'entrant en ma cour. L'ayant reçu il fit refermer la porte cochère qui donnait sur la rue, et m'ayant salué sans me bailler brassée, il me dit non sans un certain air de pompe et de mystère qu'il avait un coffret à me remettre de la part du souverain, et me quit où il le fallait poser.

— Mais, Monsieur mon frère, dis-je béant, en ma chambre sur mon secrétaire!

J'entendais par là ce meuble à secret où j'avais rangé le drageoir du roi. Sur quoi, un robuste laquais — revêtu de l'éclatante livrée du baron de Quéribus — vint tout de gob à notre suite déposer ledit coffret, lequel, si le lecteur me permet d'en délayer une minute encore l'aperture, était petit assez, se trouvant long comme mon avant-bras et large de la moitié, mais fort bien ouvragé, étant de merisier plus poli que miroir, avec ferrures et cornières en bronze doré représentant des femmes dont ne se voyaient que la face et les tétins, le bas du corps étant comme perdu dans le métal, la poignée sur le dessus figurant un couple nu qui se tenait étroitement embrassé, l'homme dessus et la femme dessous, de sorte qu'à saisir ladite poignée, la paume de la main s'appuyait sur le dos du coqueliqueur, et les premières phalanges sur le dos de sa complaisante compagne.

— Voici la clé du coffret, dit Quéribus d'un ton fort cérémonieux. Mais devant que je vous la livre et que vous la mettiez à usance — ce que vous ne devez point faire en ma présence, selon l'ordre du roi — Sa Majesté vous mande, par ma bouche qu'elle vous eût haussé au rang de baron, si elle n'avait craint d'attirer sur vous derechef la vindicte des Guise, et que, devant remettre cet honneur à des temps moins troublés, elle vous priait de recevoir de sa main ce présent qu'Elle eût fait moins modeste, si la guerre ne la tenait si serrée. Monsieur le Chevalier, poursuivit Quéribus, me donnant à sentir qu'il me visitait en héraut et messager du roi, et non point en beau-frère, je suis votre humble serviteur et quiers de vous mon congé.

— Ha, Monsieur mon frère, dis-je, mettant la clef dans une poche de mon pourpoint, ne départez point si vite! Demeurez avec nous pour la repue de onze heures! Je vous en saurais infiniment gré.

— Monsieur le Chevalier, dit le baron avec une roideur toute de protocole, je vous en fais mille grâces et mercis et serai céans derechef sur le coup de onze heures.

Là-dessus, sans me bailler ni brassée ni poutounes, il me fit un profond salut et j'observais, tandis qu'il s'inclinait, qu'il portait en sautoir, en cette occasion, le collier de l'ordre du Saint-Esprit, lequel je savais que le roi lui avait conféré le premier janvier 1584, mais que je ne lui avais jamais vu au col jusqu'à ce jour.

L'ayant raccompagné jusqu'à sa coche pour saluer son département, je croisai Miroul qui me dit que ses missions étaient accomplies, qu'il avait reçu des mains de son propriétaire la clef de l'Aiguillerie, laquelle il avait remise à Mérigot avec le commandement d'emménager dans la journée.

— Mon Miroul, lui dis-je à l'oreille (pour ce que les chambrières, vaquant au ménage du logis, bourdonnaient autour de nous comme actives avettes) suis-moi. Tu ne me diras plus que je te fais cachottes : Tu vas découvrir en même temps que moi le présent du roi.

— Ha, Moussu! dit Miroul en pénétrant dans ma chambre dont je fermai l'huis sur nous, le beau coffret! Lequel, ajouta-t-il avec un petit rire et son doigt courant sur la poignée sculptée, est davantage accordé à la complexion de qui le reçoit, qu'à celle de qui le baille!

Je pris dans mon pourpoint la clef, laquelle était aussi de bronze doré, et fort bien ouvragée et ciselée, déverrouillai la serrure et rabattis en arrière le couvercle. Ha lecteur! Le barbaresque roi de Fès qui, dit-on, possède un trésor de vingt-cinq millions, ne fut pas plus heureux que moi quand je vis ces écus mis à tas en épaisse coite et brillant de tout le bel éclat de l'or contre la doublure de velours noir du coffre! Les mains quelque peu trémulentes et ayant peine à reprendre vent et haleine, je me mis incontinent à les compter, assisté de Miroul, lequel, tout bien fendu de gueule qu'il fût, s'accoisait, n'ayant jamais vu tant de clicailles ensemble depuis le jour où nous avions compté sa picorée de la Saint-Barthélemy. Mais là, il semblait que nous ne dussions jamais finir et la place nous manquant à la fin sur mon secrétaire, nous fîmes doubles et triples les tas, et encore que compter pécunes, quand elles sont à vous, n'excède jamais votre patience, j'étais à la fin quasi lassé de ce délicieux labour, et l'œil tout à plein ébloui par le brillement de l'or.

Mon éblouissement toutefois n'avait pas encore atteint son sommet. Au fond du coffret, je trouvai un petit sac de cuir noir, fermé par des lanières dorées et, l'ayant ouvert, j'y découvris trois diamants de la plus belle eau, l'un dépassant en taille celui que m'avait offert le duc d'Epernon pour prix de mes bonnes curations, et les deux autres, à ce qu'il me sembla, aussi gros que celui que je viens de dire, mon joaillier du pont aux Changes m'offrant mille cinq cents écus du premier, et mille de chacun des seconds. Et encore que le trésor de pécunes donné par le roi se montât à dix mille écus, somme que d'un seul coup je n'avais jamais possédée et qui me fit battre les tempes en ma liesse, le présent en pierres précieuses, quoique moins conséquent que le premier, ne dépassant pas une valeur de trois mille cinq cents écus, m'émut au dernier degré de l'émeuvement, pour ce que le roi, à qui j'avais dit que j'avais fait sertir en bague la cadeau d'Epernon (Angelina étant raffolée des bijoux) s'en était ramentu avec sa bénignité et délicatesse accoutumées, et me voulant étoffer, me faisait, de surcroît, le plaisir d'embellir les belles mains ou le beau cou de ma femme de ces scintillantes parures.

Le soir où je fis ce présent à mon Angelina, lequel, par son origine, comme pour sa valeur, se trouvait doublement royal, je pris Miroul à part en mon petit cabinet et je lui fis un complet récit de celles de mes aventures que je lui avais tues, ne lui celant que deux choses : mon rollet de Paris à Boulogne avec mon Alizon, lequel j'avais joué à cœur content, mais à conscience remordie, et mon rollet avec la Montpensier, celui-ci à corps malcontent, mais à conscience quiète.

Mon Miroul ouït mon récit, ses beaux yeux vairons fichés dans les miens, avec l'expression inquiète et tracasseuse d'une mère (combien que nous ayons le même âge) et quand j'eus fini, me remerciant de prime de la fiance que je lui avais montrée, il me dit :

— Ha, Moussu, que de périls vous avez courus et ce jour d'hui courez, car les Guise ne peuvent qu'ils ne vous soupçonnent encore, et n'attentent derechef de vous dépêcher, pour la raison qu'ils tâchent par la terreur d'écarter du roi ses plus fidèles serviteurs dont ils ne peuvent douter que vous soyez. Vous ne vivez donc que par répit et sursis, et devez vous garder jour et nuit. Le jour, contre arquebusade, querelles d'allemand, ou coup de dague dans une presse, la nuit contre assaut à votre logis donné, comme il s'en fait quotidiennement en Paris, sans jamais qu'intervienne le guet assis (et assis Dieu sait s'il l'est !) ni le guet royal, toujours au Diable de Vauvert chevauchant. Moussu, il vous faut fortifier ce logis et en faire un Mespech, afin d'en repousser à l'avantage ces surprises nocturnes.

— Mais, dis-je, Mérigot me garde, étant posté à la fenêtre de l'Aiguillerie.

— Mérigot, dit Miroul en secouant la tête, baillera l'alarme et délayera l'assaut un petit. Un homme seul avec une arquebuse ne peut faire davantage. Moussu, il vous faut hausser le mur de votre cour pour le mettre hors échelle, car de présent, la plus méchante chanlatte serait assez pour le franchir. Faites le haut de ce mur en encorbellement pour y pratiquer des mâchicoulis par où vous pourrez arquebuser les guillaumes qui vous voudraient placer pétard au pied de votre porte cochère. Remparez tous les vantaux des fenêtres qui donnent sur la rue. Doublez votre porte piétonne d'une herse et prévoyez vos retraites pour Mademoiselle Angelina, vous-même, vos enfants et tout le domestique.

— Mes retraites ! dis-je, béant.

— Ha, Moussu ! Nous l'avons bien vu, quand nous étions à la fuite lors de ces terribles jours de la Saint-Barthélemy ! La maison la plus forte n'est que souricière quand on n'en peut saillir par passage ou porte dérobés.

— Miroul ! dis-je en riant, ton imaginative a trop grande seigneurie sur toi ! Quelle porte dérobée veux-tu pratiquer céans, toutes nos ouvertures donnant sur la rue du Champ Fleuri ?

— Moussu ! dit Miroul en portant très haut la crête, je me suis toujours apensé que ce que vous tenez à plus grand défaut chez moi, à savoir que je muse, est ma plus rare qualité.

— Voyons cela !

— Ayant observé que nos voisins de dextre de la rue du Champ Fleuri n'avaient point de porte cochère sur notre rue, je m'avisai qu'ils devaient en avoir une sur leurs arrières, à savoir sur la rue du Chantre, laquelle est parallèle à celle-ci. Et un jour que vous m'envoyâtes faire en Paris, le « vas-y-dire », tâche fort en dessous de mon état, mais à laquelle j'ai la faiblesse de consentir, je pris sur moi d'aller muser en la rue du Chantre et vérifiai que la cour et écurie dudit voisin, comme bien je croyais, s'ouvrent dans ladite rue.

— Lequel voisin toutefois, dis-je, étant un fieffé ligueux, ne nous permettra assurément pas de fuir, dans les occasions, par sa maison et sa cour.

— Lequel voisin, pourtant, dit Miroul, se trouvant vieil et mal allant, n'aspire qu'à sa retraite champêtre et veut vendre de présent sa maison de ville.

— Ah! Miroul! dis-je, tu es mon œil et mon ouïe! Et quasi aussi précieux que l'un et l'autre! Comment as-tu appris ceci?

— Mais, Moussu, en musant!

M'ayant assené ce coup, Miroul s'accoisa, la paupière baissée, un demi-souris errant sur les lèvres et l'air modeste d'un homme qui voit son mérite à la parfin reconnu.

— Poursuis, Miroul, dis-je gravement, mais en mon for ébaudi assez de son astuce, encore qu'elle eût à mes dépens joué.

— Vous avez là une fort bonne usance, dit Miroul, de vos dix mille écus. Achetez en sous-main la maison du voisin. Mettez-y Giacomi, et par un maçon, non de Paris mais de vos villages, faites pratiquer une porte secrète entre les deux logis.

— Ha, Miroul! dis-je, c'est bien pensé! Tu m'es davantage un mentor qu'un secrétaire! Et je te sais un gré infini d'avoir l'œil tant ouvert que ta langue est pendue. D'ores en avant, je le gage et jure, tu pourras muser tout ton soûl : je n'y contrarierai plus. Et le seul tabustement que tu en auras viendra de ta Florine.

— Que c'est déjà bien assez de celui-là! dit Miroul.

Ce soir-là, nous eûmes à souper Quéribus et Catherine, et sachant que celle-ci, même à visiter ses proches, se mettrait en ses plus beaux atours, je quis mon Angelina de se bien parer, et de se mettre autour du col son pendentif de diamants, lequel fut fort admiré, et de Quéribus, et de Catherine, dont je vis bien, à l'œil parlant qu'elle jeta au baron, qu'il lui faudrait assez vite quelque petite personnelle compensation à ce splendide joyau.

— Le roi, dit Quéribus après que nous eûmes glouti, est libéral au-delà de tous les rois dont l'histoire a gardé le souvenir. Il ressent une quasi irrésistible impulsion à donner ce qu'il a, impulsion que d'aucuns tiennent à étrangeté, mais que je trouve, quant à ma personne, émerveillable et rare. Je me ramentois, quand j'étais avec lui en Pologne...

— Loin de moi, dit Catherine.

— Hélas! Loin de vous, ma mie! dit Quéribus, et fort désespéré de l'être, et ne sachant encore si le baron de Mespech me baillerait votre belle main!

— Monsieur, dit Catherine, vous dites toujours ce qui m'est plaisant à ouïr. Et quant à moi, croyant que les actes ne laissent pas que de venir à la queue des paroles, j'espère bien que je serai toujours la seule, et dans votre cœur, et sur votre coite.

— Madame mon épouse, dit Quéribus qui rougit quelque peu, me sembla-t-il, à cette réticente fiance, vous n'en pouvez assurément douter. Ce serait douter de ma foi! Mais je poursuis. Quand Henri fut couronné roi de Pologne, selon la coutume du lieu à Cracovie dedans l'église Saint-Stanislas, et tandis que se déroulaient les interminables rites et cérémonies, Henri, vêtu de ses lourdes robes d'apparat et attendant sur un trône d'être oint et de recevoir le sceptre et le globe, vit ses turbulents et magnifiques sujets placer devant lui de riches vases d'or emplis jusqu'à déborder d'écus frappés à son effigie — don du peuple polonais au roi qui leur venait de France. Lesquels vases envisageant, n'entendant pas un mot de ce qui se disait autour de lui en une langue de lui tout à plein déconnue, Henri, à ce qu'il nous dit plus tard, fut saisi, puis bientôt tenaillé, par un frénétique appétit de se lever et saisissant à pleines mains les écus, de les jeter à poignées à l'immense concours de nobles et de dignitaires qui se pressaient à son sacre. Mais, résistant à cette impulsion pour ce qu'il pensait qu'elle donnerait à ses sujets une mortelle offense, et serait réputée à scandale et folie, il fut à si grand'peine et labour à la réprimer et demeurer assis en l'immobilité qu'on attendait de lui, que maugré l'excessive froidure de l'église Saint-Stanislas en ce mois de février, il se mit à suer de la tête aux pieds, de grosses gouttes perlant continuellement à son front et coulant le long de ses joues. Tant est que ses gentilshommes, dont j'étais, et qui, encore que chaudement vêtus, grelottaient sur leurs bancs, crurent, à le voir pâle et tout en eau, que leur maître était pris d'un malaise et se sentirent immensément soulagés quand en la sacristie Henri, se retirant après les augustes rites pour changer sa chemise trempée, leur apprit, comme allant de soi, la cause et le motif de son émeuvement.

— Ha! dit Catherine, voilà qui est beau! La libéralité sied aux rois et quiconque est donnant, poursuivit-elle en jetant un coup d'œil à Quéribus, est en quelque mesure, un roi en son petit royaume, et se fait aimer de ses sujets.

A quoi je sourcillai quelque peu, trouvant trop de pointe et de pointe injuste à ce propos-là, Quéribus ne lésinant jamais à parer et orner son épouse. Mais hélas, ma petite sœur Catherine a trop de hautesse en sa complexion pour n'être pas dans les occasions, béquetante et griffue, et ayant, se peut, quelque récente raison de l'être, Quéribus étant un parfait miroir pour alouettes de cour, comme il me le dit lui-même, comme je le crus aussi.

Mon cher l'Etoile qui tenait de tout, et jusqu'au décès des octogénaires et des parisiennes pendaisons, un journal quasi quotidien, me prétend, sans le pouvoir prouver, quasi brouillé avec les dates, mais je crois bien pourtant que ce fut vers la mi-novembre de l'année 1586 que je fus approché sur le pont Saint-Michel par la dame d'atour de my Lady Stafford et par elle-même mené jusqu'à sa coche où, après que j'y fus entré, et que le valet eut rabattu sur la portière les tapisseries, la comtesse, que je voyais à peine en la pénombre, me dit en son mélodieux anglais :

— Monsieur le Chevalier, vous avez si bien et si fidèlement servi votre roi et ma reine dans l'affaire de la lettre de Navarre, que je voudrais, si je le puis, quelque peu servir à vos privées et personnelles affaires. Avez-vous ouï de Babington ?

— Peu et mal.

— Ce Babington, qui était un jeune fol, a conspiré avec six autres jeunes gentilshommes aussi fols que lui pour dépêcher la reine Elizabeth et délivrer de sa geôle Mary Stuart, cette évasion, devant coïncider avec l'invasion de l'Angleterre par Guise ou l'Espagnol. Babington, ses amis et trois jésuites qui tiraient les fils, ont été arrêtés, jugés et exécutés le 20 septembre. L'un des jésuites s'appelait Samarcas.

— Ha ! criai-je presque, et Larissa ?

— On l'a serrée en un couvent, y attendant d'être jugée, ayant été connivente, d'après Walsingham, aux brouilleries de Samarcas.

— Ha ! dis-je, point ne le crois ! Elle n'a pas toute sa tête et Samarcas était trop avisé pour la mettre à usance.

— Sauf comme d'un outil aveugle, dit my Lady Stafford, et pour Walsingham, aveugle ou non, c'est tout un. Walsingham tient du bull-dog. Quand il a croché ses dents dans la peau d'un conjuré, seule la reine sa maîtresse peut lui faire lâcher prise.

— Ha ! my Lady ! dis-je, ne pouvez-vous écrire à la reine Elizabeth ce qu'il en est ?

— Certes, je le pourrais, dit my Lady Stafford, me posant avec douceur la main sur mon avant-bras, mais c'est Walsingham qui reçoit mes dépêches, et il est si fanatiquement fidèle à sa maîtresse qu'il pourrait ne lui montrer point celle où je plaiderai la cause de Mlle de Montcalm, s'il a de son rollet dans l'affaire Babington un pensement contraire.

Je m'accoisai à ces paroles, mes tempes me battant et la sueur me coulant dans le dos de par le fait de mon inquiétude et de l'impuissance où j'étais à agir.

— Et si, dis-je, le nœud de la gorge me serrant, si je courais à Londres et quérais l'audience de la reine ?

— Vous devriez passer par Walsingham, lequel ayant enquêté sur vous et appris que vous étiez le beau-frère de Mlle de Montcalm, ne donnera pas suite.

Je me tus derechef, l'œil baissé, mâchellant ces amères et infinies déconvenues, voyant se dresser comme un mur devant moi, et derrière ce mur quasiment oyant les plaintes de la captive, laquelle risquait, soit de le demeurer pendant d'interminables années, soit de périr sur l'échafaud dans les supplices réservés aux traîtres, lesquels, d'après ce que j'ai ouï dire, si cruels que soient les nôtres, sont encore pis en Angleterre. Cependant, mes yeux s'accoutumant à la pénombre de la coche, je surpris, relevant la paupière, un regard de la dame d'atour à my Lady Stafford, lequel était si parlant et si connivent qu'il me donna à penser qu'on ne m'avait tant désespéré que pour m'amener par pente insensible à faire ce qu'on voulait. Ha, m'apensai-je, ces Anglaises avec leurs beaux yeux clairs et leurs voix musicales, sont plus profondes qu'il n'apparaît de prime. Je gage que my Lady Stafford, haute et belle dame qu'elle soit, est tout aussi politique et accointée des affaires de l'Etat que son mari l'ambassadeur, et que la dame d'atour, de son côtel, n'est pas que d'atours occupée. Je jurerais qu'il y a là quelque barguin à demi-mot qu'on veut passer avec moi, et qui doit servir mes affaires tout en servant celles de la reine d'Angleterre. C'est à voir ! m'apensai-je. Si cela ne doit point aller à l'encontre des intérêts de mon maître, mais le servir lui aussi en quelque guise, pourquoi non ?

— Madame, dis-je en tournant le col vers my Lady Stafford et en l'envisageant œil à œil, le sien étant pers et fort beau, conseillez-moi en ce prédicament. Je vous obéirai, sachant bien que, me connaissant, vous ne voudrez m'aviser au rebours du service du roi.

— Je n'y rêve assurément pas, dit my Lady Stafford, en s'exprimant cette fois en français, son accent ajoutant à son sourire un charme de plus. Ce serait chose fort contraire à mon estomac. Mais mon avis a quelque rapport avec votre roi, comme votre française finesse a su le discerner. Nous savons, Monsieur le Chevalier, que votre maître va dépêcher à notre reine un ambassadeur extraordinaire en la personne de M. Pomponne de Bellièvre, pour plaider la cause de Mary Stuart et tâcher de prévenir sa condamnation à mort. Peux-je quérir de vous ce que le roi pense de ce Pomponne ?

— My Lady, dis-je avec quelque froidure, vous quérez de moi des informations sur le gouvernement de ce royaume, lesquelles je ne peux en honneur vous donner, si peu que j'aime ce Pomponne-là.

— Monsieur, dit-elle en posant derechef sa main sur mon avant-bras, et en appuyant son épaule contre la mienne, son long col se penchant gracieusement sur son épaule pour m'envisager de plus près, Monsieur, votre point d'honneur est trop délicat. Vous vous piquez trop vite. Plaise à vous de me laisser reprendre mes cartes et de les jouer en tenant compte de votre sensitivité.

Je souris à ce joli mot qui me parut toutefois plus anglais que français, et je dis :

— Plaise à vous, my Lady.

— Monsieur, poursuivit-elle en son français flûté et chantant, je vais mettre mes cartes sur la table et les retourner. Monsieur, je crois que votre roi n'aime pas M. Pomponne de Bellièvre ; qu'il se gausse de sa balourde éloquence et l'appelle « le Pompeux Pomponne » ; qu'il le tient pour une créature de sa mère, et a peu fiance en lui, le croyant ligueux en son for. Monsieur, mes cartes sont-elles bonnes ?

— Autant que j'en puis connaître, oui.

— Je crois aussi, dit my Lady Stafford, que le roi ne peut qu'il n'envoie M. de Bellièvre à Londres, *primo :* pour ce que Mary Stuart fut sa belle-sœur. *Secundo :* pour ce que la Ligue crierait comme folle à ses chausses s'il ne le faisait pas. Mais que toutefois...

My Lady Stafford s'interrompit, me serra l'avant-bras avec force, et attachant sur moi ses yeux bleu-vert, reprit :

— Mais, que toutefois, si Mary Stuart venait à être

condamnée et exécutée, le roi de France ne prendrait aucune initiative d'aucune sorte pour la sauver.

Ha! m'apensai-je en baissant mes paupières et en laissant peser un long silence, voilà tout le suc de l'affaire et sa substance, en une seule phrase révélés. Elizabeth veut être assurée de la neutralité d'Henri, si Marie est condamnée. Or, lecteur, j'avais mille raisons de croire que le roi nourrissait fort peu de tendresse pour cette princesse — lorraine par sa mère, parente des Guise, papiste frénétique, idole de la Ligue, amie de ses pires ennemis — et qu'au demeurant le roi avait trop à faire sur le sol français avec Guise et Navarre, pour rien tenter outre-Manche. Mais je m'avisai aussi que j'avais quelque intérêt à ne pas livrer tout de gob ces informations, car elles touchaient justement au nœud du barguin que ces belles et dextres politiques voulaient conclure avec moi.

— My Lady, dis-je enfin, d'un ton fort circonspect, voilà une question qu'il faudrait que je quiers du roi pour être assuré de sa réponse.

— Eh bien, Monsieur le Chevalier, dit my Lady Stafford avec une sorte d'ébulliente gaîté dans la voix et dans le regard qui me donna à penser qu'elle était contente de notre entretien, faisons ensemble, s'il vous plaît, quelques suppositions. Supposons que le roi vous réponde dans le sens que nous voulons ; qu'il désire le faire savoir de bec à oreille à notre reine ; qu'il vous dépêche à cette fin à Londres dans la suite de M. de Bellièvre ; que la reine, après le prêche dudit ambassadeur, vous voie en secret et qu'elle tienne de votre bouche ces assurances que j'ai dites. Ne croyez-vous pas que vous serez en position de bien servir, et votre roi, et ma reine, et les privés intérêts que vous pouvez avoir en cette affaire ?

— My Lady, dis-je, cela fait beaucoup de « si ».

— Mais qui tous reposent sur le premier. Si donc, Monsieur, le roi vous envoie à Londres, cela voudra dire que le premier « si » ayant passé dans les faits, les autres ne pourront qu'ils ne viennent pas à sa queue ! Monsieur, avant que de départir pour Londres, mandez-le-moi, je vous prie, chez la maréchale de Joyeuse où, à dater de ce jour, j'irai m'ennuyer toutes les après-midi.

Quoi dit, elle me tendit sa main dégantée que je saisis sans la baiser, envisageant my Lady Stafford avec délices comme si mon esprit, étant de présent désalourdi de cette grave affaire, se trouvait libre assez pour admirer son émerveillable chevelure d'un roux vénitien, ses yeux pers tout ensemble impérieux et doux, ses traits ciselés, son teint d'un rose éblouissant et la fort jolie moue de ses lèvres dont mon œil ne se pouvait détacher.

— My Lady, dis-je à la parfin, peux-je dire, en tout respect et soumission à votre seigneurie, que ce n'est pas en cette guise qu'elle a donné congé à son humble serviteur la dernière fois qu'il eut l'honneur de se trouver à ses côtés en cette même coche ?

A quoi, my Lady Stafford ouvrit tout grands les yeux et parut osciller entre la colère et l'amusement, et si ce dernier l'emporta, ce fut, comme j'y comptais bien, pour ce qu'elle s'encontrait en Paris et que j'étais français.

— *O, you Frenchman !* s'écria-t-elle enfin en prenant le parti de rire ; *Jane !* poursuivit-elle en prenant sa dame d'atour à témoin de mon abyssale impudence, *Jane, have you heard ? The man is asking for à kiss ! How impertinent ! How mad ! How French* [1] !

— *My Lady*, dit Jane en souriant, *after all, the man is well-born. He's the son of a baron. And I have heard it say that his mother came from a very ancient family. And you know, her Majesty herself is very sweet to her servants, nicknames, pats and teases her ministers, and goes so far as to kiss old Walsingham, who, to my mind, is remarkably ugly* [2].

1. Ho Français que vous êtes ! Jane, avez-vous ouï ? L'homme me demande un baiser ! Combien impertinent ! Combien fol ! Combien français !
2. My Lady, après tout, l'homme est bien né. Son père est baron, et j'ai ouï dire que sa mère descend d'une très vieille famille. Et vous n'ignorez pas que Sa Majesté elle-même est très bonne avec ses serviteurs, qu'elle donne des surnoms à ses ministres, les caresse et les taquine et qu'elle va jusqu'à baiser le vieux Walsingham qui, à mon sens, est remarquablement laid.

Tout ceci fut dit devant moi comme si l'anglais avait été de moi tout à plein déconnu, la disputation durant dix grosses minutes entre la comtesse et sa dame, lesquelles pesèrent, à leurs fines balances, le pour et le contre, le contre n'étant pas la morale, mais l'étiquette ; et le pour, *primo* : le précédent du baiser que my Lady m'avait donné de soi lors de notre dernière encontre en sa coche. *Secundo* : l'ancienneté de ma famille maternelle. *Tertio* : les familiarités de la reine Elizabeth à l'égard de ses plus fidèles sujets. *Quarto* : le fait que le baiser serait donné hors le royaume d'Angleterre et en Paris, à un Français naturel.

A la parfin, le pour l'emporta, étant plaidé avec force par la dame d'atour et le contre faiblissant de minute en minute, tant est que ledit baiser me fut enfin baillé, et bien baillé, plus long, plus appuyé, plus ardent que je n'eusse attendu après ce long délai. Preuve que sa Ladyship ne faisait pas les choses mesurément, dès lors qu'elle s'y était décidée.

A peu que le roi ne me sautât au col lorsqu'il apprit, le lendemain, la moelle de cet entretien.

— Ah ! mon gentil Siorac ! s'écria-t-il, c'est la Providence qui te met toujours là où il faut que tu sois, tant j'étais tracasseux de ce qu'allait dire à ma cousine la reine Elizabeth ce pompeux Pomponne qui prend ses instructions davantage de ma mère que de moi, et qui penche à la Ligue comme le saule pleureur à l'eau d'un bassin boueux, étant sottard, vantard, bavard et pleurnichard comme cent mille commères... Ah, mon Siorac ! J'ois d'ici ses pieuses érudites éjaculations à Londres en faveur de Marie Stuart, laquelle je souffrais assez volontiers du temps qu'elle était l'épouse de mon pauvre François [1], mais que j'ai en particulière horreur depuis qu'elle épousa

1. Son aîné François II qui régna de 1559 à 1560 et mourut à seize ans.

le meurtrier de son second mari, après avoir été connivente à cette meurtrerie. Tête folle, au demeurant, qui osa écrire à Mendoza qu'elle léguait son royaume d'Ecosse et ses droits au royaume d'Angleterre à Philippe II! Havre de grâce! Peut-on imaginer plus abjecte traîtrise? Et faut-il que le zèle religieux l'ait aveuglée pour qu'elle acceptât de livrer le vaillant peuple anglais à l'Inquisiteur espagnol?

Ici Chicot ouvrit la bouche pour quelque gausserie de sa façon, mais levant sa belle main pour lui clore le bec, Henri qui était dans ses humeurs monologuantes, poursuivit:

— Quand tout est dit, Mary Stuart est une Guise, traître et rebelle à sa reine, comme Guise l'est à son roi. Siorac, pour peu que tu y consentes, je me propose de te dépêcher à Londres dans la suite du pompeux Pomponne. Tu seras son truchement en langue anglaise.

— Mais, Sire, dit Du Halde, vous avez commandé à Hébrard de l'être, et il est de présent occupé à faire ses bagues.

— Il les défera! dit le roi en riant. Pour ce qu'il va tout soudain tomber malade! Je le sens! Je le veux! Il ne saurait être sain et gaillard plus d'une heure! Du Halde, m'as-tu ouï? Et donne sur ma cassette deux cents écus à mon gentil Hébrard pour sa bonne curation. Qu'il garde la chambre! Qu'il ne mette pas le nez hors! Chicot, essuie la goutte qui te pend au tien! Siorac, à Londres, il ne te faudra avoir fiance aucune en mon ambassadeur. Sais-tu son nom?

— Sire, n'est-ce pas M. L'Aubépine de Châteauneuf?

— Lui-même. C'est un brouillon. C'est un ligueux. Il se démène comme diable dans bénitier pour Marie. Elizabeth m'en a fait ses plaintes par le Lord Stafford, lequel j'estime prou et auquel je me garderai de dire que tu mignonnes son épouse en sa coche, sulphurin Siorac! N'est-ce pas émerveillable, poursuivit-il, en changeant tout soudain de visage et de ton, que je ne puisse même pas exiler l'épineux L'Aubépine en ses terres sans que la Ligue aboie de toutes ses gueules contre moi et que Guise devienne menaçant! Havre de grâce! Le fourbe me tient quasiment à la gorge, et m'étrangle à demi!

Quoi disant, le roi passant de sa folle gaîté à sa plus colérique disposition, pâlit, sourcilla, son bel œil jetant des éclairs. Et serrant les poings, il se mit à marcher qui-cy qui-là dans la chambre, jetant de tous côtés des regards méfiants et suspicionneux.

— Du Halde! dit-il d'un ton bref, va porter ces écus à Hébrard et toi Chicot, va moucher ton nez en mon antichambre!

A quoi, assez piqués l'un et l'autre d'être bannis du Saint des Saints, mais plus chagrins encore de voir le roi retomber en ses noires humeurs, ils se retirèrent.

— Mon fils, dit Henri en me prenant par le bras, et m'entraînant à le suivre comme je l'avais vu faire avec le cardinal de Bourbon, mais cette fois sans gausser du tout, ce que j'ai à te confier n'est destiné qu'à ta seule oreille et à celle de ma cousine, la reine Elizabeth.

Ayant dit, le roi me donna ses instructions à voix fort basse (comme s'il eût craint que les tapisseries de sa chambre eussent des oreilles, lesquelles pourtant étaient chaque jour ôtées et les murs, pouce par pouce, visités). Et si d'aucunes choses qu'il me dit alors m'étonnèrent fort peu, pour ce que son monologue n'avait pas manqué de me les laisser deviner, sa finale recommandation — que, lecteur, tu voudras bien m'excuser de ne pas répéter ici, pour ce que je voudrais, pour ainsi dire, la réserver de prime à l'auguste oreille de la reine — cette recommandation, dis-je, me frappa de la plus béante stupeur, tant me parut inattendu et redoutable le secret qui m'était imparti et tant je restais songeard et rêveux de porter ce terrible poids sur mes fragiles épaules (dont la tête était si aisée à décoller), dans le très humble rang où la fortune m'avait placé, mais fort proche, quasi trop proche, à ce que je voyais, des puissants de ce monde.

Ha! certes, je n'ignorais pas que les rois ont fiance plus souvent en de modestes barbiers qu'en leurs nobles ambassadeurs, et qu'Henri, pour en revenir à lui, avait plus d'une fois usé du Révérend Docteur Médecin Marc Miron pour porter des messages qu'il n'eût confiés ni à la reine-mère, ni au pompeux Pomponne, ni à aucun de ses ministres. Mais je demeurais toutefois stupéfait, et comme tremblant, d'être celui qu'il eût choisi entre tous ses sujets (dont il est vrai que bien peu l'approchaient aussi commodément que moi) pour être l'outil de son projet le plus caché, lequel Guise, s'il l'eût pu connaître, eût qualifié de monstrueux, tant il venait au rebours de la politique que l'arrogant vassal avait cru imposer à son maître, mais que celui-ci ne professait que du bec tout en la haïssant en son for.

Cependant, quittant mon roi bien-aimé, et saillant hors le Louvre, je ne tardai pas à reprendre cœur, me disant que la guisarde politique se donnant comme propos l'impiteuse extermination de tous les huguenots — et déjà, d'aucuns des plus zélés ligueux ne craignaient pas d'écrire qu'on n'en avait pas tué assez lors de la Saint-Barthélemy —, je servais tout à la fois, et mon prince, et les miens, en aidant à contrecarrer ces projets sanguinaires, d'autant que j'ai, et toujours aurai, en grande et frémissante horreur toute persécution, et professe comme le roi lui-même, lequel a plus d'esprit et d'humanité à lui seul que tous les Guise ensemble, cet irréfragable axiome : *fides suadenda, non imperanda* [1].

Dès après la repue de midi, je courus chez la maréchale de Joyeuse, où après avoir ouï d'une stoïque oreille ses geignardes jérémiades sur l'excès de puissance, de richesse et de gloire dont le roi accablait ses fils (tous y passant : le duc ! Le comte ! Le cardinal !), je vis enfin apparaître le cheveu roux vénitien de my Lady Stafford, vers qui je tirai par degrés et insensiblement, l'œil aguignant les alentours pour ce que je m'apensais bien que quelque beau ligueux devait traîner dans cette presse. Mais celle-ci, par

1. La foi doit s'obtenir par la persuasion et non par la contrainte.

bonheur, se trouva si grande que je pus enfin, sans être aperçu, ou du moins à ce que je crois, remarqué, m'entretenir en aparté dans l'encoignure d'une fenêtre avec cette haute dame, laquelle me dit en anglais d'une voix si basse qu'à peine je parvins à l'ouïr.

— Vous êtes donc, Monsieur, sur votre département. Votre message est-il de nature à nous satisfaire ?

— Oui-da, et au-delà de vos espoirs...

A quoi je la vis rosir de teint et frémir de corps, comme si elle eût vu apparaître dans le salon quelque gentilhomme dont elle fût raffolée, tant les grandes affaires de sa reine avaient, se peut, déplacé et remplacé chez elle les amoureux émeuvements.

— Monsieur, dit-elle, vous qui avez l'œil aux joyaux, voyez-vous cette bague que je porte à l'annulaire de ma dextre ? La pouvez-vous décrire ?

— Oui-da. C'est une pierre d'onyx de forme ovale garnie en son centre d'un rubis cœur-de-pigeon flanqué de deux petites perles.

— Vous devrez, à Londres, obéir à la personne, homme ou femme, qui portera ce bijou.

— Je n'y faillirai pas. My Lady, poursuivis-je, peux-je quant à moi, m'attendre à être autant satisfait que vous l'êtes ?

— Je l'espère, dit-elle, une ombre voilant ses beaux yeux pers. Je n'en suis pas assurée. Walsingham est si dur.

Sur quoi, elle me tendit sa main que je baisai, déconfit assez en mon for, mais de ma mine fort souriant, comme je le fus avec cinq ou six belles et nobles dames avec qui j'allai faire successivement l'aimable et le galant, non certes que j'y eusse appétit, mais pour donner le change, et pour ainsi dire, noyer my Lady Stafford parmi les beautés que j'avais tour à tour caressées, comme si seul l'attrait de ses charmes m'avait conduit à elle.

A méditer sa dernière phrase, laquelle m'était tombée sur le cœur comme un caillou, je me persuadais que je devrais rogner quelque peu mon espoir de délivrer Larissa de sa geôle, et alors que j'avais balancé jusque-là si je devais ou non accointer Giacomi de l'affaire et l'emmener avec moi à Londres, je décidai de m'en abstenir, ne voulant pas l'exposer à la plus cruelle déconvenue, si je faillais. Je ne pris donc avec moi que le seul Miroul, lequel bouillait de vexation à me voir si secret, mais aussi d'une extrême impatience à passer l'eau et à voir la renommée cité de Londres où je ne doutais pas que ce grand museur serait à délices extrêmes de se trantoler.

Non que ledit passage fût aisé. Bien le rebours. Je n'avais vu de mer en mes vertes années en Montpellier que la Méditerranée et celle-ci en été, sous son visage le plus riant et le plus lisse, tant est que celle qui nous divise et sépare de l'Angleterre me parut excessivement grise, venteuse et tempéteuse par cette journée de novembre quand nous embarquâmes à Calais à la pique du jour, cinglés par une pluie glaciale, dans un tohu-vabohu de vagues à vous faire raquer vos tripes, et une brise si aigre qu'elle nous fendit deux voiles en deux, si bien que nous dûmes, après une heure de route, regagner le port, dont nous ne saillîmes que le lendemain, la bise s'étant quelque peu assouagée, mais soufflant par la male heure au contraire de notre course. On se trouva donc contraint, comme se dit en langage marin, à « tirer des bords », ce qui fait qu'il ne nous fallut pas moins de cinq heures pour gagner Douvres — qui pourtant, par route terrestre, serait si proche et tant plus commode pour les estomacs, lesquels souffrirent si âprement en ces occasions que Bellièvre, envisageant au débarquement le piteux état des gentilshommes de sa suite, leurs chevaux fort éprouvés aussi, et lui-même surpris de se voir jaune comme coing dans le petit miroir qu'il portait sur soi (étant quasi amoureux de sa majestueuse apparence) décida un repos de deux jours au port avant de s'engager sur le grand chemin de Douvres à Londres.

L'épineux L'Aubépine (comme dit le roi, lequel était tant raffolé des allitérations qu'il n'en faillait pas une) me parut moins épineux qu'estéquit et infirme en ses jugements, quand il reçut Bellièvre et sa suite en le grand salon de l'ambassade, étant de ces Français sottards qui, en terre étrangère, se paonnent continuellement de la France et de Paris, déprisant immensément le pays où ils vivent, et parlant mal sa langue, ou du moins la prononçant mal, comme je vis bien à deux ou trois mots anglais qui lui échappèrent.

A l'ouïr, nous ne pouvions encontrer à Londres que déconvenues et déceptions. La ville était fort petite, ne s'étendant que sur la rive nord de la Tamise et pas la moitié autant grande, peuplée et variée que Paris, ni les boutiques si riches, ni les repues si savoureuses, ni le climat si sain, ni les personnes du sexe si belles, ni les mœurs si accommodantes. Les jeux de paume étaient peu nombreux, les joueurs médiocres, et les esteufs (sauf ceux importés de France) mal rebondissants. Les Anglais se divertissaient tristement au jeu de boule, au tir à l'arc, au combat de coqs et à lancer des chiens contre un ours. Gardez-vous surtout, nous dit L'Aubépine, de mettre un pied dans le théâtre de Burbage à Shoreditch ou celui de son fils aux Blackfriars. Outre que les drames qu'on y joue le sont en anglais, et d'une insufférable puérilité, ces théâtres sont des serres chaudes où se propagent la peste, la prostitution et la bougrerie, les rollets de femmes dans ces grotesques tragédies étant assumés par des drôles.

— Fuyez comme peste Southwark, ajouta-t-il, qui est un faubourg de l'autre côté de Londres, où fleurissent les bordaux et abondent des garces où je ne voudrais pas mettre le bout de ma canne. Et, pour l'amour du ciel, ne fourrez non plus le nez dans les tavernes de la Cité, pour ce qu'on vous y cherchera querelle, étant français, et tenus en grande détestation par le menu peuple, pour ce que nous sommes de la Sainte Religion Catholique et qu'on nous soupçonne d'être partie connivente aux conspirations contre la reine. Dans les chambres et logis où vous irez, car je ne peux recevoir céans, faute de place, que M. de Bellièvre, ayez l'œil à votre bourse et n'allez vous frotter aux chambrières : Elles vous plumeraient comme coquelets. Et enfin, attentez de vous payer tous ensemble, ou du moins par bandes ès auberges, afin que vous puissiez vous entreprêter la main, si tel ou tel était attaqué.

Je n'eus garde de suivre ce dernier conseil, ayant appétit à Londres à vivre parmi les Anglais et non point parmi les Français de Paris que tant bien je connaissais pour les encontrer tous les jours à la Cour. Et m'avisant aussi qu'il serait plus aisé au messager secret de la reine de me quérir directement en un logis si j'y étais seul de ma nation qu'environné de mes compatriotes, je me donnai congé de m'en départir à l'anglaise — ce qu'on appelle ici *« take French leave »*, chaque peuple étant accoutumé à attribuer à son voisin ce qu'il trouve mauvais dans les mœurs, la morale ou même les intempéries, comme on voit bien pour la syphilis, que les Italiens du Nord nomment *« le mal de Naples »* les Français, le *« mal italien »*, et les Anglais *« le mal français »*.

Je pris donc *« French leave »* sous le prétexte d'une malencontreuse torsion de boyaux qui me travaillait, et enfourchant ma monture, suivi de Miroul et du cheval de bât, je laissai derrière moi l'ambassade de France, laquelle était sise non loin du palais de Whitehall, la plus magnifique des demeures de la reine, et jugeant que je ne trouverais point à me loger en ce fastueux quartier où ne se dressaient que riches demeures en bordure de Tamise (lesquelles n'avaient rien à envier aux plus beaux hôtels de la rue Saint-Honoré en Paris), je quis mon chemin pour la Cité d'un galapian qui me fit l'effet d'être un apprenti et qui, au lieu de me renseigner, me demanda de quel pays j'étais, et sur ma réponse que j'étais français, me jeta un regard terrifié et à toutes gambes s'ensauva. Je faillis tout autant avec une porteuse de lait qui, à être interpellée par moi, rougit comme pivoine et, sans mot piper, me tourna la froidureuse épaule.

— Ventre Saint-Antoine, Miroul! dis-je, L'Aubépine dirait-il vrai? Les mignotes sont glaçons en ce pays!

— Ha Moussu! dit Miroul en riant, espérez un petit! Il n'est glaçon que main et bouche ne réchauffent et n'arrivent à fondre. Mais, attentez ce barbon que voilà. Je lui trouve bon visage.

— *Sir*, dis-je au guillaume en bridant ma monture, je suis flamand. J'adviens ce jour des Pays-Bas et je cherche à me loger en la Cité.

Le guillaume s'arrêta, et la mine tant austère et sérieuse que si j'avais quis de lui un secret d'Etat, m'envisagea en silence de la tête aux pieds, puis ma monture, puis Miroul, puis sa monture, puis le cheval de bât. Quoi fait, il resta coi, et j'allais de guerre lasse donner de l'éperon à mon cheval, quand il dit:

— *Sir*, j'entends que si vous êtes flamand, vous ne sauriez aimer Philippe II.

— Je ne l'aime pas.

— Ni le pape?

— Je ne l'aime pas non plus.

— En ce cas, *Sir*, descendez à *Pope's Head Tavern* à Cornhill.

— *Sir*, où est Cornhill?

— Suivez le Strand, puis Fleet Street. Continuez à l'Est derrière Saint-Paul. Traversez Cheapside. Cornhill est là.

— *Sir*, dis-je en me découvrant, je vous remercie et vous salue.

— *Sir*, dit-il avec gravité en se découvrant, que Dieu vous aide et vous protège!

— Moussu, dit Miroul en se venant mettre au botte à botte avec moi, j'aime assez ce gautier. Il me ramentoit votre oncle Sauveterre.

— Oui-da! Et Sauveterre aurait certes aimé loger au *Pope's Head Tavern*.

— Moussu, qu'est cela?

— La Taverne à la Tête du Pape.

— Quoi? La tête! La tête seule! l'ont-ils céans en pensée décollée?

— Je le crois.

Et j'avais quelque raison de le croire, sachant bien que l'Eglise anglicane et la reine n'avaient pas plus farouche ennemi que Sixte Quint, lequel plus âprement que son prédécesseur, relançait contre eux les jésuites, Guise et Philippe II, et même, à ce que j'avais ouï, bénissait, en l'appelant « *ma fille* », l'immense flotte que Sa Majesté très catholique mettait en chantier pour envahir l'Angleterre.

A Cornhill où nous fûmes après une grosse demi-heure, la première chose que je vis fut l'enseigne de la taverne (qu'assurément je ne donne pas comme un modèle de goût), laquelle figurait un page grimaçant, boutonneux et quasi belzébuthéen, sous la tiare duquel s'échappaient deux cornes diaboliques et des cheveux en forme de serpent. Mais comme l'auberge avait bonne apparence, étant construite en bois et en pierres de brique, je démontai et jetant ma bride à Miroul, j'y pénétrai, la salle commune me paraissant fort propre, et à cette heure déserte. L'alberguier, lequel eût pu passer pour un Français d'oc, tant il était brun de poil et de peau, quit de moi d'un ton assez abrupt ce que j'avais à faire chez lui, pour ce que je savais bien qu'il ne servait le pain et le vin qu'à partir de onze heures.

— Mon ami, dis-je, nous loger. Moi-même, mon secrétaire et mes trois chevaux.

— *Sir*, dit-il, qui êtes-vous ?

— Je suis gentilhomme français, dis-je ayant pris le parti de dire la vérité à un alberguier qui, à ce que je supposais, devait être lui-même tenu de la dire à la prévôté de sa ville.

— Papiste ?

— Mon ami, dis-je avec un sourire, voudrais-je loger céans, si je l'étais ?

— Papiste ? répéta l'alberguier sans me rendre le moindrement mon souris.

— Non, dis-je, comme gagné par sa brièveté.

— Avez-vous la peste ?

— Non.

— Nous l'allons voir, dit-il. *Sir*, entrez céans, poursuivit-il, en me précédant, mais d'assez loin et sans me toucher du tout, dans une petite pièce où brûlait, Dieu merci, un grand feu, la matinée étant brumeuse et crachinante.

Sur quoi, refermant l'huis sur moi, il me laissa. J'avais la fesse fort lasse de ma longue chevauchée, et sans m'asseoir, m'allai chauffer la botte à la flamme, ma faim et ma soif croissant dans la certitude où j'étais maintenant que je n'aurais ni pain ni vin avant onze heures.

L'huis, à la parfin, s'ouvrit, et entra une chambrière jeune et accorte, tant blonde que l'alberguier était brun, mais en sa manière tout aussi brève, abrupte et froidureuse.

— *Sir*, dit-elle en s'accotant à la porte, *please, undress* [1].

— Quoi? dis-je, devant vous?

— *Please, undress!* dit-elle, sans battre un cil.

Voilà qui me prenait très à rebours de mon estomac. Mais j'aspirais si fort au dormir et au gloutir que j'y consentis à la parfin, mi-ébaudi, mi-vergogné d'être traité comme un pesteux et de me mettre en vêture d'Adam devant une femme, laquelle, d'ailleurs, sans rougir le moindre, m'examina fort curieusement et de fort près en tous les coins et recoins, m'ordonnant de me tourner, de me baisser, d'écarter les jambes, de lever les bras, que sais-je encore. Après quoi, tout autant taciturne, elle me dit de me rhabiller, et départit, sans doute pour aviser son maître qu'elle n'avait encontré chez moi ni bubon, ni charbon, car l'alberguier de présent apparut avec une écritoire et un gros livre, sur lequel il me pria, à peine plus civilement, d'écrire mon nom, mon état, ma religion, mon logis en Paris et le propos de ma visite en Angleterre: précautions auxquelles les entendant bien, je ne trouvais rien à redire, bien le rebours! Plût au ciel que nous eussions en Paris un Walsingham et une prévôté tant rigoureuse que celle-ci! On y ferait moins de brouilleries au roi!

Mon Miroul, ayant de son côtel été examiné par la

1. Plaise à vous de vous dévêtir.

même accorte et accoisée mignote, et trouvé comme moi sain et gaillard, reçut congé d'aller panser nos chevaux à l'écurie. Après quoi, il me vint joindre, sa chambre étant à la mienne attenante, pour défaire mes bagues à quoi je donnais la main, et tant lassés et affamés tous deux que nous ne pipâmes pas mot, sauf pour demander pain et vin à la chambrière, requête qui fut rebutée roidement par un « à onze heures » aussi sec que le croûton auquel nous avions appétit.

Le coup de onze heures sonnant enfin, j'appelai derechef la blondette chambrière et lui requis de m'apporter vin et pain, à quoi me rebuffant une deuxième fois, sans même lever l'œil sur moi, elle me dit par-dessus l'épaule : « Dans la salle commune ».

Nous fûmes fort surpris, en y descendant, de la trouver pleine de guillaumes attablés, lesquels buvaient leurs pichets de vin en fumant leurs pipes de tabac dont la fumée, encore que d'aucuns médecins en France en vantent les médicinales propriétés, me parut surtout propre à engendrer la toux et à enflammer l'œil. Il nous fallut traverser toute la brumeuse salle pour trouver une table, traversée qui ne fut pas commode, tous les yeux se fichant sur nous d'un air suspicionneux.

La chambrière fut un fort long temps avant que de consentir à nous venir servir, et encore que je lui eusse deux fois déjà dans la matine réclamé pain et vin, elle me demanda ce que je voulais. Le lui ayant répété, elle me dit qu'il me fallait payer d'avance (ce que je voyais bien qu'elle n'avait fait pour aucun autre) et comme je lui tendais un écu, y jetant le coup d'œil le plus bref, elle me le rendit comme s'il lui brûlait les doigts me disant à voix haute qu'il était français et qu'elle ne le pouvait accepter.

Au mot de « français » je sentis dans la salle comme une commotion, tous les yeux se fichant sur nous en frémissant comme flèches dans une cible. Je me sentis fort mal à l'aise d'être l'objet de tant de malveillance et au surplus quasiment en danger de périr de faim avec trois cents écus en mon escarcelle.

Mais m'étant au bout d'un moment réfléchi qu'une grande cité marchande comme Londres devait avoir des changeurs et me ramentevant soudain d'en avoir vu un sur le chemin, dont la boutique était accotée à Saint-Paul, j'y envoyai Miroul avec cinq écus que je tirais de mon escarcelle, me sentant, dès qu'il eut sailli, au regret de m'être privé de sa compagnie et de son secours, tant les regards dont j'étais de toutes parts accablé me paraissaient à chaque minute plus menaçants.

Il n'y avait en cette assemblée d'hommes — lesquels me parurent plus proprement vêtus que ne l'est la commune en France — que deux garces, et celles-ci, à toute évidence des ribaudes, fort pimplochées de rouge et de céruse, le tétin à demi hors, lesquelles me parurent bien les seules à ne pas m'envisager meurtrièrement. L'une d'elles, soit qu'elle se trouvât attirée par l'or que j'avais puisé de mon escarcelle, soit que l'œil que j'avais sur elle jeté, en mon prédicament, ne fût point inamical, se leva et se dirigea à mon encontre. Attentement où elle faillit, pour ce qu'elle trouva tout de gob sur sa route, entre les tables, des jambes roidement tendues, sur lesquelles ayant toqué, elle trébucha deux ou trois fois, et entendant enfin la raison de ces obstacles, elle fit la moue, haussa l'épaule et rebroussa chemin.

Mon Miroul, revenant avec de saines pécunes anglaises, lesquelles n'étaient ni pesteuses ni catholiques, la chambrière à nous retourna et me dit sèchement :

— C'est un penny la pinte de vin.

— En voici deux. Et le pain ?

— Le pain, dit-elle, est donné de surcroît.

Voilà coutume, m'apensai-je qui n'est pas chicheface et que nos Parisiens devraient bien imiter. Et me mettant tout de gob à boire et à gloutir, sans laisser goutte ni miette, je ne laissais pas que d'oublier, ce faisant, la détestation muette dont nous étions l'objet. Mais celle-ci ne délaya pas longtemps à se faire connaître de nous, car la fumée s'épaississant dans la taverne, et me faisant tousser, mon voisin le plus proche se tourna vers moi et me dit avec la politesse la plus provocante :

— *Sir, do you object to my pipe* [1] ?

A quoi, m'étant tourné vers lui et l'ayant envisagé sans sourciller le moindre, je lui dis sur le ton le plus quiet :

— *Indeed, Sir, I do not* [2].

Et encore que le silence, après cet échange, tombât, je ne doutais plus que cette taverne était pour devenir une sorte d'arène où les ours français se verraient assaillir et mordre par une meute de dogues anglais.

— *Sir*, dit un autre guillaume en se levant, son pichet à la main, plaise à vous de me pléger : je bois à la santé de Notre Gracieuse reine.

— *Sir*, dis-je en me levant tout de gob, imité par Miroul et me découvrant, je bois de tout cœur à la santé de Votre Gracieuse reine.

A quoi, quelque peu déconcerté, le guillaume se rassit, se gardant toutefois, à ce que j'observai, de tremper les lèvres en son pichet. Mais les regards à l'alentour prirent le relais des paroles, et ceux-là étaient si haineux et si furieux que je m'apensai que nous en serions déjà aux mains, si ces bons Anglais n'avaient pas été si formalistes dans le façonnement de leur querelle, tout leur effort visant à me mettre dans mon tort, sans y tomber à leur tour.

— Se peut, dit à la fin un autre gautier, que vous soyez sincère, *Sir*, à pléger Sa Gracieuse Majesté.

— Je le suis, *Sir*.

— Se peut que non, *Sir*.

— Je le suis, *Sir*.

— *Sir*, m'appelez-vous menteur ?

— No, *Sir*.

— *Sir*, reprit-il, je dis et déclare que vous n'êtes pas sincère à pléger Sa Gracieuse Majesté, que Dieu la garde.

— Dieu la garde ! murmurèrent en écho tous ceux

1. Monsieur, avez-vous une objection à ma pipe ?
2. A la vérité non, Monsieur.

qui étaient là, tout soudain aussi graves et recueillis que s'ils eussent été à chapelle.

— *Sir*, dis-je, il ne suffit pas de dire; il faut prouver.

Là-dessus, un silence tomba derechef, les assaillants paraissant à court de munitions dans la bataille des mots, sinon à court de haine et de détermination.

— Chambrière, dis-je, mettant à profit ce répit que je prévoyais fort bref, veux-tu m'appeler l'alberguier?

— Je ne le peux, dit la garce dont l'œil fiché dans le mien était quasi assassin, il est sorti.

— *Wench* [1], dis-je, en son absence, tu me seras témoin de ce qui se dit et se fait céans.

— *No, Sir*, dit-elle roidement. Je suis céans pour servir vin et pain, et non pour ouïr et voir ce qui se passe entre chalands.

A quoi il y eut dans l'assistance quelques rires tant méchants qu'entendus, lesquels, joints à l'absence de l'alberguier, me donnèrent à penser que celui-ci se lavait les mains du *bearbaiting* [2], son absence le faisant blanc comme neige. Et je gage que Miroul l'entendit bien ainsi, pour ce que me faisant face jusque-là et le dos tourné à la meute, il se leva et prenant son escabelle à la main, vint se mettre à mon côtel derrière la table, laquelle étant sise dans un coin de la pièce, nous devint une façon de rempart entre les dogues et nous.

Ceux-ci étaient fort grondants et menaçants, mais, me sembla-t-il aussi, fort tenus en laisse par le désir de ne pas enfreindre la loi : en quoi ils étaient fort dissemblables à la populace parisienne qui est de sa complexion si rebelle et maillotinière qu'il n'y a règle, humaine ou divine, qui la puisse retenir en ses désordonnées humeurs. J'observais cependant non sans quelque malaise que la chambrière, penchée sur un quidam à face renardière, lui parlait longuement à l'oreille, nous jetant quand et quand des regards enflammés, et quand après cette confesse le quidam

1. Garce.
2. Combat de l'ours et des dogues.

se leva, je sentis que nous devions nous attendre au pire.

— *Sir*, dit-il en s'exprimant en bon anglais, j'entends que vous êtes de la suite de l'ambassadeur français qui vient quérir de la reine la grâce de Mary Stuart.

A ce nom exécré, il y eut des cris de rage dans l'assistance, lesquels furent suivis d'un torrent de paroles si sales et si fâcheuses que je ne veux les répéter ici pour ne point offenser mes lectrices.

— *Sir*, dis-je en me levant, c'est l'affaire de l'ambassadeur de quérir cette grâce et non la mienne. Je suis son médecin et son truchement.

— Cependant, *Sir*, dit le renardier quidam, vous ne pouvez, étant de sa suite, que vous ne désiriez cette grâce!

— *Sir*, dis-je, tous les Français ne sont pas là-dessus de la même opinion. D'aucuns pensent, comme moi, que Mary Stuart s'est beaucoup compromise dans l'assassinement de Darnley, et dans les attentements contre la vie de Sa Gracieuse Majesté.

— *Sir*, dit-il, comment un papiste peut-il penser ainsi?

Et là, comme la suite bien le montra, le renardier coquin me tendait un piège dans lequel je ne laissais pas de tomber.

— *Sir*, dis-je. Je ne suis pas papiste. Je suis huguenot.

Le renardier gautier sourit à ces paroles et promenant son œil sur l'assistance parut se lécher à l'avance les babines de ce qu'il allait dire.

— C'est en effet, dit-il, ce que vous avez inscrit sur le registre de l'auberge. Vous êtes donc huguenot, *Sir*, si je vous entends bien.

— Je le suis...

— *Sir*, dit-il après avoir ménagé un silence, vous mentez.

— *Sir*, m'écriai-je en ma colère, laquelle cependant j'aquiétai tout de gob, Miroul me posant la main sur le bras, qui vous permet de l'affirmer?

— *Sir*, dit-il, j'affirme que vous êtes un loup papiste déguisé en agneau huguenot, et je le prouve. *Wench!* poursuivit-il en s'adressant à la chambrière d'une voix forte, dis-nous ce que tu as vu au cou de ce damné français, quand il s'est dévêtu pour ton inspection?

— Une médaille de Marie! cria la chambrière, ses traits charmants tordus en son courroux, et les deux mains levées au ciel comme revivant l'horreur que la vue de cette idole lui avait inspirée.

Ayant dit, elle s'empara d'un pichet vide sur une table et, le brandissant, elle me le jeta à la face.

Je me baissai.

— Moussu, nos escabelles! dit Miroul, saisissant la sienne de dessous ses fesses et la tenant devant soi.

Je l'imitai, tandis que les pichets, lancés de toutes parts, volaient autour de nous et frappaient la table, les escabelles et le mur derrière nous.

— Moussu, dit Miroul, dans un instant il va falloir en découdre.

La vacarme était assourdissante, tant des pichets d'étain que des cris et injures, lesquels jaillissaient continuellement des gorges où les mots « traîtres », « espions » et même « régicides » étaient les plus doux. Je vis que Miroul se baissait, s'assurant de ses cotels dans ses chausses et moi-même faisant jouer derrière mon dos ma dague à l'italienne, murmurai un « Notre Père » dans la certitude où j'étais maintenant que la meute, rompant ses invisibles laisses, allait d'un instant à l'autre se déchaîner contre nous. Fort étrangement, alors même que je ne doutais point de ma mort, je n'en éprouvais aucune appréhension, ne ressentant qu'une sorte de sourd étonnement que ma médaille, laquelle m'avait sauvé la vie lors de la Saint-Barthélemy, eût été céans la cause de ma perte.

Tout soudain la noise cessa, tant des pichets que des cris, et moi, béant du soudain silence et croyant qu'il annonçait la curée, je risquai un œil au-dessus de mon escabelle, et vis debout au milieu de la taverne, et paraissant commander le silence, un quidam de taille élevée et dont le cheveu flambait d'un rouge ardent dans l'épaisse brume du tabac. Ce guillaume était moulé dans un pourpoint de velours noir et des chausses bouffantes avec des crevés jaunes, lesquelles chausses étaient fort courtes à la mode anglaise, dégageant le haut des cuisses que gainaient des bas noirs. Il avait sur les épaules, endossé mais non boutonné, un manteau jaune sans manches, qui se trouvait long assez pour escarmoucher ses talons, alors que nos capes, comme on sait, s'arrêtent en France à la taille. Ce gentleman — car je le jugeai tel non point tant par sa vêture que par un certain air de hautesse (encore qu'il sourît, mais d'un seul côté de la bouche et non sans irrision) — n'avait ni dague ni épée et ne portait à la main qu'une canne à manche et embout d'argent, avec laquelle, se mettant soudain en branle, il se mit à donner des petits coups sur les tables des chalands, lesquels se pétrifiaient tandis qu'il passait parmi eux, les envisageant œil à œil, et les nommant par leur nom avec ce même menaçant sourire. Ainsi cheminant, ponctuant son chemin de petits coups de canne et semant derrière lui la consternation, il parvint jusqu'au coin où nous étions, nous salua fort civilement et nous pria de nous rasseoir, nous assurant que nous ne serions pas molestés plus outre.

Après quoi, faisant face aux chalands, toujours avec ce même sourire qui paraissait glacer ceux à qui il s'adressait, il se mit à se bailler dans le creux de la main senestre de petits coups de sa canne, et dit sur un ton périlleusement doux et poli :

— Mes maîtres, présumez-vous de me faire des tumultes ? Des riottes ? De chatouiller derrière mon dos la crête du coq français ? De *bearbait* des visiteurs de France ? De lancer des pichets à leur tête ? De sortir les cotels ? (John Hopkins, dit-il à l'homme à face renardière, ramasse celui que tu as laissé tomber sous ton escabelle à mon entrée céans.) Voulez-vous prendre en vos doctes mains la justice de la reine — Que Dieu la garde ! — (Que Dieu la garde ! reprirent pieusement les chalands.) Mes maîtres, allez-vous savoir *mieux que moi* (il haussa tout d'un coup la voix sur ces trois mots) qui est un ami de la reine et qui est son ennemi? Qui est papiste et qui ne l'est pas? Qui complote et qui ne complote pas? Etes-vous prévôts? Etes-vous juges? Etes-vous bourreaux? *Qui* est la loi en ce pays? (Il prononça le mot loi avec une emphase quasi religieuse.) John Hopkins, qu'as-tu à dire pour ta défense avant que je t'envoie épouser la geôle?

— *Sir*, dit Hopkins en se levant, tout le mal vient de ce que l'*innkeeper* n'était point là...

— Je ne pouvais l'être, dit l'alberguier qui se tenait debout adossé à l'huis de la salle, et s'avança quand il fut par Hopkins incriminé. Comme la loi le commande, je faisais mon rapport à Mister Mundane.

A ce nom, Miroul et moi, béants, entréchangeâmes des regards.

— Mais, poursuivit Hopkins, le mal vient aussi de Jane, laquelle m'a aiguillonné en me révélant que le Français qui se disait huguenot portait une médaille de Marie autour du col!

— *Wench*, dit sévèrement le gentleman à la canne, tu jases trop. *Innkeeper*, poursuivit-il en s'adressant à l'alberguier, ta chambrière a la langue trop émoulue pour la tranquillité publique.

— Elle n'est plus ma chambrière, dit l'alberguier quelque peu à cœur mal content à ce qu'il me sembla. Puisque sa langue crée des tumultes, Jane sera désoccupée demain.

— *Sir! Sir!* dis-je alors, je prie instamment qu'il n'y ait pas de suite à cette affaire, ni pour Jane, ni pour Hopkins. Ni l'un ni l'autre ne pouvaient savoir que si je porte une médaille de Marie, c'est parce que ma mère, qui était papiste, m'en fit faire le serment à sa mort, serment qui me tient captif. *Sir*, encore une fois je prie que personne ne soit puni. Jane, ramasse tes pichets, lesquels combien qu'ils soient quelque peu cabossés, peuvent encore contenir une pinte de bon vin de France, lequel tu vas bailler à tous et un chacun, à mes dépens et débours, à charge de boire avec moi à la santé de Sa Gracieuse Majesté.

— Bien dit et bien fait, *Sir*! dit le gentleman à la canne, lequel, m'ayant fait un profond salut, s'en alla d'un pas si rapide et fut hors si vite, que je n'eus pas le loisir de lui poser la question qui me gonflait les joues.

Telle est l'autorité de la loi en ce pays (et de ceux qui la représentent, Mister Mundane étant manifestement de ceux-là) que ces gens qui se proposaient de me mettre en pièces me portèrent aux nues, dès qu'on leur eut assuré que je n'étais pas l'ennemi de leur reine, et moins encore de leur foi.

C'est assurément une grande force dans une nation que cette prompte soumission à l'autorité légitime, laquelle me donna à penser que si les armées de Philippe II envahissaient l'île, elles ne sauraient aisément venir à bout de la résistance de ces Anglais si fortement serrés et rassemblés autour de leur reine. D'autant qu'ils ne restent pas à s'apparesser, les deux pieds dans le même sac, comme j'eus l'occasion de m'en apercevoir, mais s'affairent et se remuent à leur défense, ayant remplacé à Londres même les tirs à l'arc de Tassel Close à Bishopgate par des tirs d'artillerie contre des buttes de terre à cet effet ménagées. Tirs à quoi j'ai vu quotidiennement de mes yeux s'exercer les canonniers de la Tour de Londres : Etrange spectacle que ces canons dont on fait feu en pleine ville, et, à ce que j'ai observé, avec une adresse à laquelle n'atteignent pas nos soldats de France, ni, je gage, ceux de l'Espagne. Noise et vacarme qui nous ramentevaient tous les jours que l'Angleterre se savait d'ores en avant en grand péril d'être assiégée en son île par les ennemis de sa liberté et de sa religion.

Les coupes bues, à peine fus-je retourné en ma chambre que Jane, ayant toqué à mon huis, me vint adresser d'un air austère et contrit ses excuses, ou comme elle dit, ses plus humbles « apologies » pour avoir de moi si grièvement médit que de m'appeler papiste et qui pis est, menteur, et en outre, poursuivit-elle, de me faire « dix mille millions de mercis » (phrase dont je sus plus tard qu'elle était coutumière sur les lèvres de la reine Elizabeth et partant répétée par toutes ses sujettes) pour lui avoir conservé sa place à *Pope's Head Tavern*, dont la perte l'eût à famine réduite, étant sans famille aucune. Je présumai de lui quérir un baiser pour prix de nos réconciliations, lequel elle me donna fort gravement et j'oserais même dire, religieusement, mettant un grand sérieux à tout, et même à cette mignonnerie.

A son départir, ces périls et traverses en la salle commune ayant accru ma lassitude, je me jetai sur mon lit et m'endormis sans même verrouiller mon huis, pesant comme souche sur ma coite de tous mes membres épars, et l'esprit bientôt agité de songes calamiteux qui firent que je fus fort soulagé, clignant les yeux, de me réveiller sain, entier et gaillard, et d'apercevoir de prime une chandelle brûler sur la table que j'étais bien sûr de n'avoir pas allumée, et en second lieu — ce qui acheva de me désommeiller tout à plein — une inconnue enrobée d'une magnifique attifure, assise familièrement à mon chevet, laquelle me voyant ouvrir les paupières, ôta son masque, me sourit et sans piper mot me présenta sa main, laquelle, tandis que je la baisais, elle pressa à mes lèvres, les meurtrissant quelque peu avec sa bague — laquelle je reconnus.

— Monsieur, dit-elle, je m'ensauve, n'ayant que trois mots vous dire. Nous sommes ce jour le 22 novembre. Le 28, dans l'après-midi, ma maîtresse recevra M. de Bellièvre. Et le 28 au soir, à la nuitée, je viendrai vous quérir céans pour l'encontrer.

CHAPITRE X

Mister Mundane, qui me vint voir le lendemain, me fit des remerciements infinis pour les curations et secours que j'avais apportés à son frère quand Samarcas l'avait en Paris navré d'un coup d'épée, et me pria de lui faire un récit de sa mort, lequel il ouït avec patience, ses cils blonds battant quand et quand sur ses yeux pâles, et un nerf tirant sa lèvre basse, mais sans autre marque d'émeuvement.

— Je suis béant, dit-il quand j'eus fini, que Samarcas, après son duel avec John, ait eu la folle audace de fourrer son nez derechef à Londres, où je mis à sa queue des espions à la surveillance de qui, tout rusé qu'il était, il ne put échapper, tant est qu'il les mena sur les traces du jésuite Ballard, et Ballard sur celles de Babington. Monsieur le Chevalier, je suis bien marri pour Madame votre belle-sœur, qui fut, hélas, sans y entendre miette, l'outil de ce méchant homme. Son sort est tout entier dans les mains de Walsingham, lequel vous encontrerez aux côtés de la reine le 28. Je ne peux en dire davantage, mes ordres me cousant la bouche.

Après quoi, je lui fis moi-même de chaleureux mercis pour m'avoir tiré des crocs de la meute en la salle commune.

— Ha, dit-il avec un sourire, ce n'est rien. Dès que l'*innkeeper* me porta son livre et que j'y lus votre nom, j'accourus, craignant le pire. En effet, d'ordre de Walsingham, j'avais fait répandre le bruit parmi le menu peuple de Londres, que M. de Bellièvre amenait avec lui la peste et quantité d'assassins prêts à occire la reine. La raison de ce commandement est que nous attentions de paralyser par l'hostilité populaire les deux ou trois espions ligueux qui assurément se sont insinués parmi ces gentilshommes. Vous fûtes fort sage, Monsieur le Chevalier, de leur fausser compagnie, dès que vous eûtes sailli de l'ambassade.

— Fort sage, dis-je, et fort imprudent aussi, je le fis pour que l'envoyé de la reine pût me toucher dans les occasions sans donner l'éveil à ces ligueux que vous dites. Mais le fait même que je me sois à leur vigilance soustrait leur aura mis puce au poitrail, et je crains à mon retour en Paris d'être plus suspect que jamais aux guisards.

— J'y ai rêvé, dit Mundane. Que seriez-vous apensé, Monsieur le Chevalier, de quitter le *Pope's*

Head Tavern et de loger chez une belle et noble veuve dont vous seriez l'amant — du moins dans les apparences — et en la compagnie de qui ces ligueux ne manqueraient pas de vous apercevoir ? Cette dame ne serait-elle pas une fort bonne et suffisante raison pour non pas désirer loger ès auberge avec eux ?

Belle lectrice qui déjà souriez, se peut avec indulgence, se peut avec réprobation, de me voir si continuement couché en blancs draps en les missions et voyages de mon aventureuse vie, je suis bien aise de vous pouvoir rassurer (ou décevoir) sur les suites de cette affaire, pour ce qu'elle n'en eut pas la moindre, non certes que je me paonne de ma vertu dont je ne laisse pas que d'apercevoir la fragilité, surtout quand je suis hors ma ville et logis, et plus encore en pays étranger où il semble que ce soit moins péché que pécher, comme si les lois divines et humaines qui condamnent l'infidélité se trouvaient tout soudain perdre de leur force, une fois les frontières franchies. Mais Lady T., quoique fort belle d'une beauté mûrie, ayant atteint cet âge où les grâces et les enchantements du sexe jettent leurs derniers feux, lesquels devraient toucher d'autant un esprit délicat qu'ils sont comme une ultime victoire remportée sur la mort, alliait à cette séduction particulière une âme haute qui, peu ragoûtée d'une brève et brutale encontre, eût aspiré à une longue amitié avant que de lâcher la bride. Et qu'elle fût résolue à ne la pas lâcher du tout, c'est ce qu'elle me dit de prime, me donnant à entendre que les petites privautés à quoi son rollet l'obligeait en public — les souris, les regards, les mains entrelacées, les marchements de pieds — se devraient arrêter sur le seuil du logis où elle me recevait. Je lui en donnai l'assurance. Et nous vécûmes ces quelques jours en bonne et amicale intelligence, fort chastement en ses murs, fort amoureusement hors, encore que je n'eusse certes pas à me contraindre prou pour l'entourer de mes attentions et de mes mignonneries — lesquelles je suis bien assuré qu'elle recevait bien volontiers, pour ce qu'elle jouait son rollet avec une telle insurpassable vérité que je pouvais bien supposer qu'elle y prenait plaisir.

Je fis donc parade de mes amours avec la belle Lady T. en tous les endroits de Londres où nous pouvions être vus de M. de Bellièvre et des gentilshommes de sa suite, tant est que mon affaire avec cette noble dame fut crue, glosée et commentée en d'infinis racontements dont les échos se réverbérèrent jusqu'en Paris, comme je dirai.

Pour moi, je n'aurais pas souhaité meilleur guide que Lady T. en ma visite de Londres, ni plus savante de son passé, ni plus raffolée de sa ville, que pour lui complaire je louais grandement, encore que je ne trouvasse pas que L'Aubépine avait erré en disant que Paris était plus grande et plus peuplée. Ce qui ne se peut nier, car les manants et habitants de Londres atteignent, à ce qu'elle me dit, cent vingt mille, tandis que ceux de notre capitale dépassent trois cent mille. Je ne trouvai pas non plus qu'elle fût si riche en beaux monuments et surtout en églises, bon nombre d'entre elles ayant été détruites au moment de la dissolution des monastères, ceux-ci ayant été vendus par la couronne aux riches particuliers qui rasèrent ces gracieuses chapelles, tel pour y bâtir un jeu de paume, tel autre une taverne, et tel autre, son logis. Grande pitié, assurément, que cette destruction et aussi que cette iconoclastie qui a réduit à rien en les églises subsistantes tant de sculptures et de tableaux.

Ce n'est pas à dire que la cathédrale de Saint-Paul et l'abbaye de Saint-Pierre à Westminster ne soient très magnifiques, ni la Tour de Londres, grandiose et redoutable, ni fort bien ornés les palais de la reine (laquelle est plus riche que le roi de France en demeures, en ayant en la capitale une bonne demi-douzaine, si bien je me ramentois) mais ils n'ornent qu'une partie de la ville, à l'ouest : le reste, à mesure qu'on chemine vers l'est, est à part la Tour de Londres un désert, bâti de branlantes maisons de bois, coiffées de paille et de roseaux, taudis sordides qui n'ont, je gage, rien à envier aux bauges du faubourg Saint-Germain.

Quant aux rues, elles sont partout tant sales et puantes qu'en Paris, charriant en leur milieu bren et pisse, et pour l'eau de Tamise, je ne la crois pas plus saine, à son odeur, que l'eau de Seine, ni moins pullulante en rats et animaux crevés. Tout au plus peut-on dire que les Londoniens sont plus dextres à en tirer de l'eau que nos Parisiens, pour ce que j'ai vu, accolée à une arche du pont de Londres, une fort ingénieuse roue, laquelle était mue par la marée montante et remplissait une vaste citerne où la commune venait puiser. Pour son contenu, je craindrais fort pour ma santé si je devais y goûter, d'autant que la marée la doit rendre quelque peu saumâtre.

La merveille de la ville de Londres, en mon opinion, c'est la rivière de Tamise, laquelle est tant large et profonde que les plus gros galions y peuvent aborder, ce qui fait que la capitale anglaise, sans avoir la vulnérabilité d'une ville construite sur la mer, en a néanmoins toutes les commodités, étant tout ensemble une ville à l'intérieur des terres et un port où les navires sont à quai et à l'ancre en entière sûreté.

Les Parisiens naturels ne se peuvent faire aucune idée de l'immensité de Tamise, à côté de quoi la rivière de Seine n'est qu'un ruisseau, ni du génie qu'il a fallu aux bâtisseurs anglais pour jeter dessus le fameux pont de Londres, lequel ne compte pas moins de vingt-deux arches, si ma remembrance est bonne. Et qu'il en ait fallu tant, je le cuide aisément, tant est rapide le courant, et tant il faut d'habileté aux mariniers et garçons de rivière pour faire passer leurs bateaux dessous sans qu'ils se brisent aux piles. J'ai ouï de Lady T. que lorsque la reine quitte son palais de Whitehall pour Greenwich, elle descend les degrés jusqu'à Tamise et s'embarque sur son vaste canot à rames, mais débarque aux marches du *Old Swan*, et suit alors à pied *Thames Street* jusqu'à *Billingsgate* où elle retrouve son canot, à qui les rameurs, sans elle, ont fait franchir le pont, tant est hasardeux, et fut à plus d'un fatal, ce franchissement. Comme Sa Majesté, tous les Grands de la capitale usent de Tamise comme les Vénitiens de leurs canaux, du moins d'ouest en est, tant rapide paraît le cheminement, alors que les embarras de la Cité ne permettent à une litière que d'avancer au pas.

Dès que j'eus mis le pied chez Lady T., elle commanda à son tailleur de me vêtir à la mode qui trotte en Londres pour la raison que mon pourpoint, et surtout mes chausses, m'eussent fait reconnaître pour Français et en grand péril d'être tabusté par les passants, tant mes compatriotes sont ici en odeur peu suave, en raison des brouilleries des Guise. Si bien que vingt-quatre heures plus tard, je devins anglais, au moins par la vêture, et fort ébaudi par les efforts de Lady T. pour m'en donner la marche, l'allure et le déportement : pédagogie qui me ramentut ma petite mouche d'enfer, quand elle eut si grande liesse à me muer en bonnetier, tant les femmes, avec leurs amants même, aiment à jouer les mères et à les façonner.

Lady T. m'imposa en outre de parler peu et à voix basse, mon accent pouvant me trahir, n'étant pas exemplaire : précaution sage et que je manquai trahir quand me promenant avec elle sur le Pont de Londres, j'avisai des têtes coupées sur les parapètes des murailles.

— Ha, dis-je, quelle horrible chose ! Met-on là coutumièrement les chefs des suppliciés ?

— Nenni, dit my Lady T., seulement ceux qui furent traîtres à la reine. Ceux-là que vous envisagez sont sans doute Babington et ses affidés.

Je ne sais quel aimant faisant alors que je me voulus approcher, je plaçai mon mouchoir sur le nez et la bouche, et envisageai les têtes les unes après les autres. Il y en avait neuf, et la neuvième, fort reconnaissable malgré que les vents et pluies l'eussent noircie et les corbeaux béquetée, était celle de Samarcas.

— Ha my Lady ! dis-je avec véhémence, c'est le jésuite dont je vous ai parlé, lequel, quand il était vif, a brouillé plus de brouilleries et tissé plus d'intrigues qu'aucun fils des ténèbres au monde, le corps perpétuellement en branle, la cervelle fumeuse, zélé, pressé, les jambes au cou, tour à tour caressant, impérieux, insinuant, plus menteux que femme caquetière, faux comme Janus, sans l'ombre de morale et d'humanité, la croix pendant au col, mais l'épée à la main, et dépêchant son prochain la conscience toute pure, et toujours au nom de Dieu.

— *Hush* [1] *!* me dit my Lady T. à voix basse en me prenant vivement par le bras, et en tâchant de m'entraîner, vous parlez trop, et trop haut ! On vous aura ouï !

Et en effet, cinq ou six turbulents apprentis qui musaient là, le bâton à la main, (pour ce qu'ils se battent et se toquent continuellement entre eux, les tailleurs haïssant les tisserands, et les bouchers, les chaircutiers) s'approchèrent de nous. Et l'un d'eux, un grand, gros et effronté manant qui avait bien six pieds de haut, nous barra passage et quit de my Lady T. avec la dernière insolence.

— *Madam, is the man a foreigner ? A Frenchman ?*

— *He is neither*, dit Lady T. sans battre un cil. *He is Welsh and alas, poor thing, a lunatic. He is talking to that traitor's head and expects it to answer him* [2].

A quoi prenant d'elle le relais, je roulai des yeux, et fis tant de grimaces de bouche et de contorsions du corps que les apprentis s'esbouffèrent et nous accompagnèrent en riant et en s'ébaudissant jusqu'à notre coche, les Anglais étant accoutumés, pour se divertir, à visiter le dimanche les luneaux à l'asile de Bedlam, tant ils sont d'eux raffolés, « étant un peu fous eux-mêmes » me dit en riant my Lady T., une fois que nous fûmes en sûreté, la portière close et les tapisseries rabattues.

Entourée de son conseil, Elizabeth Ire reçut en grande et magnifique pompe M. de Bellièvre le

---

1. — Chut.
2. — Madame, l'homme est-il un étranger ? Un Français ? — Ni l'un ni l'autre. Il est gallois et hélas, pauvre homme, fou. Il s'adresse à la tête de ce traître et s'attend à ce qu'elle lui réponde.

28 novembre, non en Whitehall, mais à Richmond, qui est un autre de ses palais, et des plus beaux. Mais pour moi, je n'avais d'yeux que pour cette grande reine, de l'Eglise réformée ultime recours et dernier rempart, sans lequel notre foi huguenote serait promptement et partout dans le monde écrasée par Philippe II. Autant que j'en pusse juger (pour ce qu'elle était assise sur son trône), elle n'était point fort grande, mais droite et mince, superbement parée d'une robe d'apparat de pourpre et d'or dont je ne vis jamais l'égale, sauf sur la reine Margot lors de son mariage avec Navarre, portant autour du col une fraise qui tenait autant de la collerette que de la fraise, pour ce qu'elle se relevait par-derrière sur la nuque et par-devant, au lieu que les deux bouts se joignissent, s'écartait et laissait voir la gorge qu'ornait un pendentif où brillait, entouré de perles, le plus gros rubis que j'eusse jamais vu. Des perles d'une grosseur tout aussi remarquable pendaient à ses oreilles, et une autre de son coffion, lequel, laissant à découvert, en haut du front, deux rouleaux embouffés de cheveux d'un roux vénitien, se terminait par un grand gland rejeté galamment sur le côté dextre de la tête et terminé par un bouquet de petites plumes blanches et une perle encore. Mais de celles-ci, la plus grosse pendait par un fil d'or sur le haut et le milieu du front, son orient le disputant en blanche matité audit front, lequel était immense et lumineux. A envisager la face, je trouvai, à dire tout à plein le vrai, le menton quasi masculin, le nez un peu long, les lèvres minces et prudentes, mais les yeux, en revanche, fort beaux, vifs, parlants, pleins d'esprit, sans cesse épiant qui-cy qui-là, à s'teure M. de Bellièvre, à s'teure les beaux gentilshommes de sa suite, le premier comme une reine, les seconds comme une femme, mais sans se laisser détourner de l'essentiel — lequel était pour elle le déportement à son endroit de mon maître en ces occasions.

Le pompeux Pomponne, qui n'avait cessé de polir et repolir sa harangue depuis qu'on avait quitté

Paris, ne fit certes pas mentir son surnom et parla une grosse heure, plus content de soi que la reine ne l'était de lui, et bien plus ennuyeux qu'une journée de pluie à Londres. Tout y passa : le grand Alexandre, Homère, Virgile, David et Saül, César et Auguste, ce dernier étant donné comme le plus bel et rare exemple de clémence brillant à travers les siècles. Etant le truchement de l'ambassadeur et traduisant son discours au fur et à mesure qu'il le prononçait (ce qui en multiplia encore la longueur), je tâchais d'en atténuer les termes, surtout quand il laissa planer quelques menaces voilées quant aux intentions du roi de France au cas où Mary Stuart, sa belle-sœur, serait condamnée. Adoucissements et atténuations qu'Elizabeth ne faillit pas à remarquer, à ce que je vis à un petit brillement de son bel œil, ce qui me donna à penser que my Lady T. n'avait pas erré en me disant que Sa Majesté parlait le français, l'italien et le latin aussi bien que sa langue naturelle. J'opine que si elle ne m'interrompit pas pour dire qu'elle entendait sans mon aide M. de Pomponne, ce fut pour permettre à ses conseillers, dont d'aucuns se peut n'étaient pas aussi bons linguistes qu'elle-même, de suivre le fil filandreux de ce volumineux verbiage.

Cependant, quand Pomponne de Bellièvre eut fini, elle prit la parole en français avec une abondance et une véhémence qui laissèrent l'ambassadeur pantois, pour ce qu'elle parlait tout à la fois en reine et en femme, et le réduisit au silence tant par ses raisons que par sa volubilité.

— Monsieur de Bellièvre, dit-elle d'une voix à la fois douce et forte, je garde fort bien en mon esprit tout votre discours pour l'avoir ouï deux fois, une fois par vous, une autre par votre truchement. Je l'ai si bien entendu que je n'en ai pas perdu un mot. Et je suis très fâchée, Monsieur de Bellièvre, qu'un personnage tel que vous ait pris la peine de passer l'eau pour me parler d'une affaire où il n'y a ni honneur ni profit pour personne à vouloir changer ma volonté, la chose étant si claire et la cause, si évidente. Encore que Mary Stuart me soit inférieure puisqu'elle est en mon royaume, et non moi dans celui qui fut le sien et dont elle a été chassée par ses sujets à la suite du meurtre de Darnley, je lui ai rendu d'infinis offices d'amitié, ce qui ne l'a point détournée de sa mauvaise volonté à mon endroit, tant est que je n'ai plus le sentiment d'être en sûreté en mon logis et dans mon propre royaume, étant assaillie et épiée de toutes parts. Elle m'a suscité tant d'ennemis que je ne sais plus où me tourner. Je ne suis libre, mais captive. Je suis sa prisonnière au lieu qu'elle soit la mienne. Si elle triomphait, ce serait, comme bien vous savez, la fin, et de moi-même et de mon peuple, lequel j'ai juré au Seigneur Dieu de protéger. Je me parjurerais, Monsieur de Bellièvre, si je vous accordais la clémence que vous quérez de moi. Laquelle je n'oserais quérir du roi de France, mon bon frère et votre maître, en une circonstance où il en irait pour lui du salut de son Etat, comme il en va du mien en cette affaire. Bien au rebours, je désire, prie et de plein cœur souhaite que mon bon frère, le roi de France, soit gardé et préservé de tous ses ennemis comme moi-même des miens, qui ne suis qu'une pauvre femme et ai tant de peine à résister aux assauts et embûches dont je suis accablée.

Tandis que la reine parlait, mon œil se promenait tantôt sur Monsieur de Bellièvre et ceux des gentilshommes de sa suite que je cuidais être ligueux, tantôt sur les faces des conseillers d'Elizabeth, lisant sur les unes et les autres des impressions bien différentes. Pour les premiers, malgré la courtoisie de cour qui leur polissait quelque peu le visage, je les sentais controublés, hargneux et mal'engroin, en particulier quand Elizabeth parla des ennemis de son bon frère Henri, ce qui ne pouvait viser que les Guise. Pour les seconds, je les vis tout à la fois contents de l'adamantine fermeté de leur souveraine, et fort émus en leur protectrice virilité quand elle se décrivit comme une « *pauvre femme* » assaillie d'embûches — du moins ceux qui entendaient le français, et que je vis à voix basse translater le discours aux autres. Pour moi, je trouvais la reine extrêmement dextre à capter les cœurs de ses sujets, déployant tout à la fois pour les séduire la force de sa résolution et la faiblesse de son sexe.

M. de Bellièvre, qui malgré la pompe dont il se paonnait, avait une grande usance des Cours et n'était point si sottard qu'il ne sût ce que parler voulait dire, sentit qu'il ne gagnerait rien à insister plus avant et fit à Elizabeth de longs remerciements de sa bénignité à le recevoir, la reine lui répondant quelques mots amiables sur sa personne (alors même qu'elle l'avait si tabusté dans sa harangue) et lui accordant gracieusement son congé, ses conseillers, qui n'avaient pas tant à contrefeindre, gardant pendant ce temps une face plus roide que les falaises de Douvres.

A notre saillie de Richmond, je demandai moi-même mon congé à M. de Bellièvre, lequel incontinent me le bailla, d'aucuns de sa suite souriant d'un air entendu en me voyant monter dans la coche de my Lady T. qui m'espérait devant le porche.

— Ha ! *My lady !* criai-je en lui prenant la main, tout de gob que les tapisseries furent rabattues et la couvrant de mes impétueux baisers, quelle admirable reine ! et avec quel émerveillable esprit, tant féminin que masculin, elle entend son état et gouverne ses sujets ! Que je l'aimerais et servirais à cœur content et jusqu'à la vie même, si j'étais anglais !

— Monsieur, dit Lady T. avec un délicieux sourire, plaise à vous de ne me point tant lécher la main : vous y allez avec tant de *furia francese* [1] qu'on dirait que vous allez l'avaler (à quoi la chambrière en face de nous sur la banquette basse se mit à rire à perdre souffle). De reste, cet avalement n'est point tant nécessaire, puisque nous ne sommes pas en public.

Là-dessus, elle me donna de son autre main une petite tape sur la mienne, ayant avec moi des manières infiniment affectionnées, câlinantes et taquines. Et moi, assis à son côtel en cette étroite

1. Furie française. (Ital.)

coche, sentant contre mon épaule sa douce épaule rondie, je l'envisageai avec ravissement et une sorte de connivente amitié, ému dans le pensement qu'elle m'eût aimé peut-être, si ses obligations et les miennes n'y avaient été contraires. Ha! lecteur! Au lieu de nous remochiner contre une femme qui nous refuse, combien nous devrions, bien au rebours, lui savoir gré de sa vertu (si du moins c'est de par elle qu'elle nous rebèque), laquelle nous la devrait faire chérir d'autant qu'elle est plus rare en ce siècle et nous donne de son sexe un pensement plus déférent.

— La reine, me dit my Lady T., tandis que nous étions à table en ce logis, affairés à gloutir un léger souper, est tant royale en la salle du trône qu'elle est affable en son privé, étant raffolée de donner à ses ministres des surnoms, appelant Leicester ses « *yeux* », Hatton « *ses paupières* », et Walsingham « *le maure* ». Le défunt frère du roi votre maître, le duc d'Alençon, qu'elle aimait prou sans se résoudre toutefois à le marier, pour ce qu'il était catholique, elle l'avait surnommé « *ma grenouille* », et son ambassadeur privé, le charmant M. de Simier « *mon singe* ».

— Pourquoi, dis-je, appelle-t-elle Walsingham le « *maure* »?

— Pour ce qu'il est tant noir de poil et de cheveu qu'on dirait qu'il est né en Alger. Vous le trouverez effrayant assez, puisque vous l'allez encontrer.

A cet instant, il y eut quelque noise dans l'antichambre et la chambrière introduisit la dame à la bague, laquelle, si bien on se ramentoit, m'avait désommeillé le 22 au matin au *Pope's Head Tavern*.

— Monsieur le Chevalier, dit-elle, l'heure est venue (mon cœur cognant à ses mots contre mes côtes). Plaise à vous de mettre ce masque.

Quand celui-ci me fut ôté quelques minutes plus tard, je me trouvais dans la salle du trône, non de Richmond, mais d'un autre palais dont je ne saurais dire le nom, laquelle salle les Anglais appellent *the*

Presence Chamber, expression qui me paraît idoine, pour ce qu'elle attire l'attention non sur le trône, mais sur la présence du souverain, laquelle, même lorsqu'il en est absent, y est cependant vénérée. Ce que je vis bien à observer le manège des serviteurs qui mettaient la table pour la reine, apportant l'un après l'autre la nappe, le sel, l'assiette, le couteau, le vin, et chacun, à son arrivée comme à son département, s'agenouillant trois fois devant le dais comme si Elizabeth eût été là. Ces cérémonies ne furent pas sans allonger quelque peu l'affaire, et ce qui les allongea plus encore fut la fonction de la dame goûteuse (*the lady-taster*), laquelle, quand les plats arrivèrent, n'eut pas, au rebours de ce que pense le lecteur, la fonction de goûter chaque plat pour prévenir l'empoisonnement de Sa Majesté, mais d'en distribuer à cette fin quelques morceaux aux serviteurs qui se trouvaient là. Coutume que ceux-là semblaient tenir à grand honneur, si périlleuse qu'elle fût pour eux.

Cette précaution ayant été prise pour tous les plats et personne n'ayant péri, je m'attendais à ce que la reine apparût, mais à sa place entra un huissier géantin porteur d'une baguette de jonc à bout et embout dorés, lequel précédait un essaim de jeunes et jolies chambrières en des robes plus colorées que l'arc-en-ciel, lesquelles s'emparant de tout ce qui s'encontrait sur la table, y compris la nappe et le couvert, virevoltèrent vivement en leurs amples vertugadins et disparurent par où elles avaient sailli. J'augurai que la reine prenait son souper en son appartement privé et me préparai à attendre une grosse heure, quand moins de dix minutes plus tard, le géantin huissier à la baguette me vint quérir, me disant que Sa Majesté avait fini sa repue et me voulait voir. Ce qui me fit supposer, supposition que Lady T. confirma plus tard, que la reine, au rebours de son père Henri VIII, lequel était excessivement raffolé du vin, des viandes et des femmes, mangeait peu et buvait moins encore. Quant aux hommes, combien qu'elle se fît appeler « *la reine vierge* », et qu'elle fût sous ce nom célébrée par ses poètes, il ne semblait pas, d'après ce que j'ai ouï, qu'elle fût si abstinente en la matière qu'elle eût voulu le faire accroire à ses sujets et à son siècle.

Encore que depuis mon arrivée à Londres, j'eusse quasi quotidiennement répété en mon for ce que j'avais à dire à la reine, j'avais les jambes trémulentes sous moi et le cœur battant comme tambour, quand l'huissier m'introduisit devant la « présence », laquelle d'abord ne me vit pas, pour ce qu'elle était occupée à lire une lettre, suivie fort attentivement de l'œil en cette occupation par un gentleman assis à sa dextre que je reconnus pour Walsingham à la noirceur de son teint, sinon de son cheveu, lequel s'échappait blanc et rare d'une petite calotte qu'il portait sur le sommet du crâne et qui couronnait cléricalement son visage long, maigre et austère, terminé par une petite barbe en pointe pauvre et triste. Le corps paraissait estéquit, vieil, mal allant, cassé (encore qu'il n'eût, à ce que je sus plus tard, que cinquante-six ans), mais je ne trouvais pas facile à supporter l'éclat de ses yeux noirs, brillants, très enfoncés dans les orbites. Derrière lui se tenait debout Mister Mundane, dont je gage qu'il devait être son adjoint, le seul qui me sourit à mon entrée. Pour Lady Markby (c'était le nom de la dame à la bague), elle était debout derrière la reine et lisait par-dessus son épaule, mais avec le consentement d'Elizabeth qui attendit même qu'elle eût fini pour tourner la page.

— Eh bien, dit enfin la reine, tout cela est excellent, *my moor* [1] ; il faut envoyer cette lettre dès demain.

— Plaise alors à Votre Majesté de la signer, dit Walsingham en trempant une plume dans l'encre et en la présentant à la reine.

— Hélas, *moor*, dit la reine avec pétulance, j'ai le pouce malade : il ne peut tenir une plume. Je signerai demain.

1. Mon maure.

— Votre Majesté, dit Walsingham, si votre pouce a la goutte, il faut le faire soigner.

— Quoi! s'écria Elizabeth qui, se levant tout soudain d'un air encoléré, se mit à marcher qui-cy qui-là dans la salle en jetant à Walsingham, à Mundane et à Lady Markby des regards indignés. Qui ose dire que notre pouce royal a la goutte? Par la mort Dieu! Je n'ai jamais rien ouï de plus impertinent! Ce pouce, poursuivit-elle en le brandissant devant elle comme pour le mettre en accusation, a commis la faute d'être dur, gonflé et douloureux. Mais par toutes les plaies du Seigneur, j'affirme que ce pouce n'a pas la goutte! Il ne peut pas avoir la goutte! Par la mort Dieu! *Il n'oserait pas* avoir la goutte!

Ayant dit, elle sourit tout soudain, comme étant amusée elle-même de sa déclaration, et poursuivit mi-sérieusement mi-se gaussant :

— De reste, qui a dit qu'il me faisait mal? Il ne me fait pas mal le moindre! Et si je ne signe pas de lettre ce soir, c'est que je ne le veux pas. *Moor*, as-tu ouï?

— Oui, Votre Majesté, dit Walsingham avec un soupir, Mundane et Lady Markby profitant qu'ils fussent debout, et un peu en retrait, pour échanger des sourires. Et pour moi, je m'apensai que si les Anglais sur le continent avaient la réputation d'être quelque peu lunaires, c'était assurément que l'exemple leur venait de haut.

— Il se peut, poursuivit la reine, que d'aucuns à la Cour aient une vacillante santé, mais je voudrais qu'on se ramentoive, et qu'il soit partout publié, que le prince de ce royaume a une santé adamantine!

— Je n'y manquerai pas, Votre Majesté, dit Walsingham.

— Et dites aussi partout, *my moor*, dit la reine en lui jetant un regard des plus affectionnés, que mon secrétaire d'Etat se porte à merveille.

— Je le dirai, dit Walsingham avec un soupir, suivi d'une petite toux, et un voile mélancolique dans ses profonds yeux noirs, étant déjà atteint d'une intempérie qu'il ne pouvait curer, ses jours et ses nuits étant dévorés par le passionné service de sa reine :

fatigue immense, sans trêve ni repos, dont véritablement il mourut quatre petites années plus tard.

— Mais, dit la reine, ses yeux tombant tout soudain sur moi, *who is this* [1] ?

A quoi Lady Markby se penchant, lui murmura quelques mots à l'oreille.

— Approchez, Monsieur le Chevalier de Siorac, dit la reine.

Ce que je fis, mes gambes sous moi si tremblantes que m'agenouillant devant elle, je doutai que je pusse les maîtriser assez pour me pouvoir relever. M'ayant considéré un moment fort curieusement, la reine me tendit sa main que je baisai, après quoi, par une soudaine impulsion, elle me la tendit derechef, et tandis que j'y posais de nouveau les lèvres, elle me donna de son autre main deux petites tapes amicales sur la joue en disant :

— Monsieur, j'aime vos yeux. Ils sont bons et chaleureux.

Je me sentis au comble de la béance et de l'émeuvement à la voir si gracieusement à moi condescendre et c'est peu dire que je devins alors si amoureux d'elle que si je n'avais pas été un Français naturel et attaché au service de mon roi, je lui eusse, je crois, consacré ma vie. Plus tard, revivant cette scène, — et tant d'autres similaires m'ayant été contées par Lady T. où Elizabeth, en deux mots adroits, avait capté à jamais la bienveillance et le dévouement de tel ou tel de ses sujets — je reconnus la part d'artifice et de politique qu'il y avait dans les cajoleries de Sa Majesté. Cependant, je discernais aussi que dans le même instant, le sentiment qu'elle exprimait, loin d'être faux, venait bel et bien du bon du cœur, ce qui avait pour effet de servir mieux encore sa fin, puisque sa sincérité même rendait ses caresses tout à plein irrésistibles.

Cependant, la reine qui n'avait pas manqué d'apercevoir l'effet qu'elle avait produit sur moi, étant trop femme pour n'en pas être à son tour caressée, et d'un

1. Qui est celui-ci ?

autre côtel, ne pouvant ignorer par les dépêches de my Lord Stafford que j'allais lui apporter sur les intentions de mon maître un son de cloche bien différent de celui de M. de Bellièvre, voulut sans doute contrefeindre de ne pas être si impatiente de l'ouïr (pour ce que son impatience eût trahi quelque crainte indigne de sa royale dignité) et se laissa aller tout soudain à son humeur joueuse, joyeuse, badinante et gaussante.

— Markby, dit-elle en souriant à Lady Markby, qu'allons-nous faire de ce gentil Français ? Le marier à quelqu'une de nos beautés anglaises afin que de le garder à notre Cour ?

— Plaise alors à Votre Majesté de le marier à moi ! dit my Lady Markby en riant. J'aime fort les yeux affamés dont il dévore les personnes du sexe.

— Mais Markby, dit Elizabeth en riant, oubliez-vous que vous avez mari et maison en Shropshire ?

— A Dieu plaise que je l'eusse oublié ! dit my Lady Markby avec une petite moue.

— Marions-le plutôt à ma belle et bonne Lady T., poursuivit la reine, puisqu'elle se trouve être veuve.

— Votre Majesté, dis-je en entrant dans le jeu, rien ne me ravirait davantage, tant j'ai pour Lady T. affection et respect, mais je suis déjà marié en Paris.

— Ha ! quelle pitié ! s'écria la reine qui assurément ne l'ignorait pas. Eh bien Markby ! si nous ne le pouvons marier, donnons-lui, du moins, un surnom. Ainsi le ferons-nous nôtre, enfermant son essence dans le mot dont nous le désignerons.

Sa Majesté parut contente de cette phrase, tant elle était, comme mon maître, raffolée des préciosités verbales qui s'encontraient alors à la mode qui trotte à sa Cour comme à la nôtre, et comme surtout en Italie, où cette fureur de subtilités, de jeux de mots, de métaphores et d'allitérations, avait, dit-on, pris naissance.

— Markby ! Mundane ! Walsingham ! s'écria la reine avec pétulance en claquant dans ses mains (lesquelles étaient très belles et ornées de bagues magnifiques), prêtez-moi vos esprits ! Trouvez un nom incontinent pour le Chevalier de Siorac ! *My moor*, poursuivit-elle en adressant un sourire enchanteur à Walsingham qui, en sa jaleuse humeur, paraissait bouder toutes ces cajoleries faites à un Français. Un surnom pour Monsieur de Siorac !

— Renard, dit Walsingham d'un air assez mal'engroin.

— Nenni ! nenni ! s'écria my Lady Markby en riant, s'il se mettait en un poulailler, il mignonnerait les poules au lieu que de les gloutir !

— Grenouille, dit Mundane.

— Ha, Mundane ! dit la reine en riant, vous manquez d'imaginative ! Grenouille, c'était le duc d'Alençon, lequel était si petit, si tordu, et si charmant. Mais nous n'allons pas appeler tous les Français « grenouilles ». Gardons le mot pour ce pauvre Alençon, lequel j'eusse épousé, si mes ministres n'y avaient été si contraires.

— Je ne sache pas, dit Walsingham gravement, que Votre Majesté ait jamais fait autre chose que sa volonté.

— En effet, dit la reine. Markby, un surnom, vite, pour Monsieur de Siorac !

— Furet, dit my Lady Markby.

— Voilà qui va mieux, dit Elizabeth. Le furet est joli assez, souple, avisé et vaillant. Mais il est sanguinaire. Et je ne vois pas Monsieur de Siorac ravir la vie de son semblable, sauf pour soi défendre. Non, Monsieur de Siorac n'est point si cruellement terrestre. Il vole ! il vole !

— Alors, appelons-le alouette, dit my Lady Markby.

— Alouette ! s'écria la reine en claquant les mains derechef. La palme est à toi, Markby ! Alouette, je trouve, est trouvaille ! Monsieur le Chevalier, je vous sacre et consacre ma petite, française et particulière alouette jusque dans la nuit des temps. Hé ! Je me suis meurtri ce damné pouce en claquant follement des mains ! Par la mort Dieu ! Ce pouce étant un traître de pouce, je le ferai juger et couper demain.

A quoi Walsingham sourit d'un air si entendu, en

sa formidable, sinistre et silencieuse gaîté que j'en restai béant.

— Tom! s'écria la reine, une escabelle, là, pour Monsieur de Siorac!

Le géantin huissier s'avançant, portant escabelle comme plume, je me relevai alors, car tout ce temps j'étais demeuré un genou à terre devant Sa Majesté, et je m'assis, les temps me battant et quasi enivré de l'émerveillable bénignité que me montrait la reine, laquelle, bien que je susse bien qu'à travers moi, elle s'adressait à mon maître, me transportait tant et tant qu'à peu que je ne sentisse, en effet, des ailes me pousser, comme le voulait mon surnom.

— Mon alouette, dit la reine en français, se redressant dans son fauteuil, ses deux mains sur les accoudoirs, et prenant tout soudain un air de gravité tout à plein imposant, chantez-moi votre chanson de France, et qu'elle me soit tant plaisante à l'oreille que le chanteur m'est agréable à l'œil.

Cela fut trop pour moi. Car le cœur me toquant comme battant de cloche, les gambes mollies et la gorge sèche et nouée, je demeurai silencieux, et tout ce beau discours que j'avais comme Pomponne poli, mais au rebours, s'échappa tout soudain de moi comme l'eau du tonneau des Danaïdes.

— Eh quoi! dit la reine qui, pas plus que mon bon maître ne pouvait résister aux *giochi di parole*. Eh quoi? Mon alouette est coite?

A quoi my Lady Markby et Mundane rirent, et Walsingham lui-même sourit, encore que d'une façon bien différente que précédemment, sa face, farouche et basanée, prenant une expression d'atendrézie indulgence qui me donna à penser qu'en son for, il idolâtrait cette reine qu'il servait si zéleusement, la confondant avec la grande et exigeante amour qu'il portait à l'Etat. A Dieu plaise qu'il y eût en France de tels ministres tant probes et résolus, et plus attachés à la maintenance et grandeur du royaume qu'à leur vie même.

— Mundane, dit la reine en riant, baillez à ma petite, française et particulière alouette une becquée de mon vin, afin que le nectar ouvre la voie à sa voix.

Ah lecteur! Que je bus avidement cette coupe-là et comme elle ragaillardit ce cœur quasi trop émerveillé de la patience, de la bénignité, et de tous les beaux offices d'amitié qui m'étaient là rendus.

— Votre Majesté, dis-je, tout ce que je vais dire l'a été de bouche à oreille, par mon maître le roi Henri Troisième, et lui-même parlant à ma personne en confidence et sans témoin en ses appartements, à charge pour moi de répéter son dire, sans y rien ajouter ni retrancher, à sa sœur bien-aimée, la reine d'Angleterre.

— A-t-il dit « bien-aimée » ? quit Elizabeth en levant son sourcil, lequel était épilé en parfait arc de cercle et peint d'un mince et élégant trait noir.

— Il l'a dit, Votre Majesté.

— Que charmants sont ces Français ! dit la reine avec un petit brillement de l'œil. Ils mettent l'amour partout. Mais voyons la suite.

— Mon maître, dis-je, opine que Votre Majesté est seul juge de ses sûretés, et de toute mesure qu'elle jugerait bon de prendre pour préserver sa personne et son royaume des atteintes de ses ennemis, quels qu'ils soient.

— Mon frère bien-aimé, dit la reine avec un sourire, a-t-il dit « quels qu'ils soient » ?

— Il l'a dit.

— Que voilà, dit Elizabeth, une machiavélienne diplomatie. Après le Pomponne, l'anti-Pomponne. Lequel croire ?

— Mais le second, Votre Majesté, dis-je avec fermeté.

— *My moor*, dit Elizabeth, qu'en êtes-vous apensé ?

— Que le roi de France est de tous les côtés si pressé qu'il ne peut qu'il ne soit machiavélien.

— Mon alouette, poursuivit la reine, dois-je bien entendre que mon frère bien-aimé approuve le procès ? (Et j'admirai là une fois de plus que, combien que Mary Stuart fût partout présente en cet entretien, elle n'y était jamais nommée.)

— Nenni, dis-je.

— Nenni! s'écria la reine. Où donc est votre logique gallique? Alouette, ta conclusion réfute tes prémisses!

— Que non point, Votre Majesté! dis-je. Mon maître estime que touchant les crimes de lèse-majesté, l'exécution doit précéder la sentence, et non l'inverse.

— « L'exécution doit précéder la sentence », répéta la reine. *My moor*, que veut dire ce jargon?

— Qu'il faut dépêcher le traître sans lui faire un procès.

— Mais c'est un assassinat! dit la reine avec indignation, et fort répugnant à l'humeur de mon peuple, lequel veut que le coupable soit jugé dans toutes les formes, même si la sentence ne fait pas le moindre doute.

A quoi je souris quelque peu, mais sans dire mot ni miette, ne voyant guère de différence entre le coup d'épieu qui avait tué Coligny, et la hache du bourreau, quand celle-ci répondait si docilement à la volonté du souverain.

— Les Français, dit Walsingham qui avait vu mon sourire, ayant des mœurs différentes des nôtres, nourrissent moins de respect que nous pour la loi et les formes. Quand le souverain et ses intimes conseillers ont décidé qu'un vassal était félon, ils décident sa mort sans procès et sans juges et confient l'exécution au tueur du roi.

— Le tueur du roi! s'écria Elizabeth, y a-t-il un tel office en le royaume de France?

A quoi, comme je ne voulais pas répondre, Walsingham fit « oui » de la tête.

— Poursuis, mon alouette, dit la reine qui, combien qu'elle eût tant sourcillé, ne voulut point presser le point plus outre, de peur de paraître critiquer son « frère bien-aimé ».

— Cependant, repris-je, mon maître opine aussi que vous êtes meilleure juge que personne au monde des manières et moyens propres à vous garder en vie et à préserver la paix en votre Etat.

— On ne pourra pas dire après cela, dit la reine

avec un sourire, que la subtilesse est le point faible du roi de France. Poursuis, mon alouette.

— Ce que j'ai à dire de présent, repris-je non sans quelque émeuvement, n'a pas de relation avec la personne dont nous parlons, ce message-ci étant si secret et d'une telle et si immense conséquence, que mon maître m'a recommandé de ne le destiner qu'aux seules oreilles de Sa Majesté.

— Chante, mon alouette, chante ! dit la reine avec force. Toutes les oreilles qui sont céans, combien qu'elles appartiennent à des têtes différentes, sont à moi. Et je leur fais confiance à l'égal des miennes pour oublier ou retenir.

— Votre Majesté, dis-je, ayant quelque peine à retrouver mon vent et haleine, tant me poignait l'énormissime étrangeté de ce que j'allais dire, mon maître a appris que son beau-frère et ami le roi de Navarre, à qui il ne fait la guerre qu'à cœur malcontent et de force forcée, a quis de Votre Majesté des subsides, sommes et subventions qui lui permettraient de recruter en Allemagne une armée de secours pour l'aider en cette lutte fratricide. Votre Majesté, poursuivis-je d'une voix trébuchante, ce qui suit est si surprenant que c'est à peine si j'ose le dire, de peur d'être décru.

— J'en ai pourtant quelque petite idée, dit la reine, la narine frémissante. Alouette, poursuis.

— Mon maître, repris-je, tâchant de raffermir ma voix, estime que si le refus qu'a opposé jusqu'à ce jour Votre Majesté à ces demandes est dû à sa crainte de mécontenter le roi de France, celui-ci ne serait pas fort fâché que cette crainte soit surmontée par le gouvernement de Votre Majesté.

— *My moor*, as-tu ouï ? dit la reine.

— Oui, Votre Majesté, dit Walsingham, qui paraissait retenir son souffle.

— Poursuis ! poursuis ! dit la reine.

— Mon maître opine, en effet, qu'une armée de secours contrebalancerait, en faveur du roi de Navarre, les forces du duc de Guise, et que si...

— Et que si, dit la reine...

— Que si la dite armée de secours, ayant franchi la frontière, s'installait en Lorraine, je dis bien, en Lorraine, et la ravageait, sans pousser plus outre en France, elle attirerait infailliblement contre elle les armées du duc de Guise, lesquelles, si Dieu voulait qu'elles fussent détruites ou affaiblies, le roi de France serait à bien plus grande liberté pour composer avec le roi de Navarre, avec lequel il s'est toujours bien accommodé et qu'il a avoué hautement comme son successeur au trône de France.

Après quoi il y eut un long silence et un actif échange de regards entre la reine et Walsingham, et derrière eux entre Lady Markby et Mundane.

— Combien que tout cela soit folie, il y a quelque logique en cette folie, dit enfin la reine, puisque le même ver qui ronge le trône de votre maître grignote aussi le mien.

Faisant alors signe à my Lady Markby de se pencher, elle lui parla à l'oreille à voix fort basse, mais il me sembla que ce fut là un message aimable, pour ce que my Lady Markby à l'ouïr, sourit, et l'alla tout de gob répéter à l'oreille de Walsingham, lequel, sans toutefois sourire, fit oui de la tête et, de la main, un signe à Mundane qui, saluant Sa Majesté, se retira aussitôt.

— *Sweet* Siorac [1], dit Elizabeth qui oubliant tout soudain mon surnom, me bailla à mon département l'hommage d'une allitération. Faites, je vous prie, à votre maître, mon bien-aimé frère, dix mille millions de mercis pour la confortante amitié qu'il me montre en mon présent prédicament. Dites-lui que je lui souhaite du bon du cœur et prierai le Seigneur Dieu tous les jours de préserver et sa vie et son trône, comme j'attente de faire des miens. Dites-lui enfin que touchant son dernier message, lequel est en effet de la plus grande conséquence, je vais y rêver à loisir avec mon conseil et qu'il verra aux effets ce qui en sera résolu.

Quoi dit, elle me tendit ses doigts sur le bout des-

1. Gentil Siorac.

quels, ayant mis un genou à terre, je posai un dévotieux baiser, présumant cependant d'articuler à la parfin, les mots qui me brûlaient la bouche :

— Plaise à Votre Majesté, touchant le sort de Mademoiselle de Montcalm...

— Monsieur, dit my Lady Markby, me coupant tout de gob, l'étiquette défend d'adresser la parole à la reine une fois qu'elle vous a présenté la main.

Je me relevai, accoisé, vergogné, dépité, et la bouche cousue par cette roide remontrance, je saillis de la salle à reculons, faisant à Elizabeth, trois humilimes salutades, imité par my Lady Markby qui, une fois qu'on fut hors, me prenant par le bras, me glissa à l'oreille :

— Gentil Siorac, prenez patience. Laissez à la reine et à Walsingham le temps d'y rêver et la chose se résoudra de soi.

— Pourquoi le masque ? dis-je, voyant qu'elle me le tendait derechef, et ici même ?

— Pour ce que nous ne savons pas, dit-elle, si quelque agent de l'Espagne ne s'est pas glissé céans.

— Quoi ? dis-je, dans un des palais de la reine ?

— Pourquoi non ? dit-elle, la pécune peut tout. Goûterions-nous toutes les viandes de Sa Majesté, si nous n'avions pas cette crainte ?

Avant que d'arriver au logis de mon affectionnée hôtesse, my Lady Markby, posant sa main sur mon bras, me dit encore :

— Un personnel cadeau vous attend au logis où la reine l'a fait porter. Raison pour quoi vous avez vu Mister Mundane prendre congé à la française en fin de votre audience.

— Ah ! my Lady Markby, dis-je, je sais un gré infini à Sa Majesté de ses gracieuses libéralités, mais, étant aux gages de mon maître le roi de France, je ne peux, hélas, rien accepter des mains d'un souverain étranger, quelque amour et révérence que je nourrisse pour lui.

A quoi my Lady Markby se contenta de rire, étant de sa complexion d'humeur gaie et folâtre, et de chuchoter à mon oreille sur le ton de la picanerie :

— Espérez un petit de le voir avant que de le refuser. Il vous attend dans le salon de Lady T.

Je lui voulus baiser les mains quand nous advînmes là, mais elle conduisit de soi mes baisers vers de plus suaves cibles. Mignonneries qui, pour brèves qu'elles furent, me donnèrent à penser que la reine, pour le repos de ma conscience, avait été fort avisée de me loger chez my Lady T. et non chez quelqu'une qui oubliait si coutumièrement qu'elle possédait mari et maison en Shropshire.

Ce ne fut pas sans quelque curiosité de connaître la nature et la forme de ce royal présent que je dirigeai mes pas vers le salon où, promenant mon œil d'entrée sur les meubles qui se trouvaient là, je ne vis rien que je n'y avais vu la veille. Ce qui, fort étrangement, ne manqua pas que de me décevoir, alors même que j'étais fort résolu, pour la raison que j'ai dite, de ne rien accepter des mains de Sa Gracieuse Majesté. Un feu brûlait à haute et claire flamme dans la cheminée, et apercevant dans le miroir qui la surmontait, une dame dont je ne pouvais voir la face, pour ce qu'elle avait en main un de ces petits ventaux en demi-lune façonnés en osier qu'en Paris on nomme une « *Contenance* » et que les personnes du sexe sont accoutumées à tenir devant leur visage quand elles se chauffent, afin que le feu ne leur gâte pas le teint et ne fasse pas couler leurs fards, je crus reconnaître ma belle Lady T. à ses blonds cheveux et aussi à sa vêture, laquelle était de satin bleu pâle brodé d'or. Doutant alors s'il valait mieux que je me retirasse sans noise pour non point controubler la rêverie de mon hôtesse, ou bien le rebours, m'approcher pour lui présenter mes devoirs, je restai en suspens un petit, et j'allais à la parfin retracer mes pas vers la porte quand la dame, abaissant sa *contenance*, m'aperçut dans le miroir, poussa un grand cri et se levant comme folle, se rua à moi et me jeta les bras autour du cou :

— Ha ! m'écriai-je, ma voix en mon gargamel s'étranglant, Larissa !

Je n'en pus dire davantage, pour ce qu'elle me donnait une brassée tant forte et me couvrait la face de tant de poutounes, et moi-même répondais, éperdu, à ses furieuses effusions, d'autant que se mêlait à mon immense liesse de la retrouver saine et libre, son étrange ressemblance avec mon Angelina, non point seulement de traits, de cheveu, de charnure, de taille, mais de peau, laquelle était comme celle de mon adorée, fine, suave et parfumée, mon cœur cependant de gratitude gonflé pour la féminine subtilesse et *delicatezza* de la reine Elizabeth qui ne résidait point seulement dans la liberté qu'elle baillait à Larissa, mais dans la manière dont Sa Majesté m'en avait fait la surprise, alors même que j'en désespérais.

Ha ! lecteur, rien ne s'additionne et ne se multiplie si merveilleusement que les joies, pour ce que la prime et essentielle tire d'autres après soi, comme bien ce fut le cas, car à peine le bonheur de revoir après tant de mois ma sœur bien-aimée s'épanouit en moi, que tout soudain s'ouvrirent comme concomitantes fleurs, et la pensée d'ôter son plus rongeant souci à mon Angelina, et le propos de ramener à mon Giacomi la dame de sa dilection.

M. de Bellièvre, à ce qu'il me dit, entendait rester à Londres jusqu'à la condamnation de Mary Stuart pour tâcher à nouveau de fléchir la reine, mais moi sachant bien en mon for qu'après ma secrète ambassade, il n'avait guère plus de chance de réussir que s'il eût attenté de coiffer les cornes de la lune, je quis de l'ambassadeur de repartir en France sans attendre l'issue de ce procès (qui menaçait d'être fort long, étant donné l'attachement des Anglais aux formes et formalités de la loi), arguant que la reine Elizabeth parlant le français si bien, mon truchement en cette seconde audience n'était point nécessaire. Le pompeux Pomponne, de son côtel, n'était point fâché de ma requête, ayant eu vent, je gage, par un certain ligueux gentilhomme, qui entendait bien l'anglais, des adoucissements et des atténuations que ma translation avait introduits en sa harangue, tant est qu'il m'accorda mon congé tout de gob, s'apensant que ledit gentilhomme, dans les occasions, interpréterait son dire plus fidèlement que moi.

On se quitta néanmoins avec quelques grimaces d'amitié qui, de son côté du moins, sentaient bien un peu l'aspic et le venin, mais enveloppés de son vernis de cour et de sa coutumière verbosité. Et Lady T. étant bénigne assez pour me vouloir accompagner jusqu'à Douvres en sa coche et une forte escorte (les chemins anglais n'étant pas plus sûrs que les nôtres, et en outre, coupés de continuels péages, n'y ayant petit seigneur dont ces chemins traversent les terres, qui ne nous arrêtât pour tirer de nous quelques pécunes, sous le faux prétexte des frais et débours qu'il souffrait pour les entretenir). My Lady T. me voulut voir embarquer à Douvres avec Larissa avant que de me quitter, ce qui ne se fit pas de son côtel comme du mien sans quelque émeuvement, ni serrement de gorge pour moi, ni larmelettes en ses beaux yeux.

Mon Angelina n'étant pas au logis quand nous advînmes en Paris, j'y laissai Larissa pour courir au Louvre voir le roi, lequel se montra fort content que la reine d'Angleterre parût entrer dans ses plans qu'à part moi je trouvais quelque peu tortueux et aléatoires, Henri se trouvant, pour ainsi parler, connivent à l'invasion de son propre royaume par des forces étrangères, dans l'espoir que celles du duc de Guise en seraient écrasées. Mais ce fut un contentement fort bref, car le roi était rongé des brouilleries qu'on lui faisait à Paris, ayant vent quasi quotidiennement des projets de la Ligue (lesquels renaissaient sans cesse comme les têtes de l'Hydre) pour se saisir de la ville, assassiner son Conseil et se saisir de sa personne pour le serrer en couvent.

Le 18 février 1587, Mary Stuart fut décapitée en la grande salle du château de Fotheringay sur un échafaud tapissé de noir. Qu'elle fût coupable, qui eût pu en douter, sauf les plus zélés ligueux, lesquels présumèrent d'appeler « *sainte* » la complice adultère du meurtre de son mari, et la félonne reine qui, non contente de léguer son royaume et le royaume d'Angleterre à un souverain étranger, avait comploté contre la vie d'Elizabeth et appelé de ses vœux l'invasion étrangère. Toutefois, la nouvelle de sa condamnation et les récits de son exécution ne laissèrent pas de m'émouvoir, pour ce que la meurtrerie d'une femme abhorre à mon imagination, tant est que Mary eût-elle été mille fois plus fautive, je n'eusse pas voulu qu'elle fût punie, ni que sa tête charmante tombât.

Chut alors sur Paris une pluie furieuse de prêches, pasquils, libelles et petits vers, tant latins que français, qui d'un côtel portaient aux sanglotantes nues « l'âme splendide » et « les vertus royales » de « la sainte martyrisée », et de l'autre vouaient aux supplices, aux gémonies et aux ténèbres extérieures la reine Elizabeth, laquelle, sur ces langues émoulues et sous ces plumes frénétiques, devenait « scélérate », « reine putain », « chienne impure », « impie maquerelle », « courtisane soignant sa lèpre par le moyen d'un sang innocent » et enfin, ce qui me parut hisser l'invective au sommet du ridiculeux : « œuf trop exécrable d'un corbeau sacrilège », le corbeau étant Henri VIII, lequel avait récusé le pape et établi l'Eglise anglicane, raison pour quoi il était à jamais corbeau, et sa fille « un œuf » assurément haïssable, dès le moment que perçant sa coquille, elle eût vu la lumière du jour.

Si ma remembrance est bonne, c'est vers la mi-juin que le roi apprit que se formait sur nos frontières l'armée de secours étrangère pour laquelle Elizabeth avait à la parfin baillé des subsides au roi de Navarre (comme mon ambassade lui avait suggéré de le faire) et je vis bien, en effet, que celui-ci, dès qu'il apprit la nouvelle, n'en fut guère marri, puisque cette armée-là, bien le rebours, servait en plus d'une manière ses plans machiavéliens et de prime, lui apportait arguments pour tâcher de convaincre Guise de renoncer à la guerre inexpiable contre les huguenots, étant donné la menace que faisait peser l'invasion des reîtres, et sur le royaume, et en particulier sur la Lorraine dont le duc tirait une bonne part de ses revenus.

Ce ne fut pas facile d'amener Guise à encontrer le roi pour ce qu'il se méfiait excessivement de quelque embûche et surprise qu'on lui pourrait machiner, bien averti qu'il était que, quelque bonne mine que le prince lui montrât et quelque aimable lettre qu'il lui écrivît, il ne lui voulait guère de bien en son for. Mais enfin, la reine-mère qui était plus ligueuse que royaliste (encore que le roi fût son fils) s'entremettant, comme elle aimait à faire, alla voir le duc à Châlons (où il avait établi ses quartiers) et le persuada de venir à Meaux pour s'aboucher avec le roi. Ce qu'il fit à la parfin, non sans avoir balancé quelques jours encore, au cours desquels nous apprîmes à Meaux le triste exploit perpétré par le duc de Joyeuse, à La Motte-Saint-Eloi, où il avait eu affaire à quatre ou cinq cents huguenots qui, s'étant rendus à lui après un bref siège, sous la promesse de vie sauve, furent, à l'encontre de la parole donnée et des lois de la guerre, impiteusement égorgés, sauf un qui s'ensauva, et dont je reparlerai plus loin.

Cet acte fut trouvé par le roi et la Cour excessivement cruel, digne d'un bandoulier de la Ligue et non d'un lieutenant de Sa Majesté, et paraissait de reste si peu conforme au caractère léger, fantasque et ébullient du duc de Joyeuse, qu'Agrippa d'Aubigné, l'encontrant peu de temps après, lui en demanda la raison.

— Ha ! dit Joyeuse, qui ne voit que le royaume se décompose et tombe en morceaux ? Et quant à moi qui veux avoir part à ses débris, je sais que pour cela il faut que je sois bien accommodé dans les prêches qu'on fait à Paris. Or ce massacre, que j'avoue n'avoir commandé que le cœur malcontent, sera plus au goût des prédicateurs de Paris qu'une bataille que j'aurais gagnée à grand péril, mais où j'aurais usé de mansuétude avec les prisonniers.

— Léger, il l'est, dit le roi devant Chicot après qu'on lui eut rapporté ces propos, mais hélas, il est léger aussi dans la bassesse. Dépêcher, au dépit de l'honneur, cinq cents prisonniers pour être loué en chaire par les prêchereaux, voilà qui juge tout ensemble, et les prêchereaux, et Joyeuse.

L'autre duc, celui qui voulait vaquer le trône de mon maître pour s'y mettre, rassembla à la fin assez d'estomac pour s'aventurer jusqu'à Meaux où, le roi et la Cour l'attendant, il advint avec une suite nombreuse le 2 juillet. Je ne l'avais vu de longtemps et le trouvai fort peu changé, étant, à l'exception peut-être d'Epernon, le plus grand, le plus beau, le plus gaillard, agile et dextre de tous les princes de ce royaume, y ayant peu, en outre, qui eussent pu lui disputer la palme pour la beauté de la face, ayant l'œil velouté et fendu, le trait fin, et une mignarde moustache joliment retroussée sur des lèvres dessinées à ravir. Cependant, à bien l'observer, tandis qu'à envisager sa mortelle enveloppe, mon admiration pour lui à chaque minute croissait (tant il avait à se glorifier dans la chair), je ne laissais pas que de lui trouver, sous ses splendides apparences, l'air faux et chattemite.

Non que la comédie manquât aussi chez le roi. On n'épargnait pas, des deux parts, ces tendres brassées, amicales œillades et suaves protestations, dont on sait ce qu'en vaut l'aune, ces grimaces n'étant qu'eau benoîte de cour, le pensement de derrière la tête ne pouvant se mettre devant. Mais, le propos de ces déguisures n'était pas le même. Le roi voulait la paix et prêchait ardemment pour elle, tandis que le Guise brûlait de marcher dans le sang des Français et la misère du peuple (ce sot peuple qui tant l'aimait) pour s'ouvrir un chemin jusqu'au trône, son âme étant patiente de tout, hors de ne pas régner.

Le Révérend Docteur Marc Miron lui ayant fait donner clystère le matin même, le roi, étant dolent assez, reçut le duc de Guise en sa chambre. Mais ne voulant pas le flatter de l'espoir qu'il était égrotant et que sa succession s'allait ouvrir, il fit l'effort de s'habiller avant que d'introduire son périlleux visiteur et se fit garnir une table de vin, de pain et de deux chapons, lesquels il commanda à Miron, à Du Halde, à Chicot et à moi-même de dévorer en partie avant que de s'attabler lui-même, un pilon à la main, affectant de gloutir la chair à dents aiguës quand le Lorrain entra, tout sourire. Mais voyant du premier coup d'œil les conséquents reliefs de la repue, il cessa de sourire, et allongea la mine, quelque effort qu'il fît, se reprenant, pour la raccourcir.

— Mon cousin, dit le roi allégrement, j'ai pris clystère ce matin et, me sentant fort vide, me suis incontinent rempli, étant creusé d'une faim canine. Mais voulez-vous me joindre, mon beau cousin?

— Nenni, Sire, c'est trop d'honneur et j'ai jà mangé, dit le duc, à qui le roi eut la malice de présenter une main toute graisseuse du chapon, laquelle le Guise effleura de sa moustache avec le plus de respect qu'il put.

— De reste, dit le roi en se levant et s'essuyant les mains et la bouche avec une serviette que Du Halde lui présenta, j'ai glouti assez. L'homme ne saurait être si friand qu'il ne puisse modérer son excessivité. *Corpus onustum hesternis vitiis animum quoque praegravat una* [1], poursuivit-il, gravement et d'un air de souriante connivence, comme s'il ne se ramentevait plus que le Guise ne savait pas le latin. Or, mon cousin, nous avons à garder l'esprit clair pour débattre de nos affaires, celles-ci étant de si grande conséquence pour l'avenir de ce malheureux royaume, lequel est si fort déchiré sur le sujet de la religion.

— Hélas, Sire, dit le duc en joignant les deux mains devant soi avec componction! A Dieu plaise que tous les conseillers de Votre Majesté fussent

---

1. Le corps, alourdi par les excès d'hier, affaiblit aussi l'esprit.

aussi zélés pour la défense de la Sainte Eglise Catholique que je le suis.

— Ou que je le suis moi-même, dit le roi non sans un soupçon de hautesse, car vous ne pouvez douter que je sois fort résolu à ne souffrir autre religion en mon royaume que la catholique. Mais, mon cousin, il y faut de la prudence. Vous n'ignorez pas que se rassemble sur nos frontières une grande armée étrangère, laquelle, si nous reprenions les armes contre le roi de Navarre, ne faillirait pas à nous envahir, dévastant nos provinces, causant des maux sans nombre et foulant durement le pauvre peuple. Tel étant le triste état de nos affaires, et la nécessité nous mettant le cotel à la gorge, ne nous requiert-elle pas d'acheter plutôt une bonne paix qu'une guerre aussi hasardeuse ?

— Ah ! Sire ! s'écria le duc, je ne le cuide pas ainsi ! Je n'accepterai de paix qu'elle ne nous donne l'assurance que la foi de nos pères est sauve ! Or, Sire, je vous supplie de jeter les yeux sur la religion mourante et d'embrasser à plein cœur sa conservation, sans estimer rien de trop difficile ni de trop périlleux pour atteindre à cette noble fin. Sire, poursuivit-il, votre peuple n'a jamais redouté autre chose que la chute du ciel. Et il est bien assuré que sous l'étendard du Seigneur, il pourra dompter tous ses ennemis sur terre.

Que ce langage chattemitique — qui couvrait la cruelle ambition du duc félon sous le manteau et couvert de la religion — donnât la nausée au roi, je le crois, pour ce que détournant la tête, et la lèvre supérieure tiraillée d'un tic qu'il ne pouvait maîtriser tout à plein, il se mit à marcher qui-cy qui-là dans la pièce, les mains derrière le dos.

— Mon cousin, dit-il à la parfin en s'arrêtant devant le duc de Guise, vous êtes-vous avisé que la paix ne profite point aux huguenots, pour ce qu'alors nous gagnons sur eux pour l'intérêt qu'ils ont à se faire, ou refaire catholiques, soit pour avoir des places, soit pour avancer leurs affaires, soit pour marier les personnes du sexe, y ayant en ce royaume tant plus de femmes de l'Eglise romaine que de l'Eglise réformée. Assurément, il faut du temps à cette reconquête, mais elle se fait par les moyens doux et la persuasion, tandis que par le couteau, nous façonnons des martyrs dont le sang nourrit et multiplie leur Eglise. La persécution contre ceux de la nouvelle opinion a commencé sous mon grand-père, s'est continuée sous mon père, et poursuivie sous mon frère Charles IX. Moi-même en ai été le glaive à Moncontour, à Jarnac, à La Rochelle. Et qu'avons-nous profité de ce quasi demi-siècle de combats, de sièges, de massacres et de bûchers, sinon que le roi de Navarre est plus fort que jamais, et qu'une grande armée de reîtres allemands menace nos frontières ? N'est-ce rien pour vous qu'ils doivent, afin que d'envahir ce royaume, passer par la Lorraine et dévaster le duché dont vous êtes issu ?

— J'en accepte le péril pour la plus grande gloire de l'Eglise catholique, dit le duc, en portant tant haut la crête que s'il eût été le saint Georges appelé tout particulièrement par le Seigneur pour terrasser le dragon de l'hérésie, et vous-même, Sire, poursuivit-il, avez juré de l'affronter par le traité de Nemours.

— Auquel, dit le roi âprement, il y eut depuis tant d'accrocs et de contraventions...

— De votre part, Sire ! cria le duc de Guise, coupant la parole à Sa Majesté, et parlant d'un ton si haut, si abrupt et si insolent qu'Epernon porta la main à sa dague : ce que voyant le roi, il lui lança un œil si sévère que la main de l'archimignon retomba incontinent le long de ses chausses.

Cependant, le geste ne passa pas inaperçu du Guise, lequel virevolta sur lui-même, comme s'il eût craint qu'on le poignardât par embûche dans le dos, mouvement qu'il fit prestement, mais avec une sorte de roideur qui me donna à penser qu'il portait une cotte de mailles sous son pourpoint. Ne voyant derrière lui que Du Halde et moi, qui étions debout contre la tapisserie et l'air fort pacifique (encore que nos pensées l'eussent sur l'heure dépêché, si elles en avaient eu le pouvoir), il se rassura et ressaisissant son fil, reprit son véhément discours quoique sur un plus bas diapase.

— Je me plains, Sire, du mauvais traitement qu'on fait aux villes qui ont demandé l'extirpation de l'Eglise prétendue réformée. *On* a ruiné la citadelle de Mâcon qui l'avait quise ! *On* a surpris Valence ! *On* a disgracié Brissac, Croisilles, Gessan et Entragues pour ce qu'ils étaient de la Ligue ! *On* a perverti l'usance des deniers qu'on avait pour la guerre amassés ! Et par là, poursuivit-il aigrement, (cette cascade de « on » ne pouvant désigner que le roi) il y a grande apparence qu'*on* ait encore quelque envie de remettre l'hérésie dessus.

— Tant s'en faut, dit le roi avec feu, qu'il y ait prince au monde qui ait plus cœur que moi à l'éteindre. Mais je trouve que ceux de la Ligue y marchent d'un fort mauvais pied. Ce qui me fait croire, poursuivit-il, son bel œil noir jetant tout soudain un regard étincelant au duc, *qu'ils aspirent à quelque chose de plus*.

Ces paroles et ce regard étaient si clairs que le Guise pâlit, ouvrit la bouche, la ferma et derechef porta son œil autour de lui d'un air suspicionneux. Mais Epernon, assis sur une escabelle, croisant les bras, la paupière baissée, et tous autres qui étaient là étant plus immobiles que souches, il reprit cœur, quoique avec l'air quelque peu interdit d'un chattemite, lequel se voit ôté son mantel d'hypocrisie, et se sent nu et vergogné.

— Mais, Sire, dit-il d'une voix sourde et se donnant quelque peine pour reprendre sa crête, y a-t-il apparence...

— Il y en a plus que je ne voudrais ! dit le roi, le coupant à son tour. Qui ignore en ce pays qu'*on* m'a demandé des places de sûreté contre les huguenots en des provinces où il n'y avait pas lieu de les craindre, ni en corps ni en âme ; qu'*on* m'a surpris et pris Dourlens et Pondormy ; qu'*on* m'eût surpris Boulogne si le vaillant capitaine Le Pierre n'avait détourné le coup ! qu'*on* m'a tué le capitaine Le Pierre dans une querelle d'allemand pour le punir d'avoir servi fidèlement son roi ; qu'*on* a bâti une citadelle à Vitry-le-François contre moi ; qu'*on* a refusé le gouverneur que j'avais nommé à Rocroy. Et pour le regard des deniers dont vous vous plaignez, poursuivit-il, passant du « on » au « vous » avec un brusque brillement de sa prunelle, n'avez-vous pas prodigué les cent mille écus qu'on vous donna pour le bâtiment de la citadelle de Verdun ? Ha ! dit-il, je n'en finirais pas, si je devais tout dire ! Mais il y a beaucoup de choses que je passe, pour ce qu'elles valent mieux tues que dites pour votre honneur...

— Mon honneur, Sire ! cria le duc, lequel derechef perdit ses couleurs et s'encontrant le dos au mur après ce brusque et frontal assaut, parut disposé à rassembler ses forces éparses pour rompre, son honneur (lequel dans la réalité, était depiéça défunt) ne lui permettant pas de demeurer plus outre en la place.

Ce que voyant le roi, et ne voulant pas d'une rupture qui n'entrait pas dans ses plans — pour ce qu'il escomptait que, s'il fallait en venir à la guerre, comme il y avait apparence, vu la roideur de la Ligue, la grande armée étrangère pourrait d'aventure accabler celle du duc — il changea tout soudain de face, de voix, de geste et de regard avec une émerveillable souplesse, et prenant le Guise quasi amicalement par le bras, il lui dit sur le ton le plus enjoué :

— Mon beau cousin, n'en parlons plus. Vous alléguez mes contraventions au traité de Nemours. J'allègue les vôtres. Elles sont contrepesées les unes aux autres. Il faudra y donner bon ordre, s'il est possible. Mais pour l'instant — auquel sa peine suffit — allons aviser, avec mon Conseil, comment assaillir les huguenots et rompre l'armée des reîtres quand elle nous tombera sus. Mais devant que nous y allions de concert, mon cousin, j'aimerais que vous accommodiez de votre mieux avec le duc d'Epernon, lequel aspire fort à l'honneur de votre amitié.

Le roi dit cela sans rire le moindre, alors même qu'il savait, comme tout un chacun dans ce royaume, la stridente haine que se vouaient les deux hommes, lesquels aspiraient tous deux, non point certes à l'amitié, mais à la mort l'un de l'autre, le Guise tenant l'archimignon pour le plus fidèle soutien du trône qu'il voulait vaquer, et Epernon tenant le Guise pour l'archi-ennemi de son roi.

Cependant, le roi n'eut pas plus tôt exprimé le désir de les voir s'accommoder qu'Epernon se leva et vint vers le duc et le confronta, le visage amical et riant, le Guise lui rendant ses sourires. Spectacle étrange assurément que ces deux grands félins rentrant tout soudain leurs griffes et se faisant patte de velours d'un air si doux et si benoît !

— Monseigneur, dit le duc d'Epernon en s'inclinant, je requiers de vous l'honneur d'être votre plus humble, plus proche et plus dévoué serviteur.

— Monsieur le duc, dit le prince — qui, tout miel et nectar qu'il fût, ne voulut pas cependant condescendre à appeler l'archimignon « Monseigneur », pour ce qu'il le réputait, ou affectait de le réputer, un parvenu d'extraction fort basse, la Montpensier ayant fait prêcher par ses prêchereaux la fable qu'il était petit-fils de notaire, et non point descendant de Nogaret, comme il le prétendait —, Monsieur le duc, je requiers de vous même honneur, et n'ai d'appétit qu'à vous bien servir.

— Monseigneur, poursuivit Epernon, pour ce que je ne vois rien de plus grand ni de plus noble que vous en ce royaume, je vous supplie de disposer de ma personne et de mes biens, comme s'ils étaient à vous.

— Monsieur le duc, les miens sont pareillement les vôtres pour la simple demande d'yceux et je vous supplie d'user du peu de crédit que je possède en cet Etat, comme vous l'entendez.

— Monseigneur, dit Epernon, il n'est pas d'office d'amitié que je ne sois, pour ma part, disposé à vous rendre, pour peu que vous ayez la bénignité de les quérir de moi.

— Monsieur le duc, je n'y faillirai pas. Comme vous de moi, je vous en supplie instamment. J'en userai de vous comme d'un frère, plus uni à moi que les deux doigts de la main.

— Monseigneur, à la vérité, je vous mets si haut au-dessus de tous les grands de ce royaume que, quoi que vous m'ordonniez pour le bien du roi, je ferai sur l'heure votre commandement.

— Monsieur le duc, dit Guise qui parut flairer là quelque degré d'irrision, je ferai assurément le vôtre.

— Monseigneur, vous me comblez. Souffrirez-vous que je vous embrasse ?

— Monsieur le duc, l'honneur et le bonheur seront les miens de cet embrassement.

Sur quoi, nos deux grands tigres se contreposant les pattes autour du cou (qu'ils se fussent si volontiers ouvert d'un coup de dent) se donnèrent une brassée si longue, si forte et si affectionnée, avec tant de toquements, de palpements de dos et tant de baisers sur leurs joues amicales, en bref, se caressèrent si fort l'un l'autre que vous eussiez cru qu'ils étaient les plus grands amis du monde et qu'il fallut que le roi (que ce spectacle paraissait ébaudir en son for) les déprît l'un de l'autre à la parfin, disant que son Conseil les espérait tous trois depuis une grosse demi-heure.

Lecteur, si, Français naturel, tu n'as pas la rare fortune de vivre en Paris, ce que les Parisiens qui se paonnent à l'infini de leur belle ville tiennent sottement à opprobre, tu ne connais point ce populaire jeu que jouent sur le pavé de la capitale les galapians des rues : l'un d'eux, orné d'une couronne de carton, d'un sceptre en bois, d'un globe fait de chiffons et d'une grande guenille qui tient place d'hermine, siège gravement sur une borne, contrefaisant le roi, tandis que tour à tour s'approchent de lui ses « sujets », drolissous comme lui, morveux et crottés — lesquels, génuflexant, l'appellent « Sire » ou « Votre Majesté » et le décorent de titres magnifiques, encore que chacun à chaque fois, au départir, lui robe un de ses ornements, qui sa couronne, qui son sceptre, qui son globe, qui son grand manteau. Tant est qu'à la fin des fins, le pauvre souverain, tout honoré qu'il soit, se retrouve tout nu.

Ce manège, que j'ai souvent observé aux carrefours

quand je chemine de mon logis du Champ Fleuri jusqu'au Louvre et dont nos petits gambadeux sont à plein raffolés, se nomme « *la farce du roi dépouillé* ».

Or, lecteur, ce mardi 7 juillet, le roi s'apprêtant à monter à cheval pour regagner Paris sa bonne ville (laquelle hélas, ne lui est pas si bonne, les prêchereaux et les ligueux l'ayant dressée contre lui), le duc de Guise, lui venant demander son congé, lui baisa les mains quasiment à deux genoux, lui faisant d'infinies soumissions et révérences, et de grandes et répétées protestations de son zèle à le servir, et de l'obéissance, sujétion et fidélité que ceux de la Ligue et lui-même lui avaient toujours montrées et lui montreraient à jamais : compliments que tous les présents, dont j'étais, s'accordèrent à trouver outrés, et dans leur outrance quasiment injurieux, mais que le roi souffrit, sans dire mot que courtois, d'un air bénin.

Cependant, le duc départi avec sa suite (presque royale jà en son nombre, équipage et splendeur), Epernon, sourcillant, dit au roi, la main sur la poignée de sa dague :

— A quoi joue le duc ?

— Ne le savez-vous pas ? dit Henri les dents serrées, il joue *la farce du roi dépouillé*.

Et tandis qu'un brillement passait dans son œil noir, il ajouta à voix basse ces deux mots qu'on sait bien que j'ai, et que nous avons, toutes les raisons du monde de nous ramentevoir :

— Mais patience...

Après quoi, il comprima les lèvres, comme s'il regrettait d'en avoir jà trop dit et, se tournant vers les gentilshommes de sa suite, cria à voix haute et claire :

— Messieurs, le boute-selle !

Nous advînmes à la nuitée en Paris et prenant congé de Sa Majesté, je me hâtai vers mon logis avec mon Miroul, l'obscurité rendant, comme on sait, les rues peu sûres en Paris et, parvenu à mon huis, me trouvai content d'apercevoir à la fenêtre de l'Aiguillerie, Mérigot, guettant fidèlement mon retour avant que de s'aller coucher.

Le logis était tout endormi déjà et gagnant mes appartements, et n'y voyant pas luire la chandelle, je jugeai que mon Angelina s'était ensommeillée et pour non point la contretroubler, me déshabillai dans un petit cabinet attenant où je n'allumai qu'un calel. Après quoi, revenant avec lui dans ma chambre, je me glissai dans les draps où je trouvai le corps tiède et poli de mon aimée, prenant garde toutefois de ne le pas trop presser pour non pas rompre son repos, et poussant un petit cri d'aise à m'encontrer derechef, après ces chevauchées et ces lassitudes, en cette couche où ne m'était jamais rien advenu que de très suave et de très délicieux, j'étais pour souffler la flamicule du calel, quand je me figeai comme souche, ayant ouï un chagrineux soupir.

— Mais, mon Angelina, dis-je en la prenant doucement dans mes bras, et en tâchant d'apercevoir sa face à travers le désordre de ses blonds cheveux, te voilà toute en pleurs ! Qu'est cela ? Que veut dire ce chagrin ? Quel en est le pourquoi ?

— Que vous le savez bien ! dit-elle d'une voix fort sourde et petite, son corps étant quasi convulsé en hoquets et sanglots.

— Que je le sais bien ! répétai-je, béant. Angelina, que veut dire ce discours ? Ai-je fait aucune chose qui vous ait navrée ? Auquel cas, il faut que vous me le disiez incontinent, afin que je puisse rhabiller la navrure.

— Celle-là, dit-elle entre ses pleurs et larmes continuement versés, vous ne la pourrez si bien recoudre que celle de vos patients et blessés.

— Quoi ! dis-je, fort alarmé, mais tâchant de gausser un peu, est-ce donc si grave ? Ai-je commis telle capitale et gravissime faute envers vous que vous me deviez garder une dent si mauvaise ?

— Oui-da ! dit-elle.

Et rien d'autre, car ses sanglots à la parfin cessant,

et moi la pressant de questions et interrogations infinies avec toutes les protestations et tendresses que m'inspirait pour elle mon immutable amour, elle ne me voulut rien dire, mais échappant à demi à mon étreinte, sa belle face détournée dont je ne voyais que le profil, elle demeura coite et comme en statue de sel changée, l'œil fixe envisageant le vide, le corps roide. Je fus une grosse heure à tâcher de la faire saillir de cette morne immobilité, d'autant que commençant à soupçonner que son désespoir prenait sa source en une jaleuseté qu'elle avait trop de hautesse en sa complexion pour consentir à avouer, le pensement me poignit tout soudain qu'elle avait eu vent, se peut, de mon affaire avec Alizon en Boulogne, tant est que ma conscience me damnant, je me maudis avec elle et je me sentis excessivement malheureux à l'idée que le plaisir d'un moment si bref m'eût fait perdre l'amour de toute une vie.

Ne sachant plus que faire et que dire après d'inutiles supplications et prières de se confier enfin à moi, et las de me tourner et retourner sur mon lit comme si jà les flammes me rôtissaient (lesquelles, à ce que je cuide, ne sont jamais qu'intérieures et de nous-même venant, pour ce que je décrois assurément les tourments de l'enfer comme contraires à la bénignité de Dieu), je pris le parti de me lever et, allant quérir ma vêture, de m'habiller sans piper mot, ma gorge étant quasi sèche de mes vaines salives, et mon propos étant de me réfugier au rez-de-chaussée dans mon petit cabinet pour y trouver le confort et l'assouagement de mes livres. Angelina fut alors tant surprise de ce déportement qu'elle recouvrit tout soudain la parole et me dit d'un ton fort âpre :

— Que faites-vous ? Où allez-vous ? Retournez-vous en Angleterre ?

Ah ! Belle lectrice qui, se peut, avez eu quelque événement dans votre vie à cacher à votre amant, et celui-ci vous soupçonnant en un périlleux entretien, découvrez avec un soulagement infini qu'il vous croit innocente où vous ne le fûtes pas, et coupable où vous fûtes innocente (et le pouvez prouver), jugez combien se desserra à ces mots d'Angelina la poire d'angoisse qui me gonflait la gorge.

— Quoi ? dis-je, riant tout de gob à gueule bec, l'Angleterre ! Vous a-t-on fait des contes sur la belle Lady T. et moi-même ?

— Belle ! s'écria Angelina en son tumultueux courroux, osez-vous la dire belle à mon nez ?

— Mais elle l'est, dis-je toujours riant, et de surcroît fort vertueuse et si fidèle à sa reine qu'elle consentit, sur son commandement, et à me loger chez elle, et à contrefeindre avec moi d'amoureux rapports qui n'avaient dans la réalité des choses, ni moelle ni substance.

— M'amusez-vous ? dit Angelina, se soulevant sur son coude pour mieux m'envisager. Où seraient l'intérêt et l'usance d'un lien prétendu ?

— Grandissime pour ma sûreté, puisque je devais entretenir la reine en secret des desseins de mon maître sans que le sussent Bellièvre et ses gentilshommes : raison pour quoi je ne logeais point ès auberge avec eux.

L'innocence a ceci d'infiniment confortant qu'elle vous baille une grande force qui vous retient de protester trop ; comme vous y pousse, à l'accoutumée, la pente du mensonge, lequel a tendance à se nourrir de lui-même et à se multiplier en bourgeons malvenus. Mes rires qui étaient de soulagement, l'affirmation de la beauté de Lady T. (qu'un coupable eût lâchement niée), la réticence que je gardais touchant l'objet de ma mission (dont mon épouse savait qu'elle m'était coutumière) et par-dessus tout, le peu de soin que je mis à me disculper, tout convainquit Angelina que les méchants becs de la Cour l'avaient abusée et à peu qu'elle n'attentât alors de s'excuser d'avoir douté de ma foi, excusation que j'interdis à ses lèvres en les baisant, tant la remembrance de Boulogne la rendait incommode à ma conscience.

On parla encore une grosse heure des charmes et des soucis de notre domestique, de nos enfants qui, la Dieu merci, étaient beaux et gaillards, du percement de la porte du logis attenant que j'avais acheté pour y loger Giacomi, tant pour la stratégie de retraite que Miroul et moi avions conçue dans le cas d'une émotion populaire que pour complaire à mon épouse que l'idée ravissait d'avoir bientôt si proche d'elle, maintenant qu'elle était mariée, sa tant chérie jumelle dont la déprivation, ces dix années passées, lui avait été si cruelle. Tant est qu'à la fin, aquiétée et accoisée, elle s'ensommeilla dans mes bras ; et moi, à la lueur du calel, j'envisageais non sans une profonde tendresse et quelque petit remords, ces joues où les dernières larmelettes avaient laissé quelques traces. Mais hélas, comme on sait, le mauvais de nos corps, c'est que nous donnant tant, ils nous enlèvent tant aussi et qu'on ne peut s'endormir dans les bras de son aimée sans qu'à la longue les membres emmêlés ne se lassent et s'engourdissent, tant est qu'à la fin il faut se déprendre et se séparer.

Mon pensement alors d'elle s'éloignant aussi, et me remettant en l'esprit cette entrevue de Meaux, je me trouvais excessivement chagriné que le chattemitique parti de la guerre (ha ! Les beaux yeux du Guise ! si clairs ! si bleus ! si faux !) l'eût emporté une fois encore sur l'humanité de mon maître et son souci du pauvre peuple de ce dolent royaume. Ha ! Je le dis encore, comme tout m'était apparu de bas et mauvais aloi chez le Magnifique ! Quelle âme de cafard ne nichait en sa seigneuriale enveloppe ! Quel mélasseux mensonge en son œil, sa voix, sa pensée, sa parole, lui qui avait osé supplier le roi de « jeter un regard sur la religion mourante ». Mourant, le papisme ! Peut-on articuler sans battre un cil tant palpable fallace ! Plût à Dieu que le papisme fût dans le monde moins gaillard, corpulent et sanguin ! Il songerait moins à donner la saignée à nos pauvres huguenots, eux que le cotel, la geôle et le bûcher ont assaillis en ce pays depuis plus de quarante ans.

Pressez ce beau duc. Il n'en sort que faussetés comme d'un aposthume du pus ! Pour un peu, vous alliez de sa bouche d'or ouïr que c'est l'Eglise catholique qu'on va persécuter céans. De reste, c'est dit déjà !

Si vos pas, en ce juillet torride, vous portent au cimetière Saint-Séverin où les foules se pressent, vous y verrez un grand tableau que la Montpensier, l'ayant commandé à un barbouilleur, a posé là tout exprès pour émouvoir à la guerre un peuple crédule. On y représente en couleurs atroces les cruels tourments et les étranges inhumanités qui sont prétendument exercés par la reine Elizabeth contre ses sujets catholiques ; les tenailles, les brodequins, l'estrapade, le pal, l'écartèlement, la castration, la pendaison, tout y est, sans compter la menue monnaie des filles forcées et des enfants en broche. A envisager ces horreurs (dont je n'ai vu trace la moindre en Angleterre), nos pauvres garces de Paris sanglotent tandis que nos bons garçons grincent des dents, et au retour au logis, aiguisent leurs couteaux contre les huguenots, dont un guillaume, commentant la baguette en main ce tableau sublime, leur a dit et répété comme Evangile qu'il s'en trouve dix mille — comme bien tu sais, lecteur ! — cachés dans les bauges du Faubourg Saint-Germain qui n'attendent qu'un signal de Navarre (avec qui on laisse entendre que le roi est connivent) pour se jeter sur Paris !

CHAPITRE XI

En août 1587, mais je ne saurais me ramentevoir le jour, le roi me dépêcha à Sedan porteur d'un message extraordinaire au prince de cette ville, le jeune duc de Bouillon. Cette mission étant fort secrète et, de par son caractère, mettant le messager à grand péril, le roi commanda à Fogacer de courre le bruit que je m'étais retiré à Saint-Cloud chez le baron de Quéribus pour tâcher d'y faire les nécessaires curations à une intempérie, laquelle portait risque d'infection — ceci pour détourner les mouches et les ligueux d'y venir fourrer le nez. Et par le fait, je partis bien ostensiblement pour Saint-Cloud, quasi couché dans ma coche et pimploché de céruse pour paraître plus pâle (Miroul contant au voisinage que j'étais au plus mal) mais avec une forte escorte prêtée par Quéribus, et qui était faite des hommes qui m'avaient jà accompagné à Boulogne, et dont j'avais acquis le dévouement par les moyens que j'ai dits.

Le roi n'ayant pas, pour ma mission, épargné les écus, je restai à Saint-Cloud le temps qu'il fallut pour acheter pour tous de très bons chevaux, sachant que les alentours de Sedan s'encontraient infestés par les troupes de Guise, lesquelles sans assiéger précisément la ville la tenaient fort à l'étroit, alors même que le roi lui avait plusieurs fois mandé d'avoir à retirer ses forces de ces environs, leur demeure plus outre en ces quartiers lui étant à ennui. Car le roi, ostensiblement, protégeait le duc de Bouillon, combien qu'il fût huguenot, ne voulant pas que son petit Etat tombât dans les mains du Guise, lequel avait déjà saisi Toul et Verdun (mais failli devant Metz) dans le dessein de verrouiller la frontière par où les princes allemands pouvaient secourir soit les huguenots, soit le roi de France.

La raison pour quoi je voulais de très saines, vives et gaillardes montures était que j'étais apensé que si nous tombions sur des guisards à l'approche de Sedan, seule la célérité nous ferait échapper à leur nombre, ce qui bien se vérifia, non point une mais deux fois, n'ayant alors que le temps de décharger nos pistolets avant que de tourner jaquette, les bonnes gambes de nos chevaux nous mettant hors portée le temps de battre un cil.

Le jeune duc de Bouillon, prince de Sedan, avait à peine passé vingt ans, et il eût été tout charme et tout lys, si ces lys n'avaient été si pâles, étant fébrile et pulmonique, comme je le savais déjà, et comme le premier coup d'œil m'en confirma la pensée. Ce qui m'induisit à lui dire — y ayant en son entourage des faces cafardes que j'aimais peu — que je me nommais Dubosc, que j'étais un des médecins du roi, et que celui-ci me dépêchait à lui, afin de voir si je ne pourrais pas rhabiller ses intempéries. Et par là, gagnant de l'examiner dans le privé et à l'abri des oreilles à la traîne, je lui dis ce qu'il en était de mon message secret, à savoir que la grande armée étrangère des reîtres dont il allait partager le commandement avec le Prussien Fabien de Dhona, s'arrêtât en Lorraine et la dévastât sans pousser plus outre dans le royaume, tâchant d'attirer et de défaire l'armée du duc de Guise, et au cas où, par malheur, il y faillirait, se pouvant échapper et regagner ses bases allemandes, étant si proche de ses frontières.

— Ha! me dit le jeune duc, lequel ne manquait assurément pas d'esprit, c'est raison! C'est raison claire et évidente! En outre, je le voudrais faire aussi pour obliger le roi de France lequel m'a protégé depiéça de l'oppression violente du duc de Guise. Mais je doute y pouvoir réussir, car Fabien de Dhona n'entend être commandé que par un prince français du sang, et ni Navarre ni Condé ne pouvant se hasarder jusqu'ici, il ne voudra pas être sous moi, ni ouïr mes avis pour ce qu'il a presque le double de mon âge et me tient pour un béjaune sans expérience des armées, ce qui est vrai, et sans cervelle, ce qui est faux. Le peu de cervelle, c'est en son chef qu'il le faudrait trouver...

— Mais, Monseigneur, dis-je, vous lui pourrez dire du moins que c'est là le désir du roi de France, lequel, si les reîtres viennent à être défaits, assurera leur retraite et leur retour en leur pays. Il est de la plus grande conséquence que vous sachiez, Monseigneur, que mon maître a distribué ses forces de façon à rester maître de la situation. D'une part à Guise, il n'a pu qu'il n'a confié une armée forte assez, grossie encore des forces de la Ligue. C'est cette armée que Dhona et vous-même, Monseigneur, aurez devant vous en Lorraine, si du moins la sagesse prévaut et vous inspire d'y demeurer. D'autre part, à Joyeuse, qui étant passé à la Ligue est fort reculé de ses premières faveurs, mon maître a donné une armée qu'il pense être trop faible pour battre Navarre, mais forte assez pour le contenir. Lui-même s'est installé sur la Loire avec le gros de ses troupes pour empêcher dans les occasions Navarre de se joindre aux reîtres, et pour dicter à la parfin la paix à tous si, comme il l'espère, Guise est battu en Lorraine et Navarre arrêté en Gironde.

— C'est un plan machiavélien, dit le duc de Bouillon avec un fin sourire, et qui fait honneur à la subtilesse de mon bien-aimé cousin le roi de France, lequel traite ses adversaires en amis et ses propres généraux en adversaires.

— Ce qu'assurément ils sont, Monseigneur. Qui en pourrait douter? Et qui ne sait que le roi de France ne fait qu'à l'extrême rebours de son estomac cette guerre qu'il redoute au moins autant de gagner que de perdre, pour ce qu'une victoire de Guise en Lorraine et de Joyeuse en Gironde ébranlerait son trône.

Deux jours plus tard, je quittai ce jeune duc de Bouillon, si beau, si aimable et si mourant.

En lui demandant mon congé, je doutais qu'il pût vivre au-delà de quelques mois, ou même tenir à cheval le temps de la campagne, et moins encore persuader Fabien de Dhona de demeurer en Lorraine, alors que l'appétit de la picorée attirait si fort ses troupes vers Paris, laquelle bonne et riche ville était un bien fort aimant pour les corselets des reîtres.

Comme il avait été convenu avec Sa Majesté, je ne regagnai pas tout de gob mon logis du Champ Fleuri en la capitale, mais la maison de Quéribus à Saint-Cloud, et à la nuitée, pour qu'on ne me vît pas à cheval. Et là, au démonter, demandant à Quéribus comment allaient Angelina et mes enfants, il me répondit que, d'ordre du roi, il les avait conduits ce lundi passé à ma petite seigneurie du Chêne Rogneux, pour ce que ma maison de ville, en mon absence, avait été assaillie la nuit par une bonne douzaine de mauvais garçons, lesquels avaient tâché de l'irrompre, attaquant les portes par des haches et des marelins et attentant d'y mettre le feu par des pétards que mon Miroul, versant de l'eau par les mâchicoulis, avait réussi à éteindre. Mérigot, de sa fenêtre de l'Aiguillerie, donnant alors de ses deux arquebuses (sa garce rechargeant l'une, tandis qu'il tirait l'autre), et Giacomi, de son logis, faisant feu aussi de ses pistolets, nos vaunéants s'ensauvèrent, laissant leurs morts, emportant leurs blessés, sauf un qu'ils tenaient pour occis, mais qui vécut cependant assez pour avouer à Nicolas Poulain que leur troupe avait eu le poignet graissé pour cette entreprise par le majordome d'une grande maison. Ce qui donna à penser à Mosca (ou *Leo*) que la main des Guise avait tiré ce beau fil pour le massacre de ma maison.

A ce récit, que lui fit le lendemain Quéribus, le roi trembla pour moi, ayant appris le jour même que le brave seigneur de Grillon qu'il avait nommé gouverneur de Boulogne en remplacement de M. de Bernay avait échappé par miracle à un attentement de meurtrerie sur lui perpétré par un soldat que le duc d'Aumale avait soudoyé. D'où Henri avait conclu *primo* que d'un côtel la Ligue n'avait guère mordu à la fable de mon intempérie et me cuidait — peut-être sans savoir précisément où — engagé à le servir, *secundo* que les princes lorrains avaient repris leur diabolique plan d'assassiner, un à un, ses plus fidèles serviteurs ou officiers, afin que de frapper de terreur les survivants et creuser autour de lui le vide.

— Le roi, conclut Quéribus, veut que vous vous serriez en votre seigneurie du Chêne Rogneux, sans mettre le pied en ce périlleux Paris, tant que la guerre ne sera pas finie.

— Ha! dis-je, que cela me chagrine et me point! Quoi? Même en son camp à Gien-sur-Loire, entouré de ses troupes, je ne serais pas en sûreté?

— Il le croit.

— Et mon ambassade?

— Il vous prie de m'en dire les fruits à mon oreille. Je serai votre bouche.

— Maigres fruits. Bouillon veut ce que veut le roi, mais ne le pourra achever. La force de cette grande armée étrangère, c'est son nombre. Sa faiblesse réside en ceci, qu'elle compte des Français huguenots, des reîtres allemands et des Suisses, lesquels sont mal accordés les uns aux autres, et en outre commandés par deux chefs qui se déprisent : Bouillon que Dhona tient pour un béjaune sans expérience, et Dhona que Bouillon tient pour un sottard. En outre, le pauvre Bouillon est atteint d'une phtisie qui le va tous les jours consumant.

— C'est maigre fruit, en effet, dit Quéribus, pour toute la pécune qu'a coûté la semaison de cette grande armée par trois rois.

— Trois? dis-je, où voyez-vous qu'ils furent trois?

— Navarre, Elizabeth...

— Et le troisième?

— Henri.

— Quoi? dis-je, béant, Henri?

— En sous-main, par le duc de Bouillon. C'est du moins ce qu'on murmure à la Cour.

— Chez les ligueux?

— Nenni. Chez les plus fidèles des officiers du roi. Ah! Mon frère! Si la chose est vraie, elle va bien trop profond pour moi : payer pour se faire envahir!

— Nenni, mon Querelleur! dis-je en souriant, pour envahir la Lorraine, la dévaster et vaincre le Guise.

— Ah! dit Quéribus, prenant à deux mains sa tête charmante, Machiavel! Machiavel! Machiavel! Savez-vous que Navarre lui aussi a quis de Bouillon de demeurer en Lorraine? Il veut une diversion des reîtres et non pas une jonction avec eux, ne désirant pas devoir sa victoire à une armée étrangère et ne désirant pas non plus être contraint d'affronter le roi, lequel en son camp de Gien-sur-Loire répète tous les jours : j'userai de mes ennemis pour me venger de mes ennemis. Le roi le dit en latin.

— En latin que voici, dis-je, me paonnant quelque peu : *de inimicis meis vindicabo inimicos meos* : C'est un verset du Livre Saint.

— Ha! Mon Pierre! dit Quéribus, comme vous êtes savant! Que je regrette, à vous ouïr, de n'avoir rien étudié que l'escrime en mes vertes années!

— Aussi êtes-vous la plus fine lame du royaume et en outre, à trente ans passés, d'une tournure à faire tourner bien des têtes...

— Il est vrai, dit Quéribus, en pivotant son torse

sur ses hanches pour parader sa taille de guêpe. Mais vous-même, mon Pierre, on murmure qu'à Londres...

— Billes vezées et viandes creuses ! J'ai perdu ma peine ! Je n'ai fait que conter fleurette à fleur qui ne se voulait cueillie, ni même butinée.

Ce que mon Querelleur ne fut pas fâché d'ouïr, m'ayant distribué depiéça dans un rollet qui comportait science, éloquence et adresse, mais non pas séduction, laquelle, par une sorte de droit, comme son tortil de baron, n'appartenait qu'à lui.

— Que n'ai-je été avec vous à Londres ! dit-il avec un sourire, j'eusse été votre second.

— Mon *premier*, voulez-vous dire ? Car je ne doute pas qu'à peine advenu, vous eussiez pu dire comme Jules César : *veni, vidi, vici*.

— Qu'est cela ? dit-il en levant un sourcil qui, comme celui du roi, était épilé et peint.

— *Je suis venu, j'ai vu, j'ai vaincu.*

— Excellent ! s'écria Quéribus, ravi et riant. Excellentissime ! Havre de grâce ! Que voilà une forte et fière devise ! Pierre, il vous faudra me l'écrire en latin, pour que je la mémorise et m'en ramentoive dans les occasions. Mieux même, je la ferai broder en lettres dorées à l'intérieur de mes chausses, afin de l'avoir toujours présente en mon esprit quand je me dévêtirai !

Non sans malenconie, je le regardai départir le matin suivant avec son escorte sur une fort jolie jument baie pour le camp du roi à Gien-sur-Loire, enviant sa folâtre insouciance de muguet de cour ou de sage-mondain, comme nous disons, comme si ces deux mots ne juraient pas d'être joints. Du moins, pour toutes ses coquettes frivolités, Quéribus était-il fidèle à son roi. Non qu'il entendît bien où Sa Majesté voulait aller, mais le suivait néanmoins, par point d'honneur de gentilhomme, quel qu'en fût le péril, la Ligue ayant juré la mort de tous les « politiques » et la ruine de leurs maisons, une fois la victoire acquise.

Tout cet automne, je me rongeais les poings en ma petite seigneurie, non que je n'y eusse à m'occuper, achevant de m'y bien fortifier sur le modèle de Mespech, et ménageant mes terres selon la bonne économie huguenote, lesquelles terres j'avais agrandies ces années passées grâce aux libéralités de mon maître. Et de reste, il n'est pas à dire que je pusse jamais trouver le temps long, même en un désert, étant homme à goûter les charmes de mon domestique. Angelina, mes beaux enfants, mes livres, mes chevauchées dans la forêt de Montfort-l'Amaury, et les veillées le soir en ma grand'salle avec quelques voisins, petits gentilshommes, plus riches en vertus rustiques qu'en deniers, eussent suffi à nourrir ma félicité, si la volonté de mon maître ne m'avait retenu loin de son service, dont je voyais bien qu'il était devenu l'étoffe même de ma vie, pour ce qu'en servant le roi, j'étais persuadé de servir, outre lui-même, la conservation de l'Etat, la maintenance de la paix et la victoire de la tolérance.

Havre de grâce ! Combien de fois, en ma contrainte inactivité champêtre j'ai rêvé et ressassé, sans m'en pouvoir rassasier, les remembrances, comiques ou périlleuses, de mes missions en Guyenne, à Boulogne, à Londres et à Sedan ! Il me semblait que je vivais alors, et d'autant que ma vie s'encontrait plus menacée, et aussi plus utile, étant comme une navette aux mains de Sa Majesté, et allant, venant, retournant encore, sous l'impulsion qu'Elle me donnait, mais toujours au cœur des toiles qu'Elle tissait et contretissait pour défendre son trône contre ceux qui le voulaient vaquer, et fouler son peuple par la guerre, les massacres et l'Inquisition.

J'invitais souvent à ma table le curé Ameline de Montfort, lequel était bon homme assez, prudent, pas plus ligueux qu'il ne fallait pour ses sûretés, ne prêchant jamais contre le roi, et à peine contre les archimignons, fort modéré en tout, même en son déportement et jusqu'à son corps. Car il n'était ni grand ni petit, ni mince ni bedonnant, ni chevelu ni chauve, ni jeune ni vieil, ni estéquit ni gaillard, ni paillard ni vraiment chaste, ni porté au flacon ni le déprisant, ni chiche ni libéral, ni gros mangeur ni abstinent, ni sottard ni spirituel, ni éloquent ni bégayant, ni savant ni ignare, ni couard ni vaillant, ni zélé au labour ni apparessé, et quoi qu'il dît jamais, ou suggérât ou laissât entendre, ou opinât, ou lamentât, ou jérémiât, ni franche chair ni vrai poisson...

De sa face on ne pouvait dire qu'elle était ronde, ovale ou carrée, encore qu'elle fût un peu tout cela ensemble ; de son œil qu'il était clair ou faux ; de son nez qu'il était mince ou obscène ; de sa denture qu'elle était bonne ou mauvaise, pour ce qu'il souriait sans la montrer ; de sa voix qu'elle était forte ou faible, pour ce qu'il ouvrait si peu la bouche pour la laisser saillir.

— Ha Monsieur le Chevalier, dit-il en s'asseyant à ma table en ce frileux 16 novembre qui est resté si vif en mon ressouvenir, et après m'avoir fait, en réponse au mien, un salut qui n'était ni froidureux ni chaleureux, j'ai eu hier chez moi M. l'Abbé De Barthes qui me visite souvent assez, ayant une terre aux Mesnuls. Il est, comme je crois vous l'ai dit, confesseur de M. le chancelier de Villequier, et venant de Paris, m'a apporté des nouvelles de la guerre que nous menons.

— Et quelles sont-elles ?

— Ni bonnes ni mauvaises, dit le curé Ameline.

Je l'eusse juré ! Et le voyant qui s'accoisait, mâchellant son jambon, j'attendis qu'il eût fini pour dire :

— Voyons cela !

— Pour le moment, voici, dit le curé Ameline, l'armée de Monseigneur le duc de Joyeuse a été entièrement rompue et défaite à Coutras par le roi de Navarre le 20 octobre, quantité de noblesse catholique tuée, et M. de Joyeuse qui, jeté à bas de son cheval, brandissait son gantelet en criant : « Il y a dix mille écus à gagner ! » eut la tête brisée d'un coup de pistolet par un guillaume, lequel se trouvait être l'unique survivant du massacre que le duc avait commandé à La Motte-Saint-Eloi.

— L'incommode d'un massacre, dis-je, outre son inhumanité, est qu'il laisse toujours derrière lui un témoin ou un vengeur, et c'est là une leçon dont on ne tire jamais profit puisqu'on en meurt.

Je dis cela faute de me pouvoir ébaudir de la victoire de Navarre, ni de m'en vouloir attrister.

— Le plus étrange de l'affaire, reprit le curé Ameline, c'est que le roi de Navarre, ayant vaincu, débanda son armée et disparut. Le bruit a même couru qu'il était mort. Chose que je décrois. S'il eût été dépêché, on eût promené son corps *urbi et orbi*. Donc il vit.

— Voyons le bon, dis-je, craignant le pire.

— La grande armée étrangère, dont on disait qu'elle allait demeurer en Lorraine, s'est répandue par le royaume, un chef tirant à hue et l'autre à dia dans la plus grande confusion, et enfin s'est fait surprendre et battre à Vimory par le duc de Guise, lequel en a tué deux mille.

— Et où, dis-je, sont passés les vingt mille restants ?

— Je ne sais, dit le curé Ameline qui laissa apparaître, le temps d'un éclair, quelque surprise de ne me point voir tant réjoui qu'on eût pu attendre.

Ce qu'ayant tout de gob aperçu, je dis non sans quelque gravité :

— En mon opinion, le bon et le mauvais sont en l'occasion contrepesés l'un à l'autre. Il faut attendre de savoir ce qu'il en est du roi de Navarre d'une part, et d'autre part, des considérables restes de l'armée étrangère, pour connaître s'il y a matière à réjouissance.

— Ha ! dit le curé Ameline, mais elle est là déjà ! La victoire du duc de Guise est prise partout à grand compte et à grande liesse ! Ce ne sont partout en Paris que feux de joie, récits imprimés et criés aux carrefours, étendards pris aux reîtres, *Te Deum* ès églises, prières publiques d'actions de grâce.

Ha ! m'apensai-je, voilà bien la Ligue ! D'une alouette elle fait un aigle, et d'un ver de terre, un perroquet qui rabâche à l'alentour les sublimes vertus du nouveau saint Georges. Gageons que la Montpensier est fort occupée à acheter du taffetas pour façonner les enseignes prises à l'ennemi ! Et que sont infinis et frénétiques les prêchi-prêchas dans les chaires à la grande gloire du Guise !

Je fus à quelque peine de dissimuler au curé Ameline les grincements de dents de mon for, contrefeignant une modération où il eût pu se reconnaître,
car lui-même paonnait peu, par habitude invétérée
de fuir les extrêmes. Et à la parfin, craignant qu'il ne
se ressouvînt de mon indifférence, je lui donnai
matière plus propre à remembrance en le graissant,
au départir, de quelques écus, sachant qu'il était
engagé à refaire la toiture de sa cure, celle de la
sacristie étant lors achevée.

J'avais connu Anne de Joyeuse en Montpellier
quand il atteignait à peine ses cinq ans et qu'il était
assurément le plus joli petit drole de la création,
étant tout lys et rose, le cheveu doré, l'œil bleu et des
manières si câlinantes, si ouvertes et si affectionnées
qu'on ne pouvait jeter l'œil sur lui sans en être tout
de gob raffolé. Son père, le vicomte de Joyeuse, étant
gouverneur en Montpellier, la première fois que je le
vis, ce fut debout à ses côtés, tandis que le vicomte
mangeait ses viandes — raffinement alors inouï —
avec une de ces petites fourches, réduction en tout
petit de celle dont l'usance est de manier le foin et
que depuis, à la Cour, où Henri III l'a introduite (au
grand scandale des dévots), on a appelée *fourchette*.
Anne, dont l'image s'est alors imprimée en couleurs si vives et si charmantes en ma remembrance,
avait une taille qui permettait à sa jolie tête blonde
de dépasser la table où son père était assis, mais pas
de prou. Il était vêtu de pied en cap de soie bleu pâle,
sans toutefois porter de fraise, mais un grand col
rabattu qui montrait une gorge douce et mollette. Il
paraissait vif, fétot, espiègle, rieur, cependant fort
bien maniéré déjà, et regardait tantôt son père avec
une amour des plus touchantes, tantôt avec friandise
le couvert de vermeil, sur lequel M. de Joyeuse
découpait ses viandes et quand, parmi celles-là il
découvrait un morceau qui lui agréait, il le désignait
de son petit doigt rose et disait d'une voix charmante,
tant claire et musicale que le pépiement d'un oiseau :

— Peux-je, Monsieur mon père ?

A quoi M. de Joyeuse, après avoir souri, répondait fort civilement :

— Vous pouvez, Anne.

Dans la suite, je vis le petit Anne fort souvent, pour ce que j'avais pour lui fait tailler par Espoumel des petits soldats de bois, les uns français, les autres anglais, avec lesquels je lui enseignais, par le moyen de fortifications façonnées elles aussi tout exprès, le siège de Calais que je connaissais bien, mon père y ayant glorieusement pris part sous le père du duc de Guise. Et lui laissant la baguette, par laquelle il engageait ou dégageait ses soldats, dans la brèche que nos canons avaient pratiquée dans les remparts, je me désespérais de le voir recommencer les mêmes fautes, épuisant d'un coup ses réserves, ne point garder ses arrières, aventurer trop en avant son stratège.

J'eus l'occasion de le revoir à la Cour quand, à dix-huit ans, il conquit les affections du roi. Il était, à cet âge, si émerveillablement beau qu'un poète eût pu le comparer à une fleur, sans faire sourire personne. Mais l'émerveillement avait ceci de particulier qu'il commençait par Anne lui-même, étant de soi si énamouré et si enivré que la raison perdant toute emprise sur lui, il se laissait aller à tous les caprices de ses changeantes humeurs.

Tous ces défauts — qui exaspéraient le roi au point que parfois il allait jusqu'à battre son archimignon — composaient néanmoins l'essence de son charme, lequel était fait, comme celui des enfants, de son inaccessibilité, de son inconscience, de sa légèreté.

De cette légèreté il donna des preuves à frapper de béance le plus phlegmatique. Comblé par Henri de faveurs, de titres, de terres, de châteaux et d'une immense fortune, marié par lui à une princesse fort au-dessus de son rang, il s'aboucha secrètement avec le duc de Guise et se fit ligueux dans l'espoir de conserver et d'accroître, Henri mort, ses exorbitants privilèges. Après quoi, il se sentit excessivement malheureux quand le roi se refroidit pour lui et quand son cadet, le comte du Bouchage, s'enferma dans un couvent pour non pas avoir à choisir entre le roi et lui.

Le pauvre petit Joyeuse avait la tête si légère qu'il eût voulu tout à la fois trahir Henri et conserver son amour; massacrer les prisonniers désarmés de La Motte-Saint-Eloi et cependant qu'on le tînt toujours pour un chef humain; faire célébrer ce massacre par les prêchereaux de la capitale et demeurer en l'estime d'un roi qui abhorrait, et les massacres, et les prêchereaux.

On disait « l'archimignon ». On eût dû dire l'archigâté, car sa folle inconscience perdit le premier combat important qu'il livra, et quand, sur le champ de bataille, il cria : « Il y a dix mille écus à gagner ! », son cri n'eut d'autre résultat que d'attirer la balle d'un pistolet, laquelle, moins légère que n'était sa cervelle, jugea que la vengeance de La Motte-Saint-Eloi pesait plus lourd que les écus.

En souvenir de l'enfant qu'il fut, je pus quelque peu m'atendrézir sur sa jeune mort, mais non pas le pleurer, les larmes n'étant dues ni à sa trahison ni à ses cruautés, quelles que fussent la légèreté ou l'inconscience qui les lui firent commettre. *Fructu non foliis arborem aestima* [1].

Vers les premiers jours de décembre, je me promenais avec Miroul et trois de mes valets dans la forêt de Montfort-l'Amaury, fort bien armés tous cinq pour ce que ces bois n'étaient pas sûrs, quand m'approchant d'un étang qui s'étend à la dextre de la route dite du Grand Maître, j'ouïs de grands cris, et cuidant que ce fut peut-être des voyageurs qui se faisaient couper bourse et gorge par des caïmans, je galopai à brides avalées jusqu'au lac, suivi de ma troupe, et là je vis des bûcherons sur une mauvaise barque tâcher de tirer de l'eau une garce, laquelle, loin de les vouloir aider, luttait avec vigueur contre le

---

1. Juge un arbre à ses fruits et non pas à ses feuilles.

secours qu'ils lui voulaient porter, huchant à gorge déployée qu'elle se voulait noyer, et que ni Dieu ni la Benoîte Vierge ne sauraient l'en empêcher. Par bonheur, elle disait cela en oc, langue en Ile-de-France tout à plein déconnue, sans cela ces pauvres bûcherons, effrayés de ses blasphèmes, eussent, se peut, désisté de leurs efforts auxquels, détachant une barque, je voulus donner la main, ramant avec mon Miroul jusqu'à cette étrange désespérée qui trouvait quelque peine, soit à poursuivre, soit à abandonner son entreprise, pour ce que ses sauveteurs la soutenaient de leurs avirons, sans pourtant réussir à la persuader de s'agripper à leur embarcation. Mais moi, venant dans son dos sans qu'elle m'eût vu — continuant en oc ses impies et stridentes imprécations —, je la saisis par le menton, et aidé de Miroul, réussis à la hisser à mon bord, après qu'elle eut deux ou trois fois menacé de nous chavirer par ses désespérées défenses. Ayant toutefois réussi à l'allonger sur le plancher de la barque en pesant de tout mon poids sur elle, ce qui n'avait rien de plaisant tant elle dégouttait d'eau glacée, et ayant saisi ses mains dans l'une des miennes pour qu'elle cessât de me vouloir griffer en sa furie, elle s'aquiéta quelque peu et moi, de mon autre main écartant de sa face ses longs, épais et ruisselants cheveux (ce à quoi, tournant la tête qui-cy qui-là elle tâchait de s'opposer), je réussis à la parfin à découvrir son visage, et béant, je reconnus Zara.

— Ha! Zara! dis-je.

Je n'en dis pas davantage tant qu'elle ne fut pas en croupe de mon cheval, ordonnant à Miroul de l'attacher à moi quand il aurait réparti quelques deniers aux bûcherons, lesquels, me tirant leurs bonnets, me firent, comme eût dit la reine Elizabeth, « dix mille millions de mercis » au départir; pour ce qu'assurément ils avaient davantage gagné à ces quelques minutes passées sur l'eau, que toute une semaine à fendre leurs bûches, s'étant garnis, au surplus, d'un conte dont ils allaient faire la friandise de leurs veillées jusqu'à Noël.

J'eusse pu ne pas lier à moi ma pauvre Zara, pour ce que maintenant tout accoisée, et tremblant de froid de la tête aux pieds, elle s'agrippait à moi de toute la force de ses bras, me suppliant à l'oreille de ne point tant vite galoper! qu'elle tomberait! qu'elle allait tomber! qu'elle en mourait de peur! A quoi je lui fis assavoir, tournant le col par-dessus mon épaule, qu'il valait mieux mourir de peur que de l'eau, surtout en décembre; et elle me disant alors d'une certaine voix zézayante, qu'elle voyait bien que j'étais avec elle tout méchant devenu, connivent avec le monde entier pour ne plus l'aimer, la rejeter, la montrer du doigt, je conclus de ces âpres propos qu'elle reprenait goût à la vie, puisqu'elle argumentait; d'autant que, disant cela, elle me piqua un poutoune mouillé à la nuque et, se serrant contre mon dos, ajouta sans nul souci de se contredire, que j'étais bien le seul — le seul! — à dix lieues à la ronde, à nourrir pour elle quelque tendresse et considération.

Angelina n'étant point au logis, je fis allumer un grand feu dans sa chambre, et ayant déshabillé ma pauvre Zara quasiment dans les dents des flammes, bleue de froid et grelottante qu'elle était, je la frottai à l'arrache-peau sur tout le corps, tâche qui, outre qu'elle me réchauffa prou, portait en elle-même sa propre récompense, tant belle elle était de charnure comme de visage, que c'eût été grand'pitié qu'elle se dérobât par un coup de cervelle inconsidéré à l'amour du genre humain.

Les chambrières ayant rempli une cuve d'eau fumante, je l'y plongeai et continuai de si belle mon étrillement, que de rose elle devint écrevisse, sa face enfin se recolorant et son œil devenant plus vif. Là-dessus entendant quelque noise à l'entrée, je laissai Florine poursuivre mes soins, et courus à la porte qui, ouverte par mon Miroul, livra passage à Angelina, béante de me voir d'eau tout ruisselant, laquelle était suivie de Fogacer et de Silvio, dont la vue chez moi réciproqua la béance, pour ce qu'ils venaient à l'instant d'advenir à cheval de Paris, s'étant annoncés par une lettre que nous n'avions pas reçue. Ne voulant pas les inonder de mes embrassements, je dis à Angelina que Zara était dans sa chambre et que, le bain terminé, je la priais de la bien vouloir parer et pimplocher, et ne lui poser de question que je ne fusse de retour, me devant moi aussi baigner et changer de peur d'attraper la mort.

Quand je revins en la chambre de mon Angelina une grosse heure plus tard (m'étant ramentu tout soudain que je devais une lettre à Pierre de l'Etoile et la voulant rédiger avant que le courrier de Montfort départît), je vis que Madame mon épouse, tant bénigne et piteuse qu'elle était toujours, avait accompli miracles pour orner ma Zara, l'ayant fait enrober de sa plus belle vêture et parer de ses plus beaux joyaux, le cheveu lavé, séché au feu et merveilleusement testonné par Florine, le pied mignon chaussé d'escarpins, lesquels étaient mordorés comme le cotillon et la basquine, la face pimpladée, le sourcil repeint, la lèvre vermillonne et ornant sa gorge (que la collerette de dentelle du plus beau point d'Alençon laissait voir) les trois diamants que le roi m'avait baillés et que j'avais fait monter en triangulaire pendentif.

A mon entrée la nuit étant tombée jà, les contrevents clos et les rideaux tirés, le feu, sur lequel Miroul avait d'ordre d'Angelina mis fagots et bûches sans chicheté, flambait haut et clair, la chambre était pulvérisée de parfum, fort chaude et fort douillette (d'autant qu'on oyait en prêtant l'ouïe l'aigre bise de décembre souffler hors murs) et brillait de toutes les chandelles que Florine avait allumées pour pimplocher Zara, tant est que je fus transporté de ravissement de voir mon aimée et Florine, si belles elles-mêmes, servir avec tant de zèle affectionné la beauté de Zara dans le dessein de l'arracher à son désespoir (dont elles ne savaient rien, sinon par moi à l'oreille, qu'elle avait tâché de se noyer), gentils médecins qu'elles se voulaient toutes deux, soignant l'âme par le moyen du corps, et redonnant à Zara quelque appétit à vivre par l'éclat de la parure.

Elles achevaient quand j'advins, et prenant chacune Zara par la main, et l'éclairant chacune d'un chandelier à cinq branches, elles l'amenèrent, les yeux clos, non sans un certain air de pompe et de mystère, devant un grand miroir vénitien que j'avais offert à mon Angelina pour le jour de sa sainte patronymique, et là, mon Angelina lui recommandant de relever les paupières (lesquelles étaient aussi mordorées), Zara poussa un cri à s'envisager si belle, et soudain s'aquiéta, perdue dans la contemplation de soi, laquelle, pour parler ici en médecin lui donna une telle soudaine et inopinée joie que son sang en fut rectifié, ses esprits animaux revigorés et ses humeurs remises en place. Et nous, immensément soulagés de la voir renaître et remonter des abîmes de pâtiment où elle avait chu — jusqu'à renier Dieu et la vie que de Lui elle tenait —, nous lui fîmes, l'entourant, des caresses infinies et moi lui disant et répétant (non sans jeter un œil connivent à Angelina pour qu'elle pardonnât l'hyperbole) que la terre ne portant personne qui fût plus délicieuse à voir, c'eût été la désoler et la laisser quasi déserte que de s'en retirer.

Et belle lectrice, il est bien vrai qu'hors mon Angelina et peut-être vous (comme j'aime à l'imaginer), il n'était rien de plus charmant objet que Zara sur le terrestre globe, lequel serait si morne enfer si les personnes de son sexe s'en trouvaient exilées. Tout en recevant nos embrassements, palpements, toquements et poutounes, et nous les rendant, quoique ceux-ci fort légers pour non point gâter ses fards, ma Zara se faisait dans le miroir des sourires, des œillades, des tournements de torse, des ploiements de cou, brune mignote qu'elle était, longue et souple comme une liane, le profil ciselé, le col long et flexible, le teint chaud, l'œil surtout éblouissant, étant grand, fendu, vert et d'un vert étrangement chaleureux pour ce qu'il était pointillé de points d'or.

Quand elle se fut bien de soi rassasiée, il la fallut quasi contraindre à gloutir une soupe chaude, un demi-gobelet de vin de bordeaux et une tartinette aux amandes. Ce qu'elle fit à la parfin, sans laisser miette, mais en disant que d'ores en avant, elle renonçait au boire, au manger, au dormir et à la vie, tant elle crevait de l'immense et impardonnable tort qu'on lui avait fait.

— Mais quel tort, ma Zara? dit mon Angelina fichant sur elle ses grands yeux noirs, si beaux et si bénins.

— Eh quoi! Mademoiselle Angelina, s'écria Zara, son œil vert noircissant de colère dépiteuse, le pouvez-vous ignorer? Dame Gertrude a osé engager une personnelle chambrière, une souillarde de souillon, une vilaine galapiane qui sous le prétexte qu'elle est jeunette, a le front de me vouloir vaquer ma place.

— Mais Zara, dit Angelina fort innocemment, Gertrude ne t'a pas désoccupée, loin de là, et te veut seulement aider d'Eloïse, laquelle n'est ni sale ni laide, à ce que j'ai pu voir.

— Madame, s'écria Zara en marchant qui-cy qui-là dans la chambre, l'œil fort enflammé et se tordant les mains, il faut que vous l'ayez mal vue! La galapiane est peu ragoûtante, je vous assure. Elle a le tétin qui déborde de la basquine comme le lait qui va au feu, la bedondaine sur les genoux, et quant à son cul, que j'ai vu nu — spectacle qui m'a peu ragoûtée — je vous affirme qu'elle a du poil sur la fesse.

— Quoi? dit ma crédule Angelina, sur la fesse? Tu as bien dit sur la fesse? Zara, n'est-ce pas étrange? Ne pourrait-on point le rabattre à la pauvrette?

— Mais à quelle barbière d'étuves la galapiane oserait montrer ces horreurs? poursuivit Zara, quasiment grinçant des dents, outre qu'elle a aussi l'œil torve et sottard, le nez morveux, et que les pieds lui puent! Ha! la belle chambrière que ma maîtresse a engagée là, laquelle elle présume, Madame — Oyez-moi bien, je vous en supplie — laquelle elle présume de faire coucher avec elle, la préférant à moi — à moi! répéta-t-elle en se frappant le tétin (lequel, en effet, était pommelé et non point débordant) — à moi qui l'aime et la sers depiéça! Ha Madame! Madame! quelle écorne Dame Gertrude m'a fait là! Quel abject affront! Préférer à moi, à moi! poursuivit-elle en jetant à son image dans le miroir vénitien un coup d'œil indigné, ce petit tas d'immondices et le fourrer dans son lit! Monsieur le Chevalier, quand on a volé dans l'azur, va-t-on s'ébattre sur le fumier?

A ce pensement des larmelettes lui vinrent à l'œil, ce que voyant, Florine s'écria :

— Madame! Si vous pleurez, vous allez gâter mes labours!

Je ne sais par quel miracle alors Zara rentra et tarit ses larmes, mais le fait est que son œil redevint sec, sans être moins étincelant pour cela de tout son italien courroux, levant fort haut la tête, le tétin houleux, et la taille cabrée comme cavale qui va botter des gambes de devant.

— Mais Zara, dit Angelina, en ouvrant tout grands ses yeux candides, j'entends bien que beaucoup de maîtresses aiment, au lit, la compagnie de leur chambrière, tant est que la coutume en est très répandue. Mais après tout, Zara, dormir en telle ou telle coite, c'est peu de chose : Où est la différence?

— Peu de chose, Madame! s'écria Zara, ses yeux lançant des flammes, peu de chose, ma place au lit! J'ai servi Dame Gertrude avec la plus ardente dévotion toutes ces années passées et la première galapiane venue me roberait ma place au lit! Non, Madame, je ne le souffrirai pas! Et je ne remettrai le pied chez Dame Gertrude qu'elle n'ait renvoyé la souillarde de souillon au fumier où elle a poussé.

— Ho, Zara! dit Angelina fort déconfortée, ne parle pas ainsi! La pauvrette est née de père et mère humains, comme toi!

— Non, Madame! dit Zara farouchement et comme si elle eût articulé parole d'Evangile : j'affirme qu'elle a poussé sur le fumier comme un champignon!

— Zara, dis-je, pensant le moment advenu de la saillir quelque peu de cette enflammée déraison, il n'y a pas apparence que ta maîtresse t'obéisse et renvoie cette garce, si elle est bien accommodée à elle. Que feras-tu donc en ce prédicament?

— Retourner d'où vous m'avez tirée! cria Zara en croisant les bras sur sa poitrine. Que peux-je d'autre?

— Ha, Zara! cria Angelina en se levant et courant à elle, tu ne peux recommencer cette infamie! Ce serait renier Dieu et perdre ton salut éternel! Non, non, ma Zara! dit-elle en la prenant dans ses bras et la couvrant de baisers, si tu ne veux chez Gertrude retourner, nous te garderons céans au logis, avec nous.

A quoi, tout en prodiguant ses infinis mercis, notre Zara rebéqua quelque peu de prime, mais comme quelqu'une qui voulait davantage être vaincue par nos instances que reprendre jour avec la mort (l'eau, comme elle le devait confesser plus tard, lui étant devenue à très grande horreur, à telle enseigne qu'elle se désommeillait la nuit à sentir l'étang se refermer continuement sur elle, et les lianes s'attacher à ses gambes comme autant de mains glacées).

Zara prit donc place dans la constellation de notre domestique, laquelle place fut honorable mais peu définie, ne présentant que peu d'intérêt pour notre service, sauf ornemental, pour ce que Zara ne consentait à gâter ses belles mains à aucun labour, fût-il des plus légers. Tant est que, faute d'avoir au logis aucune autre usance, elle devint pour mon Angelina une dame de compagnie, office où elle fut pour ma pauvre épouse beaucoup plus une croix qu'un divertissement, mâchellant à satiété ses mauvaises dents contre Gertrude en une interminable et répétitive récrimination, débitée dans le ton pathétique, l'œil étincelant, la bouche amère, les épaules secouées et dans un flot de paroles si continu et si précipité qu'il vous faisait apenser tout à la fois à un torrent et à l'inexorable roue du moulin qu'il entraîne. Ma pauvre Angelina saillait de ces frénétiques monologues la tête bourdonnante et le cœur au bord des lèvres, et me supplia à la parfin de m'entremettre auprès de Gertrude pour rhabiller cette querelle, qui paraissait tout soudain de plus grande conséquence que la guerre qui dévastait alors le royaume et divisait les Français.

J'y tâchais, mais faillis tout à trac à persuader la fière Normande de désoccuper Eloïse et de reprendre

Zara, encore qu'il me semblât qu'elle commençait à se lasser de la première et à regretter la seconde, mais comme bien on sait, la hautesse et je ne sais quel infime point d'honneur à ne céder point jouent un grand rôle en ces sortes d'affaires.

Le soir même de son advenue en ma petite seigneurie, retiré avec Fogacer et Silvio en ma librairie (laquelle j'ai fort accru en livres depuis que le roi a commencé à me tant garnir en clicailles), j'assaillis de questions Fogacer sur les nouvelles de Paris. Debout sur un pied comme un héron, il déployait sa mince et haute silhouette devant le feu, vêtu de noir comme à son accoutumée, gracieusement déhanché et la main senestre posée sur la taille, Silvio assis sur une escabelle comme s'il eût chevauché une monture, et fort changé à ce que je vis, la membrature plus large, et la joue (que je lui avais vue tant polie qu'à drolette) ombreuse, non de duvet, mais de poil rabattu, et cependant perçant encore hors peau.

— Ha ! *Mi fili !* dit Fogacer, le mauvais qu'il y a à machiavéler, c'est que lorsque le double jeu faillit, on perd double : et l'enjeu, et la considération des joueurs, la tromperie étant universellement déprisée. Ainsi en fut-il de notre pauvre Henri. La grande armée étrangère des Suisses et des reîtres, bousculée par les Guise à Vimory, l'est de nouveau par lui à Auneau. Petits engagements que la Ligue transforme à sons de trompe en victoires sublimes, accoutumée qu'elle est à faire de tout petit chat guisard un énorme tigre. En réalité, elle ne baille ce laurier au Guise que pour flétrir celui du roi, lequel dispose d'une grosse armée par quoi il pourrait exterminer les restes de l'armée étrangère s'il le voulait. Mais le roi ne le veut point. Pourquoi ? *Mi fili*, poursuivit Fogacer en m'envisageant de son œil noisette sous son sourcil arqué, vous avez bien quis de moi pourquoi ?

— Je ne sais, dis-je en riant, si je l'ai quis, mais je le quiers maintenant.

— Je vous ai donc bien ouï. *Primo* : le roi, qui est humain, abhorre le sang et les massacres. *Secundo*, il ne veut point se fâcher avec les reîtres et les Suisses, pour ce qu'il est apensé qu'il se pourrait qu'il ait besoin d'eux derechef contre le Guise. Il s'abouche donc avec eux, et les paye pour qu'ils vaquent de soi son royaume.

— Il les paye !

— Il les paye en drap de laine et de soie, en bons écus sonnants et trébuchants, et en vivres pour le retour. *Exeunt* reîtres et Suisses...

— Voilà donc qui va bien ! dis-je.

— Voilà donc qui va mal ! dit Fogacer en étirant ses bras arachnéens qui parurent tout soudain emplir la librairie. Pour ce qu'on commence à dire en Paris *que le reître a été levé, soudoyé et renvoyé par le roi, vu le bon traitement qu'il lui fait !* Clameurs ! Huchements ! Prêcheries ! Serrements de poing ! Haine et déprisement quasi universel d'Henri dans le sot peuple ! Et la Sorbonne — vous avez bien ouï ! — la Sorbonne, c'est-à-dire quarante pédants crottés réunis après boire, arguent et arrêtent qu'il est loisible d'ôter le gouvernement aux princes qu'on ne trouve pas tels qu'on les voudrait !

— C'est rébellion ! dis-je.

— Ouverte et frénétique ! Ha, *mi fili !* Paris bouille ! Le trône vacille !

Ayant dit, Fogacer s'assit sur le fauteuil que je lui avais à l'entrée désigné et montrant du doigt à Silvio un coussin qui s'encontrait là, il dit :

— Mon Silvio, viens te mettre céans.

A quoi, je fus fort surpris de voir Silvio — lui que j'avais vu tant de fois assis au pied de son maître — se remochiner tout de gob et dire d'une voix roide et polie :

— Révérend docteur médecin, avec votre permission, je resterai où je suis.

Réplique qui prit Fogacer à ce point sans vert qu'il pâlit et s'accoisa, ses paupières cillant sur ses yeux noisette et sa lèvre du dessous tremblante. Spectacle qui me laissa béant et quasi déçu, tant j'avais la déraison de croire que mon ex-maître en l'Ecole de médecine s'élevait au-dessus des émotions humaines, et par sa science, et par le froid scalpel de son esprit. Hélas, lecteur, je ne le sais maintenant que trop, ayant vécu davantage : même ceux que nous vénérons comme les demi-dieux ou héros de nos enfances descendent parfois de leur piédestal et pleurent, tant les poignent l'ingratitude ou la trahison d'un être ami, lequel leur porte des coups d'autant plus terribles qu'il est plus proche de leur cœur.

Voyant le silence perdurer, et l'œil noisette de Fogacer fiché avec stupeur sur celui de Silvio, cillant toujours comme si le béjaune l'avait souffleté, et qu'il ne sût que faire ni que dire, tant il pâtissait, non point tant dans son point d'honneur qu'au plus vif de ses affections, je pris le parti de rompre cette glace cruelle qui se refermait de toutes parts sur son âme et voulant du moins lui distraire l'esprit des affres qui le tenaillaient, je dis :

— Et qu'en est-il de cette disparition de Navarre après Coutras quand il eut si étrangement débandé sa victorieuse armée ?

— Ha ! dit Fogacer, sa voix de prime détimbrée se raffermissant peu à peu, il n'y eut jamais là de mystère pour Henri. Preuve que Navarre et lui n'ont cessé d'être connivents. Comme vous savez, Navarre a toujours eu la sagesse de faire le fol à bon escient. Il a dispersé son armée pour non pas avoir à courir sus à l'armée du roi, lequel est tout ensemble son déclaré ennemi et son allié secret. Et pour couvrir son inactivité, il a couru déposer ses lauriers aux pieds de la belle Corisande. Il y est encore, paillardant comme rat en paille.

— Le Guise le sait-il ?

— Il ne le savait pas de prime, dit Fogacer en se levant, son œil fort triste, sous son sourcil arqué, effleurant la face de Silvio d'un air contraint et comme furtif. Il ne le savait pas, répéta-t-il en tournant le dos et sa voix tout soudain redevenant gaussante et sarcastique, aussi, voyant le roi tout comme je le fais maintenant, se chauffant à son feu et croyant, ou voulant croire, que Navarre était mort, comme le bruit en courait en Paris du fait de sa disparition, le Guise en demande des nouvelles à Sa Majesté. A quoi le roi l'aguigne de côté, regard que rend si parlant et si vif sa prunelle italienne, et lui dit en riant, sur un certain ton que je ne saurais décrire tant il dit sans dire et contient de choses : « *Je sais le bruit qui court ici et pourquoi vous me le demandez. Il est mort comme vous.* » Vous m'avez ouï, *mi fili*. « *Il est mort comme vous.* » Ha ! Tous les pédants de Sorbonne que j'ai dits, mettant leurs cervelles à tas, pourraient, je pense, gloser à l'infini sur cette petite phrase-là et lui trouver des milliasses de sens, le plus manifeste n'étant pas le plus vrai. Exemple : « *Il est mort comme vous, qui êtes vif* » : ce qui est plat. Ou encore : « *Il est mort comme vous qui, hélas, êtes vif.* » Ce qui est mieux. Ou encore : « *Il est mort comme vous dont je souhaite la mort.* » Ce qui est excellent...

Ayant dit, arquant son satanique sourcil, il sourit de son lent, sardonique et sinueux sourire qui tout soudain se changea en grimace amère, tous ses traits se contractant, se creusant et se rapetissant en une expression de si âpre tourment qu'à l'envisager je restai coi et ne pus rien articuler quand, me demandant mon congé d'une voix étranglée, Fogacer se leva, tourna le dos, et avec le même regard contraint et furtif à Silvio par-dessus son épaule, saillit de la librairie, long, mince et funèbre en sa vêture noire.

Le silence persistant après son départir, j'attendis que Silvio à son tour me demandât son congé, mais Silvio restant immobile comme souche sur son escabelle, l'œil fiché dans le feu et la mine résolue, encore que chagrine et comme effrayée, je pris le parti à la parfin de lui souhaiter le bonsoir et de me retirer.

Six semaines après cette veillée qui fut pour moi doublement malheureuse (pour ce que j'y appris tout à la fois la gravissime faillite du projet de mon maître, et le rongeant et déchirant souci de Fogacer), ayant glouti au lever quelque morcel avant que de m'aller chevaucher avec lui comme à l'accoutumée dans la forêt de Montfort, je fus étonné, en gagnant l'écurie, de ne l'y point trouver, non plus que sa monture. Ayant appelé mon Miroul, celui-ci vint à moi, la face controublée et me tendit une lettre de Fogacer qui, me dit-il, était parti à la pique du jour pour Paris en le priant de ne me réveiller point, son départir et les circonstances qui l'y avaient poussé étant expliqués dans le pli, lequel, assez alarmé qu'il eût décidé d'encourir seul les périls du chemin de Montfort à la capitale, j'ouvris incontinent et je lus :

« *Mi fili,*

Il ne fut jamais en mon existence traquée plaie qui me deuille davantage que celle-ci. Même le bûcher auquel je suis deux fois voué, et par ma complexion et par ma décroyance, me serait tourment plus bref, débouchant sur la mort miséricordieuse. *Mi fili*, pardonne-moi de m'ensauver à l'anglaise et de laisser là Silvio, lequel sait bien pourquoi. Hélas, plus je chemine en cette misérable vie, plus je découvre qu'aimer ne peut être, à la parfin, que pâtir, et pâtir encore. Le douloir est un très long moment.

Je te prie et supplie, *mi fili*, m'adressant à toi comme à mon seul et immutable ami, que tu prennes soin et souci de ce petit malheureux. Je ne le voudrais voir à la rue, affamé et sans toit, tant je lui suis encore attaché dans les dents de sa trahison. Dès ton retour en Paris, je te garnirai en les pécunes qu'il faudra pour pourvoir à son entretien. *Vale, mi fili*. Les yeux me pleurent en écrivant ceci. Ne touche miette ni mot de cette affaire à ton adorable épouse, laquelle est pour moi mère, fille, sœur et beaucoup davantage. *Mi fili*, une brassée encore ! Les prières faillant, qui me sont de nul réconfort, je te quémande quand et quand une pensée du bon du cœur.

Ton affectionné
FOGACER. »

Ha ! certes, cette pensée, je la lui donnais mille fois, mais encontrant en cette lettre un ou deux passages

qui me parurent mal éclaircis, je résolus d'en demander incontinent la raison à Silvio, lequel j'allai trouver en sa chambre, à l'huis de laquelle ayant frappé
sans recevoir répons, je présumai d'entrer, et à ma
considérable béance, trouvai Zara et Silvio, tous
deux à la vérité vêtus, la première assise comme
reine sur l'unique fauteuil qui se trouvait là, levant
fort haut la crête et l'air fort roide, et à ses genoux,
quasiment les mains jointes, la mine très déconfortée, et les larmes ruisselant sur sa face, le second
— lequel, à ma vue se levant, parut frappé de terreur,
et se fût ensauvé, je crois, si je ne l'avais arrêté par le
bras et contraint de s'asseoir sur une escabelle.

— Silvio, dis-je, qu'est cela ? Que fait Zara céans ?
Que fais-tu à ses genoux ? Que veulent dire ces
larmes ?

Mais Silvio, à ces paroles, baissant la tête, paralysé
par sa vergogne, et ses pleurs coulant toujours, je me
tournai vers Zara, de l'œil l'interrogeant, à quoi la
belle, sans rien rabattre de sa crête, sans honte
aucune, mais bien le rebours comme dédaigneuse et
quasi triomphante, me dit d'une voix égale :

— J'ai prié Silvio sans nulle promesse de foi et de
fidélité de me rendre grosse de lui, et maintenant que
c'est fait, le béjaune, au lieu d'accepter son congé
comme loyalement l'en avais prévenu, me veut coller
à la peau comme poux dans le poil d'un moine.

— Quoi ? dis-je en décroyant presque mes oreilles,
Zara, toi, grosse ? Grosse de Silvio ? Toi qui disais
haïr les hommes ?

— Mais je les hais, dit Zara d'un air d'infini déprisement, tant est toutefois que me voulant grosse,
pour me revancher de Gertrude, j'ai choisi celui-là,
lequel est à peine un homme, étant si jeune et si
mollet.

— Mollet ! s'écria Silvio, ses larmes tarissant sous
le coup de l'affront. Mollet ! s'écria-t-il en secouant
ses boucles brunes d'un air indigné. N'as-tu pas quelque raison, méchante, de penser le rebours ?

— Tu m'entends, dit Zara d'un air d'écrasante
hautesse. Et peux-tu te flatter, galapian, que je t'aie
promis mariage ? A toi ou à quiconque ?

— Mais Zara, dis-je, stupéfait, si tu ne veux point d'un mari, comment feras-tu pour élever l'enfantelet que tu portes?

— Ha! Monsieur le Chevalier! dit-elle avec une incrédible superbe, faites-moi fiance! Je me tirerai bien d'affaire seule! S'il le faut, je labourerais même de mes mains! ajouta-t-elle en envisageant sur ses genoux ses belles et longues mains, comme si le pensement de les contraindre à un ouvrage l'eût elle-même étonnée.

— Ha! Zara! Zara! dis-je, ne sachant si je devais rire ou me fâcher de son étrange irraisonnableté, fallait-il en arriver à cela pour contenter les mauvaises dents que tu nourris contre Gertrude! N'est-ce pas folie que de gagner une enflure du ventre rien que pour la dépiter? L'espères-tu à tes volontés plus ployable, quand tu auras mis au jour un enfantelet?

— Je ne sais, dit Zara, son œil s'attristant tout soudain. Je ne peux croire qu'elle ne m'aime plus, après tant d'années que je l'aime et qu'elle m'oubliera toute et ne me voudra pas secourir, ni m'avoir près d'elle, moi dont la vie hors d'elle n'a ni sens ni substance.

La vraie Zara, proche de véritables larmes, parlant pour le coup sans crête ni hautesse, j'entendis bien que cet enfantelet était comme une sorte d'appel, et qu'elle ardait désespérément à le partager avec Gertrude et avec elle l'élever; cette pensée alors me touchant excessivement, je la pris dans mes bras, lui donnai deux poutounes et la renvoyai dans sa chambre, lui quérant de ne rien dire de tout ceci à mon Angelina qui en serait très déconfortée, et que j'aviserais à en parler à Gertrude. Ce qu'oyant, Zara se redressa tout de gob et me dit d'un air fendant qu'elle me le défendait bien. Mais belle lectrice, tu sais ce que vaut l'aune de ces défenses-là, lesquelles ne sont faites que pour n'être pas obéies.

Silvio, qui de tout ce temps était resté coi et quiet, fit quelque mouvement pour se lever de son escabelle quand Zara marcha vers la porte, mais devinant ce branle et se détournant, elle lui jeta un regard si froidureux que le pauvret se rassit, navré et comme écrasé par un tant manifeste éloignement.

J'éprouvai alors pour lui une grande compassion, y ayant quelque apparence qu'il était le grand perdant de l'affaire, ayant renoncé à l'un sans gagner l'autre. Et lui devant annoncer le départir de Fogacer, je pris soin d'adoucir cette terrible annonce en lui apprenant la libéralité de son maître à son endroit, laquelle, si elle ne pouvait remplacer sa tutélaire présence, lui assurait du moins pain et gîte en ce monde de mésaise. Il pâlit d'abord, et se mit ensuite dans les larmes, et ne put piper mot tant un dol souffreteux le poignait, et tant est que, moi aussi accoisé, attendant qu'il se maîtrisât, je l'envisageais en silence, fort aimable drole qu'il était, et qui ne manquerait jamais d'amies parmi les personnes du sexe, puisqu'il était clair qu'il inclinait à elles, tenant quelque peu du maure ou du marrane en son teint et coloris, étant fort brun de poil et fort mat de peau, l'œil noir velouté, le cheveu aile de corbeau joliment tortillé, la lèvre pleine et vermillonne, et je ne sais quoi de tout ensemble suave et viril dans le dessin de la joue et du col, à quoi les mignotes, à ce que j'augure, ne laisseraient pas d'être sensibles. De reste, l'esprit vif, le parler élégant et facile, et le cœur jamais loin des lèvres, tant candide et droit il était.

— Ha Monsieur, dit-il en se levant de son escabelle, ses larmes tarissant enfin, quelle étrange perte je fais là! Et que vide me paraît ma vie! Un si bon maître! Le plus savant des hommes! Le plus humain et bénin aussi! Il ne lui a pas suffi de me tirer de ma boue. Il m'a instruit. Il fut pour moi toute ma parentèle. Je lui en sais immensément gré, et il n'est fils de bonne mère en ce royaume pour qui j'aurais jamais plus grand respect ni amitié plus immutable.

— Pourtant, dis-je, je t'ai vu âprement le tabuster en ma librairie et il m'a semblé qu'en ces dernières semaines tu étais à lui tout estrangé.

A quoi ne sachant de prime quoi répliquer, Silvio rougit, baissa la paupière, tout oppressé de sa vergogne, et mon patient silence appelant pour finir son répons, il me dit, sa voix comme étouffée par le nœud de sa gorge:

— Monsieur, vous touchez là un point qui pourrait donner offense à tout autre qu'à vous, car je sais par mon maître Fogacer, qui vous en a si souvent loué devant moi, que vous êtes nourri du véritable lait de l'Evangile, et acceptez sa personne et son être tels qu'ils sont, sans les blâmer ni les flétrir en aucune guise. Mais pour moi, il faut que vous sachiez que je ne suis pas fait de cette farine que vous souffrez chez lui. De par ma naturelle pente, je n'incline pas à la bougrerie — s'il faut par son nom l'appeler — et je n'y ai consenti que par gratitude à son endroit, tant est qu'à la parfin, j'ai désiré devenir un homme en tous mes offices et fonctions, et discontinuer cette relation où j'étais avec lui. Raison pour quoi, Zara m'ayant fait les ouvertures qu'elle vous a dites, je n'y fus que trop consentant, et y allai à la furie, fort curieux de prime de ce corps féminin qui m'était tout à plein déconnu, et fort enivré de lui dès que je fus admis en sa possession. Hélas, Monsieur, je n'ai eu Zara que pour la perdre aussi...

— Cependant, Silvio, dis-je, rends-lui cette justice. Elle ne t'a rien promis. Elle ne t'a pas trompé.

— C'est vrai. Mais que rude et roide fut son rebuffement dès qu'elle eut eu de moi l'usance qu'elle en voulait! Ha Monsieur, tant s'en faut que cette corporelle enveloppe, tout émerveillable qu'elle soit, enferme un cœur si tendre et si bénin que celui de mon maître!

— Silvio, dis-je avec un sourire, le cœur ne faille pas non plus à ce suave sexe, comme bien tu le verras un jour, étant si jeune, et le monde devant toi si vaste, et peuplé d'une infinie variété de gens. Attendant quoi, Silvio, nous t'allons garder avec nous, mon Miroul te donnant quelque tâche qui distraira ton pensement des grandes pertes que tu as subies.

Il me fit à cela des balbutiants mercis, et je le quittai, m'apensant que l'aride coudoiement de Zara en mon logis, joint à l'absence de Fogacer, n'allait d'ores en avant apporter au pauvret que de quotidiennes épines. Mais qu'y pouvais-je? Et à qui la faute en cette étrange terre si nous n'aimons pas qui nous aime et aimons là où nous ne sommes aimés?

Par bonne ou mauvaise heure, comme on voudra, ce coudoiement que je dis ne dura qu'un jour, car le soir même de cette aube venteuse et tracasseuse, mon Quéribus advint, suivi de sa coutumière et seigneuriale escorte, laquelle comprenait, outre une douzaine de robustes valets, un masseur, un barbier, un diseur de fortune, et un fol.

Dès qu'il eut rendu à Angelina ses courtois hommages, il me requit de me parler en mon particulier et, retiré avec moi en ma librairie, me dit d'un air d'immense conséquence :

— Monsieur mon frère, je viens céans de la part du roi. Il requiert votre présence en son Louvre.

— Ha! Mon frère! Mon frère! criai-je au comble de la joie, tant j'avais mâchellé mon mors tous ces longs mois passés en ma maison des champs. A la parfin, je le vais servir derechef! Et savez-vous en quoi?

— Si fait, il me l'a dit, encore que ce soit grec pour moi. Il apparaît que le roi voudrait que vous reprissiez langue avec un certain *Mosca*, à moins que ce ne soit *Leo*. Je vous le répète comme je cuide l'avoir ouï, ne connaissant personne de ces étranges noms à la Cour; laquelle, Monsieur mon frère, vous trouverez fort dégarnie de tous les seigneurs qui abandonnent Henri tous les jours pour rejoindre le Guise.

— Les choses vont-elles si mal? dis-je, la gorge me serrant.

— Ha Monsieur mon frère! dit Quéribus avec une âpreté qui lui était peu coutumière, elles vont bien pis que mal! A cheminer dans les rues de Paris, vous oyez dire au premier faquin venu : « *Allons prendre ce bougre de roi en son Louvre et serrons-le en un couvent!* » Et personne n'ose rebiquer ni tancer le maraud, de peur d'être par la populace mis en pièces, tant est immense l'exécration qu'on porte à Henri pour n'avoir pas écrasé les reîtres huguenots. N'est-il pas incrédible que le roi soit tenu comme traître à l'Eglise pour avoir été humain?

— Quoi, dis-je, les affaires en sont-elles rendues là?

— A ce point et plus outre, dit Quéribus. Mon confesseur souffrant d'une fièvre quarte qui m'ôtait ses secours, j'ai voulu me confesser à un crotté curé de Paris. Et savez-vous ce que m'a dit de prime ce gautier ? « Mon fils, tenez-vous pour la Ligue ? — Non, mon père. — Dans ce cas, mon fils, je ne peux vous ouïr, car en ma conscience, je ne saurais vous absoudre. »

— Mais cela est insensé ! criai-je.

— Insensé, dit Quéribus avec une amertume où je ne l'avais jamais vu, le mot est faible pour stigmatiser cette confusion du politique et du spirituel. Ha, mon Pierre ! La religion n'est plus que haine devenue ! On croit ouïr les prêchereaux crier : donnez-nous ce jour d'hui votre sang quotidien ! Hors l'extermination des hérétiques, point de foi ! Point d'espoir ! Point de salut ! Mon frère, on en est là !...

CHAPITRE XII

Me ramentevant les injures et attaques contre mon logis lancées par les guisards quand j'étais à Sedan à visiter le pauvre jeune duc de Bouillon, je résolus de départir pour Paris sans y ramener Angelina, laquelle je laissai avec les enfants en ma petite seigneurie du Chêne Rogneux, sanglotante et déconfortée, et moi-même fort mélancolique dans le pensement de me priver si longtemps de sa présence, laquelle était pain et lait pour moi. En revanche, j'emmenai avec moi, outre mon gentil Miroul et sa Florine, le triste Silvio que je ne voulais pas laisser sous le même toit que Zara, pour non pas qu'il se déchirât le cœur à la voir quotidiennement sans la pouvoir même toquer du bout du doigt.

Cependant, avant mon départir, je courus embrasser mon Samson, toujours si heureusement affairé en ses bocaux que c'est à peine s'il savait que le royaume était écartelé, et prenant à part Gertrude, je tâchai, sans présumer de lui bailler conseil, de la sonder dextrement sur ses dispositions, et la trouvant revenue déjà des nouveautés qu'elle avait cru trouver en Eloïse, et hennissant après ses anciennes avoines, j'osai lui dire que Zara et ses inconsolables plaintes n'étaient pas sans peser sur l'esprit déjà dolent d'Angelina, et qu'elle rendrait mon logis plus riant, si elle jugeait bon, un jour proche, de venir passer la bride à sa fugitive cavale pour la ramener en ses écuries.

A quoi elle frémit de prime, comme soulevée d'un neuf espoir, puis sourcilla, et prononça un « non » des plus roides, puis s'en excusant à moi tout de gob, elle mollit à proportion de la roideur qu'elle avait montrée et me dit, avalant sa salive, la larme au bord du cil, qu'elle aimait, certes, Zara et la constance de Zara à son endroit toutes ces années passées, mais que Zara l'étouffait sous le poids de son amour, qu'elle demeurait étonnée de ne pouvoir vivre sans elle, ni continuement avec elle, et qu'enfin, il y faudrait de la réflexion et qu'elle allait y rêver.

Je la laissai à ses rêveries, assez béant qu'elle voulût tenir pour rien ce qui s'était passé avec Silvio, mais bien assuré que le plateau de la balance ne faillant pas à tomber du côté le plus lourd, Zara retournerait avant Noël à l'apothicairerie, allégeant d'autant le fardeau dont Angelina se trouvait accablée. Et jugeant dès lors que l'ordre et la sérénité n'allaient pas tarder à revenir en mon domestique, je me trouvai l'esprit plus dégagé de mes particuliers soucis, et d'autant plus appliqué aux affaires de mon maître, lesquelles, à peine avais-je mis le pied en cette bouillonnante Paris, je trouvai quasi plus désespérées que mon Quéribus avait dit.

J'y advins à la nuit et dépêchant dès le lendemain mon Miroul muser autour du Châtelet afin de tâcher d'aborder Mosca à la furtive, et de lui dire de me visiter à la nuit, j'allai moi-même dès le matin tâter le pouls de la grondante et rebelle cité auprès du bon Pierre de l'Etoile, lequel paraissait avoir plus d'oreilles, et plus fines, à traîner au Parlement, à l'Université et à la Cour qu'aucun fils de bonne mère en France.

Encore que toujours à mon endroit très affectionné, je le trouvai en son beau logis dans la plus noire morosité, et plus tremblant que lièvre en son gîte, appréhendant pour l'année 1588 où nous allions entrer, la fin de soi, la fin du royaume et la fin du monde.

— Mon cher Chevalier, dit-il d'emblée en me donnant une forte brassée, tout se déchire et se défait : ce globe, cette France et moi-même.

— Vous, mon bon ami ! dis-je en riant, mais pour un mourant, vous me paraissez sain et gaillard, le teint fleuri, la barbe drue, la lèvre vermillonne...

— Je le suis quant à ma corporelle enveloppe, dit-il, faisant sa lippe et poussant un soupir. Mais non quant à l'âme, laquelle est tant travaillée de mes péchés que *je redoute de mourir à la mort et crains de vivre à la vie* (Phrase que j'oyais de sa bouche au moins une fois l'an depuis seize ans).

— Vos péchés ? dis-je en riant, n'en exagérez-vous pas et le poids et le nombre, tenu que vous êtes, universellement, pour grand homme de bien, sauf assurément par ces faquins de ligueux, ce qui est un hommage de plus.

— Ha, mon ami ! dit-il s'asseyant sur un fauteuil et me désignant l'autre, lesquels étaient tournés vers une cheminée où vous auriez fait cuire un veau, et où d'énormissimes bûches brûlaient — ce qui me conforta prou (la brise des rues étant fort aigre) et plus encore que cette salle où nous étions fût si claire, illuminée qu'elle était par une suite continue de fenêtres garnies de grandes et belles vitres transparentes et non de ces affreux petits carreaux brouillés qui ont rendu longtemps nos logis si obscurs.

— Mon ami, reprit-il, point ne mérite le renom qui ici m'est baillé, du moins quant à la vertu qu'on attend d'un barbon marié qui, comme moi, a passé quarante ans, et pourtant coquelique sans vergogne avec une drolette, laquelle se gausse de moi, saigne ma bourse et me trompe avec le premier galapian venu.

— Mon cher l'Etoile, dis-je, ne vous bridez pas tant, vous sentirez moins le mors. Et ôtez les éperons à votre conscience. Elle ne vous piquera point si pointu.

— A Dieu veuille que je le puisse ! Mais, vous, mon cher Siorac, ne redoutez-vous pas l'Au-Delà ?

— Pas au point, dis-je en riant, de me gâter mon En Deçà !

— Ni la fin du monde ?

— Est-elle si proche ? dis-je, toujours riant.

— Proche ! s'écria Pierre de l'Etoile en se levant, et présentant le dos au feu pour se chauffer les arrières. Proche ! Nous la touchons quasi du doigt, puisqu'elle nous doit advenir en l'an funeste 1588. Nous y sommes, Chevalier.

— Mais, qui dit que nous doit tomber sus l'abomination de la désolation ? Un rêveur assurément !

— Nenni, nenni ! Un savant ! Un savantissime que vous n'êtes pas sans connaître : Regiomontanus. Celui-là même qui établit les tables des étoiles, lesquelles permirent à Christophe Colomb de diriger sa route vers les terres inconnues des Amériques.

— De ce que les étoiles guident la nuit notre chemin, dis-je, il ne suit pas qu'elles influencent la destinée de la terre.

— Ce n'est pas ce que croit Regiomontanus. Il a calculé qu'une éclipse du soleil aura lieu en février de l'année 1588, et qu'à ce moment les astres seraient dans la plus redoutable conjonction, Saturne, Jupiter et Mars étant situés dans la maison de la Lune.

— Va pour la conjonction, puisqu'il l'a calculée. Mais pourquoi redoutable ?

— Je ne sais.

— Ne serait-ce pas, repris-je, que Regiomontanus est tout ensemble un mathématicien et un poète ? Tant est que la conjonction qu'il prévoit est un calcul, et son funeste effet sur nous, un rêve. Et un rêve, mon bon ami, très bien accordé à l'état sinistre du royaume, et à votre sombre humeur.

— Je ne sais, dit l'Etoile, lequel me parut ébranlé, mais non persuadé par mes raisons, tant il est plus facile de croire une chose que de la décroire, une fois crue. Voulez-vous ouïr de moi la prédiction de Regiomontanus, élégamment couchée en alexandrins ?

— Quoi ? dis-je en souriant, un mathématicien qui compose des vers ? N'avais-je pas raison ? N'est-ce pas là un poète ?

— Oyez-moi bien, dit l'Etoile avec un soupçon d'impatience en croisant les bras sur sa poitrine, et à m'ouïr, vous n'allez pas faillir à trembler, tant la prédiction est précise !

Mille ans passés après que la Vierge enfanta,
Quand cinq cents autres se seront écoulés,
L'année quatre-vingt-huit en prodiges féconde,
Dans son déroulement malheur apportera.
Si ce n'est pas alors que vient la fin du monde...

— Ha ! vous me rassurez ! dis-je en riant.

— Permettez que je poursuive, dit l'Etoile, quelque peu piqué d'être interrompu en cette prophétie qui me devait laisser, selon lui, comme feuille trémulant.

Si ce n'est pas alors que vient la fin du monde,
Tout se renversera : des empires puissants
Crouleront, et partout le deuil sera grand.

— Alors, criai-je en me levant à mon tour (et l'allant rejoindre le dos au feu, je passai mon bras par-dessus son épaule et le serrai à moi). Alors, mon cher l'Etoile, la France est sauve !

— Sauve ! dit-il. Où prenez-vous cela ?

— Pour ce qu'elle n'est pas un empire puissant, n'ayant pas de possessions au-delà des mers, sauf, en Italie, le marquisat de Saluces. Non, non, mon cher l'Etoile, l'empire puissant qui va crouler ne peut désigner que l'Espagne. Et si la prédiction là-dessus miraculeusement s'accomplit, croyez-moi, au rebours de ce que dit Regiomontanus, *le deuil ne sera pas grand partout :* ni en Angleterre, ni en Hollande, ni chez les Princes luthériens d'Allemagne, ni en Suisse huguenote, ni chez Navarre, ni même à la Cour du roi de France...

— Ha! Vous interprétez! dit-il, ne se voulant à aucun prix rassurer, pour ce qu'il trouvait une sorte d'aise en son mésaise.

— J'interprète, en effet, mais que fait d'autre Regiomontanus à partir d'une éclipse et d'une conjonction des astres?

— Chevalier, dit l'Etoile en me rendant mon serrement d'épaule, encore que je vous tienne en particulière affection, et que votre joyeuse et bondissante humeur m'ébaudisse chaque fois que je vous vois, vos raisons ne sauraient me conforter, tant les signes de nos proches désolations s'avèrent manifestes. Ainsi du dimanche qui précéda votre advenue en nos murs. Ce jour-là s'éleva sur cette ville de Paris et dans les alentours un tel, si grand et poisseux brouillard qu'il ne s'en est vu pareil de mémoire d'homme : car il était tant noir et épais que deux personnes cheminant ensemble par les rues ne se pouvaient voir, et se trouvaient contraintes à se pourvoir de torches pour se conduire, encore qu'il ne fût pas trois heures de l'après-midi. Et furent trouvés le lendemain dans les cours et les rues, quantité d'oies sauvages, corneilles et corbeaux, lesquels en leur vol, en vertu de la soudaine obscurité, s'étaient toqués aux cheminées et tourelles des maisons.

— Mon cher l'Etoile, dis-je, un brouillard est un brouillard, et c'est tout. Et qu'est-ce qu'un momentané brouillard au regard des brouilleries des Guise?

— Ha celles-là! et celles de nos ligueux passent l'imagination! dit l'Etoile, la lippe amère. Avez-vous ouï parler en vos provinces de « *l'heureuse journée Saint-Séverin* », pour s'exprimer dans la langue de la Ligue, laquelle journée fut, en effet, fort calamiteuse pour le roi, pour ce qu'il tâchait de faire arrêter les trois prêchereaux les plus insolents de Paris et y faillit, le peuple sonnant le tocsin, prenant les armes, se fortifiant dans une maison du quartier Saint-Séverin et repoussant non seulement les sergents et les commissaires, mais les gardes du roi.

— Quoi? dis-je, un combat de rues? Ici même? En Paris? Pour deux ou trois tonsurés curés? Et le roi n'arrivant pas à bout de l'émotion populaire?

— Ha mon ami! Mon ami! s'écria l'Etoile, en levant les mains en l'air, il y a pis! Avez-vous jamais en la Cour encontré et connu la Montpensier?

— D'assez près, dis-je sans battre un cil.

— Ha Chevalier, un démon! Un démon femelle! Un succube! Une diablesse! Une furie d'enfer! Le feu partout, cul compris!

— Qui ne le sait? dis-je, et qui ignore que ses billets inspirent les invectifs sermons des prêchereaux contre le roi?

— Eh bien, Chevalier, notre dit roi, seigneur et souverain la fait citer en sa présence, la tance, la gourmande, lui dit qu'il sait tout de son déportement et au-delà, qu'elle fabrique et façonne des nouvelles contre lui, qu'elle les divulgue par les curés à ses gages, qu'elle fait la reine à Paris, qu'elle lui soulève sa bonne ville, qu'il n'a été que trop patient, mais que sa patience est à bout et qu'il lui commande, vous oyez bien, qu'il lui commande de vider les lieux. A quoi ne répondant ni mot ni miette, et pas même l'ombre d'une excusation, elle lui fait une courte révérence, et s'en va, superbe et boitillante, et se précipitant, se pend au col de sa cousine lorraine la reine, de la reine-mère qui ne jure plus que par son lorrain petit-fils, du chancelier de Villequier et des ministres, lesquels sont lorrainisés jusqu'aux rognons, et tous alors, reine! reine-mère! chancelier! et ministres! se cramponnent à la peau de Sa Majesté comme tiques dans le cuir d'un chien, lui remontrant qu'il ne peut exiler la Boiteuse sans provoquer une émotion populaire et offenser mortellement le Guise.

— Que fait le roi?

— Il cède et elle demeure! Ha mon ami, le roi est si mol et timide devenu!

— Mol? Timide? dis-je avec indignation. Mol, le vainqueur de Jarnac et de Moncontour?

— Je vous concède, dit l'Etoile avec un soupir, qu'il fut un prince courageux, mais pour l'heure il est semblable au cheval de bataille dont la guerrière audace s'est perdue sur une longue litière.

— Je n'en crois rien, dis-je. Le roi contrefeint le mol et le fol. Il ne l'est pas. Il frappera à son heure.

— Je le décrois, dit l'Etoile, la face froncée et la lippe amère. Le roi est trop énervé par ses plaisirs. Savez-vous qu'à la demande des dames, il a prolongé d'une semaine la foire de Saint-Germain, et qu'il y va tous les jours, et souffre que ses mignons y fassent d'infinies insolences aux garces, qui femmes qui filles, qu'on y encontre. Et comme si ces vilenies ne lui suffisaient pas, fait assembler par tous les quartiers de la ville, en des maisons où il a ses aises, les plus belles demoiselles de Paris — les plus belles et les moins honnêtes — avec qui il fait ballets, mascarades, collations, et pis peut-être, divertissements qu'il appelle ses « *menus plaisirs* », et auxquels il se livre à la fureur comme si le royaume jouissait de la plus profonde paix du monde, et comme s'il n'y avait ni prêchereaux, ni ligueux, ni guisards, ni Guise.

— Mon cher l'Etoile, dis-je en riant, vous aimez trop la morale pour vous aimer vous-même ! Et je ne vois pas au juste ce que vous reprochez au roi. De courir le mignon ou de courir la garce ?

— Les deux ! dit l'Etoile d'un air sombre.

Là-dessus, après une forte brassée, je le quittai, ébaudi assez de le voir si roide en ses propos, lui qui pourtant coqueliquait en catimini avec une catin, mais fort alarmé en même temps de trouver, à ses récits, les affaires du roi tant empirées qu'on ne pouvait que redouter l'issue de cette sédition, ici même en Paris, en sa capitale, en le siège et symbole de son royal pouvoir.

A peine eus-je déverrouillé l'huis de mon logis que Miroul me remit un billet, lequel était scellé, mais à ce que je ne tardais pas à voir non signé, et qu'il me dit lui avoir été remis, comme il musait aux alentours du Châtelet, par une dame masquée, mais qu'il cuidait être la dame d'atour de my Lady Stafford, pour ce que s'étant dégantée pour lui remettre le poulet, il avait vu à son annulaire la bague que je connaissais bien.

Oyant quoi, je rompis le cachet et je lus :

Les amis du Maure, lesquels ont des yeux pour voir et des oreilles pour ouïr, avertissent la petite, française et particulière alouette d'E.R. d'avoir à vaquer son nid, lequel est jour et nuit fort menacé, et de se cacher sous un autre plumage, en nid ami.

— Lis, Miroul, dis-je, le voyant ficher sur moi non sans quelque trémulation ses beaux yeux vairons.

— Voilà, dit Miroul, qui n'est pas plus clair et transparent que la conscience du Guise. Je n'y entends goutte. Qui est le Maure? Et quels sont ses amis?

— Le Maure, c'est Walsingham. Et ses amis, je suppose, les agents qu'il entretient en Paris.

— Et qui est E.R.?

— Elizabetha Regina.

— Quoi? La reine d'Angleterre! Et qui est la « petite, française et particulière alouette »?

— Le surnom qu'elle me bailla.

— L'alouette! s'écria Miroul en s'esbouffant, Ha, Moussu! Que cela est gracieux! Et que cela vous va!

— Miroul, le temps n'est plus à rire; qu'es-tu apensé de cet avertissement, connaissant sa source.

— Qu'il faut la prendre à grand compte — D'autant que Mosca, que j'ai vu, a refusé de vous visiter, même à la nuitée, arguant que trop d'Argus fixent leurs yeux sur l'huis de votre maison.

— Miroul, dis-je, prenant ma décision en un battement de cil, tant je sentais que le temps me pressait, je vais reprendre ma déguisure de bonnetier et loger chez Alizon. Pour Silvio, Florine — et toi, mon Miroul — que je ne peux pas avec moi garder, pour ce que tes yeux vairons me trahiraient partout — vous logerez chez le maestro Giacomi.

— Nenni, Moussu! dit Miroul avec la dernière fermeté. Je m'en vais teindre le cheveu en noir et mettrai sur mon œil bleu le bandeau du borgne. Quant à Florine, elle est dextre assez pour tirer l'aiguille dans l'atelier d'Alizon. Moussu, vous aurez besoin, même chez Alizon, d'un « vas-y-dire », et moi j'ai besoin de Florine pour vivre, me mouvoir et avoir mon être.

— Oui-da donc! dis-je en riant, puisque c'est le valet qui commande et non le maître! Belle image du royaume que voici!

— Monsieur, dit Miroul en levant haut la tête, je suis votre secrétaire et non votre valet.

— Eh bien, Monsieur mon secrétaire, dis-je en le serrant à moi, cours dire à ce Mosca ou Leo de me visiter à la nuitée chez Alizon.

— Si assuré êtes-vous, Moussu, dit Miroul, la main déjà sur l'huis et son œil marron s'égayant tandis que son œil bleu restait froid, qu'Alizon chez elle vous voudra recevoir?

— Ha Miroul! Miroul! dis-je en riant derechef, que ne t'ai-je pas accoutumé de prime à recevoir bâtons et soufflets; tu serais moins impertinent!

— Il est vrai, mais alors, je ne vous aimerais point, dit Miroul. Il faut tout prendre en un paquet, Moussu: l'impertinence et l'affection.

— Miroul, dis-je en m'avançant par gausserie vers lui, la main haute. Vais-je te battre?

— Fi donc! dit-il, contrefeignant l'effroi. Une alouette, me becqueter!

— Miroul, dis-je encore, comme il allait saillir, quand tu reviendras, porte ces dix écus que voilà à Mérigot en l'Aiguillerie, en passant par prudence par la porte de derrière, et dis-lui, vu mon retour, de redoubler de vigilance.

Encore que Florine s'affairât, la pauvrette, à rapproprier le logis de ses uniques bras, nos chambrières étant demeurées au Chêne Rogneux, je me sentis fort seul, mon Miroul départi, et allant toquer à la porte dérobée par laquelle j'avais joint ma maison à celle de Giacomi, j'appris d'un valet que le maestro et Larissa étaient hors et ne reviendraient qu'à la nuit. Quoi oyant et à moi-même livré, je ressentis quelque fatigue de mon long voyage, et gagnant ma chambre et me jetant sur ma coite, je tâchai à m'ensommeiller, mais y faillis, pour ce que si mon corps était las, mon esprit s'activait prou et mon âme — que je crois différente de l'esprit, en étant pour ainsi parler le souffle, le branle et l'impulsion — s'encontrait si exaltée à la pensée des aventures que j'allais vivre, que je sentais ma poitrine se dilater et ma narine se gonfler d'une sorte de hautesse et d'ivresse, comme si j'eusse piaffé, frappé le sol de mes sabots, et secoué ma crinière, impatient que j'étais de m'élancer vers des horizons nouveaux, quelque embûche ou traverse qui se pourrait encontrer en cette chevauchée.

Me ramentevant alors la belle image de mon cher l'Etoile, lequel avait comparé le roi à un cheval de bataille dont la guerrière audace s'était perdue sur la longue litière, j'observais qu'en ce qui me concernait, la longue litière du Chêne Rogneux ne m'avait en aucune guise amolli, bien le rebours, et que le danger même où j'étais, les précautions, les ruses, les stratagèmes par lesquels je glisserais hors les griffes des ennemis de l'Etat, ma déguisure en bonnetier, mon séjour chez ma petite mouche d'enfer, les périls (ceux-là délicieux) qu'il m'y faudrait encourir, mes allées et venues, mes pas et mes démarches, mes aguets, mes attentes, mes pièges pour échapper aux pièges, tout dans ce proche avenir m'arrachant à l'ornière et sillon d'une existence tout ensemble trop ordonnée et trop sûre, me jetait dans une excitation telle et si grande qu'elle me donnait une joie à vivre — même dans les dents de la mort — tout à plein incommensurable à mes jours quotidiens.

J'avais alors trente-sept ans, et parvenu à cet âge où on est accoutumé dans nos pays à tenir un homme pour un barbon, et à trouver naturel qu'il prenne ses retraites, comme Michel de Montaigne avait fait avant que la quarantaine l'atteignît, je ne sentais point du tout, quant à moi, me tourmenter le besoin de rien retrancher ni rabattre de mes exertions, de mes entreprises, de mes amours, tenant, bien le contraire, leur cessation pour un lâche consentement à la vieillesse et à la mort, auxquelles un homme, à mon goût, ne devrait jamais consentir qu'après un long combat, le dos au mur, les forces lui faillant, et l'épée lui tombant de la main.

La nuit sur nous déjà, et mon Miroul absent du

bercail encore, l'inquiétude me déquiéta quelque peu sur ma coite, et comme je me levais, j'ouïs toquer à ma porte, et Florine, un moment plus tard, me vint dire qu'un guillaume, qui disait s'appeler Franz, quérait à me voir d'urgence. A fouiller ma remembrance, je me ramentus que le lorrain et géantin laquais de la Boiteuse, à qui j'avais baillé un écu pour le conforter de s'être fait fouetter par le majordome de sa maîtresse, m'avait dit se nommer ainsi. Et encore que je me fusse apensé que le gautier ne me pouvait vouloir du mal — la gratitude pesant moins aux simples gens qu'à nos brillants coquardeaux de cour — je me mis au dos une dague à l'italienne, et armai un pistolet que je passai à ma ceinture avant que de jeter un œil par le judas, et déclore l'huis, ayant reconnu l'homme, lequel me remit un billet que je lus tout de gob, le voyant comme accoisé et attendant réponse.

« Monsieur mon cousin,

Ma cousine vous voudrait voir ce soir en son hôtel sur le coup de dix heures, et comme vous savez, elle est de celles qu'on ne peut décevoir. J'escompte donc votre prompt acquiescement, lequel vous voudrez bien impartir au porteur de ce billet.

Je suis, Monsieur mon cousin, en cette attente, votre humble et dévouée servante :

Jeanne de La Vasselière. »

Ayant lu, je tombai dans quelque perplexité, étonné que la Montpensier ait su si vite mon advenue céans, et cette circonstance m'inspirant quelque défiance, je me sentis très peu d'appétit à m'aller fourrer derechef dans la gueule de ces ogresses, tout en redoutant toutefois, en n'y allant pas, d'encourir leurs mauvaises dents. Et voyant que Franz, tandis que je débattais ces épines en mon for, gardait son œil bleu sur moi, et que cet œil n'était pas méchant, bien le rebours, je m'avisai de lui dire :

— Franz, tu vois mon embarras, et tu en devines la cause. Baille-moi un conseil en ami. Dois-je y aller ou pas ?

— Monsieur le Chevalier, dit Franz avec gravité et s'exprimant fort bien, quoique avec un fort accent et lentement, c'est moi que vous embarrassez. Je suis fidèle à ma maîtresse, laquelle pourtant est moins chiche du fouet que des pécunes.

— En ce cas, pourquoi lui es-tu si fidèle ?

— Elle est lorraine, comme je suis, et née bien au-dessus de moi, étant princesse. Raison pour quoi, Monsieur le Chevalier, je vous prie de ne point quérir de moi un avis : les avis n'entrent pas dans mon rollet.

— Et si je le quiers, que feras-tu ? dis-je, amusé, maugré le sérieux de l'heure, par son roide formalisme.

— Vous ayant quelque obligation d'amitié, je serais tenu à vous dire de n'y point aller. Ce que je déplorerais, car je me veux bon serviteur, que le maître soit bon ou mauvais.

— Fort bien donc. Je n'y vais pas.

— Monsieur le Chevalier, je n'ai pas ouï cette réponse, pour ce que, si je l'avais ouïe, je serais contraint par mon rollet à vous daguer sur l'heure.

— Quoi ? dis-je, céans ? En ma maison ? Alors même que j'ai ce pistolet en main ?

— Alors même.

— Ha ! dis-je, Franz, tu me plais trop pour échanger ma mort contre la tienne. J'entends donc que la bonne réponse, c'est de dire que j'ai le propos d'y aller.

— Assurément, Monsieur le Chevalier. Ce que vous ferez ensuite ne me concerne pas. D'autant que vous aurez toujours, par cette promesse, gagné quelques petites heures.

— Quelques petites heures pour quoi faire ?

— Pour vaquer ce logis et fuir cette ville.

— Fort bien donc. Dis à ta bonne maîtresse que je me rendrai d'un cœur allègre à son invite. Et Franz, accepte de moi, en toute amitié, cet écu qui vaut mieux, à tout prendre, que balle de pistole.

— Monsieur le Chevalier, dit Franz, sa bonne face carrée, rouge comme un jambon, redevenant rigide, il n'entre pas dans mon rollet d'accepter clicailles d'un gentilhomme que j'eusse dû daguer, soit céans, soit à dix heures du soir sur le chemin. Je craindrais trop, en les prenant, de me donner le déconfortant sentiment d'avoir trahi ma maîtresse.

— Franz, dis-je en souriant, la nuit tombe, la rue est peu passante. Tu as une lanterne au poing. A supposer que par distraction, je jette cet écu par le judas de mon huis. Vas-tu faillir à le trouver en saillant hors ma maison ?

— Je peux que je n'y faillisse pas, dit Franz avec gravité. La Providence sourit parfois aux malheureux. Monsieur le Chevalier, je vous salue très humblement, poursuivit-il en me voyant jeter l'écu par le judas, et l'oreille comme pointée de côté pour ouïr sa chute et son tintinement sur le pavé de la rue.

— Ha, dis-je tout haut, la porte refermée sur le géantin laquais, « les amis du Maure » avaient raison : il me faut m'envoler de céans.

A peine achevais-je qu'on toqua de nouveau à l'huis et risquant un demi-œil par le judas, je vis Miroul.

— Miroul, dis-je en oc, craignant quelque surprise, es-tu seul ? N'y a-t-il personne à te presser une pointe dans le dos ?

— *Degun me vol aucire o menaçar* [1], dit Miroul.

Je lui ouvris. Il était seul, en effet, mais fort pâle, cillant, la lèvre tremblante et le souffle oppressé.

— Moussu, dit-il haletant, on vient d'occire Mérigot et sa garce ! Trois vaunéants que j'ai vus s'ensauver par une porte comme j'entrais par l'autre. Ils leur ont coupé la gorge à la surprise. Ha Moussu ! j'aurais poursuivi ces méchants comme chien de meute, s'ils n'avaient emporté avec eux les arquebuses.

— Mon Miroul, dis-je béant, et la bouche me séchant soudain, assieds-toi, là, sur cette escabelle. Bois quelques gouttes de cet esprit-de-vin. Tu parais fort déconforté !

— Ha Moussu ! dit-il, les couleurs lui revenant dès

1. Personne ne me veut occire ou menacer (Oc.).

qu'il eut bu, les pauvrets pantelaient encore quand j'advins, et quelle horrible vue que leurs gorges ouvertes d'une oreille à l'autre! A peu que je raquasse mes tripes à voir tant de sang, vous eussiez dit une mazelerie! Depuis la funeste journée de la Saint-Barthélemy, je n'avais rien vu de si cruel! Je n'entends pas, poursuivit-il, comment le pauvre Mérigot a déclos son huis à ces mauvais drôles, lui qui, dès la chute du jour, se remparait si bien!

— Il se peut qu'ils ne lui étaient pas déconnus, garçons de rivière, comme lui, du côté de deçà, ou anciens compères de beuverie, que sais-je encore? Pauvres gens mécaniques, ignares et affamés, dont quelques écus ont armé le bras. C'est avec ceux-là qu'on fait les guerres et les exécutions, Miroul, pendant que la Montpensier se gave de dragées et de pruneaux sur ses coussins de soie.

Je lui dis alors ce qu'il en était, et du billet de La Vasselière, et de mon entretien avec Franz.

— Ha Moussu! me dit-il, l'air fort résolu, la chose est claire. On vous a mandé à l'hôtel de la Boiteuse pour vous embûcher sur le chemin et, vous mort, on donnait l'assaut au logis pour y massacrer les vôtres: raison pour quoi, voulant avoir la voie libre, on a tué nos gardiens. Moussu, nous voici revenus quinze années en arrière! Une nouvelle Saint-Barthélemy se prépare dont ces meurtreries sont les premiers bourgeons. Et que faire sinon se mettre, comme en 72, à la fuite? Moussu, nous sommes les Juifs errants de ce royaume!

— Tu dis vrai: va réveiller Silvio qui dort comme souche et refais nos bagues si tu les as défaites. Je vais passer par la porte dérobée et avertir Giacomi de notre prédicament.

Fort heureusement, je le trouvai au logis, ainsi que Larissa, et je lui dis au pas de charge ce qu'il en était. N'eût été Larissa, il m'eût accompagné, je crois, mais je le quérai de demeurer et de laisser, sans lever le doigt, mon logis éventrer et piller par ces gueux, afin de rester sauf et de me pouvoir, dans les occasions, offrir un refuge ou une cachette, sa maison étant si proche du Louvre. Il y consentit à la parfin, et Miroul m'ayant fait observer que nous aurions besoin de nos vives montures (qui avaient fait leurs preuves à Sedan), on décida de les amener de mon écurie à celle de Giacomi, ce qui voulait dire, les faire monter à l'étage, passer par la porte dérobée, et leur faire dévaler un étage pour les loger en la cour du maestro, ce qui ne fut guère aisé, comme on l'imagine, le cheval ayant une antipathie particulière pour les escaliers, surtout quand il s'agit de les descendre, terrorisé par ce vide qu'il voit se creuser sous lui.

Le difficile fut de me faire reconnaître et ouvrir par Alizon, étant donné la tardance de l'heure, et la nuit déjà noire, mais dès que l'huis fut déclos et nos montures en l'écurie, ma petite mouche d'enfer mena Miroul et Florine avec leurs bagues en une proprette chambriscule et, les y laissant, leur dit à la parisienne :

— Vramy ! La coite n'est pas large, mais à voir la guise dont vous entremêlez vos regards, je crois que vous saurez vous en accommoder...

Ayant ri et poutouné Florine, elle présenta la main à mon secrétaire avec autant de grâce qu'une princesse du sang, et me prenant par le bras, m'entraîna quasi courant à sa chambre, où ayant fermé la porte sur nous, elle me jeta les bras autour du col, me baisottant à la fureur (non sans que je la repayasse de la même monnaie), son mince petit corps entrant quasi dans le mien à force de se tortiller contre lui, vive et frisquette mignote qu'elle était, brune comme maure, l'œil noir fort pétillant et la lèvre friande.

— Mon Pierre, me dit-elle, tu vas t'encontrer bien déquiété en ton huguenote humeur, pour ce que la seule des chambres que j'ai à bailler en mon petit logis est celle où j'ai logé Miroul et sa Florine. Laquelle Florine, à la vérité, j'eusse pu prendre avec moi, comme d'aucunes dames de qualité qui aiment à coucher avec leurs chambrières, mais comment eussé-je pu en conscience (elle rit en prononçant ce mot) séparer Florine de son époux sans cruauté ? La troisième chambre est celle de Baragran dont le pauvret est raffolé, pour ce que le conduit de la cheminée passant dans son mur, celui-ci lui baille une chaleur qui conforte ses pauvres os tordus. Mon Pierre, vais-je vaquer Baragran de sa chambre et le mettre en humide soupente pour te bailler sa place ? Le veux-tu ?

— Ha Mamie ! dis-je voyant bien à quoi tendait ce miséricordieux discours, et me trouvant trop las (et par ses baisers déjà trop adouci pour y résister, comme je l'eusse dû), mamie, dis-je, je te mets à tant d'incommodité à venir me cacher chez toi que j'aurais scrupule à priver le pauvre Baragran de la tiédeur de ses nuits après son labour du jour. Non, non, je coucherai, moi, à la soupente, ne faisant aucun cas du froid et de l'humidité, dès que je m'ensommeille.

— Benoîte Vierge ! s'écria Alizon, redoublant d'autant ses poutounes que la pensée de me voir en soupente lui donnait de la compassion, moi, mon Pierre, te loger en réduit obscur, pluvieux, malodorant, où je n'eusse osé mettre une souillon de souillarde ! Toi, un noble gentilhomme et grand révérend médecin ! Vramy ! Il ferait beau voir ! Le rouge me brûlerait le front ! Mon Pierre, si partager ma petite coite céans te repousse, c'est moi, poursuivit-elle en poussant un soupir à réveiller un feu de forge, c'est moi qui m'en irai m'étioler en soupente, te laissant la chambre que voici...

— Tu te gausses, mon poussin ! dis-je, poutounant en ma gratitude son cou délicat et mollet. Non content de m'abattre sur ta maison avec Miroul et Florine, je te roberais ta chambre et ta coite ! Fi donc ! Me crois-tu si dévergogné que de mettre ma bonne hôtesse à telle incommodité ! Et de dresser mon camp comme en pays conquis, m'aisant et m'étalant en une coite dont j'aurais banni ton gentil corps, et me chauffant à ton feu quand tu grelotterais en soupente ! Cornedebœuf ! Il n'en est pas question ! Je coucherai sur le plancher au pied de ton lit, si tu as d'aventure quelque bonne couverture de cheval à me bailler.

— Point n'en ai! dit Alizon promptement, et la pensée m'abhorre que tu te meurtrisses les os sur le parquet. Mais, mon Pierre, nous en avons assez débattu. Allons gloutir un morcel et boire un ou deux pichets de mon bon vin de Bordeaux. Et laissons la chose à l'inspiration du moment.

Ce que nous fîmes. Mais devant que je m'allasse coucher, Mosca, que Miroul avait pu voir une seconde fois hors Châtelet à la tombée du soir, vint toquer à la porte d'Alizon, suivi d'une forte escorte et, ayant obtenu l'entrant, s'entretint avec moi une grosse heure. Ce qui fut dit dans cet entretien de très remarquable et de fort déquiétant pour la paix du royaume, je le dirai plus tard, en devant répéter la substance au roi le lendemain du jour où il eut lieu, ayant de prime averti Sa Majesté par Quéribus (à qui je dépêchai Florine) qu'il eût à laisser pénétrer au Louvre par une porte discrète, non point le chevalier de Siorac (celui-là ayant en toute apparence quitté Paris) mais le maître bonnetier-enjoliveur Baragran. Ce qui se fit par le moyen d'une marque portant le sceau royal, laquelle je devais présenter à la Porte Neuve qui donne sur le jardin des Tuileries, et de là dedans le Louvre par un guichet dérobé : porte et guichet jour et nuit fortement gardés afin qu'arrivant des provinces, ou partant de la Cour pour les provinces, les *missi dominici*[1] pussent sortir de la demeure de Sa Majesté ou y pénétrer, sans avoir à passer par les rues de Paris, lesquelles, quand bien même elles n'eussent pas été séditieuses, fourmillaient d'espions ligueux, et étaient le jour tant embarrassées par les attelages que c'est à peine si on y pouvait passer. Ainsi, grâce à la Porte Neuve, la rapidité, la sûreté et le secret des messagers du roi furent assurés et le roi lui-même pouvait, quand il le jugeait utile, gagner le plat pays sans avoir à traverser Paris : sage et prudente disposition qui s'avéra de la plus grande conséquence dans l'enchaînement de cette histoire.

1. Les envoyés du maître. (Lat.)

Pour moi, il y avait de manifestes avantages à cet itinéraire que je suivis plus d'une fois pour aller informer le roi, car sortant de Paris avec mon Miroul (lequel avait teint son cheveu et mis un bandeau sur l'œil, et moi-même en ma déguisure de marchand bonnetier) par la porte Saint-Honoré, nous poussions nos chevaux par le faubourg du même nom jusqu'au plat pays, où se voyaient à dextre et senestre de charmants moulins, traversions la Seine à la senestre d'un joli village appelé le Roule et, longeant alors la rivière, traversions la Seine au pied de la colline de Chaillot (du nom du village qui la couronne), endroit qui pour nous comportait de sinistres remembrances, pour ce que les corps flottants des huguenots massacrés lors des sanglantes matines de la Saint-Barthélemy, s'étaient échoués, quinze ans plus tôt, en ce même endroit, dans les herbes longues et les joncs des deux campagnardes rives.

Remontant alors vers Paris, nous rentrions non point précisément dans la capitale, mais dans le jardin des Tuileries par la Porte Neuve (toujours fortement tenue par les gardes du roi, et non par la Milice, laquelle n'était pas sûre, étant infestée de ligueux). Là, ayant montré la marque royale et ayant reçu l'entrant et démonté, nos chevaux étant mis dans les écuries du roi, lesquelles se trouvaient quasi adossées à la porte, un sergent nous menait jusqu'au guichet dérobé, Miroul me suivant, portant sur son dos une hotte d'osier emplie de vêtures, parures et affiquets dont nous étions censés tenir boutique et marchandise, ladite hotte s'encontrant à chaque fois fouillée par un détachement des *quarante-cinq*, lesquels surveillaient continuellement ce guichet, de jour comme de nuit, étant, comme j'ai dit, la garde personnelle du roi et ne quittant plus le Louvre, depuis que les choses avaient tant empiré entre les Parisiens et Sa Majesté.

Le commode de ce cheminement qui nous faisait saillir de Paris par la Porte Saint-Honoré et rentrer au Louvre par la Porte Neuve, c'est que, nous imposant un long et lent contournement qui nous faisait trotter par les chemins, villages et moulins du plat pays pour revenir en la ville, il me permettait de m'assurer que nous n'étions pas suivis. D'autant que parvenus au village du Roule, nous prenions le parti de tourner autour de l'église (qui était hors la route) pour nous acertainer que les allant-derrière ne nous collaient pas à la queue pour nous épier.

Je n'avais vu le roi depuis le mois d'août 1587 et quand Du Halde fort tôt dans le jour m'introduisit en sa présence (suivi de Miroul portant sa hotte et fort émerveillé d'être admis en l'intimité du souverain), je fus surpris par l'altération que ces quelques mois avaient amenée en sa personne, ses traits s'étant creusés et ses cheveux blanchis aux tempes. Quant à son corps, il me frappa comme maigri par le haut et gonflé par le bas, le dos étant courbe, la poitrine rentrée, les épaules affaissées et toutefois les hanches épaissies et le ventre renflé, alors même que Sa Majesté mangeait si peu et si mal, à ce que déplorait Du Halde. Pour le regard de son teint, il portait le témoignage tout ensemble de ses plaisirs (que l'Etoile, oubliant les siens, m'avait dénoncés), du manque d'air et d'exercice, et des soucis épuisants d'un pouvoir qu'il exerçait depuis quatorze ans dans des conditions on ne pouvait plus venteuses et tracasseuses, portant à bout de bras un royaume déchiré par les factions, les complots et les guerres fratricides.

Je n'en pouvais croire mes yeux à voir mon bien-aimé souverain tant vieilli alors qu'ayant tout juste mon âge, il paraissait vingt ans de plus. Cependant, je ne m'alarmais pas outre mesure, sachant combien sa corporelle enveloppe répondait à ses humeurs et en quelle extraordinaire guise une bonne nouvelle ou un espoir neuf le pouvait tout soudain transformer, tant est qu'en quelques minutes, l'œil brillant, le front haut, le torse redressé, il pouvait retrouver sinon les roses bourgeons de sa juventude, à tout le moins les vertes feuilles de son âge viril.

— Ha mon fils! dit-il en me présentant la main, c'est un sourire de la fortune que de te revoir céans, en cette Cour dont les rangs se sont bien éclaircis en ton absence, tant d'ingrats ayant fui, dont les cœurs suivent les têtes, lesquelles tournent à tout vent. Mais, poursuivit-il, observant ma vêture, comment te voilà fait, mon Siorac!

— Sire, dis-je, un genou à terre, plaise à Votre Majesté de se ramentevoir que Siorac n'est plus, ayant fui devant les attentements de meurtrerie des ligueux et que vous avez devant vous le maître-bonnetier Baragran. Quant à ce commis borgne que vous voyez là, lequel vient de poser sa hotte à terre, c'est mon secrétaire Miroul, lequel est à moi le plus fidèle serviteur du royaume.

— Tel maître, tel serviteur, dit le roi, adressant en sa grande bénignité et condescension un petit signe de la main à Miroul, lequel en rougit de bonheur. Baragran, poursuivit-il en se tournant à moi, quel conte t'a fait Mosca? Bleu ou noir?

— Noir de l'encre la plus noire, Sire. Le gros pourceau fut avant-hier secrètement en Paris et autour de lui, voletant et s'assemblant, les plus grosses mouches à merde de la Ligue.

— La Saignée, dit Chicot la goutte au nez, je l'ai toujours cru, mais maintenant je le sais : tu es poète.

— Silence, Chicot, dit le roi. Donc, Siorac, poursuivit-il, Mayenne fut en Paris avant-hier.

— Oui, Sire. Lequel Mayenne se rince la bouche des grands exploits et sublimes faits d'armes par lui-même accomplis en Guyenne contre les hérétiques.

— Dans la réalité, dit Chicot, le gros pourceau a tué un tout petit lièvre, qui devient, passant par son groin, une meute de loups.

— C'est qu'il faut du massacre, dit le roi, pour plaire à nos bons prêchereaux de Paris. Nul n'est bien vu ni bien venu de la Ligue s'il ne tient ce langage. Poursuis, Siorac. Et toi, Chicot, pas un mot hors l'enclos de tes dents!

— Henri, dit Chicot, à quoi bon que tu ois la Saignée et son borgne commis, quand je sais d'A à Z ce que complotent le gros pourceau et les ligueux?

518

— Et qui est ? dit le roi.

— Qu'ils te veulent prendre ta ville.

— Mais il y faut du détail et de la circonstance, dit le roi.

— Ils ne manquent pas, Sire, dis-je. En voici le conte, fait par Mosca qui assista à ces sanguinaires entretiens entre la Ligue et Mayenne. De prime, pour prendre la Bastille, cent à cent vingt de nos bons ligueux de nuit toquent à la porte, et si elle ne leur est pas ouverte, un archer qui est à eux coupe la gorge au chevalier du guet et la déclôt. Si le chevalier, abusé, la déclôt lui-même, il est dépêché, ainsi que tous ceux parmi les siens qui sont réputés « politiques ». En même temps, d'autres détachements de la Ligue se présentent chez le premier président, le chancelier, le procureur général et plusieurs autres grands officiers du roi et les expédient à la chaude, récompensés de cet exploit par la pillerie de leurs maisons. Pour l'Arsenal, la Ligue y a un fondeur, lequel est pratiqué de leur intelligence, et plusieurs autres, qui, dès qu'ils toquent à l'huis, tuent le prévôt. Pour le grand et petit Châtelet, la Ligue les doit surprendre par des commissaires et des sergents qui sont à elle et contrefeindraient d'y amener la nuit des prisonniers. Quant au Palais, au Temple et à l'Hôtel de Ville, la Ligue ne fait pas grand cas de les prendre, les pensant envahir et occuper le matin dès l'ouverture des portes. Cependant, touchant le Louvre...

— Voyons mon Louvre, dit le roi avec un petit brillement de l'œil.

— La Ligue le veut prendre pour saisir Votre Majesté et tuer son Conseil, et tous les officiers fidèles, les remplacer par des hommes à eux, épargnant votre personne à condition que vous ne vous mêliez plus de rien.

— Je les trouve très évangéliques, dit le roi.

— Et par quels moyens ? dit Du Halde qui jusque-là n'avait pas ouvert le bec.

— Une fois que la Ligue aura saisi la Bastille, l'Arsenal, le Châtelet, le Temple, le Palais et l'Hôtel de Ville, ses émissaires doivent crier par les rues et ruelles : « Vive la messe ! Ville prise ! » et appeler tous les bons catholiques aux armes et les diriger vers le Louvre dont on bloquera toutes les issues. Cela fait, on réduira les gardes du roi à merci en les affamant.

— Mais qui ne voit, dit Henri au bout d'un moment, que cet appel au menu peuple fera sortir les milliers de truands de leurs trous, et les mettra à meurtrerie et picorée en tous les quartiers de la ville ?

— Sire, dis-je, nos ligueux s'en sont avisés, et de la ruine et de la confusion totale qui en résulteraient pour tous les manants et habitants de la bonne ville. Et ils ont inventé un moyen pour contrebattre cette éventualité.

— Quel moyen ? dit le roi.

— Les barricades.

— Les barricades ? dit le roi en levant haut le sourcil. Qu'est cela ? Quelle nouveauté est-ce là ? Qu'entendent-ils par ce mot *barricade* ? Du Halde, l'as-tu déjà ouï ?

— Non, Sire, dit Du Halde. Mais on dit « mettre barre » à un passage quand on veut l'empêcher. D'où je suppose que « *barricade* » est le moyen par lequel on le peut empêcher.

— Vrai et faux, mon cher Du Halde, dis-je. Il s'agit bien de barrer le chemin, mais au rebours de ce que vous êtes apensé, *barricade* ne vient pas de *barrer*, mais de *barriques*, lesquelles, remplies de terre, seraient mises dans chaque quartier au travers des rues, pour les obstruer, les intervalles étant comblés par des amas de pavés déterrés. Tant est que seuls pourraient franchir le retranchement ceux qui présenteraient une marque baillée par la Ligue. De cette façon, on empêcherait, d'une part, les truands de saillir hors la cour des miracles pour se répandre en la ville, et d'autre part les gentilshommes et les politiques logés aux divers quartiers de venir à secours au roi en son Louvre, auxquels fidèles serviteurs, comme étant suspects d'hérésie, on trancherait tout de gob la gorge, s'ils apparaissaient.

— Tudieu ! dit Chicot, on ne halète que sang et ne ronfle que massacre en cette Paris que voilà !

— Ainsi, dit le roi, le menton dans la main et envisageant le vide de ses beaux yeux noirs d'un air rêveux et songeard, c'est cela qu'ils appellent une *barricade*. *E bene trovato* [1]. Car il va sans dire que deux douzaines de guillaumes, retranchés derrière ces barricades avec des arquebuses, pourraient tenir tête à deux ou trois compagnies ou enseignes de gardes éprouvés, surtout si les maisons riveraines se trouvaient entre les mains de leurs partisans. Ce qui, hélas, serait le cas.

Cette réflexion ne laissa pas que de me frapper prou quand je l'ouïs — et plus encore quand la suite des événements démontra sa clairvoyance — pour ce que j'y reconnus le coup d'œil aigu du prince guerrier de Jarnac et de Moncontour; lequel n'était point tant endormi « *sur sa longue litière* », comme avait dit l'Etoile, qu'il ne sût apprécier en soldat les mésaises et les avantages d'une situation. Tant est que cette remarque du roi me conforta excessivement, combien qu'elle fût en soi pessimiste, pour ce qu'elle raffermit la fiance que j'avais en sa subtilesse, en sa lucidité, et en son souple talent pour se tirer des traverses les plus périlleuses.

— *E bene trovato*, reprit le roi en secouant le chef et parlant italien, non point tant parce qu'il était florentin par sa mère que parce qu'il aimait cette langue, dont je lui ai ouï dire plus d'une fois qu'il la jugeait plus élégante et plus flexible même que le français.

Et hochant la tête encore, il répéta :

— *Bene, bene, bene : des barriques, une barricade*, quoi de plus simple? Une trouvaille, mon Siorac. Et fort peu dispendieuse : des tonneaux, de la terre, des pavés. Et voilà arrêtés les régiments du roi! Nos bons ligueux ne sont pas si sottards que je l'eusse cru, Du Halde. La haine leur donne beaucoup d'esprit.

— Mais, Sire, dit Du Halde, dont la longue et austère face montrait avec laquelle alarme il oyait ces propos, à ce compte un prince ne pourrait jamais remettre en bon ordre et sagesse une ville séditieuse.

1. C'est bien trouvé. (Ital.)

— Si fait, dit le roi, mais par des moyens plus longs et plus doux que des combats de rue qui sont toujours fort coûteux des deux parts en vies humaines et répandent des ruisseaux de sang pour une incertaine issue. A preuve ce que nos bons ligueux appellent « *l'heureuse journée Saint-Séverin* », où deux ou trois curés crottés et trois douzaines de manants ont mis mes gardes en échec. Pour vaincre, Du Halde, il y eût fallu du canon, et massacrer tout un quartier.

— Mais, Sire, dit Du Halde roidement, s'il faut en arriver là à la fin des fins...

— Nenni, nenni, mon Du Halde! dit le roi avec force. Un roi ne doit jamais se mettre dans le cas de giboyer sur ses sujets! Acte contre nature et tant inutile qu'inhumain! C'est la leçon que j'ai tirée, quant à moi, de la Saint-Barthélemy.

Oyant ces belles et nobles paroles et reconnaissant le cœur qu'il avait fallu au roi pour les prononcer en démenti de sa propre gloire de Jarnac et de Moncontour, je fus tant ému et transporté que, me jetant à ses genoux, je présumai de saisir sa main et de la baiser.

— Hé quoi! dit le roi avec un sourire d'affectionnée irrision (et retirant sa main des miennes, il m'en donna une petite tape sur la joue). Hé quoi, mon Siorac, te voilà heureux, pour ce que je blâme la Saint-Barthélemy! N'es-tu pas bon catholique?

— Sire, dis-je, si être bon catholique, c'est être ligueux, haineux et séditieux, point ne le suis. Mais si un homme est bon catholique, quand il oit la messe et sert son roi, alors, Sire, comptez-moi de cette Eglise-là.

— Bien parlé, Siorac, dit le roi en donnant deux petits coups de ses belles mains sur les accoudoirs de son fauteuil. Mon Eglise à moi est celle des bonnes et honnêtes gens qui ne veulent pas user du cotel pour exterminer les hérétiques, mais de la raison pour les persuader. Mon Eglise à moi est aussi celle du pardon dont j'userai, Du Halde, à l'égard de tous mes sujets qui sont aveuglés, ne voulant ni leur sang, ni leurs vies, mais au contraire, désirant autant leur conservation qu'un père celle de ses enfants.

— Sire, dit Du Halde, userez-vous de même miséricorde envers l'aveugleur ?

— Je ne le sais encore, dit le roi avec un mince et sinueux sourire, et aguignant Du Halde de côté de son bel œil noir. Et pourquoi non, s'il vient lui aussi à résipiscence ?

— Je le décrois, dit Chicot en gaussant.

— Que décrois-tu, mon fol ?

— Et sa résipiscence et ta mansuétude. Tu es un fin matois, Henri. Le Guise a son tour ce jour d'hui. Tu auras le tien demain.

— Amen, dit Du Halde.

— Siorac, dit le roi sans gloser plus outre (et saisissant la montre-horloge qui pendait au cou de Du Halde, il y jeta un œil). L'heure de mon Conseil est proche. Est-ce là tout ce que t'a appris cette mouche qui se veut lion ?

— Nenni, Sire. Il a ouï de source très sûre d'un complot façonné contre vous par cette boiteuse qui se voudrait reine. Observant que revenant de Vincennes vous passez devant une maison à la Roquette lui appartenant, elle a le dessein d'y cacher une quarantaine de *spadaccini* qui à votre passage arrêteront votre carrosse, dépêcheront les cinq ou six gentilshommes de votre suite et vous feront prisonnier.

— Ha Sire ! s'écria Du Halde, je vous avais bien dit que votre escorte était trop faible !

— Qui eût pensé, dit le roi pâlissant en son ire, que cette méchante femme qui m'a fait à deux genoux supplier par la reine et la reine-mère de ne l'exiler point, loin de se désister de ses exécrables desseins, oserait, à peine pardonnée, s'en prendre à notre royale personne ? Et cependant, si je la presse trop en cette occasion, elle va crier à l'innocence, et à la calomnie, et mettre dans le bec de ses prêchereaux que je m'acharne sur une faible femme, pour la raison que je n'aime point son sexe. Du Halde, je te satisferai : d'ores en avant, je ne saillirai du Louvre en Paris qu'entouré de l'essaim de mes *quarante-cinq* avec tous leurs dards. Et quant aux désespérées entreprises de ceux de mes sujets que je vois élevés en armes contre mon autorité, je fortifierai les places fortes de ma capitale en telle guise que le goût en passera aux factieux de les attaquer. Siorac, dit-il en se levant et en me présentant la main, continue, je te prie, à me bien servir, et à être à l'avenir tant affectionné que tu le fus toujours, me rapportant quand et quand les bourdonnements de cette bonne mouche qui volette au-dessus du fumier de la Ligue pour éventer ses pernicieuses délibérations.

Lecteur, au contraire de ce que tu t'es peut-être apensé en lisant ces lignes, je n'ai ni léché ni poli les propos du roi en les couchant sur le papier, mais les ai rapportés tels qu'il les prononça en cette occasion, tantôt familier et gaussant, tantôt grave et royal, et maniant alors à merveille une langue qu'il mettait autant de soin à raffiner que sa vêture, y ayant en lui un grand appétit à l'art et une grande amour du verbe, ayant appris l'éloquence avec Pibrac, fondé avec lui une académie, et au demeurant grand lecteur de Rabelais, de Ronsard, de Villon, et depuis qu'ils avaient paru — des *Essais* de Michel de Montaigne, duquel il faisait le plus grand cas pour sa lumineuse lucidité, son flexible style et sa raisonnableté. Et bien je me ramentois à cet égard comme Henri, en Chartres, fut marri et chagrin que la Ligue en Paris eût embastillé Montaigne [1], laquelle néfaste Ligue ne pouvait que mortellement haïr un esprit dont la suave humanité venait tant à rebours de son zèle fanatique.

Dans les quatre mois qui suivirent cet entretien, je vis le roi plusieurs fois sous la déguisure que j'ai dite pour lui mettre puce au poitrail des menées et séditions de la Ligue en Paris et notamment d'un attente-

1. Pour peu de jours : la reine-mère le tira de là. (Note de Pierre de Siorac.)

ment de meurtrerie qui visait la personne du duc d'Epernon et devait être entrepris lors de la foire Saint-Germain en février ou mars 1588 (ma remembrance est là-dessus peu précise), lequel duc étant fort vaillant et haut à la main, comme j'ai dit déjà, et le Conseil du roi (dont quasi tous les membres, créatures de la reine-mère, étaient peu ou prou ligueux) ayant mis chattemitement en doute les informations de Mosca comme étant, se peut, d'inspiration huguenote, le duc, dis-je, décida d'en avoir le cœur net, et ayant revêtu sous son pourpoint une cotte de mailles, et s'étant fait accompagner, mais à distance, d'une forte escorte, s'alla promener à la foire où, à la vérité, des écoliers de l'Université tout soudain l'entourant, lui cherchèrent une querelle d'allemand et sortant les couteaux, l'eussent sous leur nombre accablé, si les gardes du duc, survenant, ne les eussent mis à vauderoute.

Je fus fort aise que cette occasion raffermît la fiance que le roi mettait en sa bonne mouche et, partant, à moi-même qui rapportais ses bourdonnements. Et peux-je dire ici, sans m'en paonner à l'excès, que j'avisai le roi d'avoir à ôter leurs armes aux écoliers dont les pédants crottés de Sorbonne avaient fait de fort turbulents et dangereux ligueux, lesquels, à l'occasion, s'encontreraient à l'avant-garde d'un tumulte populaire, s'il venait à s'en produire. Le roi trouva l'idée expédiente et bonne et envoya son procureur du Châtelet ainsi que ses commissaires et sergents à l'Université pour y chercher et enlever les armes, tant blanches que de feu. Mais le butin en fut fort maigre, ce qui laissa à penser au roi que l'Université ayant été prévenue par ceux des commissaires ou sergents qui se trouvaient gagnés à la Ligue, avait caché lesdites armes en les couvents de ce quartier, lesquels, à ce que prétendait Mosca, regorgeaient d'arquebuses, de pistolets et de piques, dont la Ligue en ces lieux inviolables avait fait de grands amas, dans l'attente de l'insurrection qu'elle préparait quasiment à la découverte contre le roi, et dont on disait partout qu'elle allait d'un jour à l'autre éclater.

Hors pour aller voir le roi et toujours fort tôt le matin, je saillais peu du logis d'Alizon, craignant d'être reconnu par les espions ligueux, encore que ce fût peu probable en la déguisure où j'étais et, au surplus, la barbe que je laissais pousser me mangeant la face, tant est que Quéribus, qui faisait la liaison entre le roi et moi, comme moi je l'assurais entre le roi et Mosca, me devait venir voir chez Alizon, sous le prétexte d'y accompagner ma sœur Catherine, laquelle, si on s'en ramentoit, se faisait faire par ma petite mouche d'enfer vêtures et attifures. Et bien je me souviens de la dernière visite de mon beau muguet de cour, laquelle eut lieu fin mars pour ce qu'il m'y apprit alors les menées du duc d'Aumale en Picardie, laquelle province le duc tenait quasi tout entière entre ses mains, hors Calais et Boulogne, maugré ses répétés attentements contre ce port.

— Ha mon Pierre! me dit Quéribus, pardonnez-moi, je ne saurais vous embrasser, fait comme vous voilà! Je ne peux, tudieu, m'accoutumer à votre accoutrement, tant je l'abhorre en mon imagination! Fi donc! Un marchand! Et cette barbe! Cette vêture! La platitude de vos cheveux! Ha mon Pierre! Pour moi, je préférerais mille fois périr l'épée à la main à défendre mon roi que de me ravaler à cette indignité!

— Mais je défends aussi mon roi, dis-je, quelque peu piqué de ce discours. Et le défends là où une épée nue n'y saurait suffire.

— Assurément, assurément, dit Quéribus, et à vous déguiser ainsi, vous montrez une abnégation où je confesse que je n'atteindrais mie. Cependant, Monsieur mon frère, à vous envisager ainsi attifuré, à peu que je ne sois partagé entre le pleurer et le rire.

— Je serais infiniment navré, dis-je roidement assez, si mon habit me faisait de vous dépriser, ayant, ce me semble, d'autres titres à votre affection.

— Ha mon Pierre! dit Quéribus en rougissant, c'est moi le sottard céans! Vous valez infiniment mieux que moi qui ne suis, quand tout est dit, qu'un coquardeau de cour dont l'unique mérite est d'être fidèle à son souverain. Pardonne-moi je t'en supplie. Ta main, Pierre.

Je la lui donnai incontinent et je vis bien, à son œil, qu'il fut fort déçu de n'y pas encontrer les bagues qu'il y voyait d'ordinaire, mais sans le vouloir dire, tant il se trouvait vergogné de m'avoir blessé.

— Pierre, dit-il, le roi veut que vous repreniez langue avec ce guillaume qu'il appelle Mosca (l'étrange nom!). Pour ce qu'il est fort déquiété par la tournure des choses en Picardie. Le prince de Condé, qui en était le nominal gouverneur, vient de mourir, empoisonné par sa femme, et en sa place le roi a nommé le duc de Nevers.

— Nevers? J'ai ouï dire qu'il contait fleurette à la Ligue.

— Cette amour-là a failli, dit Quéribus avec un sourire, et Nevers est retourné au roi, lequel, comme je viens de dire, l'a nommé gouverneur en Picardie. Mais d'Aumale, qui occupe la Picardie pour son cousin le Guise, refuse de s'en dessaisir.

— Quoi? criai-je, il refuse? Il refuse un gouverneur nommé par le roi! C'est rébellion ouverte!

— Il y a pis: D'Aumale, à la tête de mille deux cents arquebusiers s'est emparé d'Abbeville au nom du Guise et à l'envoyé du roi qui lui demanda raison de ces remuements, il osa répondre avec la dernière insolence que les gentilshommes picards ne veulent en leur province ni garnison royale, ni gouverneur gascon. Laquelle réponse, comme bien vous pensez, mon Pierre, est fort mal digérée par le roi, lequel voit dans la Picardie une des clés de la situation.

— Et pourquoi la voit-il ainsi?

— Ha mon Pierre! dit Quéribus, ne le quérez pas de moi! Comme vous savez, je n'ai pas la tête politique et n'entre guère en ces méandres-là.

— Mais, dis-je étonné assez, que peut bien me dire Mosca sur la Picardie, lui qui vit comme moi à Paris?

— Je ne sais.

— Est-ce tout? dis-je.

— Oui-da. Sauf, reprit-il en lissant sa moustache, que le roi m'a fait la grâce de me trouver un autre surnom. Il ne m'appelle plus mon « querelleur Quéribus » mais « mon coquet coquardeau ». N'est-ce pas suave ? reprit-il en se levant et s'envisageant dans le miroir, les mains aux hanches et tournant le torse pour faire valoir sa taille de guêpe. Mon Pierre, qu'en êtes-vous apensé ? « Mon coquet coquardeau ! » N'est-ce pas fort friponnement dit ? Sa Majesté pouvait-elle trouver plus galante allitération ?

— Et qui vous rend davantage justice, dis-je gravement, car il faut bien avouer qu'il y a peu de gentilshommes de votre mine à la Cour.

— Ha Monsieur mon frère ! dit Quéribus, votre affection pour moi vous aveugle. D'aucuns pourtant prétendent que Laugnac de Montpezat serait d'un air à faire tourner bien des têtes, si son goût l'inclinait du côté des belles.

— Laugnac ! Le chef des *quarante-cinq* ! Ha mon frère ! Laissez ce noiraud-là à ses coupe-jarrets ! Il est d'un commun à vous faire raquer vos tripes !

— Mon frère, dit Quéribus l'œil en fleur, votre main ! Je suis sur mon département. Tudieu, on ne voit plus votre face tant votre barbe de marchand la mange ! Je m'ensauve, que Madame mon épouse ait fini ou non avec Alizon. Vous connaissez l'étonnante frivolité du sexe : Il n'y a pas de limite à la jaserie, quand il s'agit des attifures. Or, le roi m'a commandé d'aller cette après-midi que voilà chez la maréchale de Joyeuse prendre langue avec my Lady Stafford.

— Et à quelle fin ? dis-je le sourcil haut et quelque peu piqué que le roi l'envoyât chasser sur mes terres.

— Mais à votre sujet précisément ! Tudieu ! Je l'oubliais tout à trac ! Quel étourdi je suis ! Le roi vous quiert, s'il vous paraît expédient, que je dise à my Lady Stafford où vous logez de présent et sous quel nom, afin qu'un fil se renoue entre ces Anglais et vous. Le roi n'ose plus convoquer my Lord Stafford au Louvre tant la Ligue y a d'oreilles. Il ne présume même plus se fier à ses murs ! Eh bien que dites-vous ? Tenez-vous la chose pour agréable ? Dois-je dire à my Lady Stafford...

— Assurément. Mais fort à la discrétion, et dans le creux de sa mignonne oreille, et d'elle seule, sans me nommer autrement que « l'alouette ».

— L'alouette ! dit Quéribus en riant à gueule-bec la main sur sa bouche (imitant en cela le roi comme beaucoup à la Cour). Monsieur mon frère, je m'en ramentevrai. Et touchant les oiseaux, qu'êtes-vous apensé du paon que j'ai fait broder, à la mode qui trotte, sur la manche senestre de mon pourpoint : son œil est un rubis et ses ailes, ourlées de perles vraies.

— Que veulent dire, dis-je, les trois « V » brodés que je vois sortir de son bec ?

— *Veni, vidi, vici* [1].

— Ha mon Quéribus ! dis-je en riant à mon tour, si je ne craignais de vous incommoder par ma barbe et ma vêture, je vous embrasserais !

— Intention vaut acte ! dit Quéribus, pivotant sur ses talons. Je m'ensauve ! Savez-vous, mon Pierre, poursuivit-il, la main sur le loquet de l'huis, pourquoi la demoiselle de La Trémoille a fait empoisonner le prince de Condé par son page ?

— Nenni.

— Elle coqueliquait. Le prince l'a su et l'a voulu en un couvent serrer. Elle l'a fait occire. Et la voilà maintenant de mal en pis, non pas en un couvent, mais en une geôle serrée ! Ainsi va le monde, mon Pierre....

— Et avec qui paillardait-elle ?

— Mais avec le page assurément ! Ne l'avez-vous pas entendu ainsi ?

— Et qu'a-t-on fait du page ?

— On l'eût à tous coups châtré avant que de l'écarteler pour le punir d'avoir un prince cocué. Mais on n'a pu mettre la main sur lui. Il s'est escandaleusement escampé ! Mon Pierre, poursuivit-il en riant, la main sur sa bouche, qu'êtes-vous apensé de cette allitération ?

— En ma conscience, dis-je (imitant les intonations aiguës de nos muguets de cour), je la trouve du dernier mignon....

— Vramy ?

1. Je suis venu. J'ai vu. J'ai vaincu. (Lat.)

— Vramy !

— En ce cas, je l'irai répéter au roi.

Et il partit de son pas sautillant, laissant dans son sillage son parfum musqué et comme le persistant éclat, dans le jour hivernal, de son plumage multicolore. Ha mon beau Quéribus ! Si léger et si fol ! Et pourtant si fidèle au roi au milieu même de cette grande hémorragie des nobles de France qui, du Louvre coulait continuement vers le Guise à Soissons, n'étant à tout prendre que des rats titrés impatients de quitter le navire qui allait sombrer pour aborder celui qui voguait vers le trône.

La pauvre et grande Angleterre — sa liberté, sa religion et sa reine durement menacées par l'immense flotte (bénie par le pape qui l'appelait sa fille) que l'Espagnol allait lancer sur ses côtes — devait être excessivement sur le qui-vive à en juger par la promptitude de my Lady Stafford à saisir l'occasion de renouer le fil avec mon maître, car dès le lendemain, sur les onze heures, Alizon vint me dire qu'une dame de qualité, masquée de noir, et parlant une bien étrange sorte de jargon, lui quérait de me voir.

— Mon Pierre, dit Alizon, je lui ai dit qu'elle errait, que je ne connaissais personne du nom de Baragran céans.

— Et qu'a-t-elle dit ?

— Qu'elle ne pouvait errer, qu'elle t'attendait, que, du reste, tu la connaissais bien.

— Quelle mine a-t-elle ?

— Je ne saurais dire. Elle n'a voulu ôter son masque, encore que je l'en aie quise.

— Prie-la de monter.

— Quoi, céans ? En la chambre nôtre ?

— Mamie, si elle est ce que je crois, il y faut quelque secret, dis-je, m'allant mettre sur le lit après avoir tiré les courtines.

— Quoi ! s'écria ma petite mouche d'enfer, sur la coite ! Va-t-on batifoler céans ? Que signifie cela ?

— Rien, Alizon, dis-je en riant, sinon que l'envisageant par l'aperture des rideaux, je la prierai de se démasquer avant que de me montrer à elle.

Ce qui fut fait, sauf que lorsque l'inconnue dévoila son beau visage, je fus fort surpris de reconnaître, non pas comme je m'y attendais la dame d'atour de my Lady Stafford, mais les yeux noirs en amande, les fortes pommettes et les lèvres charnues de my Lady Markby, celle-là même qui, à Londres, m'avait désommeillé au *Pope's Head Tavern* en appuyant contre ma bouche la bague de l'ambassadrice.

— Ha my Lady! dis-je en anglais (pour ce que je me doutais que mon Alizon avait l'œil et l'oreille derrière la porte) vous céans! Hé quoi? Le « maure » et votre maîtresse peuvent-ils se passer de vous à Londres? Et n'avez-vous pas maison et mari en Shropshire?

— Devez-vous, dit-elle en riant, me le ramentevoir quand je tâche si fort de l'oublier, surtout quand je vous vois, même vêtu comme vous êtes, et envahi de tout ce chaume blond. Mais, la merci à Dieu, ce sont toujours les mêmes yeux français, si agréablement dévorants des féminins appas. Mon alouette, je n'y peux tenir davantage. Vos lèvres, je vous prie!

— Ha my Lady! dis-je, rien ne me contenterait davantage, mais cela ne se peut. Je suis épié.

— Et par qui, sinon, derrière la porte, par cette petite furie brune, si vive et si frisquette qui m'ouvrit l'huis, dit my Lady Markby en s'esbouffant (étant d'un naturel excessivement rieur). Mon alouette, j'eusse dû me douter que les épines de votre déguisure n'iraient pas sans quelques roses.

— Nenni, nenni, my Lady, dis-je, vous errez. De grâce, asseyez-vous, je meurs de quérir le pourquoi de votre présence en Paris.

— *Sono qui una persona nuova* [1], dit-elle (ayant la manie commune à Windsor comme au Louvre d'italianiser sans raison), le logis de Lord Stafford est si entouré de mouches, tant ligueuses qu'espagnoles, que nul n'en peut saillir sans en avoir une ou deux à la queue. Je ne loge pas chez Lord Stafford, et personne en Paris ne m'a vu mie, si bien que pour quelque temps encore, mes mouvements sont libres.

1. Je suis ici une personne nouvelle. (Ital.)

— My Lady, dis-je en m'asseyant à mon tour, je vous ois.

— La Picardie, dit-elle, arrangeant autour de soi les plis de son vertugadin, lequel débordait en bouillonnant hors du fauteuil où elle était assise, la Picardie est mon sujet.

— Ha! dis-je, dressant l'oreille. Et en l'extrême et soudain intérêt que je prenais à ses paroles, oubliant quasiment son ensorcelante beauté, j'ajoutai :

— J'ai ouï hier que mon maître est fort déquiété des remuements de Picardie.

— Ma reine ne l'est pas moins, dit my Lady Markby, mais pour des raisons différentes. Mon alouette, poursuivit-elle, vais-je faire luire un jour nouveau, afin que vous chantiez cette chanson-là au roi ?

— My Lady, que votre petit cœur en soit à jamais assuré ; je chanterai toujours *ad maximam gloriam Henrici et Elizabethae reginae* [1].

— Voici donc ma lumière : D'Aumale et Guise prennent une à une les villes du roi en Picardie, en chassent les garnisons royales, déprisent ses commandements, refusent son gouverneur.

— Nous savons cela, belle aube.

— Mais savez-vous le pourquoi ? *Primo :* en Picardie pécunes et troupes espagnoles peuvent aisément couler des proches Flandres pour aider le Guise en sa rébellion. *Secundo :* donnant donnant. Le Guise tâche à prendre ou Calais, ou Boulogne, ou Dieppe pour bailler l'un des trois à Philippe II comme port, havre, refuge et relâche pour son *Invincible Armada*.

— Calais, dis-je, est un morcel trop gros pour la gorge du Guise. Et d'Aumale a failli devant Boulogne.

— Il reste Dieppe, dit my Lady Markby avec un grand brillement de son œil. Et que si Guise prend Dieppe et le donne à l'Espagne, ma maîtresse en sera bien marrie.

---

1. Je chanterai toujours pour la plus grande gloire d'Henri et de la reine Elizabeth. (Lat.)

— Dieppe? dis-je. Je n'avais pas rêvé à Dieppe!

— Le Guise, lui, y rêve. Sans cela, d'Aumale eût-il saisi Abbeville? Il n'y a qu'un saut de puce d'Abbeville à Dieppe.

— Ha! dis-je, la merci à vous, aurore! Tout s'éclaire! J'entends enfin les alarmes du roi!

— Pourtant, dit my Lady Markby en détachant ses paroles une à une comme autant de flèches qu'elle eût décochées contre une cible, il suffirait que le roi de France jette quelques forces dans Rouen pour verrouiller la Normandie et pour empêcher la garnison guisarde d'Abbeville de se jeter sur Dieppe.

— Le roi, dis-je, après avoir ruminé ces propos, hésitera à dégarnir Paris pour garnir Rouen, sa capitale étant elle-même si menacée.

— Mais en revanche, dit my Lady Markby, Guise hésitera à dégarnir la Picardie et à marcher sur Paris, s'il y a une force royale à Rouen pour le couper de ses arrières.

— Voilà, dis-je, qui est bien avisé. Mais la chose est à peser en de plus fines, sagaces et royales balances que celles que je possède.

— Le direz-vous pourtant à votre maître?

— Du bon du cœur.

— Nous avons des raisons de penser, reprit gravement my Lady Markby, que Philippe II lancera Guise contre Paris le jour même où il lancera contre nous l'*Invincible Armada*. Ce jour est proche. Dieu sauve le roi de France si Elizabeth succombe sous les coups de cette immense flotte!

— Amen, dis-je, les larmes me jaillissant incontinent des yeux, tant abhorrait à mon imagination le pensement affreux des soudards espagnols semant en nos deux pays leur brutale désolation, lesquels seraient suivis par cette pieuvre infiniment plus terrible : l'Inquisition. Ha! bien je le voyais et concevais enfin : Le prédicament dépassait la France. Le sort du monde se jouerait quand les voiles de l'*Invincible Armada* se gonfleraient de vent : Si elles ne faillaient contre le bastion anglais, tous les royaumes de la chrétienté seraient livrés tôt ou tard au zèle fanatique des moines, lesquels extirperaient partout, avec une lente, minutieuse et méthodique cruauté, les neuves et tendres racines de la liberté des consciences.

— Ce jour, dis-je quand j'eus réussi à passer la bride à mon émeuvement, et encore quelque peu trémulant, est-il si proche?

— Nous le croyons, dit my Lady Markby en me saisissant les deux mains et en les serrant avec force. Mon alouette, voici les avoines qui nous ont nourries en cette prévision : je vous les baille, pour que votre maître en fasse à son tour sa provende.

— Je vous ois.

— Nous savons qu'aux premiers jours d'avril, Philippe II a dépêché à Guise, en Soissons, l'Aragonais Moreo, lequel a pressé fort le Guise de marcher sur Paris *en les premiers jours de mai*, en lui promettant trois cent mille écus, six mille lansquenets et douze cents lances...

— Le Guise connaît l'Espagnol. Il sait ce que vaut l'aune de ces promesses-là.

— Elles seront tenues, si, comme nous le pensons, Philippe II, en ces mêmes jours, lance sa flotte contre nous. Mon alouette, l'heure passe, je m'ensauve. Votre petite furie, derrière l'huis, doit avoir l'oreille tintinnabulante de notre anglais. Je vous revisiterai, s'il en est de besoin.

— My Lady, dis-je en lui baisant les mains, je suis tant pour moi que pour mon roi ravi de l'entretien que voilà et m'émerveille doublement qu'Elizabeth emploie à ces missions une personne de votre aimable sexe.

— N'est-elle pas femme, elle aussi? dit my Lady Markby en dressant fort haut la crête. Sommes-nous plus sottardes que vous pour ne porter point braquemart en braguette?

— Fi donc! dis-je en gaussant, je ne le dis ni ne le pense, tenant bien au rebours qu'il y a plus de diplomatie en votre petit doigt qu'en le gros membre que vous dites.

— Belle menterie a belle langue!

— Laquelle est toute à vous...

— Je vous ramentevrai ce vœu, dit my Lady en souriant, si nous saillons saufs, vous et moi, de cet orage. Alouette, vous voilà dans mes toiles. Je vous plumerai.

— My Lady, dis-je, rien ne me plairait davantage que d'être cuit à votre feu.

— Ha Monsieur! dit my Lady en français, ne me chatouillez point à rire : à peu que je faille à remettre mon masque. Etes-vous donc si léger? Pouvez-vous rire et rire encore, quand l'apocalypse est sur nous? Savez-vous que les vaisseaux de l'*Armada* emportent dans leurs flancs des moines, des bourreaux et des machines à torturer, afin que de remettre le peuple anglais en la religion du pape?

— Madame, dis-je, le rire est une arme aussi contre le zèle. Vous baiserai-je?

— Votre audace est tardive. Mon masque est mis.

— Mais il y a place pour mes lèvres derrière votre petite oreille.

— Ha Monsieur! vous me volez celui-là!

— Madame, tout baiser volé l'est aussi aux prêtres, lesquels sont nos communs ennemis.

Mais tout confortant que me fût ce badinage de muguet, moi qui, depuis des mois, vivais loin des divertissements et des lumières de la Cour en fort sombre logis, en fort triste vêture, dès lors qu'eut départi cette haute dame (où sous l'ange pointait si galamment le diable), je me sentis très seul et très soucieux, mon souci redoublant quand, à la nuitée, cette mouche qui se voulait lion me vint dire que la Ligue parisienne avait dépêché au Guise en Soissons un guillaume nommé Brigart (lequel était bien nommé tant il aimait la brigue) pour le sommer quasiment de venir en Paris, et qu'il y avait à cela une extrême urgence, tant les ligueux y perdaient cœur à voir le roi se fortifier dans le Louvre, la Bastille et l'Arsenal, à telle enseigne qu'ils se voyaient déjà arrêtés et pendus, et qu'ils se débaucheraient de la Ligue, si le duc n'apparaissait pas comme il avait mille fois promis de le faire. Qu'il vînt donc ! Que sa présence rhabillerait tout ! Qu'il serait le ferment qui lèverait la pâte !

— D'Epernon, avez-vous ouï ? dit le roi à son archimignon quand je lui eus le lendemain répété ces propos et ceux, de prime, de my Lady Markby. L'affreuse tempête approche qui veut emporter tout ensemble le trône d'Elizabeth et le mien. Qu'en êtes-vous apensé ?

— Sire, dit d'Epernon avec un petit rire d'irrision, le Guise en Soissons ne demande que peu de chose : la lieutenance générale du royaume, l'instauration de l'Inquisition en France, l'extermination de vos sujets huguenots, et la désignation du cardinal de Bourbon comme dauphin.

— Henriquet, dit Chicot, d'Epernon a raison. Le Magnifique ne requiert que le trône. Donnons-le-lui. Sa Majesté la reine-mère ne pourra que s'en ébaudir, elle qui le surnomme « *son bâton de vieillesse* ».

— Un bâton pour battre son fils, dit le roi en souriant d'un seul côté du bec. D'Epernon, poursuivit-il, la face redevenant grave et son œil noir excessivement brillant, plus nous cédons au Guise, plus il exige. Le moment n'est plus de caler la voile, mais de la raidir. Elizabeth a raison, et j'y ai rêvé avant elle : Il faut jeter une forte troupe dans Rouen, pour verrouiller Dieppe et couper Guise de ses arrières, s'il présume d'avancer sur Paris avec son armée. Monsieur le colonel général de l'infanterie française, lequel je nomme aussi ce jour gouverneur de Normandie, vous commanderez nos forces de Rouen.

— Sire, dit d'Epernon en mettant un genou à terre, et penchant sa belle et dure face, je vous obéirai.

— Dans le même temps, poursuivit le roi, M. Pomponne de Bellièvre sera dépêché à Soissons pour quérir expressément au duc de Guise qu'il ne vienne à Paris que je ne l'y mande ; que s'il y vient, les affaires étant dans l'état qu'elles sont, sa venue pourrait causer une émotion, de laquelle je le tiendrai à jamais coupable.

— Il y a petite apparence, dit Chicot, que le pompeux Pomponne parle si fort au duc, lui qui embrenne ses chausses au seul bruit de son nom.

— Pomponne, dit Du Halde, est à la reine-mère. Il dira au Guise : « *Non, non. Oui, oui.* » *Non, non*, de la part du roi. *Oui, oui*, de la part de sa mère.

— Laquelle veut céans son bâton de vieillesse, dit Chicot. Henri, la seule chose sûre est d'envoyer la Saignée.

— Assurément non! dit le roi. Siorac à Soissons ne vivrait pas une heure, si même il parvenait jusque-là. J'écrirai une lettre au Guise que Pomponne lui remettra. Et Monsieur le colonel général, commandez, je vous prie, à mes Suisses de Lagny de s'acheminer vers Paris, et logez-les dans les faubourgs Saint-Denis et Montmartre. Voilà qui fera réfléchir nos rebelles et maillotiniers Parisiens.

Epernon à Rouen, Bellièvre à Soissons, les Suisses aux portes de Paris : Excellentes mesures, toutes bien conçues, promptement prises, bien exécutées, et qui montraient qu'au rebours de ce que l'Etoile et de Thou disaient, le roi n'était ni mol ni indolent, et qu'il savait agir, et bien agir, quand il jugeait le moment opportun.

Sans lésiner, il bailla à Epernon le gros de ses troupes, quatre compagnies d'hommes d'armes et vingt-deux enseignes de gens de pied, gardant pour lui les quatre mille Suisses cantonnés dans les faubourgs. En outre, pour donner plus d'éclat au département d'Epernon, il l'accompagna jusqu'à Saint-Germain-en-Laye et là, lui ayant donné son congé, il alla s'enfermer au monastère des Hiéronomites à Vincennes, disant qu'il y voulait faire pénitence sept jours entiers et que, pendant ce temps-là, on ne lui parlât plus de rien.

Décision bien étrange, assurément, en le trouble des temps où le prédicament était si précaire qu'il eût exigé qu'on le suivît d'heure en heure. Mais quoi, tout homme a ses faiblesses, et celle de mon bon maître était là. Il pèlerinait, il processionnait, il se flagellait, il macérait sans feu en chétive cellule, égrenant sans fin son chapelet de têtes de mort, demandant mille et mille fois pardon à son créateur des plaisirs qui étaient les siens et qui surchargeaient sa conscience d'un insufférable poids. A ce prix, une semaine durant, sa pauvre âme retrouvait quelque paix. Et la remembrance de cette quiétude le charmant, il finit par tomber quasiment amoureux des monastères, des calmes cloîtres et de la bure, tant est que la vue d'un moine, aperçu par chance à la Cour, le chatouillait. Comme on sait, il périt par là.

Je vis Mosca deux fois au cours de cette semaine que le roi passa chez les Hiéronomites, et où je fus moi-même reclus (mais non me sanctifiant) chez ma petite mouche d'enfer, et deux fois il me répéta que le renforcement du roi en Paris et autour de Paris ayant frappé les ligueux de terreur, ceux-ci se débandaient et se débauchaient, au point que si Guise n'apparaissait pas dans la capitale, et pour peu que le roi sût enfin sévir, c'en serait fait de la Ligue.

— Mais Mosca, dis-je, viendra-t-il?

— Ha Monsieur le Chevalier! dit Mosca, qui pourra jamais sonder le Guise? Il a tant de visages différents qu'il ne sait plus lui-même lequel est vrai. En outre, ayant pris le parti de marcher vers le trône par degrés insensibles, et non point droit, mais de côté, comme un crabe, il doit éprouver un immense embarras à franchir le Rubicon d'un seul pas et à paraître dans nos murs. Qui pis est, il y a une grande incommodité en sa position. Il a trop peu de forces pour dégarnir la Picardie et se présenter en ennemi en Paris; et il lui est malaisé de se présenter en ami, alors qu'il a robé au roi tant de villes picardes. Cependant, l'Espagnol et la Ligue le poussent si fort dans les reins qu'il finira par venir, je crois, rechignant et comme timidement. Mais même alors, Dieu sauve le roi! La meute parisienne sera contre lui déchaînée!

CHAPITRE XIII

Le 9 mai, me trouvant dans les appartements du roi plus tardivement qu'à l'accoutumée, et le roi qui avait affaire m'ayant prié d'attendre son bon plaisir, je m'assis sur un coffre qui était en un recoin sombre, le chapeau sur les yeux, pour ce qu'il y avait plusieurs personnes, en plus de Chicot et Du Haldé, qui se trouvaient là, à savoir le seigneur d'O, Pomponne de Bellièvre, le révérend docteur Marc Miron, Fogacer (qui contrefeignit de ne me point reconnaître), M. de Merle, maître d'hôtel du roi, Alphonse d'Ornano qu'on appelait aussi le Corse pour ce qu'il commandait les Corses de Sa Majesté, et le petit abbé d'Elbène, lequel était fort bienvenu d'Elle, pour ce qu'il était royaliste et anti-ligueux, raison pour quoi Henri le donna dans la suite à d'Epernon quand il partit pour Angoulême — ville où l'abbé fut assiégé avec le duc en sa maison par une sédition fomentée par les ligueux et faillit y laisser la vie.

De son physique, l'abbé était un petit homme frétillant aux yeux vifs qui n'était pas sans ressembler à un écureuil et qui n'avait d'autre défaut que sa chicheté et son appétit à amasser pécunes. Au reste, très propret abbé de cour, parlant d'une voix douce et citant l'Ecriture, et fort affectionné à Alphonse Corse, lequel le dépassait de deux têtes au moins, étant géantin, carré, le poil et la voix rudes, et en son déportement, haut à la main fendant, morguant et grand mangeur de charrettes ferrées.

Vers onze heures, le cardinal de Bourbon quit de se présenter au roi, lequel le reçut, croyant qu'il avait quelque nouvelle à lui impartir sur la venue ou la non-venue du duc de Guise en Paris, mais il apparut vite que le grand Sottard ne savait rien, et qu'il était venu ès qualité de prélat, se prévaloir et se féliciter de la mort du prince de Condé, lequel avait été excommunié par le pape en même temps que le roi de Navarre, pour ce qu'il était, comme lui, hérétique.

— Voilà, Sire, dit-il en branlant son chef chenu et

en écartant les deux bras avec onction comme s'il était en chaire, Sire, ce que c'est que d'être excommunié!

— Mais mon cousin, dit le roi, contrefeignant la naïveté, j'ai ouï dire que Condé avait été empoisonné par un page.

— Assurément, Sire, dit le grand Sottard, mais qui a armé le bras du page?

— On raconte, dit le roi, que c'est l'épouse de Condé.

— Assurément, Sire, mais qui a inspiré cette meurtrerie à la demoiselle de La Trémoille?

— Sa paillardise, à ce qu'on assure, dit le roi avec un air d'ingénuité.

— Se peut, dit le cardinal, mais Sire, il faut voir au-dessus des causes contingentes et remonter à la cause nécessaire.

— Et qui est? dit le roi.

— La volonté de Dieu.

— Hé quoi, mon cousin! dit le roi. Serait-ce Dieu qui aurait commandé à Mlle de La Trémoille sa coquelicade, et au page, son assassinat?

— Ha Sire, dit le grand Sottard, il faut voir les choses de bien plus haut que cela. Pour moi, je n'attribue pas la mort de Condé à autre chose qu'au foudre d'excommunication dont il a été frappé.

— Il est vrai, mon cousin, dit le roi en prenant le cardinal par le bras et en le conduisant par degrés vers la porte, il est vrai que ce foudre-là est redoutable, mais si n'est-il pas besoin que tous ceux qui en sont frappés en meurent: il en mourrait beaucoup!

— Tant est pourtant, dit le cardinal (que le roi pas à pas éconduisait avec toutes les apparences de la courtoisie), tant est pourtant que Condé en est mort.

— A l'aide d'un bon et dévot poison, dit le roi, avec un sourire et en lui présentant la main.

Ce que voyant le cardinal, il ne put que la baiser et prendre le congé qu'on lui donnait si gracieusement et avec de si grands égards que de l'accompagner jusqu'à l'huis et le toquer affectueusement à l'épaule en son départir.

Le roi que cet entretien avait paru égayer de ses sombres humeurs, revenant vers les seigneurs que j'ai dits (lesquels souriaient de cette petite comédie que Sa Majesté avait jouée à son « dauphin »), m'aperçut alors et se ramentevant qu'il m'avait prié d'attendre son bon plaisir, vint à moi qui me levai de dessus mon coffre et me découvris, mettant un genou à terre, pendant que le roi m'allait présenter la main. En en effet, il en esquissait le geste quand Chicot, qui se tenait à la fenêtre, regardant dans la cour du Louvre, dit à sa manière coutumièrement gaussante.

— Qui vois-je venir céans, à pied, escorté de la reine-mère en sa chaise ? Qui, aussi grand que nature, et l'air beaucoup moins naturel ? Qui donc, sinon le duc de Guise ?

A quoi, le roi laissa retomber la main qu'il m'allait présenter, pâlit et s'écria à la fureur :

— Chicot, si tu mens, je te battrai de ces mains que voilà !

— Henriquet, dit Chicot sans broncher, je préférerais de beaucoup être battu par toi, et des mains et des pieds, que de voir ce que je vois ! Mais c'est bien le Magnifique, hélas ! Il n'en faut pas douter.

Il y eut alors chez tous ceux qui étaient là un remuement subit, chacun se ruant aux fenêtres pour s'assurer que le fol disait vrai.

— Sire, c'est lui ! dit Alphonse d'Ornano de sa voix rude, en portant la main à son poignard, et il n'est escorté que de cinq à six gentilshommes.

Le roi chancela, s'appuya de sa main sur une petite table qui se trouvait là ; puis s'assit sur le coffre que je venais de quitter, et se couvrit le visage des deux mains — geste qu'il faisait toujours en ses moments de grande angoisse. Du Halde m'affirma dans la suite l'avoir ouï dire à voix basse. « *Il en mourra* », mais je ne sais s'il n'a pas imaginé après coup ces paroles, car pour moi qui me trouvais pourtant fort proche de Sa Majesté, je n'ai alors rien ouï, et ne peux témoigner que de l'expression de fureur qui envahit ses traits, quand il eut retiré de sa face blême ses mains tremblantes.

— Sire, dit Alphonse d'Ornano de sa forte et rude voix, vous a-t-on fait peine ?

— C'est peu dire, dit le roi qui par degrés reprenait quelque couleur. Mais tu vois ce qu'il en est, mon Corse. J'ai fait interdire à Guise de remettre le pied ici et déprisant mon commandement, il a osé venir, sachant bien que sa présence en Paris est le silex qui mettra le feu aux poudres.

— Sire, dit Alphonse d'Ornano, carrant ses puissantes épaules et sa voix résonnant comme une orgue, plaise à Votre Majesté de m'en donner la charge, et je jette ce jour d'hui même la tête de Guise à vos pieds sans qu'aucun homme au monde bouge, ou remue.

A quoi le roi, le front et la paupière baissés, réfléchit un petit, fort tenté à ce que j'imagine, d'acquiescer, mais retenu de dire « oui » par le pensement des imprévisibles conséquences qu'aurait cette exécution, et en ce Paris qui idolâtrait le duc, et en le reste de la nation, et en Espagne où elle pourrait fournir prétexte à Philippe II pour envahir le royaume de France en même temps qu'il conquérait l'Angleterre. Car, s'il faut le dire enfin, il y avait peu d'hommes en ce mois de mai 1588 qui pensaient que la reine Elizabeth pût jamais résister, fût-ce en rêve, à l'*Invincible Armada* dont les arrogants galions et les voiles superbes se profilaient, dans la réalité des choses, derrière la haute silhouette du Guise, tandis qu'il traversait la cour du Louvre, apparemment sans autre escorte que cinq ou six gentilshommes, mais ayant derrière lui le zèle d'un clergé innumérable, l'adoration d'un sot peuple et les inépuisables ressources du roi le plus riche et le plus puissant de la chrétienté.

En outre, mon maître, bien loin d'être idoine à improviser dans l'éclair du moment une foudroyante décision, était un homme de cabinet, un politique, un Machiavel, lequel se reposait sur l'attente et la temporisation pour nouer ou dénouer les fils d'une action par avance, et longtemps à l'avance, minutieusement calculée. Et enfin, comme j'ai dit maintes fois déjà, il répugnait profondément au sang et ne le versa à la parfin que lorsque, pris dans les filets, toute autre issue lui parut close et remparée.

— Sire, dit Alphonse d'Ornano, son énorme carcasse tremblant de la tête aux pieds par l'effet de l'affront infligé au roi et tirant sur sa chaîne, les crocs découverts, comme un molosse qui verrait son maître accablé par ses ennemis sans le pouvoir secourir. Sire, le ferai-je ?

Et sauf peut-être le pompeux Pomponne qui, étant à la reine-mère, se trouvait à demi ligueux, tous ceux qui étaient là, indignés que le Guise eût présumé de faire cette écorne à notre maître, envisageaient le roi, accoisés, retenant leur vent et haleine, et priant quasiment à la désespérée qu'il voulût, à la fin, consentir au projet d'Ornano.

— Sire, dit le petit abbé d'Elbène, sa voix suave et flûtée s'élevant dans le silence, permettez-moi, touchant le présent prédicament, de citer les saintes Ecritures.

— Cite, l'abbé, dit le roi, mais sans relever la tête.

— « *Frappez le pasteur, le troupeau sera dispersé.* »

— Sire, le ferai-je ? répéta incontinent d'Ornano, comme encouragé en sa violente entreprise par l'autorité de la parole sacrée.

Fut-ce la voix tonnante et claironnante d'Ornano (lequel, même lorsqu'il murmurait, avait l'air de se vouloir faire ouïr par tout un régiment) ou fut-ce plutôt, à ce que je crois, le poids de nos expectants regards fichés tous ensemble sur lui, Henri releva la tête, présenta à nos yeux une face calme et composée, et jetant son bel œil noir sur d'Ornano dit sur le ton d'affectueuse irrision qu'il aimait prendre avec ses proches serviteurs :

— Nenni, mon Corse coruscant (prenant ce mot dans le sens de « brillant » qu'il a dans Rabelais). Je ne le veux. Il n'est pas encore besoin de cela.

Et pour moi, au rebours de ce que l'Etoile, de Thou et tant d'autres proclament, je ne saurais trancher si mon bien-aimé souverain eut tort ou raison alors de persévérer dans le chemin de la longue patience.

L'histoire a ceci de tantalisant et son déroulement vous donne tant d'insufférables regrets qu'on se projette volontiers par une enfantine impatience en la place des grands acteurs du drame et qu'on voudrait, pour ainsi parler, les pousser du coude pour qu'ils prennent, relevant les cartes jetées, les décisions que la connaissance de ce qui se passa ensuite nous fait tenir pour désirables. Ayant ces commodes lumières sur l'avenir du prince, l'historien alors tombe en la tentation de se vouloir plus sage que lui, sans entendre que le prince, lui, était confronté à un présent opaque.

Qui n'a vu le duc de Guise entrer dans les appartements du roi, véritablement magnifique en son pourpoint blanc semé de perles et majestueux de taille et de visage, escorté, non point par ses gentilshommes, qu'il avait laissés dans l'antichambre, mais par sa cousine la reine, par la reine-mère et l'habituelle compagne d'ycelle, la duchesse d'Uzès, lesquelles semblaient le flanquer et protéger comme trois frégates un vaisseau de haut-bord, ne peut imaginer l'impression de puissance et d'invincibilité qu'il donnait, comme si le vent qui le portait vers le trône de France fût aussi celui qui, au même instant — *ce 9 mai 1588* — gonflait à Lisbonne les voiles de l'*Armada* cinglant pour l'Angleterre.

Dès qu'il vit le roi, le duc lui fit une profonde révérence, à laquelle Henri répondit par un signe de tête, mais sans lui présenter la main, et lui dit, la face glacée, les dents serrées et l'œil fort froidureux :

— Qu'est cela ? Ne vous ai-je pas fait défense de venir céans ?

— Ha, Sire ! dit le Guise de son air le plus chattemite, s'il s'était agi d'une expresse défense, je me voudrais mal de mort de l'avoir enfreinte.

— Eh quoi, Bellièvre ! dit le roi en se tournant vers le pompeux Pomponne, n'avez-vous pas répété mes paroles à Monsieur de Guise ? Ne lui avez-vous pas remis ma lettre ?

A quoi Bellièvre fit une révérence au roi, laquelle semblait s'adresser aussi bien au Guise qu'à Henri, mais sans dire mot ni miette, ni même oser s'approcher tant il était, en son âme trouble, mis à la torture, ne voulant pas affronter le roi, ni la reine-mère qui lui avait donné pour le duc un message contraire à celui du roi, ni le duc, en qui il voyait son futur souverain, si du moins le duc quittait vivant ces appartements, ce dont il commençait à douter, auquel cas il aurait trahi pour rien.

— Hé bien, Bellièvre? dit le roi qui, de son œil glacé paraissait pénétrer une à une les embarrassées pensées de son ambassadeur, avez-vous, ou n'avez-vous pas délivré mon message à Monsieur de Guise?

— Assurément, Sire, dit Bellièvre, dont l'œil mal assuré, fiché sur le roi avec respect, paraissait vouloir rattraper son ambigueuse parole qui, répondant d'un seul mot à deux questions contraires, ne répondait à aucune en réalité.

— Sire, dit alors le Guise qui, pensant à ses propres sûretés, se souciait guère d'aider Pomponne en son prédicament, j'ai bien reçu Monsieur de Bellièvre à Soissons. Mais si j'avais retenu de ses propos que vous me commandiez de la façon la plus expresse...

— Ne vous a-t-il pas remis une lettre de moi? reprit le roi en le coupant de la façon la plus abrupte. Ne l'avez-vous pas lue? Ne vous en ai-je pas fait confirmer les termes par Monsieur de La Guiche? Combien dois-je vous dépêcher d'ambassadeurs pour vous persuader d'obéir?

— Sire, dit le Guise en jetant autour de lui des regards peu assurés, car il venait de voir entrer le maître de camp Crillon qui, loin de lui avoir ôté son chapeau en passant devant lui, l'avait enfoncé rageusement sur sa tête et s'en était allé rejoindre d'Ornano, posté devant l'huis, et avec lui conversait à voix basse, lui jetant ainsi que le Corse, des regards furieux, tous deux tourmentant la poignée de leurs dagues.

— Sire, dit le Guise, Monsieur de La Guiche n'a pas la même autorité que Monsieur de Bellièvre et c'est Monsieur de Bellièvre que j'ai cru.

— Lequel Bellièvre se tait comme carpe, s'écria le roi, son œil noir noircissant dans son ire.

— Sire, dit Bellièvre en tremblant de sa bedondaine à son double menton, il ne peut s'agir que d'un malentendu. Monsieur le duc de Guise n'aura pas compris mes propos comme il eût fallu.

— Assez, Bellièvre! cria tout soudain le roi à la fureur, et tournant le dos au Guise, il alla se mettre dans l'embrasure d'une fenêtre, jetant par-dessus son épaule des regards meurtriers à Bellièvre et au Guise.

Et soit qu'à cet instant, les jambes du duc de Guise se fussent senties trop faibles pour porter son grand corps, soit que, s'adossant au mur, il eût voulu se prémunir d'un coup de poignard dans le dos (que dans l'entrevue de Meaux avec Sa Majesté il avait eu l'air quand et quand de redouter), il alla s'asseoir sur le grand coffre que le roi venait de quitter, envisageant de son œil bleu la reine sa cousine d'un air d'appel, laquelle, entendant ce muet message, vint s'asseoir à sa dextre et lui prit affectueusement la main, tandis que la duchesse d'Uzès, sur un coup d'œil de la reine-mère, alla prendre place à sa senestre sur le coffre, toutes deux rendant impossibles au roi, et son arrestation et son exécution.

— Tudieu! murmura d'Ornano (mais on sait que ses murmures portaient loin), la belle affaire que de se faire remparer par des cotillons!

Après cette fort audible remarque, il n'y eut plus dans la salle que silence et immobilité, la reine conversant à voix basse avec le Guise, et le roi, le dos tourné, tapotant de l'index le carreau de la fenêtre, et trémulant de la tête aux pieds de la colère qui l'agitait.

La reine-mère envisageait son fils sans mot dire de ses gros yeux saillants, la lèvre tiraillée de la dolence que lui donnait sa goutte (s'étant, en fait, tirée du lit pour amener le Guise au Louvre, craignant que s'il s'y fût présenté sans son auguste garant, on ne l'eût tout de gob occis). Et de présent fort désemparée que Sa Majesté, mettant bas le masque, eût laissé éclater son courroux, contre le duc et contre Bellièvre, et à bien voir, contre elle-même, ne l'ayant ni envisagée ni saluée à son entrée dans ses appartements.

Elle me parut balancer à l'aller rejoindre dans l'embrasure de la fenêtre et, se peut, n'en avait pas, seule, tout à fait la force, car elle marchait très difficilement, à ce que j'avais pu voir à son entrée, le bras senestre appuyé sur le bras de la duchesse d'Uzès et le bras dextre sur le Guise, « *son bâton de vieillesse* », comme elle osait dire. Elle me parut, de reste, fort mal en point, les joues qu'elle avait toujours eues fort rondes étant quasi bouffies et au surplus blafardes, la lèvre du bas si pendante qu'elle avait peine à la faire se ressouder quand et quand à la lèvre supérieure, tant est qu'elle paraissait béer sans fin comme un crapaud dont, de reste, elle avait l'œil globuleux, voilé à demi par une paupière lourde.

— Bellièvre, dit la reine-mère à sa créature en tendant le bras pour lui demander le sien.

Mais Bellièvre accourant, l'échine courbe, elle s'apensa qu'elle ne pouvait, sans péril, s'approcher en sa compagnie du roi, et elle dit :

— Nenni, pas Bellièvre ! Du Halde !

A quoi Du Halde obéit, mais avec un empressement beaucoup moins marqué que Bellièvre, aimant fort peu Catherine qui avait tâché, par jalousie, et haine de son influence, à le faire chasser par le roi, y faillant toujours, y revenant sans cesse.

— Mon fils, dit-elle en versant des larmes (qu'elle avait toujours eues fort à son commandement) ne me voulez-vous pas ouïr ?

— Madame, dit le roi sans tourner la tête, mes oreilles sont fatiguées.

— Ha ! Mon fils ! dit la reine-mère, ses larmes redoublant, que dira-t-on de moi quand on verra que moi, que Dieu a fait naître votre mère, je me trouve à la parfin éconduite de vous ?

— Madame, dit le roi sans l'envisager davantage, je ne vous éconduis point. Il me semble même que je vous ois, quoi que j'en aie.

— Eh bien, mon fils, dit la reine-mère, s'il faut tout vous dire, ce n'est point pour braver que le duc de Guise est ici, c'est à ma prière, pour se justifier des calomnies que vos huguenots font courir sur ses entreprises.

— A votre prière, Madame ? dit le roi. C'est à votre prière qu'il est céans ? Voilà bien de vos méchants tours !

— Mais, dit la reine-mère, il n'est céans que pour venir à résipiscence et trouver moyen de s'accorder avec vous et vous rendre vos villes de Picardie.

— Madame ! dit le roi d'une voix basse et furieuse, vous êtes une brouillonne ! Vous mêlez tout, et vous vous mêlez de tout ! Me rendre mes villes picardes ! Il s'agit bien de cela ! Avez-vous fait ce rêve ?

— Mais je vais m'y efforcer jour et nuit, dit Catherine, dussé-je y laisser le peu de vie qui me reste.

A ces mots, le roi tourna la tête, l'envisagea, et béant de l'altération qu'il découvrit en elle, en fut saisi de quelque compassion et dit plus doucement.

— Madame, vous êtes mal. Retournez à votre lit. Vous n'eussiez pas dû le quitter.

— Mon fils, dit-elle à voix basse (et sentant qu'il s'adoucissait, engouffrant dans la brèche le gros de ses bataillons), je n'y retournerai que si vous me promettez sur ma vie que vous ne tenterez rien contre le duc.

— Madame, dit le roi avec une apparente lassitude, je ferai ce que vous voudrez, mais je vous en prie, retournez à votre couche.

Sous l'œil pénétrant de son fils, la reine-mère poursuivit alors ses absurdes discours de conciliation dont Du Halde, qui les ouït, dit plus tard qu'ils avaient à peu près autant de sens que si la reine-mère avait prétendu que le renard s'était introduit dans le poulailler pour parlementer avec les poules. A l'air dont il les écouta, Du Halde, à ce qu'il me dit, vit bien que Henri qui avait fort aimé sa mère en ses années plus vertes, mais lui gardait une fort mauvaise dent de ce qu'elle se fût alliée, en son égoïste aveuglement, de prime à Alençon et dans la suite, plus funestement encore, au plus mortel ennemi du trône et de l'Etat, ne se pouvait résigner, ne l'aimant plus, à la haïr, la haine étant un sentiment dont les racines prenaient mal en la bénignité de sa complexion, son naturel étant trop noble et pardonnant pour lui fournir le terreau qui eût abondé dans une âme plus petite.

Que le Guise fût venu, comme elle osait le dire sans vergogne, pour s'expliquer, se justifier, s'accommoder au roi, lui rendre ses villes picardes et rentrer dans le devoir, Henri n'en croyait pas la plus petite syllabe du plus traître mot (vraiment traître celui-là !) et s'il parut, à la parfin, y ajouter foi, c'est qu'ayant décidé de ne pas dépêcher le duc, pour ce qu'il voyait de présent émerger derrière son dos la forêt de mâts de l'*Invincible Armada*, il voulut en donner le bénéfice à sa mère, afin que de conserver en elle ce truchement entre le duc et lui, par quoi il se pouvait former à tout instant quelque idée des intentions d'un ennemi qu'il savait redoutable, mais fluctuant et vacillant : jeu subtil et trouble, où chacun machiavélait l'autre : Catherine minait le pouvoir de son fils en feignant de le servir, et il contrefeignait de la croire en la mettant à usance pour s'informer sur les sapes du duc.

— Madame, dit-il à la parfin, si vous vous faites fort de me faire restituer mes villes picardes et de persuader le duc de départir au plus tôt de cette Paris où sa présence me fait ombrage, je vous en saurais un gré infini. Je vous suis déjà fort obligé d'une infinité de biens que j'ai reçus de vous. Et vous m'obligeriez davantage en coupant, par une bonne pacification entre le duc et moi, la racine des calamités auxquelles nous sommes en danger de tomber. Mais, Madame, vous voilà pâle, dolente et mal allante. De grâce, retournez à votre couche et ne la quittez que votre santé ne s'améliore. Quant à moi, je m'en vais montrer au duc un front plus doux.

S'inclinant alors devant elle avec bonne grâce et dans son œil une irrision voilée, il quitta l'embrasure de la fenêtre et se dirigea vers le Guise, toujours remparé, comme disait d'Ornano, par les cotillons de la reine et de la duchesse d'Uzès. Et envisageant le duc, la face moins sévère, quoique toujours froidureuse assez, il lui dit d'un ton plus calme :

— Mon cousin, j'ai mon déjeuner à prendre. Vous avez le vôtre. Revenez, votre repue finie, renouer céans notre entretien.

Ce disant, il lui présenta la main que le duc se dressant et mettant un genou à terre, baisa quasi dévotement. Quoi fait et se relevant, il salua le roi une deuxième fois jusqu'à terre, n'étant pas chiche en génuflexions ; puis, sans faire plus de cas de la reine-mère que si elle eût été une chèvre morte, elle qui, en apparence du moins, l'avait sauvé, il se dirigea, sans jouer de son reste, à grands pas vers l'huis que Crillon et d'Ornano, le chapeau sur la tête, le laissèrent seul ouvrir, l'arquebusant pendant ce temps de leurs meurtriers regards. Et si jamais homme, à mon sens, se sentit stupéfait de se retrouver vivant hors le Louvre après l'accueil qu'il y avait de prime reçu, ce fut bien ce 9 mai, le Guise. Et qu'il ait pu oublier plus tard en sa folle outrecuidance le péril où il s'était fourré ce jour-là, c'est, à l'heure où j'écris ces lignes, ce qui m'étonne encore.

A peine le Guise départi, le roi congédia tout son monde, sans excès de tendresse ni pour Bellièvre, ni pour les princiers cotillons qui avaient protégé le duc et, resté seul avec Du Halde, Chicot et moi (qu'il avait contrefeint d'oublier dans un coin), il me dit que non content de prendre langue avec Mosca, je devais parcourir, de cette heure et sans trêve les places, rues et ruelles de la capitale pour prendre le pouls du peuple, chose qu'il n'avait pas scrupule à quérir de moi, pour ce qu'il ne la croyait plus tant périlleuse, ayant observé qu'aucun de ceux qui s'étaient trouvés en ces appartements et qui pourtant bien me connaissaient ne m'avait reconnu en raison de ma barbe, de la platitude de mes cheveux et de ma vêture, et qu'il désirait, mes missions accomplies, qu'à toute heure du jour, passant par la Porte Neuve, les Tuileries et le guichet dérobé, je pusse avoir accès à lui pour lui communiquer le suc et la substance de mes informations.

Je fus ravi que le roi me mît à cette usance dans le prédicament quasi désespéré qui était le sien, et je n'épargnais pas mes peines, ni celles de mon Miroul, à parcourir la capitale et prendre langue, çà et là, avec ses manants et habitants, me donnant pour un maître-bonnetier de Boulogne visitant sa commère en Paris, ma médaille de Marie non point dans ma chemise, mais sur mon pourpoint déployée, un chapelet de nacre enroulé autour de mon poignet dextre et ma bouche gonflée de propos ligueux, ceux-là mêmes que j'oyais partout, dans les rues, les échoppes, les places publiques, les marchés et les églises. En celles-ci, en particulier, j'étais fort assidu, le nez dans un missel, donnant sans chicheté à quête et écoutant, avec de dévots hochements de chef, des prêches tant séditieux, déloyaux et félons qu'ils m'eussent en d'autres temps fait jaillir l'épée du fourreau.

D'épée, de reste, pas la moindre, en mon accoutrement, mais une dague à l'italienne cachée dans mon dos et deux pistolets dans mes calamiteuses chausses, celles de Miroul (non moins bouffantes, bourgeoises et ridicules que les miennes) en recelant deux aussi, sans compter ses cotels à lancer, cet armement destiné à la toute extrémité à vendre notre peau et toison, si on nous les voulait quitter, nous ayant par chance reconnus.

Je savais, par Quéribus qui me visitait à la nuitée chez Alizon, que de ces deux jours où j'usai sans fin mes semelles sur le pavé de la capitale, le Guise n'avait, pour ainsi dire, pas quitté le roi, le voyant à s'teure au Louvre (où il n'était revenu qu'avec une immense escorte), à s'teure à la messe, à s'teure à table où en sa qualité de grand maître de France, il lui présentait la serviette, à s'teure enfin au couvent des Filles Repenties où logeait la reine-mère. Il semblait, d'après ce qui avait transpiré de ces entretiens, que le roi tâchait de persuader Guise de quitter Paris, le Guise l'assurant de son obéissance pour peu qu'il consentît, lui départi, à donner des sûretés pour la vie des ligueurs de la capitale. Le roi lui reprochant alors la capture de ses villes picardes, Guise tout de gob lui jurait qu'il ne les tenait qu'en son nom et les lui remettrait du bon du cœur, dès qu'au lieu de prêter oreille à ses ennemis, (visant d'Epernon) le roi voudrait bien reconnaître enfin ses bons services et s'accommoder à lui. Et le roi défendant là-dessus bec et ongles d'Epernon, le Guise, s'inclinant profondément devant lui, lui avait répliqué avec un sourire plein de fiel, que « *par amour pour le maître il aimerait même son chien* ». Tant est que pour Du Halde (que je pus voir quelques minutes seul le 11, le roi étant en sa chapelle), la chose était claire. Le Guise amusait le roi et gagnait du temps.

Et pourquoi ce temps, il le voulait gagner, la chose était fort claire pour moi aussi. Et je le dis au roi pour ce que j'avais partout trouvé la capitale plus bouillonnante que jamais. Les ligueux qui, avant l'arrivée du Guise, perdaient cœur et quasiment se débauchaient, aussitôt qu'il fut là, se redressèrent et bourdonnant comme mouches à miel, organisaient en quasi ouverte sédition le délire et l'adoration du peuple. Le Guise, de reste, s'était peu montré en public, sauf le 9 mai à son arrivée où, dès qu'on le reconnut, il ne put faire un pas en cette idolâtre Paris sans qu'un grand concours le pressât, les bonnes gens l'acclamant, lui baisant les mains, les bottes, les sabots de son cheval, d'aucuns même frottant leurs chapelets contre son manteau pour les sanctifier.

En ces deux jours, je ne vis dans les rues que guillaumes conciliabulant, portant, sans se cacher le moindrement, des armes blanches et des arquebuses, fourbissant ces armes en les arrière-boutiques, et tenant d'échauffés discours, le chapeau souvent décoré d'une croix blanche, comme en portaient les vieux massacreurs de la Saint-Barthélemy, lesquels vantaient partout leurs exploits, s'apensant les reprendre bientôt, les curés prêchant hors prêche continuement, et je ne sais combien de tonneaux, futailles et barriques roulés dans les rues et accumulés en des endroits désignés à l'avance, afin que, les mettant au travers des avenues, on pût d'un moment à l'autre les disposer et les remplir de pavés déterrés pour en faire des « *barricades* ».

Des trois quartiers de la capitale — la Ville, la Cité et l'Université — ce dernier me parut de loin le plus redoutable en sa résolution, les sorboniques, les moines et les prêtres ayant insufflé un zèle ligueux tout à plein frénétique au peuple ensoutané des clercs et des écoliers, lesquels, de par leur jeunesse et leur querelleuse complexion, n'étaient déjà que trop enclins à la pillerie et à la révolte. Celle-ci, en le quartier dit de la Ville, sur la rive droite de la Seine, m'avait paru bon enfant assez, plus frondeuse que ligueuse, et plus hostile aux archimignons qui mangeaient les pécunes publiques qu'au souverain lui-même. Maïs céans, en le quartier de l'Université, la sédition appelait à grands cris le combat, le sang et le régicide. Il n'était partout question que de rassembler les soldats guisards cachés par les moines en les innumérables cloîtres, collèges et couvents de ce quartier, et avec eux dévalant la rue Saint-Jacques, franchir le petit pont, le pont Saint-Michel, traverser la Cité (s'emparant au passage du Palais) et par le pont Notre-Dame ou le pont aux Changes, se ruer en la ville, pour y assaillir les gardes du roi et « *aller prendre ce bougre de roi dans son Louvre* ». Ce qu'on ferait de lui, une fois pris, je craindrais de salir ma plume en répétant ici les propos que j'ai ouïs de la bouche des clercs.

Je ne pus manquer d'apercevoir, les deux jours que je fus à arpenter Paris avec mon éveillé Miroul (qui connaissait la capitale mieux que personne), que si le duc de Guise affectait de paraître étranger à ce qui s'y passait, voyant le roi deux fois par jour et tâchant de le bercer de discours tout ensemble conciliants et fuyants, ses lieutenants, nommément le capitaine de Saint-Paul et le comte de Brissac, s'encontraient fort actifs — ce dernier surtout en le quartier de l'Université — à organiser le soulèvement du peuple.

Le comte de Brissac était un homme roux aux yeux verts, grand et bien membré, qui eût été beau assez sans une légère loucherie de l'œil et une sorte de tirement de ses lèvres rouges vers le côté de la joue senestre, lesquels, étant conjoints, lui donnaient, à y regarder deux fois, l'air faux et méchant. Ayant choisi le métier des armes, il s'y était peu illustré, tant dans les combats terrestres que dans notre infortuné combat naval des Açores, ce qui avait fait dire au roi (lequel ne put jamais résister à un « mot ») que « *Brissac n'était bon ni sur terre ni sur mer* ». Ce mot à lui-même répété avait inspiré au comte pour son souverain une haine homicide qui l'avait fait guisard, et fort encharné à lui quitter le trône, s'il le pouvait, ne ménageant peine ni labour en ces deux journées à préparer l'insurrection de la rue, et répétant, la bouche plus tordue que mie, que « *s'il n'était bon ni sur terre ni sur mer, il montrerait à Sa Majesté qu'il était bon du moins sur le pavé, et qu'il avait trouvé là, enfin, son élément* ».

Je vis ces deux jours Mosca, lequel, étant fort bien placé en le nœud même des ligueuses vipères, me confirma l'imminence du tumulte qui se préparait, l'apparition « quasi miraculeuse » du duc (comme disaient les prêchereaux) et sa quasi divine présence en nos murs (tant de chapelets ayant été sanctifiés par frottement sur son mantelet) ayant raffermi de neuf les résolutions amollies et fait flamber les passions jusqu'au ciel.

Je vis le roi le 10 et le 11 au soir et lui répétai les observations de Mosca et les miennes, lesquelles il ouït fort attentivement, me disant que tous les rapports concluaient aux mêmes sinistres prévisions d'une grande émotion populaire à la suscitation des ligueux et guisards, et que le souciait surtout le grand nombre de soldats cachés en le quartier de l'Université, lesquels à l'occasion fourniraient à l'émeute son fer de lance.

En la dernière de ces deux visites, j'entendis par quelques mots que Sa Majesté échangea avec Du Halde, qu'elle avait failli à décider le Guise à vaquer Paris, et qu'elle voyait bien que le Lorrain mettait souterrainement la main à la révolte, tout en l'amusant en parfait chattemite par de vaines négociations, et qu'enfin, il fallait mettre bon ordre à ces remuements et faire entrer en Paris les Suisses stationnés en le faubourg Saint-Honoré, afin que les ligueux fussent ramenés dans le devoir et se peut le duc lui-même, dont on pouvait espérer que la vue de tant de troupes en nos murs l'amènerait à se retirer à Soissons.

Le même soir du 11 mai, my Lady Markby me vint voir, et retirée en ma chambre avec moi, me baisota à la fureur, ce qui de prime me conforta en la lassitude où j'étais, et me déconforta excessivement ensuite, pour ce qu'Alizon, my Lady Markby départie, me querella et du bec et des ongles, ayant surpris ces poutounes.

My Lady Markby, qui savait déjà — tant les mouches du « maure » étaient bonnes — la résolution du roi quant à l'entrée des Suisses et des gardes françaises en Paris, me dit que my Lord Stafford augurait que le peuple, en son opinion, s'encontrait à ce point échauffé que loin d'être intimidé par les nouveaux venants, leur vue même le déchaînerait comme taureaux aux champs.

— Mon alouette, dit à la fin my Lady Markby avec le plus délicieux sourire, my Lord Stafford me quiert de vous dire que si vous vous trouvez menacé ou reconnu en vos pédestres pérégrinations, vous n'êtes que de vous réfugier en son ambassade quai des Bernardins, en y pénétrant non point par la porte piétonne ou cochère, mais par une boulangerie qui est accotée au bâtiment, lequel communique à elle, le patron étant à nos gages. Il vous suffira de montrer cette marque, poursuivit-elle en me tendant un écu à l'effigie d'Elizabeth, lequel était troué en son centre, et vous y serez admis sans tant languir. Pour moi, ajouta-t-elle, son œil noir flamboyant, et ses dents carnassières découvertes, si je me trouve de m'y réfugier aussi, je n'aurai de cesse, tant promis tant tenu, que de plumer l'alouette que vous savez.

Je dormis mal et peu en cette nuit du 11 au 12 mai, et à la parfin, m'ensommeillant à la pique du jour, j'eus un fort méchant rêve où je me vis en chemise sous le gibet, la hart déjà au col et encore que j'eusse les mains liées derrière le dos, me débattant comme diable en bénitier, et criant avec indignation au bourreau, lequel ressemblait fort au comte de Brissac par la loucherie de l'œil et la bouche tordue, que j'étais gentilhomme, connu à la Cour comme tel, et que si on me voulait à toute force occire, je ne devais point être pendu, mais décollé. A quoi le bourreau répondit avec la dernière irrision qu'il n'avait jamais vu gentilhomme attifuré comme je l'étais, et qu'au reste, même si je disais vrai, il ne me pourrait contenter — quoique toujours avide de satisfaire ses chalands — pour ce que, pas plus que le roi de France, il ne possédait glaive ou hache assez émoulue pour trancher les félons. Quoi disant, il me serra le nœud au col et je me désommeillai alors avec un cri, trouvant, à mon réveil, que ma petite mouche d'enfer, de pied en cap habillée, me secouait les épaules de ses deux petites mains, lesquelles m'étaient assurément un plus tendre licol que le chanvre dont, l'instant d'avant, j'avais senti la morsure sur ma peau.

— Mon Pierre! cria-t-elle, mon Pierre! Les gardes! Les Suisses, en Paris!

Et moi, fort heureux de me retrouver bien vivant et membré en lit douillet, et Alizon me pesant dessus, alors que la minute d'avant je me voyais passer en l'au-delà, la conscience mal lavée de mes péchés, j'ajoutai tout de gob aux dits péchés en serrant mon Alizon dans mes bras, la poutounant et la mignonnant en une grande chaleur d'allégresse, comme le type et le symbole même des inouïs bonheurs dont la corde m'avait failli priver.

— Ha mon Pierre! cria Alizon, se débattant comme souple anguille (qu'elle fut toujours), es-tu fol devenu? Est-ce bien le moment de fretin-fretailler? N'ois-tu pas le tambour? Et les pas des Suisses sur le pavé? Misère de nous! Ils vont tout tuer! Tout piller! Vramy, les soldats en Paris! N'est-ce pas honte? Et violation vile et abominable du privilège de Paris?

— Quel privilège? dis-je, haussant le sourcil.

— Ha mon Pierre! dit ma petite mouche d'enfer avec un bourdon de demi-colère, en s'ôtant de mes bras, n'es-tu pas, après tous ces ans, décrassé de ton Périgord? Vramy! Le beau Parisien que tu fais! Ne sais-tu point que Paris a le privilège de se défendre elle-même par le moyen de ses milices bourgeoises, et qu'on a jamais vu ni ouï qu'on ait mis garnison en Paris! Voilà bien encore un méchant tour de ton bougre de roi!

— Lequel est aussi le tien.

— Et de son archimignon!

— Lequel n'en peut mais, étant en Normandie.

— Ha mon Pierre! cria-t-elle en se jetant dans mes bras, ne nous querellons plus! Je me meurs de déquiétude et terreur en le pensement de perdre tout mon bien, fruit de mon labour encharné ces vingt ans passés. Vramy! Ces méchants Suisses vont nous mettre, sinon à la mort, du moins à la picorée! Passe encore du forcement des filles! C'est peine vite passée! Mais mon bien! Qu'ils me vont prendre et rober! Ha mon Pierre! poursuivit-elle, me voyant m'habiller, aide-moi! Prends ta bonne épée, je te prie, tes pistolets, ta dague et, avec Miroul et Baragran armés aussi, escorte-moi chez le nonce!

— Chez le nonce? dis-je, béant. Chez le nonce du pape! Et à quelle fin?

— Pour y mettre en dépôt mon or. D'aucuns des maîtres artisans de ma rue l'ont fait hier et avant-hier en prévision du populaire tumulte, et si serais-je bien avisée de les imiter de présent, pour peu que tu me veuilles donner la main.

— Ha bah! dis-je en irrision, à mon sentiment, c'est tomber de mal en pis. Qui est le nonce pour qu'il renonce à l'or, une fois qu'il l'aura pris? Le rendra-t-il, l'émotion finie? Moi qui suis, à ton dire, ma mouche, mal décrassé de mon Périgord, je vais te dire, à ce propos, un proverbe en oc.

— En oc? cria-t-elle, fort chagrin et colère. Je ne veux l'ouïr! Foin de ce jargon-là! Je n'entends goutte à cette parladure!

— Si vais-je le traduire : « *Moines et poux ne sont mie rassasiés. Tout leur est bon, même le croûton.* »

— Ha huguenot ! cria-t-elle, des pleurs de rage lui jaillissant des yeux, tu daubes sur nos bons curés, hérétique ! Au lieu que de m'aider, méchant !

— Folle louve, lui dis-je en la happant par un bras, alors qu'elle marchait qui-cy qui-là dans la pièce comme lunatique déchaînée. Et en mes bras la serrant captive, je repris :

— Que veut dire ceci ? Huguenot ? Hérétique ? Méchant ? Est-ce ton Pierre en la chair de qui tu mets ces crocs aigus ? Ne peux-je différer de toi en mon opinion ? Suis-je hérétique pour ne pas dire amen à tes déterminations ? Que si tu veux à force forcée porter ton or au nonce, porte-le, gentille folle ! J'y serai aidant et connivent, tout maugré que j'y sois.

A quoi ouïr, elle s'amollit et fondit en mes bras, et de louve devenue chatte, me ronronna mille mercis à mon oreille, me donnant le bel œil, me poutounant et mon cheveu caressant à la nuque et autres agaçantes mignonneries dont elle avait depiéça reconnu sur moi l'effet, et m'ayant ainsi enveloppé de ses toiles eût voulu départir sur l'instant si, ouvrant la verrière, je ne l'avais avisée d'attendre, au moins, que fussent passés les Suisses, lesquels, à la cadence sinistre assez de leurs tambours, menaçants hululements de leurs aigres fifres, et martèlements de leurs souliers, avançaient implacablement par quatre dans la rue de la Ferronnerie, se rendant, à ce que j'augurai, dans l'enclos du cimetière des Saints-Innocents, le braque-mart leur battant le côté et à l'épaule portant leurs arquebuses qui, à ce que je vis non sans quelque mésaise, avaient leur mèche allumée, ce qui voulait dire qu'elles étaient chargées et prêtes à tirer, détail qui n'échappa pas à Alizon, laquelle, crispant ses petits poings, s'écria entre ses dents serrées :

— Ha, les maudits ! Ils nous veulent mettre du plomb en poitrail et faire une Saint-Barthélemy des catholiques ! Si j'avais céans grès, pierre ou pavé, je leur jetterais sus.

Phrase qui, dans le silence de la rue, fifres et tambours étant passés, et les manants et habitants pâles, figés et accoisés aux fenêtres, fut entendue d'un des officiers des Suisses, lequel levant la tête, cria en moquerie aux aregardants :

— Bourgeois, mettez des draps frais à vos lits ! Nous y coucherons ce soir avec vos femmes !

Parole sale et fâcheuse qui fit le tour de Paris et fut accueillie partout par des grondements de colère, lesquels j'ouïs encore sur les lèvres d'un chacun, quand la troupe s'étant écoulée pour s'enfermer dans le clos du cimetière, et la rue à nous de nouveau, nous saillîmes tous quatre hors l'huis, Baragran poussant sur un charreton un coffre cadenassé et Miroul et moi le suivant, armés jusqu'aux dents, ce qui n'étonna personne, pour ce qu'il n'y avait à cette heure fils de bonne mère en la rue qui ne surgît alors, qui avec un pistolet, qui avec une arquebuse, ou pique, ou même broche, ou coutelas de boucher, l'œil fort enflammé, la parole séditieuse et le branle menaçant.

Le nonce logeait en le quartier Saint-Antoine et de rues en rues, nous vîmes sur notre passage la même foule armée saillir des échoppes et maisons, la mine farouche et résolue, hors d'elle-même de rage que le roi eût osé violer le privilège de Paris, tous vociférants et tumultuants, et fort décidés à protéger, qui son bien, qui sa femme, de l'appétit des soudards.

Quant au logis du nonce, pour déposer l'or d'Alizon, il fallut prendre la file et attendre deux grosses heures, tant il y avait presse de marchands et bourgeois à vouloir faire de même. Mais à dire le vrai, tout papiste qu'il fût et cardinal, le nonce lui-même me plut assez, ayant bonne et honnête face, l'œil franc et gaussant, disant que c'était pitié que ce fût là dépôt et non offrande, pour ce qu'avec tout cet or, on eût pu défaire le Turc et asseoir la chrétienté en les Lieux saints.

Revenant au logis vers le midi, nous fûmes fort ébahis de nous voir couper le chemin par des barricades qui avaient poussé çà et là en deux heures de temps comme des champignons faits de futailles, comme avait dit Mosca, remplies de pavés, ceux-ci étant mis en amas dans les intervalles entre elles, une ouverture tout juste grande assez se trouvant ménagée pour qu'un cheval ou un piéton pût passer, laquelle aperture était fermée et remparée après son passage par un charreton comme le nôtre qui, à la différence des barriques, se pouvait mouvoir, étant sur roues.

On passa sans coup férir deux de ces barricades. Mais à la troisième qui, comme les premières, était hérissée d'arquebuses, de hallebardes et de piques, toutefois selon un ordre plus militaire, un grand, gros et gras guillaume qui paonnait et bravait prou nous dit avec hautesse se nommer le sergent Fessard (nom ou surnom bien mérité par ses abondants arrières) et nous informa qu'il nous fallait quérir une marque du sieur La Chapelle-Marteau, faute de quoi, non seulement nous serions interdits de passage, mais tenus pour suspects et « politiques », notre charreton nous étant alors confisqué par la Ligue, afin que d'être mis à usance comme porte à une barricade.

Le chemin rebroussé, on s'enquit donc de ce Chapelle-Marteau que je connaissais par les rapports de Mosca, pour un des plus encharnés et influents ligueux, étant par ailleurs, de son état, conseiller en la cour des Comptes. Un gautier nous ayant dit qu'il tenait ses assises dans une taverne qu'il avait fait rouvrir de son autorité, toute boutique et échoppe ayant été close dès l'entrée des Suisses par les marchands (de peur, et des soldats, et du tumulte populaire) nous le fûmes trouver. Et quant à moi j'apazimais mon Alizon, laquelle crachait comme chatte en fureur de ne pouvoir regagner ses logis et ateliers, lesquels, en sa hâte, elle avait laissés sans les remparer, et défendus seulement par les faibles bras de Florine, d'une enjoliveuse, d'une bonnetière et d'un petit « vas-y-dire ».

J'y réussis assez pour qu'elle s'adressât avec toutes les formes de la civilité à La Chapelle-Marteau, grand escogriffe jaune comme coing, le nez tordu et le regard lui aussi jaunâtre, qui faisait immensément l'important et le conséquent, se voyant jà quasi ministre du roi futur, et qui, après nous avoir envisagés Alizon et moi de fort haut, et noté sur mon pourpoint la médaille de la Vierge, et le chapelet autour de mon poignet, s'adoucit, et voulut bien nous dire, n'entrouvrant pas plus ses lèvres que la fente d'un tronc pour les pauvres, qu'il consentait à nous donner cette marque, mais qu'il y faudrait deux écus pour le trésor de guerre de la Ligue. A quoi voyant mon Alizon prête à sortir les griffes, je lui serrai le poignet en catimini et dis dévotement à La Chapelle-Marteau que j'acquiesçais à cette offrande, n'étant que trop heureux qu'elle servît à la plus grande gloire et défense de l'Eglise catholique, laquelle était quasiment tombée en la terre par la faute des huguenots, des politiques et du roi. Ce langage plut à La Chapelle-Marteau, puisque c'était celui dont il se gargarisait quotidiennement, mais ayant, en sa jaune et fielleuse complexion, encore plus de griperie que de zèle, il observa, tandis que je mettais la main à mon escarcelle, que si les deux guillaumes (désignant Miroul et Baragran) qui nous suivaient étaient de nos serviteurs, il y faudrait un écu de plus. A quoi l'œil de ma petite mouche d'enfer jeta des flammes, mais je lui fis un petit marchement de pied qui lui gela le bec, du moins assez longtemps pour que La Chapelle-Marteau, (lequel, n'eût pas manqué de dire mon bien-aimé maître, nous avait bien martelés pour sa chapelle), m'écrivît une marque, y inscrivant à ma prière le nom de Baragran Etienne, maître-bonnetier en Boulogne.

Je ne fus pas marri quant à moi de laisser là ce chiche sire qui me ramentut au vif (hélas dans le parti qui était alors le mien) le capitaine Bouillargues, lequel, lors de la Michelade de Nismes, tenait boutique et marchandise de laissez-passer pour les pauvres catholiques qui avaient pécunes assez pour pouvoir échapper aux exécutions.

Ma petite mouche se trouvait trop furieuse même pour bourdonner (plaignant mes écus, comme s'ils étaient les siens), Baragran silencieux pour ce qu'il n'avait rien à dire, et moi-même fort soucieux de ce que je voyais : les verrières des logis remparées de gens et d'arquebuses ou, devant eux, sur le rebord desdites fenêtres, des amas de pierres, tant est qu'il me semblait que les soldats à qui les barricades, hérissées de bâtons à feu, barraient passage, seraient pris, au surplus, sous le feu plongeant des maisons. Mon Miroul fut le seul de nous, de tout le trajet, d'une barricade à l'autre, à ouvrir le bec pour observer, en gaussant, que ce n'était pas merveille que La Chapelle-Marteau fût conseiller à la cour des Comptes : il faisait si bien les siens.

A peine au logis rentré, j'en voulus saillir hors pour m'informer, mais mon Alizon ne l'entendit pas de cette oreille-là, me voulant d'abord désaffamer, et elle avec moi, étant, quoique mince comme anguille, tant grande mangeuse à table que frétillante au lit, raison pour quoi, se peut, la coite épuisant le couvert, elle ne s'alourdissait pas de lard.

La repue finie, l'enjoliveuse, la bonneteuse et le « vas-y-dire » renvoyés, le logis verrouillé et barré de l'huis aux contrevents, elle commit Baragran et Miroul à ramasser des pierres au jardin et la cour, et en faire, comme tout un chacun, des amas aux fenêtres, afin que de lapider les Suisses qui, de la rue, tenteraient d'enfoncer notre porte. Quoi fait, sa maison et son atelier mués en forteresse, comme toutes celles de la rue, et se trouvant désoccupée du fait qu'elle avait mis hors ses ouvrières, elle eût désiré que je la confortasse plus avant en ses angoisses, étant accoutumée à recourir, pour se désoucier, à un remède qui ne lui faillait jamais. Je n'y voulus toutefois consentir, sachant bien qu'une fois captif de ses bras, je n'en aurais su sortir qu'à la nuitée, et trop las pour faire autre chose alors que de m'ensommeiller et manger derechef. Je m'arrachai donc à ses tendres filets, bien marri de la voir sanglotante en le pensement des périls que j'allais encourir, et d'autant pressé, quant à moi, de m'ensauver, que chez Alizon, les pleurs et les fureurs allaient de compagnie, les premiers annonçant les secondes, et inversement.

Je tirai d'abord avec mon Miroul du côté du proche cimetière des Saints-Innocents, passant les barricades sans coup férir, grâce à la marque de La Chapelle-Marteau, les barricadeux me prenant pour quelque envoyé de la Ligue, et d'autant que j'étais fort bien armé. Et là, je trouvai que le clos du cimetière était à ce point enfermé par le remparement des rues que les Suisses n'en auraient pu saillir sans livrer une sorte de combat auquel ils n'étaient point accoutumés, exposés qu'ils eussent été de tous côtés aux coups et pris dans la nasse entre les barricades, les fenêtres et les toits des maisons ; en outre, à ce que je crus entendre, fort décontenancés de la consigne qu'ils avaient reçue qui était de ne pas tirer sur le peuple, lequel, tout ragaillardi après ses terreurs initiales par la passivité des gardes, ceux-ci ne leur faisant pas plus d'offense que des statues de pierre, commença à les dépriser et osant arrêter le convoi de vivres que le Louvre leur dépêchait, mangea le pain et but le vin à la barbe des soldats, lesquels étaient fort déconfortés par la chaleur, la faim, la soif, l'immobilité, au beau mitan de cette ville en armes dont les milliers de voix (car il se faisait en ces rues d'infernales et continues vociférations) leur annonçaient à gorge déployée avec d'affreux jurons leur prochaine extermination.

Et à vrai dire, c'est ce que je commençais à redouter, tant je vis de bourgeois, lesquels je connaissais pour n'être pas ligueux, très encharnés à défendre le privilège de Paris et en bouter hors les troupes que le roi y avait osé mettre. Il sembla qu'à cet affront, la révolte des Parisiens, de ligueuse qu'elle était de prime, devînt universelle. J'ai vu de ces yeux que voilà, en cette journée du jeudi 12 mai, tout un peuple courir aux armes, l'artisan quitter ses outils, le marchand ses trafics, l'écolier ses livres, le procureur son sac, l'avocat sa cornette et les graves conseillers eux-mêmes, ôter leur robe pour se mettre en pourpoint et prendre piques, tant grande et véhémente bouillonnait leur indignation à l'offense insufférable qui était faite à leur ville.

Des Saints-Innocents, je poussai jusqu'à la place de Grève où j'avais ouï que d'autres Suisses et gardes françaises étaient stationnés et les vis de tous les côtés serrés par les barricades dont les rues circonvoisines s'étaient hérissées, et en pire prédicament se peut que leurs compères, pour ce que les manants et habitants du quartier Saint-Antoine qui les encerclaient, arrêtant un convoi de poudres que le Louvre leur dépêchait, les avaient départies aux arquebusiers populaires, si bien que ceux-là s'étaient garnis d'autant de coups que les malheureux gardes s'encontraient démunis, si on en venait à tirer.

Mais de tous les spectacles, le plus désolant, du moins pour un fidèle serviteur du roi, car je ne doute pas qu'il fût bien au rebours fort exhilarant pour un ligueux, m'attendait en l'île de la Cité, que je gagnai par le pont Notre-Dame, et où les Suisses, d'après ce que j'ouïs, avaient été si fort pressés par le peuple qu'ils s'étaient rencognés au fond du Marché Neuf, les compagnies qu'ils avaient avancées sur le petit pont et le pont Saint-Michel s'étant repliées sous la grêle de pierres des clercs et des écoliers de l'Université menés par le comte de Brissac. Le maître de camp Crillon qui commandait ces compagnies, le même qui le 9 mai avait enfoncé son chapeau sur sa tête plutôt que de saluer le Guise, ayant dû se reculer, à demi crevé de rage pour ce qu'il avait l'ordre du roi de ne pas tirer.

L'étrange de la chose, c'est que les barricadeux et les soldats, tant suisses que français, étaient à portée d'œil et de voix les uns des autres. Tant est que, comme on ne se tirait pas encore dessus, s'échangeaient des chefs ligueux aux officiers royaux des propos goguenards, bien à la parisienne. Que c'était pitié à y réfléchir plus avant que de voir prêts à s'entretuer sur le sujet de la religion réformée des hommes qui, dans les deux camps, appartenaient à la même religion papiste, tant il est vrai que de cette journée du 12 mai se fit et se confirma en ce royaume une subdivision des catholiques en royaux et guisards qui cruellement partagea la capitale, la

Cour, les grands corps de l'Etat, la province et en la nation entière, toute ville, tout quartier, toute rue, toute famille et bien souvent, la cervelle d'un chacun.

C'est ainsi que je reconnus, parmi les royaux, François d'O et parmi les ligueux, son frère, le marquis d'O ; et encore parmi les officiers, le maître de camp Cossein et en-deçà de la barricade, l'un de ses intimes amis, conseiller au Parlement, lequel, haussant la voix et l'appelant par son nom, quit de lui en gaussant s'il se trouvait bien là où il s'encontrait. Cossein qui n'était jamais en retard sur personne d'une gausserie, répondit :

— Point trop à l'aise, mais c'est la faute au prévôt des marchands !

— Comment cela ?

— Il a promis au roi le soutien de trente mille manants et habitants de Paris. Et j'observe qu'il tient mal sa promesse. Car j'en vois trente de présents pour le roi et mille pour Monsieur de Guise.

Soit que la candeur ou l'adresse inspirât cette plaisanterie, elle flatta immensément nos bons barricadeux et, les ayant fait rire, elle les disposa mieux à l'égard des soldats, lesquels, à tout prendre, n'avaient encore tué personne, si navrés que quelques-uns l'eussent été par les pierres.

— Que ne vous retirez-vous ? hucha un chef ligueux qui, se peut, moins aveuglément zélé que les autres, trouvait comme moi d'une énormissime absurdité que des catholiques s'exterminassent sur le sujet de l'extermination des huguenots, lesquels de reste, par comble d'irrision, n'étaient point là du tout, le peu qui logeait encore en Paris ayant vaqué à l'approche des troubles.

— Je le voudrais, mais ne le peux ! cria un capitaine du nom de Marivaux.

— Marivaux, cria un ligueux de ses amis qui l'avait reconnu, où iriez-vous ?

— Au Louvre ! Avec mes Suisses !

— Mais c'est que nous le voulons aussi ! dit un ligueux. C'est en Paris que nous ne vous voulons pas.

Cette parole fut si bien, deçà et delà de la barricade, accueillie que les deux partis, à la parfin, dépêchèrent des parlementaires, lesquels, à ce que j'ouïs, prirent langue et décidèrent que les Suisses se retireraient par la rue Neuve et le pont Notre-Dame, et le pont franchi, longeraient le quai de Seine jusqu'au Louvre.

Là-dessus, la raison paraissant à la fin triompher, les Suisses s'ébranlèrent, M. de Marivaux marchant en tête avec un parlementaire ligueux pour lui faire ouvrir les barricades, et quant à moi, curieux de voir comment cette étrange retraite s'opérerait en Paris insurgée, je les suivis comme, de reste, les barricadeux auxquels je m'étais mêlé et qui quasiment déliraient de l'inouïe allégresse que leur donnait leur victoire sur les troupes du roi, oublieux qu'ils la devaient à la bénignité du souverain qui avait ordonné qu'en aucun cas, elles ne devaient tirer sur eux.

Cependant, à peine la première colonne fut-elle engagée dans la rue Neuve que les manants et habitants de ladite rue qui se tenaient à leurs fenêtres, soit avec des pistoles, pistolets et arquebuses, soit avec des amas de pierres devant eux, leur crièrent d'éteindre les mèches de leurs armes, craignant qu'un coup partît par inadvertance qui navrât quelqu'un ou quelqu'une aux étages. Et ce cri étant repris par tous les aregardants, qui en comprenaient l'urgence, il y eut bientôt dans la rue Neuve, un tohu-vabohu de vociférations qui laissa les pauvres Suisses d'autant plus pantois qu'ils les prenaient pour des cris de haine n'entendant pas ce que ces mots : *Eteignez vos mèches !* voulaient dire ou, pour ceux qui l'entendaient, n'y pouvant obéir sans un commandement de leurs officiers, lesquels, marchant assez loin en tête de la colonne, oyaient les hurlements de la foule, mais sans en discerner le sens. Lecteur, ajoute à cela qu'il faisait ce 12 mai une chaleur quasi insufférable, que les Suisses n'avaient ni bu, ni mangé depuis la pique du jour et que fort vaillants à se battre en plat pays contre des ennemis déclarés, ils étaient fort déconfortés d'avoir à le faire contre ceux-là dont le souverain les employait, et contre qui ils avaient, pour le comble, l'ordre de ne pas tirer, mais sans qu'on leur eût pour autant commandé d'éteindre leurs mèches.

Comme on eût presque pu le prédire, de cette troupe affamée, assoiffée, énervée, un coup de feu partit pour la male heure et tua un bourgeois à une fenêtre. Tout aussitôt on cria vengeance, et desdites fenêtres, tous les bâtons à feu crachèrent à la fois sur les pauvres Suisses et, pis encore, une grêle de pierres, de grès et de carreaux s'abattit sur eux, les hachant et assommant, étant fusillés et accablés de devant et de derrière, de dextre et de senestre, ceux qui tâchaient de se mettre à couvert sous l'encorbellement d'une maison étant pris à partie par les tireurs de l'autre côté de la rue, et inversement. Les plus sensés jetèrent leurs armes, s'agenouillèrent sur le pavé, et tirant et brandissant leurs chapelets, criaient lamentablement (pour ce qu'ils cuidaient peut-être qu'on les prenait pour des Suisses huguenots) « *Bons Suisses!... Bons catholiques!...* »

Ces naïfs cris, ces plaintes, ces chapelets brandis, les gémissements des navrés, ces cadavres épars et tout le sang sur le pavé répandu, toucha à la parfin le peuple de quelque compassion, et comme les Suisses refluaient vers le Marché Neuf, on les laissa retraiter sans les molester davantage et se parquer dans une boucherie. D'après ce que j'ouïs dire à ce moment, les Suisses du cimetière des Saints-Innocents et ceux de la place de Grève étaient à peine mieux lotis, encerclés qu'ils étaient par les barricades, les uns sans pain et les autres sans poudres.

Il y eut alors comme une sorte de flottement, et dans le peuple des insurgés et chez les ligueux, pour ce que n'ayant pas de haine contre les Suisses, lesquels n'avaient pas tiré, hors par accident, et ne se trouvant être que les instruments à gages du roi, ne pouvaient être tenus ni pour royalistes, ni pour « politiques », ni pour huguenots, personne ne savait que faire d'eux véritablement, n'ayant pas cœur à les attaquer, et redoutant de les contraindre, à la parfin, à faire feu pour sauver leur peau.

C'est en cette situation embarrassée et ambigueuse que descendit littéralement du ciel sur nous comme un *Deus ex Machina* [1], le duc de Guise.

Magnifiquement vêtu d'un pourpoint blanc aussi immaculé que son âme, et pur autant que ses intentions, le chef orné d'un grand chapeau blanc orné de plumes blanches, sans autre arme en ses mains qu'une pacifique badine à pommeau d'argent, deux jolis pages, blonds comme des chérubins, portant devant lui, l'un son épée, l'autre sa rondache (afin qu'on sût *urbi et orbi* qu'il y avait, à l'occasion, du saint Georges en cet archange de la paix) lequel, s'adressant aux manants, habitants et bourgeois de Paris, les loua hautement d'avoir par leur vaillance détourné l'orage de leur bonne ville et protégé ses immémorials privilèges; que pour lui, ajouta-t-il chattemitement, il était resté enfermé en son hôtel tout le jour, n'ayant mis les mains à rien, et ne connaissant rien du tumulte, hors les rapports qu'on lui en faisait, qu'il n'était sorti présentement que par l'expresse sollicitation du roi qui l'avait prié et supplié de ramener ses troupes saines et sauves au Louvre, ce qu'avec la permission de la commune, il allait faire au nom de la miséricorde divine dans laquelle il priait le Seigneur Dieu et la Sainte Eglise de le tenir à jamais.

Ce ne fut alors dans les rues et quartiers où le duc de Guise passa pour délivrer les Suisses, qu'acclamations, délires, alléluias, agenouillements, baisers de bottes, frottements de chapelets sur la blanche vêture (laquelle fut moins blanche à la fin de ce jour), tant ce peuple de Paris, badaud et crédule comme aucun autre en le royaume, était assoté de sa grande amour pour Guise, et tant il était charmé par le seul son de sa voix, au point qu'il gloutissait de sa bouche toutes les fallaces du monde, y compris qu'il n'avait point mis les mains à l'émeute, alors que ses lieutenants, au vu et au su de tous, l'avaient préparée depuis le 9.

1. Un Dieu qui descend du ciel par le moyen d'une machine comme au théâtre.

La vacarme était assourdissante, des milliers de voix, du pavé au toit, criant : « *Vive Guise !* » à vous tympaniser. D'aucuns même : « *Ne lanternons pas davantage ! Il faut mener Monsieur à Reims !* » Ce qui voulait dire qu'on le voulait couronner roi de France tout de gob, la vox populi [1] le voulant. A quoi le Guise, faisant le chattemite, enfonçait son grand chapeau sur les yeux (on ne sait s'il riait dessous) et étendant les deux mains devant lui, disait d'un air modeste :

— Mes amis, c'est assez ! Messieurs, c'est trop ! Ne criez pas « Vive Guise ! » Criez « Vive le Roi ! ».

A quoi, comme bien on pense, les « *Vive Guise !* » redoublèrent, la noise n'étant même pas couverte par les cloches des églises de la capitale qui toutes à la fois se mirent à sonner joyeusement pour apporter au Très Haut dans le ciel les nouvelles de l'éclatante victoire de la Sainte Ligue sur le roi.

— Messieurs ! répétait le duc de Guise qui, tandis qu'il avançait par les rues en son pourpoint immaculé, ne se pouvait rassasier de l'inouï plaisir de n'être pas obéi : « Ne criez pas « Vive Guise ! ». Criez « Vive le roi ! ».

Ha pauvre roi ! m'apensai-je. Sombre jour ! Perte immense ! Et d'abord de la paix ! Comment ne le voir point ? Qui est maître de la capitale possède bien davantage que la moitié du royaume ! Guise, roi de Paris, espagnolise le pays, réduit à quia le roi légitime, lui impose une guerre d'extermination contre les huguenots, et à sa queue, l'Inquisition !

J'en étais là de ces âpres réflexions, et portant, comme on imagine, au milieu de l'allégresse générale, une face assez triste, quand Miroul, me tirant par le coude, me dit à voix basse en oc :

— Moussu, prenez de grâce un air plus riant. Vous êtes envisagé fort curieusement par une dame de la suite du Guise, dont les yeux à travers son masque ne vous quittent pas, et dont la tournure me ramentoit Marianne.

Ayant dit, Miroul se mit à agiter les bras et le torse

1. La voix du peuple.

en une forcenée gesticulation et à hucher plus haut que ses avoisinants : « Vive Guise ! Vive Guise ! » En quoi il erra, car dans le branle qu'il se donna, son bandeau lui glissa de son œil bleu, lequel il remit en place, mais le mal était fait : L'épiante dame avait eu le temps, je crois, de reconnaître ses yeux vairons, et bien assurée d'ores en avant de ne se pas tromper, appela du doigt un grand faquin que je reconnus pour le majordome de la Montpensier.

— Saillons de là, Miroul ! dis-je *sotto voce*, on va nous mettre en pièces !

Par malheur, saillir de là, cela voulait dire tourner le dos à notre logis et refuge qui était en le quartier de la Ville, tant il était impossible de traverser l'immense cortège qui se trouvait précéder le Guise, la seule issue étant la queue, ce qui voulait dire repasser le pont Notre-Dame et nous retrouver dans la Cité où je ne connaissais aucune maison amie, ce que nous fîmes d'abord au pas, tant que la presse fut grande assez pour que nous puissions espérer nous y perdre. Et quand elle se clairsema et que nous vîmes à nos trousses une dizaine de *spadaccini*, et la distance entre eux et nous diminuant, les gambes à notre col.

— Miroul, dis-je, ces marauds gagnent sur nous. La rue est déserte, la foule étant à crier « Vive Guise ! ». Dégainons et attendons-les !

— Moussu, vous n'y pensez pas, dit Miroul, tout soufflant. Ils sont dix. Dix contre deux, c'est prou.

— Alors, dis-je, jouons l'Horace de la fable. Au tournant de la proche rue, sortons nos pistolets de nos chausses, faisons face, tirons les deux qui sont en tête. Reprenons notre course. Recommençons plus loin. Six contre deux, voilà qui irait mieux.

— Moussu, dit Miroul, je ne sais qui est cet Horace. Mais il avait beaucoup d'esprit.

On fit donc par deux fois ce que j'avais dit, ce qui eut pour effet, non seulement de diminuer le nombre de nos ennemis (que le Seigneur me pardonne ces morts pour la défense de nos peaux et toisons), mais de ralentir leur course, aucun d'eux ne se souciant prou à courir plus vite que ses compagnons à voir ce qui était arrivé par deux fois aux plus véloces. Cependant, quand sortant des étroites ruelles tournoyantes de la Cité, nous atteignîmes le pont Notre-Dame, lequel était malheureusement aussi droit qu'une règle de charpentier, ces faquins se déployant sur toute la largeur dudit pont, lequel était fort large d'un logis à l'autre (étant ces ponts parisiens bordés de maisons, comme j'ai dit déjà), nous coururent sus comme démons ailés, Miroul ayant tout juste le temps d'en abattre un encore en lançant un cotel. Ils furent sur nous en un éclair : il n'y eut plus qu'à dégainer. Et bien j'entendis tout de gob l'immense péril où nous étions car, dès que leurs épées croisèrent les nôtres, je reconnus que ce ne serait pas de la petite escrime, ces gens-là étant de la profession.

— Votre botte, Moussu ! cria Miroul en oc. Laquelle botte dite de Jarnac que m'avait apprise Giacomi, mais dont je n'avais mie, avant ce jour, usé, le maître m'ayant fait jurer de n'y recourir qu'en toute extrémité, je me préparai à exécuter contre celui des trois assaillants qui me paraissait le plus redoutable, ayant déjà navré au bras l'un de ce nombre, lorsque surgit tout soudain sur le pont jusque-là désert un jeune homme, masqué, lequel dit d'une voix douce et chantante :

— Cinq contre deux, c'est prou ! Je ne le peux souffrir !

Et dégainant, se mit à mon côté. Ce qui me déchargea d'un de mes adversaires, et mon navré au bras se retirant du combat, je repris espoir, maugré la science du *spadaccino* qui m'était opposé, et dont, dans une certaine guise, je tâtais alors si sournoisement la lame qu'il recula soudain de deux pas comme si serpent l'avait piqué. Ce qui me permit de jeter un œil au jeune gentilhomme à mon côté et de noter en un battement de cil sa joue imberbe, son œil vif derrière le masque (lequel s'arrêtait au nez) et la finesse de sa main baguée.

— Monsieur, la merci à vous, dis-je.

A quoi il sourit sans répondre mot ni miette, et moi

voyant mon *spadaccino* se retraitant encore, je m'avançai à lui et dis.

— Eh bien faquin, qu'est cela ? Tu n'y vas plus d'un aussi bon foie !

— Monsieur, me dit-il en me saluant de loin de son épée, excusez-moi, mais il m'a semblé à la façon dont vous avez lié mon épée que vous possédez quelque secrète botte.

— Maraud, dis-je, serait-elle secrète si je m'en paonnais ? Viens donc ! Tu en feras l'épreuve !

— Monsieur, dit-il en me saluant derechef et en remettant sa lame paisiblement au fourreau, mon état est d'occire, et non point d'être occis. Je ne tirerai plus contre vous : je vous en fais le serment, par la Benoîte Vierge.

Oyant quoi, Miroul ayant blessé l'un de ses deux assaillants, et l'imberbe gentilhomme mis son adversaire sur le pavé, le seul *spadaccino* qui restait en lice ne voulut pas attendre de nos trois épées l'entrant dans un monde meilleur, et nous montra ses semelles.

— Messieurs, dit le gentilhomme avec son accent chantant, j'ai un refuge à une jetée de pierres. Courons-y. Il ne fait pas bon d'être au roi dans l'état où sont les choses.

On y fut comme l'éclair, moi l'aguignant de côté quand et quand, surpris de voir quelque gaucherie en sa course, alors même que j'avais vu son escrime si dextre, et lui me souriant quand et quand de façon fort aimable et quelque peu gaussante sous son grand chapeau.

— Miroul, dis-je tout courant, où sommes-nous ?

— Quai des Bernardins, Moussu.

— Monsieur, dis-je à l'étranger : êtes-vous au roi ?

— Non, Monsieur, dit-il d'une voix grêle et flûtée, à Elizabetha Regina. Voici notre but. Monsieur, c'est cette boulangerie, laquelle par une sorte de miracle a voulu rester ouverte. Je pense que vous savez pourquoi et qu'à ce mot de boulangerie vous reconnaissez où vous êtes.

Encore qu'en effet je susse bien où j'étais, le gentilhomme se bailla le plaisir de me le préciser dès que le mitron auquel il montra sa marque et moi la mienne, nous eut introduits par une porte dérobée de son fournil en un petit salon bien clos et remparé, et pour cette raison jà éclairé aux chandelles, combien qu'il fît jour encore en la rue.

— *Sir*, dis-je, comment vous pourrais-je jamais repayer un secours grâce à quoi je suis vif ?

— Repayer ? dit le gentilhomme avec un petit rire flûté et un accent chantant qui me parurent des plus gracieux. Mais assurément, vous le pouvez.

— Et par quoi ?

— Par un baiser.

— Par un baiser ? dis-je, béant.

— Sur le bec.

Mot qui me faisant envisager sa bouche, laquelle ne me parut pas de moi déconnue, (pas plus que n'était sa voix, encore qu'elle fût déguisée), j'y allai de prime suspicionneusement, puis tout à la fureur, dès que je m'y fus paysé.

— Hé quoi ? dit le gentilhomme de moi se déprenant. Chevalier, êtes-vous bougre ?

— My Lady Markby, dis-je, est-ce bougrerie que d'aimer vos lèvres bougrement ?

— Ha ! dit-elle en ôtant son demi-masque et en riant : Il faut que vous soyez un Français véritable pour m'avoir par là reconnue ! Mais Chevalier, poursuivit-elle, encore que vous badiniez galamment, je vous vois l'œil las et chagrin. Demeurez céans un petit. Je vais quérir de my Lord Stafford qu'une chambre vous soit préparée.

Dès que my Lady Markby fut hors, je me jetai sur un fauteuil et me laissai aller à la désespérade, l'œil mi-clos et le nœud de la gorge serré. Quoi voyant, Miroul vint s'asseoir sur une escabelle à ma dextre.

— Moussu, dit-il, rien n'est perdu : le roi a ses Suisses encore, et ses gardes, et son Louvre.

— Ha mon Miroul ! dis-je, une ville est femme : Elle ne se possède pas longtemps contre son gré. D'ores en avant, Paris n'est bonne ville qu'au Guise. Elle s'est donnée à lui. Et il en est le prince.

— Mais, Moussu, reste le royaume !

— Qu'est le royaume décapité ? Henri est-il le roi de France, quand Guise est le roi de Paris ?

CHAPITRE XIV

Cette nuit-là, je fus tant désommeillé par le souci rongeant où j'étais de mon pauvre maître qui s'allait retrouver assiégé en son Louvre (pour peu que le Guise lâchât sournoisement la bride au peuple) que je ne m'endormis qu'à l'aube, le jour filtrant déjà aux contrevents de la chambre que l'on m'avait baillée et me serais se peut apparessé jusqu'au soir si my Lady Markby n'était entrée en ma chambre à grands pas, suivie d'un barbier et d'une chambrière portant sur ses bras une brillante vêture.

— Par les blessures de Dieu ! dit-elle, jurant le juron coutumier de la reine Elizabeth, est-ce en conscience une bonne alouette celle qui se gîte au nid et s'accoise, au lieu que de saluer le jour d'un chant radieux ? Mon Pierre, il est temps de vous mettre sur vos petites pattes et de voleter hors la couche ; my Lord Stafford vous veut voir dans une heure et vous dire les nouvelles.

— Bonnes ? mauvaises ? criai-je, le cœur me cognant les côtes.

— Mauvaises et bonnes. Pour tout dire en un mot, Henri est sauf et libre, mais hors Paris.

— La Dieu merci !

— Espérez un petit pour le mercier. Car si l'*Invincible Armada* envoie notre flotte par le fond, Elizabeth et Henri couleront de compagnie. Mais assez là-dessus. A chaque jour suffit sa peine. Mon Pierre, vous ne pouvez voir my Lord Stafford, fait comme vous voilà. Il se pique tant d'étiquette qu'il refuse même de s'envisager au miroir sans fraise ni pourpoint. En conséquence, j'ai requis un barbier pour vous rabattre votre barbe marchande et rhabiller la platitude de votre bourgeois cheveu. En outre, d'un de nos jeunes gentilshommes j'ai emprunté vêture plus idoine à votre rang que cette sombre attifure. Beautifiez-vous, beau Sire! Vramy, comme disait votre petite Alizon, à qui j'ai dépêché aux matines un vas-y-dire lui mander de bec à oreille que vous étiez sauf. Ne suis-je pas un bon ange?

— Bel et bon.

— A ce bel, je reconnais votre langue dorée. Vramy, comme disait cette impertinente pécore, laquelle, les deux fois qu'elle me vit, m'arquebusait férocement des yeux, j'étais peu ragoûtée, hier, de baiser ces lèvres que voilà au mitan de ce poil hirsute. Mais assez là-dessus. Mon Pierre, je vous reviens quérir dans une heure.

Et toujours riant de ses dents carnassières, elle s'en fut, balayant les alentours de son ample cotillon, plus bondissante, vive et véloce que panthère en péril. Mais, le péril, à ce que je crois, donnait à son âme forte un aliment sans lequel elle se fût trouvée affamée et périe, tant est qu'il n'y avait pas merveille que maison et mari en Shropshire la vissent si peu souvent, n'étant pas faite pour de quiètes et domestiques félicités.

Lord Edward, comte de Stafford, en la présence de qui je fus introduit en mon plumage retrouvé, quoique d'emprunt, je n'avais vu et croisé qu'une fois en ma vie, à la porte des appartements du roi, tandis qu'il répondait d'un signe de tête fort bref aux saluts dont il était l'objet, portant à tout une hautesse naturelle, laquelle allait de pair avec sa taille élevée et sa majestueuse membrature, étant carré des épaules, droit comme un « i », sans l'ombre d'une bedondaine (encore qu'il eût passé quarante ans), la face longue, la barbe quasi à ras de peau, la moustache courte, les yeux gris et froidureux, le nez long, et de sa vêture superbe, encore qu'à la mode anglaise, le col du pourpoint enserrant haut le cou, et par-dessus, la fraise, fort petite, encadrant la mâchoire et la nuque, sans joyau aucun, sauf ceux qui s'encontraient sur sa plaque de la jarretière, laquelle était faite d'une croix vermeille entourée d'un soleil dont chaque flamme d'or était terminée par une perle.

Quant au pourpoint, il était à l'anglaise aussi, fort collé au corps (au rebours du nôtre, en ce temps-là, dont l'épaulure s'évasait) et au surplus, très étroitement boutonné, ce qui n'était pas sans souligner de la façon la plus élégante sa taille sèche et son athlétique carrure. De son maintien, roide, sourcillant, hautain, escarpé comme falaise à Douvres, mais non sans quelque lueur dans l'œil, quand et quand, soit de gausserie soit de bénévolence, du moins touchant à ma personne, dont il savait la grande amour pour sa nation et sa souveraine, car je ne tardai pas à le voir avec qui je vais dire, morguant et dédaigneux. En bref, l'apparence et la mine d'un fort haut seigneur qui n'avait garde d'oublier jamais qu'il était en ce Paris, si haineux et de sa religion, et de sa reine, la visible incarnation d'un grand royaume de la chrétienté, et celui-là d'autant plus fier, bravant et intrépide qu'il était davantage menacé.

— Monsieur le chevalier, me dit-il, dès que je lui eus rendu mes devoirs, et offert mes grâces et mercis pour son bienveillant secours, le temps me presse : et je ne peux que je ne vous dise en fort bref les nouvelles touchant votre maître. Les Parisiens, enivrés d'une victoire sur lui qu'ils ne doivent qu'à l'excessive bénignité de son cœur, ont, la nuit venue, pressé le Louvre même d'une barricade, dans le dessein de s'en emparer, et de se saisir de la personne du roi : celui-ci qui n'attend pas de Guise qu'il apaise le peuple, puisqu'il sait qu'il l'excite en sous-main, et ne voulant pas, d'un autre côtel, affronter ses sujets en un combat sanglant (en quoi il est fort sage), a décidé de quitter son palais avec ses quatre mille Suisses et gardes françaises, et de se retirer à Chartres. Ce qu'il fit fort dextrement hier après-midi, sans en toucher mot aux deux reines, les estimant peu sûres. Saillant du Louvre par le guichet dérobé, il a contrefeint de se promener bonnement en le jardin des Tuileries, et là, gagnant ses écuries, et montant à cheval, il a sailli par la Porte Neuve, la seule qui restât en les mains de ses troupes, et hors murs, a pris le large, secouant la poussière de ses souliers sur cette ingrate Paris qu'il a fort aimée, comme vous savez. N'est-ce pas étrange, poursuivit my Lord Stafford, que deux fois roi, il ait dû deux fois s'enfuir de sa capitale ? La première fois, de Varsovie. La seconde, de Paris.

— Mais, dis-je, le nœud de la gorge me serrant, n'est-ce pas perdre la partie que la quitter ?

— Nenni, dit my Lord Stafford. Je le dis encore : votre maître fut fort sage, aucun pouvoir au monde ne pouvant, en grande ville, gagner une bataille de rues contre un peuple armé, et révolté, et soutenu par les Grands, sinon, se peut, par le canon et le massacre.

— Mais, dis-je, ayant perdu sa capitale, que restera-t-il au roi à Chartres, hors ses Suisses ?

— Sa légitimité, dit gravement my Lord Stafford, laquelle est une force immense. Et dont le duc de Guise ne peut présentement se prévaloir et dont il a fort conscience, puisqu'il me dépêche le comte de Brissac pour prendre langue avec moi. Et à quelle fin, j'en ai quelque petite idée. Monsieur le Chevalier, le comte attend dans mon antichambre, et vous voulant comme témoin à cet entretien, afin que vous le puissiez répéter *verbatim* [1] à votre maître, vous m'obligeriez en entrant dans ce petit cabinet que voilà dont je laisserai la porte déclose, afin que vous puissiez ouïr nos propos sans être aperçu du comte. Y êtes-vous connivent ?

— Monseigneur, dis-je, du bon du cœur, tenant que c'est de votre part en agir très franchement et très noblement avec mon pauvre maître en le périlleux prédicament où il s'encontre, et où, à bien voir, vous n'êtes pas sans vous trouver vous-même, votre ambassade étant dans le mitan d'un peuple tumultuant et à votre reine hostile.

— Mais elle me protège, même céans, puisque je la représente, dit my Lord Stafford en levant haut la crête et avec une mine si fière et si impavide que

1. Mot pour mot. (Lat.)

j'augurai que le comte de Brissac allait avoir plus de fil à tordre et à détordre avec lui qu'avec de pauvres Suisses à qui, sous une grêle de coups, on avait interdit de tirer. Pardonnez-moi, poursuivit my Lord Stafford, de vous priver de lumière en ce petit cabinet, lequel est sans fenêtre, et de ne laisser qu'une imperceptible aperture à la porte, mais il faut quelque précaution, le comte, que je connais bien, est fort renardier, et je ne voudrais pas qu'il vous évente. Au reste, le noir vous sera utile pour mettre l'œil à la fente, et voir sans être vu.

A peine, cependant, fus-je entré en le petit cabinet qu'une fine et forte main, dans l'obscurité, saisit ma dextre et qu'une voix que bien je connaissais, chuchota à mon oreille :

— C'est moi, mon Pierre.

— Quoi, dis-je à voix basse, my Lady Markby ! Epiez-vous chez lui my Lord Stafford ?

— Nenni. Il a toute la fiance de la reine et du Maure. Je suis céans pour vous cacher, s'il prend fantaisie au comte d'ouvrir cette porte.

— Me cacher ? dis-je, y a-t-il ici placard ou porte dérobée ?

— Aucune. Mais je suis grande et mon vertugadin est ample.

— Quoi ? dis-je, me cacherais-je derrière un vertugadin de femme ?

— Non pas derrière, dit-elle, ce serait peu sûr, si le comte s'avisait de me contourner.

— Je ne vois donc pas où serait la cachette.

— *Think on it*, murmura-t-elle à mon oreille, en la mordillant quelque peu. *You are a Frenchman. I leave it to your imagination* [1].

Quoi disant, elle me posa la main sur la bouche et bien fit-elle, pour ce que, maugré la gravité de l'heure, je m'allais esbouffer, ayant bien entendu, à la parfin, cette friponne chatonie.

Qui eût vu le comte de Brissac de profil, comme il entrait chez my Lord Stafford, l'eût trouvé fort bel

1. Pensez-y. Vous êtes français. Je le laisse à votre imagination.

homme, ne voyant ni la loucherie de son œil, ni la torsion de sa bouche. Sa vraie face, si j'ose ainsi parler, ne se voyait que de face. Ce qui me ramentoit que son maître Guise avait, lui aussi, deux profils fort différents, pour ce que la balafre qu'il avait près de l'œil senestre faisait quand et quand pleurer ledit œil sans qu'il en pût mais. Tant est que lorsqu'il riait, on le voyait rire de son profil droit, et de son profil gauche rire et pleurer tout ensemble ayant comme Janus, deux visages, et tous les deux trompeurs.

Il m'apparut vite, à l'ouïr de mon cabinet, que quant à l'hypocritesse et chattemitesse humeur, Brissac valait bien le duc, pour ce qu'il commença par accabler my Lord Stafford de protestations et jurements d'amitié qui se voulaient d'or, mais à les entendre si lourdement résonner, n'étaient que plomb. Cependant, au bout de ce buisson de compliments pointa vite l'oreille du renard, quand il proposa à my Lord Stafford, de la part du Magnifique, de lui mettre une garde de ses gens en son ambassade afin de la préserver, dit-il, de l'irruption et de la picorée du populaire, lequel était en ces jours « *comme taureaux échauffés* » que rien au monde ne pouvait retenir que la livrée du duc.

— Comte, dit my Lord Stafford, qui entendait bien le qu'est-ce et le pourquoi de cette protection qu'on lui voulait bailler à seule fin de créer un lien diplomatique entre le Guise et lui (par où il eût, en quelque mesure, « reconnu » le pouvoir de fait du duc en Paris) si ne suis-je pas céans un simple particulier. Le serais-je que j'accepterais du bon du cœur la sauvegarde que le duc de Guise a l'honnêteté de me proposer, et l'en irais de ma personne remercier. Mais vivant en Paris ès qualité de ministre et ambassadeur de la reine Elizabeth auprès du roi de France ne peux-je ni ne veux-je accepter de garde, sûreté et protection d'autre autorité que celle du roi...

Ceci fut dit en français de façon courtoise, mais résolue et décisoire, alors que le comte s'était exprimé en anglais qu'il parlait fort passablement. Cependant, en sa réponse où il mit quelque passion (et se peut pour cette raison) le comte recourut à sa langue propre.

— Monseigneur, dit-il, nous-mêmes sommes au roi des sujets résolument fidèles. (Par la mort Dieu, m'apensai-je, si l'air, qui hélas, souffre tout, se colorait en rouge chaque fois qu'un homme débite fallaces et menteries, ce comte-là ne tarderait pas d'être enveloppé de vermillon.) Le duc de Guise, poursuivit Brissac plus onctueux que moine, n'est point venu en Paris pour faire peine et pièce au roi, mais pour étendre son aile protectrice sur les gens de bien de cette ville qui lui étaient affectionnés et dont un complot avait résolu la perte, à telle enseigne qu'on avait rempli l'Hôtel de Ville de potences et de bourreaux : indubitable fait dont je vous prie et supplie, Monseigneur, de bien vouloir instruire Sa Majesté la reine d'Angleterre.

— J'ai ouï le conte de ces gibets, dit my Lord Stafford avec roideur. Fait odieux, s'il était vrai, mais qui requiert preuve, laquelle preuve eût été facile à donner en produisant les gibets mêmes, ce que la Ligue, l'Hôtel de Ville en ses mains, n'a point jugé expédient de faire. De reste, ajouta-t-il, non sans quelque irrision dans le ton et la voix, ceux qui forment de grands projets ne sont pas tenus de révéler leurs secrets desseins à quiconque, sauf à les faire éclater, à l'occasion, revêtus des couleurs qu'il plaît à eux de leur donner.

Phrase qui, pour diplomatiquement enveloppée qu'elle fût, et dosant au plus juste l'huile et le vinaigre, fit, à ce que je pus voir, ciller Brissac et tordre sa bouche davantage.

— Ce que j'en ai dit, pourtant, murmura-t-il d'une voix fort assourdie, n'est que pure vérité.

— La vérité est rarement pure, dit gravement my Lord Stafford. Et vrai ou faux, quel que soit le prétexte invoqué pour justifier l'insurrection de Paris contre son souverain, soyez bien persuadé, mon cher Brissac, que les princes étrangers la recevront très mal, considérant comme un dangereux et funeste exemple que le valet se hausse au-dessus du maître et le chasse de son logis.

— Néanmoins, dit Brissac, fort mortifié de ce qu'il venait d'ouïr, je vous saurais gré, my Lord, de rapporter à Sa Majesté la reine d'Angleterre les faits que je viens de dire.

— Je le ferai, mon cher Brissac, dit my Lord Stafford en arrondissant quelque peu son discours de quelques gouttes d'huile, par amitié pour vous, par considération pour votre maître, mais dans le même temps, je voudrais que le duc de Guise sache bien qu'étant ambassadeur auprès du roi de France, je ne peux ni ne veux être son interprète ou son truchement auprès de ma souveraine. Cependant, comme j'ai dit, j'instruirai la reine de vos dires, sans les juger en aucune façon, laissant ce soin à Sa Gracieuse Majesté, laquelle saura ce qu'elle en doit penser, ayant plus d'esprit que moi.

— Voilà qui me satisfait tout à plein, dit Brissac qui, manifestement, ne l'était pas du tout, ayant cette arête-là fichée si roidement en le gosier qu'il ne la pouvait ni gloutir ni raquer. Mais, my Lord, reprit-il non sans quelque menace voilée dans sa voix, touchant cette sauvegarde que le duc de Guise propose de vous bailler céans, j'opine que vous seriez fort avisé de l'accepter, pour ce que vous avez tout à craindre en le présent tumultueux prédicament, les Parisiens étant excessivement aigris contre votre nation, en raison de la cruauté qu'elle a exercée à l'encontre de Mary Stuart...

— La cruauté, comte ! s'écria my Lord, le coupant fort abruptement, je ne peux accepter ce mot de « cruauté » ! La personne que vous dites a fait l'objet d'une procédure publique conduite selon toutes les formes et règles de la loi. Et quant aux Parisiens, je ne vois pas quelle raison ils auraient de me haïr si fort, pour ce que je n'ai jamais offensé aucun d'eux.

— C'est que, dit Brissac, dont le fiel perçait sous le miel, le bruit court parmi les manants et habitants de cette ville que vous avez des armes cachées en ce logis.

A quoi my Lord Stafford rit tout de gob.

— Comte, dit-il l'air riant et gaussant, me faites-vous cette question à ma personne privée et en ami, comme vous l'êtes, et comme le fut votre oncle, Arthur de Cossé?

— Assurément, dit le comte, qui me parut fort décontenancé par le tour que l'ambassadeur donnait à l'entretien.

— En ce cas, je vous répondrai que si j'étais venu céans en personne privée, se peut alors que j'eusse pris la précaution que vous dites. Mais étant revêtu des dignités et charges où vous me voyez et du titre inviolable qui est le mien, je tiens que le droit des gens et la foi publique sont mes seuls et suffisants défenseurs.

— Vous parlant toutefois en ami, dit Brissac parlant sur un ton tout à trac inamical, mon devoir me requiert de vous avertir que vous allez être investi d'un moment à l'autre par une populace mutinée, laquelle voudra fouiller les coins et recoins de cet hôtel : Je me permets donc de vous aviser, my Lord Stafford, de fermer de présent vos portes.

— Nenni! nenni! dit my Lord Stafford, portant fort haut la crête. L'hôtel d'un ambassadeur doit être ouvert à tous : je ne fermerai mon huis que je ne vois ces furieux arriver. Et s'ils le veulent rompre et forcer, je le défendrai jusqu'à l'ultime gouttelette de mon sang, ma mort marquant alors ce royaume d'infamie, pour ce que se dira dans la suite des temps et dans tout l'univers que le droit des gens a été odieusement violé en Paris en la personne d'un ambassadeur d'Angleterre...

— A Dieu ne plaise que cela jamais advienne! dit Brissac, lequel cousit à la queue de cette pieuse éjaculation je ne sais combien de protestations et compliments débités d'une voix fausse, son louche regard aguignant cependant de très curieuse façon la porte du cabinet où j'étais, tant est que my Lady Markby, l'observant aussi, eut le sentiment que contrefeignant de se tromper de porte à son départir, il allait déclore celle-ci. Sur quoi, et le voyant déjà en branle, et prenant congé, elle me chuchota à l'oreille de gagner l'étrange cachette dont nous étions convenus. Ce que je fis, me pelotonnant sur moi-même, et caché juste à temps aux vues, pour ce que le vertugadin à peine retombé sur moi comme rideau ou courtine, j'ouïs notre porte s'ouvrir à grands fracas et my Lady Markby dire avec une voix vibrante d'irrision :

— *Well*, my Lord Brissac ! *This is very strange indeed ! Will you search this house ? Or me, for that matter ? Are French Lords so indiscreet* [1] *?*

— Madame, dit Brissac dont j'entendis les pas résonner tout autour d'elle sur le parquet. Je vous fais mes plus humbles et désolées excusations. Je me serai trompé de porte.

— Je l'espère, dit my Lord Stafford, le parler haut, sec et froidureux. Sans cela comment eussé-je pu jamais vous pardonner cette invasion et irruption en mes appartements privés ?

Sur quoi Brissac continua à s'excuser profusément, n'étant pas chiche de mots ni d'impudence.

— N'en parlons plus, Brissac, dit my Lord Stafford qui ne voulait pas pousser la pique trop loin. Je ne voudrais vous quitter qu'en toute amitié, devant demain départir pour Chartres.

— Pour Chartres ! dit Brissac dont la voix à cette nouvelle me parut fort déquiétée. Vous quitteriez Paris pour Chartres !

— Si ne suis-je pas ambassadeur en Paris, dit my Lord Stafford tranquillement, mais ambassadeur auprès du roi de France, et le dois donc suivre partout où il établit sa Cour.

Sur cette parole qui sonnait le glas des espoirs de Guise de voir l'ambassadeur anglais demeurer en Paris et par là même en quelque manière le reconnaître, Brissac prit congé, my Lord Stafford le raccompagnant, pour ce que j'ouïs leurs voix et leurs pas décroître, mais my Lady Markby me pressant des deux mains à travers son cotillon, je ne voulus cependant saillir hors que my Lord Stafford, retournant, ne m'eût dit :

1. Eh bien, Monsieur de Brissac ! Voilà qui est vraiment très étrange ! Allez-vous fouiller cette maison ? Ou moi, pendant que vous y êtes ? Les seigneurs français sont-ils si indiscrets ?

— Chevalier, cette fouine est partie et mon huis sur elle reclos. Sortez, je vous prie, de votre aimable cachette, de crainte d'y périr étouffé.

Ce que je fis, fort rouge et quant au cheveu fort ébouriffé, my Lord Stafford, à ma vue, se jetant sur un fauteuil et riant à gorge déployée et tripes secouées, spectacle qui ne laissa pas de m'étonner, tant il avait fait montre de roideur, de froideur et d'imperscrutabilité dans son entretien avec Brissac.

— Ha Madame! dit-il en français à my Lady Markby, si je revois jamais Notre Gracieuse Souveraine, je l'amuserai énormément en lui contant à quelles extrémités vous avez poussé votre zèle à la servir.

— Honni soit qui mal y pense! s'écria my Lady Markby en contrefeignant l'outragée, qu'elle n'était en aucune manière, pour ce que la minute d'après, elle se mit elle-même à s'esbouffer et ajouta: De reste, my Lord, je le dirai à my Lord Markby : l'idée venait de vous.

— De vous! De vous, Madame! cria my Lord Stafford. Il ne sera pas dit céans devant un gentilhomme français que la tête d'un ambassadeur d'Angleterre puisse accueillir, nourrir et exprimer un pensement pareil, lequel est si contraire à la dignité de sa charge.

— Quoi! dit my Lady Markby en lui lançant un regard si subtil et si connivent qu'il me donna fort à penser, prendrais-je sur moi la chose? Est-ce votre suggestion? Vais-je sacrifier une fois de plus mon bon renom au vôtre?

Là-dessus, l'ombre d'un embarras apparaissant sur le visage de my Lord Stafford, celui de my Lady Markby reprit incontinent son sérieux et elle dit :

— My Lord, vous avez dit à l'instant : « Si je revois jamais Notre Gracieuse Souveraine ». Etes-vous habité de quelque appréhension touchant ce qui nous pourrait advenir en Paris?

— En Paris, point du tout, dit my Lord Stafford, le Magnifique se voulant magnanime, comme il l'a bien montré le 12 en libérant ces pauvres Suisses. Nous départirons d'ici sans être molestés et nous passerons hors les murs par la porte que nous voudrons, sans encombres, sans traverses et sans fouille. Ma crainte est à plus lointain terme et tient tout entière en cette seule question : la bénédiction du pape a-t-elle pouvoir auprès du Maître et Souverain du ciel ?

— La bénédiction du pape ! m'écriai-je. My Lord Stafford, que voulez-vous dire ?

— Sixte Quint n'a-t-il pas béni l'*Armada* solennellement en l'appelant sa fille ? Que si cette bénédiction est efficiente, alors l'*Armada* est vraiment invincible, l'Angleterre est envahie, notre reine bien-aimée disparaît, votre roi aussi, chevalier, et quant à nous, ambassadeur ou non, le bûcher nous attend.

— Pour moi, je ne laisserais pas d'être contente d'y monter, s'écria my Lady Markby en prenant le parti de rire. Qui fut réputé fournaise de son vivant doit par le fagot périr !

My Lord Stafford m'emmena avec lui en sa coche de voyage toutes tapisseries rabattues et, comme il l'avait prévu, il n'y eut au passage de la porte Saint-Honoré ni embûche ni tracasserie du fait des ligueux de la milice bourgeoise, le comte de Brissac que l'ambassadeur avait prévenu de l'heure de notre départ nous y attendant pour graisser l'huis, afin qu'il ne nous fût pas claqué au nez par d'aucuns de ces sanguinaires zélés. Cependant, quel que fût mon appétit de revoir mon bien-aimé maître et de le servir derechef, là où il lui plairait de m'employer, quand je vis que la coche prenait, pour gagner Chartres, la route de Montfort-l'Amaury, mû par l'impulsion du moment, je quis mon hôte de m'y laisser, ardant fort à embrasser Angelina et mes beaux enfants que de si longtemps n'avais vus. En quoi je fis bien, pour ce que j'appris en la suite qu'un fort parti de ligueux, agissant de soi et sans mandat, avait arrêté ladite coche à Rambouillet, et dans les dents des véhémentes protestations de l'ambassadeur, avait présumé la fouiller, ne m'y trouvant point par la bonne heure : sans cela, lecteur, tu n'eusses pas eu l'occasion de lire les présentes lignes, ni aucune de celles qui les ont précédées, ma grande amour pour les miens me sauvant la vie en cette occasion. Cependant, avant que de prendre congé de mon hôte, je l'avais quis de dire à mon roi que je serais à son côté à Chartres au premier appel, lequel ne vint qu'en août, comme je dirai.

S'agissant d'un moment de si grande conséquence pour l'avenir du royaume, mon propos n'est pas de raconter ici les félicités que je trouvai en mes douces retraites champêtres et conjugales après tout le remuement où j'avais été en Paris, et hélas, tout le péché aussi, ma conscience me poignant toujours, non pour prévenir ledit péché, ni pour m'en guérir, mais après coup et toujours vainement, tant est que je me demande s'il n'est pas dans le remords quelque chattemite ambiguïté grâce à laquelle on se plaît à se contenter l'âme, dès lors qu'on a satisfait la chair. Et que d'aucuns sujets du roi éprouvassent aussi, touchant les affaires publiques, de grands scrupules à l'avoir chassé de Paris, même s'ils inclinaient à la Ligue, c'est ce que j'entendis bien à parler avec l'un et avec l'autre en Montfort-l'Amaury, et en particulier avec le curé Ameline, lequel n'étant ni tout à plein guisard, ni tout à fait royaliste (comme beaucoup de Français en ces temps incertains), se demandait s'il devait se féliciter de la victoire de la Ligue ou déplorer qu'on eût réduit le roi à telle extrémité et indignité que de fuir sa capitale.

Le curé Ameline qui savait les nouvelles comme j'ai dit déjà par l'abbé De Barthes, confesseur du ministre Villequier, m'apprit que non pas une, mais plusieurs délégations de ligueux parisiens étaient allées trouver le roi à Chartres, pour le prier et supplier de regagner son Louvre, mais que le roi, tout en les recevant avec sa coutumière bénévolence et les assurant même de son pardon, n'y avait voulu consentir. Il me dit aussi qu'Henri avait employé le révérend docteur médecin Marc Miron comme truchement entre les princes lorrains et lui-même pour tâcher de s'accommoder à eux, et qu'un accord s'était fait, le roi, en l'extrême faiblesse où il se trouvait, ayant acquiescé à toutes les demandes du duc de Guise, lequel obtint de lui que Navarre fût forclos de sa succession comme hérétique, d'Epernon disgracié, et lui-même nommé lieutenant-général des armées; et enfin que les Etats Généraux fussent convoqués en automne pour rhabiller les abus dudit royaume, lesquels, s'il eût fallu les ôter à commencer par le plus gros, on eût bien fait, en mon opinion, par supprimer d'abord le Guise.

Mon Quéribus, suivi de sa fastueuse escorte, me vint voir à la fin août et, à sa façon gaussante et légère, me conta les nouvelles de la petite Cour de Chartres où il n'y avait pas presse, comme bien on pense, le soleil déclinant attirant moins de monde que l'astre à son aurore qu'on voyait monter en Paris.

Chose vraiment étrange, cette fin d'août où Quéribus advint en ma seigneurie du Chêne Rogneux n'était guère de saison, s'encontrant pluvieuse, venteuse et tracasseuse, lequel continuel orage, disait Gertrude (retour de Normandie, où elle avait été visiter sa parentèle) venait de la mer de delà, où sévissait depuis un mois une incrédible tempête, laquelle ne connaissait ni trêve ni bonace. Quoi qu'il en fût, la froidure était telle, et si pénétrante aux os, que je fis faire une grande flambée en la cheminée de ma librairie, ce qui donna aussi quelque bienvenue lumière à la pièce, le temps étant gris et chagrin.

— Mon frère, dis-je, tandis que nous étions debout l'un et l'autre devant l'âtre, nous chauffant alternativement le dos et le devant, est-ce Dieu possible que le roi ait tout cédé au Guise?

— La vérité est que mon pauvre Henri, dit Quéribus (qui se flattait, comme on s'en ramentoit, de sa familiarité avec le souverain, familiarité plus prétendue que réelle, le roi maintenant toujours en sa courtoise accessibilité, une sorte de barrière, semblable à celle qui, pour dorée qu'elle fût, le séparait de ses gentilshommes quand il mangeait seul à table), la vérité c'est que mon pauvre Henri, dit Quéribus, quand il acquiesça aux demandes de Guise, avait un œil fixé sur Paris et l'autre sur l'*Invincible Armada* qui cinglait en ce même temps vers la côte anglaise, et dont il jugeait la victoire inéluctable, tout en priant à deux genoux qu'elle ne se fît point. Ayant ainsi les deux yeux diversement occupés, il louchait comme Brissac... (Que pensez-vous de ce trait, mon frère ? Est-il assez galant ?) Ce qui fait que les demandes de Guise lui parurent brimborions et broutilles et il dit « oui » en bloc, se réservant de dire « non » en détail, reprenant peu à peu le fil qu'il avait cédé. En outre, à Chartres, Monsieur mon frère, de la pécune comme sur ma main ! Bref, pas même un sol pour payer les Suisses, lesquels, étant bons Suisses, lui restèrent néanmoins fidèles. Raison aussi pour quoi le roi accepta les Etats Généraux, espérant en tirer clicailles sous le prétexte de poursuivre la guerre contre les huguenots, lesquelles, une fois obtenues, il détournera à ses fins propres, comme il a fait déjà.

— Mais, dis-je, *quid* de la disgrâce du duc d'Epernon ?

— Apparente, comme fut la vôtre en son temps. D'Epernon a troqué son gouvernement de Normandie contre le gouvernement de l'Angoumois, où il peut mettre le roi en commode liaison secrète avec Navarre, lequel a des forces dans les alentours.

— Vous pensez donc, dis-je, nourrissant encore en moi quelque doute, que le roi, comme il aime à dire, a *calé la voile* ?

— J'en suis bien assuré. Oyez la suite qui le confirme à plein : Après l'accord entre le roi et le Guise qu'on appela l'édit d'Union (ainsi nommé pour ce qu'il prépare à la désunion et à la guerre civile) le Guise libéra la reine et la reine-mère que, depuis la fuite du roi, il retenait à Paris.

— Quoi ? dis-je béant, il avait le front de les y tenir prisonnières ?

— Avec prou baise-mains, bonnetades et génuflexions : vous connaissez le chattemite. Mais enfin, elles n'étaient point libres de quitter Paris avant l'édit d'Union, ce qu'elles purent faire, l'édit signé. Et les voilà advenant à Chartres toutes deux, la reine-mère, plus guisarde que jamais pour ce qu'elle croit le Guise le vent en poupe et l'*Armada* victorieuse, s'attachant au roi, dès l'entrant, comme le taon à la croupe d'un cheval.

— Rua-t-il?

— Vous l'allez voir. La scène se passa en les appartements du roi en l'évêché de Chartres et je fus du très petit nombre qui y assista, et que si d'aucuns à la Cour vous veulent la conter en vous disant qu'ils y furent, ne les croyez point, pour ce qu'il n'y avait là que Du Halde, Chicot, François d'O, Alphonse Corse, Crillon, Laugnac et moi.

— Mon frère, je m'en ramentevrai, dis-je gravement.

— Bref, la reine-mère advint, le bras appuyé sur Bellièvre.

— Quoi! Etait-il là aussi?

— Oui-da! Et quelques autres encore dont le nom m'échappe. Catherine entre donc, fort défaite, quoique fort peinte, le rouge et le blanc mis à la fureur, vêtue de son perpétuel noir, traînant la patte comme un corbeau blessé, et d'entrée de jeu, croaillant, ce qui fit que le roi, qui de prime parut aise assez de la revoir, se ferma tout soudain comme une huître.

— Monsieur mon fils, dit-elle, que faites-vous en cette petite Chartres où vous n'êtes que roitelet sans palais et sans cour, petitement logé à l'évêché au lieu que de vous en revenir en votre Louvre en Paris et y vivre comme il convient à votre rang?

— Madame, dit-il, une amère lueur passant en son bel œil noir, je vous sais un gré infini de vos avisés conseils, mais les mêmes raisons qui m'ont fait quitter mon Louvre continuent à m'en tenir éloigné, lesdites raisons n'ayant point changé du tout depuis ce vendredi 13, bien le rebours.

— Ha mon fils, dit-elle, ne dites pas cela, alors que vous avez signé ce bel et bon édit d'Union avec le duc de Guise.

— Par quoi je lui ai tout cédé.

— Ha! s'écria-t-elle, cela n'est rien! S'il avait fallu que nous lui donnions la moitié du royaume pour conserver l'autre moitié, ne l'eussions-nous pas fait?

— Madame, dit le roi, jetant à l'alentour un regard fort mécontent, comme s'il fût chagrin qu'un tel propos, si peu digne d'une reine, se fût tenu devant tant de gens qui le pourraient répéter. Madame, un royaume est un tout. Qui n'a qu'une moitié n'a rien.

— La Dieu merci, nous n'en sommes pas là, reprit Catherine, le duc ayant juré d'ores en avant de vous obéir.

— Comme il fit et fera toujours, dit le roi entre ses dents. (Mais, poursuivit Quéribus en mettant les mains aux hanches et en pivotant son torse pour faire valoir sa guêpeuse taille, ayant l'ouïe fort fine, j'ouïs le roi fort bien, combien qu'il eût à peine murmuré.) Et quant à vous, Monsieur mon fils, reprit la reine, c'est montrer trop peu de fiance au duc que de ne vouloir point revenir en Paris. Car par là, vous faites apparaître que vous nourrissiez encore quelque ressentiment de ce qui s'est passé le 12 et le 13 de mai.

— Madame, dit le roi avec un petit brillement fort aigu de sa prunelle noire, je n'ai pu jamais garder mauvaise dent à quiconque : Vous connaissez mon bon naturel.

— Ha Monsieur, bien le connais-je! dit la reine-mère qui, oyant le mot, n'avait pas entendu l'irrision. Bien le connais-je, reprit-elle, pour l'avoir moi-même bien souvent éprouvé. Car je vous ai toujours connu bénévolent et pardonnant à l'extrême.

— A l'extrême est bien dit, Madame. Parfois, je me pardonne peu d'être tant pardonnant. J'eusse, se peut, failli moins de choses, si je les avais faites plus roidement.

— Ha Monsieur mon fils! dit-elle en dodelinant de la tête, ses lourdes paupières à demi abaissées sur ses gros yeux saillants, il ne faut pas avoir honte de vos bonnes qualités.

— La merci à vous, Madame, et la merci à vous de

me demander, au nom de mon bon naturel, de rentrer en Paris et de revenir au Louvre. Cependant, que ferais-je, faisant cela, sinon me remettre en le pouvoir des gens qui les 12 et 13 mai m'en ont chassé ?

— Mais à ces gens vous vous êtes depuis accommodé.

— Il est vrai, dit le roi, et se détournant pour cacher sa face à la reine-mère et aux aregardants, il alla se poster dans l'embrasure d'une fenêtre (comme il avait déjà fait) où, faisant signe à Bellièvre de lui prêter son bras, la reine-mère le suivit en soufflant, ses grosses lèvres béant quand et quand comme poisson hors de l'eau.

— Mon fils, reprit-elle, je ne veux que je ne vous prie et supplie avec la dernière insistance de retourner en Paris pour ce que j'ai engagé à votre retour et mon crédit et mon autorité, et perdrais l'un et l'autre, si vous y étiez rétif.

— J'entends bien, dit le roi, le dos obstinément tourné et lui lançant un regard froidureux par-dessus son épaule, que c'est le duc qui parle par votre bouche, et assurément, il n'eût pu trouver meilleur truchement. Mais Madame, oyez bien ceci : quoi que ce soit que vous quériez de moi, je vous l'accorderais dans l'instant, hors cela justement que vous me demandez ce jour, et vous prie humblement, Madame, de ne m'en pas importuner davantage. Vous me fâcheriez.

— Ha Monsieur ! s'écria la reine en donnant libre cours à ses larmes (mais vous la connaissez, mon Pierre : à cœur dur, larmes faciles), que cruelles sont vos paroles, et que dira-t-on d'ores en avant de moi, si vous me rebutez ! Quel crédit en pourrais-je garder ? Quel cas fera-t-on de ma personne, si je suis de vous éconduite ? Reniée et repoussée de vous, moi que Dieu a fait naître votre mère ?

— Madame, dit le roi, le monde entier sait combien je vous aime et combien je vous ai obéi, mais pour la présente affaire, il n'en sera pas ainsi. Point n'irai en Paris.

— Ha Monsieur mon fils ! s'écria la reine-mère, les

larmes coulant sur ses grosses joues, je vois bien ce qu'il en est. C'est l'affaire des barricades qui a posé sur vos yeux ce bandeau rancuneux, lequel vous retire tout à plein l'usance de la claire raison.

— Raison pour vous est pour moi folie pure, dit le roi d'un ton fort abrupt et sans se retourner.

— Ha mon fils! s'écria la reine-mère, serait-il bien possible que vous eussiez changé tout soudain votre bon naturel? Car je vous ai toujours connu d'une humeur accommodante, de complexion douce, de disposition facile et pardonnante.

— Ce que vous dites est vrai, Madame, dit le roi en lui faisant face et souriant de la moitié du bec, mais qu'y peux-je? On m'a changé! C'est vrai aussi!

Et tout soudain, s'esbouffant de rire à son nez, il s'écria :

— C'est le méchant d'Epernon, comme chacun sait, qui m'a gâté mon bon naturel! Raison pour quoi il encourut ma disgrâce!

Disant quoi, il lui fit, riant à son nez avec la plus profonde irrision, un grand salut et, lui abandonnant la place, s'en fut d'un pas rapide.

Ayant ouï ceci, je fis de prime quelques compliments à Quéribus sur le joli conte qu'il m'en avait fait, compliments sur lesquels, après les avoir friandement lapés, il renchérit, comme à son ordinaire :

— Avez-vous observé, dit-il les deux mains sur ses hanches, la gentille allitération dont j'ai usé en mon récit? « brimborions et broutilles »? N'est-ce pas du dernier mignon? Cela me vient sans étude et quasiment sans y songer. Comment la trouvez-vous?

— Fort gracelette.

— Le roi en fut dans le ravissement. Tout soucieux qu'il soit des affaires de l'Etat, il a bien voulu en sourire. Et ce n'est pas assurément maigre compliment qu'un sourire d'Henri, lui qui est passé maître en « parler exquis », comme disait le pauvre Pibrac. Mais que je vous dise, mon frère, le roi était à son dîner, et moi derrière la barrière dorée avec un très petit nombre de gentilshommes, cette faveur devenant rare. Et moi, trouvant le roi fort sombre à son rôt et le voulant dérider, je dis : Sire, pensez-vous qu'on pourrait dire de choses sans conséquence : « Ce sont brimborions et broutilles. » C'est alors, mon frère, ...

— Qu'il sourit.

— Oui-da ! il sourit !

— Il est de fait, dis-je, que vous êtes fort avancé dans la faveur du roi, et que je suis bien aise que votre crédit à la Cour puisse épauler le mien.

— Ha Monsieur mon frère, dit Quéribus qui jugea bon, ici, de contrefeindre quelque modestie, je crois, en effet, que le roi m'aime assez. Et pour moi, comme vous savez, je me ferais tuer pour lui.

Ce qui, au rebours de ce qui avait précédé, ne me donna pas à rire, parce que c'était vrai, comme vraie est l'Evangile, les faiblesses de Quéribus ne courant qu'à la surface, le cœur étant si loyal, au rebours de quelques grands seigneurs que je pourrais dire, dont la belle écorce d'obéissance cache une sève corrompue.

— Cette rupture entre Catherine et le roi, poursuivit Quéribus, eut lieu le samedi 30 juillet. Et le Guise advint à Chartres le mardi 2 août, et mon frère, vous imaginez, le connaissant, les bonnetades et les génuflexions du Magnifique devant le roi, lequel le releva, lui donna une forte brassée (que ne l'a-t-il, ce faisant, étouffé !), le baisa sur les deux joues, et l'invita à sa table. Sur quoi l'échanson leur ayant versé à tous deux à boire, le roi dit, la face fort enjouée :

— Mon cousin, à qui donc boirons-nous ?

— Mais Sire, dit le duc de Guise, à qui vous plaira. C'est à vous d'ordonner. Je ne serais que trop aise de vous obéir.

— Eh bien ! dit le roi avec un sourire d'irrision, buvons à nos bons amis les huguenots !

— Fort bien donc ! dit le duc, ravi, pour ce qu'il entendait bien la malice de cette tostée-là.

— Mais buvons aussi, dit le roi, à nos barricadeux de Paris. Buvons aussi à eux ! Et ne les oublions pas !

A quoi le duc de Guise rit, mais d'un ris qui passait mal le nœud de la gorge, pour ce qu'il se trouva fort déquiété de cet étrange amalgame, que faisait le roi entre les huguenots et les barricadeux, fourrés par lui dans le même sac comme rebelles à son trône, alors que le Guise ne voulait comme ennemis que les premiers, et comme amis que les seconds.

D'avoir tant parlé, et d'avoir parlé de vin, donnant quelque soif à Quéribus, il me le dit et je fis un signe de tête à Miroul, lequel saillit hors la librairie pour commander qu'on nous apportât à boire, puis incontinent revint, étant lui-même affamé d'en ouïr davantage, entendant bien que le sort du monde se jouait en ces heures où le Guise et l'*Armada* menaçaient de ruine deux royaumes. Attachant sur Quéribus, lequel s'accoisait dans l'attente d'être satisfait, ses beaux yeux vairons, mon Miroul paraissait compter, comme moi-même, de ses toquements de cœur, les minutes qui nous séparaient de l'avenir hasardeux.

Tant est que le silence perdurant, je me laissai aller à l'étonnement que la reine-mère eût fait au roi cette étrange requête de retourner en Paris. Et y pensant, je faillis à résoudre et à ce jour n'ai point résolu encore, si la reine-mère, par cette demande qui, s'il y avait consenti, eût mis son fils au péril de sa liberté et de sa vie, s'avérait tout à fait monstrueuse ou tout à plein naïve. J'entends par « naïve » qu'elle s'apensait, peut-être, que servant si bien les intérêts du Guise, elle acquerrait assez de crédit auprès de lui pour protéger le roi, si les choses venaient au pire.

Je le confesse, la question m'assiège ce jour encore et me fait douter de l'esprit qu'on prête partout à cette grande Machiavel. D'autant que Pierre de l'Etoile me dit, par ailleurs, avoir lu une copie d'une lettre par elle adressée, bien des années auparavant, à la reine Elizabeth, par laquelle elle lui proposait de marier un de ses fils à Mary Stuart, alors déjà prisonnière de ladite reine! Vous avez bien ouï! la catholique Mary Stuart, ex-reine d'Ecosse et prétendante, de sa geôle même, au trône d'Angleterre, à qui Elizabeth avait autant de fiance que dans le croc de la plus vipérine vipère (raison pour quoi elle la tenait serrée), mariée à un fils de France, lequel eût pu, le cas échéant, soutenir ses prétentions! Peut-on imaginer projet, dessein ou propos moins apte à séduire la souveraine à laquelle Catherine avec une candeur fort proche de la plus balourde bêtise, avait le front de s'adresser! En cette occurrence, et en celle que je viens de dire touchant le retour du roi en Paris (requête funeste que le roi, malgré « son bon naturel », ne lui pardonna jamais), je ne peux trancher s'il faut la mettre au compte de la perfidie chez une mère odieuse, ou d'une crédulité qui, chez cette vieille araignée des intrigues, peut sembler incrédible. Lecteur, je te le laisse à décider. Car pour moi, tenant Catherine en profonde détestation depuis la Saint-Barthélemy, je me défie ici de mon jugement, et ne voudrais point, même à son sujet, manquer à l'équité que tu attends de moi.

— Mon frère, dit Quéribus, lequel, après avoir bu, reprit son discours sur le ton de la conversation la plus ordinaire, si fort que le Guise tordît le nez, et si long qu'il tirât la face quand il ouït le roi loger à même enseigne huguenots et barricadeux, cela ne fut rien en comparaison du groin qu'il fit quand on annonça trois semaines plus tard...

— Quoi donc? dis-je, tandis qu'il s'accoisait.

— La défaite de l'*Invincible Armada*...

— Vous ois-je bien? hurlai-je en me levant (et Miroul aussi). L'*Armada* défaite! L'*Invincible Armada* vaincue! En êtes-vous assuré?

— Tout à plein!

— Sanguienne! Est-ce un fait? Est-il constant? Mon frère, avez-vous tous vos sens?

— Tous! dit Quéribus en riant. Suis-je fol? Enfantelet en maillot? Ou baveux lunatique?

— La Vertudieu! huchai-je à gorge déployée et branlant des membres et du chef véritablement comme quelqu'un qui aurait raison perdu, c'est moi le lunatique! L'*Armada* vaincue! Miroul, as-tu ouï? L'*Armada* vaincue! Mon frère, que ne le disiez-vous de prime?

— Mon Pierre, dit Quéribus en s'esbouffant, la main devant la bouche, il faut du ménagement et du degré dans un récit comme dans une repue, et garder à la parfin, le bon pour la bonne bouche!

— Mais l'*Armada*, cornedebœuf! l'*Armada* vaincue! Ha! Bonne Angleterre! Bons Anglais! Vaillant peuple! Pays véritablement sublime! Et du Seigneur à jamais béni!

Et là-dessus, quasiment dansant sur place en ma frénétique allégresse, Miroul et Quéribus n'étant pas moins transportés, je donnai à Quéribus une forte brassée, et une autre à Miroul, et une autre encore à Quéribus, lequel, à ma considérable surprise, embrassa aussi Miroul, tout roturier qu'il fût.

— Havre de grâce! dis-je en me jetant sur un fauteuil, rompu que j'étais par mon exercitation et l'excès de ma joie, quel poids immense nous est ôté de dessus le cœur par la male fortune de la très vincible *Armada*! Que le Seigneur Dieu soit loué à travers les siècles!

— Amen! dit Miroul.

Et nous ayant entrevisagés, le pleur soudain au travers du cil, tombant l'un et l'autre à genoux, nous adressâmes incontinent au Très-Haut une fervente action de grâces.

— Ha huguenots! dit Quéribus quand nous eûmes fini, n'est-ce pas une étrange chose que de prier hors église, chapelle ou oratoire?

— Dieu est partout, dit Miroul.

— Certes! Certes! dit Quéribus, employant cet adverbe en parodie, pour ce qu'il était réputé être à grande usance parmi les nôtres.

A quoi nous rîmes.

— Mon frère, dis-je, quand nous fûmes tous trois à la parfin apazimés, et revenus en bonace après cet ouragan de liesse, contez-moi ce que vous savez de cette éclatante victoire qui coupe pour l'instant les têtes de l'hydre Inquisition.

— Pas toutes, hélas, dit Quéribus, il nous en reste quelques-unes en France. Mais à la vérité, je sais peu de chose sur la défaite de l'*Armada* sinon que l'amiral Drake, disposant de vaisseaux plus petits, plus légers et plus rapides que les lourds galions espagnols, et aussi mieux garnis en canons, s'est jeté à un contre dix sur cette énormissime flotte, et y a fait de grands ravages le premier jour, et le second de plus grands encore, ayant profité de la marée pour envoyer sus des brûlots. Dans la suite, ce que commença Drake, la tempête l'acheva, dispersant, brisant et coulant ces monuments d'iniquité. Mais, Monsieur mon frère, le plus ébaudissant de la chose, ce fut que Mendoza alla trouver le roi.

— Quoi? dis-je, Mendoza? Mendoza à Chartres? Je m'apensai que c'était le seul ambassadeur étranger à être demeuré en Paris avec le Guise!

— C'est la vérité vraie. Mais ayant ouï (fausse rumeur) que l'*Armada* avait vaincu, il galopa en sa coche jusqu'à Chartres pour l'annoncer triomphalement au roi. Mendoza, le zélé, le retors, l'arrogant Mendoza, lequel, ambassadeur en France, le fut d'abord en Angleterre, où il tissa tant de vils complots contre Elizabeth que l'Angleterre le rejeta hors ses frontières comme un aposthume exsude son pus.

— Forte image, Quéribus! dis-je en riant. La direz-vous au roi?

— Elle m'est venue de soi, dit Quéribus, mais je poursuis, Mendoza arrive à Chartres et tout de gob, saute de sa coche, court à la cathédrale et de prime, remercie de cette victoire la Benoîte Vierge laquelle, si elle n'avait été de pierre, eût frémi de se voir prier par ce méchant.

— Parole digne d'un huguenot! dit Miroul *sotto voce*.

— De la cathédrale, il se rue à l'évêché où loge le roi, brandit une lettre qu'il a reçue de Dieppe et avec une emphase tout espagnole, huche à tue-tête: « *Victoria! Victoria!* » Le roi le reçoit, enfin, quiet, suave et bénin, et lui dit sur le ton de la plus exquise politesse:

— Hélas, Monsieur, hélas! Je crains que mon bien-aimé cousin le roi d'Espagne ne soit excessivement déçu et chagrin d'apprendre, comme je viens de le faire, par un courrier de Dieppe, que Drake lui a coulé douze vaisseaux et tué cinq mille hommes...

— Sire, cela ne se peut! dit Mendoza, pâlissant.

— Hélas, Monsieur! reprit le roi, plus doux que miel, cela s'est fait! J'ai là dans ma cour trois cents forçats turcs d'un vaisseau castillan échoué à Calais. Les voulez-vous voir?

— Ces Turcs, dit Mendoza, avec colère, sont les esclaves du roi mon maître. J'exige qu'ils nous soient rendus!

— Monsieur, mon Conseil va en délibérer, dit le roi sur le ton le plus uni en lui présentant la main, laquelle Mendoza eût mordue en sa rage, s'il l'eût osé. Ne l'osant pas, il court trouver le Guise, qui, l'assurant de son appui, parle au Conseil en faveur de la thèse espagnole.

— La France, dit le roi doucement, ne reconnaît pas la condition d'esclave. Quiconque touche le sol de France est par là même libre. J'opine donc qu'on rende au sultan, qui est notre allié, ces pauvres Turcs.

Cet avis qui, outre qu'il respirait la justice, portait en lui je ne sais quoi de noble, l'emporta non sans quelque âpre débat où on vit bien ceux du Conseil qui étaient guisards, ligueux et gagnés à Mendoza, *pour ce qu'ils osèrent parler contre*.

— Le roi, dit Quéribus, à ce que j'ouïs de François d'O, ne manqua pas de faire là quelques réflexions sur les ministres défrancisés qui favorisaient l'Espagne et sur le remède qu'il faudrait, à la parfin, apporter à leurs partialités.

Mon Angelina n'accueillit pas mon Quéribus d'un air excessivement riant, pour ce qu'elle se douta bien qu'il allait, d'ordre du roi, derechef me retirer d'elle, et dès qu'elle sut qu'elle n'avait pas erré en ses conjectures, se jeta dans mes bras et se mit dans les larmes, ce qui me donna l'exquis devoir de la conforter, fort ému moi-même, et de sa beauté, et de son émoi, et de notre mutuelle tendresse que les années n'avaient pas émoussée. Bien au rebours, il me semblait qu'elle se fût tant aiguisée au fil des temps qu'elle pénétrait plus facilement nos cœurs — après tant d'épreuves dont ils avaient triomphé — que lorsqu'ils étaient encore peu assurés l'un de l'autre, et qu'un malentendu, par la male heure, les aurait pu disjoindre.

Encore qu'Angelina ait eu de moi six enfants, sa beauté n'avait point perdu ses belles feuilles. Elle était moins jeune, assurément, mais belle tout autant, quoiqu'en une autre guise, sans lourdeur de taille ni d'embonpoint, le tétin haut et vigoureux et la face, quoique portant quelques rides, plus suave et mollette qu'en ses années plus vertes, l'œil toujours aussi splendide en son immensité, mais avec une douceur, un don et un appel où se montrait perpétuellement l'appétit où elle était de toujours ressentir le mien. En un mot, elle était infiniment plus touchante que lorsque je l'avais connue et alors que mes sens, en mes jeunes années, avaient galopé fort en avant de mon cœur, celui-ci maintenant les précédait, leur donnait le chemin, et nourrissait leur sève. Car dès qu'elle se mettait dans mes bras en sa flottante robe de nuit, défaite par ses larmes autant que par sa vêture, j'éprouvais un attendrissement qui me faisait frémir et trémuler de la nuque aux talons, tant est que je me fondais tout entier pour elle, éprouvant, chose étrange, pour son être une sorte de pitié dont sourdait incontinent une amour sans limite, laquelle, fortifiant la soif que j'avais de la prendre, ne faisait, une fois satisfaite, que la multiplier.

Elle quit de moi, sentant ses jambes faibles, de la conduire à sa coite, où à mon côté s'étendant, elle m'envisagea de ses doux yeux noirs, les plus beaux de l'univers, et me dit qu'elle se désolait d'avoir ouï par Giacomi, qui lui en avait écrit, que notre logis en Paris, dès que je l'eus quitté, avait été rompu et pillé par les ligueux, au point qu'il n'y restait meubles ni tapisseries que ces saintes gens-là, en leur zèle terrestre, n'eussent emportés. Me voyant de nouveau sur mon département, elle craignait, dit-elle baissant la voix, de ne me revoir jamais... Et moi, la voulant divertir de ce pensement funèbre, et à vrai dire m'en voulant divertir aussi, je suivis ma naturelle pente qui était de la mignonner irrassatiablement dès que je la tenais en mes bras, et en notre trouble présent, avec d'autant plus d'ardeur et de chagrine joie que je savais, en effet, plus menacée ma périssable chair.

Nos tumultes finis, elle logea sa tête et ses blonds cheveux épars dans le creux de mon épaule et me dit avec un soupir :

— Monsieur mon mari, devez-vous vraiment rejoindre le roi à Blois ? Que ferez-vous en ces Etats Généraux où vous n'êtes pas élu ? N'avez-vous pas assez accompli ? Et ne l'avons-nous pas payé assez cher par le saccage de notre maison de ville ? Devez-vous hasarder derechef vos enfants, votre femme, votre seigneurie, votre fortune et votre vie à ce périlleux service ? Ne peut-on s'y passer de vous ?

— Peut-on, dis-je, se passer du plus petit rouage dans une montre-horloge ? Ai-je été sans effet aucun sur le prédicament en Guyenne ? A Boulogne ? A Londres ? Et à Sedan ? La Ligue me tiendrait-elle à si grande détestation si je n'étais utile au roi ? Savez-vous que le Guise a exigé de Sa Majesté la disgrâce du révérend docteur médecin Marc Miron, pour ce que, étant truchement entre Henri et lui-même sur l'édit d'Union, Guise l'avait trouvé trop zélé et affectionné à la cause de son maître ? Savez-vous que le Guise ose presser le roi de renvoyer Chicot ?

— Quoi, son fol ?

— Oui-da ! Quéribus me l'a dit. Et si même un fol est, en l'opinion de Guise, utile à mon bon maître, ne le suis-je pas, moi, à plus forte raison, et peux-je par couardise me dérober à son appel, quand ses fidèles sujets autour de lui s'éclaircissent ?

— Ha ! dit Angelina en mouillant mon épaule de ses pleurs, vous aimez votre roi plus que moi-même et nos enfants !

— Mamie, dis-je non sans quelque roideur, vous m'étonnez : ne pouvez-vous imaginer ce qu'il adviendrait de vous, d'eux et de moi, si Guise triomphait ? Soyez bien assurée que dans la réalité des choses, je ne sers pas que mon roi (qui est aussi le vôtre) mais le servant, ma nation, ma famille...

— Et votre Eglise, dit-elle non sans quelque aigreur que sa voix, toutefois, adoucit.

— Nenni ! Nenni ! Nenni ! dis-je avec force. Je ne sers aucune Eglise au détriment d'une autre ! Ce serait mon vœu qu'elles coexistassent et que chacun fût libre de choisir celle qu'il aura voulue.

Voyant alors que, ma décision étant prise, elle ne saurait gagner sur elle, et se peut aussi ébranlée par les mobiles qui la justifiaient — car, encore qu'elle contrefeignît de ne jamais se rendre à mes raisons, pour ce que, être convaincue lui paraissait le même qu'être vaincue, elle ne laissait pas toutefois que d'y être sensible — elle s'accoisa, sécha ses larmes et ne parla plus que de choses sans conséquence — brimborions et broutilles, eût dit mon Quéribus. Et dans le mois qui suivit, qui était le mois de septembre, Quéribus départant pour Chartres le 2 et en revenant le 30 pour me quérir et m'emmener à Blois, comme le roi le lui avait commandé, elle montra, en vraie Romaine, ou devrais-je dire plutôt, en vraie Montcalm, assez de hautesse et de force d'âme pour passer la bride aux larmes, aux plaintes, aux soupirs, aux regards désolés, et ne me montrer plus qu'un front uni et un visage riant, bien persuadée, comme elle me l'a dit depuis, qu'elle ne me reverrait jamais plus, et pour cette raison même, me voulant avec elle heureux pour le dernier mois de ma vie.

Mon Quéribus, dès que, sur mon départir, on eut passé le châtelet d'entrée de ma petite seigneurie, et pris par la forêt de Montfort-l'Amaury (que les habitants de Rambouillet sont bien marris qu'on nomme ainsi, pour ce qu'elle jouxte tout aussi bien leur bourg que le nôtre, lequel toutefois est plus gros et de plus grande conséquence), mon Quéribus parut si jubilant et si fiant en l'avenir, que venant au botte à botte avec lui, je lui en demandai la raison.

— C'est que le roi, dit-il, à peine advenu à Blois, a renvoyé d'aucuns de ses ministres.

— Lesquels?

— Ne les devinez-vous? Les ligueux et guisards. En bref, ceux que lui avait donnés sa mère et grâce à qui il ne pouvait tourner un œuf sans qu'elle le sût...

— Donc, dis-je, Cheverny, Villeroi, Pinard, Brulard...

— Et Bellièvre.

— Celui-là, dis-je, je l'ai vu à l'œuvre à Londres. Outre que c'était le plus grand chattemite de la création, il exsudait l'Espagne par tous les pores. Donc *exit* le pompeux Pomponne, et *exeunt* tous autres grimauds qui prenaient leurs ordres d'un Lorrain, d'un Espagnol, d'un pape italien, bref du monde entier, sauf du roi de France. Et par qui sont-ils remplacés?

— Par de bonnes, honnêtes et obscures gens qui ont l'avantage de ne rien savoir de la Cour, qui sont ébahis de leur élévation, seront muets comme tombes et qui, devant tout au roi, lui seront en tout soumis.

— Enfin! dis-je, la Dieu merci! Les connais-je?

— Vous connaissez Montholon. Il est l'oncle de votre ami l'Etoile. Et Revol, qui fut l'intendant des finances d'Epernon.

— Voilà qui montre, dis-je en riant, la substance, le suc et la réalité de sa disgrâce...

— Eh bien, Monsieur mon frère, dit Quéribus au bout d'un moment en m'aguignant du coin de l'œil, qu'êtes-vous apensé de ce branle?

— Que c'est une grande tourneboule que d'avoir amené ces nouveaux venants à jouer à cul levé avec les créatures de la reine-mère, celles-ci étant déplacées toutes, et rejetées dans les ténèbres...

— Et qu'en augurez-vous?

— Ce que vous en augurez, dis-je en lui baillant un sourire à bec fermé.

— Mais encore?

— Que le roi est pour prendre de grandes décisions dont il veut le secret.

— Puisse le Seigneur Dieu vous ouïr! dit Quéribus

avec une gravité qui était chez lui si peu coutumière qu'elle me laissa béant. Savez-vous, reprit-il, que le roi a exilé Chicot pour trois mois ?

— Quoi ! criai-je. Il a cédé aux exigences du Guise ?

— C'est ce que d'aucuns croient.

— Et que vous décroyez ?

— Assurément, dit Quéribus. J'ai souvent ouï le roi déplorer qu'à vivre continuellement avec lui, son fol sût tant de choses.

— Où est le péril ? Il est loyal.

— Il est loyal, dit Quéribus, mais plus bavard encore, tant est qu'il pourrait, dans les occasions, sacrifier un secret à un bon mot. J'ai entendu dire qu'un jour dans la chambre du roi, il avait repassé son couteau sur la pierre du foyer en disant : « J'ai... guise. »

— C'est vrai, dis-je, j'étais là.

— La gausserie a déplu au roi, dit Quéribus, lui prêtant un pensement auquel il n'a jamais donné de mots.

Ayant dit, il m'envisagea, je le contrenvisageai, et jugeant l'un et l'autre que nous en avions assez dit, nous nous tûmes d'un commun accord.

Il nous fallut cinq jours pour parvenir à Blois, et à dire le vrai, nous aurions pu y advenir plus vite si Quéribus avait été moins soucieux de s'aiser aux étapes et d'y trouver les commodités et plaisirs qu'il affectionnait.

Afin que je n'y sois pas reconnu de quelque ligueux, on ne demanda l'entrant dans la ville qu'à la nuitée, et par une porte étroitement tenue par les gardes françaises dont Quéribus se fit reconnaître grâce à la marque royale dont il était porteur. Il y avait, malgré le tard de l'heure et à la lueur des torches et des lanternes, grand embarras et va-et-vient de chevaux, de chaises à bras, de coches et de charrois en les rues de Blois pour ce que, outre les

cinq cents députés rassemblés là pour la tenue des
Etats Généraux, tant de hauts seigneurs, de cardi-
naux et d'évêques y demeuraient pour cette occasion
avec leur train, leurs gens et leurs escortes que c'était
merveille qu'on pût encore y loger une épingle. Et
quant à moi, je me faisais quelque souci pour ma
nuit, quand Quéribus me dit que le roi y avait pourvu
et qu'il comptait m'adresser avec mon Miroul à
l'*Auberge des deux pigeons*, où toute une aile avait été
retenue pour y mettre une douzaine de gentilshommes de sa garde des *quarante-cinq*, tous n'ayant
pu coucher au château.

Je devais partager la chambre avec deux d'entre
eux, lesquels pourvoiraient à ma sûreté la nuit, et
m'amèneraient un barbier, qui me teindrait le cheveu, moustache et barbe en noir, et me fourniraient
vêture semblable à la leur afin que je ne sois pas
d'eux discernable quand, aux matines, ils iraient
prendre leur service auprès du roi, le pourquoi de ma
coloration n'étant pas seulement dans la déguisure
de ma face, mais pour que ma blondeur ne tranchât
pas sur leur matité, ces *quarante-cinq* étant gascons,
et quasi tous noirs de peau et de poil, comme bien je
le vis quand je fus à eux mêlé.

A part Laugnac, qui m'avait, si on se ramentoit,
rudement arrêté et fouillé à la porte du roi à mon
retour de Guyenne, je ne connaissais personne de ces
quarante-cinq, lesquels avaient ordre formel du roi
de ne hanter aucun habitant en la ville comme à la
Cour, mais de ne se tenir et fréquenter qu'entre soi,
afin d'éviter qu'on les corrompît, ou qu'on les empoi-
sonnât, ou à tout le moins qu'on leur tirât les vermes
du nez. Pour cette raison, et pour éviter qu'on les prît
dans les toiles de quelque paillarde intrigue, ou qu'ils
se livrassent par stridente luxure à des forcements de
fille, le duc d'Epernon ou, à son défaut, son intendant Revol (quand celui-ci n'était pas encore secrétaire d'Etat) ou à son défaut encore, quelque
commis, les garnissaient en ribaudes achetées dont,
tout le temps que je fus à l'*Auberge des deux pigeons*,
je vis tous les lundis arriver un fort peloton en notre

aile du bâtiment. Lequel peloton était fort peu désoccupé de l'aube à la nuit et dont quelqu'une, à tout coup, me croyant de ces gentilshommes, me proposait ses offices, lesquels je refusais, n'ayant pas appétit aux amours vénales et rustiques, ces garces étant filles des villages de Loire tombées en ribauderie urbaine pour une enflure du ventre qui les avait fait chasser de leur paroisse par leur curé.

Les deux Gascons qui m'accueillirent en leur chambre se nommaient Messieurs de La Bastide et de Montseris, tous deux fort nobles et fort gueux, étant cadets de peu riche province et m'auraient fait maigre chère et pis accueil, comme je le vis dès l'entrant, si je n'avais été d'oc et ne les eusse de prime adressés en une parladure fort proche de la leur, ce qui les ébaudit et les mit avec moi et mon Miroul en fiance et amitié, pour ce qu'ils déprisaient toutes bonnes gens au-dessus de la rivière de Loire à proportion qu'ils étaient d'elles déprisés.

Or, ils l'étaient, et même haïs, pour la raison que la Ligue et le Guise, tenant les *quarante-cinq* pour un incommode rempart entre le roi et leurs entreprises, les eussent voulus au diable de Vauvert, la Boiteuse et ses prêchereaux inventant je ne sais combien de fallaces sur eux, assurant entre autres horreurs que, rampant en Paris la nuit comme tigres de sang assoiffés, ils égorgeaient les passants et les jetaient en la rivière de Seine, les couvrant au surplus d'insultes, les appelant « *les fendants du roi* », ses « *coupe-jarrets* » ; ou ses « *diables gascons* ».

Si La Bastide et Montseris tenaient du démon, je ne sais, mais je les trouvais assez bons diables et fort reconnaissants au roi de les traiter si bien, recevant de lui mille deux cents écus de gages par an, et pardessus, « *la bouche à court* », comme on dit en Paris, ce qui signifie qu'ils étaient nourris gratis, et entre autres avantages, comme j'ai dit déjà, de la ribaude sans bourse délier et à leur suffisance. Vie qui les faisait très contents en comparaison de leur mésaise de Gascogne en château délabré.

En outre, c'était là, du moins quant aux deux que

j'ai dits, La Bastide et Montseris, bonnes gens, mais simples, mal décrassés de leur terroir natal, sentant furieusement l'ail et la sueur, sachant à peine lire, entendant le français mais le parlant fort mal ; de reste, comme on l'imagine, fort tournés aux athlétiques exercitations, au tir au pistolet et au jeu de l'épée, où je les ai vus s'exercer en notre chambre, quasiment du matin au soir, en huchant à tue-tête comme s'ils allaient s'entrégorger, alors qu'ils s'aimaient comme frères ; cette noise me déquiétant excessivement de mon repos, et pis encore la nuit, leurs ronflements jumeaux (pour ce qu'ils couchaient dans un lit jouxtant celui de Miroul et du mien), lesquels ronflements de forge nous tympanisaient du couchant à la pique du jour, l'un reprenant, lorsque l'autre, par miracle, cessait. Pour ne rien dire ici du lundi (jour des ribaudes) où, consignés dans la chambre avec Miroul pour nos sûretés, je ne pouvais que je n'assistasse à leurs endiablées sarabandes, lesquelles duraient quasiment tout le jour, le remuement et surtout la vacarme passant l'imagination, pour ce qu'ils troussaient ces pauvres garces comme s'ils eussent monté à l'assaut, avec des « *Cap de Diou !* » et des « *Mordi !* », et autres effroyables jurements, toutefois avec les loudières, une fois l'assaut fini, point du tout méchants ni brutaux, les mignonnant à l'infini en leurs bras velus, et leur chantant (à ébranler les murs) des romances en oc, lesquelles étaient fort délicates, mais à quoi les pauvrettes n'entendaient goutte, étant de Loire. De leur physique, point grands mais fort vigoureux, bien pris en leur taille moyenne, la membrature sèche et point une once de graisse, combien qu'ils mangeassent comme ogres (pour se rattraper, se peut, des disettes paternelles), agiles et dextres au moindre branle. De leur face, à peine si je pouvais distinguer La Bastide de Montseris, et Montseris de La Bastide, pour ce que leur poil noir, épais, foisonnant, montant quasiment jusqu'aux sourcils, la leur mangeait toute, à l'exception du nez qu'ils avaient grand et de l'œil qui, au milieu de ces sombres buissons, dardait des éclairs, fort noir, fort vif, et par instants farouche ; les dents fort blanches, et leur sourire, quand il éclatait, naïf et simplet comme celui d'un enfant.

Le barbier, aux aurores, fit merveille de mon poil, lequel il teignit aile de corbeau, mais ne put rien à mon œil qui resta bleu, raison pour quoi La Bastide (à moins que ce ne fût Montseris) me conseilla de rabattre mon chapeau fort en avant sur le front et de marcher au milieu de la troupe, ce que je fis, la paupière quasi baissée sur mes traîtres prunelles, et cela jusqu'au château où Laugnac, le chef des *quarante-cinq*, voyant que j'étais là, se fit montrer ma personne, ne m'ayant point du tout reconnu, et par le petit escalier qui part de la salle aux cerfs, me conduisit par le bras au deuxième étage en une pièce qu'il me dit s'appeler *le cabinet vieil*, lequel par une porte s'ouvrait sur la chambre du roi et par une autre porte sur la salle du Conseil laquelle porte — je prie le lecteur de noter fort exactement ce détail, pour ce qu'il s'avéra de la plus grande conséquence dans la suite de l'événement — fut murée d'ordre du roi, dès son arrivée au château, tant est qu'on ne pouvait, se trouvant dans la salle du Conseil, gagner le cabinet vieil qu'en passant par la chambre de Sa Majesté.

Laugnac, qui était un fort grand et beau gentilhomme qui tenait quasi du Sarrasin par la peau et la barbe, me fit des caresses à l'infini, tout miel et tout sourire, mais m'aguignant œil à œil, et rassuré, j'imagine, de ne me voir point trop jeune, étant, quant à lui, un petit favori du roi qui se voulait voir des rivaux partout, fort jaloux de Bellegarde, et même du duc d'Epernon qui l'avait fait nommer ; au reste, comme j'ai dit déjà, portant en sa face je ne sais quel forcené appétit qui ne me plaisait guère, et me faisait même douter que la fiance du roi fût en lui bien placée.

— Chevalier, me dit-il en riant et gaussant, il eût fallu aussi passer votre teint au brou de noix, tant il paraît clair au milieu de ce poil noir d'encre.

— Laugnac, dis-je riant aussi, n'avez-vous donc point de blonds aux yeux bleus parmi vos Gascons ?

— Si fait, dit-il, nous en avons quatre ou cinq, je crois, mais ils sont, de ce fait, si voyants que tous sont bien connus, j'imagine, de nos espions ligueux : raison pour quoi il a fallu vous accommoder à la dominante couleur. Huissier, voici Monsieur le Chevalier de Siorac, voulez-vous l'annoncer ?

Je trouvai Sa Majesté, que de plusieurs mois n'avais vue, pâlie, maigrie, mais de sa face fort résolue, maugré le quasi désespéré prédicament où elle se trouvait, ou se peut, en raison même dudit prédicament, comme si tous les ressorts de son âme étaient bandés en un dernier combat, le dos au mur et y ayant bien peu en le royaume à parier pour elle. Ce qu'elle me dit de prime, dès qu'elle m'eut présenté la main, n'étant témoins à cet entretien que Du Halde, Alphonse d'Ornano dit le Corse, et Revol, le nouveau secrétaire d'Etat.

— Siorac, mon enfant, me dit le roi, fort tendu mais en ses manières majestueux et suave comme à l'accoutumée, je suis fort aise de te voir, ayant bien besoin, de présent, de tous mes amis autour de moi, et m'entourant de leurs épées, car ce qui se joue ici est la dernière et ultime partie, laquelle, si elle est de nous perdue, il n'y va pas seulement du trône et de la vie, mais de l'avenir du royaume.

— Ha Sire ! dis-je, je suis tout à vous, bien le savez, quoi que vous commandiez et quelque péril que j'y doive encourir.

— *E meglio un buon amicho che cento parenti*, dit Henri qui ajouta entre ses dents, *o che una madre* [1] (preuve qu'il avait encore très sur l'estomac son entretien de Chartres avec Catherine). *Sweet Siorac*, reprit-il, comme dit de toi ma sœur bien-aimée la reine Elizabeth, laquelle a, la Dieu merci, vaincu la vincible *Armada*, me laissant à défaire céans ces gros

1. Mieux vaut un bon ami que cent parents — ou une mère. (Ital.)

galions que tu sais, emplis d'or espagnol, gonflés de vanité, gorgés de patenôtres, suivis hélas, pour la male heure, par tout un peuple assoté, les présents Etats Généraux étant si ligueux que les cheveux m'en dressent sur le chef. Siorac, je n'ai pu voir Lord Stafford ni à Chartres ni à Blois. La Ligue aurait hurlé à la connivence avec l'hérétique, mais il m'a fait tenir un billet, me disant que tu avais été témoin d'une entrevue entre lui-même et un certain seigneur qui, *s'il n'est bon ni sur terre ni sur mer, est bon du moins sur le pavé*. Mon enfant, qu'en fut-il?

Et moi, émerveillé que le roi pût montrer tant de plaisir, dans les dents de la mort, à son « parler exquis », je lui contai, tâchant de l'ébaudir davantage, ce que l'on sait, qui le fit, en effet, s'esbouffer une ou deux fois, sa belle main devant sa bouche, et s'attendrir aussi à ce que je vis, étant fort touché par le déportement de l'ambassadeur.

— L'Anglais, dit-il quand j'eus fini, a par-dessus toutes choses le sens de la dignité de sa charge. C'est un trait que j'aime et que j'admire en cette vaillante nation, et plus que sa vaillance même. Je garderai de tout ceci une fort bonne dent à Elizabeth et le lui montrerai bien, si je vis. Mais, Siorac, je ne t'ai pas arraché à ta seigneurie pour la seule commodité de voir ton bon et franc visage, encore qu'il me conforte prou rien qu'à l'envisager, devant voir chaque jour tant de faces bigotes et papelardes. Siorac, en un mot, voici la cible pour ta flèche. Il y a, dans la familiarité du Magnifique, admis non point tout à fait à sa table, mais parmi les gens qui le servent, un comédien vénitien du nom de Venetianelli, lequel, d'après ce que j'en sais, est *un gran birbone* [1], amusant, vif, bouffon, mais à ce que je crois, des scrupules comme sur ma main. Siorac, j'aimerais que tu sondes dextrement ce fripon, éprouvant s'il est assez profond pour que, y descendant un seau plein d'or, tu le remontes empli... M'entends-tu?

— Tout à plein. Mais, Sire, peux-je bouger de l'*Auberge des deux pigeons*?

1. Un grand chenapan.

— Sauf la nuit point, mais la première prise de langue pourrait être faite par Giacomi, lequel a l'avantage d'être aussi italien.

— Ha! dis-je avec joie, le *maestro* céans!

— Il te viendra voir après la repue du midi. Siorac, un mot encore. J'ai fait écrire par Revol au juge-mage de Montfort-l'Amaury, afin que ta seigneurie du Chêne Rogneux soit d'ores en avant appelée Siorac. Ainsi tu seras deux fois Siorac, alors que ton père n'est qu'une fois Mespech.

— Sire, dis-je, fort béant pour ce que je n'avais rien entendu à ce langage, sauf qu'il se voulait bien-veillant, je vous en suis infiniment obligé.

— Hélas! dit le roi. C'est fort peu. Mais de pécunes je n'ai même plus assez à Blois pour payer les gardes de Larchant. Ainsi, tout ce que je te donne, Siorac, c'est ton nom.

— Sire, dis-je, n'émergeant pas des ténèbres où ce discours me plongeait, ce nom est celui d'un homme qui vous sert du bon du cœur.

— Si le sais-je!

Ayant dit, les deux mains appuyées sur les accou-doirs de son fauteuil, le torse redressé, la crête haute et m'envisageant œil à œil, le roi dit avec gravité, mais sans emphase et sans hausser la voix:

— A bientôt, Baron de Siorac.

— Ha Sire! criai-je, l'entendant enfin et me jetant à son genou, mais je ne pus en dire davantage, Sa Majesté me présenta la main, et ne pouvant plus rien ajouter après l'avoir baisée, et mes yeux seuls lui exprimant ma gratitude, je me retirai, les gambes tremblantes, Du Halde me raccompagnant sur un signe du roi.

— Du Halde, dis-je une fois que nous fûmes dans le cabinet vieil, l'huis sur nous refermé, qu'en est-il de ces Etats Généraux? Sont-ils si mauvais que le roi l'a dit?

— Ha! Baron! dit Du Halde, pis encore! Le ver est dans les trois Ordres, et fort profond. Le clergé, tout entier ligueux. Le tiers état, plus qu'aux trois quarts. La noblesse elle-même, plus qu'à demi. Dieu du ciel!

Savez-vous les présidents que les trois Ordres se sont donnés ? Le tiers état a élu La Chapelle-Marteau. La noblesse, Brissac. Le clergé, le cardinal de Guise ! Lequel, comme vous savez, est un furieux. Benoîte Vierge ! Mon pauvre maître ne recevra de ces Etats en son inouï calvaire que des épines, des crachats et des flagellations.

Sur quoi, je vis les larmes couler sur sa longue et austère face et, lui donnant une forte brassée, je rejoignis les *quarante-cinq* en la salle aux Cerfs, moi-même le nœud de la gorge me serrant, n'ayant en mon pensement non point mon titre de baron (qui m'eût tant réjoui en d'autres temps) mais la misère et mort d'un avenir où le trône allait s'effondrant.

Ne pouvant saillir du château sans eux, je fus deux grosses heures à m'apparesser avec les *quarante-cinq*, lesquels pétunaient, tapaient les cartes, et lançaient les dés avec leur coutumière noise, fort insoucieux de l'avenir de l'Etat à ce que je vis et trouvant la vie fort bonne tant qu'ils auraient toit, gages, bouche à court et ribaudes. Simplicité qui, pour ne pas être tout à fait sainte, n'en était pas moins félice en ce royaume et en ces temps, où rien que réfléchir vous jetait dans les noires humeurs.

Giacomi me vint voir à l'*Auberge des deux pigeons* après la repue du midi, La Bastide et Montseris qui, pour être de mœurs rudes, ne manquaient point d'usage, vaquant la chambre dès qu'ils le virent, afin que de me laisser seul avec lui, ce dont je leur sus tant gré que je dépêchai la chambrière leur porter de ma part en la salle commune un flacon de vin de Cahors. De ses bras arachnéens, qui me rappelaient Fogacer, mon Giacomi me donna une forte brassée et je ne sais combien de poutounes, tout riant, cependant, de me voir si noir de poil. J'appris de lui qu'il n'avait quasiment pas quitté le roi depuis les barricades, partageant sa vie errante, chevauchant de Paris à Chartres, de Chartres à Rouen, de Rouen à

Mantes, de Mantes de nouveau à Chartres et de Chartres à Blois, Larissa cependant demeurant en Paris, sans être molestée et son logis non plus, Giacomi étant protégé par le Gros Pourceau (il entendait par-là le duc de Mayenne), lequel avait été son élève ès escrime. Cependant, Paris étant devenue sans le roi une sorte de bourgeoise république, sous la férule des Seize (les seize quartiers de Paris ayant choisi chacun un représentant pour concourir à gouverner la ville), lesquels Seize étant plus fanatiquement ligueux que la Ligue et plus papistes que le pape, subjuguant le Parlement, pressurant les fortunes, embastillant les « politiques », obéissant à peine à Mayenne et à Guise, Giacomi, craignant à la parfin pour Larissa les entreprises de ces zélés, lui avait écrit de se réfugier en ma seigneurie de Montfort-l'Amaury avec ses enfants, ce qu'elle avait fait, me dit-il à son très grand confortement, ayant reçu d'elle courrier le matin même.

— Le roi, poursuivit-il, ne m'a point dit ce qu'il en était de Venetianelli, sauf que tu le voulais encontrer et qu'il y fallait aller à pattes de velours, l'homme étant au Guise. De lui je n'ai qu'ouï parler, n'ayant jamais jeté l'œil sur sa personne, mais je connais sa *dona de cuori*[1] laquelle on surnomme « *la cavalletta* ».

— Ce qui veut dire ?

— La sauterelle.

— Pour ce qu'elle a de longues pattes ou pour ce qu'elle dévore les blés ?

— Les deux. La *cavalletta* est arrivée céans dans les chariots des Etats Généraux et, à peine advenue, a ouvert une petite maison accueillante aux trois Ordres, où l'on boit, gloutit, joue et paillarde.

— Ho ! Ho ! *Signor Maestro* ! dis-je en riant, encore que je sois apensé qu'il vaut mieux se ventrouiller au bordeau que de crocheter l'honneur d'une innocente garce, si suis-je surpris que vous hantiez ces lieux...

— Je ne les hante que pour jouer, dit Giacomi non

1. Dame de cœur. (Ital.)

612

sans quelque vergogne, étant possédé de ce vice, encore qu'avec modération.

— Et vous espérez remonter pour moi jusqu'à Venetianelli par le truchement de cette noble dame?

— Non sans mésaise, pour ce que la *cavalletta* est noble précisément, ou se donne pour telle, se vêt comme princesse, se pique de décorum, s'enveloppe de manières altières et déguise ses ribaudes en fort décentes chambrières. C'est à peine si je suis assez élevé pour qu'elle m'admette à sa table, n'y voulant que grands seigneurs, onctueux prélats ou bourgeois étoffés.

— Et, dis-je en riant de ce portrait, Venetianelli serait le mignon de cette haute maquerelle?

— Le bruit en court. Mais je ne l'ai jamais vu dans cette bonne maison, laquelle est fort bien garnie en tentures, tapis, meubles, cristaux, argenterie, feux flambants, nombreux domestiques, flacons coûteux et viandes délicates. La *cavalletta* amasse mousse, l'or roulant vers elle. On dit qu'elle est secrètement mariée à Venetianelli.

— Ha! dis-je, j'en suis marri. Comment le pourrai-je gagner s'il est par son épouse tant garni en clicailles?

Et là-dessus m'étant réfléchi un petit, je décidai de brûler quelques vaisseaux et je dis:

— Giacomi, peut-être pourriez-vous dire à la *cavalletta* sans me nommer, que je suis un officier du roi et qu'il serait bon, se peut, que Venetianelli prenne ses sûretés et assurances *aussi* de ce côté.

A quoi Giacomi me lança un regard vif et dit d'un air pensif:

— Il faudra y aller comme un chat, la moustache très suspicionneuse. Ha! Mon frère! L'épée n'est rien à comparaison de ces toiles-là!...

Le lendemain de cette visite de mon Giacomi, qui était le 9 octobre, fut le jour de l'ouverture des Etats Généraux à laquelle j'assistais, perdu dans le mitan des *quarante-cinq* (dont personne ne s'avisa qu'ils étaient, ce jour-là quarante-six) lesquels, disposés au pied de l'estrade où siégeaient Henri et les deux reines, les entouraient en croissant, les gentils-hommes de la maison du roi étant debout quelque peu en retrait des gardes. Cette estrade de faible hauteur et que surmontait le dais royal avait été construite devant l'immense cheminée qui occupait le milieu de la plus grande longueur de la salle, et où de grands troncs de sapin (cet octobre étant fort froidureux) brûlaient en une flambée, laquelle, à travers la tenture violette fleurdelisée d'or du dais, chauffait et éclairait le dos du roi, tant est que sa silhouette sombre, étant vêtue de velours noir, paraissait auréolée de lumière : détail qui ne laissa pas de me frapper, surtout quand le roi, au lieu de rester assis, se leva pour prononcer son discours, lequel crépita haut et clair comme les flammes qui, par-derrière, illuminaient sa personne, ledit discours, tant par son ton et son contenu, frappant de stupeur les trois Ordres, étant tout à plein au rebours de la soumission que ces sujets belliqueux attendaient de leur souverain.

La salle, qui était immense, se trouvait être, pour une moitié l'œuvre d'Henri lui-même, car elle ne comprenait, du temps des comtes de Blois, qu'un splendide plafond en forme de nef de vaisseau inversée, que le roi, douze ans plus tôt, en son sûr instinct de la beauté des choses, avait doublé d'une deuxième nef, identique et parallèle à la première, et à elle reliée et soutenue par une rangée de colonnes qui couraient en arcades par le milieu de la pièce. Ainsi les deux nefs avaient l'air d'être amarrées côte à côte et bord à bord, leurs quilles reposant sur le ciel, le roi ayant réussi à augmenter de moitié le volume et la surface de la pièce sans nuire en rien à son harmonie, la seule incommodité qu'on y pouvait trouver étant que les fenêtres ouvrant sur le plus petit côté du rectangle, quoique en elles-mêmes grandes assez, ne suffisaient pas à l'éclairer, et qu'il y fallait un renfort de chandelles, allumées en buisson dans les lustres fixés au milieu des arcades qui reliaient les colonnes, lesquelles chandelles, quoique innumérables, luisaient d'une lumière plus suave que forte, comparées aux hautes et vigoureuses flammes qui à travers la tenture violette du dais illuminaient le roi.

Le duc de Guise, en sa qualité non point de lieutenant-général, mais de grand-maître de la maison du roi, était assis au pied de l'estrade sur un siège sans dossier, la tête et le torse d'un côtel à demi tournés vers les trois Ordres, lesquels faisaient face au roi, et de l'autre côtel, à demi tournés par apparent respect vers le roi, position ambigueuse et symbolique, pour ce qu'il tirait des uns (et du peuple qu'ils représentaient) une partie de sa force et de l'autre, une partie de sa faiblesse, pouvant se rebeller en sous-main contre son souverain, mais non point révoquer en doute sa légitimité. Il était vêtu, et assurément point par hasard (ayant appétit à apparaître comme l'archange désigné de Dieu) du même pourpoint de satin blanc qu'il portait à la journée des barricades, lequel pourpoint étant trop léger pour la saison, notre bel archange paraissait pâtir quelque peu du froid qui hors l'estrade régnait dans l'immense salle, encore qu'il eût jeté un grand manteau, lui-même fort léger, sur ses athlétiques épaules. Son siège, soutenu par des pieds sculptés, était garni d'un coussin de velours violet, mais le fait qu'il ne comportait point de dossier me sembla incommoder quelque peu le duc dans les nobles attitudes qu'il affectionnait.

La pauvre reine-mère, martyre de la goutte, s'était traînée de son lit jusqu'à son trône à la dextre du roi, usurpant cette place qui eût dû revenir à la reine Louise, et qu'elle n'eût consenti pour un empire à vaquer, tant le pouvoir tenait encore à toutes les fibres de son cœur desséché (combien qu'elle n'en eût plus la moindre bribe, depuis que le roi avait renvoyé du Conseil les ministres de son choix et s'enfermait à clé dans son cabinet vieil pour lire ses dépêches), sa face ronde, pâle, bouffie, et commune assez, trahissant au moment où le roi se leva pour prononcer son discours une grande appréhension pour ce que le roi l'avait rédigé seul et fait imprimer sans lui en envoyer copie, ce qui revêtait d'une quasi insufférable irrision l'hommage magnifique qu'il commença par lui rendre dans ledit discours, disant de prime qu'elle n'était pas seulement la mère du roi mais « *la mère de l'Etat et du royaume* », lequel royaume, comme le roi, paraissait de présent fort résolu à se passer d'elle.

La reine-mère était enrobée, comme à l'accoutumée, de la noire et funèbre vêture qu'elle n'avait plus quittée depuis la mort d'Henri II, tant est que le roi étant lui aussi en noir, on ne pouvait que savoir gré à la reine Louise d'être vêtue de satin rose et d'avoir la mine si quiète, la face si fraîche, son œil bleu luisant d'un tel innocent éclat, n'ayant, par bonne chance pour elle, jamais rien entendu aux affaires, et n'ayant jamais à rien servi, sauf de poupée au roi, lequel, à défaut de lui faire un fils, aimait l'habiller, la pimplocher et testonner, avec un peigne d'argent, la belle et longue soie de ses cheveux d'or. Du moins était-elle en cette austère assemblée un repos pour l'œil, à même enseigne que les fort chatoyantes dames de la Cour qui se montraient aux galeries et, se peut, plus avides de se montrer, en effet, que d'ouïr les politiques disputations, vers la beauté desquelles dames mon regard se tournait souvent, ma narine large ouverte aux parfums qui, par bouffées, me venaient d'elles, tant est que maugré la gravité de l'heure, je m'eusse souhaité plus volontiers assis au milieu de leurs beaux cotillons brodés d'or que debout au milieu de mes rufes et malodorants Gascons.

Encore que le roi fût vêtu de velours noir, il n'avait renoncé pour la circonstance à aucun des ornements — bagues, rangées de perles et boucles d'oreilles — dont il aimait à se parer, non plus que de l'escoffion dont son chef était coiffé, estimant qu'il n'avait point à quitter ses coutumières vêtures pour ce que d'aucuns de ses sujets les brocardaient de les porter. De la même indépendante guise, il rompit de par son bon plaisir la tradition qui voulait que le roi parlât assis sur son trône aux trois Ordres des Etats, voulant donner plus de force, en le prononçant debout, à son discours, dont personne dans la salle ne savait rien, pour ce qu'il l'avait comme j'ai dit rédigé seul en le silence et la solitude de son cabinet vieil, sans le montrer à la reine-mère non plus qu'à ses ministres, ni à plus forte raison à son lieutenant-général, et en le faisant tout de gob imprimer, afin qu'il pût être, après la séance inaugurale, distribué aux députés des trois Ordres et envoyé par la suite aux gouverneurs et sénéchaux des provinces, ainsi qu'aux membres des parlements, tant de Paris que des bonnes villes.

Grand et majestueux, tenant en ses mains gantées les feuillets imprimés de son discours, auréolé (je le vois encore) de la lumière violette qui au travers de la tenture lui venait des hautes flammes de l'immense cheminée, il parla de prime d'une voix basse, hésitante et sourde, avant que tout soudain, se mettant pour ainsi dire au diapase de ses propos, elle devînt ferme et forte.

Belle lectrice qui se peut lisez ces lignes-ci sur un douillet fauteuil, tendant à votre feu vos pieds mignons, ou se peut — comme j'aime à l'imaginer — gracieusement couchée sur votre coite à la lueur des chandelles, peux-je vous prier avec la dernière insistance de n'imiter point de présent les muguettes de cour qui estimaient si peu leur intellect qu'elles s'apensaient injurieusement que les idées courtes allaient de pair avec les cheveux longs, et pour cette raison ne se croyaient pas idoines à entendre les subtilesses des affaires politiques, alors même que leur sort et particulière fortune, étant liés à ceux du roi, dépendaient de ce qu'il allait dire et des effets qui suivraient son discours. Je vous supplie bien à rebours, apportant à mon pauvre maître bien-aimé le secours de votre féminine compassion, d'imaginer l'immense pâtiment de cet homme tant humain qui, ayant appétit avant toute chose, et au péril même de sa vie, à préserver son peuple d'une sanglante guerre civile, et partie de ses sujets, de l'extermination, voit se dresser devant lui, conjuguées, les forces d'un clergé nombreux et fanatique, de princes puissants et ambitieux, d'une grande partie de la noblesse et d'un peuple assoté. En cette salle du château de Blois dont les deux nefs jumelles apparaissaient déjà inversées et sombrées par le naufrage de l'Etat, leurs quilles regardant le ciel impiteux, il n'y avait pas cent députés sur cinq cents qui tinssent pour la politique sage et pacifique du roi. Tiers état, clergé, noblesse — au nom du Dieu de pardon et d'amour — ne haletaient que sang, ne ronflaient que meurtre, ne rêvaient que massacre, déprisant le roi et sa longue patience, aspirant à se mettre sous le joug du Guise et de l'Espagnol. Or, belle lectrice, ce roi si seul, trahi par tant des siens et d'abord par sa mère, plus qu'aux trois quarts défait, manifestement aux abois, sans pécune, suivi de troupes impayées, ne possédant plus en son propre royaume qu'une poignée de villes fidèles, le voilà qui fait face tout soudain à ces meutes encharnées et les brave. A bien assailli, bien défendu! A beau jeu, beau retour! Belle lectrice, à vous aussi, je quémande du bon de votre tendre cœur la même illimitée admiration que ressentit le mien pour l'inouïe vaillance et fortitude de mon pauvre maître aux prises avec ses sanguinaires sujets.

Que dit-il, ce roi sans capitale? Rien qu'il n'eût pu dire au sommet de sa puissance, sans rien rabattre des principes et des prérogatives de la fonction royale. Oyez-le, défiant la victoire sur lui de la prétendue Sainte Ligue. « *Toutes autres ligues que sous mon autorité ne se doivent souffrir. Ni Dieu ni le devoir ne le permettent, mais y sont formellement contraires, car toutes ligues, associations, pratiques, menées, intelligences, levées d'hommes et d'argent, réception d'ycelui, tant dedans que dehors le royaume (allusion, lectrice, à l'or espagnol) sont actes de roi et en toute monarchie bien ordonnée, crimes de lèse-majesté sans la permission du souverain.* »

Ou encore ceci qui vise plus précisément le Guise et les princes lorrains : « *Je suis votre roi donné par Dieu et suis seul qui le puis véritablement et légitimement dire.* » Ajoutant ceci qui, sous le masque d'un pardon accordé aux errements révolus, condamne, en fait, les fautes du futur : « *D'aucuns grands de mon royaume ont fait des ligues et associations, mais témoignant ma bonté accoutumée je mets sous le pied, pour ce regard, tout le passé. Mais comme je suis obligé (et vous tous) de préserver la dignité royale, je déclare dès à présent et pour l'avenir, atteints et convaincus du crime de lèse-majesté, ceux de mes sujets qui y tremperont sans mon aveu.* »

Il y eut à ces mots, en la salle des Etats, une terrible commotion, laquelle parcourut les cinq cents députés des trois Ordres et les agita, comme ondule et trémule un champ de blé sous l'effet d'un ouragan. Accuser Guise et les ligueux de crime de lèse-majesté, s'ils ne s'amendaient point, qu'était-ce d'autre sinon les condamner à mi-mot à mort, n'y ayant pas la moindre apparence qu'ils consentissent à se désister de leurs brouilleries, tenant le roi quasi à leur merci. Et que le roi, en ses abois, eût l'incrédible audace, au nom de sa légitimité, de le menacer à la face des Etats Généraux du billot, voilà qui laissa le Guise pantois. Je le vis vaciller sur sa chaise, perdre couleur et contenance, hésiter entre peur et colère, et à la parfin, consulter de l'œil son frère cadet, le cardinal, assis au premier rang du clergé. Celui-là qui, maugré sa robe (qu'il troquait si volontiers contre corselet ou cuirasse) ne se piquait pas de mesure ni de miséricorde comme son aîné, auquel du reste il ressemblait fort peu, étant brun de poil, et l'œil noir, furieux, aigu, lançant des éclairs, de reste, fort beau, combien qu'à sa manière fort peu évangélique, étant en son privé grand putassier et n'appétant en public qu'à meurtre et massacre. Celui-là, dis-je, ne balançant pas longtemps sur le parti à prendre, mais pâle de rage et grinçant des dents, se leva, majestueux en sa pourpre et sans saluer le roi, saillit hors, suivi avec un temps de retard par le duc, le comte de Brissac et La Chapelle-Marteau, le roi continuant de lire son discours d'une voix forte et ferme, et la face imperscrutable, comme s'il ne lui était de rien que son grand maître et les présidents des trois Ordres eussent quitté la salle.

Quant à moi, je me sentis extraordinairement heureux et conforté de cet éclat par où le roi avait secoué la meute attachée à ses flancs et fort curieux aussi de ses politiques effets, et me désolant que la nécessité de me dissimuler au sein des *quarante-cinq* (bonne cache pour ce qu'ils étaient tant haïs et déprisés des ligueux que ceux-ci affectaient de ne pas les voir) m'empêchât de courir aux nouvelles.

Assoiffé d'ycelles, à peine de retour à l'*Auberge des deux pigeons*, je dépêchai une chambrière au logis de Quéribus pour le prier de me venir visiter. Mais elle revint bredouille, l'oiseau n'étant pas en cage, voletant sans doute de belle en belle, à ses « *veni, vidi, vici* ». Et c'est fort fortuitement que je fus renseigné le lendemain dans l'après-midi, me trouvant que d'avoir tiré l'épée avec La Bastide en ma chambre, lequel, reprenant son vent et haleine, me dit :

— *Cap de Diou*, baron ! Nous perdons nos bonnes lames à nous faire des semblants de boutonnières, quand c'est dans le cœur de ce méchant drole de Guise que nous les devrions fourrer !

— *Passinsa amic*, dis-je, *que mienja lo gal del rey, cent ans après raca las plumas* [1].

A quoi La Bastide s'esbouffa et dit :

— Nous avons en Gascogne le même proverbe, mais parlé un petit autrement ; ce qui me fait apenser qu'avant notre assaut, j'ai vu et ouï en la salle commune de l'auberge un seigneur déjà âgé, du cheveu comme sur ma main (métaphore ici malheureuse, la sienne étant si velue), lequel a demandé du vin à son valet en une parladure tant proche de la vôtre que je crois l'homme périgordin.

— Quelle mine a-t-il ?

— De robe plutôt que d'épée, combien qu'il en porte une. Bon homme assez et sans hautesse,

---

1. Patience, ami : qui mange le coq du roi, cent ans après en vomit les plumes. (Oc.)

encore que je le croie haut assez en le royaume pour ce qu'il a autour du col l'ordre de Saint-Michel.

— Ventre Saint-Antoine! criai-je, il n'en est point tant en Périgord qui l'ont que je ne me doute qui ce doit être!

Et disant quoi, saillant de la chambre, je descendis à pas de velours l'escalier qui menait à la salle commune (en laquelle je ne paraissais mie) et me mettant à croupetons à mi-chemin du bas, je jetai un œil à travers la rambarde de bois et, vrai comme Evangile! qui vis-je, gaillardement attablé et goulûment gloutissant ses viandes, le front haut sous son chauve crâne, les pommettes hautes, le nez long et aquilin, l'œil fendu et judaïque, qui, sanguienne! qui? sinon le seigneur de Montaigne!

— Ho! La Bastide! criai-je, à lui revenant, quiers-moi, je te prie, Margot, que je la dépêche porter un billet de ma main à ce gentilhomme, que bien j'aime et connais, le voulant entretenir céans, et non en la salle commune pour la raison que tu sais.

— Est-il un ami du roi? dit La Bastide en tordant sa moustache.

— Oui-da!

— Alors, mordi! point n'est besoin de Margot! J'irai de ma personne lui porter vos écritures.

M. de Montaigne, qui me parut porter assez gaillardement sa cinquantaine, eut quelque peine à me reconnaître, tant par ce que j'avais le poil et le cheveu noir, que parce que le temps inclément avait passé depuis notre dernière rencontre en 1572, seize ans plus tôt, béjaune que j'étais alors, à peine émoulu de mes études. A dire le vrai, il connaissait mon père mieux que moi, l'ayant souvent entretenu à la Cour de Navarre, le bruit courant que Montaigne avait servi, et se peut servait encore, de truchement entre le roi et le Béarnais, étant de ce dernier ami et au roi de France fidèle, en bref, un de ces « *politiques* » que la Ligue tenait en grande détestation pour ce qu'ils assaisonnaient leur foi catholique de quelques grains de tolérance.

— Ha Monsieur! dis-je, est-il constant que les

ligueux vous aient arrêté et embastillé le jour des barricades ?

— Oui-da ! dit-il en souriant. Que ne suis-je en ces temps demeuré paisiblement en mes douces retraites paternelles (désignant par là son château de Montaigne dans le Bordelais, son père étant mort de longtemps et dont toutefois il parlait toujours avec la plus touchante affection). Que de traverses et de tracas ai-je supportés en ce voyage ! Assailli que je fus sur le chemin par des caïmans qui, me robant tous mes effets, me laissèrent, du moins, la vie. Mais à peine en Paris, où j'avais à arranger une édition de mes *Essais*, me voilà jeté en geôle par les ligueux, lesquels, moins miséricordieux que les gueux, m'eussent occis, si la reine-mère, qui m'aima toujours, n'avait en ma faveur intercédé.

— La grand merci à elle pour cette unique fois ! dis-je. Sans elle le royaume eût perdu un sage et le monde, d'aucuns autres de ces *Essais* dont nous voulons davantage, les premiers nous ayant donné soif de ceux qui les pourraient suivre.

— Ha Monsieur ! dit Montaigne avec une modestie mi-vraie, mi-contrefeinte, je n'en crois pas tant des songes que voilà !

— Du moins, dis-je, en croirez-vous le roi qui les aime excessivement, et lit et relit sans cesse ceux qui ont déjà paru.

— Tout pressé qu'il fût de ses affaires, il ne faillit pas, en effet, à me le dire ce matin, dit Montaigne, en même temps que de grands éloges de vous, me logeant en cette même auberge pour que je vous y voie et, se peut, porte des nouvelles de vous à Monsieur votre père, si la fortune veut que je l'encontre à mon retour en le Bordelais.

Disant quoi, Montaigne eut un lent et connivent sourire, et je souris aussi, étant confirmé en ce pensement qu'il servait, dans les occasions, de truchement — comme M. de Rosny [1] que j'avais entr'aperçu la veille en les rues de Blois, le chapeau fort rabattu

---

1. Le futur Sully, alors un des conseillers de Navarre.

et la face à demi bouchée de son manteau — entre le roi et Navarre, pour la manifeste raison qu'il ne pouvait voir mon père qu'à la Cour de ce dernier.

Je touchai à M. de Montaigne un mot de cette encontre fortuite de M. de Rosny, la présence duquel à Blois il confirma, me disant qu'à sa connaissance, le Béarnais avait offert au roi, en son présent désespéré prédicament, son bras et son secours, lesquels le roi n'avait point du tout repoussés ; mais qu'il y fallait encore quelques négociations, Navarre quérant une ville ou bourg sur la rivière de Loire, pour pourvoir à ses sûretés, afin que d'y entretenir le roi sans crainte d'être assailli, quelque naturelle méfiance n'étant pas tout de gob éteinte entre les deux princes qui s'étaient si longtemps combattus, encore que fort ménagers l'un de l'autre en ces batailles.

J'ouïs tout ceci avec la joie qu'on devine, estimant de fort longue date, avec tant de bonnes et honnêtes gens, que le roi ne pourrait mie venir à bout de la Ligue et du Guise sans l'aide de Navarre.

— Monsieur de Montaigne, dis-je à la parfin, ayant passé la bride à mon émeuvement, comment trouvâtes-vous le roi après son éclat d'hier aux Etats et la grande colère de ces messieurs de la Sainte Ligue ?

— Laquelle colère, dit Montaigne avec un sourire, j'ai vue de ces yeux ce matin, tandis que le roi, en sa chambre, me donnait audience, étant assis sur une simple chaire d'apparat, dans l'étrange petite alcôve fleurdelisée, creusée dans le mur, à la dextre de son lit. Mais à peine avait-il dit : « Monsieur de Montaigne, je suis fort aise de vous voir, tenant en estime grande votre zélée dévotion à mon service... » qu'un fort bruit se fit à la porte, et le roi, s'interrompant, dépêcha Du Halde voir ce qui s'y passait, lequel ayant entr'ouvert l'huis, revint dire :

— Sire, c'est le cardinal de Guise qui demande à être reçu incontinent par Votre Majesté.

— Incontinent ? dit le roi en levant le sourcil. Il a dit « incontinent » ?

— Sire, dit Du Halde. Il l'a dit deux fois, ajoutant que s'il n'était pas reçu sur l'heure, il quitterait Blois.

— Monsieur de Montaigne, dit le roi sans battre un cil, vous voyez ce qu'il en est : L'Eglise n'entend pas attendre. Retirez-vous en cette encoignure avec François d'O. Je vous verrai quand j'aurai reçu le cardinal.

Là-dessus, Du Halde ayant ouvert l'huis, le cardinal entra comme s'il eût monté à l'assaut, le pas furieux, sa longue robe pourpre balancée à son alentour, grand et mince, et de sa face fort beau, l'œil noir jetant des éclairs, la bouche quelque peu tordue en son ire et la narine frémissante comme s'il eût respiré la poudre.

Le roi, le torse redressé sur sa chaire, les deux mains sur les accoudoirs, immobile et majestueux, ne lui présenta pas la main et c'est à peine, de son côté si le visiteur s'inclina devant lui.

— Du duc de Guise et du cardinal, poursuivit Montaigne avec un sourire plein d'irrision, le moins chattemite, le moins moine, le moins génuflexant, le plus épargnant en bonnetades, baise-mains, sourires et onctueux propos, c'est comme vous savez, le cardinal, lequel, brandissant en sa main gantée de pourpre le discours imprimé du trône, tança le roi et le morigéna quasi comme un enfant de ce qu'il eût présumé écrire et dire publiquement que « *d'aucuns grands de son royaume* » avaient fait « *des ligues et associations contre son autorité* »; que cette imputation était claire; qu'elle était injurieuse; qu'il ne la saurait souffrir, pas plus que son frère le duc, pas plus que le clergé, pour ce que tout ce qui avait été fait par eux l'avait été pour la seule défense et préservation de la religion mourante; que Sa Majesté devrait retenir avant leur envoi les discours imprimés, y barrer de sa main la phrase sacrilège et faire derechef imprimer sans elle ledit discours; que si Sa Majesté n'y voulait satisfaire, le clergé, en ayant délibéré, avait décidé de s'ôter incontinent des Etats et de vaquer Blois, suivi par le tiers état, et se peut par la noblesse; que le duc son frère était résolu quant à lui de se retirer en sa maison, ne servant plus en rien à Blois en cette dissolution des Etats.

— Ha, criai-je indigné, la damnable impudence de ce docteur ès mensonges qui, niant que le noir est noir, affirme que son parti n'a pas fait des brouilleries au roi, ou que ces brouilleries étaient saintes ! Que fit le roi ?

— Qu'eût-il pu faire sinon capituler ? dit Montaigne. Le cardinal lui tenait le cotel sur la gorge. Les Etats de soi se dissolvant, point de pécunes ! Et Monsieur de Guise départi de Blois, c'était la guerre ! Et la guerre sans pécunes !

— De quelle mine céda le roi ? dis-je au bout d'un moment.

— Imperscrutable. Le cardinal lui fit lire et signer une rétraction de la « phrase sacrilège ». Or, tandis que le roi lisait, le temps qui, dès la pique du jour, s'était montré sous son plus sombre et pluvieux visage, se fit plus noir encore. Tant est que l'obscurité en la chambre devint si grande qu'il fallut allumer un bougeoir pour que le roi pût poursuivre la lecture qu'il faisait du billet et le signer au bas. Ce qui amena François d'O qui se tenait avec moi dans l'embrasure de la fenêtre à me chuchoter à l'oreille que c'était la dernière volonté du roi qu'on avait écrit là et qu'on allumait la chandelle pour lui voir jeter son dernier soupir.

— Ha ! criai-je, nenni ! nenni ! Ce dernier soupir ne sera pas le sien, j'en suis bien assuré ! Le roi aux Etats a affirmé avec la dernière force les principes de sa politique. Il a en droit condamné d'avance le Guise et de présent, devant des forces supérieures, souplement cède, louvoie, *cale la voile*, mais sans perdre de vue la côte où il entend bien aborder.

— La fortune en décidera ! dit Montaigne, qui me laissa surpris qu'il eût en cette occasion dit la « *fortune* » et non pas « *Dieu* », usage constant en ses *Essais*, à ce que je notais plus tard, et que lui reprocha aigrement la censure que fit Rome de ses écrits. Ce qui me ramentoit que Montaigne en cet entretien me dit encore que pour avoir bien connu Guise et le roi de Navarre, il opinait que le premier n'était guère catholique et le second, guère protestant... Et pour moi, ayant en l'oreille ce propos et ayant réfléchi à cet emploi que Montaigne faisait du mot « *fortune* » en lieu et place du mot « *Dieu* », j'opine que Montaigne, lui, n'était guère l'un, et très peu l'autre. Je le dis ici sans en rien détracter des mérites de ce grand homme.

— Le mauvais de la chose, me dit-il le lendemain, comme il prenait congé de moi, emportant en ses bagues une lettre de ma main pour mon père, c'est que le roi, après cette rétractation, va passer pour mol, timide et couard et qu'il n'y a pas d'avanie que les Etats, la Ligue et Guise ne lui feront.

En quoi il ne se trompait pas, sauf que le mot « avanie » s'avéra faible au regard des rebuffades que le roi essuya dans les deux mois qui suivirent, la haine et le déprisement que nourrissaient pour lui les Etats ligueux ne connaissant plus de borne, comme bien je le vis chaque jour, placé où j'étais au milieu des *quarante-cinq* en ces interminables séances.

Au roi qui ne voulait pas qu'on déclarât Navarre déchu de ses droits à la couronne sans l'entendre, et qui disait : « Quand il ne s'agirait que d'une succession de cent écus, encore serait-il juste de s'expliquer avec lui, et de savoir s'il ne veut pas se convertir », les Etats répondaient en hurlant : « Jamais roi, *ayant été hérétique*, ne nous gouvernera ! » Lecteur, vous avez bien ouï : même converti, on ne voulait pas de Navarre ! Le zèle de ces fanatiques les portait plus loin que le pape !

Les Etats tenaient les cordons de la bourse, et bien loin de les desserrer, je vis bien qu'ils tâchaient d'en étrangler le roi. Ils voulaient qu'il fît contre ses sujets huguenots une guerre impitoyable et lui en refusaient les moyens : Ni subsides, ni contributions, ni subventions extraordinaires, et toutes tailles établies depuis 1576, bien au rebours, supprimées. Le roi plaidait raison à ces furieux. « Messieurs, disait-il, comment voulez-vous que je revienne aux tailles de ce temps-là, la vie ayant tant renchéri? Comment voulez-vous que je vive? Refuser l'argent, c'est me perdre, vous perdre, et l'Etat avec nous. — Alors, rugit l'un des députés, *ne soyez donc point roi*! »

Début décembre, un député des Tiers ayant dit qu'« *en la supplication* que les Etats feraient au roi de réformer sa maison, *les quarante-cinq* devraient être cassés comme n'étant pas nécessaires », il fut fort applaudi pour l'opinion qu'on avait que cette suggestion lui avait été soufflée par les Guise, desquels applaudissements je requis un écho irrité, dès que je me fus retiré incontinent en l'*Auberge des deux pigeons*, La Bastide et Montseris marchant qui-cy qui-là dans la chambre en roulant des yeux furieux.

— *Cap de Diou*! disait La Bastide qui ne pouvait même pas hucher tant en son ire il avait les dents serrées, ces Guise sont des démons incarnés! Ils nous veulent ôter le pain de la bouche!

— Est-ce à mon âge, gronda Montseris, lequel approchait la trentaine, que je vais chercher condition?

— Ou retourner, dit La Bastide, à gueuserie gasconne! Mordi! Je ne le souffrirai pas, sans compter que la chose est claire. Ce Guise de merde veut retirer ses dards à la guêpe avant que de l'écraser.

— C'est raison! renchérit Montseris. Que sommes-nous céans sinon les chiens de cet agneau? Qui chasse les chiens veut l'agneau dévorer! Il n'est homme qui ne l'entende! *Cap de Diou*, poursuivit-il la main sur sa dague, que le roi me donne ce Guise et je ferai de la dentelle avec ses tripes!

Je répétai ces propos au roi qui, ayant réuni les *quarante-cinq* à l'aube à l'heure où M. de Guise, qui couchait au château, sommeillait encore, étant fort las de sa nuit avec Mme de Noirmoutiers — leur dit qu'en aucun cas il ne consentirait à se séparer d'eux, étant si affectionné à leurs personnes qu'il les considérait comme ses fils; qu'il les aimait à proportion qu'on les haïssait ailleurs, non sans raison, pour ce qu'ils étaient sa cuirasse et son épée; et que, quand bien même on le réduirait à ne plus avoir qu'un chapon pour son dîner, il le partagerait avec eux.

— *Captatio benevolentiae*, dit mon secrétaire Miroul, quand je lui répétai ces paroles. J'augure bien du roi. Il connaît si bien les hommes. Et il est tant habile...

Quant à moi, je mâchellais mon mors pour la raison que ces deux mois écoulés, et maugré je ne sais combien d'attentements de mon Giacomi, j'avais failli à encontrer la *cavalletta*, et moins encore le Venetianelli, pour ce que la dame, plus méfiante que belette, et sentant bien que nos approches venaient du roi, ne pouvait qu'elle ne les rebutât, son mignon se trouvant si lié à la fortune des Guise.

Vers la mi-décembre, cependant, ayant ouï par Giacomi que la *cavalletta* se livrait à quelques pratiques magiques, vendant à haut prix des poupées envoûtées et des philtres (voire se peut quelques petits poisons), je me fis montrer la fenêtre de sa chambre par Giacomi (pour qui, semblait-il, elle avait eu quelques faiblesses) et ayant obtenu du roi qu'il me prêtât cinq de ses *quarante-cinq* pour cette expédition (dont La Bastide et Montseris) je m'introduisis vers la minuit par le moyen d'une échelle et d'un carreau brisé, en ladite chambre, laquelle, réchauffée d'un feu flambant, attendait, pour l'accueillir, qu'elle eût fini ses damnables occupations.

L'attente étant longuette, j'en usai pour fouiller les lieux, et fus heureux assez pour découvrir dans une corbeille à chiffons, une poupée à la ressemblance du roi, laquelle avait le cœur transpercé d'une aiguille. A vrai dire, la ressemblance tenait tout entière dans le fait que la poupée était mâle et portait couronne, et aussi à que j'observais de plus près, des boucles d'oreilles en perles de part et d'autre de la face. L'étrange était que ces boucles de perles étaient cousues à la joue même, l'oreille ayant été omise par le façonneur, se peut afin de simplifier son labour.

Oyant des pas dans l'escalier, je n'eus que le temps de fourrer ma trouvaille dans mes chausses et de remettre mon masque, ne voulant point que la *cavalletta* pût me décrire à quiconque, si je faillais à la persuader. Et la fortune me favorisa fort en cette occasion, pour ce que l'huis s'ouvrant, je vis la *cavalletta*, mais je ne vis pas qu'elle, son mignon la suivait, que je reconnus, rien qu'à jeter l'œil sur lui, pour le Venetianelli, d'après la description que m'en avait faite Giacomi. Les voyant donc tous deux dans la nasse et l'huis reverrouillé par les soins du mignon, je saillis de derrière les courtines, mes cinq Gascons, de derrière les rideaux, et tous six les ayant entourés, les dagues en main, je dis sur le ton le plus uni :

— Je vous demande en grâce de vous accoiser : crier serait si fatal à vos gorges.

A quoi la *cavalletta*, qui me parut mériter son nom de sauterelle par la hauteur de ses gambes, la longueur de ses bras, une face fort longue elle aussi, et des yeux très saillants, dit sans battre un cil :

— Que quérez-vous ? Des pécunes ? Il n'y en a point !

— Fi donc, Madame ! dis-je, ai-je la tournure d'un mauvais garçon, moi qui les pourchasse ? Vous savez peu à qui vous avez affaire.

— Monsieur, dit la *cavalletta*, la crête haute, et aussi peu déconfortée que si nos dagues avaient été en carton, je sais dans tous les cas que je n'ai pas affaire à vous !

— N'en jurez pas ! dis-je, sourcillant à son insolence, la corde a bien affaire aux pendus et le bûcher, à la sorcière. Et je doute, Madame, que vous soyez incombustible, quelques hauts appuis que vous ayez, lesquels vous pourraient sacrifier, si les pratiques auxquelles vous vous livrez leur paraissent trop criminelles pour ne les pas compromettre. Vous n'ignorez pas le souci que les Grands ont de leur bonne renommée.

— Monsieur, je ne vous entends pas, dit la *cavalletta*.

— Madame, dis-je en appuyant avec force sur le mot, c'est *magie* que vous ne m'entendiez pas, mes assertions étant si claires, et la preuve se trouvant dans mes chausses.

A quoi je la vis jeter un coup d'œil à sa corbeille à

chiffons et pâlir, mais cependant sans perdre contenance, au rebours du Venetianelli, lequel nos dagues et mes discours avaient tant décomposé que je pouvais voir, en baissant l'œil, ses gambes trémuler sous lui.

— Eh bien, Monsieur, dit-elle, la crête haute, puisqu'il faut vous ouïr, je vous ois. Que quérez-vous ?

A quoi sans répondre, je l'envisageai en silence et la trouvai très étrangement faite, ayant la tête petite (quoique fort ovale et le menton pointu) les épaules estéquites, le torse bref et les pattes, comme j'ai dit, fort longues, à telle enseigne que, ne pouvant les voir en raison de son vertugadin, on eût pu penser qu'elle était montée sur des échasses. Quant à ses bras, qu'elle tenait repliés, les coudes dehors et les mains jointes devant son épigastre, j'avais le sentiment que si elle les dépliait, elle pourrait toucher le mur derrière mon dos. Cependant, malgré ces disproportions, la *cavalletta* n'était point laide. Ayant l'œil noir fort vif, quoique dur, le nez droit et la lèvre bien dessinée. Quant à son tétin, son torse étant si étroit et si court, on était étonné de lui en voir tant, et si ferme, et si laiteux. Pour sa face, je m'aperçus, à la regarder deux fois, que je n'avais pu la voir pâlir, étant si pimplochée, et que le sentiment que j'en avais eu m'était venu de ses narines, qui aux mots de « sorcière » et de « magie » s'étaient pincées, et l'étaient depuis lors demeurées.

— Madame, dis-je enfin, je ne quiers rien d'autre qu'un entretien particulier avec le signor Venetianelli dans ce petit cabinet que voilà. Y êtes-vous consentante ?

— Le seigneur Venetianelli, dit la *cavalletta*, en serrant les lèvres, n'est pas marmot à la mamelle ; il jase avec qui lui plaît.

— Signor, dis-je, êtes-vous consentant à cet entretien ?

— Oui, Monsieur, dit le Venetianelli d'une voix sourde, après avoir jeté en vain un œil éperdu à la *cavalletta*, laquelle, la paupière baissée, mâchellait furieusement un mouchoir de dentelle.

— Madame, dis-je, je quiers de vous de prendre place là sur cette escabelle et de n'en branler mie tout le temps de cet entretien et sans dire mot ni miette. Montseris, dis-je en oc à celui de mes compagnons de chambre qui se trouvait de moi le plus proche, veille à ne rien accepter de la *drola*, ni morcel ni vin, et ceci vaut pour tous.

Quoi disant je rengainai ma dague, pris un bougeoir sur la table de chevet, l'allumai au chandelier et saisissant le Venetianelli par le bras, le poussai dans le petit cabinet que j'ai dit, duquel je refermai l'huis sur nous.

— Signor, allez-vous m'occire ? dit le Venetianelli que je vis à la faible lueur de la bougie tremblant de la tête aux pieds.

A quoi je ris et l'envisageai plus curieusement que je n'avais fait jusque-là, mon œil dévorant la seule *cavalletta* pour ce que je n'avais jamais vu sa pareille. Et à dire le vrai, le Venetianelli n'avait de soi rien d'étrange, étant un très joli petit signor dont seule la petitesse était émerveillable, ayant une bonne tête de moins que la *cavalletta* et de sa complexion mol et peureux, alors qu'elle était si vaillante et altière.

— Signor, dis-je, mon état n'est pas d'occire, mais de protéger le roi et ses loyaux sujets des assassinements, voire même des maléfiques et distantes meurtreries par poupées envoûtées et autres damnables pratiques. Serais-je pour vous arrêter sur l'heure, ainsi que la *cavalletta*, même le cardinal de Guise ne saurait vous sauver du fagot.

— Mais je ne suis pas connivent ! dit le Venetianelli, les lèvres tremblantes et la sueur lui coulant sur les joues.

— Qui vous croira ? dis-je en l'envisageant œil à œil, et qui ne me croira pas, si j'asserte qu'étant le mari de la *cavalletta*, vous ne pouvez qu'être partie à ses sorcelleries ?

A quoi Venetianelli s'accoisa et comme je m'accoisai aussi sans rien en mon visage qui sentît la menace, son œil se désapeura peu à peu et commença à luire d'une certaine italienne finesse, encore que douteuse et trémulente.

— Monsieur, dit-il, sa bouche étant si rêche que je pouvais voir à la lueur de la bougie la salive quasiment sécher en filaments d'une lèvre à l'autre. Y a-t-il un moyen par où je pourrais rhabiller ces infortunées apparences?

— Il y en a un, signor. J'écoute quand et quand des récits oraux d'un guillaume qui, étant un familier des Lorrains, assiste à leurs repues, oyant ce qui s'y dit, ce guillaume étant de vous insoupçonnable et déconnu. Un second conte de votre bouche confié à mon oreille, étant étranger au premier, mais se peut le corroborant, me serait précieux.

— Précieux comment, signor? dit Venetianelli, reprenant vent et haleine et la mine infiniment soulagée.

— Précieux assez pour que je laisse s'ensommeiller une poupée dans son berceau.

— Ha, Monsieur! Cela ne contentera pas la *cavalletta*, dit Venetianelli, elle voudra ravoir son bien et le détruire.

— Signor, dis-je avec un sourire, je ne suis pas homme à peiner la signora, laquelle pourra *giocare con sua bambola* [1] dès que mon maître sera départi de Blois, et vos contes m'ayant, comme je crois, satisfait. Signor, allons-nous accommoder?

— *Chi tace acconsente* [2], dit Venetianelli. Dites-moi où vous encontrer et ma bouche y sera, sans que ma conscience le sache, n'aimant pas mordre qui me nourrit.

— Signor, dis-je avec un sourire, le scrupule d'une conscience est bien moins aiguisé qu'une aiguille dans le cœur d'une poupée. L'*Auberge des deux pigeons* me voit souvent à la nuitée. Vous y trouverez mon oreille large ouverte, pour peu que vous y demandiez M. de La Bastide. Signor, je vous souhaite la bonne nuit et vous déconseille de quitter Blois, votre départir pouvant être tenu à fuite par les suspicionneux.

---

1. Jouer avec sa poupée. (Ital.)
2. Qui ne dit mot consent. (Ital.)

Ceci se passait dans la nuit du 15 décembre et je n'eus pas longtemps à attendre pour ce que, le 18 au soir, La Bastide qui jouait aux dés avec Montseris dans la salle commune, m'annonça le signor Venetianelli.

Sur quoi, et La Bastide saillant hors, je fis cacher mon Miroul avec une écritoire derrière les courtines du lit, afin qu'il pût prendre quelques notes de cet entretien et me masquai, ayant peu fiance à l'homme, lequel, quand il entra, me parut fort défiant lui aussi de moi, jetant un œil tant craintif sur les courtines closes que je lui dis en riant :

— Signor, je n'ai pas caché là des *spadaccini* pour vous occire. Asseyez-vous céans, près de moi, sur cette escabelle, et me dites votre conte que je suis fort curieux d'ouïr et de comparer à celui que l'on m'a fait déjà. (Ayant, comme le lecteur l'a deviné, inventé une mouche qui n'existait point pour inciter celle-ci à ne bourdonner que le vrai.)

— Monsieur, dit le Venetianelli, vous savez donc déjà qu'il y eut une repue chez M. de Guise, hier soir, à laquelle étaient présents le cardinal de Guise, l'archevêque de Lyon, le vieux président de Neuilly, La Chapelle-Marteau, Maineville et Mme de Montpensier.

— Je sais cela, dis-je, fort déconforté en mon for, pour ce qu'il n'y avait à ce souper et formant le conseil du Guise que des furieux, tous haïssant le roi, à commencer par l'archevêque de Lyon, à qui Henri avait reproché sa simonie et son inceste avec sa sœur et qui, en concevant une fort mauvaise dent, avait inspiré un libelle infâme contre le roi et d'Epernon ; Neuilly, qui ne pouvait dire deux mots sans larmoyer, avait le cœur si tendre qu'il avait, seize ans plus tôt, profité de la Saint-Barthélemy pour faire assassiner le président de La Place pour avoir sa charge de président à mortier. La Chapelle-Marteau, le grand escogriffe jaune au nez tordu qui avait soulagé Alizon et moi de trois écus le jour des barricades, était conseiller à la cour des Comptes et « faisait très bien les siens ». Le seigneur de Maineville qui figurait tant de fois sur les rapports de Mosca comme ayant servi de truchement entre le Guise et la Ligue à ses débuts, je connaissais, sans l'avoir encontré, pour un homme froid, cauteleux, et ne faisant pas plus de cas de la vie d'un homme que de celle d'un poulet. Quant à la Montpensier, elle a éclairé tant de pages de ce présent récit de sa sulphureuse lumière que je laisse au jugement du lecteur le soin de la qualifier.

— M. de Guise, dit Venetianelli, paraissait quelque peu déquiété, et son frère le cardinal lui en ayant demandé la raison, il dit qu'il avait reçu tant d'avis, et de tant de côtés, que le roi le voulait dépêcher, qu'il se demandait, pour ses propres sûretés, s'il ne devait pas quitter Blois.

« — Nenni ! Nenni ! cria M. de Lyon, Monseigneur, il n'y faut point penser ! Qui quitte la partie la perd ! Aurons-nous jamais meilleure occasion que celle-ci, les Etats, étant tout à nous ! Le roi n'est pas fol, il ne voudra pas se perdre en vous perdant. En outre, il est plus femelle que mâle et n'aura jamais la pointe qu'il faut pour machiner une meurtrerie, quand bien même il y songerait. » Monsieur, poursuivit Venetianelli, reprenant son ton ordinaire, vous savez sans doute que M. de Lyon attend le chapeau de cardinal et qu'il craint qu'il ne lui échappe, si M. de Guise achoppe.

— Je le sais, dis-je gravement. Poursuivez, signor : cet « *échappe* », et cet « *achoppe* » sont du dernier galant. On voit bien que c'est de votre natale Italie que nous viennent ces « *concetti* [1] » qui ont tant fait pour le poli de notre langue.

— Monsieur, la merci à vous, dit Venetianelli qui parut ravi de mon compliment, s'aimant lui-même à la fureur, à ce que je pus voir, pour ce que, tout en parlant, il envisageait à s'teure ses belles mains et à s'teure sa propre image dans un miroir qui, par bonne chance, lui faisait face. Le président de Neuilly, poursuivit-il, parla après le duc, les larmes

1. Jeux de mots et d'esprit. (Ital.)

634

lui jaillissant des yeux comme à l'accoutumée, plaidant en même temps et le pour et le contre, sans y voir contradiction.

« — Ha Monseigneur! dit-il, il faut assurément veiller à vos sûretés, pour ce que votre perte vous perdrait tous. Cependant, j'opine qu'il faut passer outre aux avis que vous avez reçus et demeurer céans, à moins que vous ne préfériez prendre le large pour mieux garder votre vie, laquelle nous est aussi précieuse que les nôtres, celles-ci étant à elle quasiment suspendues. »

— Voilà qui est peu limpide, dis-je.

— Le suivant le fut davantage, dit Venetianelli avec un fin sourire. C'était La Chapelle-Marteau et il enfonça le clou.

A quoi je souris aussi.

« — Nous n'avons pas lieu de craindre, dit-il d'une voix rude, étant les plus forts. Cependant, je n'ai pas fiance au roi. Il ne faut pas fuir, mais frapper avant. »

— A-t-il dit frapper? dis-je en levant le sourcil.

— A vrai dire, dit Venetianelli en envisageant ses belles mains, je ne sais plus s'il a dit « frapper avant » ou « prévenir ». Vous savez qu'il ouvre à peine la bouche pour parler, tant il est chiche-face et plaint son souffle.

J'encourageai d'un nouveau sourire cette petite gausserie, m'apensant que plus le Venetianelli se laisserait emporter par sa verve, et plus il m'en dirait.

— Quant à Maineville (que le roi appelle Maineligue, comme vous savez), il parla comme un furieux, quasiment les cornes en avant et ayant, de reste, en sa face quelque ressemblance avec un taureau.

« — Monsieur de Lyon, dit-il, erre tout à plein en disant que le roi n'est pas fol. Et que d'ailleurs, étant plus femelle que mâle, il n'aura pas assez de pointe pour frapper. Grandissime erreur, Monsieur de Lyon! Le roi est fol : Il frappera sans avoir cure des conséquences. Et quant à la pointe, a-t-il fallu que la Médicis en ait une pour tuer Coligny? Et si ladite pointe n'a pas manqué à sa mère, manquera-t-elle au fils, qui est par elle rejeton de race florentine, empoisonnante et assassinante. Craignez ces Médicis ! Mon avis, c'est qu'il ne fait pas bon à lanterner céans. Si l'on ne fuit pas, il faut agir, et agir avant le roi. »

— Signor, dis-je, je ne m'étonne pas que vous soyez comédien, vous êtes à vous seul un théâtre. Votre scène est si rondement menée et vos acteurs si vivants que j'attends avec frémissement ce que le duc va dire.

— Ha ! Monsieur. Vous serez fort déçu ! dit Venetianelli (qui, se jetant un œil dans le miroir, ne parut pas, quant à lui, désappointé de sa corporelle enveloppe), le duc tint fort mal son rollet. On l'eût voulu tranchant. Il fut vague, évasif et en même temps brava-vache :

« — Quand je verrai entrer la mort par la fenêtre, dit-il, je ne fuirai pas par la porte... » Mais de décision pas la moindre, ce qui tant impatienta son frère le cardinal qu'il dit d'un air furieux, son œil noir jetant feux et flammes :

« — Monsieur mon frère, vous ne faites jamais les choses qu'à demi ! Si vous aviez voulu m'en croire, on ne serait plus, touchant le roi, en la peine où nous sommes aujourd'hui ! »

« — Voilà qui est raison parler ! dit la Montpensier qui, se levant, boitilla jusqu'à son frère le cardinal et le baisa sur la bouche. Par la mort Dieu ! poursuivit-elle, fourrons ce roi-reine au couvent sans délayer plus outre ! Monsieur mon frère, vous lui tiendrez la tête entre vos gambes et moi, avec mes ciseaux d'or, je lui tondrai le cheveu et lui ferai au centre de son chef sa troisième couronne... Messieurs, j'opine que le Valois fera un fier moine, étant si mortifiant, macérant, et jeûnant que le Seigneur tardera peu à le rappeler à lui... »

« Ce qui fit rire et tant chatouilla le cardinal que, se dressant, il leva sa coupe majestueusement au bout de son bras et dit d'une voix forte en regardant le duc œil à œil :

« — Je bois au futur roi de France ! »

— Signor, dis-je au bout d'un moment, voilà qui est finement conté. Je ne doute pas que les avis des furieux, à la parfin, prédominent. L'étrange est que le duc tergiverse encore...

— C'est qu'il se sent si grand, si fort, si entouré, si aimé par le peuple et si soutenu par les trois Ordres qu'il se croit invincible — comme l'*Armada*, dit Venetianelli avec un sourire. Ou comme Goliath...

— Signor, dis-je en riant, vous ne paraissez pas fort marri d'être par moi contraint de mordre la main qui vous nourrit.

— C'est que, dit Venetianelli en levant haut la crête, elle ne me nourrit pas assis à sa table, mais debout, à la cuisine, avec les gâte-sauces et les marmitons : ce que je tiens à grand outrage à mon talent. Le doge à Venise n'en usait pas ainsi avec moi.

— Signor, dis-je en le toquant des deux mains sur le gras des épaules, je ne suis ni le doge ni le duc, mais je serais fort honoré, dans les occasions, de vous avoir à ma table, voyant bien que j'ai affaire à un homme de qualité et qui sert si honorablement la Muse de la Comédie. Signor, continuez, je vous prie, d'un autre côtel, à bien servir le roi et je puis vous assurer que vous en tirerez bien d'autres avantages que la destruction d'une malencontreuse *bambola*.

Là-dessus, je lui baillai une forte brassée et l'ayant raccompagné à l'escalier je le laissai autant content de moi que de lui (ce qui n'était pas peu) et je revins à ma chambre m'ôter de la face tout ensemble mon masque et ma civilité, pour ce que le coquin, à la parfin, me ragoûtait peu, étant de sac et de corde, à ce que je croyais, et qui pis est, le mignon d'une maquerelle.

Je le dis à Miroul qui, les courtines tirées, saillait du lit avec son écritoire.

— Certes, Moussu, dit Miroul, mais il est aussi fort divertissant, mimant au vif la bassesse de ces hauts personnages dont notre heur et malheur dépendent. Et n'est-il pas extravagant que ce petit vermisseau de Venetianelli introduise dans les rouages de ces grandes intrigues cet infiniment petitime grain de sable qui va, se peut, faire basculer l'histoire. Son récit est un baril de poudre. Et qui croyez-vous qui sautera ?

— Ha! dis-je, le quiers-tu? Je ne sais s'il est bien décent de prier le Seigneur pour mort d'homme, mais sanguienne, je l'en prie!

Je passai alors avec mon gentil Miroul deux grosses heures, colligeant ses notes et mes propres souvenirs, afin que de mettre *verbatim* [1] par écrit tout ce que Venetianelli avait dit, sans rien perdre du suc, de la substance et de la verve de son remarquable récit.

Cela fait, j'eusse voulu courir tout de gob au château maugré l'épaisse et pluvieuse nuit, mais hélas, je ne le pouvais sans les *quarante-cinq*, au milieu desquels je me devais, d'ordre du roi, constamment cacher, tant est qu'il me fallut attendre le matin et comme on l'imagine très peu m'ensommeiller en cette interminable nuit, me tournant et retournant sur ma coite et écoutant les ronflements de La Bastide et de Montseris et aussi leurs jurements, parce qu'ils juraient même en dormant, en particulier, La Bastide qui rêvait toutes les nuits que les *quarante-cinq* étaient cassés par Guise et les Etats, et qu'il devait chercher condition.

Laugnac m'ayant fort tôt le lendemain matin annoncé à l'huissier! (qui était ce jour-là M. de Nambu), Nambu m'annonça à Du Halde, lequel me vint trouver dans le cabinet vieil et me dit, comme je lui demandai de prime comment allait le roi :

— L'hiver, Baron, ne lui réussit pas. Combien qu'il soit fort aisé à servir en tout autre temps, par mauvais temps il devient quasi insufférable. Dès que le ciel s'enténèbre, il s'assombrit. Il gronde, lorsqu'il vente. A peu qu'il ne pleure, quand il pleut. Gèle-t-il? Il se roidit. Ne lui parlez plus alors de plaisirs! Il vit comme un anachorète en cellule, veille tard, dort peu, se lève tôt, travaille de l'aube au couchant, tue au labour les quatre secrétaires d'Etat, épuise le

---

1. Mot pour mot. (Lat.)

chancelier, ne passe plus rien à personne, dénonce (lui!) les dépenses excessives, et devient, en un mot, immensément tatillon, tracasseux, sourcillant, suspicionneux, encoléré, amer — le monde entier, lui semble-t-il, complotant contre lui et même la pluie le trahissant!

— Ha! m'apensai-je, comme Du Halde m'introduisait dans la chambre du roi, ce que Sa Majesté va ouïr de ma bouche et lire de ma plume, ne va guère le curer de sa bile et de ses noires humeurs!

Le roi était debout au fond de la chambre à se chauffer à un maigre feu, et je vis bien au pli profond entre ses sourcils et aux commissures rabattues de ses lèvres que Du Halde n'errait point.

— Ha mon fils! dit-il en me retirant la main, à peine me l'avait-il présentée, je ne te voyais plus! Tu m'abandonnais! et trêve, je te prie, de ces grimaces et génuflexions. On sait, hélas, ce qu'en vaut l'aune, le plus génuflexant du royaume étant bien le plus trahissant. Et combien traître aussi et qui pis est, et excessivement sottard, fut l'architecte de mon grand-père, quand il plaça cette cheminée à un bout de la chambre, et mon trône, à l'autre bout, en cette absurde abside, comme si un roi, parce qu'il est roi, ne pouvait sentir l'air glacé, duquel hélas, je ne pâtis que trop, depuis que le ciel impiteux a caché un soleil que je n'ai vu du tout, ces deux mois écoulés! Ha mon fils! Le monde ne nous aime pas, qui nous force à vivre interminablement dans les ténèbres, la froidure et la pluie. Du Halde, c'est céans la minuit en plein midi! Fais quérir, je te prie, d'autres chandelles et jeter deux ou trois fagots dans ce feu. Sommes-nous déjà rendus à telle misère que le roi de France n'ait plus de bûches en son bûcher, les Etats nous voulant voir crever du poumon avant que de nous affamer?

Cependant, Du Halde ayant obéi, et des valets ayant apporté, qui fagots, qui chandelles, la chambre s'illumina, et le roi se redressant, et tendant ses belles mains aux hautes, claires et crépitantes flammes, coupa court à son chagrin discours et me chuchota à l'oreille:

— Mon fils, tu as donc vu ton homme, puisqu'ici te voilà. Et que dit-il ? Parle comme moi, *sotto voce*. Il se peut que ce plancher ait des oreilles.

Je lui fis alors à voix basse le récit qu'on connaît, lequel le roi ouït sans battement de cil ni pincement de lèvres, mais la paupière sur l'œil, la tête penchée, le corps immobile et l'air fort réfléchi. Après quoi il ne dit mot, sauf à me remercier d'avoir couché minutieusement par écrit le récit de Venetianelli, le nom duquel j'observai qu'il ne prononçait pas, l'appelant « l'homme » ou le « guillaume » ou le « quidam ». Cependant, à peine eut-il pris de mes mains les feuillets du récit qu'on toqua à la porte, qui de la chambre du roi descendait par un viret en pierre à la chambre de la reine-mère, laquelle chambre se trouvait exactement au-dessous de la sienne. Raison pour quoi il avait dit, je pense, qu'il se pouvait que son plancher eût des oreilles.

— Sire, dit l'huissier en passant la tête, et la tête seule, par la très étroite aperture qu'il avait ménagée à la porte, c'est Mme de Sauves que vous dépêche Sa Majesté la reine-mère pour être de vous reçue.

— Monsieur, dit le roi en l'envisageant d'un air très froidureux, à quoi sert que je vous aie placé à ma porte, et de plus, trois gardes de Larchant échelonnés dans le viret, si vous me laissez assiéger par les créatures de ma mère ? Rebutez-la, Monsieur !

— Sire, dit l'huissier, la face fort malheureuse, Mme de Sauves vous oit ! Elle est derrière moi !

— Eh bien ! puisqu'elle m'oit, s'écria le roi d'une voix furieuse, je voudrais qu'elle sache que je ne trouve pas bon qu'elle se colle à ma porte comme le pou dans le poil d'un truand !

— Sire, dit l'huissier, elle s'ensauve, les mains sur les oreilles !

— Ha ! hucha le roi à tue-tête en marchant vers lui et en mettant lui-même la tête dans l'entrebâillement de la porte, ses *oreilles* ! c'est tout justement ses *oreilles* que je n'aime point chez elle ! Monsieur, poursuivit-il en s'adressant d'une voix tonnante à l'huissier (et se peut aux gardes de Larchant), veillez d'ores en avant qu'aucun *porte-oreilles*, fût-il mâle ou femelle, mette ne fût-ce que le bout de son orteil sur la première marche de ce viret!

— Sire, dit Du Halde du ton de discret reproche dont il était le seul à pouvoir user avec le roi, la reine-mère vous aura entendu.

— Je l'espère bien, dit le roi, s'aquiétant tout soudain. Sans cela eussé-je huché si fort? Du Halde, ne suis-je même pas le roi en ces quelques pieds carrés de ma chambre qu'il me faut être continuellement épié? Mon fils, reprit-il, *sotto voce*, en se tournant à moi (mais à ce que j'observais, sans me nommer non plus), rends-toi avec Laugnac et une douzaine de ses *quarante-cinq* au petit pavillon qu'on voit au fond du parc. Fais-y allumer un grand feu, et attends que je te rejoigne avec quelques amis sûrs, le Conseil terminé. Aussi bien, poursuivit-il, en me présentant la main avec un sourire de la moitié du bec, toi, mon fils, qui as l'esprit si vif, trouve un moyen de faire cesser cette interminable pluie. Par la Sainte Brume, j'en vais crever!

Il était midi bien passé, et le Conseil du roi de longtemps fini, quand je vis, un à un, arriver en le petit logis du fond du parc « les amis sûrs » du roi : François d'O, Rambouillet, le grand écuyer Bellegarde, Alphonse d'Ornano dit le Corse, le maréchal d'Aumont, le secrétaire d'Etat Revol, le garde des Sceaux Montholon, et enfin le roi lui-même, avec Du Halde, tâchant de le garantir contre une pluie diluvienne par un *ombrello* à l'italienne, si petit qu'il lui chargeait plus le bras qu'il ne protégeait le chef du roi. Tant est que l'aigrette que Sa Majesté portait au centre de son escoffion en fut si piteusement mouillée que les plumes en restèrent collées. Bellegarde, à l'entrée de la salle, le lui fit remarquer et le roi ôtant alors de sa tête ledit bonnet, le tendit à Du Halde, en lui quérant de le mettre devant le feu pour essayer de redonner du lustre au plumet, mais sans pour autant le brûler. Tous les assistants observèrent comme moi l'excessive fâcherie du roi à cet incident, maugré qu'il eût alors bien d'autres motifs, et plus graves, de contrariété. Cependant, comme le feu flambait haut et clair et que la petite pièce était douillette et bien éclairée de chandelles (le noir de poix du ciel les rendant nécessaires), l'humeur du roi, par degrés, s'éclaira et il dit en gaussant que mieux valait un chaud petit logis où l'on fût bien chez soi qu'un grand château froidureux où traînaient des oreilles.

Pour moi, ne sachant point si j'étais invité à assister à ce Conseil, je me retirais de la salle, quand le roi, m'apercevant, me dit de demeurer et que mon témoignage lui serait à besoin. Sur quoi s'asseyant, le dos au feu, le roi se fit apporter par Revol un petit portefeuille en cuir dont il tira trois ou quatre papiers qu'il tint sur ses genoux, et qu'il cita, ou lut, pour appuyer ses dires, lesquels papiers étaient les preuves qui, dit-il, l'avaient convaincu de la rébellion du duc de Guise, de sa félonie, de sa connivence avec l'étranger, et de son permanent complot pour attenter contre sa personne royale.

Touchant ledit attentement, il lut un billet du duc de Guise, de sa main signé, et daté du jour des barricades où le duc disait à son correspondant qu'il tenait le « *Louvre investi de si près qu'il rendrait bien compte de ce qui était dedans.* »

— Ce qui était dedans, Messieurs, dit le roi en souriant d'un seul côté de la face, c'était moi.

Il tendit alors le billet à Du Halde, pour qu'il le portât aux assistants, et continuant du ton le plus uni son réquisitoire, il dit qu'il avait la preuve que le duc sollicitait des pécunes d'un prince étranger, afin que de nourrir ses entreprises contre son roi, et pour preuve il produisit le brouillon de la lettre que Guise avait écrite à Philippe II et que j'avais été heureux assez pour rober à la Montpensier. Le maréchal d'Aumont voulant alors savoir comment je m'y étais pris, le roi me quit de le dire, ce qui ne laissa pas, comme bien on pense, de me donner quelque vergogne, mais Sa Majesté me pressant, je consentis à la parfin à en faire le récit, qui fit sourire, et en particulier le maréchal d'Aumont, lequel était un vrai vieux Français à l'ancienne mode, fort amoureux de sa patrie et de son roi, et me dit, mi-gaussant mi-grave, qu'il n'était pas d'extrémité à laquelle un sujet ne fût en conscience obligé pour servir son souverain.

Le roi dénonça alors le complot de la Ligue et des Etats pour le réduire à quia, et quasi à la mendicité, en lui refusant tout argent, et connivent à ce complot, celui des Guise pour s'emparer de sa personne. A l'appui de ce dire, il lut le récit de Venetianelli, tel que je l'avais par écrit couché, lequel produisit grand effet, mais moindre toutefois que celui que je créai, en sortant de mes chausses la poupée envoûtée que j'avais saisie dans le corbillon à chiffons de la *cavalletta*. Je le fis pour répondre à François d'O, qui voulait savoir de moi comment j'avais pris barre sur le comédien, et le roi en fut le premier étonné, pour ce que je n'avais pas eu le temps de montrer le matin à Sa Majesté la magique *bambola*, par laquelle, à distance, on escomptait l'occire.

Le roi dit encore qu'il s'était fort ressenti de l'injure que lui avait faite un princerot comme le duc de Savoie qui, en octobre, s'était par la force saisi du marquisat de Saluces, l'ultime possession française en Italie, et qu'il n'y avait pas à douter, étant donné les liens du duc de Savoie et du duc de Guise, que le premier ne s'y serait pas risqué sans l'assentiment du second, lequel avait, se peut, barguigné le marquisat de Saluces contre des monnaies ou des hommes pour faire la guerre à son roi.

— Messieurs, dit Henri, la chose est claire et je vous ai accointés de toutes les preuves qui la démontrent et rendent tout à fait certain et assuré que M. de Guise fait état de s'emparer du royaume après en avoir abattu les colonnes. Eh bien, Messieurs, vous qui êtes de ces colonnes et des plus fermes, desquelles la chute précéderait ou suivrait de peu la mienne, que me conseillez-vous en ce prédicament ?

Ce disant, il se tourna vers le garde des Sceaux Montholon, lequel était avec Revol un des ministres nouvellement promus après le renvoi des créatures de la reine-mère, et assurément un fort honnête homme, et fort fidèle au roi, mais dont les yeux ronds dans une face ronde ne trahissaient pas la plus petite étincelle d'esprit ou de talent.

— Sire, dit Montholon, j'opine que dans cet état des affaires si embarrassées et enveloppées de craintes, et la main de M. de Guise y étant pour beaucoup, il conviendrait de l'arrêter et de lui faire son procès.

— Rambouillet? dit le roi, la face imperscrutable.

— Ma foi, Sire, dit Rambouillet, je suis de l'avis de Montholon.

— Revol? dit le roi.

Le secrétaire d'Etat Revol était autant homme de robe que Montholon, et on eût pu s'attendre à ce qu'il acquiesçât à la proposition du garde des Sceaux, d'autant que son aspect estéquit, malingre et timoré paraissait l'y prédisposer, étant de taille fort chétive et le visage long, maigre et si blanc qu'on aurait dit qu'il le passait à la craie. Tant est qu'il créa une considérable surprise en disant d'une voix douce et timide :

— Sire, si vous arrêtez M. de Guise, où trouverez-vous le lieu, les juges et les témoins pour lui faire son procès? Caton, le plus sage des Romains, disait qu'il fallait plutôt frapper le traître à la patrie que de consulter, l'ayant pris, si on le devait faire mourir, pour cette raison que lorsque l'Etat est en péril, il faut que la peine précède le jugement.

— D'Aumont? dit le roi.

— Sire, dit le maréchal d'une voix rude, nous serons déshonorés, et nos épées aussi, si nous continuons à subir un jour de plus les avanies de ce traître! Tant plus nous ployons, tant plus il nous met le pied sur le ventre! Foin du procès! S'agissant d'un crime de lèse-majesté, une prompte mort est le seul châtiment!

— François d'O? dit le roi.

— Sire, dit François d'O, je suis de cet avis.

— Bellegarde?

— Sire, d'Aumont a parlé d'or.

— Mon Corse ? (désignant par là d'Ornano).

— Sire, comme dit Revol, il faut que la peine précède le jugement.

— Je le crois aussi, dit le roi après un moment de silence, pour ce que j'en ai débattu longtemps en mon for, trouvant le procès tout à plein impossible dans l'état de faiblesse où me voilà. Et cependant, ne pouvant me résoudre à la solution que vous avez dite, tant j'abhorre le sang. Mais je me suis à la parfin apensé que mon archi-ennemi poussant sa pointe toujours plus outre, sa plus longue vie serait ma mort, celle de tous mes amis et la ruine de mon royaume. Le Guisard est trop fort pour qu'on le puisse arrêter et juger. Le mettre en prison serait tirer un sanglier aux filets, lequel se trouverait possible plus puissant que nos cordes.

— Sire, dit Rambouillet, lequel, sans être du tout courtisan, nourrissait pour le roi une admiration sans limites et une affection tant naïve que sincère, si vous n'êtes pas de mon avis, c'est qu'il doit être mauvais. Je me range donc au vôtre.

Ce qui fit sourire et tourner les yeux vers Montholon, lequel, cependant, se tut, ayant en lui cette obstination des sottards et des mules, qui le faisait persévérer dans un chemin erroné pour la raison qu'il l'avait de prime choisi. A mon avis, ce silence fut la seule cause pour quoi le roi le renvoya peu de temps après, ayant eu cette suspicion que Montholon ménageait le Guise : ce qui, je crois bien, était faux.

Quoi qu'il en soit, Montholon s'accoisant, sa paupière refermée sur son œil rond, le roi n'ajouta pas un mot, mais quérant à Du Halde l'heure qu'il était à la montre-horloge qui pendait à son cou, il dit qu'il ne pouvait demeurer trop longtemps hors sa principale maison et nous donna congé, soit qu'il voulût méditer encore sa décision, soit que plutôt, sa décision prise, il désirât l'envelopper du nécessaire secret, en en fixant seul la date et les circonstances.

Le 20 décembre, qui était un mardi, je reçus derechef à la nuitée à l'*Auberge des deux pigeons*, là visite de Venetianelli, lequel parut fort jubilant à l'idée de satisfaire sa mauvaise dent contre son protecteur, en déchargeant dans mon giron les nouvelles qui lui gonflaient les joues. Cependant, sentant bien tout le poids et la valeur desdites nouvelles, il voulut de prime en barguigner le prix avec moi et me requit de lui rendre la *bambola*, avant même qu'il n'ouvrît le bec. Et moi n'y voulant de prime consentir, mais ardant fort à conserver les bonnes grâces du vaniteux et chatouilleux guillaume, je lui fis des caresses à l'infini, et comme Margot m'apportait mon repas, je le priai de le partager avec moi, lui disant que j'étais pour lui en de tels sentiments d'amitié et de fiance que je ne voulais pas lui cacher ma face plus longtemps. Ce disant, je me démasquai (ce à quoi de toutes manières, j'étais contraint par ma repue), et lui assurai que la fois prochaine je lui dévoilerais, et mon nom et ma parentèle, laissant entendre qu'ils étaient des plus hauts dans le royaume ; que cependant, pour la *bambola* (que je plaçais entre lui et moi sur la table), je le suppliais d'avoir pour agréable de me laisser décider du moment où je la lui rendrais. Ce à quoi le Venetianelli à la parfin consentit, tant il était submergé par ma civilité et ma condescension.

— Monsieur, dit-il, dès que Margot, nous ayant apporté les viandes et les flacons, eut clos l'huis sur nous, ce que j'ai à vous dire tient en un mot, mais ce mot à lui seul, vaut tout un livre, tant il est lourd et gros de conséquences pour les Grands qu'il concerne : le « *grand de Blois* », comme dit Nostradamus, par quoi le roi est clairement désigné, et son « *ami* », lequel par antiphrase, ne peut désigner que le Guise.

— Ha, dis-je, n'avançant la patte en cette délicate matière que pour la retirer, vous connaissez la prédiction de Nostradamus !

— Je la connais, dit le Venetianelli avec un air d'immense et incommunicable sagesse, et je la crois tout à plein certaine, étant par elle fermement assuré que le « *grand de Blois* », comme l'a prédit l'illustre mage, ne peut qu'il ne tue « *son ami* » : cela est écrit dans les astres.

— Ha! les astres! dis-je en souriant, lesquels, d'après Regiomontanus, avaient déjà prédit la fin du monde en 1588! Nous voilà à dix jours de 1589, et le monde est toujours là, solide comme jamais, et peu disposé, semble-t-il, à s'effriter sous nos pieds...

— Monsieur, dit le Venetianelli, si vous ne croyez aux astres, croyez du moins aux caractères. Si je devais dire au Guise qu'on le tuera demain, il me rirait au nez. A quoi sert de tendre un miroir à un homme, si sa puissance l'aveugle? Le Guise est un Lorrain, et encore que la Cour de France l'ait quelque peu décrassé, il se ressent encore d'une lourdeur germanique qui ne peut qu'elle ne soit trompée à la longue par la florentine finesse du fils de la Médicis. En outre, le roi est bougre, et qui dit bougre dit comédien.

— Signor, dis-je en souriant, j'admire fort votre lucidité vénitienne, mais de grâce, ne m'affamez pas plus longtemps, dites le « mot » que vous m'avez annoncé, et je jugerai s'il vaut, comme vous dites, tout un livre.

— Ou à tout le moins une poupée, dit le Venetianelli. Monsieur, le voici. Vous me direz s'il n'est pas chargé de poudre jusqu'à la gueule : Demain, Monsieur, au plus tard demain, après messe ou après vespres, le Guise dira au roi, qu'étant lassé et meurtri de toutes les suspicions que lui valent auprès de Sa Majesté ses actions les plus innocentes, il a décidé de résigner sa charge de lieutenant-général et de quitter Blois.

— Ha! dis-je béant, voilà qui, à vue de nez, me paraît excessivement menaçant. Mais, *Signor*, ajoutai-je (maniant le compliment non point à la cuiller, mais à la truelle, comme si je me fusse adressé à une femme), vous dont l'œil pénétrant perce les arcanes des intentions les plus cachées, pourriez-vous me dire à quoi tend le duc par cette semi-rupture?

— A ce que le roi, effrayé de son département, tâche de le retenir en l'élevant à la connétablie ou, ce qui revient au même, que les Etats « supplient » le roi de la lui conférer, faute de quoi ils se dissoudraient, le laissant sans pécunes.

— Ha! *Signor!* dis-je, j'hésitais à concevoir l'exorbitante arrogance de cette prétention! Si bien je me ramentois, nous n'avons pas eu de connétable en France depuis vingt ans, tant nos rois ont craint à l'usage l'immensité de ses pouvoirs, lesquels le faisaient quasi l'égal et rival du souverain. Le Guise connétable! Lui qui est déjà le roi de Paris! Et le roi des Etats Généraux! Sanguienne! C'est s'enfler soi-même en énorme chat et faire du roi une souris bien petite.

— Laquelle, cependant, dit le Venetianelli avec un mince et sinueux sourire, n'a que plus d'intérêt à se défaire du chat, tant qu'il n'a pas encore pris tout ce ventre.

C'était bien là le pensement que moi-même, à cet instant précis, j'avais derrière la tête, mais ne trouvant aucun intérêt à mettre devant ce qui était derrière et jugeant, d'un autre côtel, que le Venetianelli n'aurait plus d'ores en avant grande occasion de m'apporter sa précieuse provende, je lui dis, tandis que nous finissions notre repue :

— *Signor*, vous ne m'avez pas trompé : Ce mot valait volume. Voici la *bambola*. Elle est à vous. Souffrez toutefois qu'avant de vous la bailler, et par vous à la *cavalletta*, je retire de son cœur cette aiguille, comme tout à plein contraire et insultante aux astres et à Nostradamus. Que si pourtant d'ici la *fine de la semana*, vous oyez quelque nouvelle de grande conséquence, peux-je compter sur votre seule amitié pour m'en venir informer?

Venetianelli me l'assura à son congé avec une telle effusion d'amitié et de chaleur que je me sentis quelque peu vergogné de l'avoir abusé des feintes de la mienne et, suivant de l'œil dans l'escalier le dernier de ses talons, je me sentis par là même quelque peu honteux de m'être fait un tel ami, et par de tels moyens. Mais, quoi! Pour quelle raison un coquin, fier de sa coquinerie, n'aurait-il pas, lui aussi, quelque naïveté de cœur, qui nous le rendrait à la parfin aimable et sufférable?

CHAPITRE XV

C'est à sept heures, le lendemain mercredi 21 décembre, que je pus voir le roi et lui dis ce qu'il en était, tandis qu'il détachait — je dis bien détachait — ses boucles de ses oreilles. A mon récit, il resta de prime béant, et ayant jeté un œil à Du Halde, m'envisagea d'un air tout à plein incrédule.

— Ha mon fils! En voilà bien d'une autre! Mais c'est trop d'impudence! Je ne le peux croire! Même du Guise! De reste, je le verrai à messe à huit heures à la chapelle Saint-Calais, et après messe, s'il m'engage en un entretien j'en aurai le cœur net, ou, si ton homme dit vrai, excessivement brouillé. Du Halde, poursuivit-il, mon apparessant secrétaire n'étant point encore advenu céans, veux-tu écrire pour moi un billet à Mme de Sauves?

— Sire, bien volontiers, dit Du Halde en allant quérir sur un coffre l'écritoire et s'étant assis sur une escabelle, la disposant sur ses genoux.

— Voici, dit le roi :

« Madame, je serais au désespoir si vous ne consentiez pas à la supplique que je vous fais par ces chagrines lignes de me bien vouloir pardonner d'avoir osé médire de vos oreilles, lesquelles, bien je me ramentois, sont les plus jolies du royaume, et le seraient, se peut, davantage, si vous me faisiez la grâce d'accepter de ma main ces parures. Votre humble dévoué et affectionné serviteur. Henri. »

— Sire, dit Du Halde, sa face austère s'allongeant encore, c'est prendre trop de gants avec une créature qui sur l'ordre de la reine-mère coquelique avec le Magnifique. Ces gens-là n'ont que trop de pente à vous trouver mol, timide et infiniment pardonnant.

— Qu'ils le croient! Je n'en serais nullement marri de présent! dit le roi, en me jetant de son bel œil noir un fin et connivent regard. — Mon fils, poursuivit-il, ne t'ôte pas de mon oratoire vieil, je te verrai après messe.

Cet oratoire vieil dont le roi parlait, était à la senestre de sa chambre quand on faisait face aux fenêtres, et de la chambre, on y passait par une porte basse — comme la plupart des huis de cette aile du château, chose d'autant plus étrange qu'elle avait été construite par François Ier qui était de taille géantine et se devait courber beaucoup pour les franchir —, laquelle porte basse était garnie d'une tenture, se peut, contre le froid.

Cette tenture soulevée et l'huis déclos, on se trouvait précisément dans l'oratoire vieil, pièce petite, fort rectangulaire et nue comme la main pour ce qu'on n'y célébrait plus la messe, et éclairée par une fort grande et belle fenêtre qui s'ouvrait sur une loge à l'italienne. Face à cette fenêtre, se trouvait la porte, elle-même basse qui donnait sur le cabinet vieil, lequel était une pièce carrée avec une grande table et cinq ou six escabelles, une cheminée et des boiseries aux murs, dont d'aucunes s'ouvraient par une fermeture secrète dissimulée dans la plinthe, laquelle, par un déclic, découvrait des armoires où j'imagine que le roi devait garder ses plus précieux papiers. Du Halde m'apprit plus tard que le cabinet de la reine-mère au premier étage était pareillement disposé en panneaux de bois fins et sculptés dissimulant des placards, mais que ledit cabinet chez la reine-mère donnait sur la campagne, alors que le cabinet vieil du roi donnait sur la cour du château. Je le crois sur parole, n'ayant jamais eu l'occasion de mettre le bout de l'orteil dans l'antre de Jézabel.

J'espérai le roi une grosse heure dans l'oratoire vieil, mais m'y ennuyant à me ronger les ongles, et saisi par le froid, la pièce n'étant pas chauffée, je passai dans le cabinet vieil où je trouvai, la Dieu merci, un grand feu et cinq ou six des *quarante-cinq* que bien je connaissais et à qui je quérais en oc de joindre leur compagnie, ce à quoi ils consentirent fort civilement. Mais les voyant occupés à leurs cartes qu'ils tapaient sur une escabelle, je me mis dans l'embrasure d'une fenêtre où j'avais vue sur la cour et l'aile Louis XII, laquelle j'aimais prou pour ce que je trouvais de la gaîté à l'appareillage de briques et de pierres qui garnissait les deux façades en équerre et la tour qui les joignait. Encore que la brique soit en Périgord tout à plein déconnue, y ayant en notre province quantité de belles pierres ocre, et qu'on n'y coiffe pas les toits par des ardoises, mais par des lauzes, cette aile Louis XII par sa noble rusticité me ramentut mon nid crénelé de Mespech, pensement qui de prime m'atendrézit, mais tout soudain me mordit le cœur d'un malenconique regret, d'autant que tombait cette perpétuelle pluie qui en décembre se voit dans le Sarladais plus souvent que la neige, et dont l'humide senteur accompagne encore dans mes narines l'odeur des châtaignes qu'on faisait rôtir dans la cendre de l'âtre.

J'en étais là de ces pénétrantes remembrances qui, comme toutes celles qui regardent les enfances, touchent de si près le cœur de l'homme, quand je vis par les verrières de l'autre côté de la cour tout un groupe de seigneurs saillir de la chapelle Saint-Calais et de ceux-là se détacher le duc de Guise en pourpoint de satin gris clair et le roi, vêtu de velours noir, le collier de l'Ordre du Saint-Esprit au col, et le chef coiffé de son escoffion à aigrette. Ils se mirent à déambuler dans la galerie-promenoir en équerre de l'aile Louis XII, les colonnes dérobant quand et quand leurs faces que j'eusse été si friand d'envisager, sachant le motif de leur entretien. Celui-ci, en mon opinion, dura bien une grosse heure, et pas plus que les aregardants de la cour qui, pour laisser la place libre au roi et à son lieutenant-général, s'étaient groupés à la porte de la chapelle Saint-Calais, je ne pus deviner s'il fut vif et colère, la seule chose que j'y observai fut qu'à plusieurs reprises, le Guise se décoiffa de son grand chapeau à plumes, lequel le roi, incontinent, le pria de remettre, geste dont il n'y avait rien à conclure, le Lorrain étant si prodigue de bonnetades et Sa Majesté si courtoise.

A la parfin, les deux hommes se séparèrent et le roi, en pourpoint et cape comme il était, traversa la cour sous une pluie battante et, chose étrange, sans appeler Du Halde et le secours de son *ombrello* à l'italienne, lequel Du Halde courut après lui, *l'ombrello* brandi au bout de son bras, le roi tournant la tête avec impatience, quand il fut rejoint et, à ce que je crus voir, fouettant d'une phrase furieuse le pauvre Du Halde qui cependant n'en pouvait mais, son service n'ayant pas été requis. Le roi, ayant commencé à gravir le grand escalier d'honneur, je repassai du cabinet vieil à l'ancien oratoire et la porte entre ledit oratoire et la chambre du roi étant déclose, je soulevai la tenture et me tins debout dans l'embrasure de la porte, prêt à répondre à l'appel du roi, pressentant bien, à la façon dont il avait rebéqué Du Halde, qu'il était dans ses fureurs, lesquelles, à dire le vrai, passèrent ce que j'avais imaginé, car je le vis, dès qu'il fut en sa chambre advenu, et l'huis à peine refermé derrière lui, arracher de sa tête son escoffion et le jeter rageusement sur le sol. Geste qui me ramentut celui de son frère Charles IX, lequel, seize ans plus tôt, jouant à la paume avec Guise, Téligny et moi, fut tant mis hors de lui d'ouïr de la bouche de Yollet qu'on venait d'attenter à la vie de l'amiral de Coligny qu'il lança à la volée sa raquette à terre.

— Sire, dit Du Halde avec reproche en ramassant l'escoffion, pour le coup vous avez cassé l'aigrette irréparablement !

— Symbole, Du Halde ! hucha le roi à gorge déployée, symbole ! Et tu sais bien de quoi !

— Sire, dit Du Halde avec reproche, vous allez désommeiller Madame la reine-mère, laquelle a pris médecine ce matin, et se trouve fort dolente.

— Bah ! dit le roi quasiment grinçant des dents, les femmes ont sept vies comme les chats ! Madame ma mère m'enterrera et suivra mon funèbre convoi, le bras appuyé sur son « *bâton de vieillesse* ». Du Halde, poursuivit-il portant la main à son oreille, et l'air égaré assez, où sont mes boucles ?

— Mais, Sire, vous en avez fait présent ce matin à Mᵐᵉ de Sauves.

— Havre de grâce! rugit le roi, dois-je, étant vif, me dépouiller? La connétablie au Magnifique! Et mes boucles à sa putain! Ha! Mon fils! dit-il en m'apercevant debout à la porte du vieil oratoire, ton homme ne mentait pas!...

— Sire, dit Du Halde, les murs ont des oreilles.

— Nenni, mon Du Halde, dit le roi en s'aquiétant tout soudain et sa voix tombant au plus bas diapase. Ce château en son entièreté n'est qu'une immense oreille, à telle enseigne que même mes toquements de cœur sont écoutés! Et une minute, Du Halde, une minute après ma grande colère, elle sera connue du Magnifique! Du Halde, reprit-il, parlant d'une voix basse et rapide, et les dents serrées, je veux voir incontinent dans mon cabinet vieil, d'Aumont, Revol, Rambouillet, Bellegarde, François d'O et mon Corse. Incontinent, Du Halde!

Lecteur, laissons, s'il te plaît, le bon Du Halde courre à la recherche des amis sûrs de notre pauvre bien-aimé souverain, et tandis qu'il passe dans sa garde-robe pour changer sa vêture mouillée de pluie (laquelle tomba sans discontinuer d'un morne ciel noir tout ce triste décembre), plaise à toi de jeter un œil sur le croquis que voilà où j'ai dessiné au deuxième étage du château de Blois, les appartements du roi, desquels il est très nécessaire de bien connaître la disposition, si l'on désire clairement entendre la suite de ce récit.

E est l'émerveillable escalier ajouré qui de la cour mène aux étages, mais il est doublé par deux autres : par *e* qui met en communication la chambre de la reine-mère au premier étage et la chambre du roi au second : viret que le lecteur connaît bien, puisque c'est sur ces marches que l'huissier, M. de Nambu, et trois gardes de Larchant, rebutèrent Mᵐᵉ de Sauves et ses oreilles; par *e'* qui met en communication avec l'extérieur le cabinet vieil (A) et permettait aux *quarante-cinq* d'accéder aux appartements du roi sans passer par l'escalier d'honneur. *H* est l'oratoire vieil,

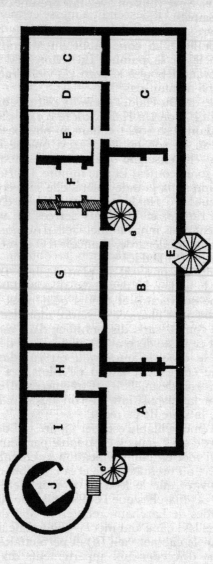

contigu à la chambre du roi, où celui-ci me dit de l'attendre quand il descendit à messe ce mercredi-là ; quant à *I* et *J* (lequel *J* était dans une tour appelée Dieu sait pourquoi tour du Moulin) ces pièces servaient de salles de garde aux *quarante-cinq*, quand le roi les voulait tous rassembler près de lui. Quand le roi n'y était point, il arrivait qu'ils s'y tinssent aussi, comme on a vu, dans le cabinet vieil dont la porte donnant sur *B* (la salle du Conseil) avait été murée sur ordre du roi à son arrivée à Blois, sans doute pour isoler ses « coupe-jarrets » (comme les ligueux injurieusement les appelaient) du reste de ses appartements.

Quand, venant de la salle du Conseil B on pénétrait dans la chambre du roi G, on trouvait à la dextre une grande cheminée (dont Henri se plaignait qu'elle fût trop éloignée de sa chaire d'apparat) ; en face de soi, deux coffres placés dans les embrasures des fenêtres, desquels j'ai toujours déconnu le contenu, mais sur lesquels il était permis de s'asseoir en attendant que le roi vous appelât par votre nom et vous présentât la main. A senestre, le lit du roi, dont les courtines toujours tirées étaient de velours bleu, fleurdelisées d'or et que le roi n'aimait guère, le trouvant trop estéquit, et dans lequel, de reste, il ne couchait pas, préférant la coite de la reine et la chaleur d'une compagne de lit, étant de sa complexion si frileux ; à la senestre du lit, comme je crois que j'ai dit déjà, une sorte d'alcôve ou d'abside était creusée, dans le renfoncement de laquelle était le trône, simple chaire à accoudoirs tapissée du même velours que les courtines. A la dextre de cette chaire, il y avait une escabelle sur laquelle, vous donnant audience, le roi vous priait, ou ne vous priait point de vous asseoir, selon la considération qu'il voulait vous marquer, ou ne vous marquer point, ou la longueur qu'il avait fixée à l'entretien.

Si retraçant vos pas, vous reveniez (fort volontiers par ces jours pluvieux et froidureux) vers la cheminée où le feu à l'accoutumée ne se consumait pas chichement, vous trouviez à la senestre de ladite cheminée une porte qui donnait sur F, le cabinet neuf; à vrai dire, le roi recevait aussi à l'autre bout de ses appartements dans le cabinet vieil, en raison surtout de ses commodes et secrètes armoires, mais il préférait travailler dans le cabinet neuf, pour ce que c'était une pièce fort petite et partant bien chauffée, tant par une cheminée où les flammes flambaient haut et clair que par la chaleur rayonnant du mur qui lui faisait face, le revers duquel était l'âtre de sa chambre.

Deux portes s'ouvraient dans le cabinet neuf : une allait en E qui était la garde-robe du roi et une autre en D qui était l'oratoire neuf.

Je n'ai mie posé le pied en C, ni en C' et n'en connais pas la disposition, ces deux grandes pièces composant les appartements de la reine, et il se peut qu'elles aient été subdivisées pour la commodité, étant si vastes.

En l'oratoire neuf du roi, il y avait un petit autel fort joli, surmonté d'un grand crucifix, et face à l'autel un prie-Dieu à bois doré, tapissé de velours bleu, sur lequel se génuflexant, le roi priait dès son lever et un peu plus tard, oyait la messe dite par son chapelain et son aumônier, l'un faisant les répons à l'autre, à moins qu'il ne préférât saillir hors et traverser la cour pour gagner la chapelle Saint-Calais, ce qu'il avait fait, comme on s'en ramentoit, ce mercredi 21 décembre pour encontrer le Guise et « *en avoir le cœur net ou excessivement brouillé* ».

Et que ledit cœur fût brouillé au-delà des limites sufférables, c'est bien ce qu'avait fait paraître sa soudaine frénésie au retour de son entretien avec le Lorrain, et encore que le roi fût de présent aquiété, je vis bien, quand il saillit de sa garde-robe, à sa face fort pâle, à son œil sourcillant, et au pli de sa lèvre qu'il avait fort mal digestionné la démission et département dont le duc l'avait menacé. Il portait, pour remplacer sa vêture mouillée, un pourpoint de velours bleu pâle et sur le chef un escoffion de même étoffe et couleur, mais sans aigrette, et encore que cette attifure fût de soi plus gaie et plus folâtre que sa vêture noire, elle ne s'accommodait qu'assez mal aux âpres et amers pensements qui se pouvaient lire sur son chagrin visage.

— Mon fils, dit-il en me jetant un œil, va voir promptement dans le cabinet vieil si mes amis sont là.

J'y courus et revenant dire au roi qu'ils y étaient, hormis Revol que Du Halde avait été, à ce qu'on me dit, quérir de sa personne, le roi passa lui-même dans le cabinet vieil et avisant qu'il y avait là, outre son Conseil étroit, cinq ou six des *quarante-cinq*, lesquels, le roi apparaissant, semblèrent fort embarrassés de leurs cartes et de leurs pipes, Sa Majesté s'adressant à eux avec sa coutumière bonté et les appelant « mes enfants », leur dit de se retirer en sa chambre et d'en défendre l'entrant, et qu'ils y trouveraient un aussi bon feu que céans et la liberté de se remettre à leurs jeux, mais sans pétuner, pour ce qu'il abhorrait la fumée de l'herbe à Nicot.

Revol advenant alors tout courant, précédé de Du Halde, lequel sur un signe du roi, ouvrit toute grande une des fenêtres pour chasser la méchante odeur qui régnait dans la pièce (et n'était pas que de tabac), le roi nous commanda de nous asseoir sur les escabelles qui se trouvaient là et, ayant parlé longuement et à voix fort basse dans l'oreille de Bellegarde, se retira de notre cercle, et se tint debout devant le feu, et fort près de lui, au moins tant que la verrière fut ouverte.

Bellegarde était un fort beau gentilhomme, courant fort le cotillon, ou plutôt fort couru par lui, d'une disposition sérieuse et silencieuse, et d'une fidélité éprouvée pour le roi, et qui eût été, en bref, en tous points parfait, s'il n'avait pâti, comme Chicot, d'une goutte au nez, laquelle menaçait continuellement sa fraise et son pourpoint, infirmité qui était cause que le roi (qu'elle agaçait excessivement) le gourmandait sans cesse, tout en l'aimant prou, et en l'estimant fort.

— Messieurs, dit Bellegarde de la voix enrouée des gens qui parlent peu (et sans jamais nommer le Guise autrement que le *tertium quid*, expression étrange empruntée à la mathématique et qui veut dire « le troisième élément »), Messieurs, voici une ébauche de plan touchant l'affaire qui nous occupe, et pour lequel, désirant qu'il soit élaboré plus outre, Sa Majesté requiert vos éclairés avis.

Je ne vais point céans reproduire l'esquisse que fit Bellegarde de cette entreprise, tant le débat qui suivit nous amena à la modifier. Je ne cuide pas non plus que je doive nominalement désigner celui-ci, ou celui-là, pour les amendements qu'il y apporta, pour ce qu'il pourrait y avoir quelque péril pour lui, même en ce jour d'hui, à être nommé à cette occasion comme le père d'une suggestion qui fit prou pour le succès de l'affaire. Il n'est pas que le feu ne couve encore longtemps sous la cendre des discordes civiles, et combien que tel ou tel légitimement se paonne d'avoir été ce jour-là dans le dernier carré des fidèles, il s'alarmerait peut-être d'être désigné à la longue vindicte de nos adversaires, s'il lui devait être attribuée la paternité d'une ruse de guerre que ceux-ci, en leurs libelles, ont tenue pour atroce ou machiavélienne. Et certes, que notre plan, sur les lèvres d'un fils, d'une mère, d'un frère ou d'une épouse méritât d'être ainsi qualifié, j'en pourrais convenir, si l'on avait pu arrêter par un autre moyen que la mort la marche du duc de Guise vers le trône, l'extermination des « politiques » et des huguenots, et l'asservissement du royaume à l'Inquisition.

Il apparut vite dans notre débat, à voix basse chuchoté, et le Guise n'étant jamais autrement nommé que le *tertium quid*, que la difficulté principale était de l'isoler de sa suite, pour ce qu'un affrontement entre ses gentilshommes et les nôtres, soumis aux hasards d'un combat, pourrait, se peut, entraîner beaucoup de morts, sauf celle précisément qui était utile à l'Etat. Et s'avisant que le *tertium quid* (qui sentait bien qu'il avait quelques raisons de se méfier) se faisait à l'accoutumée suivre de tous les siens jusqu'à la porte du roi, sauf les jours de Conseil où les suites des grands y participant étaient si nombreuses qu'il avait été convenu qu'elles devraient demeurer en la cour, il fut décidé que l'attentement se ferait un jour où ledit Conseil se tiendrait (dans la salle marquée B sur le plan) et qu'en outre, ce Conseil serait convoqué fort tôt le matin dans l'espoir de réduire à fort peu le nombre des gentilshommes du *tertium quid* qui se voudraient à cette heure-là désommeiller.

Cependant, comme nous cherchions vainement à colorer de quelque vraisemblance cette heure matinale que nous avions fixée à sept heures, c'est-à-dire à un moment où le jour en décembre n'était même pas levé, le roi qui se tenait debout devant le feu, vers les flammes duquel il tendait ses mains, dit sans tourner la tête et en parlant lui aussi fort bas, que la raison en pourrait être que se proposant de partir ce matin-là en carrosse pour sa maison de La Noue, afin d'y faire retraite, il voulait que le Conseil pût se tenir avant son département. A quoi l'un de nous ajouta que le roi pourrait prendre prétexte de ce département pour faire demander la veille les clés du château au *tertium quid*, lesquelles clés il détenait ès qualité de grand maître de France, afin que de fermer les portes du château dès que le Conseil serait réuni, ce qui aurait pour effet de refermer la nasse, une fois que le poisson s'y serait engagé.

Cette précaution fut adoptée, mais ne fut pas jugée suffisante pour la raison qu'il nous parut fort désirable, pour éviter l'affrontement que j'ai dit, d'isoler le *tertium quid* de sa suite, en faisant occuper par des gens à nous les trois escaliers qui menaient aux appartements du roi, à savoir sur mon plan, *E, e* et *e'*.

Mais il se présenta là une difficulté que nous fûmes longtemps sans pouvoir résoudre, car s'il était sans inconvénient aucun que les *quarante-cinq* se rendissent maîtres de *e* et de *e'*, puisqu'alors ils étaient hors de vue, en revanche, s'ils avaient occupé le grand escalier d'honneur à l'entrant du *tertium quid*, ils n'eussent pas manqué d'éveiller sa méfiance, le *tertium quid* n'ignorant pas à quel point les *qua-*

rante-cinq le haïssaient, ayant à cela de fort bonnes raisons.

De cette traverse le roi nous désembourba derechef, disant que Larchant pourrait occuper le grand escalier avec ses gardes sous le prétexte de réclamer au Conseil des soldes impayées. Et qu'en outre, Larchant pourrait avertir le *tertium quid* de cette démarche la veille dudit Conseil, afin qu'il ne fût pas surpris à sa vue. On voulut alors débattre du lieu où le *tertium quid* serait dépêché, mais le roi, nous interrompant, nous dit qu'il avait résolu la question en son for, qu'il n'était donc pas utile qu'elle soit soulevée ni discutée, que de reste, il n'avait pas encore fixé le jour du Conseil, qu'il nous remerciait de nos avis, et qu'enfin il nous recommandait avec la dernière instance le secret le plus absolu, lequel nous ne devions départir à âme qui vive et « *pas même au Seigneur Dieu en nos prières* ». Parole qui ne fut pas sans m'étonner dans la bouche d'un prince aussi dévotieux.

Je me ramentois qu'en revenant ce soir-là à l'*Auberge des deux pigeons*, j'eus une sorte d'éblouissement des yeux, suivi d'une vertigine telle qu'il me sembla que tout tournait dessus dessous. Mais cela ne durant que le temps d'un battement de cil et sans récurrence aucune dans les minutes qui suivirent, et ma santé étant alors ce qu'elle est à ce jour, aussi bonne que possible, je me rassurai et je conclus que la raison de ce passager malaise avait été morale et prenait sa source dans le sentiment qui me poignait depuis l'entretien que je viens de dire dans le cabinet vieil, que tout allait tout soudain se précipitant, sans qu'il fût possible d'ores en avant de rien arrêter, la fatalité ne marchant d'un pas si rapide que parce qu'elle aspirait à répandre le sang.

A la nuitée, à ma considérable surprise, car je croyais avoir vu la veille le dernier de ses talons, Venetianelli me vint voir, à qui je fis, comme bien on pense, d'infinies caresses et d'hyperboliques compliments, le faisant asseoir à ma table, face au miroir qui lui était à tant de commodité, et avec lui chaleureusement partageant mes viandes et flacons, sans le presser d'aucune question, mais attendant que le fruit fût mûr pour qu'il me tombât dans le bec. Et en effet, dès que le Venetianelli se fut dilaté à la mesure des grâces et des charmes dont je le submergeais, il me dit que le Guise avait appris la fureur du roi à son retour en ses appartements et que Sa Majesté avait ensuite longuement conciliabulé avec ses plus proches conseillers dans le cabinet vieil, sauf cependant qu'il n'en transpira rien, chose qui ne laissait pas que de l'inquiéter fort, mais que de toutes manières, sa décision était prise; il départirait de Blois le vendredi 23 à midi.

Venetianelli me quittant enfin, et me retrouvant seul dans la chambre, La Bastide, Montseris et Miroul s'en étant ôtés pour la raison qu'on devine, tout soudain, le nœud de ma gorge se noua douloureusement, tandis que la sueur me coulait le long des joues, mes gambes trémulant sous moi et mes mains aussi, sans que je les pusse arrêter en leur branle. Je fus quelque temps à entendre la cause de cet émeuvement, lequel était lié au sentiment effrayant que je ressentis alors d'être, à cet instant même, un rouage infime, mais de grande conséquence dans l'implacable enchaînement des faits, car je pouvais, certes, décider de ne pas répéter au roi les propos de Venetianelli. Mais que si je les lui répétais, comme j'en avais le devoir et de reste l'inclination, il était bien manifeste que le duc, ayant secrètement arrêté la date et le moment de son département, et moi-même, répétant ce secret au roi, j'aidais le duc à fixer lui-même le jour et l'heure de sa mort, pour ce que le désir véhément du roi était justement de prévenir un départ qui eût été si fatal à sa cause.

Le lendemain, qui était le jeudi 22 décembre, dès que je fus advenu au château avec les *quarante-cinq*, je quis à l'huissier qui était à la porte du cabinet vieil d'avoir à prévenir Du Halde que j'avais d'aucunes choses de grande importance à dire à Sa Majesté. Du Halde advenant et me baillant une forte brassée, je lui demandai à voix basse, comment allait le roi, Du

Halde me répondant sur le même ton : « A la surface très quiet, en son fond bouillonnant et fébrile. » Sur quoi me faisant traverser la chambre du roi (où je ne vis qu'un valet de garde-robe qui chargeait la cheminée de bûches) il me conduisit dans le cabinet neuf où le roi était assis devant une table, sur une simple escabelle, tournant le dos au feu, lisant des dépêches que le secrétaire d'Etat Revol lui tendait une à une. Sa Majesté, à ma vue, s'interrompant, me présenta la main, me dit de m'asseoir, et à Du Halde de rester, puis alla jusqu'au bout de sa lecture. Je l'envisageai tandis qu'il était ainsi occupé et observai qu'encore que sa face fût tout à plein imperscrutable, son intérieure agitation se trahissait par ses paupières, lesquelles quand et quand parpalégeaient comme on dit en oc, j'entends battaient trois ou quatre fois de suite, sans qu'il pût les contraindre à l'immobilité, et qu'en outre, il y avait dessous sa lèvre inférieure, et à dextre, un petit muscle qui de temps à autre se contractait et saillait sous la peau, agitation dont Henri devait être conscient, car il y portait alors la main comme pour l'apazimer. Cependant, ses mains, à ce que je vis, et notamment celle qui tenait la dépêche, n'étaient point du tout trémulentes.

Me tenant assis à sa dextre et le chandelier à cinq branches qui l'éclairait (le jour, fort gris et pluvieux, se levant à peine) étant posé à sa senestre, son visage se détachait fort bien sur ce fond lumineux, et combien qu'il fût maigri, d'une pâleur mate, je le trouvai fort beau, présentant un ovale des plus raffinés, prolongé par une petite barbe taillée très courte et quasi en collier, d'un noir de jais, mêlé d'un peu de blanc, les cheveux qui se voyaient joliment ondulant de chaque côté de son escoffion (lequel avait retrouvé une aigrette) étant de la même coloration, le poivre l'emportant sur le sel. Plus je l'envisageais (ce que je pouvais faire sans l'offenser, sa lecture l'absorbant) plus je trouvais de sensibilité à ses traits si fins, si nobles, si achevés. Les dames de la Cour chantaient le los du Guisard, et je veux bien qu'il méritât le surnom de *Magnifique* que Chicot lui avait donné, mais pour moi, je n'aimais ni la fausseté de ses yeux obliques, ni la lourdeur de sa mâchoire, ni la grossière fatuité de son arrogance : roi de carton pour carnaval, grand et bien peint, mais inhabité par la finesse tout italienne qui éclatait, au moindre regard, dans la prunelle du roi.

L'ayant lue, le roi posa la dépêche sur la table, me jeta un œil et dit :

— *Quid novi, mi fili* [1] ?

Mais comme j'allais ouvrir le bec, Bellegarde entra et dit au roi que Mme de Sauves suppliait Sa Majesté de la vouloir bien recevoir, tant pour la remercier de son émerveillable présent, que parce qu'elle avait un message à lui délivrer de la part de la reine-mère. A quoi le roi consentit tout de gob et sur un signe qu'il me fit, je me levai de mon escabelle et me retirai hors de la lumière du chandelier dans le coin le plus sombre de la pièce, ayant peu de crainte, de reste, que Mme de Sauves me reconnût, pour ce que j'avais le cheveu et la barbe teints en noir et portais en outre sur le chef, la toque de velours des *quarante-cinq*.

Mme de Sauves, que l'on continuait par habitude à appeler ainsi, encore qu'étant veuve de M. de Sauves, elle avait remarié depuis le marquis de Noirmoutiers, entra dans le cabinet neuf, précédée par M. de Nambu, et le roi se levant alors avec sa coutumière courtoisie (montrant toujours aux dames de la Cour, sauf en ses fureurs, les plus grands égards) lui présenta la main et Mme de Sauves se génuflexa de la façon la plus gracieuse, son cotillon de satin rose pâle s'évasant en corolle autour de sa fine taille et de sa généreuse gorge, laquelle était à demi découverte par un décolleté descendant d'autant plus bas sur le devant que montait plus haut contre la nuque la collerette en éventail qui en était la plus belle garniture — étant de dentelle rose au point d'Alençon et toute semée de perles —, affiquet de grand prix et d'un art émerveillable qui eût dû retenir notre attention davantage que la courbe de son tétin.

1. Quoi de nouveau, mon fils. (Lat.)

Mais qui serait fol assez pour ne pas préférer la perle à son écrin, d'autant qu'en sa blondeur de nacre, Mme de Sauves était d'une grâce à laquelle les ans ne paraissaient pas toucher, non point seulement quant au corps, mais quant à la face aussi, qui était à ce point celle d'un ange que même le saint le plus clairvoyant s'y serait peut-être trompé, pour ce qu'elle avait des yeux bleu azur, un teint de rose, une bouche à rêver, un col long et flexible et je ne sais quoi dans la physionomie de désarmé, d'enfantin et de touchant, à quoi même un tigre ne serait pas resté insensible. Au reste, fort diablesse en son for et d'une hauteur interne à se croire jà la reine de France pour la raison qu'elle coqueliquait avec le Magnifique, cependant de son déportement benoîte, suave, pateline, chattemitesse, ne se relevant pas de sa génu-flexion, mais restant aux pieds du roi, aux nôtres devrais-je dire aussi, car Du Halde, Bellegarde, Nambu et moi l'envisagions, debout, avec les regards qu'on devine, tant est qu'elle ne s'abaissait tant que pour nous dominer davantage et nous faire sentir tout le joug de sa toute-puissante beauté.

— Madame, de grâce, relevez-vous, dit le roi en lui tendant la main et en la conduisant à une escabelle.

— Ha ! Sire ! dit Mme de Sauves d'une voix douce, basse et musicale, votre condescension me touche infiniment et je n'aurai jamais assez de grâces et de mercis pour vous dire ma gratitude de l'émerveillable présent que vous me fîtes de vos boucles de perles, lesquelles me sont d'autant plus chères que vous les avez portées, et que je jure bien qu'à mon tour, je porterai d'ores en avant tous les jours que Dieu fera jusqu'à la terminaison de ma terrestre vie.

Mme de Sauves continua sur ce ton et dans ce style pendant dix grosses minutes, lesquelles, je m'apense, parurent au roi longues et lourdes, mais qu'il n'abré-gea en aucune façon, répondant à Mme de Sauves en cette langue de Cour où il y va de la civilité d'étirer en dix lignes la moindre phrase et d'employer dix mots là où deux eussent suffi.

— Sire, poursuivit Mme de Sauves, sachant

combien les affaires de l'Etat vous pressent et vous occupent, je n'eusse pas supplié Votre Majesté de me recevoir, si la reine-mère ne m'avait pas commandé d'être son truchement pour la pressante invitation que par ma bouche elle vous fait céans de la venir voir à deux heures de l'après-midi en sa chambre, puisqu'elle la doit garder, M. de Guise se devant trouver chez elle à cette heure, et Sa Majesté la reine-mère, laquelle, ayant ouï d'une sorte de refroidissement ou de froissement qui aurait eu lieu entre vous hier après messe, se trouve fort désireuse d'y porter prompt remède afin que vous vous accommodiez derechef l'un à l'autre pour le plus grand bien de l'Etat.

— Ha, Madame! dit le roi avec une suavité de langue et de regard qui me laissa pantois, quel gré infini je vous sais de votre gentille ambassade et avec quelle joie je me rendrai cette après-midi chez Madame ma mère et avec quel redoublé bonheur j'y encontrerai mon cousin M. de Guise, avec qui je ne saurais avoir de différend sans désirer du bon du cœur qu'il soit incontinent aplani. Je serais infiniment désolé si M. de Guise pouvait s'apenser que j'ai l'âme tant méchante que de vouloir du mal au plus ferme soutien de mon trône. Bien au rebours, je jure et je déclare ici qu'il n'y a personne en mon royaume que j'aime mieux que lui, ni à qui je sois tenu à plus d'obligations, comme je le ferai apparaître avant qu'il soit peu, par de très bons effets.

Ceci fut débité sur un ton tant sincère, spontané et naïf que je fus moi-même, l'espace d'un éclair, dans quelque doute sur les véritables intentions du roi, mais quand je le vis, s'étant levé et ayant présenté la main à Mme de Sauves, se saisir de la sienne et la baiser à son tour, j'entendis bien l'énorme et secrète irrision qui se cachait derrière la farce que ce grand comédiant jouait là à celle qu'il avait appelée le matin même « la putain du Guisard », laquelle, après lui avoir dit en lui baisant le bout des doigts « qu'il n'était roi que par droit de succession, tandis qu'elle était reine de par son inégalable beauté », il reconduisit par le bras jusqu'à la porte de sa chambre, comme si elle eût été une princesse du sang, faveur et honneur dont la Sauves parut enivrée, tant il est vrai qu'homme et femme perdent tout esprit et clairvoyance dès que leur vanité est caressée.

Cependant la Sauves, comme eût dit Chicot, s'étant ensauvée par le viret qui menait à la reine-mère et qui était bien gardé, et par Nambu et par les trois hommes de Larchant, le roi revint à son cabinet neuf d'un pas rapide, sourcillant et l'air mal'engroin assez, comme si la comédie qu'il avait dû jouer pour endormir les défiances de la reine-mère et du Guise, lui était restée fort au travers de son estomac.

— Mon fils, dit-il d'une voix brève en s'asseyant derechef, et en m'appelant de l'œil à m'asseoir devant lui, *quid novi* ?

Le voyant en ces dispositions inquiètes et tracasseuses, je ne voulus pas faire un conte, et lui dis en trois mots que j'avais su par mon homme que le *tertium quid* s'allait ôter de Blois le vendredi à midi.

— Ha ! dit le roi qui pendant une grosse minute demeura plus immobile que roc, l'œil fiché devant soi, mais cependant sans parpaléger, comme je l'avais vu à l'entrant, ni que saillît le petit muscle de sa lèvre inférieure, et tout le corps comme pétrifié, à l'exception de ses mains qu'il avait jointes, comme s'il priait, et qui était si serrées l'une contre l'autre que je les vis blanchir aux articulations.

— Il convient donc, dit-il à la parfin d'une voix basse et ferme, que le Conseil se tienne le vendredi à sept heures du matin.

Bellegarde, Du Halde et moi nous nous entrevisageâmes un moment en silence, sans qu'aucun de nous eût envie d'ajouter mot ni miette, toute parole devenant inutile, puisque le jour et l'heure avaient été résolus. Cependant, Bellegarde qui, étant si jeune, avait encore en lui quelque chose d'un enfant, dit :

— Sire, si je vous entends bien, vous n'irez pas chez la reine-mère cette après-midi ?

— Ha Bellegarde ! Bellegarde ! dit le roi en souriant de la moitié du bec, tu n'as pas la tête politique. A coup sûr j'irai, j'irai plus que jamais! Depuis quatorze ans, poursuivit-il à voix très basse, un doigt pointé vers le sol, la dame et auteur de mes jours brouillonne mes affaires et me veut accommoder au diable, que le diable soit Alençon ou Guise : la belle et bonne idée que ladite dame se fait d'une négociation étant de tout livrer, fût-ce la moitié du royaume! Fût-ce la connétablie! Eh bien, tudieu! livrons tout! Nous en verrons demain les effets. Homme mort ne nous fera plus peine.

Le roi ne voulut que Bellegarde pour l'accompagner chez la reine-mère pour la raison que Bellegarde était si silencieux et si peu politique qu'il n'avait jamais donné offense à personne et que nul ne le pouvait soupçonner d'influencer le roi. Bellegarde me dit plus tard, quand j'eus au cours des ans capté sa confiance, que le roi, en cette après-midi, se révéla comme le plus éblouissant *commediànte dell'arte* [1] qu'il eût jamais vu sur un tréteau, pour ce que le Guise étant à l'abord défiant, distant et froidureux, le roi l'accabla de telles grandissimes démonstrations d'amitié et lui fit à mi-mot tant de demi-promesses sur sa grandeur future, enveloppant le tout de tant de gentillesses, de petits discours de gaîté, et d'aimables privautés, jusqu'à offrir au duc des dragées de son drageoir et vouloir qu'il lui offrît des siennes, que le Guise se dérida et fondit à tant de grâces comme neige au soleil, la reine-mère du fond de son lit, se paonnant d'avoir de son chef si bien accommodé les choses et joignant les mains du duc et du roi comme s'il se fût agi d'un mariage.

A se séparer du Guise, le roi le prit par le bras et lui dit d'un ton confiant et affectueux :

— Mon cousin, nous avons beaucoup d'affaires sur les bras qu'il serait urgent d'expédier avant la fin de cette année. Pour ce, venez demain matin de bonne heure au Conseil, nous nous en occuperons. Je vais m'absenter, me retirant pour quelques jours

1. Comédien improvisateur de la tradition italienne.

dans ma maison de La Noue : vous me manderez ce que vous avez résolu.

Je me fis deux fois répéter ces paroles du roi par Bellegarde, et plus tard l'ambassadeur de Toscane, Filippo Cavriana, qui, venant voir la reine-mère, assista à la dernière partie de cet entretien, me les confirma *verbatim*, le Toscan, qui était orfèvre, en admirant la machiavélienne finesse, étant bien manifeste qu'en laissant le Guise présider à sa place son Conseil et y prendre les décisions qui s'imposaient, le roi lui donnait déjà implicitement les fonctions d'un connétable : leurre qui le devait si fortement attirer au sein dudit Conseil que ses défiances ne pourraient ni le mettre à la fuite, ni le retenir hors.

Le roi m'avait dit avant sa visite à la reine-mère de demeurer en son cabinet et de dormir dans la nuit du 22 au 23 dans sa garde-robe avec Du Halde qui y couchait à l'accoutumée sur une coite qu'il roulait au lever et dans un placard enfermait, mais comme Sa Majesté ne m'avait pas précisé le service qu'elle attendait de moi, je me trouvais toute cette journée du jeudi fort désoccupé, mon seul office consistant à écrire, sous la dictée du roi, faute de secrétaire, une lettre au cardinal de Guise, lequel depuis deux mois n'assistait plus au Conseil, afin que de l'instamment prier d'assister à celui-là le lendemain, pour ce qu'il serait le dernier de l'année et de très grande conséquence quant aux affaires qu'on y traiterait. Cette lettre était si aimable en son tour et si bienveillante en son fond, et son destinataire avait été si insufférablement arrogant avec le roi en exigeant de lui au lendemain de l'ouverture des Etats Généraux la rétractation que l'on sait, que j'entendis bien qu'il allait être lui aussi enveloppé dans le même destin que son frère, et m'en voulant quelque peu éclairer là-dessus, je demandai à Du Halde, étant seul avec lui, ce qu'il pensait du cardinal. A quoi Du Halde reflétant là-dessus l'opinion de son maître, me répondit : « Il est pis que le Guisard. C'est un furieux. Il ne respire que le sang. »

A neuf heures du soir, le roi fit mander Larchant et

s'assura qu'il avait bien dit au Guise qu'il comptait lui présenter supplique le lendemain au pied de l'escalier d'honneur pour la solde de ses gardes, afin que le duc ne fût ni surpris ni saisi par leur présence. Les gardes, ajouta le roi, devaient être rassemblés là à sept heures, sans autre instruction que d'occuper l'escalier d'honneur après l'entrée du duc, du cardinal de Guise, et de l'archevêque de Lyon et d'interdire ensuite tout passage dans un sens ou dans l'autre. Après Larchant, le roi vit Laugnac, et lui manda d'avoir à rassembler à cinq heures du matin ses *quarante-cinq* dans la galerie des Cerfs, laquelle galerie se trouvait au bas de l'escalier que j'ai appelé *e'* sur mon plan. J'observai que le roi ne dit pas un mot à Laugnac sur la mission de ses Gascons, se peut parce qu'il éprouvait quelque défiance à son endroit, se peut parce qu'un secret départi à tant d'hommes ne lui parut pas pouvoir être gardé.

Laugnac départi, le roi donna congé à Du Halde et à moi de nous aller coucher en sa garde-robe, ce que nous fîmes sur la coite que j'ai dite, laquelle se trouva quelque peu estéquite pour deux hommes qui ne l'étaient point, d'autant que nous avions décidé de coucher habillés, le temps étant froidureux.

N'étant séparé du cabinet neuf que par une porte, j'ouïs le roi parler à voix étouffée avec Bellegarde pendant un long moment. Après quoi, j'ouïs les pas du roi devant notre autre porte, d'où je conclus qu'il s'allait coucher chez la reine [1]. A ce moment Bellegarde, le bougeoir à la main, entrebâilla ladite porte et dit :

— Du Halde, le roi vous commande sur votre salut de ne pas faillir à le réveiller à quatre heures du matin.

— Ha Monsieur! dit Du Halde sur un ton de grande anxiété, plaise à vous de m'éclairer par votre bougeoir afin que je puisse mettre à l'heure mon réveille-matin.

Bellegarde, entrant alors dans la garde-robe, se mit

1. C, sur le plan.

complaisamment à genoux pour rapprocher son bougeoir du réveille-matin que Du Halde avait retiré de dessous sa coite pour le régler. Etant quant à moi soulevé sur mon coude pour le regarder faire, j'observai que ses mains tremblaient dans l'énervement où il était de ne le point mettre à l'heure qu'il fallait, les chiffres étant si petits et la flamme de la bougie si faible et vacillante. Pas un mot ne fut dit pendant cette scène où ne s'ouït que le bruit de nos vents et haleines, et aussi, quand et quand, la noise de la pluie fouettant par paquets les verrières.

— Baron, dit Du Halde, sa voix fort trémulente en son anxiété, l'ai-je bien réglé?

— Je le crois, dis-je, mais comme je tendais la main pour saisir le réveille-matin, et m'en assurer, il posa sur mon poignet la sienne très vivement, me disant qu'il ne le fallait branler mie, pour ce que le moindre mouvement le pourrait dérégler.

Bellegarde départi, je tâchai bien en vain de m'endormir, tant l'épouvante me hantait qu'un infime détail vînt à la dernière minute se mettre à la traverse des desseins du roi. Cependant, m'étant en quelque manière assoupi, je fus réveillé par un bruit si fort et si ronflant de respiration que je doutai qu'il vînt de Du Halde. Ce doute me désommeillant tout à plein, je vis en ouvrant les yeux, Du Halde tâcher de ranimer le feu avec un gros soufflet, d'où venait la vacarme qui m'avait déquiété. Et lui demandant s'il avait froid, il me répondit que non, mais qu'il voulait y allumer brindille pour envisager son réveille-matin, la sueur lui coulant dans le dos tant il craignait de passer l'heure.

— Eh quoi? dis-je, n'avez-vous pas fiance en lui? A-t-il déjà failli?

— Jamais.

— Faites-lui donc fiance!

— Ha! dit Du Halde, le risque est trop immense.

— Quelle heure est-il?

— Trois heures, dit Du Halde, après avoir enflammé une brindille et envisagé la face placide de son réveil.

— S'est-il jamais arrêté? dis-je en le regardant.

— Nenni. Il est fort neuf. Je l'ai acheté le jour de l'ouverture des Etats Généraux à Blois, sachant combien Blois est ville universellement famée pour l'excellence des montres-horloges et des réveille-matin qui y sont façonnés.

— Sa sonnerie a-t-elle jamais failli à sonner à l'heure par vous prescrite?

— Jamais, dit Du Halde en rejetant dans le feu la brindille qui menaçait de lui brûler les doigts.

— Eh bien donc, dormez!

— Si ne le peux-je, dit Du Halde, je redoute trop de passer l'heure et que tout échoue par ma faute.

— Eh bien, veillez!

— Si je veille, dit Du Halde, je suis tant las que je craindrais à mon insu de m'ensommeiller.

— Ha, Du Halde! dis-je avec un petit rire, ne vous tourmentez donc pas tant! Roulons cette coite, mettons-la au placard, et veillons de concert, là, sur ces deux escabelles, étant bien manifeste que le premier qui s'endort, cherra. Une heure est vite passée.

Du Halde y consentant, on fit comme j'avais dit, mais l'heure ne passa pas promptement; bien au rebours, elle se traîna comme limace sur laitue, si occupés que nous tâchions d'être à faire flamber le feu haut et clair pour que le roi pût être à l'aise en se vêtant. Quand enfin nous y parvînmes, la soudaine lumière éclaira le long et austère visage de Du Halde et ses deux mains tendues vers le feu, lequel Du Halde, servant le roi depuis qu'il était duc d'Anjou, l'avait suivi en Pologne et s'en était enfui avec lui, avait connu dans son ombre les bons et mauvais jours, quitté Paris et le Louvre après les barricades et, s'il l'avait fallu, aurait suivi Sa Majesté dans les Enfers sans battre un cil. Ma grande et immutable amitié pour Du Halde date de cette nuit-là, où assis sur nos escabelles, mon genou touchant le sien, nous écoutions, accoisés, le réveille-matin, le crépitement du feu, et les bourrasques de pluie contre les verrières. Du Halde était seigneur et baron d'Avrilly, bailli et gouverneur d'Etaples, et eût pu aspirer à de plus hauts offices, s'il eût consenti à abandonner ses humbles et quotidiennes fonctions auprès du roi. Il avait le titre de valet de chambre ordinaire et n'avait pas touché un sol sur ses gages depuis la journée des barricades.

A quatre heures, fidèlement lui aussi, le réveille-matin tintinnabula, et Du Halde se dressa comme si un ressort d'arbalète l'avait projeté hors son siège. Si le lecteur veut bien ici envisager derechef mon plan, il verra que la porte de la garde-robe donnant dans le passage qui mène à l'oratoire neuf, fait face à l'huis qui clôt la porte de la reine. Raison pour quoi Du Halde, n'ayant pas de bougeoir, laissa la porte de la garde-robe ouverte afin d'être éclairé en sa mission par le rougeoiement de notre feu. Je me levai quand il se leva, mais sans approcher pour ne me mettre point entre la lumière et lui, tandis qu'il toquait à l'huis de la reine.

J'ouïs une voix de femme dire au travers de la porte :

— Que c'est ? Que c'est ? N'avez-vous pas vergogne de déquiéter le sommeil du roi ?

— C'est je, Du Halde. Dites au roi qu'il est quatre heures.

— Que nenni ! dit la voix qui me parut fort aigre. Point ne le ferai ! Le roi dort ! Et la reine aussi !

— Tudieu ! cria Du Halde, fort encoléré. Eveillez le roi incontinent ! Ou je heurterai si longtemps et si fort que je les éveillerai tous les deux.

Et je le vis lever le poing comme s'il allait toquer à la fureur, mais en fut détourné par la voix du roi s'élevant de l'intérieur de la chambre.

— Que c'est, Piolant ?

— Sire, dit la Piolant (qui était, j'imagine, une femme de chambre de la reine, laquelle comme Du Halde devait dormir sur une coite au sol déroulée), c'est Du Halde qui dit qu'il est quatre heures.

— Piolant ! dit la voix du roi, çà, mes bottines, ma robe, mon bougeoir !

Oyant quoi, Du Halde revint à moi dans la garde-robe et trémulant encore en son ire, dit en grinçant des dents : « Cette coquefredouille de Piolant ! » puis jeta tout un fagot dedans l'âtre pour faire crépiter les flammes jusqu'au tablier à l'entrée du roi, lequel marqua un grand contentement à l'envisager et dit :

— La merci à toi, Du Halde, pour le beau feu !

Mais observant qu'il ne présenta la main ni à Du Halde ni à moi (dont il ne parut pas remarquer la présence), j'attribuai cette omission au pensement qui le devait agiter. En quoi je me trompai, car Du Halde ayant quitté au roi sa robe (laquelle était doublée d'hermine) et l'ayant sur tout le corps à la main nue et dure frictionné avec de l'esprit-de-vin, habillé de cap à pied en velours noir, testonné son cheveu, posé sur son chef un escoffion à aigrette et passé autour de son col le collier de l'Ordre du Saint-Esprit, le roi dit, tournant sur lui-même pour se présenter de face et de dos :

— Du Halde, suis-je bien comme je dois ?

— Oui, Sire, dit Du Halde, après l'avoir méticuleusement envisagé.

Et c'est alors seulement que le roi nous présenta la main, de prime à Du Halde, ensuite à moi pour la raison que, si nous étions tous deux barons, Du Halde avait sur moi préséance, étant son valet de chambre ordinaire, et moi seulement son médecin. En cette capacité, je voulus lui prendre le pouls, mais il me dit qu'il allait fort bien, et qu'il irait mieux encore, si l'affaire ne faillait.

Là-dessus, on ouït quelque vacarme qui paraissait provenir de la cour du château, et comme les fenêtres de l'appartement du roi donnaient sur la campagne, le roi me dépêcha dans le cabinet vieil qui, ayant vue sur ladite cour, me permit d'observer, à la lueur des torches qu'on y promenait, que la noise venait du carrosse du roi et des chevaux d'office que les cochers attachaient aux anneaux à la dextre de l'escalier d'honneur : mise en scène que Sa Majesté avait imaginée pour donner couleur à son département pour La Noue. Retraçant mes pas, je croisai Bellegarde dans l'oratoire vieil, lequel quant à lui revenait de la galerie des Cerfs où il me dit que le roi l'avait envoyé pour s'assurer que les *quarante-cinq* s'y étaient rassemblés.

Revenant de concert en la chambre, nous la trouvâmes pleine des conseillers et officiers que Sa Majesté avait convoqués pour cinq heures, à savoir le maréchal d'Aumont, Rambouillet, François d'O, le secrétaire d'Etat Revol, et d'Entragues. A l'exception des deux derniers que le roi garda par-devers lui, il renvoya les autres dans la salle du Conseil avec un valet de garde-robe qui portait un chandelier et à qui j'ouïs le maréchal, lequel était vieil et mal allant, commander d'allumer un feu, le temps étant si froidureux.

Laugnac advenant par la porte de l'oratoire vieil, le roi, qui donnait quelques signes d'impatience, quit de lui d'un ton abrupt si tous les *quarante-cinq* étaient dans la galerie aux Cerfs.

— Oui, Sire, dit Laugnac, fors deux ou trois.

— C'est assez, dit le roi, faites-les monter à pas de velours dans la pièce à côté de mon oratoire vieil [1]. J'irai les voir. Et commandez-leur sur leur vie de s'accoiser. La moindre noise pourrait alerter la reine-mère et cela gâterait tout. Du Halde, poursuivit-il, je suis à la faim. N'as-tu rien à gloutir céans?

— Sire, rien que des prunes de Brignoles. Vous les vais-je apporter?

— Oui-da, dit le roi qui, à la vérité, n'en mangea que deux ou trois du bout des dents, preuve qu'il n'était point tant affamé qu'alarmé de se sentir quelque faiblesse du fait de son jeûne, s'étant levé si tôt.

Laugnac revenant lui dire que les *quarante-cinq* étaient là où il les voulait, il me quit de l'accompagner et de lui désigner à l'oreille La Bastide et Montseris, se ramentevant, je suppose, que je lui avais dit qu'ils étaient fort enflammés contre le Guise, pour ce qu'il voulait leur ôter le pain du bec et les réduire à chercher condition. Ayant traversé l'oratoire vieil, il s'arrêta sur le seuil de la pièce où se tenaient les Gascons, debout et fort serrés, mais silencieux. Je chu-

1. I, sur le plan.

chotai dans l'oreille du roi la description de mes deux compagnons de chambre, et il me fit signe de la tête qu'il m'entendait.

— Messieurs, dit-il à voix fort basse, d'aucunes méchantes gens faisant contre ma personne et ma vie des brouilleries et complots, je vais avoir le plus pressant besoin du secours de vos bras, lesquels bras je vous demande de lever, *sans dire mot*, pour peu que vous soyez consentants à promettre de faire ce jour mon commandement, quoi que je vous commande.

Tous les bras s'étant levés alors d'un seul mouvement et dans le plus grand silence, le roi fit un petit signe de tête particulier à La Bastide et Montseris et se retira, me laissant seul avec Bellegarde, lequel passant dans le cabinet vieil, en revint un bref moment plus tard, portant dans ses deux mains un faisceau de poignards que sans doute il avait été quérir dans les armoires à secret dudit cabinet.

— Il y en a huit, dit Bellegarde. Ne dites mot. Que tende la main qui en veut !

Beaucoup, mais non pas tous, la tendirent et parmi eux au premier rang La Bastide et Montseris.

Bellegarde fit passer les huit Gascons qu'il venait d'armer dans la chambre du roi et leur dit de fixer leur poignard à l'italienne derrière le dos afin qu'il soit dissimulé aux vues par leur cape. L'un d'eux ayant quis alors à voix basse pourquoi le poignard, et pourquoi pas l'épée qu'ils portaient au côté, Bellegarde répondit sur le même ton qu'il s'agissait d'exécuter un traître condamné par Sa Majesté et non pas de se battre en duel avec lui, le roi ne voulant pas que le sang de ses Gascons fût répandu en cette occasion.

A ce moment, le roi, qui était dans son cabinet neuf avec Revol et d'Entragues, entra dans la chambre, s'avança vers les huit, et se plantant devant eux, les envisagea longuement un à un, comme s'il eût voulu fixer leurs traits à jamais en sa remembrance, puis dit *sotto voce* :

— Mes amis, la merci à vous de votre zélée dévotion à mon service. Le félon est le duc de Guise. Il doit mourir.

L'un d'eux, dont on me dit plus tard qu'il se nommait Sarriac, dit alors en oc :

— *Cap de Diou, Sire, iou lou bou rendraï mort !* [1]

A ce moment, entre six heures et sept heures à ce que je crois, Du Halde vint dire au roi que son chapelain et son aumônier demandaient à M. de Nambu l'entrant dans sa chambre pour gagner l'oratoire neuf où Sa Majesté les avait mandés pour dire la messe. Le roi fit alors repasser les huit en l'oratoire vieil, afin que sans doute les prêtres ne les vissent pas, accueillit ceux-ci avec sa coutumière civilité et leur dit de se préparer à dire leur messe, qu'il doutait toutefois qu'il pût l'ouïr, et que dans ce cas, ils auraient à la chanter sans lui.

Les prêtres étaient à peine départis en l'oratoire neuf que Larchant demanda l'entrant à Nambu et vint dire au roi que ses gardes étaient rassemblés au pied de l'escalier.

— Ha Larchant ! dit le roi, placez cinq hommes et un officier au premier étage à la porte de la reine-mère et que si Guise se présente pour la voir, qu'on lui dise qu'elle a pris médecine et ne veut point de visites. De reste, que vos gardes défendent tout entrant chez la reine-mère. Et toute sortie aussi de quelque âme qui vive, fût-ce d'une chambrière. Et donnez trois gardes à Nambu pour mettre sur les degrés du viret entre Madame ma mère et moi [2].

Larchant parti, le roi envoya Bellegarde choisir douze des *quarante-cinq* pour mettre dans le cabinet vieil, afin que si le Guise réussissait à échapper aux huit Gascons postés dans sa chambre, et à gagner ledit cabinet, il les y trouvât, l'épée dégainée.

Ayant ainsi parachevé ses ordres, et n'ayant plus qu'à attendre l'issue de son entreprise, le roi tout soudain se déquiéta, et lui qui à l'accoutumée aimait rester, fût-il assis ou debout, aussi immobile que sa propre statue, se mit tout soudain à aller qui-cy qui-là dans sa chambre, l'œil fiché à terre et les

1. Cap de Diou, Sire, je vous le rendrai mort.
2. Escalier sur le plan.

mains derrière le dos. A vrai dire, je l'avais déjà vu en ces sortes d'agitation, mais jamais portées à cet excès de fébrilité, à'steure consultant la montre-horloge que Du Halde portait au col, à'steure regardant les verrières et se plaignant de la perpétuelle et torrentielle pluie, à'steure encore déplorant que le jour ne se levât pas, étant « *le plus sombre, le plus obscur et le plus ténébreux qu'il eût vu jamais* ».

Quant à moi, peux-je dire que je me trouvais confusément étonné de me trouver là et que je ne voyais pas à quelle usance Sa Majesté me voulait mettre pour avoir quis de moi de dormir avec Du Halde et de ne La pas quitter. Et encore qu'à ce moment même il m'appelât pour me parler à l'oreille et me confier un message à porter, celui-ci n'était point de ceux qui eussent exigé un messager de ma farine. Bien le rebours. Tant est que je trouvai quelque irrision, moi qui n'étais catholique que du bout des lèvres, à traverser le cabinet neuf et à gagner l'oratoire neuf pour prendre langue de la part du roi avec son chapelain et son aumônier.

L'un, le chapelain, se nommait Etienne Dorguyn et l'autre l'aumônier, Claude de Bulles, mais j'ai quelque peine à les distinguer en ma remembrance, pour ce qu'ils avaient, quelles que fussent leurs âmes particulières, des enveloppes corporelles si semblables, étant ronds des épaules, ronds de la bedondaine, et ronds aussi de la face, laquelle était lunaire et quelque peu rougeaude, le poil rare et blanc sur le chef.

— Messieurs, dis-je après les avoir salués avec tout le respect du monde, Sa Majesté vous mande par ma bouche que vous ne l'attendiez pas plus outre, mais vous commande que vous ayez à vous mettre incontinent en dévotion et à prier Dieu que le roi vienne heureusement à bout d'une entreprise à laquelle il va mettre la main pour le repos de son royaume.

A ce discours les deux prêtres furent un peu étonnés, se demandant manifestement quelle était cette entreprise pour laquelle on demandait leurs prières, pour ainsi parler, tout à veuglette, mais comme d'évidence, mon message s'arrêtait là, l'un d'eux, qui était je crois l'aumônier, et qui avait déjà revêtu l'aube et l'étole pour célébrer la messe, me dit :

— Monsieur, plaise à vous d'assurer Sa Majesté que nous ferons son commandement et que nous prierons tous deux du bon du cœur, et du fond de notre foi, pour que son entreprise ne faille.

Après les avoir derechef salués, je les quittai, non sans quelque malaise en mon for, tout huguenot que je fusse, étant désatisfait des étranges sauces auxquelles les hommes — prêtres et fidèles — mettent le Dieu qu'ils adorent et à qui ils contrefeignent d'obéir. Car j'ai bien peur que la messe de ce jour, en l'oratoire neuf, ne fût ni demandée, ni prononcée en conscience, et se trouvât par le roi et ses aumôniers ravalée au niveau d'une pratique superstitieuse.

Quand je revins dans la chambre du roi, ce fut pour ouïr Sa Majesté commander à son maître d'hôtel, M. de Merle, d'avoir à courir chez le cardinal de Guise pour le ramentevoir que le roi l'attendait sans faute en son Conseil, comme il l'en avait prié la veille par lettre. A cet instant, jetant l'œil sur moi, le roi me commanda d'aller me poster aux verrières du cabinet vieil (d'où on avait, comme j'ai dit, des vues sur la cour du château) et de lui revenir dire quand le duc apparaîtrait, devant traverser ladite cour pour aller de l'aile Louis XII où il logeait (Mme de Sauves y ayant aussi sa chambre) jusqu'à l'escalier d'honneur.

Je trouvai dans le cabinet vieil les douze *quarante-cinq* que le roi y avait mis, muets comme carpes, mais point du tout aussi pacifiques, pour ce qu'ils taquinaient quand et quand la poignée de leur épée comme si le fourreau les en eût démangés, et encore que le roi — au rebours de ce qu'il avait fait pour les huit de sa chambre — ne leur eût pas dit le nom du félon dont ils auraient, le cas échéant, à couper la retraite, je vis bien à leurs regards farouches qu'ils avaient peu de doute sur sa personne, et peu d'amour pour lui non plus, qui les voulait casser et renvoyer à leur gueuserie de Guyenne.

L'aube, comme je le vis en venant coller mon front

aux verrières, était alors blafarde plutôt que blanche, les raies obliques de la pluie diluvienne et la matinale brume obscurcissant à ce point les choses qu'à peu qu'on eût pu distinguer un chat gris d'un chat blanc. Il y avait bien dans la cour quelques allées et venues de dignitaires se rendant au Conseil du roi, mais j'attendis un long moment avant que d'apercevoir le duc, lequel n'était accompagné que de son secrétaire Péricard, d'un valet portant un *ombrello* et d'un autre valet qui le précédait avec une lanterne. Je reconnus le duc de prime à sa haute taille (qui passait celle de tout autre seigneur à la Cour) et ensuite au pourpoint et manteau gris très clair dont il était vêtu, le Guise, qui se voulait archange, étant fort affectionné aux couleurs lumineuses.

Je le vis fort bien, pour ce que son valet porte-fanal, au risque de choir sur le pavé mouillé, marchait quasi à reculons devant lui pour le mieux éclairer. L'escalier d'honneur faisant une très forte saillie hors la façade, je pouvais voir, l'attendant à son pied, les gardes de Larchant, lesquels se trouvant là sous couleur de lui réclamer leur solde, devaient, comme on s'en ramentoit, occuper les degrés jusqu'au deuxième étage dès qu'il serait passé, refermant le piège sur lui, les escaliers *e* et *e'* étant jà gardés, comme on sait, par les *quarante-cinq*. Le duc qui n'avait donc plus que quelques toises à parcourir pour être, étant vif encore, un homme mort, me parut marcher d'un pas fort las, assurément fatigué de s'être ensommeillé et désommeillé avec Mme de Sauves. Et quant à moi, à cet instant, tout grand traître qu'il fût payé par l'Espagne et ruinant l'Etat, je fus saisi, quand je le vis s'approcher de la première marche de l'escalier d'honneur, d'un mouvement de compassion, m'apensant qu'il était prêt à tomber des bras d'une femme dans les mains de Dieu, ne saillant de la nuit de ses voluptés que pour entrer dans une nuit éternelle.

Il entra. Je courus l'annoncer au roi dont la prunelle de jais brilla d'un éclat soudain, et qui dit en se tournant vers Bellegarde :

— Bellegarde, commandez aux portiers de fermer les poternes du château, dès que le cardinal de Guise et M. de Lyon seront entrés, et dites à Nambu que nul hors le duc de Guise ne doit d'ores en avant franchir la porte de ma chambre.

Puis se tournant vers les huit que j'ai dits :

— Asseyez-vous sur les coffres que voilà et restez accoisés. Mais levez-vous quand le duc entrera et le suivez comme par respect jusqu'à la porte du cabinet vieil. Tenez-vous bien garde de vous laisser endommager par lui. Il est grand et puissant. Je serais marri que vous soyez navrés.

Plaise à toi, lecteur, de laisser là, immobiles comme sur une image peinte, les *quarante-cinq*, graves et cois sur leurs coffres et de passer en imagination l'huis si bien défendu par M. de Nambu afin que de pénétrer en la salle du Conseil où le duc de Guise vient d'entrer, s'y jouant là une sorte de frémissant prologue à la pièce dont je ne sus moi-même que plus tard par François d'O et le maréchal d'Aumont comment il se déroula.

A l'instant où le duc de Guise pénétra dans la salle du Conseil, la crête haute, salué par tous au plus bas, magnifique en sa vêture de satin gris clair, son long manteau troussé « *à la bizarre* » sur son bras gauche, et son grand chapeau à plumes à la main, il ne se tenait aucune forme de Conseil, les conseillers étant cantonnés debout en divers lieux de la salle, ou déambulant par petits groupes d'une cheminée à l'autre, les deux cheminées se faisant face, mais chauffant faiblement pour ce que le valet de garde-robe qui les avait allumées à l'entrant du maréchal d'Aumont, avait omis de les regarnir en bûches.

M. de Lyon et le cardinal de Guise arrivant à la parfin, lesquels, si le ciel leur avait alors baillé une miraculeuse ouïe, eussent pu entendre à travers les murs se clore et se verrouiller derrière eux les portes, poternes et pont-levis du château — le Conseil ne commença pas pour autant, pour ce qu'on attendait que le secrétaire d'Etat Martin Ruzé apportât l'ordre du jour.

Le vieux maréchal d'Aumont qui m'avait pris en amitié depuis qu'il avait ouï de mon bec comment j'avais robé à la Boiteuse la damnable lettre du Guise à Philippe II, me dit plus tard que les groupes cantonnés ou déambulant, s'étaient faits de soi par affinités politiques : d'un côté les ligueux, le duc de Guise, le cardinal de Guise et l'archevêque de Lyon ; d'un autre, les royalistes peu zélés : le cardinal de Gondi archevêque de Paris, le maréchal de Retz, les secrétaires d'Etat Marcel et Pétromol et ce sottard de Montholon ; de l'autre enfin, les royalistes résolus, ceux-là mêmes que le roi avait mis dans le secret du complot : Lui-même, Rambouillet et François d'O. Chaque groupe, me dit plus tard François d'O, aguignait et épiait les autres, tâchant d'ouïr ce qui s'y disait. Mais tant chacun craignait d'être entendu, il ne se disait rien que de très banal comme, par exemple, le cardinal de Guise au duc :

— Où va le roi qu'il fait si mauvais temps ?

— Pensez, dit le duc, qu'il va se retirer à part à La Noue pour quelques jours, comme il est accoutumé.

— Mon cher d'O, dis-je en envisageant avec amitié la physionomie si vive et si spirituelle de François d'O tandis qu'il me contait ceci, que croyez-vous que Guise avait dans l'esprit à cet instant ?

— Mais rien ! dit d'O en levant ses sourcils, lesquels étaient si noirs et si minces qu'on les eût imaginés dessinés au pinceau. Rien ! Grand corps ! Petite cervelle ! Bref, un Goliath !

— Un Goliath ! dis-je, mais le prince était chattemite, rusé, menteur...

— Assurément ! dit d'O, mais le mensonge, gros, la ruse lourde et l'hypocrisie transparente. Parce que le roi à son retour à Paris ne l'a pas fait occire par d'Ornano, il s'apense qu'il n'osera jamais. Dieu sait s'il a reçu des mises en garde à Blois ! Il les a toutes décrues. Il n'entend rien au caractère du roi. Parce qu'il est bon, il le croit couard. Parce qu'il y a de la femme en lui, il le tient pour faible. Mais faible et femme ne sont pas synonymes. Le Guise devrait bien le savoir, lui que la Sauves entortille autour de son petit doigt.

— Mais encore, dis-je, a-t-il bien fallu que la physionomie du duc trahisse, ce matin-là, quelque degré d'appréhension ? Car enfin, il était seul, sans sa suite, dans ce château qui ne lui était pas ami.

— Point du tout ! Le duc montrait partout la naturelle vaillance des hommes qui ne pensent pas. Ce matin-là, il avait froid et il avait faim. Il avait froid pour ce qu'étant fort coquet, il avait revêtu un pourpoint de satin gris pâle beaucoup trop mince pour la saison. Il avait faim, pour ce que s'étant si tardivement désommeillé des jolis bras de la Sauves, il avait omis de se nourrir. En outre, son valet avait omis de lui remettre son drageoir, lequel contenait des raisins de Damas dont il usait le matin pour son déjeuner.

— Péricard, dit-il à son secrétaire, j'ai grand'faim. A peu que je ne défaille. Plaise à toi de te mettre en quête de mon valet et de quérir mon drageoir.

Péricard à peine sailli hors, Larchant pénétra avec quelques gardes dans le Conseil et jouant son rollet à la perfection (et d'autant qu'il avait une de ces têtes franches, carrées et tannées de bon soldat qui ne paraissent pas conciliables avec le mensonge), fit au duc un salut profond et dit :

— Monseigneur, ces pauvres gens m'ont prié de supplier le Conseil qu'ils demeurassent ici jusqu'à ce que Sa Majesté y soit venue pour lui faire entendre que, s'ils ne sont pas payés, ils seront contraints de vendre leurs chevaux pour s'en retourner chez eux à pied.

— Monsieur de Larchant, dit Guise, je leur servirai, et je vous servirai à vous, de tout mon pouvoir. Il est bien raisonnable qu'on y donne ordre.

— Mais, dit le secrétaire d'Etat Marcel (à ce que je crois, tout innocemment, n'étant pas dans le complot), je vois ici sur ce papier mille deux cents écus ordonnés pour eux.

Oyant quoi, Larchant se retira avec ses gardes du Conseil, mais non point assurément de l'escalier.

Cependant, Péricard ne revenant point avec le drageoir, le duc, avisant M. de Saint-Prix, qui était premier valet de chambre ordinaire, lui dit :

— J'ai grand'faim et je suis sans mon drageoir. Plaise à vous, Monsieur de Saint-Prix, de me bailler quelques bagatelles du roi.

— Monseigneur, dit M. de Saint-Prix, des prunes de Brignoles vous seraient-elles agréables ?

— Assurément, Monsieur, dit Guise.

Là-dessus, l'huissier du Conseil qui était Jean Guéroult rapporta au duc son drageoir, en lui disant que les gardes avaient barré l'accès à Péricard, quand il avait voulu rentrer en la salle. Le duc le mercia, mangea des prunes de Brignoles du roi et des raisins de Damas de son drageoir (lequel était une coquille en vermeil fort joliment ouvragée qu'il posa sur la table du Conseil) et tout soudain pénétré par l'humidité, sa vêture étant si légère, se leva, s'approcha du feu et dit, tout frissonnant :

— J'ai froid ! le cœur me fait mal ! Que l'on fasse du feu !

Un valet de garde-robe ayant jeté un fagot, le duc s'assit fort près sur une escabelle, mais soit qu'il fût passé trop soudain du froid au chaud, soit encore qu'il eût trop vite glouti les bagatelles du roi et les siennes, soit que sa nuit avec Mme de Sauves l'eût épuisé, son malaise s'accrut et son nez lui saigna. Cherchant alors son mouchoir dans ses chausses, il ne le trouva pas.

— Mes gens, dit-il, ont été tant hâtés ce matin qu'ils ne m'ont pas baillé mes nécessités. Monsieur Guéroult, plaise à vous de prendre la peine de tâcher de faire rentrer céans Péricard.

Mais Guéroult y faillant, M. de Saint-Prix apporta au duc un mouchoir du roi et le secrétaire Martin Ruzé survenant à la parfin avec l'ordre du jour, les conseillers s'assirent autour de la table, que regagna aussi le duc, son drageoir dans une main et son mouchoir dans l'autre, lequel il avait en esteuf roulé, son saignement ayant cessé.

S'interrompt ici le récit de François d'O de qui le furet en mes mains passant, je poursuis le conte, étant alors en les appartements du roi, à savoir dans le cabinet neuf, avec le roi, d'Entragues, Bellegarde,

Du Halde et le secrétaire d'Etat Revol, auquel le roi dit, la face ferme, et la voix résolue, quoique basse :

— Revol, il est temps. Allez dire au Guise que je l'attends en mon cabinet vieil.

Revol ouvrit la porte qui, du cabinet neuf donnait dans la chambre, souleva la tenture, et tout soudain réapparut.

— Mon Dieu, Revol, dit le roi, qu'avez-vous ? Qu'y a-t-il ? Que vous êtes pâle ! Vous m'allez tout gâter ! Frottez vos joues ! Frottez vos joues, Revol !

— Je ne suis pas pâle, dit Revol avec un pâle sourire. Je suis blanc de face. C'est ma naturelle couleur.

— Mais qu'y a-t-il ? dit le roi. Pourquoi revenez-vous ?

— Il n'y a point de mal, Sire. C'est M. de Nambu qui refuse de m'ouvrir que Votre Majesté ne lui commande.

Le roi souleva alors la tenture, la porte étant restée déclose, et du seuil de son cabinet neuf, sans entrer dans sa chambre, dit à Nambu qui gardait la porte donnant sur la salle du Conseil :

— Nambu, laissez sortir M. Revol et laissez rentrer le duc dans ma chambre. Mais le duc seul.

Nambu obéissant, le roi laissa retomber la tenture, et restant debout derrière elle, m'appelant à son côté (sans que j'entendisse alors pourquoi) mais ce dont je me trouvai bien, pour ce que entre le plus long côté de la tenture et le cadre de l'huis, il y avait une faille à laquelle je collai l'œil.

Le Conseil, me dit plus tard François d'O, débattait d'un état qui avait été dressé par les commis des finances quand Revol entra, la gambe molle, le pied traînant, tant malingre et chétif, la face tant blanche et le corps de si peu de poids et substance qu'il paraissait lui-même quasi mort, cette mort dont il était l'humble et doux messager auprès du prince lorrain, vers qui se dirigeant, et à qui faisant un profond salut, il dit d'une voix si ténue et timide qu'on eût dit son dernier souffle :

— Monseigneur, le roi vous demande de le venir retrouver en son cabinet vieil.

Après quoi, il s'effaça, ou plutôt fut effacé, et quasi rejeté dans le néant quand Guise se leva, dans toute la majestueuse symétrie de son corps géantin, tant puissant, carré et musculeux qu'il apparaissait indestructible, au surplus lumineux, et par le satin gris pâle dont il était vêtu, et par les perles qui ornaient son pourpoint, et par ses cheveux d'or et par ses yeux azuréens, dessinés en oblique, qui jamais ne se fichaient sur une dame de la Cour sans qu'elle ne défaillît, sa vertu chancelant déjà. Se penchant après s'être dressé, il plaça en son drageoir de vermeil quelques-unes des prunes de Brignoles que M. de Saint-Prix lui avait apportées, et jetant négligemment les autres sur le tapis de la table, il dit sur le ton le plus enjoué :

— Messieurs, qui en veut ?

Quoi disant, il sourit, la mâchoire longue et carnassière s'ouvrant sur des dents éblouissantes et comme par orfèvre rangées. Il paraissait tout à plein remis de son malaise, sauf que du fait de sa balafre, son œil senestre larmoyait, mais nous étions tant accoutumés à cette double face, mi-Jean qui rit mi-Jean qui pleure, que nous n'en fîmes que peu de cas, d'autant que son humeur était devenue fort joueuse et fort gaie, comme s'il se fût attendu, après les fleurs et les affabilités dont le roi la veille l'avait couronné, que Sa Majesté ne le convoquât en le cabinet vieil que pour débattre avec lui de sa connétablie. Jetant son grand manteau sur les épaules, il en mit le pan tantôt sur le bras senestre, tantôt sur le bras dextre, comme s'il eût niaisé et folâtré, nous souriant, cependant, d'un sourire connivent comme s'il nous eût pris à témoin que le pli de sa cape était de plus grande conséquence pour lui que son entretien avec le roi. Ayant ainsi fait ces divers essais et arrangements, dont la secrète irrision n'échappait à personne, il troussa finalement la queue de son manteau sur son bras senestre et l'y enroulant deux fois « à la bizarre » il prit de la main gauche son drageoir et son mouchoir, de la main droite son grand chapeau à plumes et nous saluant d'une façon quasi royale, nous dit d'une voix forte : « Adieu, Messieurs ! », en deux pas fut à l'huis de la chambre du roi, auquel il toqua une fois, M. de Nambu l'ouvrant et, sitôt le duc passé, le reclouant et le reverrouillant, se peut un petit peu plus fort qu'à l'accoutumée, ce qui fut cause que le cardinal de Guise sursauta et parut se déquiéter.

Quant à moi, l'œil placé à la faille que j'ai dite derrière la tenture du cabinet neuf, je ne vis pas d'abord le Guise pour ce que l'huis de Nambu était situé à la dextre de la cheminée, mais j'ouïs son pas, et je vis les huit se lever de leur coffre, porter la main à leur toque de velours noir pour le saluer, et le duc contournant alors le lit royal pour se diriger vers la porte de l'oratoire vieil, je le vis de dos, en sa marche majestueuse et nonchalante, suivi par les huit comme par respect et pour lui faire escorte, le bras gauche ballant et le dextre cherchant déjà derrière leur dos, sous leur courte cape, le poignard mis à l'italienne, ce double progrès vers ladite porte me paraissant fort lent, et du Guise et des Gascons, aucun d'eux ne lui venant plus haut que l'épaule, tant est qu'on eût dit un grand tigre suivi par des panthères, mais celles-ci fort dangereuses en leur démarche souple et feutrée.

Les deux mains du duc étant embarrassées, la senestre par le drageoir et le mouchoir et la dextre par son chapeau, il souleva du coude la tenture qui fermait l'oratoire vieil, et pour ce faire se penchant, la porte étant fort basse, et se mettant le corps en biais, il jeta un œil par-dessus son épaule, et vit les Gascons en demi-cercle autour de lui, si proches et leurs faces si tendues, qu'il dit mi-surpris mi-grondant :

— Hé, Messieurs !

Il ne put en dire plus, La Bastide lui saisit le bras, et Montseris lui porta le premier coup à la gorge, croyant que le duc, ayant sur lui une cotte de mailles, il ne le pouvait toucher que par là, et tous alors fondant sur lui avec des jurements en oc et des « *Tue ! Mordi ! Tue !* », le saisirent, qui par les bras, qui par les gambes, qui par son épée pour le prévenir de la tirer, et le frappèrent par tout le corps, ayant trouvé qu'il n'avait que sa chemise sous son pourpoint, et le duc se débattant avec une prodigieuse force, secouant ces félins attachés en grappes à lui, les assommant de son drageoir et de ses poings, mais à la fin submergé par le nombre, et affaibli par le sang qu'il perdait de toutes parts et qui tachait qui-cy qui-là son pourpoint de satin, percé et poignardé qu'il était en toutes les parties vitales, sans que je pusse voir autre chose que cette mêlée confuse de petits hommes vifs, féroces et hurleurs accrochés à ce géant comme une meute aux flancs d'un sanglier, lesquels, sa résistance et son branle cessant, le lâchèrent, croyant qu'il allait incontinent choir dessus la place.

Mais le duc restant debout, quoique chancelant, la bouche ouverte et sifflante pour reprendre son vent, tendant les bras devant lui, son œil étant jà éteint et mi-clos, s'avança à pas trébuchants vers le lit royal comme s'il tâchait de gagner la porte que gardait M. de Nambu. Ce que voyant Laugnac, qui de tout ce temps était resté immobile et les bras croisés assis sur un coffre, son épée décrochée mais non dégainée, posée sur ses genoux, se leva et du bout du bras, il le toqua au ventre de son fourreau, le duc s'écroulant au pied du lit royal, la tête sur la marche, et son grand corps maculant irrémédiablement un petit tapis de pied de Bohême qui se trouvait là.

Cependant, me conta plus tard François d'O, oyant les cris et trépignements il y eut une grande commotion dans la salle du Conseil. Tous se levèrent, et le cardinal de Guise s'écriant « Tout est perdu ! », se précipita à l'huis de la chambre du roi, y toqua à coups redoublés et faillant à se faire ouvrir, courut à la porte de la chambre de la reine pour se mettre à la fuite. Mais le maréchal d'Aumont se mettant tout de gob à sa traverse, mit l'épée à la main et cria :

— Mé-Dieu ! Ne bougez, Monsieur ! Le roi a affaire à vous !

Aussitôt, la salle se remplit des gardes de Larchant, lesquels sans tant languir se saisirent du cardinal de

Guise et de l'archevêque de Lyon et les conduisirent en une petite chambre de galetas au troisième étage, qui avait été préparée pour ses capucins par le roi, y ayant peu de doute dans l'esprit des conseillers et des aregardants, sur ce qu'il adviendrait d'eux ou à tout le moins du cardinal, dès que le roi aurait trouvé un homme qui osât porter la main sur sa pourpre.

Pour moi, bien je me ramentois qu'après le moment où le duc chut, il se passa un temps qui me parut infini avant que le roi bougeât, ayant sa face, à ce que je vis, tout à plein pétrifiée, comme s'il balançait encore à croire en dépit de ses yeux (regardant comme moi par une faille de la tenture), que cet archi-ennemi de son trône, de sa vie et de son Etat, eût cessé de lui pouvoir nuire. Et quand à la parfin écartant de la main la portière, il se fut comme assuré de son immobilité, il n'entra pas pourtant dans la chambre, mais restant sur le seuil, il tourna la tête vers moi et me dit :

— Mon fils, tu es médecin. Confirme-moi qu'il est mort.

Paroles par où j'entendis pour la première fois la raison qui l'avait fait me retenir près de lui depuis la veille.

A la vérité, un regard eût pu me suffire, mais voyant la sorte de certaineté que le roi attendait de moi, je m'agenouillai à côté du corps, lequel me parut, couché, plus grand que debout, (remarque qu'on prêta plus tard au roi et qu'il ne prononça mie, pas plus qu'il ne toqua du pied le cadavre, ni le perça de son épée et pas plus, de reste, que la reine-mère ne dit, oyant la meurtrerie du duc : « Mon fils, c'est bien taillé et maintenant il faut coudre ! »).

J'examinai d'un peu près les navrures du duc et trouvai une plaie au cou, une autre un petit au-dessous de la mamelle gauche, une autre au-dessus du sourcil droit et quatre au ventre. Je supposais qu'il en avait reçu d'autres dans le dos et les reins, mais ne vis pas la nécessité de le retourner, le corps étant si lourd et si sanglant et la mort, évidente. Cependant, pour aquiéter le roi qui, je le voyais bien, avait peine encore à en croire ses yeux, je sortis de mes chausses un petit miroir et le présentai aux lèvres du duc sans qu'il s'embuât. Je l'y tins un assez long moment, ayant moi-même quelque difficulté à bien entendre que ce grand zélateur de l'intolérance, de la guerre civile et du massacre des huguenots avait rendu son âme à qui que ce fût qui la vînt cueillir sur ses lèvres.

— Beaulieu, dit le roi à un des secrétaires d'Etat, en pénétrant enfin dans la chambre, visitez-le et voyez ce qu'il a sur lui.

Ce que Beaulieu, sans trop de contentement, fit, s'étant agenouillé et tâchant de ne se point maculer à tout le sang épandu.

Il fut trouvé autour du bras du Guise une petite clé attachée à un chaînon d'or. Dedans ses chausses une petite bourse contenant douze écus et un billet de papier où était écrit de la main du duc : « *Pour entretenir la guerre en France il faut sept cent mille livres tous les mois.* » Note qu'on supposa avoir été rédigée à l'adresse de Mendoza, et preuve supplémentaire, s'il en était besoin, de la trahison du Guise.

Le roi saisit le billet que lui tendit Beaulieu et le requit d'enlever une bague ayant dans son chaton un cœur de diamant, laquelle bague gardant en ses doigts, le roi promenant sur les aregardants un regard calme et assuré, dit sans du tout hausser le ton :

— Le roi de Paris est mort. Je suis maintenant le roi de France, et de nouveau le maître, et non plus captif et esclave comme je l'ai été depuis le jour des barricades.

Après quoi, me faisant signe de le suivre en son cabinet neuf, et la porte reclouée sur nous, il me dit :

— Mon fils, plaise à toi de porter cette bague au roi de Navarre. Il la reconnaîtra. Sa dévergognée épouse l'a donnée au Guise quand elle paillardait avec lui. Et la voyant, Navarre saura que nous ne pouvons que nous liguer, lui et moi, contre la Ligue.

GLOSSAIRE
DES MOTS ANCIENS OU OCCITANS
UTILISÉS DANS CE ROMAN

A

acagnarder (s') : paresser.

acaprissat (oc) : têtu (chèvre).

accoiser (s') : se taire (voir *coi*).

accommoder : mal traiter, ou bien traiter, selon le contexte.

accommoder à (s') : s'entendre avec.

affiquet : parure.

affronter : tenir tête, braver.

agrader (oc) : faire plaisir.

aigremoine : plante de la famille des rosacées, que l'on rencontre à l'orée des bois, et qui était utilisée pour guérir l'ulcère de la cornée.

alberguière : aubergiste.

algarde : attaque, mauvais tour.

alloure (oc) : allure.

alpargate (oc) : espadrille.

amalir (s'; oc) : faire le méchant.

amour (une) : amour. Féminin au XVIe siècle.

anusim (les; hébr.) : les convertis de force.

apaqueter : mettre en paquet.

apazimer (oc) : apaiser.

aposthume : abcès.

apparesser (s') : paresser.

appéter : désirer.

appétit (à) : désir, besoin de (ex. appétit à vomir).

arder : brûler de ses rayons (le soleil).

aspé (e) : renforcé (en parlant d'une porte).

assouager : calmer.

'àsteure, à s'teure : tantôt... tantôt.

atendrézi (oc) : attendri.

attentement (de meurtrerie) : tentative (de meurtre).
aucuns (d') : certains.
avette : abeille.
aviat (oc) : vite.

B

bachelette : jeune fille.
bagasse (oc) : putain.
bagues : bagages (vies et bagues sauves).
se bander : s'unir (en parlant des ouvriers) contre les patrons. Voir *tric*.
banque rompue : banqueroute.
baragouiner : parler d'une façon barbare et incorrecte. Selon Littré et Hatzfeld, le mot daterait de la Révolution française, les prisonniers bretons de la chouannerie réclamant sans cesse du pain, *bara*, et du vin, *gwin*. Je suis bien confus d'avoir à apporter le démenti à d'aussi savants linguistes, mais le mot baragouin est *antérieur* à la Révolution, et se rencontre dans de nombreux textes du XVIᵉ siècle (Montaigne : « *Ce livre est bâti d'un espagnol baragouiné* »).
barguigner : trafiquer, marchander (qui a survécu dans l'anglais *bargain*). *Barguin* ou *bargouin* : marché.
bas de poil : couard.
bastidou (oc) : petit manoir.
batellerie : imposture, charlatanerie.
bec jaune : jeunet (par comparaison avec un jeune oiseau, dont le bec est encore jaune). Plus tard : béjaune. *Bec* : bouche (voir gueule). *Prendre par le bec* : moucher quelqu'un qui a proféré une sottise ou une parole imprudente.
bénignité : bonté.
bestiole : peut désigner un chien aussi bien qu'un insecte.
billes vezées : billevesées.
biscotter : peloter.
blèze : bégayant.
de blic et de bloc : de bric et de broc.
bonnetade : salut.
bordailla (oc) : désordre.
bordeau : bordel.
bougre : homosexuel.
bourguignotte : casque de guerre.
branler : ce mot, qui s'est depuis spécialisé, désignait alors toute espèce de mouvement.

brassée : accolade.

braverie (faire une) : défier, provoquer.

braveté (oc) : bonté.

brides (à brides avalées) : nous dirions : à bride abattue. Le cavalier « abat » la bride (les rênes) pour laisser galoper à fond le cheval.

buffe : coup, soufflet (français moderne : baffe).

C

caillette : voir *sotte*.

caïman : de « *quémant* » : mendiant devenu voleur de grand chemin.

calel (oc) : petit récipient de cuivre contenant de l'huile et une mèche.

caque : petit baril.

caquetade : bavardage.

carreau : coussin.

cas : sexe féminin.

casse-gueule : amuse-gueule.

catarrhe : rhume.

céans : ici.

chabrol : rasade de vin versée dans le reste de la soupe et bue à même l'écuelle.

chacun en sa chacunière : chacun en sa maison.

chaffourrer : barbouiller.

chair, charnier, charnure : *chair,* au XVIᵉ siècle, désigne la viande. Les « *viandes* » désignent les mets. *Charnier :* pièce d'une maison où l'on gardait la « chair salée ». *Charnure :* les contours d'un corps de femme.

chamaillis : combat, le plus souvent avec les armes.

chanlatte : échelle grossièrement faite.

chattemite : hypocrite.

chatterie, chatonie : friponnerie.

chaude (à la) : dans le feu de l'action.

chiche-face : avare (voir *pleure-pain*).

chicheté : avarice.

chié chanté (c'est) : c'est réussi ou c'est bien dit.

circonder : entourer.

clabauder : bavarder. *Clabauderie :* bavardage.

de clic et de clac : complètement.

clicailles : argent.

coi : silencieux (*s'accoiser* : se taire).

col : cou.

colloquer : conférer, donner (colloquer en mariage).

colombin(e) : blanc, pur, innocent.

combe : vallée étroite entre deux collines. « *Par pechs et combes* » : par monts et vaux.

combien que : bien que.

commodité : agrément. Faujanet (sur le mariage) : « La commodité est bien courte et le souci bien long ».

compain : camarade (celui avec qui on partage le pain).

conséquence (de grande ou de petite) : importance (de grande ou de petite importance).

constant : vrai.

coquardeau : sot, vaniteux.

coquarts : coquins.

coquefredouille : voir *sotte*.

coqueliquer : faire l'amour.

corps de ville : la municipalité.

en correr (oc) : en courant.

cotel (oc) : couteau.

côtel : côté (d'un autre *côtel*).

courtaud : petit cheval de chétive apparence.

courre : courir.

cramer : brûler (ex : putain cramante).

cuider : croire.

D

dam, dol : dommage.

déconforter : désoler.

déconnu : inconnu.

déduit : jeu amoureux.

dégonder : déboîter.

délayer : retarder.

demoiselle : une demoiselle est une femme noble, et ce titre se donne aussi bien aux femmes mariées qu'à celles qui ne le sont pas.

dépêcher : tuer.

dépit (substantif pris adjectivement) : courroucé.

déporter (se), *déportement* : se comporter, comportement.

dépriser, déprisement, dépris : mépriser, mépris.

dérober : enlever sa robe à.

désoccupé : sans travail.

dévergogné : sans pudeur.

diagnostique : l'usage, au xvi⁰ siècle, était de l'employer au féminin.

domestique (le) : l'ensemble des domestiques, hommes et femmes. S'agissant d'un prince, le « domestique » peut inclure les gentilshommes.

doutance : doute.
driller : briller.
drola ou *drolette* (oc) : fille.
drolasse : mauvaise fille (oc).
drole (oc) (sans accent circonflexe, comme Jean-Charles a bien voulu me le rappeler) : garçon.
drolissou (oc) : gamin.

E

embéguinée : voir *sotte*.
embufer (oc) : contrarier, braver.
emburlucoquer : embrouiller (emburlucoquer une embûche).
émerveillable : admirable.
émeuvement : agitation, émoi.
emmistoyer (s') (marrane) : faire l'amour avec.
émotion (une émotion populaire) : émeute. On dit aussi un « tumulte ».
esbouffer (s') à rire : éclater de rire.
escalabrous (oc) : emporté.
escambiller (s') (oc) : ouvrir voluptueusement les jambes.
escopeterie : coups d'arquebuse tirés en même temps.
escouillé (oc) : châtré.
escumer (s') (oc) : transpirer.
espincher (oc) : lorgner.
estéquit (oc) : malingre.
esteuf : balle ou jeu de paume.
estranciner : s'éloigner de.
estrapade : supplice qui se donnait pour fin la dislocation des épaules.
étoffé (des bourgeois étoffés) : riche.
évangiles : le mot s'emploie au féminin. Ex. : « leurs belles évangiles » (François de Guise).
évicter : faire sortir.

F

fallace : tromperie.
fault (ne vous) : ne vous fait défaut.
fendant (l'air assez) : fier.
fétot (oc) : espiègle.
fiance : confiance.

fils : « Il n'y avait fils de bonne mère qui n'en voulût tâter » : Il n'y avait personne qui... (la connotation favorable s'étant perdue).

folieuse : prostituée.

for (en son) : en lui-même.

forcer : violer ; *forcement* : viol.

fortune (la fortune de France) : le sort ou le destin de la France.

friandise (par) : par avidité. Ce mot est aujourd'hui passé du mangeur au mangé, le mangeur gardant « friand ».

frisquette : vive.

front (à... de) : en face de.

G

galapian (oc) : gamin.

galimafrée : ragoût.

gambette : jambe.

garce : fille (sans connotation défavorable).

gargamel (le ou la) : gorge.

gausser (se) : plaisanter, avec une nuance de moquerie (d'où gausserie).

un gautier, un guillaume : un homme.

geler le bec : clouer le bec.

gens mécaniques : ouvriers.

godrons : gros plis ronds empesés d'une fraise. Il y avait fraise et fraise, et celles des huguenots étaient austèrement et chichement plissées à petits plis.

goguelu(e) : plaisant, gaillard.

gouge : prostituée.

gripperie : avarice.

grouette : terrain cailouteux.

gueule, rire à gueule bec : rire à gorge déployée. *Baiser à gueule bec* : embrasser à bouche que veux-tu. *Être bien fendu de la gueule* : avoir la langue bien pendue.

guilleri : verge.

H

haquenée : monture particulièrement facile qu'on peut monter en amazone.

harenguier : marchand de poissons.

hart : la corde du gibet.

haut à la main : impétueux.

heur (l') : le bonheur.

hucher : hurler (Colette emploie plusieurs fois le mot dans ses « *Claudine* »).

hurlade : hurlement.

I

immutable : fidèle, immuable.
incontinent : immédiatement.
intempérie : maladie.
ire : colère.
irréfragable : qu'on ne peut pas briser.

J

jaser : parler, bavarder.

L

labour, labourer : travail, travailler.
lachère : qui donne beaucoup de lait.
lancegaye : lance petite et fine.
langue (bien jouer du plat de la) : avoir le verbe facile.
lauze : pierre taillée plate dont on fait des toitures en Périgord et dans les provinces voisines.
lécher le morveau (péjoratif) : baiser les lèvres.
lecture : le cours d'un professeur.
léthal : mortel.
loche : branlant.
louba (oc) : louve.
loudière : putain (de *loud* : matelas).

M

maloneste (oc) : mal élevé.
marmiteux : triste.
maroufle, maraud : personne mal apprise.
mazelier, mazelerie : boucher, boucherie.
membrature : membres et muscles.
ménage : la direction et gestion (d'une maison, d'un domaine). L'anglais use encore de ce mot dans son sens français ancien *management*.
ménine (oc) : vieille femme.

mentulle : verge.

mérangeoises : méninges (?).

merveilleux, merveilleusement : extraordinaire. La connotation n'est pas nécessairement favorable. Ex. : « L'Eglise romaine est merveilleusement corrompue d'infinis abus » (La Boétie).

meshui : aujourd'hui.

mie : pas du tout.

mignarder : voir *mignonner*.

mignonner : caresser.

mignote : jeune fille (ou mignotte).

milliasse : millier (dans un sens péjoratif : un milliasse d'injures).

miserere : appendicite.

mitouard : hypocrite.

montoir (mettre au) : saillir ou faire saillir.

morguer : le prendre de haut avec.

morion : casque de guerre.

moussu (oc) : monsieur.

muguet : galant, jeune homme à la mode.

mugueter : faire la cour.

musarde : flâneuse, rêveuse.

N

navrer : blesser.

navrement, navrure : blessure.

nephliseth (hébr.) : verge.

niquedouille : voir *sotte*.

O

occire : tuer.

ococouler (s') (oc) : se blottir.

oncques : jamais.

orde : sale.

oreilles étourdies (à) : à tue-tête.

osculation : baiser.

oublieux : marchand de gaufres.

outrecuidé : qui s'en croit trop.

P

paillarder : faire l'amour (probablement de « paille », par allusion aux amours rustiques).

paillardise : lubricité.

paonner (se) : se pavaner.

Paris : le nom est féminin au XVIᵉ siècle.

parladure (oc) : jargon.

parpal (oc) : sein.

pasquil : épigramme, pamphlet.

pastisser (oc) : peloter.

pastourelle : bergère.

pâtiment : souffrance.

patota (oc) : poupée (Espoumel dit : *peteta*).

paume : jeu de balle qui se jouait d'abord à mains nues mais qui, au XVIᵉ siècle, incluait déjà l'usage du filet et de la raquette (ronde ou carrée).

pauvre (mon) : emprunte à *paure* (oc) son sens affectueux.

pech (oc) : colline, le plus souvent colline pierreuse.

pécune : argent.

pécunieux : riche (*cf.* français moderne : *impécunieux* : pauvre).

pensamor (oc) : pensée amoureuse.

pensement (oc) : pensée (dans le sens de : penser à quelqu'un).

périgordin : employé dans cette chronique de préférence à périgourdin.

peux-je ? : n'avait pas encore été vaincu par *puis-je ?*

piaffe (la) : étalage vaniteux. *Piaffard* : faiseur d'embarras.

picanier (oc) : taquiner, quereller. *Picanierie* : querelle, taquinerie.

picorée : butin.

pile et croix (à) : pile ou face.

pimplader (se) (oc) : se farder.

pimplocher (se) : même sens.

piperie : tromperie.

pique (la pique du jour) : l'aube.

pisser (n'en pas pisser plus roide) : n'y avoir aucun avantage.

pitchoune (oc) : enfant.

pitre (oc) : poitrine.

platissade : coup de plat d'une épée.

plat pays : campagne.

pleure-pain : avare.

plier *(oc)* : envelopper (la tête pliée : la tête enveloppée).

ploros (oc) : pleurnicheur.

ployable : souple, flexible.

poilon : poêlon.

pointille : affaire de peu d'importance.

pouitrer (oc) : pétrir.

poutoune (oc) : baiser.
prédicament : situation.
prendre sans vert : prendre au dépourvu.
proditoirement : traîtreusement.
prou : beaucoup (peu ou prou).
provende : provision.

Q

quand (quand et quand) : souvent.
quenouillante : qui file la quenouille.
quia (mettre à, réduire à) : détruire, anéantir.
quiet : tranquille (quiétude).
quinaud : penaud.

R

ramentevoir (se) : se rappeler.
raquer (oc) : vomir.
rassotté : sot, gâteux.
ratelée (dire sa) : donner son opinion ou raconter une histoire.
rebelute : à contrecœur.
rebiquer, rebéquer (se) : se rebeller.
rebiscoulé (oc) : rétabli (après une maladie).
rebours : hérissé, revêche.
réganier : repousser.
religionnaires (les) : les réformés.
remochiner (se) (oc) : bouder.
remparer : fortifier.
remuements : manœuvres, intrigues.
reyot, ou *reyet* (oc) : (de *rey,* roi). Petit roi, dans un sens
  péjoratif. Charles IX, après la Saint-Barthélemy, devint
  pour les réformés du Midi : « ce petit reyet de merde ».
rhabiller (un abus) : porter remède à un abus.
ribaude : putain.
rober : voler.
robeur : voleur.
rompre : briser (les images et statues catholiques).
rompre les friches : labourer les friches.
rufe (oc) : rude, mal dégrossi.

S

saillie : plaisanterie.

saillir : sortir.

sanguienne : juron (sang de Dieu).

sarre (impératif) : fermez. Ex. : Sarre boutiques !

serrer : garder prisonnier.

sotte : les insultes courantes à l'époque, surtout lorsqu'elles
s'adressaient aux femmes, mettaient l'accent sur la niai-
serie et l'ignorance plus encore que sur la sottise. Ex. :
sotte caillette, sotte embéguinée, niquedouille, coquefredouille, etc.

soulas : contentement.

strident : aiguisé, vorace *(l'appétit le plus strident)*.

sueux : suant.

T

tabuster : chahuter.

tant (tant et tant) : tellement.

tantaliser : faire subir le supplice de Tantale.

tas (à) : en grande quantité.

testonner : peigner.

téton : le mot « sein » est rare dans la langue du XVIᵉ siècle
du moins au sens féminin du mot. On dit aussi *tétin*.

tire-laine : larron spécialisé dans le vol des manteaux.

tirer (vers, en) : aller dans la direction de.

tortognoner : biaiser, hésiter.

touchant : en ce qui concerne.

toussir : tousser.

tout à plat (refuser) : refuser catégoriquement.

tout à plein : complètement.

tout à trac : tout à fait.

tout de gob : tout de go.

trait (de risée) : plaisanterie.

trantoler (se) (oc) : flâner.

travaillé (de) : subir ou souffrir (la guerre dont la France
était durement travaillée).

trestous : tous.

tric : l'arrêt de travail concerté (puni alors des plus lourdes
peines).

de tric et de trac : complètement.

truchement : interprète.

tympaniser : assourdir de ses cris, et aussi mettre en tutelle
(au son du tambour : *tympane*).

U

ugonau (oc) : huguenot.

usance : usage.

V

vanterie : vantardise.
vauderoute (mettre à) : mettre en déroute.
vaunéant : vaurien.
ventrouiller (se) : se vautrer.
viandes (les) : voir *chair*.
vif : vivant.
vilité : mode de vie bas et vil (ribaude vivant en vilité).
vit : verge.
volerie : chasse fauconnière.

Tome III : *Le Mort et le Vif* suivi de
Nanterre la Folie (adaptation de Sylvie Gravagna),
Éditions de Fallois, 1992.
Pièces Pies et Impies, Éditions de Fallois, 1996.

ESSAIS

Oscar Wilde ou la « destinée » de l'homosexuel,
NRF, 1955.
Oscar Wilde, 1984, Éditions de Fallois, 1995.

TRADUCTIONS

JOHN WEBSTER, *Le Démon blanc*, Aubier, 1945.
ERSKINE CALDWELL, *Les Voies du Seigneur*,
NRF, 1950.
JONATHAN SWIFT, *Voyages de Gulliver
(Lilliput, Brobdingnag, Houyhnhnms)*,
EFR, 1956-1960.

EN COLLABORATION AVEC MAGALI MERLE

ERNESTO « CHE » GUEVARA, *Souvenirs de la Guerre
révolutionnaire*, Maspero, 1967.
RALPH ELLISON, *Homme invisible*, Grasset, 1969.
P. COLLIER et D. HOROWITZ, *Les Rockefeller*,
Le Seuil, 1976.

Composition réalisée par EURONUMERIQUE

Imprimé en France sur Presse Offset par

BRODARD & TAUPIN

GROUPE CPI

La Flèche (Sarthe).
N° d'imprimeur : 6174 – Dépôt légal Edit. 9886-03/2001
LIBRAIRIE GÉNÉRALE FRANÇAISE – 43, quai de Grenelle – 75015 Paris.

ISBN : 2 - 253 – 13551 - 8   ⊕ 31/3551/4